고려 불교사의 탐색

고려 불교사의 탐색

변동명 저

전남대학교출판문화원

책머리에

하마 오래 된 일이다. 고려후기 성리학의 수용을 다루면서 당시 불교측의 반응은 어떠하였을까 궁금하였다. 호기심 섞인 소박한 의문이었다. 그러나 만용이었다. 불교에서 허덕이기를 몇 해, 손을 댈수록 미진한 게 늘었다. 뒷날을 기약한다며 미뤄 둔 것만도 한 둘이 아니었다. 이번에 정리하면서 새삼 확인한 사실이다. 그러던 중 다른 일을 맡았다. 이제까지와는 다소 거리가 있는 주제로서 그와 씨름하며 또 몇 해인가를 보냈다.

어느 쪽도 제대로 매듭을 짓지 못한 가운데 오늘에 이르렀다. 이리저리 떠도는 인생이라지만, 책 보고 글 쓰는 일마저 내 삶의 길을 좇아 유랑할 줄이야. 어찌 되었든, 때 맞춰 마무리를 짓지 않고 미뤄둔 책임에서 벗어날 길은 없다. 우물쭈물하다 내 이럴 줄 알았다더니 … 언감생심 그 이의 삶과 비기자는 건 결코 아니다. 그럼에도 문득 혼자서 입안으로 중얼대곤 하는 요즘이다.

어느덧 정리할 때가 되었다. 더 이상 미룰 수도 없다. 이렇게 시간이 지난 줄 몰랐다. 모으다 보니 제법 오래 된 글들이다. 뒷날로 떠넘겼던 글을 새로 쓰고 부족한 부분을 손본 다음, 보다 체계를 갖춰서 갈무리하려던 꿈은 버렸다. 더 이상 손댈 엄두를 내지 못한 채, 인용한 사료를 번역하고 인연 따라 눈길이 가게 된 몇 편을 보태는 정도에서 끝냈다. 돌아보고 반성의 자료로 삼으며 부끄러운 마음을 가름하려 한다.

스승께서는 말씀하셨다. 진리는 목숨과 같다. 공부하는 사람은 외롭기 마련이다. 사람 만나고 술 마시며 떠들고 노느라 까마득히 잊었다. 돌아보니 가르치심과 꼭 반대의 길로만 걸었다. 베푸신 사랑을 등진 채 헛되이 세월만 흘려보냈다. 차마 그립다는 말을 입에 올리지 못하겠다. 떠올리는 것만도 황감하다.

회상은 아프면서도 감미롭다. 어느덧 지난날을 되짚으며 곱씹을 나이에 이르렀나 보다. 그 동안 학은을 베푸신 선생님들께 깊이 감사드린다.

2019. 1.

운암서실에서

목차

I부 고려후기 불교사의 전개

II부 고려 불교의 이모저모

I부

고려후기 불교사의 전개

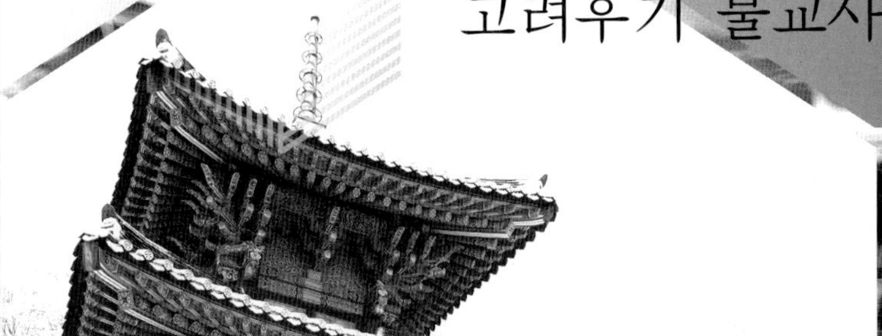

제1장 圓妙國師 了世와 定慧結社

1. 머리말

원묘국사 요세(毅宗17, 1163~高宗32, 1245)는 고려 무인정권의 시기를 대표하던 승려 중 한 사람이었다. 白蓮結社를 개창하여 이끌면서, 定慧結社의 普照國師 知訥(毅宗12, 1158~熙宗6, 1210)과 더불어 당대 불교계의 쌍벽을 이루던 고승이었다.

그런데 원묘요세의 그러한 활동에는, 그 선배격인 보조지눌 및 정혜결사의 영향이 적지 않았다.[1] 지눌의 권유에 따라 요세가 한동안 정혜결사에 참여한 적이 있었다는 사실만으로도 알 수가 있는 일이다.[2] 아울러 훗날 요세를 계승하게 될 靜明國師 天因(白蓮社 2世社主, 熙宗1, 1205~高宗35, 1248)이 지눌을 계승한 眞覺國師 慧諶(明宗8, 1178~高宗21, 1234)에게 나아가 '曹溪要領'을 체득하였으며,[3] 또한 당시 修禪結社 2世 社主이던 혜심이 백련결사의 도량인 萬德寺에 가서 설법을 한 적이 있었다든지,[4] 또

---

1 高翊晉, 「圓妙 了世의 白蓮結社와 그 思想的 動機」, 『佛教學報』 15, 1978, 109~120쪽.

2 高翊晉, 앞 논문, 109~110쪽.

3 … (天因)忝圓妙國師 既零染因 造謁松廣山諶和尙 得曹溪要領 而還舊山 … (『東文選』 83 萬德山白蓮社靜明國師詩集序)

4 到萬德示衆(『韓國佛教全書』 6 眞覺國師語錄 示衆 到萬德條)

는 뒤에 백련사의 4세 사주이던 眞靜國師 天頙(熙宗2, 1206～?)이 수선사의 고승이던 卓然 및 同社의 5세 사주이던 圓悟國師 天英(高宗2, 1215～忠烈王12, 1286)과 교류하였던 사실[5] 등도 양자의 관계를 보여주는 증거이다. 말하자면 요세와 백련결사를 제대로 이해하기 위해서는, 요세와 지눌 내지는 정혜결사와의 관계를 검토하는 것이 긴요한 일이라고 할 수가 있는 것이다.

그런데 지금까지는 요세와 지눌의 그러한 관계에 대해 관심을 보인 연구자가 그리 많지를 않았다. 다만 요세의 활동이 지눌의 정혜결사에게서 자극을 받은 결과라고 해석하면서, 요세가 정혜결사에 참여했다가 결별한 다음 백련결사를 개창하게 되었던 것은, 그와 지눌이 教化對象의 根機에 대해 서로 다른 견해를 지닌 때문이었다는 연구만이 나왔을 뿐이다.[6] 그 밖에는 요세와 지눌을 각각 검토하는 과정에서, 스치듯 두 승려의 관계에 대하여 조금씩 언급하는 정도에 그친 게 대부분이었다.[7] 지금까지의 연구 결과에 의거하는 한, 그러므로 요세가 지눌의 정혜결사에 참여하게 된 동기가 무엇이었던가라든지, 또는 요세와 지눌 사이에 그처럼 교화 대상으로서의 인간의 근기에 대한 견해에 차이가 나타나게 된 배경은 어떠하였기에 서로 결별해야만 하였던가 등과 같은, 기초적인 문제에 관해서도 여전히 잘 알 수가 없는 형편인 셈이다.

이 글은 위에서와 같은 소박한 의문을 풀어 보기 위해 마련되었다. 주로는 요세를 지눌과 비교하는 방식으로 문제에 접근할 예정인데, 그리하여 既成의 中央教團에 대한 입장 또는 소속 宗派 및 내세우는 사상이나 사회적인 배경 등에 나타나는 두 승려의 공통점과 차이점 등을 검토함으

5 許興植, 「一枝庵本 湖山錄의 重要性」, 『眞靜國師와 湖山錄』, 民族社, 1995, 74～77쪽. 許興植, 「現實觀과 佛教思想」, 앞의 책, 88～90쪽.

6 高翊晉, 「圓妙 了世의 白蓮結社와 그 思想的 動機」, 115～120쪽.

7 李英子, 「韓國 天台思想의 展開」, 『韓國 天台思想의 展開』, 民族社, 1988, 34쪽. 蔡尙植, 「白蓮結社 성립과 사상적 경향」, 『高麗後期 佛教史硏究』, 一潮閣, 1991, 70～71쪽. 崔柄憲, 「定慧結社의 趣旨와 創立過程」, 『普照思想』 5·6합, 1992, 68쪽.

로써, 그러한 궁금증을 해소해 보고자 한다.

2. 요세의 정혜결사 참여와 그 동기

圓妙了世가 定慧結社에 참여하게 된 것은, 普照知訥이 그에게 보냈다고 하는 다음과 같은 偈를 계기로 해서였다.

> 물결이 어지러우면 달이 드러나기 어렵고
> 방이 깊어야 등불 더욱 빛나리
> 권하노니 그대여 마음그릇을 가지런히 하오
> 甘露漿을 기울여 쏟지 말아야 하느니[8]

당시 靈洞山 長淵寺에서 開堂 중이던 요세는, 이 게를 보고 마음에 맞아[心愜] 곧바로 八公山의 지눌에게 달려갔다고 한다. 그리하여 지눌의 法友가 되어 數年 동안 정혜결사에 참여해 활동하였다는 것이다.[9]

그런데 여기에서 궁금한 것은, 당시 지눌이 요세에게 보냈다고 하는 偈에 내포된 의미가 무엇이었을까 라고 하는 점이다. 승려들 사이에 오고 간 게를 세속적으로 접근하여 함부로 뜻을 풀이한다는 것은 위험한 일이다. 그렇지만 거기에 포함된 의미를 대략 가늠해 보는 것은 가능한 일이라고 생각한다. 지눌이 요세에게 게를 지어 보냈던 것이 修禪을 권유하고자 하는 의도에서였으리라는 데에는 여러 연구자들의 의견이 일치하며,[10] 실제로 요세의 비문에도 그렇게 기록되어 전한다[勸令修禪]. 다만 지눌의 위 게가 요세를 비판한 것이라든지,[11] 또는 게의 첫 行이 武臣亂 이후의

8 … 波亂月難顯 室深燈更光 勸君整心器 勿傾甘露漿 … (『東文選』 117 萬德山白蓮社圓妙國師碑銘幷序)

9 『東文選』 117 萬德山白蓮社圓妙國師碑銘幷序

10 高翊晉, 「圓妙了世의 白蓮結社와 그 思想的 動機」, 110쪽. 蔡尙植, 위의 논문, 70쪽. 崔柄憲, 위의 논문, 61쪽.

11 高翊晉, 「圓妙國師 了世의 白蓮結社」, 207쪽.

혼란한 사회상과 開京의 타락한 불교계를 지적한 것이라는 해석은,[12] 다소 지나치다는 느낌을 지울 수가 없다. 위 게에서 풍기는 語感으로는 그것이 단순한 비판이라기보다는 격려의 의미를 지닌 충고 정도로 헤아려지며, 그 첫째 行도 또한 직접적으로 당시의 정치·사회적 현실을 풍자하였다기보다는 인간의 心性을 비유한 文句 정도로 이해해야 하지 않을까 생각하는 것이다.

그렇다면 요세는 지눌의 위와 같은 충고를 어떻게 받아들였을까? 지눌의 '비판'에 요세가 적지 않게 '충격'을 받았으리라는 의견이 있다. 그리하여 '曹溪禪을 궁금하게' 생각해서, '天台學에 一家를 이룬 몸임에도 불구하고 곧장 지눌을 찾아 갔다'는 것이다.[13] 일견 수긍이 가는 견해이다. 그렇지만 앞서 開京 高峯寺의 법회에서 참석한 모든 승려들을 굴복시켰을 정도로 일가견을 지닌 천태종 승려이었던 요세가[14] 충격을 받았다는 것도 그러하거니와, 단지 지눌의 禪을 궁금하게 생각해서 정혜결사에 참여하였으리라는 데에는 선뜻 찬동할 수가 없다. 요세가 지눌의 권유를 받아들였던 데에는 그 이상의 보다 근본적인 측면에서의 요인이 있었으리라고 믿는다.

요세와 지눌은 서로 상대방을 잘 이해하고 있었던 것이 아닌가 짐작된다. 당시 지눌은 八公山 居祖寺에서 「勸修定慧結社文」을 반포한 다음, 선종과 교종을 막론하고 심지어는 유교와 도교의 사람들까지도 결사에 참여시켜[15] 불교계에 신선한 바람을 불러일으키던 중이었다. 요세도 또한 앞에서 언급한 바와 같이 개경의 천태종 법회에서 명성을 떨친 다음, 뜻을 함께하는 동지들과 더불어 靈洞山 長淵寺에서 開堂演法하는 등 불교계의 주목을 받던 승려였다. 그러므로 말하자면 그처럼 불교계에 새 바람

12 蔡尙植, 위의 논문, 70~71쪽.

13 高翊晉, 「圓妙國師 了世의 白蓮結社」, 207쪽.

14 … 承安三年戊午春 上都設法會于高峯寺 名緇雲集 異論蜂起 師登坐一吼 衆皆讋服 莫敢枝梧 …(『東文選』 117 萬德山白蓮社圓妙國師碑銘幷序)

15 崔柄憲, 위의 논문, 61쪽.

을 일으키며 주목받는 승려였던 지눌과 요세가 서로에게 관심을 보이지 않을 까닭이 없었다고 생각한다. 그리하여 그러한 관심의 결과 요세를 이해하기에 이른 지눌이 그에게 게를 보내었고, 그것을 받아든 요세도 또한 지눌의 의도를 충분히 파악하였기에 서슴없이 팔공산에 가서 정혜결사에 참여하였던 것이 아닌가 여겨지는 것이다. 지눌의 偈가 자신의 마음에 맞다고 여긴[心愜] 요세가, 지름길로 지눌을 찾아가 따르면서[徑往從之] 마침내 그의 法友가 되었다는 요세 비문의 표현이, 반드시 과장된 것만은 아니었던 셈이다. 요컨대 요세는 지눌의 禪風이 어떠한가 궁금해서라기보다는, 오히려 지눌을 이해하고 그에 동조하는 입장에서 정혜결사에 참여하였던 것으로 이해하는 게 보다 순조롭지는 않을까 생각하는 것이다.

그렇다면 요세는 지눌의 입장 가운데 어떠한 점에 공감하여 정혜결사에 참여하게 되었을까? 즉 요세가 지눌의 정혜결사에 참여하게 된 근본적인 동기는 무엇이었을까? 요세가 지눌에게 공감할 만한 부분으로 먼저 들 수가 있는 것은, 지눌이 내세웠던 禪教一元의 불교통합사상이 아닌가 한다. 지눌이 제창한 定慧雙修가 교종과 선종 사이의 대립·갈등을 해소하고자 하는 원리이었음은 누구나가 다 아는 사실이다.[16] 그런데 그처럼 教禪一致를 표방한다는 점에서는 요세도 또한 매한가지이었다. 그가 속한 종파부터가 그러하였다. 요세의 천태종에서는 教學과 禪을 통합하여 教門과 觀門을 조직하고, 이 두 門이 '새의 두 날개' 혹은 '수레의 두 바퀴'처럼 늘 함께 해야 함을 내세운다. 天台智顗(538~597)는 맹목적인 수행만을 일삼는 禪師를 暗證禪師라고 비판하였으며, 文字·語句에만 집착하는 教學者를 文字法師라 꾸짖었다고 한다. 천태종은 教觀竝修의 교리체계를 내세우는 불교종파인 것이다.[17] 그러므로 요세의 입장도 또한 그러하였을

16 頓悟漸修와 定慧雙修가 教·禪 대립의 해소 원리임을 이론적으로 거듭 확인한, 吉熙星, 「지눌의 사상」, 『신편 한국사』 21, 국사편찬위원회, 1996, 28~43쪽의 설명을 참고하라.

17 李英子, 「대각국사 의천의 불교개혁운동과 천태종의 창립」, 『신편 한국사』 16, 국사편찬위원회, 1994, 79쪽.

것임은 그가 천태종 승려였던 점으로 미루어 분명하다 하겠다. 실제로 요세에 대한 當代 사람들의 평가에도 그러한 점이 잘 나타난다. 다음의 자료를 살피도록 하자.

① 聖人의 가르침을 탐구하여 드높이는 가운데 이윽고 僧科에 급제하였다. 널리 禪門의 빗장을 두드리고 강론하는 자리를 두루 거쳤으며, 三藏의 의미를 궁구하고 百家의 말씀을 구명하였다.[18]

② 方丈 중에는 오직 법복 세 벌과 바루 하나가 있을 뿐이었다. 늘 禪觀을 닦고 불경을 가르치는데, 나머지 시간에는 『法華經』 한 부를 외우고, 准提神呪[19] 일천 편을 念하며, 나무아미타불 일만 번 부르는 것을 날마다의 일로 삼았다. 일찍이 스스로 이르기를, "天台 一門의 교리가 바다처럼 아득히 넓어 배우고자 하는 이가 길을 잃고 헤매인다"라 하고서는, 그 綱要를 뽑아 3大部를 節要한 것을 판에 새겨 퍼뜨리니 후진들이 그에 많이 의지하였다.[20]

사료①은 조정에서 요세에게 원묘국사의 시호를 내렸을 때 閔仁鈞이 찬했던 官誥의 일부이며, 사료②는 崔滋가 찬했던 요세 비문의 일부이다. 위의 자료에 따르면, 요세는 선문의 빗장을 두드리고 삼장의 의미를 궁구했다는 평판을 얻었으며(①), 다시 늘 禪觀을 닦고 불경을 가르쳤던 것으로 알려지기도 하였다(②). 그가 교와 선의 어느 한 쪽만을 고집하지 않고 천태종의 교리를 따라 教觀을 兼修하는 승려였음을 알 수가 있다.

또한 그러는 가운데 요세는 천태종의 3大部, 즉 天台 智者大師의 주요

18 … 探揚聖教 尋登選佛之場 歷扣禪關 周流講肆 窮三藏之旨 括百家之言 … (『東文選』 27 萬德山白蓮社主了世贈諡圓妙國師官誥)

19 一切罪障을 소멸하여 깨달음을 신속히 얻도록 하는 힘을 가진 眞言이라고 한다(高翊晉, 「圓妙了世의 白蓮結社와 그 思想的 動機」, 114쪽).

20 … 方丈中 唯三衣一鉢而已 每禪觀誦授之餘 誦法華一部 念准提神呪一千篇 彌陀佛號一萬聲 以爲日課 嘗自謂 一門教海浩汗 學者迷津 乃撮綱要 出三大部節要 鏤板流行 後進多賴焉 … (『東文選』 117 萬德山白蓮社圓妙國師碑銘幷序)

한 저술이었던 『法華文句』 20권·『法華玄義』 20권·『摩訶止觀』 20권을 절요해서 간행하기도 하였다(②). 『법화문구』와 『법화현의』는 『법화경』의 이론적인 측면(敎相門)을, 그리고 『마하지관』은 그 실천적인 측면(觀心門)을 각각 밝힌 책이라고 한다.[21] 그러므로 요세가 그러한 경전들을 절요하였던 것은, 마치 지눌이 李通玄의 『華嚴論』을 절요하는 등 이론과 실천방면의 여러 저술을 남겼던 것과 상통한다 할 것이다.[22]

요세는 고려 천태종 가운데 이론적인 교학 중심의 大覺國師 義天과는 계통을 달리한 승려로 이해된다.[23] 고려전기에 활동하던 智宗(太祖13, 930~顯宗9, 1018)의 계열로서,[24] 禪宗인 法眼宗風의 경향에 가까운 승려였던 것으로 전한다.[25] 말하자면 요세는 천태종 중에서도 교종보다는 선종 쪽에 더 가까운 계통의 승려였던 것이다. 그러므로 요세가 지눌의 권유에 응해 정혜결사에 참여하였던 것은, 우선 지눌이 내세웠던 禪敎一致의 사상, 그중에서도 선을 중심으로 선·교 양종의 조화를 꾀하는 부분에 대하여 그처럼 공감할 수가 있었기 때문에 가능하였던 것이라고 할 수가 있을 것이다.

다음으로 요세가 지눌의 정혜결사에 참여하게 되었던 두 번째 이유로서, 당시 중앙의 기성 불교교단을 비판하는 두 승려의 관점이 동일하다는

---

21 高翊晉, 「圓妙國師 了世의 白蓮結社」, 228~232쪽.

22 蔡尙植, 「白蓮結社 성립과 사상적 경향」, 76쪽.
지눌의 여러 저작물에 관해서는 다음의 연구를 참고하라. 李鍾益, 「普照撰述의 思想概要와 書誌學的 考察」, 『普照思想』 1, 1987, 137~163쪽. 朴相國, 「普照國師 知訥의 生涯와 著述」, 『普照思想』 3, 1989, 7~18쪽.

23 高翊晉, 「圓妙了世의 白蓮結社와 그 思想的 動機」, 108쪽.

24 智宗에 관해서는, 金杜珍, 「高麗 光宗代 法眼宗의 登場과 그 性格」, 『韓國史學』 4, 1983; 『高麗初期佛敎史論』, 民族社, 1989 및 金龍善, 「高麗前期의 法眼宗과 智宗」, 『江原佛敎史硏究』, 小花, 1996의 설명을 참고하라. 다만 金相鉉은, 「高麗初期 天台學과 그 史的 意義」, 『韓國天台思想硏究』(佛敎文化硏究所 編), 東國大 出版部, 1983, 106~114쪽에서, 智宗을 法眼宗과 관련시키는 데 다소 조심스러운 견해를 밝혀 눈길을 끈다.

25 許興植, 「天台宗의 形成過程과 所屬寺院」, 『高麗佛敎史硏究』, 一潮閣, 1986, 282쪽.

사실을 지적할 수가 있다.[26] 요세는 개경을 중심으로 한 불교계의 세속화 경향에 대해 비판적인 생각을 가졌던 듯 보인다. 다음의 기록이 그것을 알려준다.

① … 承安 3년(1198) 戊午年의 봄에 … 모든 승려들이 두려워하여 승복하면서 감히 맞서 저항하지 못하였다. 타고난 성품이 山水를 좋아하였으므로, 비록 名敎에 자취를 남기었지만 그것이 그의 본뜻은 아니었다 …[27]

② … 스님께서 山林에 숨어든 이래 50년 동안 일찍이 王京의 화려한 땅을 밟아 본 일이 없었으며, 시골 마을이나 친척의 일에도 몸소 끼어든 적이 없었다 …[28]

③ … 밤에도 등불을 켜지 않았으며, 잠잘 때에도 까는 자리가 없었다. 檀越이 시주한 물건은 모두 가난한 사람에게 나누어 준 채, 方丈 중에는 오직 세 벌의 법복과 바루 하나가 있을 뿐이었다 …[29]

위의 요세 비문에 따르면, 요세는 산수를 좋아하였기 때문에 비록 명교에 자취를 남겼으나 그것이 그의 본뜻은 아니었다고 한다(①). 산림에 은둔하던 50년 동안 한 번도 개경 땅을 밟지 않았으며, 세속의 친척 일 등에도 관여하지 않았다(②). 또한 생활이 매우 검소하였으며, 단월이 시주한 것은 모두 가난한 사람들에게 나누어 주었다고도 한다(③). 수도에서 왕실 및 귀족과 결탁하여 명성을 떨치며 화려한 생활을 하던 당시의 세속화

26 이와 관련하여, "이들 양대 결사[定慧結社, 白蓮結社]는 기존의 개경 중심의 불교계의 타락상과 모순에 대한 비판운동이라는 점에서 공동의 과제를 갖고 출발"하였다는 의견(蔡尙植, 「信仰結社의 유행과 주도세력」, 『高麗後期 佛敎史硏究』, 24쪽)이 있어 참고가 된다.

27 … 承安三年戊午春 … 衆皆讋服 莫敢枝梧 以天性好山水 雖跡名敎 非其志也 … (『東文選』 117 萬德山白蓮社圓妙國師碑銘并序)

28 … 師自遁山林五十年 未嘗踏京華塵土 未嘗親導鄕黨親戚事 … (같은 책)

29 … 夜不炳燈燭 寢無茵褥 所爲檀襯 悉頒施貧乏 方丈中 唯三衣一鉢而已 … (같은 책)

한 승려들에 대해 요세가 매우 비판적이었을 것임을 암시하는 대목이 아닐 수 없다.

나아가 요세는 당시 교종과 선종 각 종파 승려들의 수행 태도에 대해서도 비판적인 견해를 드러내었다. 다음의 자료에서 그것을 알 수가 있다.

> … 佛性이 막히고 미약해지며 인간의 根機가 얕고 무디어짐에 미쳐, 도랑물의 세찬 흐름에 맡겨 흘러서 멈추지 아니하는 자가 나타났는가 하면, 文句에 얽매이어 옮기지 못하는 자도 있었다. (또한) 말라 죽은 나무처럼 앉아만 있는 것을 禪이라 이르며, 三觀(空觀·假觀·中觀)을 桎梏과 동일하게 여기고, 구멍만큼이나 작은 지식을 지혜로 삼으며, 八戒를[30] 쭉정이나 겨와 똑같이 취급하였다. 스님께서는 이와 같은 시기에 그러한 폐단을 힘써 구제하고자 하였다 …[31]

閔仁鈞이 찬한 위 官誥에 따르면, 당시 교종 승려들은 文句에만 얽매였으며 선종 승려들도 또한 참선한답시고 말라죽은 나무처럼 가만히 앉아만 있었다고 한다. 그리하여 요세가 그와 같은 폐단을 없애기 위해 노력하였다는 것이다. 당시 요세가, 세속화된 가운데 각기 소속 종파의 수행 방식이나 교리 연구에만 매달리던 중앙 중심의 기성 교단에 대해 비판적이었으며, 그 개혁을 주장하였음을 보여준다.

그런데 요세의 이상과 같은 태도는 그 모두가 지눌의 그것과 매우 상통하는 것이었다. 이미 지적되어 온 바와 같이 지눌은,

> … 그러나 우리 승려들이 아침저녁으로 행하는 바의 자취를 돌아보라. 佛法을 빙자하여 자신이나 남의 겉만을 꾸미어 놓은 채, 구차스럽게 이익

30 살생하지 말라, 도둑질하지 말라, 음행하지 말라 등과 같이, 집에 있는 이가 하루 밤낮 동안 지켜야 할 戒律을 일컫는다(耘虛龍夏, 『佛敎辭典』, 東國譯經院, 1961).

31 … 及乎佛性堙微 人根淺鈍 有流於溝蕩而不住 有滯於文句而不移 謂枯坐是禪 等三觀於桎梏 以竅號爲慧 齊八戒於秕糠 師於是時 力救此弊 … (『東文選』27 萬德山白蓮社主了世贈謚圓妙國師官誥)

과 편안함을 탐내면서 風塵에 파묻혀 지낸다. (그리하여) 도덕은 닦지 않으면서 衣食만 허비하니, 비록 거듭 출가한다고 한들 그 무슨 덕이 있다 하리오 …[32]

라고 당시 승려들의 세속적인 성향을 비난하면서,

… 하루는 同學 10여 인과 약속하기를, "이번 談禪法會를 파한 다음 마땅히 명예와 이익을 버리고서 산림에 은둔하리라"고 하였다 …[33]

에 나오는 것처럼, 명예와 이익을 버리고 산림에 은둔하고자 하였다.[34] 또한 그는,

… 만약 능히 이와 같다면, 禪定과 智慧가 짝지어 움직이며 萬行을 가지런히 닦게 되니, 어찌 이것을 헛되이 침묵만 지키는 어리석은 禪이나 단지 文字만 찾는 미친 智慧에 견주리오 …[35]

에 기록된 바와 같이, 헛되이 침묵만 지키는 어리석은 선(禪宗)이나 단지 문자만 찾아다니는 미친 지혜(敎宗)를 비난하면서, 定慧雙修로써 그러한 폐단을 제거하고자 노력하기도 하였다.[36]

당시 중앙 중심의 기성 교단을 비판하며 개혁을 외치던 지눌의 시각이

32 … 然返觀我輩 朝暮所行之迹 則憑依佛法 裝飾我人 區區於利養之途 汨沒於風塵之際 道德未修 衣食斯費 雖復出家 何德之有 … (『普照全書』 勸修定慧結社文)

33 … 一日 與同學十餘人約曰 罷會後 當捨名利 隱遁山林 … (같은 책)

34 지눌이 그처럼 당시 불교의 세속적인 경향에 비판적이었다고 하는 것은 널리 인정되는 바이다(朴龍雲, 『高麗時代史』(下), 一志社, 1987, 511~513쪽).

35 … 若能如是 定慧雙運 萬行齊修 則豈比夫空守默之癡禪 但尋文之狂慧者也 … (『普照全書』 勸修定慧結社文)

36 지눌의 그러한 입장은 다음의 논문에서 다시 정리된 바가 있다.
崔柄憲, 「定慧結社의 趣旨와 創立過程」, 73~82쪽. 朴榮濟, 「수선사의 성립과 전개」, 『신편 한국사』 21, 국사편찬위원회, 1996, 48쪽.

요세의 그것과 동일하였음을 알 수가 있다. 그러므로 요세가 지눌의 정혜결사에 참여하였던 두 번째 까닭은, 말하자면 지눌이 당시 불교계의 폐단을 지적하며 그 혁신을 주장한 데 대하여, 요세가 그처럼 공감할 수 있는 요소가 많았기 때문에 가능하였던 것이라고 할 수가 있을 것이다.

지금까지 요세가 지눌의 견해를 이해하고 그에 동조하는 입장에서 정혜결사에 참여하였을 것임을 헤아려 보았다. 그런데 이상에서 살핀 바와 같은 지눌과 요세의 공통점은, 나아가 장차 최씨무인정권이 이들 내지는 이들로 대표되는 두 신앙결사를 후원하게 되는 핵심적 요인으로 작용하게 될 가능성이 높은 요소이기도 하였다. 두 승려가 활동한 것은 무인정권의 시기였다. 고려왕조가 대내외적으로 격렬한 소용돌이에 휘말려 소란스럽기 그지없던 시대였다. 문·무의 알력과 함께 무인 사이의 정권 쟁탈전이 치열하였으며, 교종을 중심으로 한 불교계의 무인정권에 대한 항쟁이나 불교 종파 사이의 갈등이 심각하였고, 다시 전국 각지에서 농민·천민의 봉기가 분출하였던 데다가, 그러한 격동의 와중에 더욱이 외세의 압력 이를테면 金山王子를 비롯한 거란족의 침입이나 몽고의 압력에 이은 침략까지 더해짐으로써, 갈등과 전란으로 얼룩진 내우외환의 시기였던 것이다.[37]

그러므로 무인정권의 입장에서는 그와 같은 갈등을 완화·해소하는 한편 거국적인 동원체제를 갖추어 외세의 압력과 침략에 대항하는 논리가 필요하였을 법하다. 그리고 요세와 지눌이 내세웠던 선교일치의 사상이야말로 그러한 필요성에 부응할 수가 있는 이념이 아니었던가 여겨진다. 교리의 해석과 실천의 방법을 놓고 불교 종파 사이에 나타났던 대립·갈등을 해소하고자 하는 그와 같은 선교일치의 사상이, 집권세력 내의 알력이나 혹은 신분·계층 간의 갈등을 완화·해소시키는 데 유력한 원리로 작용

37 무인정권의 시기가 그처럼 내우외환의 격동기였다는 것은 널리 알려진 사실이다. 관련 연구 성과를 일일이 제시하지는 않을 작정인데, 朴龍雲, 『高麗時代史』(下), 一志社, 1987, 412~422쪽 및 460~508쪽 등을 참고하라.

할 수가 있었을 것임은 두말할 나위가 없을 터이다. 나아가 그처럼 대내적인 갈등을 수습함으로써, 모든 역량을 하나로 모아 외세의 침탈에 강력하게 대항할 수가 있으리라는 기대도 가능함 직하다. 장차 최씨무인정권이 수선사와 백련사를 후원하게 되었을 때 위와 같은 사항을 고려하지 않았을 까닭이 없어 보이는 것이다.

다음으로, 요세와 지눌이 중앙의 기성 불교 교단을 비판하면서 그 개혁을 주장하였던 것도, 이들로 대표되는 두 신앙결사가 최씨무인정권에게서 후원받을 수 있게 만드는 요소 가운데 하나였을 듯 여겨진다. 만일 최씨무인정권이 그처럼 기성 불교계의 혁신을 내세우는 정혜결사 및 백련결사를 후원하고 나아가 그들과 우호적인 관계를 맺게 된다면, 이는 최씨무인정권을 정당화시켜주는 정신적인 기반을 마련한 셈이 되었을 터이다. 그러한 관계를 바탕으로 최씨무인정권도 기왕의 잘못된 정치를 혁신하기 위해 수립된 것이라는 논리를 끌어들일 수가 있었을 것이기 때문이다.[38]

이제까지 원묘국사 요세가 보조국사 지눌의 정혜결사에 참여하게 되었던 동기로서, 두 승려의 공통점을 더듬어 보았다. 그런데 두 승려 사이에는 그러한 공통점에 못지않게 상이한 점도 있었다. 그들이 내세웠던 교선일치와 불교 혁신의 구체적인 방향이나 내용 중에는 서로 일치하지 않는 점도 적지를 않았다. 두 승려가 함께 활동한 기간이 그다지 길지 못하였던 요인이라고 할 수가 있겠는데, 그처럼 두 승려가 마침내 결별하기에 이르렀던 데 관하여는 자리를 바꾸어 살피도록 하겠다.

38 金塘澤, 「崔氏武人政權과 修禪社」, 『高麗武人政權硏究』, 새문사, 1987, 237쪽에서는, 崔忠獻이 修禪社에 관심을 보인 까닭에 대하여, 知訥의 佛敎革新 주장을 끌어들여 자신의 정권이 개혁적임을 과시함으로써 최씨정권을 정당화하기 위한 것이었다고 하였다. 그런데 앞서 본문에서 검토하였듯이, 요세도 지눌과 마찬가지로 불교 개혁을 주장하였다. 따라서 최씨무인정권이 정혜결사와 더불어 백련결사를 후원하게 되었던 까닭을 본문에서와 같이 이해한다고 하더라도 그다지 큰 잘못은 아닐 것이다.

3. 정혜결사와의 결별과 그 배경

요세가 지눌의 정혜결사에 참여했다가 이어서 결별하게 되었던 사정을, 그의 비문은 다음과 같이 전한다.

> … 그때 曹溪 牧牛子(知訥)가 八公山의 會佛岬에 있었는데, (요세 스님에 관한) 풍문을 듣고서 그윽이 자기의 뜻에 합치하므로 스님(了世)에게 偈를 부치었다 … 스님이 그 偈를 보고서는 마음에 맞아 지름길로 목우자를 찾아가 좇았다. 드디어 法友가 되어 道化를 부추겨 드높이기 數年에, 목우자가 江南으로 結社를 옮기어 가자 스님도 또한 따라서 남으로 갔다. 智異山에서 길이 南原의 歸正寺를 지나게 되었는데, 그 절의 주지인 玄恪의 꿈에 어떤 사람이 나타나서 이르기를, "내일이면 三生에 『法華經』을 지니었던 스님이 오실 것이니 의당 깨끗이 청소를 하고서 맞아들여야 할 것이오"라고 하였다. 주인이 꿈에서 시키던 대로 뜨락을 쓸고 음식을 장만하여 기다렸더니, 과연 해질 무렵 스님이 이르렀다. 현각이 꿈꾸었던 바를 모두 스님에게 말씀드렸는데, 또한 스님도 여러 번 꿈에서 天台智顗를 보곤 하였다 … 泰和 8년(1208) 戊辰年 봄 月生山(月出山)의 藥師蘭若에 우거하였다 …[39]

지눌을 좇아 몇 년[數年] 동안 함께 활동하다가, 지눌이 강남으로 결사를 옮겨갈 적에 요세도 그를 따라서 남쪽으로 내려갔다는 것이다. 그랬다가 어느 시기인지는 분명하지 않지만, 지리산에서 남원의 귀정사로 갈 즈음이면 이미 지눌과 헤어져 요세 혼자였던 것으로 나타난다.

그렇다면 요세가 지눌의 정혜결사에서 활동한 것은 구체적으로 언제까

39 … 時曹溪牧牛子 在公山會佛岬 聞風暗契 以偈寄師 … 師見而心愜 徑往從之 然爲法友 助揚道化 居數年 牧牛子移社於江南 師亦隨而南焉 自智異山 道過南原歸正寺 其住持玄恪夢 有人告曰 明日 三生持法華師來 宜淨掃迎之 主人如教 掃門庭 具殽饌以待 師乘晚果至 玄恪具說所夢 又師屢夢智者 … 泰和八年戊辰春 寓居月生山藥師蘭若 … (『東文選』 117 萬德山白蓮社圓妙國師碑銘并序)

지였으며, 또 어떤 이유에서 지눌 및 정혜결사와 결별하게 되었을까? 위 기록에 따르면, 요세가 지눌과 헤어진 것은 정혜결사가 남쪽으로 이동해 갈 무렵으로 지리산 내지는 남원의 부근에서였던 듯 보인다.[40] 다만 언제 그리고 왜 그렇게 되었는지는 기록이 분명하지를 않다.

여기에서 잠시 지눌의 그 즈음 행적을 살피는 것이 관련 사실들을 이해하는 데 도움이 될 듯싶다. 지눌은 1188년(명종18) 八公山 居祖寺에서 정혜결사를 개창하고, 이어서 1190년(명종20)에는 「권수정혜결사문」을 반포하는 등 활동을 본격화하였다.[41] 그러다가 그의 뜻에 공감하여 몰려드는 學人들로 인해 사찰이 협소해지자 결사를 옮길 계획을 세웠는데, 1197년(명종27)에는 이미 天眞과 廓照 등 그의 제자들이 松廣山(曹溪山)의 吉祥寺(修禪社)를 중창하기 위한 공사를 착수하기에 이르렀다.[42] 한편 그러는 가운데 지눌 자신은 1198년(신종1)에 팔공산을 떠나 지리산의 上無住庵으로 가서 은거하다가,[43] 1200년(신종3)에야 비로소 조계산의 수선사로 결사를 옮기었다.[44] 요약하자면, 적어도 1197년에는 정혜결사를 강남으로 옮기기 위한 공사가 시작된 상황이었으며, 1198년에는 지눌이 정혜결사의 발상지였다고 할 팔공산을 떠나 지리산으로 옮기었고, 그랬다가 1200년에

40 高翊晉은 「圓妙了世의 白蓮結社와 그 思想的 動機」, 110쪽에서, 요세가 지눌과 더불어 松廣山 吉祥寺(곧 曹溪山 修禪社)에까지 간 다음 定慧結社와 결별하였던 것으로 이해하였다. 그런데 了世 碑文에 의하면, 요세가 남쪽으로 이동하던 도중 智異山에서 길을 가다가 南原의 歸正寺에 들를 무렵이면 벌써 홀로였던 것으로 나타난다. 다시 말해 요세가 지눌과 함께 활동한 것은 지리산 내지는 남원의 부근까지였으며, 그곳에서 두 승려는 헤어졌던 것이 아닌가 여겨지는 것이다. 한편 이와 관련하여 崔柄憲은, "요세는 지눌이 智異山 上無住庵으로 은거할 때 같이 따라 가다가 중도에서 헤어져, 뒷날 독자적으로 백련사를 조직함으로써 다른 길을 갔"던 것으로 이해하였다(「定慧結社의 趣旨와 創立過程」, 61~61쪽).

41 「勸修定慧結社文」, 『普照全書』, 普照思想硏究院, 1989, 29~30쪽.

42 「大乘禪宗曹溪山修禪社重創記」, 『朝鮮寺刹史料』(增補校正版), 高麗書林, 1986, 274~275쪽.

43 「昇平府曹溪山修禪社佛日普照國師碑銘幷序」, 『普照全書』, 1989, 420쪽.

44 「勸修定慧結社文」, 같은 책, 30쪽.

현재의 송광사에 정혜결사를 최종적으로 안착시키었던 것이다.[45]

45 知訥과 了世가 八公山에서 활동하다가 江南 즉 현재의 全羅南道 지방으로 結社를 옮기게 되었던 이유가 궁금하다. 몰려드는 學人들로 사찰이 협소해지자 옮기었다는 기록이 전하기는 하지만(「修禪社重創記」, 『朝鮮寺刹史料』, 275쪽), 하필 全南 順天에 있는 사찰을 중건하여 그리로 옮겨야만 했던 까닭이 되지는 못한다. 나아가 이들의 양대 결사가 개경 중심의 기성 불교 교단을 비판하는 등 地方佛教的인 경향을 보였으며, 아울러 그 주도세력이 地方社會의 鄕吏層이나 讀書層 출신이어서 불교의 중심지가 지방사회로 확산되어갔다는 견해도(蔡尙植, 「信仰結社의 유행과 주도세력」, 24·27~30쪽), 또한 그러하기는 매한가지이다. 수많은 지방 가운데 유독 전남의 해안지역이 결사를 이전하거나 혹은 개창하는 장소로 지목되어야만 하였던 이유를 잘 알 수가 없는 것이다.

지눌이 팔공산을 떠나 정혜결사를 옮기기로 결심한 것은 1197년(명종27, 신종즉위) 이전의 어느 때였음이 거의 틀림없어 보인다. 결사를 옮기고자 송광산의 길상사를 중건하기 시작한 것이 바로 그 해였기 때문이다. 따라서 적어도 그 앞 해인 1196년 무렵이면 벌써 결사를 옮기기 위한 장소를 물색하기 시작하였던 것이 아닌가 여겨지기도 한다. 그런데 당시 開京에서는 李義旼을 제거한 崔忠獻이 정권을 장악하고(1196), 이어서 명종이 폐위당하는 한편 興王寺 승려 廖一과 闍崛山派의 大禪師 淵湛이 유배되는 등(1197), 많은 변화가 일어나는 중이었다. 그러므로 어쩌면 중앙에서의 그러한 변화가 지눌에게 영향을 미쳐, 그가 결사를 옮길 결심을 하게 되었는지도 모를 일이다. 하지만 지눌로 하여금 마침내 팔공산을 떠나도록 만들었던 보다 직접적인 원인은, 명종 20년(1190) 이후 경상도 일원에서 빈발하던 민중들의 봉기가 아니었던가 여겨진다.

무인정권의 시기에는 농민·천민의 수많은 반란이 전국을 휩쓸었다. 특히 지눌이 활동하던 팔공산 인근을 포함한 경상도 일대에서는 당시 유난히 많은 민란이 발생하였다. 명종 20년(1190) 慶州에서의 민중 봉기를 시발로, 명종 23년(1193)에는 雲門·草田((金沙彌·孝心)과 江陵에서, 신종 2년(1199)에는 江陵(三陟·蔚珍)과 慶州(義城)에서, 그리고 신종 3년(1200)에는 晉州(公私奴婢)·陜川(奴兀部曲)·密陽(官奴) 등지에서 민중 봉기가 발생하였으며, 다시 같은 해에 慶州에서는 토착세력끼리 지역에서의 주도권을 놓고 유혈쟁탈전이 벌어지기도 하였다. 또한 신종 5년(1202)에는 慶州別抄와 雲門賊 및 符仁寺·桐華寺의 僧徒들이 연합하여 永川을 공격하는 사건이 벌어졌고, 그에 이어서 드디어는 慶州를 중심으로 한 新羅復興運動(1202~1204)이 일어나기도 하였다(李貞信, 「농민·천민의 봉기」, 『신편 한국사』 20, 1994, 121~161쪽). 지눌이 팔공산에서 정혜결사를 개창한(1188) 이래, 그의 활동 지역 인근에서는 늘 소요 사태가 끊이지 않았다고 하여 지나치지 않을 정도였던 셈이다.

반면에 당시 전라도 남해안 지역에서는 그처럼 소란스러운 사태가 달리 발생한 적이 없었다. 명종 7년(1177) 현 全北의 益山에서 그리고 명종 12년(1182) 全州에서 각기 민중 봉기가 일어나기는 하였지만, 그것은 蘆嶺山脈 이북 지역에서의 일이었

앞서 언급하였듯이, 요세가 지눌과 헤어진 것은 지리산 내지는 남원의 부근에서였다. 따라서 요세가 정혜결사와 결별한 시기는, 지눌의 행적 가운데 그가 팔공산에서 지리산의 상무주암으로 옮겨가 머물던 1198년에서 1200년 사이의 언제였음이 거의 분명하다. 그런데 지눌은 지리산 상무주암에서 大慧宗杲(1088~1163)의 『大慧普覺禪師語錄』(書狀; 이하 『大慧語錄』)을 읽는 가운데 크게 깨우침을 얻었으며, 그 후 看話禪을 禪修行의 최상의 방법으로 삼았다고 한다. 지눌의 이른바 3種門(惺寂等持門, 圓頓信解門, 看話徑截門) 가운데 看話禪의 徑截門은, 教學에서는 발견할 수가 없는 禪家만의 독특한 비법이었다. 頓悟漸修論에 관한 한 선과 교에 대해 융화적인 태도를 취하던 지눌도, 간화선에 이르러서는 선과 교의 확연한 질적인 차이를 강조하였다. 話頭의 참구를 통해 얻어지는 깨달음은, 知解의 자취를 떨쳐 버릴 수가 없는 교학적인 진리 이해나 깨달음과는 전혀 다른 차원의 것으로서, 오직 선가만의 고유한 세계라는 것이다. 그러므로

다. 또한 고종 23년(1236) 후반 全南 潭陽에서 발생한 李延年의 百濟復興運動은, 지눌이 정혜결사를 개창하고 뒤이어 이전하던 시기와는 한참 차이가 나는, 그보다 30여 년 뒤에 일어난 사건이었다. 당시 전국적인 민중 봉기의 회오리 속에서, 전남 그 중에서도 그 남해안 지역은 거의 무풍지대나 다름이 없었던 셈이다.

전남의 남해안 지역에서 그처럼 소란스러운 사건이 발생한 적이 없었다는 것은, 곧 해당 지역 토착세력가들의 기반이 상대적으로 안정적이었음을 암시한다. 경상도를 비롯한 다른 지역의 민란에서 지방의 유력자들이 으레 봉기를 주도하곤 하였던 것과 비교하면, 금방 그러한 사실을 감지할 수가 있을 터이다. 그리고 지눌과 요세는 그처럼 자신의 세력 기반을 비교적 잘 유지하던 전남 남해안 지역의 유력자들에게서 후원을 받아 결사를 꾸려갈 수가 있었다. 知訥이 松廣山 吉祥寺를 중건하여 曹溪山 修禪社로 만드는 데 羅州와 順天을 비롯한 주변 토착세력가들의 적극적인 지원이 있었다든지(崔柄憲, 「定慧結社의 趣旨와 創立過程」, 89~90쪽), 또는 了世가 萬德山 白蓮社를 개창하는 데 康津 지역 유력자들의 후원이 토대가 되었다고(蔡尙植, 「白蓮結社 성립과 사상적 경향」, 71쪽) 하는 등, 이제까지의 연구 결과를 보면 알 수가 있는 일이다. 그러므로 지눌과 요세가 팔공산을 떠나 각각 순천으로 결사를 옮기거나 또는 강진에서 새로이 결사를 개창하기에 이르렀던 것은, 요컨대 그들이 무인정권시기 민중 봉기의 회오리에서 벗어나 한층 안정된 토대 위에서 결사를 꾸려가고자 마음먹었던 데에 그 일차적인 배경이 있었다고 이해하여 지나치지 않을 줄 믿는다.

비록 그 후에도 지눌이 선과 교 사이의 불필요한 대립을 지양하였으며, 결코 선에 대해 맹목적인 집착이나 종파적인 편협성을 보이지는 않았다고 하더라도,[46] 『법화경』을 소의경전으로 삼는 천태종 승려였던 요세의 입장에서는 지눌의 그러한 선수행을 그대로 따르기가 어려웠을 듯싶다.

요세가 지눌의 禪敎一元의 주장에 공감하여 정혜결사에 참여하였을 것이라 함은 앞서 살핀 바가 있다. 그런데 이제 지눌이 그에서 더 나아가 선의 독자성과 질적 우월성을 더욱 강조하기에 이르렀다면, 요세로서는 더 이상 看話禪을 最上乘의 수행 방법으로 내세우는 지눌의 그러한 노선에 동조할 명분이 사라졌다고 판단하였을 가능성이 커 보인다. 그리하여 그는 다시 『법화경』을 바탕으로 하는 천태종 승려의 입장으로 되돌아가고자 하였던 듯싶다. 앞서 제시한 사료에 나오는 바, 남원 귀정사의 주지였던 현각이 꾸었다고 전하는 꿈의 내용에서 그것을 짐작할 수가 있다. 그 꿈에서는 요세가 三生[47] 동안 『법화경』을 受持해 온 승려로 묘사되거니와, 현각의 이 꿈은 이를테면 요세가 지눌과 헤어질 때의 사정을 설화적으로 암시하는 서사에 해당한다 할 것이다. 정혜결사에 참여해 활동하던 요세가 새삼스레 혼자 출현하였을 때의 상황과 관련된 꿈이었다는 점에서 그처럼 여겨진다. 또한 그 꿈에서 요세를 그와 같이 『법화경』과 인연이 매우 깊은 승려로 그린 것은, 그러므로 정혜결사와 결별할 당시 요세가 '修禪'이 아니라 『법화경』을 더욱 중시하는 입장이었음을 보여주는 증거로 받아들여 큰 잘못은 아닐 줄 믿는다.

요세가 지눌의 정혜결사와 결별한 곳은 지리산 내지 남원의 부근이었으며, 그 시기가 1198년에서 1200년 사이의 언제였을 것임을 살피었다. 그리고 지눌이 지리산 상무주암에서 『대혜어록』을 통해 깨달음을 얻어 간화선을 내세우게 되었던 사실과 그 결별이 서로 무관하지가 않았을 것임

46 이상 知訥의 看話禪에 관한 풀이는, 吉熙星, 「지눌의 사상」, 40~43쪽을 참고하라.

47 前生·今生·後生이니, 곧 過去世·現在世·未來世를 가리킨다. 또한 華嚴宗에서는 見聞生·解行生·證入生을 말하며, 이 三生을 지내어 成佛한다고 한다(耘虛龍夏, 『佛敎辭典』, 東國譯經院, 1961).

도 아울러 검토하였다. 그 당시 두 승려 사이에 수행의 방법을 놓고 견해의 차이가 커짐으로 해서, 마침내 그리 되지는 않았을까 헤아려 보았던 것이다.

그런데 여기에서 궁금해지는 것은, 그렇다면 요세가 지눌의 정혜결사에 참여한 것이 언제였을까 라고 하는 점이다. 요세의 비문에 따르면, 두 승려가 처음 만났던 것은 빨라야 1198년 가을이었다.[48] 그런데 당시는 지눌이 지리산의 상무주암에 머물던 시기로서,[49] 팔공산에서 두 승려가 함께 활동하였다고 하는 요세 비문이나[50] 그의 관고와[51] 모순이 된다. 또한 1198년 가을 무렵이라고 하면, 두 승려가 이미 결별을 맞이하던 시기에 해당할 가능성이 있다는 지금까지의 검토와도 어긋나게 된다. 다시 말해 요세가 처음 지눌의 정혜결사에 참여해 활동을 시작하였던 곳은 팔공산이며, 그러므로 그 시기도 지눌이 팔공산을 떠나 지리산으로 향하던 1198년 봄 이전이 되어야 한다고 생각하는 것이다.[52] 그러면 그 구체적인 시기는 언제였을까. 이와 관련하여 요세가 지눌의 정혜결사에 참여해서 활동한 기간이 '數年'이었다고 하는 앞서 제시한 바 요세 비문의 기록에 눈길이 간다. 동일한 요세 비문 가운데 '數年'이라는 표현이 한 번 더 나오는

48 … 承安三年戊午春 … 是年秋 … 時曹溪牧牛子 在公山會佛岬 聞風暗契 以偈寄師 勸令修禪云 … 師見而心愜 徑往從之 然爲法友 助揚道化 居數年 牧牛子移社於江南 師亦隨而南焉 … (『東文選』 117 萬德山白蓮社圓妙國師碑銘幷序)

49 … 至承安二(三)年戊午春 與禪侶數子 一鉢尋勝 登智異山 隱居上無住庵 境致幽寂甲天下 眞安禪之佳所也 … (『普照全書』, 「昇平府曹溪山修禪社佛日普照國師碑銘幷序」, 420쪽)

50 위의 註 48) 참고.

51 … 與件侶者數人 痛輪廻於長劫 卽投身於靈洞 冬安夏安 嘗息影於公山 晝懺夜懺 搠精廬於萬德古址 … (『東文選』 27 萬德山白蓮社主了世贈諡圓妙國師官誥)

52 蔡尙植, 「白蓮結社 성립과 사상적 경향」, 70쪽.
한편 이와는 달리, 了世가 처음 知訥을 만나 활동하던 시기가 1198년 말이며 그 장소도 智異山 上無住庵이라고 이해하는 다음의 논고도 있다. 閔泳珪, 「高麗雲默和尙無寄輯佚」, 『崇山朴吉眞博士華甲紀念 韓國佛敎思想史』, 1975, 3쪽. 高翊晉, 「圓妙國師 了世의 白蓮結社」, 216쪽.

데, 그 기간이 2년 정도임으로 해서이다. 요세가 帶方太守 卜章漢의 초빙을 받아 南原의 白蓮社에서 2년가량 머무른 적이 있었거니와, 그것을 요세의 비문에서는 '數年 동안 머물렀다'라고 기록하였다.[53] 따라서 요세가 지눌과 더불어 활동하였다고 하는 '數年'의 기간도 그와 마찬가지로 2년 정도로 보아 좋을 것이다, 그리고 이로 미루어 요세가 처음 지눌의 정혜결사에 참여해 활동을 시작한 것도 대략 1196년에서 1198년 봄 이전의 어느 시기로 생각하여 무리가 없을 줄 믿는다.

지금까지 요세가 지눌의 정혜결사에 참여해서 활동하다가 결별한 시기에 대해 살펴보았다. 그렇다면 당시 요세로 하여금 지눌의 정혜결사를 떠나야만 하도록 만들었던 원인은 무엇이었을까? 앞서 수행 방식을 둘러싸고 요세와 지눌의 사이에서 드러났을 법한 견해의 차이가 결별의 한 계기가 되었을 것임을 잠시 언급한 바가 있다. 그런데 지금까지의 연구에 의하면, 대체로 지눌이 뛰어난 根機의 智慧 있는 사람에게 알맞은 수행 방식을 내세웠던 데 반해, 요세는 罪障이 깊고 두터워 자기 힘만으로는 깨달음을 이룰 수가 없는 凡夫까지도 가능한 수행 방식을 의식하였던 것으로 이해된다. 지눌이 내세웠던 간화선이 특출한 근기를 소유한 인물에게나 적합한 길이라 함은 더 이를 나위가 없으려니와,[54] 그의 頓悟漸修論도 또한 일정한 知解力을 갖춘 '有智之人(智人)'이[55] 아니면 접근하기가 어려운 수행 방식이었다. 반면에 요세는 懺悔行을 강조하고 淨土往生을 희구함으로써, 無始億劫의 生死罪에서 허덕이는 나약한 중생을 교화의 가장 중요한 대상으로 삼고자 하였다. 그러므로 요세가 비록 한동안 지눌의 정혜결사에 몸담은 적이 있었다고는 하지만, 맹렬한 懺法이 說해진 동시에 淨土思想까지도 깊숙이 자리잡음으로 해서 그처럼 無力한 凡夫도 실

---

53 … (大安)九年春 帶方太守卜章漢 聞師道韻 請以管內白蓮山爲道場 師率其徒往焉 … 留數年 十一年癸未 … 故幡然取道而還 … (『東文選』117 萬德山白蓮社圓妙國師碑銘 幷序)

54 吉熙星, 「지눌의 사상」, 41쪽.

55 「勸修定慧結社文」, 『普照全書』, 1989, 8쪽.

천이 가능한 길을 제시하는 천태종으로 끝내 되돌아갈 수밖에 없었다는 것이다.[56]

지눌이 지혜 있는 이 곧 지식인 취향이었던 데 비해 요세는 힘없는 범부 중생 곧 민중 취향이었으며, 그와 같은 차이 때문에 두 승려가 마침내 결별하기에 이르렀다는 주장은 타당하다고 생각한다. 다만 그러한 차이가 나타나게 된 배경이 궁금한데, 이는 곧 두 승려가 그처럼 서로 갈라설 수밖에 없었던 근본적인 원인이 무엇이었던가에 대한 관심이라고도 말할 수가 있을 것이다.

지눌은 황해도 洞州(瑞興郡) 鄭氏 가문의 출신이었다. 그의 부친인 鄭光遇는 國學 學正에 올랐으며, 모친인 趙氏는 開興郡夫人에 책봉되었다.[57] 이미 알려진 대로 鄭氏는 洞州의 土姓 가운데 하나였으므로,[58] 지눌은 그 지역 豪族의 후예였음이 분명하다. 모친 조씨는 황해도 開興 즉 白川郡 豪族의 후예가 아니었던가 여겨지는데, 趙氏가 開興(白川郡)의 土姓 가운데 하나였음으로 해서 그런 짐작이 가능하다.[59] 한편 요세는 경상도 陜川의 屬縣인 新繁縣 출신이었다. 현재의 경상남도 宜寧郡에 속하는 이 지역에서,[60] 그는 토착 유력가문인 徐氏의 일원으로 태어났다. 그의 부친 徐必中은 신번현의 戶長이었으며, 그의 모친도 同鄕人으로서 또한 徐氏였다.[61] 그러므로 의심의 여지가 없이 요세는 현 경남 의령의 豪族 가문 출신이었다고 해야 할 것이다.

그런데 이상과 같은 지눌과 요세의 사회적인 출신 배경에 대하여, 지금까지는 흔히 그 공통점을 지적하는 경향이 강하였다. 두 승려가 모두 地方社會의 鄕吏層이나 讀書人層에 속하였으며, 그리하여 그 이전의 門閥貴族

56 高翊晉, 「圓妙了世의 白蓮結社와 그 思想的 動機」, 115~120쪽.
57 『普照全書』 昇平府曹溪山修禪社佛日普照國師碑銘幷序
58 『世宗實錄地理志』 152 黃海道 瑞興都護府
59 앞의 책 152 黃海道 白川郡
60 蔡尙植, 「信仰結社의 유행과 주도세력」, 27쪽.
61 『東文選』 117 萬德山白蓮社圓妙國師碑銘幷序

이나 王族이 불교계의 주도세력으로 부각되던 단계와는 달리, 이들을 통하여 지방사회의 향리층과 독서인층이 불교계의 중추세력으로 등장하였음을 발견할 수가 있다는 것이다.[62] 두 승려가 지방사회 출신이라는 공통점을 지녔음을 강조하고 있다. 비록 말미에서 '독서층 출신에 가까운 지눌'과 '호장의 아들인 요세'를 구분해 이해하고자 시도하기도 하였지만, 그것도 두 승려가 공통적으로 지방사회 출신이었다는 사실을 전제로 한 다음의 일이었다.[63]

그렇지만 지눌과 요세의 사회적인 배경을 놓고 볼 때, 그러한 공통점에 못지않게 오히려 서로 다른 점이 더욱 강조되어야 하는 건 아닌가 여겨지기도 한다. 무엇보다 지눌이 그처럼 황해도 동주에서 태어난 지방사회 출신으로 간주되는 것[64] 자체가 온당하지를 않다는 생각이다. 지눌의 부친은 개경에서 관직 생활을 한 인물이었다. 고려시대 관직자들이 일반적으로 그러하였듯이, 그러므로 지눌의 부친도 개경에서 거주하였던 것으로 보아 좋을 줄 믿는다. 지눌이 개경에서 출생·성장하는 가운데 그곳의 귀족문화를 향유하였을 가능성이 그만큼 높았던 셈이다. 아니더라도 그는 개경에서 그리 멀지 않은 洞州(本貫) 혹은 白川(外鄕)에서 출생·성장하였을 것이다. 따라서 개경에서 멀리 떨어진 경상남도 의령군에서 태어나고 자랐을 요세와, 개경의 귀족문화를 비교적 용이하게 접촉할 수 있는 환경에서 성장한 지눌을, 동일하게 지방사회 출신이라고 하는 하나의 기준에 맞추어 이해하고자 하는 것은 타당치가 않다고 생각한다. 당시 사람들이 지눌을 '京西洞州人'이라고 하여 굳이 '京'과의 관련을 내세웠던 것도,[65] 따지고 보면 지눌이 그만큼 개경의 문화와 인연이 깊었던 사실을 인식한 데서 나온 표현은 아니었을까 여겨지기도 한다. 지눌의 부친 정광우는 국학

62 蔡尙植, 「信仰結社의 유행과 주도세력」, 27~28쪽. 蔡尙植, 「修禪結社 성립의 사회적 기반」, 42~43쪽.

63 蔡尙植, 「修禪結社 성립의 사회적 기반」, 43쪽.

64 蔡尙植, 「信仰結社의 유행과 주도세력」, 27쪽.

65 … 師諱知訥 京西洞州人也 … (『普照全書』 普照國師碑銘幷序)

학정(정9품)을 역임한 인물이었다. 국자감의 학관을 담당할 정도의 유교적 소양을 지니었던 부친[66] 내지는 그러한 부모가 속한 가문에서, 독서인층의 문화를 세례받는 가운데 지눌은 성장하였다. 말하자면 지눌은 중앙의 독서인 가문에서 출생하여 성장한, 그리하여 당시 사람들이 표현하였던 대로 '衣冠之子'에[67] 해당하는 인물이었던 것이다.[68]

반면에 요세는 그와 같은 개경의 귀족문화와는 다소 거리가 있다고 할 수밖에 없는, 먼 남부 변방의 토착세력가 출신이었다. 경상도 신번현 호장의 자제로서, 기껏해야 지방지식인의 축에나 낄 수가 있는 정도의 사회적인 배경을 지닌 인물이었다. 지눌이 중앙의 독서인 자제로서 '의관지자'라고까지 불렸던 데 비해, 그와 상당한 간격이 있는 사회적 배경 아래 지방에서 태어나 성장한 인물이 곧 요세였던 것이다.[69]

요세가 지눌에 비하여 낮은 근기의 범부 중생 즉 지방의 민중에게 더욱 가까이 다가갈 수가 있었던 것은, 위와 같은 출신 배경의 차이에서 말미암은 일이었던 것으로 판단된다. 지방사회 출신의 요세는 어린 시절 이래로 주변에서 농민·천민이 살아가는 모습을 생생하게 살필 기회가 많았을 터이다. 그리하여 지방에서 직접 생산 활동에 종사하는 그들 민중의 현실

66 지눌의 부친 鄭光遇는 科擧에 及第한 인물이었던 것으로 보인다. 國子監의 學官은 과거급제자만이 독점하였다는 연구로 미루어 알 수가 있다(許興植, 「高麗의 科擧와 門蔭과의 比較」, 『高麗科擧制度史研究』, 一潮閣, 1981, 223쪽).

67 … 師俗姓鄭氏 衣冠之子也 … (『朝鮮寺刹史料』 大乘禪宗曹溪山修禪社重創記)

68 이와 관련하여, "아버지의 관직이 國學學正(正9品職)이라는 말단관리에 머물렀던 것을 보아 귀족가문으로서는 한미한 편이었음을 짐작할 수가 있다"라고 하여, 지눌을 한미한 귀족 가문의 출신으로 이해하는 견해도 있다(崔柄憲, 「定慧結社의 趣旨와 創立過程」, 51쪽).

69 知訥과 了世를 地方社會 출신이라는 공통분모 속에서 '讀書層과 鄕吏層'으로 구별하는 논자가 있다(蔡尙植, 「修禪結社 성립의 사회적 기반」, 43쪽) 함은 이미 언급하였다. 그렇지만 본문에서 밝혔듯이, 지눌은 지방사회 출신으로 보기가 어려운 인물이었다. 따라서 두 승려의 사회적인 배경에서 상이한 점을 찾아내는 데에는, 그보다도 開京의 貴族文化를 향유한 적이 있는 中央의 讀書人 출신인가 아니면 그렇지 못한 地方社會 출신인가를 가지고 구분하는 것이 한결 타당하지 않을까 생각한다.

에, 그가 일찍이 눈을 뜨게 되었다고 하여 하등 이상한 일은 아니라고 생각한다. 요세는 懺悔行을 통하여 罪業을 滅하는 실천에 남달리 몰두하였으며, 아미타불을 염송하면서 극락정토에 왕생하기를 희구하였다. 깊고 두터운 罪障 때문에 부처의 가호에 힘입지 않고서는 스스로 깨달음을 이룰 수가 없는 무력한 범부중생을 구원하는 데 그는 평생을 다 바쳤다. 중앙 讀書人 출신의 지눌이 근기가 높은 '智人' 즉 지식인을 교화의 대상으로 삼는 수행 방식을 내세웠듯이, 地方社會人 출신이었던 요세는 근기가 낮은 범부 즉 민중의 고통을 함께 아파하며 그들에게 구원의 손길을 뻗치고자 노력하였던 것이다.

요세와 지눌에게서 나타나는 사회적인 출신 배경의 상이함을 살핀 다음, 그로 말미암아 두 승려에게서 교화 대상의 근기에 대한 입장의 차이가 나타났을 것임을 검토하였다. 사회적인 출신 배경의 상이함이 두 승려 사이에 교화 대상의 근기를 달리 상정하게 만들었을 것임을 지적하였다. 앞서, 요세와 지눌이 교화 대상의 근기를 달리 상정함으로써 수행 방식을 두고 갈등한 끝에 결별에 이르렀을 것임을 언급한 바 있거니와, 그리 된 원인이 둘 사이에 개재한 사회적인 배경의 차이였음을 밝힌 셈이다. 그러므로 요세가 지눌의 정혜결사와 결별하고 나아가 새로이 백련결사를 개창하지 않으면 아니 되었던 근본적인 원인은, 요컨대 중앙의 독서인 출신과 지방의 토착세력가 출신이라고 하는 두 승려의 사회적인 배경이 그처럼 서로 달랐다는 사실에 있었다 할 것이다.

4. 맺음말

圓妙國師 了世와 普照國師 知訥의 사이는 협력과 갈등의 요소가 공존하는 관계였다. 요세가 定慧結社에 참여한 적이 있었다든지 또는 그의 후계자들이 정혜결사의 승려와 교류를 하였던 것은 전자에 해당하며, 요세가 끝내 정혜결사와 결별한 가운데 독자적인 길을 걸으면서 白蓮結社를 개창하기에 이르렀던 것은 후자에 해당한다 할 것이다.

요세는 지눌의 권유에 따라 정혜결사에 참여해 활동하였다. 지눌의 견해에 공감하는 바가 많아서이기 때문이었다. 우선 지눌이 주장하던 禪敎一元의 불교통합사상은, 요세가 소속된 天台宗에서도 내세우던 바이었다. 요세가 지눌과 마찬가지로 선종과 교종의 조화를 통해 불교종파 사이의 대립 갈등을 해소하는 일에 앞장섰을 것임을 헤아릴 수가 있다. 나아가 두 승려는 당시 불교계를 비판하는 데에서도 뜻을 같이하였다. 開京을 중심으로 한 기성 교단이 세속화한 가운데 종파적인 편협성만을 드러내는 데 대하여, 요세와 지눌은 동일한 시각으로 그것을 비판하면서 불교개혁을 외치었다. 말하자면 요세는 선교일원의 불교통합사상과 불교 혁신을 표방하던 지눌에게 동조하는 입장에서, 지눌의 권유를 받아들여 정혜결사에 참여하였다고 할 수가 있는 것이다.

그런데 요세가 지눌과 함께 활동한 기간은 고작해야 2년 정도에 지나지 않았으며, 곧 정혜결사와 결별하고 말았다. 특출한 根機를 지닌 사람에게나 적합한 看話禪을 最上乘으로 제시하면서, 일정한 知解力을 갖춘 지식인을 교화 대상으로 삼는 지눌에 대한 불만에서였다. 罪業이 깊고 두터워 自力으로는 깨달음을 이룰 수가 없는 범부 중생이 요세에게는 더욱 중요하였던 것이다. 두 승려에게서 그러한 갈등이 나타나게 된 것은, 사회적인 출신 배경이 서로 다른 데에 그 원인이 있었다. 지눌이 개경의 貴族文化와 나름의 인연을 지닌 中央의 讀書人 출신이었던 데 비해, 요세는 王京에서 멀리 떨어진 변방의 土着勢力家 출신이었다. 그리하여 독서인 출신의 지눌이 우수한 근기의 지식인을 교화 대상으로 삼는 수행 방식을 내세웠던 데 반해, 地方社會人 출신의 요세는 낮은 근기의 범부 중생 즉 민중도 접근이 가능한 수행 방법을 제시하고자 고민하였다. 요세가 지눌의 정혜결사와 결별한 다음 백련결사를 개창하고서, 罪業을 없애고자 하는 懺悔行의 실천에 남달리 골몰하였으며 아미타불을 염송하면서 극락정토에 왕생하기를 희구하였던 것은 그에서 말미암은 필연적인 결과였다.

(「圓妙國師 了世의 定慧結社 참여와 결별」, 『歷史學報』 156, 1997)

제2장 崔氏武人政權時期의 儒者出身 僧侶

1. 머리말

고려 최씨무인정권의 시기에는 여러 명의 儒者들이[1] 불교에 투신하여 승려가 되었다.[2] 惠諶을 비롯하여 天因과 天頙 및 冲止와 같은 승려들의 등장에서 그러한 흐름이 있었음을 알 수가 있다. 이들은 과거에 급제하였거나 혹은 급제한 다음 관직에 나아가 활동하던 儒者들이었다. 그러다가 중도에 불교로 전향하여 승려가 되었던 것이다. 그리고 출가한 다음 이들은 당시를 대표하는 고승으로서 명성을 떨쳤으며, 입적 후에는 다시 國師에 추증되기까지 하였다.

이들이 출가하던 무렵은, 武臣亂(1170)의 직후와 같이 文人儒者들이 재난을 피하여 山寺로 숨어들어야만 하던 시기가 아니었다. 널리 알려진 바와 같이 최씨 武人執政은 문인유자라고 하여 무조건 탄압하려 들지도 않았으며, 오히려 그들 가운데서 일부를 등용하고자 하였다. 당시 혜심과 같은 유자들이 출가하는 사례가 여럿 나타났던 것은, 그러므로 다소 이색

1 業儒者(『東文選』 117 萬德山白蓮社圓妙國師碑銘并序) 곧 儒學者로서 흔히 文人階層을 이루었던 사람을 일컫는다.

2 Edward J. Shultz, 「高麗武人執權期의 佛教」, 『李基白先生古稀紀念 韓國史學論叢』(上), 一潮閣, 1994, 778~780쪽.

적인 일이라고 아니할 수가 없는 것이다.

그런데 최씨무인정권의 시기에 그처럼 유자 출신의 승려가 등장하였던 사실에 관하여 체계적으로 접근한 논고는 아직 찾아보기가 힘들다. 과거급제자를 포함한 유자의 출가 경향과 이들이 승려로서 성공적으로 활동하였다고 하는, 다른 시기에는 잘 나타나지 않는 이례적인 현상에 대하여 본격적으로 관심을 보인 연구는 그리 쉽게 발견할 수가 없는 실정인 것이다.[3] 다만 혜심과 충지·천인·천책 등 해당 승려 및 그들이 참여하였던 修禪社와 白蓮社에 대한 연구 성과는 매우 많은 편인데, 그러한 논문에서 각 승려의 출가 동기나 활동 그리고 사상 등에 관하여 분산적으로 언급하는 정도에 그칠 따름이다.[4] 그리하여 각 승려별로 출가의 시기나 소속된

3 이와 관련하여, 당시 나타났던 과거급제자의 출가 경향에 유의해야 함을 지적한 다음의 논문이 참고 된다.
許興植, 「佛敎界의 새로운 傾向」, 『高麗佛敎史研究』, 一潮閣, 1986, 449쪽. 蔡尙植, 「信仰結社의 유행과 주도세력」, 『高麗後期佛敎史研究』, 一潮閣, 1991, 28~29쪽. 박영제, 「원 간섭기 초기 불교계의 변화」, 『14세기 고려의 정치와 사회』, 민음사, 1994, 516~517쪽.

4 惠諶 등 관련 승려를 언급한 논문은 미처 헤아리기 어려울 정도로 많은데, 이 글의 주제와 관련하여 주로 참고한 논저는 아래와 같다.
秦星圭, 『高麗後期 眞覺國師 慧諶 研究』, 中央大 博士學位請求論文, 1986. 普照思想研究院, 『普照思想』 7(眞覺國師 慧諶의 生涯와 思想), 1993. 許興植, 『眞靜國師와 湖山錄』, 民族社, 1995. 閔賢九, 「月南寺址 眞覺國師碑의 陰記에 대한 一考察」, 『震檀學報』 36, 1973. 高翊晉, 「白蓮社의 思想傳統과 天頙의 著述問題」, 『佛敎學報』 6, 1979. 秦星圭, 「圓鑑國師 沖止의 生涯」, 『釜山史學』 5, 1981. 秦星圭, 「圓鑑錄을 通해서 본 圓鑑國師 沖止의 國家觀」, 『歷史學報』 94·95合, 1982. 秦星圭, 「眞覺國師 慧諶의 生涯와 思想」, 『高麗史의 諸問題』, 三英社, 1986. 兪瑩淑, 「崔氏武臣政權과 曹溪宗」, 『白山學報』 33, 1986. 許興植, 「佛敎界의 새로운 傾向」, 『高麗佛敎史研究』, 一潮閣, 1986. 許興植, 「修禪社 圓鑑國師碑」, 앞의 책. 金塘澤, 「崔氏武人政權과 修禪社」, 『高麗武人政權研究』, 새문社, 1987. 李英子, 「天因의 法華懺法의 展開」, 『韓國 天台思想의 展開』, 民族社. 1988. 李英子, 「天頙의 湖山錄」, 앞의 책. 李英子, 「天頙의 天台思想」, 앞의 책. 蔡尙植, 「信仰結社의 유행과 주도세력」, 『高麗後期佛敎史研究』, 一潮閣, 1991. 蔡尙植, 「修禪結社 성립의 사회적 기반」, 앞의 책. 蔡尙植, 「白蓮結社 성립과 사상적 경향」, 앞의 책. 金晧東, 「高麗 武臣政權時代 佛敎知識人 知訥·慧諶의 現實對應」, 『民族文化論叢』 13, 1992. Edward J. Shultz, 「高麗武人執權期의 佛敎」, 『李基白

신앙결사가 다른 데 따라, 이들의 사회적 배경이나 출가 동기 및 활동 등에 어떠한 공통점과 차이점이 있었는지조차 밝혀지지를 않은 형편이다. 당시에 출가하였던 유자 출신의 승려들 모두를 종합적으로 검토할 필요성이 느껴지는 대목이다. 그렇게 함으로써만이 유자 출신 승려의 대두라고 하는, 고려 최씨무인정권시기의 특이한 현상에 대하여 제대로 이해할 수가 있게 될 듯 여겨지는 것이다.

이 글에서는 최씨무인정권의 시기에 유자로서 출가하였던 승려, 그 중에서도 특히 司馬試 내지 禮部試에 급제한 유자로서 불교로 전향한 승려를 주로 다루어 볼 예정이다. 그들이야말로 무인정권시기의 전형적인 유자라고 해도 지나친 말이 아닐 뿐만 아니라, 관련 기록도 또한 상대적으로 많이 남겨 검토하기에 용이한 이점까지 있기 때문이다. 구체적으로는 서두에 언급하였던 혜심과 충지·천인·천책 등이 바로 그에 해당하는 승려들인데, 먼저 이들의 本貫과 家系, 급제시기와 출가할 때의 연령 그리고 그 당시의 개인적인 처지 및 정치적인 상황 등을 살피도록 하겠다. 이를 통하여 그들에게서 나타나는 공통점과 차이점을 파악함으로써, 최씨무인정권의 시기에 유자로서 출가하였던 인물들을 이해하는 토대가 마련될 것으로 기대한다. 다음으로는, 혜심 등 과거급제자 출신의 승려가 출가하게 되었던 동기를 헤아려 보도록 하겠다. 출가 당시의 그들 입장에 유의하면서, 그들이 출가하지 않으면 안 되었던 배경을 주로 사회적·정치적 및 사상적인 측면에서 더듬어보고자 하는 것이다. 마지막으로, 혜심 등이 수선사 혹은 백련사라는 신앙결사를 선택해 출가하려고 하였던 사정을 알아보도록 하겠다. 수많은 여지가 있었음에도 불구하고 굳이 수선사 혹은 백련사를 선택해 출가한 이유는 무엇이었으며, 또한 그처럼 선택한 종

先生古稀紀念 韓國史學論叢』(上), 一潮閣, 1994. 邊東明, 「性理學의 初期受容者와 佛敎」, 앞의 책. 박영제, 「원 간섭기 초기 불교계의 변화」, 『14세기 고려의 정치와 사회』, 민음사, 1994. 박영제, 「수선사의 성립과 전개」, 『신편 한국사』 21, 국사편찬위원회, 1996. 채상식, 「백련사의 성립과 전개」, 앞의 책.

파가 서로 달라야만 하였던 까닭은 무엇이었던가를 생각해보고자 하는 것이다.

이상의 검토를 통하여, 고려 최씨무인정권의 시기에 나타났던 이례적 현상인 유자 출신 승려의 등장이 지니는 의미를 제대로 이해할 수가 있게 되었으면 하는 바람이다.[5]

2. 儒者出身의 승려

고려 최씨무인정권의 시기에 유자로서 불교에 투신하여 승려로 전향하였던 가장 대표적인 인물로는, 혜심과 충지 그리고 천인·천책 등을 꼽을 수가 있다. 그밖에도 유자 출신의 승려를 더 찾아 볼 수가 있기는 하지만, 그들이 승려로서 성공적인 활동을 하지 못하였던 것으로 여겨진다든지, 혹은 그리하여 후대에까지도 상대적으로 그리 많은 자취를 남기지 못하였다는 점 등에서 그렇게 생각이 되는 것이다.[6] 따라서 여기에서는 혜심을 비롯한 위의 충지·천인·천책 등 4명의 승려를 주로 검토하도록 하겠다. 이들에 대한 분석을 통하여, 고려 무인정권의 시기에 등장하곤 하였던 유자 출신의 승려들이 지니었던 성격의 일단을 파악해 보려는 것이다.

5 武人政權의 시기에 나타난 儒者들의 출가 경향에 주목하기에 이른 주요한 이유 중의 하나는, 그들 儒者出身 승려의 활동이 고려후기에 朱子性理學이 받아들여질 수 있었던 모종의 배경으로 작용하지나 않았을까 하는 점에 있었다. 자못 흥미로운 주제라 생각하는데 이어지는 연구를 기대한다.

6 天因·天頙과 더불어 圓妙國師 了世의 문하로 출가하였던, 天因의 同舍生 許迪(蔡尙植, 「白蓮結社 성립과 사상적 경향」, 84쪽)을 그러한 경우에 해당하는 대표적인 사례로 들 수가 있다. 天因과 마찬가지로 司馬試에 급제하였던 것으로 보이는 許迪은, 그러므로 분명히 儒者出身의 僧侶에 해당되는 인물이었다. 그렇지만 그는 승려로서 별다른 활동을 보이지 못하였던 듯 여겨지며, 그리하여 자신에 관한 자료를 변변히 후대에 남기지도 못함으로써 늘 검토의 대상에서 제외되어 왔던 것이다.

〈표 1〉 儒者出身의 僧侶

	惠諶 (字: 永乙, 號: 無衣子)	冲止 (初法名: 法桓, 號: 宓庵老人)	天因	天頙
本貫 (俗姓名)	和順 (崔寔)	定安(長興) 道艸(遂寧) (魏元凱, 魏珣)	燕山(現 論山) (朴氏)	山陽(尙州 屬縣; 現 聞慶) (申克貞)
家系	父 琬 (鄕貢進士) 母 裵氏 (和順人)	父 紹(戶部員外郞), 母 宋氏(原邦大夫人. 吏部員外郞 宋子沃 의 女)		三韓功臣 申厭達 11世孫, 父 挺(及第), 母 李氏(淸州, 曾祖 李冲若)
及第(時期 : 年齡)	司馬試(1201, 神宗4 : 24세)	司馬試(1242, 高宗29 : 17세) 禮部試 壯元(1244, 高宗31 : 19세)	司馬試(1221, 高宗8 : 17세)	司馬試(1223, 高宗10 : 18세)(?) 禮部試(1225, 高宗12 : 20세)(?)
出家 時期	1203(神宗6)	1254(高宗41)	1228(高宗15)	1228(高宗15)
出家 年齡	26세	29세	24세	23세
出家時 處地	入 太學 母 死亡	官僚生活 (永嘉書記, 日本에 使臣, 禁直玉堂)	禮部試 失敗(?)	科擧及第 後 官職 얻지 못함
出家時 政治狀況	崔忠獻 執權(1196~1219). 萬積亂(1198). 江陵·慶州民亂(1199). 晋州·全州民亂, 都房設置(1200). 耽羅·慶州·雲門·蔚珍民亂(1202). 浮石寺·符仁寺僧徒叛亂(1203)	崔沆 執權(1249~1257). 蒙古 4차(1247~1253)·5차(1254) 侵入	右의 天頙과 同	崔怡 執權(1219~1249). 政房 設置(1225). 書房 設置(1227)
出家 宗派	曹溪宗(修禪社)	曹溪宗(修禪社)	天台宗(白蓮社)	天台宗(白蓮社)
最終 僧階	大禪師(1216, 高宗3) (修禪社 2世社主; 1210, 熙宗6) 國師 追贈 (眞覺國師)	大禪師(1279, 忠烈5) (修禪社 6世社主; 1286, 忠烈12) 國師 追贈 (圓鑑國師)	(白蓮社 2世社主; 1245, 고종32) 國師 追贈 (靜明國師)	(東白蓮 主盟; 1243, 고종30) (白蓮社 4世社主)(?) 國師 追贈 (眞靜國師)

※ 典據 : 『高麗史』, 『高麗史節要』, 『東文選』(卷83 靜明國師詩集序, 卷118 眞覺國師碑銘幷序), 『補閑集』(下 權學士適入中朝), 『湖山錄』(卷4 答芸臺亞監閔昊序), 『曹溪山松廣寺史庫』(圓鑑國師碑銘幷序). 그밖에 註 4)의 논문 참고.

이들을 고찰하면서는 주로 출가 전의 사회적 성격 및 출가 당시의 연령과 처지 그리고 정치적인 상황 등에 초점을 맞추고자 한다. 모든 사실을 망라해 나열하기보다는, 그렇게 하는 것이 이들의 출가를 이해하는 데 한층 도움이 될 것으로 여겨지기 때문이다. 앞의 〈표 1〉을 살피도록 하자. 분석의 대상인 4명의 승려를 출가한 信仰結社別로 구분하여 배열한 다음, 앞으로 검토해 나갈 내용을 모아 놓았다.

앞의 일람표에서 먼저 눈에 띄는 것은, 이들의 本貫地가 모두 이른바 三南地域에 속한다는 사실이다. 惠諶과 冲止는 全羅道에 그리고 天因과 天頙은 각각 忠清道와 慶尙道에 그 본관을 두었다. 고려전기에는 近畿地域 출신이 우세를 보이다가 무신란 이후 차츰 南部地域을 본관으로 하는 인물의 官界 진출이 활발해진다고 하는 기왕의 연구에 비추어[7] 이들의 등장도 그와 마찬가지로 이해할 수가 있지 않을까 한다.

둘째, 이들이 모두 이름난 문벌가문이라 부르기에는 어려움이 있는 집안의 출신이라는 사실을 지적할 수가 있다. 혜심은 父 和順 崔氏 琬과 母 和順 裵氏 사이에서 태어났다. 부모 모두 화순의 土姓 출신으로서[8] 同鄕人이었으며 그 부친 최완이 鄕貢進士였던 것으로 미루어, 혜심은 화순 지역 호족 가문의 출신이었다고 하여 잘못이 없을 줄 믿는다.[9] 충지의 俗姓은 遂寧(長興) 魏氏인데, 이 가문은 고려전기에 이미 上京從仕하였던 것으로 전한다.[10] 그렇지만 충지의 가계는 아마도 그 父인 魏紹가 戶部員外郎에 오르면서 비로소 官界에 진출하기 시작하였던 것이 아닌가 싶다. 그의 가계에 관한 기록 가운데 분명히 확인되기 시작하는 것이 충지의 부친인 魏紹의 代에 들어서라는 지적에서 짐작할 수가 있는 일이다.[11] 그러다

7 李樹健, 「高麗後期 土姓研究」, 『韓國中世社會史研究』, 一潮閣, 1984, 344쪽.

8 『世宗實錄』 151 地理志 全羅道 和順縣

9 惠諶의 家系와 生涯에 관해서는 다음의 연구를 참고하라.
閔賢九, 「月南寺址 眞覺國師碑의 陰記에 대한 一考察」, 11쪽. 秦星圭, 『高麗後期 眞覺國師 慧諶 研究』, 29~38쪽. 蔡尙植, 「修禪結社 성립의 사회적 기반」, 41~43쪽.

10 李樹健, 「高麗前期 支配勢力과 土姓」, 『韓國中世社會史研究』, 213~214쪽.

가 충지와 그의 아우 魏文凱가 잇달아 과거에 장원급제하여 명성을 떨치면서 비로소 그 존재가 알려지게 되었던 듯 여겨지는 것이다. 충지도 또한 父代에 出仕를 시작한 장흥 지역의 토착세력가 집안 출신이라고 하여 무방할 것으로 생각한다.[12] 천인의 가문에 관한 기록으로 현재 전하는 것은 없다. 그의 俗姓이 燕山 朴氏로서 燕山縣의 土姓 출신이라는 사실 외에는 달리 알려진 것이 없다.[13] 그러므로 그처럼 자신의 가문에 관한 기록마저 변변히 남기지 못할 정도라면, 그가 중앙의 유력한 가문 출신이 아니라는 것은 거의 틀림없는 사실로 보인다. 기껏해야 연산 지역에서 행세하던 지방 유력자의 자제이지는 않았을까 여겨진다.[14] 천책은 三韓功臣 申厭達의 11세손이었다. 父 挻은 과거에 급제한 인물이었으며, 母 淸州 李氏는 예종·인종초에 활동한 李冲(仲)若의 曾孫女이었다. 천책의 가계는 그의 祖父代 무렵이면 벌써 중앙에 진출하였던 것으로 여겨지는데, 그리하여 무인집권 이전에 천책의 山陽(聞慶) 申氏가 이미 문벌로 성장하였을 것으로 보는 견해도 있다.[15] 그렇지만 천책 당시까지 그의 집안에서 史書에 이름을 남길 만큼 정치적으로 출세한 인물을 찾아보기가 어려운 실정인 것으로 미루어, 그의 가문을 문벌이라고까지 칭하기는 어렵지 않을까 싶다. 聞慶의 토호세력이었다가 중앙에 진출하여 하위 관직자를 배출하기 시작하던 천책의 가문 역시, 그러므로 앞의 세 승려의 그것과 크게 다를 바가 없이 무인정권의 시기에 들어 차츰 성장하던 새로운 사회세력에

---

11 秦星圭, 「圓鑑國師 冲止의 生涯」, 『釜山史學』 5, 1981, 48~52쪽.

12 冲止의 가계와 생애에 관해서는 다음의 논문을 참고하라.
秦星圭, 「圓鑑國師 冲止의 生涯」, 48~52·54~63쪽. 許興植, 「修禪社 圓鑑國師碑」, 697~703쪽. 蔡尙植, 「修禪結社 성립의 사회적 기반」, 42~43쪽. 박영제, 「원 간섭기 초기 불교계의 변화」, 513~524쪽.

13 『世宗實錄』 149 地理志 忠淸道 文義縣

14 天因의 가계와 생애에 관하여는 다음의 논문을 참고하라.
高翊晉, 「白蓮社의 思想傳統과 天頙의 著述問題」, 121~122쪽. 李英子, 「天因의 法華懺法의 展開」, 188~190쪽. 蔡尙植, 「白蓮結社 성립과 사상적 경향」, 84~87쪽.

15 許興植, 「生涯와 時代背景」, 『眞靜國師와 湖山錄』, 民族社, 1995, 8~9쪽.

속한다고 이해하여 무방할 것으로 생각한다.[16]

셋째, 한편 그럼에도 불구하고 혜심 등 네 승려가 모두 중앙의 귀족문화와 접촉한 경험을 지닌 인물들이었음을 지나칠 수가 없다. 이들은 모두 과거에 급제하는 무렵을 전후하여 일정한 기간 동안 왕경에서 생활한 적이 있었다. 혜심은 사마시에 오른 다음 개경의 태학에 들어가 수학하던 중 모친의 병환 때문에 화순으로 돌아갔다가 출가하였다.[17] 천인도 사마시에 합격하고서 개경의 국자감에 들어갔는데, 예부시에 실패하자[18] 출가하였다.[19] 천책과 충지는 그 부친이 과거에 급제하였거나 혹은 관직생활을 하였던 것으로 미루어,[20] 어렸을 적에 벌써 개경의 귀족문화와 무관치 않은 가운데 성장하였을 가능성이 크다. 그러면서 마침내 예부시에까지 등제하였던 것이 아닌가 여겨지는 것이다. 말하자면 이들은 모두 무인정권의 시기에 차츰 성장하던 사회세력으로서, 왕경의 귀족문화를 섭취한 경험을 지닌 채 출가한 인물들이었다고 할 수가 있는 것이다.

넷째, 이들이 과거에 응시하여 사마시 내지는 예부시에 급제한 것이 모두 최씨무인정권 시기에 들어서의 일이었음이 눈에 띈다. 혜심은 최충헌이 집권하고(1196, 명종26) 5년째 되던 해(1201, 신종4)에 사마시에 급제하였으며, 천인은 최충헌이 사망하고 최이가 집권한지(1219, 고종6) 2년째

16 天頙의 가계와 생애에 관해서는 다음의 논문을 참고하라.
高翊晉, 「白蓮社의 思想傳統과 天頙의 著述問題」, 126~129쪽. 李英子, 「天頙의 湖山錄」, 219~227쪽. 許興植, 「生涯와 時代背景」, 7~27쪽.

17 註 9)의 논문을 참고하라.

18 天因은 禮部試에 급제한 인물로 간주되기도 한다. 天因이 '失意春官' 하였다는 표현이 애매한데다가, 그가 탁월한 文人으로서 考藝試에서도 우등이었던 점 등으로 미루어 그러하다는 이해이다(許興植, 「生涯와 時代背景」, 『眞靜國師와 湖山錄』, 21~22쪽). 여기에서는 그를 司馬試에만 급제한 것으로 분류하였으나, 설령 천인이 예부시에 급제했다고 하더라도 이 글의 논지에 영향을 끼치는 것은 아니다.

19 註 14)의 논문을 참고하라.

20 註 12)와 16)의 논문을 참고하라.

되던 해(1221, 고종8)에 사마시에 올랐다. 천책은 최이가 집권하고 4년째 되던 해(1223, 고종10)와 6년째 되던 해(1225, 고종12)에 각각 사마시와 예부시에 급제하였던 것으로 추정되며,[21] 충지는 최이가 집권한지 23년째 되던 해(1242, 고종29)와 25년째 되던 해(1244, 고종31)에 각각 사마시와 예부시에 급제하였다. 혜심 등이 이처럼 최씨무인정권 아래에서 과거에 응시하고 또 급제하였던 것으로 미루어, 이들이 모두 최씨정권에 협력하여 관직에 나아가기를 희망하던 인물들이었음을 헤아릴 수가 있다. 그리고 그 가운데 충지는 실제로 최씨무인정권의 시기에 관료로서 활동하기도 하였다. 즉 혜심 등은 일찍이 최씨정권의 치하에서 관직에 나아가 관료로 출세하고자 하는 꿈을 지니었으나, 중도에 불교로 전향하여 승려가 된 인물들이었던 것이다.

다섯째, 출가할 당시의 연령이 이들 모두 20대의 중·후반이었음을 언급하지 않을 수가 없다. 혜심과 충지는 26세와 29세에, 그리고 천인과 천책은 24세와 23세에 각각 출가하였다. 그런데 당시 고려 남성들의 경우 대략 20세를 전후해서 혼인하는 것이 일반적이었다고 한다.[22] 따라서 연령으로 치자면, 이들도 출가할 무렵이면 이미 결혼해서 가정생활을 꾸리던 중이었다고 보아야 할 것이다. 어쩌면 하나 둘쯤의 자녀를 두었을는지도 모를 일이다. 이를테면 혜심 등의 네 승려는 모두 혼인하여 처자를 거느리는 등 상당한 사회생활을 경험한 다음 출가하여 승려의 길을 걸었을 가능성이 다분한 인물들이었다고 할 수가 있는 것이다.

여섯째, 한편 이들은 그처럼 나이가 든 다음 자못 늦깎이로 출가하였음에도, 모두 당대에 명성을 떨치며 고승으로서 추앙받는 위치에 올랐다는 사실이 눈길을 끈다. 혜심과 충지는 僧科를 거치지 않고서도 선종의 최고위 승계인 大禪師에 오를 수 있었으며, 무인정권의 시기를 대표하던 신앙결사인 수선사의 2세 社主와 6세 社主를 각각 역임하였다. 그리고 입적한

21 許興植, 「生涯와 時代背景」, 12쪽.

22 許興植, 「高麗時代의 家族構造」, 『高麗社會史研究』, 亞細亞文化社, 1981, 308~310쪽.

다음에는 國師에 추증되었다. 천인과 천책의 경우 묘비명이나 행장이 전하지를 않아 상세히 파악하기에는 어려움이 있지만, 이들도 승과를 거치지는 않았던 것으로 이해된다. 그럼에도 이들은 무인정권의 시기에 수선사와 어깨를 겨루던 대표적 신앙결사인 백련사의 2세 사주와 4세 사주에 각각 올랐으며, 또한 입적한 다음에는 모두 국사에 추증되었다. 천인과 천책이 혜심과 충지처럼 최고위 승계인 대선사에까지 올랐는지의 여부는 잘 알 수가 없다. 하지만 그렇다고 하더라도 이들이 무인정권의 시기를 대표하던 고승이었음을 부인하기는 어렵지 않을까 한다. 혜심 등의 네 승려는, 나이 들어 출가한 승려로서 승과를 거치지 않았으면서도 불교계를 대표하는 반열에 오른, 고려 무인정권시기의 이채로운 존재가 아니었던가 여겨지는 것이다.[23]

일곱째, 이들이 출가할 당시의 개인적인 처지와 정치적인 상황에서 서로 일치하지 않는 점이 있었음을 빼놓을 수가 없다. 우선 혜심·충지와 천인·천책의 사이에는 출가할 당시의 개인적인 처지에서 서로 차이가 있었다. 혜심은 사마시에 오른 다음 태학에 재학하던 중 모친의 병환을 계기로 귀향하였다가 출가하였다. 장차 예부시를 거쳐 관직에 나아갈 가능성이 있었음에도 그것을 포기한 채 자진하여 출가의 길을 택하였던 것이다.[24] 또한 충지는 예부시에 등제한 다음 한창 관료생활을 하던 가운데 관직을 버리고 승려가 되었다. 말하자면 혜심과 충지의 경우, 정치적인 입신을 기대하는 게 그다지 이상할 것이 없는 상황이었음에도 불구하고, 스스로 세속을 벗어나 승려의 길을 걸었던 사례에 해당한다 할 것이다. 반

23 惠諶과 冲止 및 天因 그리고 天頙 등이 승려로서 그처럼 성공적인 활동을 할 수 있었던 요인으로서 흔히는 당시 武人執權者의 후원을 들곤 하거니와, 그에 관해서는 註 4)의 논문 그 중에서도 閔賢九, 許興植, 秦星圭, 蔡尙植, 金塘澤, 兪瑩淑 등의 논문을 참고하라.

24 李奎報가 찬술한 惠諶의 墓碑銘에서도 다음과 같이 마찬가지의 評을 전한다.
… 未幾 旋擢賢關 則學非不精也 命非不遇也 若小忍須臾 便登桂籍 長驅前途 不失爲名士大夫 而反割弃垂就之名 … (『東文選』 118 曹溪山第二世故斷俗寺住持修禪社主贈謚眞覺國師碑銘幷序)

면에 천인과 천책은 그렇지를 않았다. 천인은 국학에 재학하던 중 예부시에 실패한 것을 계기로 세속을 벗어나고자 하였으며,[25] 천책은 과거에 급제한 다음 상당한 시일이 지나도록 관직을 얻지 못하였던 데 실망해서 출가하였다.[26] 천인과 천책은 정치적인 출세를 위하여 환로에 오르기를 도모하던 끝에, 그에 실패하여 낙담하는 가운데 출세간의 길로 들어서게 된 인물들이었던 것이다.

한편 혜심·충지와 천인·천책의 사이에는 출가할 당시의 정치적인 상황에서도 서로 일치하지 않는 점이 있었다. 혜심은 최충헌이 집권하고(1196) 7년이 되는 해(1203)에 출가하였다. 최씨무인정권이 미처 안정을 이룩하기 이전으로서, 전국이 농민·천민의 봉기로 소란스럽던 시기였다. 더욱이 당시 개경에서는 최충헌의 家奴였던 萬積의 난과 家僮들의 習戰 사건 그리고 黃州牧守 金俊琚 형제와 神騎指諭 李勣中의 역모 사건 등이 잇달아 일어나기도 하였다.[27] 이 무렵 최충헌이 자신의 신변을 보호하기 위해 都房을 설치하였던 것만 보더라도, 당시의 정치적인 상황이 얼마나 불안정하였던가를 짐작하기가 어렵지 않다. 혜심은, 최충헌 정권에 대한 도전이 잇따르는 등 정국이 안정을 이루지 못하던 그러한 시기에, 불교로 전향하여 승려가 된 인물이었던 것이다.[28] 충지는 최항의 집권 후반기, 그러니까 최씨무인정권이 붕괴되기(1258) 바로 4년 전(1254)에 출가하여 승려가 되

25 앞서 언급하였듯이, 天因이 禮部試에 급제한 다음 관직을 얻지 못하자 출가하였다는 견해가 있는데(許興植, 「生涯와 時代背景」, 22쪽), 설령 그렇다고 하더라도 이 글의 논지와 어긋나는 것이 아님은 물론이다.

26 출가하기 전 天頙은 자신의 伯父에 의해, 장차 벼슬길에 나아가 출세하기를 기대해도 좋을 것인데 어찌 출가하느냐며 만류를 받은 적이 있었다(『湖山錄』 4 答芸臺亞監閔昊書).

27 李貞信, 「농민·천민의 봉기」, 『신편 한국사』 20, 국사편찬위원회, 1994, 138~161쪽. 金庠基, 「庚癸의 亂과 武人政治」, 『新編 高麗時代史』, 서울大出版部, 1991, 367~372·397~414쪽.

28 秦星圭, 「眞覺國師 慧諶의 生涯와 思想」, 『高麗史의 諸問題』, 三英社, 1986, 713~714쪽에서도, 혜심이 출가할 당시 정국이 불안정하였음을 지적하였다.

었다. 그런데 당시는 고려가 몽고의 막바지 대규모 침략에 크게 시달림을 당하던 시기이었다.[29] 게다가 집권자 최항은 최충헌이나 최이와 달리 강력한 정권을 구축하지도 못하였다. 최항 정권의 내부에는 집권자와 정치적 이해관계 내지는 정치적 견해를 달리하는 인물들도 적지를 않았다. 그리하여 宰樞를 중심으로 몽고와의 강화를 희망하는 여론이 일었으며, 최항은 그러한 여론에 쐐기를 박고 항몽정책을 계속 추진하고자 몽고에 잡혀갔다 도망쳐서 돌아온 사람들을 모아 神義軍을 조직하였다.[30] 외세의 압력이 지속되는 가운데 무인집권자가 자신에게 불리하게 돌아가는 정국을 타개하기 위해 매우 고심해야만 하던 그러한 시기에, 충지는 관직을 버리고 佛家에 몸을 던졌던 것이다. 그 시기에 선후는 있지만, 그러므로 충지도 혜심과 마찬가지로 정치적으로 불안정한 시기에 출가한 인물이었다고 하여 좋을 것이다.

반면에 천인과 천책이 출가할 당시의 정치적 상황은 그와 달랐다. 이들이 출가한 것은 최이가 집권하고(1219) 9년이 되던 해(1228)로서, 최충헌이 정권을 장악하고도(1196) 이미 32년이 지난 다음이었다. 최충헌이 독재권력을 확립하는 과정에서 나타났던 혼란이 수습되고 이어서 최이가 비교적 순탄하게 그 권력을 승계함으로써,[31] 최씨무인정권이 안정기에 접어들 무렵이었던 것이다. 당시 최이가 政房과 書房을 설치하는 등 독자적인 정치기구를 정비하였던 것도, 최씨정권이 그처럼 안정되었음을 알려주는 징표로 생각하여 좋지 않을까 생각한다. 즉 천인과 천책은 혜심·충지와 달리 정치적으로 비교적 안정된 시기에 세속을 벗어나 승려의 길을 걸은

29 秦星圭, 「圓鑑國師 冲止의 生涯」, 57쪽에서도, 충지가 출가할 당시의 몽고 침입을 언급하였다.

30 金塘澤, 「崔氏政權과 그 軍事的 基盤」, 『高麗武人政權硏究』, 새문社, 1987, 196~199쪽. 金塘澤, 「崔氏政權의 붕괴」, 앞의 책, 202~221쪽.

31 崔忠獻의 死後 崔怡가 권력을 이어받는 과정에서 다소간의 갈등이 없었던 것은 아니지만, 그것은 崔沆이나 崔竩의 권력세습에 비하면 훨씬 순탄한 편이었다(金塘澤, 「崔忠獻政權과 武人」, 『고려무인정권연구』, 83쪽. 金塘澤, 「崔氏政權의 붕괴」, 앞의 책, 202~221쪽).

인물이었던 것이다.

위의 여섯째까지 항목에서 파악하였듯이, 혜심·충지와 천인·천책은 서로 많은 공통점을 지닌 가운데 출가한 인물들이었다. 그런데 그들이 그와 같은 공통점에도 불구하고 내세우는 사상이 서로 다른 종파의 신앙결사에 각각 참여하기에 이르렀던 것은, 그러므로 방금 일곱째에서 언급했던 바와 같은 차이점에서 그 원인을 찾아 볼 수가 있지 않을까 생각한다.[32]

지금까지 고려 최씨무인정권의 시기에 儒者로서 불교에 투신해 승려로 전향하였던 혜심과 충지·천인·천책 등에게서 나타나는 공통점과 차이점을 검토하였다. 이제 그러한 분석의 결과를 바탕으로 그들이 출가하기에 이른 동기를 알아볼 차례가 되었는데, 그에 관해서는 節을 바꾸어 논의하겠다.

3. 儒者出身 승려의 출가 동기

앞 節에서 살피었듯이, 혜심과 충지 및 천인·천책은 고려 무인정권의 시기에 새로이 대두하던 사회세력의 출신이었다. 중앙의 귀족문화와도 일정하게 접촉을 가지는 등 관료로서 출세하기를 기대할 수가 있는 계층의 사람들이었던 것이다. 그리고 과거에 응시해 급제하였던 데서 알 수가 있듯이 이들은 최씨무인정권의 치하에서 관직에 나아가기를 희망하였으며, 충지의 경우 실제로 관직을 얻어 활동하기도 하였다. 그런데 이들은 중도에 관료로서의 영달을 단념한 채, 佛門으로 전향하여 승려가 되는 길을 택하고 말았다. 더욱이 출가할 당시 이들은 결혼하여 처자를 거느렸을 가능성이 높은 연령이기도 하였다. 혜심 등이 출가를 결심하였던 데에는, 그러므로 반드시 그럴 만한 남다른 까닭이 있었으리라고 보아 틀림이 없을 듯 여겨진다.

혜심 등이 끝내 출가하기로 마음을 먹게 된 이유는 무엇이었을까? 우선

32 이에 관해서는 다음 節인 '儒者出身 승려의 출가 종파'에서 다시 언급할 예정이다.

가정에서의 불행한 사건에 대한 고뇌라든지 혹은 求道를 향한 열정과도 같은, 개인적인 安心立命의 문제라는 차원에서 그것을 생각해 볼 수가 있을 듯싶다. 혜심은 부모를 일찍 여의는 것과 같은 고단한 가정환경과 불평등한 세상을 고뇌하던 끝에, 세속을 떠나게 되었다고 한다.[33] 충지는 전쟁 등으로 혼란한 사회를 벗어나고자 은둔을 동경하였으며, 佛法을 향한 求道的 열정에 못 이겨 마침내 관직을 버리고 출가하였다고 한다.[34] 천책도 출가하기 1년 전 그 부친을 여의었을 가능성이 지적되며,[35] 그리하여 영원한 내세를 동경해 출가하였다는 평을 듣는다.[36]

모두 나름대로 일리가 있는 지적이 아닌가 한다. 그렇지만 위에서와 같은 출가 동기는 어느 시기의 어느 출가자에게나 거의 모두 적용될 수가 있을 것으로 판단된다. 고려의 최씨무인정권기라고 하는 특정한 시기에,

33 秦星圭, 「眞覺國師 慧諶의 生涯와 思想」, 712~716쪽. 崔柄憲, 「眞覺慧諶, 修禪社, 崔氏武人政權」, 『普照思想』 7, 1993, 177쪽.

34 秦星圭, 「圓鑑國師 冲止의 生涯」, 57~58쪽. 박영제, 「원 간섭기 초기 불교계의 변화」, 515~517쪽.

한편 冲止의 父 魏紹가 몽고의 침입 때 포로로 잡혀갔는데, 충지는 그에 대해 고뇌하다가 출가하였다는 견해가 있다(秦星圭, 「圓鑑國師 冲止의 生涯」, 58~59쪽). 魏紹가 몽고에 被虜되었다고 하는 1231년(고종18)은, 충지의 나이 6세가 되던 해이었다. 그런데 충지의 술회에 따르면, "… 伏念弟子 妫依禪藪 深慕眞乘 屢曾書達於二親 以求剃度 爭奈障濃於多劫 未獲脫離 因而趨末利於十年 常不負初心 於一日 適吾松嶺和尙 坐彼花山道場 素志欲償 遂膝行而仰告 宿緣所契 卽頷肯而俯從 …" (『圓鑑國師集』 甘露入院祝法壽疎, 173~174쪽. 여기의 『圓鑑國師集』은 秦星圭 編, 『圓鑑國師集』(亞細亞文化社, 1988)을 가리키며, 이하에서도 마찬가지이다)에 나오는 바와 같이, 여러 차례 양친[二親]에게 서신을 보내었음에도 끝내 출가를 허락받지 못해 10년 동안이나 관직생활을 계속할 수밖에 없었다고 한다. 그러다가 마침내 江華島 禪源社[花山道場]에 머무르던 圓悟國師 天英[松嶺和尙]에게 나아가 삭발하기에 이르렀다는 것이다. 문맥으로 미루어, 충지가 장성해서 관직생활을 하던 무렵까지 그의 부모가 생존 중이었던 것으로 이해하는 게 온당한 듯 여겨진다. 충지의 父 魏紹가 일찍이 몽고에 포로로 잡혀 갔던 것이 충지로 하여금 마침내 승려의 길을 걷도록 만든 하나의 동기가 되었다고 하는 견해는 再考해 마땅하지 않을까 생각한다.

35 許興植, 「生涯와 時代背景」, 8쪽, 註 9).

36 許興植, 앞의 논문, 18~21쪽.

과거에 급제한 유자들이 불교로 전향해서는, 문득 출가해 승려가 되고자 나섰던 까닭을 이해하는 데에는, 그와 같은 차원이 아닌 또 다른 측면에서의 검토가 필요할 듯 여겨지는 것이다. 사회적·정치적 그리고 사상적인 측면에서 혜심 등이 출가하지 않으면 안 되었던 이유를 찾기 위한 노력이 필요할 것으로 믿는다.

우선 다음의 기록을 살펴보도록 하자.

> ① … (眞覺國師는) 하물며 꽃다운 나이에 이미 문장에 종사해서, 얼마 되지 않아 재빨리 어진 선비의 관문(賢關 즉 司馬試)에 발탁되었으니, 곧 학문이 정밀하지 않은 게 아니며 명운이 불우한 것도 아니었다. 만약 잠깐 동안만 참았더라면 문득 (禮部試) 급제자의 명부에 올라, 앞길로 멀리 달려가서는 이름난 사대부가 되는 것을 놓치지 않았을 터이다. 그런데 도리어 거의 이뤄진 명예를 떼어내 던지고 오히려 (세속에) 감염된 것을 일찍이 털어내지 않았음을 한탄했으니, 그 초연히 세상을 벗어나려는 마음을 또한 여기서도 가히 징험할 수가 있을 것이다 …[37]
>
> ② … (圓鑑國師가) 궁궐 玉堂에 번을 듦에 이르러서는, 그 글을 짓는 체제가 원숙하고 두루 아름다워 원로 儒者라든지 詩文에 익숙한 이들이 모두 탄복하였다. 어려서 티끌 가득한 세상을 벗어날 뜻이 있었지만 때로 속세에 마음을 두기도 하였는데, 때마침 圓悟國師[天英]가 선원사에서 법석을 주장하자 스님은 바로 법당에 나아가 곧장 오염을 털어내고 具足戒를 받았다 …[38]

37 … (惠諶) 況自妙齡 業已從事於文章 未幾 旋擢賢關 則學非不精也 命非不偶也 若小忍須臾 便登桂籍 長驅前途 不失爲名士大夫 而反割弃垂就之名 猶以不早落染爲恨 其超然出世之心 亦於此可驗 … (『東文選』 118 曹溪山第二世故斷俗寺住持修禪社主贈諡眞覺國師碑銘幷序)

38 … (冲止) 及禁直玉堂 其製作之體 圓熟通麗 耆儒宿輩 皆服之 少有出塵之志 時念在世有時圓悟國師 主法於禪源社 師直造堂 卽零染受具 … (『圓鑑國師集』 曹溪山修禪社第六世圓鑑國師碑銘幷序)

③ … (靜明國師는) 어린 나이에 뛰어나게 총명해서 널리 듣고 잘 기억하였으며 문장에 능하다는 칭송을 받았다. 秀士에 천거되어 賢關에 들었는데 (단계를 건너뛰어) 곧장 응거하는 第一生으로서 춘관(春官 곧 禮部試)에 실패하니 사림이 모두 탄식하며 애석해 하거늘, 바로 속세를 떠났다 …[39]

④ … 이로 말미암아 내[天頙]의 (출가하려는) 마음이 끊어지지 않고 지속되어, 가만히 백부께 출가의 일을 대략 알렸습니다. 그는 곧 말리면서 이르기를, "좋고 좋은 일이다. 그러나 佛法은 마음에 있는데 하필 출가해서만 이루겠는가. 불효에 세 가지가 있으니 후사를 잇지 아니함이 가장 크다. 너는 그것을 생각하라 … 다행스럽게도 너는 선조의 빛나는 전통을 이어받아 어린 나이에 급제하여 뛰어나다는 명성이 자자하다. 어찌 儒者로서의 학습에 전념하여 벼슬길을 기약하지 않으려는 것이냐" 라고 하였습니다 …[40]

혜심과 충지 그리고 천인·천책 등의 유자들이 출가하였을 때, 당시 사람들이 어떠한 반응을 보였던가에 관한 자료들이다. 사료 ①에 따르면, 혜심은 머지않아 禮部試에 오른 다음 관료로서 영달할 가능성이 충분한 인물이었다고 한다. 그러데 그것을 마다한 채 삭발하고서 승려의 길로 들어섰다는 것이, 그에 대한 당시의 평판이었다. 충지는 어렸을 적에 벌써 속세를 벗어날 뜻을 품었는데, 또한 때로는 세속에서의 생활에 마음을 두어 관직에 종사하기도 하였다고 한다.[41] 그러다가 마침내 禪源社의 法主

---

39 … (天因) 弱齡穎悟 博聞强記 以能文稱 擧秀士 入賢關 以直赴第一生 失意春官 士林皆爲嘆惜 卽謝世 … (『東文選』 83 萬德山白蓮社靜明國師詩集序)

40 … 由是 私(天頙)心不弭 密與伯父 畧以出家之事告之 彼卽沮曰 善則善矣 然佛法在心 何必出家爲 不孝有三 無後爲大 汝其思之 … 幸汝承祖宗之烈 弱冠登第 英聲藉藉 盍專儒業 而期仕宦乎 … (『湖山錄』 4 答芸臺亞監閔昊書)

41 天頙도 속세에서의 생활과 출가 사이에서 망설이다가, 『妙法蓮華經』과의 오랜 인연을 느끼고서 출가하였음을 다음과 같이 술회하였다.

… 今我(天頙)未知何生植何善根 當此後五百歲 獲聞如是眞正大法 豈非宿緣醞釀不泯歟 自是世出世首鼠之心 一刀兩斷 切欲從浮圖氏 … (『湖山錄』 4 答芸臺亞監閔昊書)

이던 圓悟國師 天英에게 나아가 具足戒를 받고서 출가자가 되었다는 것이다(②). 한편 사료 ③은, 천인이 '能文'으로서 명성을 떨치던 신진기예였는데, 예부시에 실패하자 모든 士林이 안타까워하는 가운데 출가하기에 이르렀음을 전한다. 마지막으로 사료 ④에는, 弱冠으로 登第하였음에도 불구하고 출가할 것을 결심한 천책에게, 儒業에 전념하면서 仕宦을 기약하도록 종용하는 그의 백부의 모습이 자못 생생히 전한다. 혜심과 충지 그리고 천인·천책 등과 같은 유자의 출가에 대하여, 당시 사람들이 하나같이 과거에 급제한 다음 관직에 나아가 출세하는 문제와 결부시켜 이해하였음을 알 수가 있다.

혜심 등이 최씨무인정권의 치하에서 관직을 얻고자 과거에 응시하고 또 급제한 인물들이었음을 떠올리면, 당시 사람들의 위와 같은 반응은 적이 당연한 듯 여겨진다. 그러나 또 한편으로 생각하면, 그와 같은 주위의 반응은 또 다른 측면에서 해석해 볼 여지를 남기지는 않았을까 짐작되기도 한다. 이를테면 당시의 상황에서 혜심과 같은 성격의 인물들이 과거에 급제하여 사환하고 출세하는 일이 그다지 쉬운 문제가 아니었음을, 그러한 반응이 역으로 암시하지는 않는가 헤아려지는 것이다.

앞 節에서 언급하였듯이, 혜심 등은 그다지 좋은 가문의 출신이라고는 말하기가 어려운 인물들이었다. 지방의 토착세력가 출신이라고 불러도 무방할 만한, 말하자면 무인정권의 시기에 새로이 등장하던 사회세력의 출신이었다. 그런데 혜심 등이 과거에 급제하던 최씨정권의 시기에는, 그들처럼 새로이 중앙에 진출하는 사회세력 출신의 인물들은 관직을 얻기가 그리 쉽지를 않았다고 한다. 최씨 무인집권자는 정치·사회적으로 영향력이 큰 명문가 출신을 우대하였다는 게 대체적인 이해이다. 그밖에는 과거급제자라고 하더라도 자신과 밀착된 인물들에게서 천거를 받은 자에 한하여 등용하는 것이 보통이었다는 평이다.[42] 말할 나위도 없는 일이겠

42 金塘澤, 「崔氏政權과 文臣」, 『高麗武人政權硏究』, 91~112쪽. 金毅圭, 「최씨정권과 문신」, 『신편 한국사』 18, 국사편찬위원회, 1993, 228~242쪽.

지만, 모든 급제자가 최씨 무인집권자에게 천거되는 행운을 잡을 수는 없었을 터이다. 그러므로 혜심 등과 같은 지방의 토착세력가나 혹은 한미한 가문 출신 인물들의 경우, 천거를 받아 관직을 얻고 그리하여 고위직에까지 오를 가능성은 다소 희박하다고 밖에 말할 수가 없는 셈이다.

혜심과 같은 유자들의 출가를 그들의 官界 진출과 결부시켜 이해하려던 당시의 반응은, 위에서와 같은 최씨무인정권 시기의 상황 때문에 나타났던 것이 아닌가 헤아려진다. 앞서 제시한 사료에 혜심 등이 출가하지 않았더라면 관직에 올라 영달할 수가 있었을 것으로 나오기는 한다. 그렇지만 그것은 어디까지나 덕담의 성격을 띤 假定의 어법일 따름이었다. 나아가 그러한 사실이 유달리 강조되어 나타나는 것처럼 보인다는 사실 자체가, 현실적으로는 그와 같이 되는 것이 매우 어려운 상황이었음을 반증하는 듯 여겨지기도 한다. 혜심과 충지 그리고 천인·천책 등이 출가하기로 결심하였던 데에는, 자신들과 같은 한미한 사회세력 출신의 경우 최씨무인정권 치하의 왕경에서 출세하기에 어려움이 많다는 사실을 깨달은 데 기인하는 바가 적지 않았을 것으로 판단된다.

혜심과 충지 그리고 천인·천책이 새로이 성장하는 사회세력 출신의 과거급제자로서 최씨무인정권의 치하에서 관직에 진출하고 또 출세하는 데 어려움이 많자, 그에 불만을 품고서 출가하였을 가능성을 검토하였다. 그런데 이들은 나아가 최씨정권의 시기에 유자 내지는 문신 관료가 일반적으로 지닐 수밖에 없었던 한계에 대해서도 자못 비판적으로 인식하였던 듯 보인다. 이들에게서 자신과 같은 유자 출신의 문반 관료가 정상적으로 활동할 수 있는 사회를 그리워하는 듯한 태도가 엿보인다는 점에서 그처럼 판단된다. 다음의 자료를 살펴보자.

① 毅宗은 노래와 여자를 가까이 하고 나가 놀기를 좋아하였다. 忠肅公 文克謙이 그때 正言이었는데, 上疏하여 간절히 諫했으나 좇지 않았다. 庚寅年(1170) 가을이 되자 무신들이 난을 꾸며 임금의 수레가 남쪽으

로 옮겨갔다. 癸巳年(1173) 겨울에 定山縣 維鳩驛에서 公館을 새로 수리하여 마치고는, 畵工을 청해서 벽에 채색을 입혔다 … 흰 옷에 삿갓을 쓰고서 말을 탄 어떤 사람이, 고삐에 맡겨 둔 채 산길을 따라 천천히 나아가는 것을 그렸는데, 그 모습이 쓸쓸하였다 … 사람들이 이걸 보았지만, 모두 이것이 어떤 그림인지 알지 못하였다. 그 뒤 松廣寺의 無衣子[惠諶]가 壬午年(1222) 가을에 … 이 역에서 머물러 자게 되었다. 이것을 보며 한참동안 탄식하다 말하기를, "이것은 '諫官이 나라를 떠나는 그림'이다" 하고는 이내 시를 지어 이르되, "어떤 사람이 벽에다 이 그림을 그렸는가. 諫官이 나라를 떠났으니 나랏일은 어찌 하리오. 山僧도 한 번 보고 오히려 슬퍼지거늘, 하물며 중요한 지위의 사대부야 어떠할까" 라고 하였다 …[43]

② … 무릇 여러 부잣집 아이들은 사는 동안 글 한 자 책 한 권도 읽지 않은 채 오직 경박하고 방자한 游俠만을 일삼습니다. 무리지어 화려한 채와 공으로 擊毬를 하면서, 금빛 안장과 옥으로 만든 굴레의 말을 타고 삼삼오오 짝을 지어 네 갈래 길거리에서 뛰노는데, 아침저녁을 가리지 않고 떼를 지어 남으로 북으로 쏘다니니, 구경꾼이 담처럼 둘러섰습니다. 애석하구나, 나나 저들 모두 헛된 세상에서 허깨비와 같은 삶입니다 …[44]

사료 ①은 혜심과 이른바 '諫臣去國圖'에 얽힌 일화에서 따온 것이며, 사료 ②는 천책이 세속의 知人인 閔昊에게 보냈다고 하는 서신의 일부이다. 毅宗의 방탕함을 간하던 諫官 文克謙이 오히려 지방으로 좌천되고,

---

43 毅王近聲色好遊豫 文忠肅公克謙 時爲正言 上疏切諫之 不從 及庚寅秋 武臣構亂 乘輿南遷 癸巳冬 定山縣維鳩驛 新修公館畢 請工施壁彩 … 畵一白衣着笠乘馬者 緣山路信轡徐驅 物色凄然 … 人見之 皆不知是何圖 後松廣寺無衣子 壬午秋 … 抵宿此驛 見之咨嗟良久曰 此是諫臣去國圖 乃題詩曰 壁上何人畵此圖 諫臣去國事幾乎 山僧一見尙惆愴 何況當塗士大夫 … (『補閑集』 下 毅王近聲色)

44 … 若夫衆富之兒 生年不讀一字書 惟輕驕游俠是事 徒以月杖星毬 金鞍玉勒 三三五五翺翔乎十字街頭 罔朝昏 額額南來北去 觀者如堵 惜也 吾與彼 俱幻生於幻世 … (『湖山錄』 4 答芸臺亞監閔昊書)

이어서 그 의종이 무신의 난으로 왕위에서 축출되었던 정치 상황을 풍자한 그림이 바로 '간신거국도'라고 한다. 그런데 維鳩驛 公館의 벽에 그려진 그 그림을 이해하는 사람이 아무도 없었으나, 오직 혜심만이 그 의미를 파악해내고서는 시를 남기었다는 것이다(①). 간관과 같은 문신의 활동이 제약을 받던 끝에 마침내 무신의 난이 일어나고, 그리하여 문신에서 무신에게로 정치적 주도권이 넘어가게 된 것에 대하여, 혜심이 적이 안타까워하였음을 이해할 수가 있다. 혜심이 과거급제자인 문극겸과[45] 같은 유자 출신의 문신 관료가 정상적으로 활동할 수 있는 사회를 이상으로 생각하고 또 그리워하였음을 헤아리게 하는 대목이다.[46] 천책도 그러한 점에서는 혜심과 매한가지이었다. 글 한 자 읽지 아니한 유협의 무리만이[47] 날뛰며 또 그것을 숭상하던 현실에 대한 그의 비판적인 시각으로 미루어 짐작할 수가 있다(②). 천책은 무인만이 활개치는 가운데 문인 유자의 활동이 위축된 당시의 상황에 대해 불만을 품었던 것이다.

혜심 등이 유자 내지는 문신 관료의 활동이 정상적으로 이루어지는 사회를 그리워하였음을 살피었다. 그런데 그들이 몸담았던 당시의 현실은 그렇지를 못하였다. 그 당시 유자 내지 문신 관료의 활동은 어디까지나 최씨무인정권의 존재를 정당화시켜 주는 한도 내에서만 가능하였다.[48] 최씨정권의 시기에 문신 관료로 왕경에서 활동할 수가 있으려면, 정권에 아부하는 어용적인 유자여야만 하였던 것이다. 따라서 혜심 등이 위에서와 같은 사회를 그리워하였다고 하는 것은, 곧 최씨무인정권의 시기에 유자 내지 문신 관료가 정상적으로 활동하는 데 많은 한계를 드러내었던 것에

45 文克謙에 관해서는, 『高麗史』 99 文克謙傳을 참고하라.

46 이와 관련하여, 혜심이 "무인정권 아래에서 무인들의 문객의 지위로 격하된 문인학자들의 처지"에 촉발되어 출가하게 되었다는 지적이 있어, 참고가 된다(崔柄憲, 「眞覺慧諶, 修禪社, 崔氏武人政權」, 177쪽).

47 이 시기의 游(遊)俠에 관해서는 다음의 글을 참고하라.
鄭杜熙, 「高麗 武臣執權期의 武士集團」, 『韓國學報』 8, 1977, 77쪽. 邊東明, 「性理學의 初期受容者와 佛教」, 『高麗後期 性理學受容研究』, 一潮閣, 1995, 106쪽.

48 金塘澤, 「崔氏政權과 文臣」, 112~136쪽. 金毅圭, 「최씨정권과 문신」, 228~242쪽.

대해, 저들이 비판적으로 인식하였음을 알려주는 증좌로 받아들여 무방할 터이다.

한편 다음의 자료는, 혜심 등의 그와 같은 비판의식이 마침내 당시 유자들의 학풍에 대한 반감으로까지 이어졌음을 보여준다.

> … 스스로 슬퍼하며 탄식해 이르길, "예로부터 유학을 업으로 하는 선비의 마음이란 달의 겨드랑이를 드러내어 글귀를 지어 만드니, 그 혹시 四六騈儷文이라 부르는 것이다. 문집을 저술하여 빛남을 세상에 자랑하니, 이미 절제를 잃어 방자한 마음이다. 번지르르하게 꾸미는 말로서 그 죄가 작지 않거늘 무슨 보탬이 있으리오. 또한 三韓을 두고 이른다면, 문집을 저술하여 세상에 널리 퍼지기로는 무릇 수십 文士인데, 처음은 곧 文昌侯 崔致遠이오 … 근세에는 翰林 金克己이니 … 온 세상에 홀로 헛된 이름만 떠돌 뿐 한 조각의 얻음도 없거늘 나와 무슨 관계가 있겠는가" 라고 하였습니다 …[49]

위 사료에 드러나는 바 천책의 견해에 따르면, 당시 유자들은 번지르르하게 기교를 부리는 문장으로써 헛된 이름이나 과시하려 들었다고 한다. 치국의 도와 같은 유교의 근본정신은 외면한 채 문장을 꾸미는 일에나 골몰한다는 비판이었다. 유교적 경륜을 실천하기 위하여 노력하기는커녕, 무인집권자에게 아부하기 위한 미사여구만을 나열하는 어용 유자들이라든지 또는 詞章만을 내세우는 그들의 학풍에 대한 천책의 반감이 잘 드러난다.[50] 최씨무인정권의 치하에서 유자의 정상적인 활동이 불가능하였던 데 대한 불만이, 이제 당시 어용 유자들의 사장을 중시하는 학풍, 다시 말

---

49 … 自傷嘆曰 自古業儒之士之心 出月脇 作爲章句 其或騈四儷六之乎者也 著成文集 誇耀於世 旣是流蕩之心 綺飾之辭 厥罪不少 何益之有 且以三韓言之 著成家集 流行於世 若凡數十家 始則文昌崔致遠 … 近世金翰林克己 … 虛名獨流於四海 片無一得 何預於我哉 … (『湖山錄』 4 答芸臺亞監閔昊書)

50 許興植, 「生涯와 時代背景」, 16~18쪽. 邊東明, 「性理學의 初期受容者와 佛敎」, 106~107쪽.

해 정치이념으로서의 기능을 상실한 유교에 대한 비판으로까지 이어진 셈이었다.

출가한 다음 혜심이 佛法에 입각한 정치를 내세움으로써 정치이념으로서의 유교의 기능을 부정하는 듯한 태도를 보였던 것은, 그리하여 그와 같은 비판의 연장선상에서의 일이었다고 할 수가 있을 것이다. 아래의 기록을 검토해보기로 하자.

① … 또한 지존의 곁에 글을 올려 아룁니다. 이미 우리 결사에 참여하셨으니 원컨대 저의 마음과 (하나로) 맞추소서 … 신하가 그것을 얻으면, 나라에 충성하고 집에서 효도하며 나가서는 장군이 되고 들어오면 재상이 되어, 군왕을 요순이 되게 하고 세상을 陶唐有虞의 태평성대로 만들 것입니다. 군왕이 그것을 얻으면, 높으면서도 위태롭지 아니하고 가득 차면서도 넘치지를 않아 … 나라가 날로 번성할 것입니다. 먼 곳이 스스로 복속해옴에 이르러 눈앞에 되놈이 오고 漢人이 오는 것을 볼 것이오, 오랜 더러움이 한결같이 새로워져 천하가 모두 제나라에서 변해 노나라로 될 것이니, 도가 있는 곳은 그렇게 되는 것이 이치에 합당합니다.[51]

② … 요즘 좌우에서 듣자하니, 보통 때와 다르게 문득 고쳐 변화시키고는 이 일을 위함에 매우 힘을 쏟아서, 정치의 교화는 날로 더욱 공평해지고 온갖 시행하는 일마다 모두 꾸밈을 버리고 실질을 취하므로, 시골의 무지한 여인네나 어린 아이에 이르기까지 그 훌륭함을 칭송하지 않음이 없다 합니다. 아아! 아름답습니다. 이것이 곧 불교를 배운 징험이니, 공은 더욱 힘쓰십시오 …[52]

---

51 … 又謹上啓 至尊侍側 既叅我社 願契我心 … 臣子得之 則忠國孝家 出將入相 致君高舜 措世唐虞 君王得之 則高而不危 滿而不溢 … 邦家日盛 以至遠方自服 眼前見胡來漢來 舊染咸新 天下皆齊變魯變 道之所在 理合如然 (『韓國佛教全書』 6 曹溪眞覺國師語錄 書答 上康宗大王)

52 … 近聞左右 異於尋常 頓然改變 爲此事甚力 政化日益公平 凡百施爲 皆去華取實 至於村野無知婦人小子 莫不稱美之 嗚呼休哉 此乃學佛之驗也 公其勉之 … (앞의 책 答崔尙

사료 ①은 혜심이 康宗에게 올렸던 답신의 후반부이고, 사료 ②는 무인 집권자 崔怡에게 보냈던 답신의 일부이다. 혜심에 따르면, 佛法을 체득한 臣子는 忠孝를 다하는 인간이 되며, 장수나 재상이 되어서는 군왕을 잘 보필하여 堯舜의 태평성대를 이룩할 수가 있다고 한다. 그리고 군왕이 佛法을 깨달아 실천하면, 그 나라가 날로 번성하며 천하로 하여금 道義가 넘치도록 변하게 할 수가 있다고도 하였다(①). 또한 최이가, 공평한 정치와 내실 있는 실천으로써 누구나가 칭송할 만큼 훌륭하게 다스릴 수가 있었던 것이, 佛法을 익힌 덕분이라고도 하였다(②).[53] 佛法을 익혀 그에 입

書璃)

53 본문의 사료 ②는, 혜심이 최이의 정치를 칭송하였던 사례로 인용되곤 하는 게 보통이다(秦星圭, 『高麗後期 眞覺國師 慧諶 硏究』, 166~167쪽. 兪瑩淑, 「崔氏武臣政權과 曹溪宗」, 177쪽. 金塘澤, 「崔氏武人政權과 修禪社」, 239쪽. 崔柄憲, 「眞覺慧諶, 修禪社, 崔氏武人政權」, 187쪽). 그렇지만 위 서신의 내용을 그처럼 단순하게만 파악해서는 곤란하지 않을까 생각한다. 본문 자료의 앞에 있는 다음과 같은 기록으로 미루어 그렇게 말할 수가 있다.

… 近日 普覺上人來言 公根性甚利 信解甚深 然塵勞之事 日益熾然 於火宅中 頭出頭沒 若不以方便提警 恐日久月深 迷而不返 若果如此 切須愼之 如或一向縱任 隨順世情 攀緣夢境 都無慙愧改悔之心 日月寖久 入得頭深 則雖有塵數如來 海會菩薩 用盡百千大悲方便 決定救不得 遂至命終之際 衆苦交加 如生龜脫筒 手脚忙亂 如落湯螃蟹 愴惶恐怖 失所依憑 一刹那間 便落閻羅王手叚 喫盡辛苦 當此之時 悔將何及 雪峰和尙云 爲報滿城朱紫道 閻王不怕佩金魚 此豈非實語耶 當知世樂非久 人命無常 入息雖存 出息難保 … 向後書來 驗公用心切之不切 努力努力 書云 道吾好者是吾賊 道吾惡者是吾師 但以同社之誠 言不避諱 請勿以爲咎 又 承叙及適來 若不被和尙善諭方便 永劫在鑊湯爐炭無有出期 當此之時 夫復何言 今者 向之所欲 亦稍輕微 粉骨碎身 未足爲報 山野讀之 不勝歡喜踊躍之至 近聞左右 異於尋常 頓然改變 … (『韓國佛敎全書』 曹溪眞覺國師語錄 書答 答崔尙書璃)

惠諶은 崔怡에게 世情에 순응하여 방종하지 말도록 누누이 당부하면서, 이승에서의 쾌락이 길지 아니함을 강조하였다. 자신의 죄를 부끄러워하며 회개하지 않는 마음이 날로 깊어지면, 수많은 부처와 보살들이 대자대비의 온갖 방편으로써 구제하고자 하더라도 결코 구제할 수가 없을 것임을 경고하기도 하였다. 나아가 자신의 단점을 지적해주는 이가 곧 자신의 스승이라고 하면서, 다음에 올 서신을 통해서 최이가 과연 반성하였는가를 징험하겠다고까지 말하였다. 그리고 그에 대하여 최이는 그 다음에 보내온 편지에서, 혜심의 가르침에 힘입어 이전의 욕심이 차츰 줄어들게 되었다고 하면서, 그리하여 지옥의 고통에서 벗어나게 해준 그 은혜는 분골쇄신

각해서 정치를 하게 되면, 유교에서 말하는 태평성대는 절로 이룩될 수가 있다는 것이 혜심의 생각이었던 것이다.

잘 알려진 바와 같이, 고려는 불교와 유교가 병존하는 사회였다. 비록 불교를 국교로 삼았다고는 하지만, 정치의 분야에서만은 유교적 합리주의에 입각한 중앙집권적인 귀족정치를 추구하는 것이 고려왕조였다.[54] 그런데 혜심은 위에서와 같이 儒教가 아니라 佛法에 입각한 정치를 내세우면서, 그로써 유교적인 정치이념이 추구하는 이상사회가 달성될 수가 있다고 하였다. 정치이념으로서의 유교의 기능을 인정하기보다는, 부처의 가르침에 따르는 정치가 이상적임을 더욱 강조하였던 것이다.[55]

혜심 등이 끝내 불교 우위의 입장에서 유교를 포섭하고자 하였던 것은, 그러므로 위에서와 같은 논리의 궁극적인 도달점이었다 할 것이다. 다음의 자료를 살펴보도록 하자.

① 저는 예전에 공의 문하였는데 이제는 공이 우리 결사에 들어왔으니, 공은 불교적 儒者요 저는 유교적 佛者입니다. 서로 손이 되고 주인이 되며 뒤바꿔서 스승이 되고 제자가 되는 것은, 예부터 그러하였지 요

하더라도 갚을 수가 없을 것이라고 하였다. 혜심이 본문의 사료 ②에서와 같이 최이를 칭송하였던 것은, 최이의 그러한 회신에 대한 화답으로 나온 것이었다. 다시 말하여 혜심의 그러한 칭송은, 실제로 그처럼 훌륭한 정치가 이루어진다고 생각해서라기보다는, 잘못을 반성한 최이에 의하여 그러한 정치가 이루어지기를 희망한다는 뜻의 일종 덕담에 다름이 아니었다고 보아 좋지 않을까 생각하는 것이다.

54 尹南漢, 「儒學의 性格」, 『한국사』 6, 국사편찬위원회, 1975, 217~266쪽. 李基白, 「崔承老와 그의 政治思想」, 『崔承老上書文硏究』, 一潮閣, 1993, 163~174쪽.

55 惠諶의 그러한 태도는, 고려말기 恭愍王代에 활동한 太古和尙 普愚의 그것과 매우 대조가 된다. 普愚는 가르침을 청하는 恭愍王에게, 君王과 같이 나라를 다스리는 지위에 있는 이들은 반드시 부처를 믿어야만 할 필요는 없다고 하였다. 나라를 잘 다스리지 못하면, 비록 부처에게 정성을 다한다고 하더라도 아무런 소용이 없다고도 하였다. 治者라면 마땅히 儒教的인 의미에서의 善政을 베푸는 일에 온 힘을 다해야 한다는 것이었다. 보우는 혜심과 달리 고려왕조에서 정치이념으로서의 유교의 기능이 있음을 인정하는 '儒佛竝存'의 說을 내세웠던 것이다(邊東明, 「高麗後期 性理學의 受容과 僧侶의 儒佛觀」, 『國史館論叢』 71, 1996, 229~230쪽).

즘에 비롯된 것은 아닙니다. 그 이름으로 분별한다면 불교와 유교가 멀리 다르지만, 그 실질을 파악하면 유교와 불교가 다르지 않습니다 …『起世界經』에 이르기를, "부처님께서 '내가 두 聖人으로 하여금 震旦에 가서 교화를 펴게 하리라' 말씀하셨는데, 한 분이 老子로서 迦葉菩薩이요 또 한 분은 孔子로서 儒童菩薩이다" 하였습니다. 이에 의거한 즉 儒敎와 道敎의 宗旨는 佛法에 근본을 두었으니, 방편으로는 별개이지만 진실에서는 동일합니다 …[56]

② … 지금 각하는 儒者이고 저는 佛者이므로, 실제 몸가짐이 동일하지 않고 이름에 따른 직분도 같지 않습니다. 그러나 세존께서 말씀이 있으셨습니다. "내가 세 사람을 보내어 저 동방을 교화하도록 하겠다." 그러므로 李舟가 이르기를, "석가가 중국에 태어났더라면 주공이나 공자와 같은 가르침을 베풀었을 터이며, 주공이나 공자가 서방에 태어났더라면 석가와 같은 가르침을 베풀었으리라" 하였습니다. 李商隱이 또한, "공자는 노자를 스승으로 섬기고 노자는 석가모니를 스승으로 섬겨 머리 숙여 바르게 깨쳤으니, 나는 내 스승을 스승으로 섬긴다" 말하였은즉, 어찌 三敎가 다르겠습니까 …[57]

사료 ①은 혜심이 자신의 國子監試 座主였던 崔洪胤에게, 그리고 사료 ②는 앞서 보았듯이 천책이 國學의 同舍生이었던 閔昊에게, 각각 보냈던 서신 가운데서 인용한 것이다. 혜심과 천책은 위의 자료에서 儒·佛이 표면상 달라 보이지만 실제에 있어서는 서로 같다는 점을, 불경 등을 이용해 설명하고 있다. 근본에 있어서 불교와 유교가 다르지 않다는 '儒佛無殊'의 說을 강력하게 내세웠던 것이다.

56 我昔居公門下 公今入我社中 公是佛之儒 我是儒之佛 互爲賓主 換作師資 自古而然 非今始爾 認其名則 儒佛逈異 知其實則 儒佛無殊 … 起世界經云 佛言 我遣二聖 往震旦行化 一者老子 是迦葉菩薩 二者孔子 是儒童菩薩 據此則 儒道之宗 宗於佛法 而權別實同者乎 … (『韓國佛教全書』 6 曹溪眞覺國師語錄 書答 答崔叅政洪胤)

57 … 今閣下儒也 予釋也 實容儀不同 名分不等 然世尊有言 我遣三人 化彼震旦 故李舟曰 釋迦生中國 設教如周孔 周孔生西方 設教如釋迦 李商隱亦曰 尼師老聃 聃師牟尼 稽首正覺 吾師吾師 則何三教之異 … (『湖山錄』 4 答芸臺亞監閔昊書)

그런데 이들의 이른바 '儒佛無殊'란 불교와 유교를 동등한 차원의 사상으로서 대등하게 취급하려는 것이 아니었다. 그것은 불교 우위의 입장에서 유교를 그 하위의 개념으로 흡수하려는 논리였다. 공자를 부처보다 낮은 보살에 비기면서 유교가 불교를 근본으로 하여 거기에서 흘러나온 것으로 이해한다든지(①), 또는 공자를 노자의 제자에 그리고 다시 그 노자를 석가모니의 제자에 견줌으로써 儒·道·佛 가운데 유교를 최하위에 두려는 태도(②) 등에서 알 수가 있는 일이다. 결국 혜심 등이 내세우던 이른바 '유불무수'의 설이란, 불교를 상위에 두고 유교를 그에 종속시키려는 의도에서 나온 이론이었던 셈이다. 그리고 이러한 논리대로라면, 유교는 독자적으로 존립할 가치가 거의 없는 무의미한 존재에 지나지 않을 것임은 물론이었다.[58]

지금까지 혜심과 충지 그리고 천인·천책이 출가하기에 이르기까지의 사정을 검토하였다. 따라서 이제 혜심 등이 출가를 결심하게 되었던 까닭도 거의 드러났다고 생각한다. 단적으로 말하여 그것은 최씨무인정권시기의 사회적·정치적인 상황과 그리고 유교의 사상적인 경향에 대하여 그들이 불만을 품은 때문이었다고 할 수가 있다. 혜심 등은 최씨정권의 치하에서 관직에 나아가 출세하기를 희망하던 사람들이었다. 그렇지만 당시는 그들과 같은 한미한 사회세력의 출신이 입신 영달하기에는 어려움이 많던 시절이었다. 또한 그들은 자신과 같은 유자 내지는 문신 관료의 활동이 정상적으로 이루어지는 정치를 희망하였으나 현실에서는 반대로 武人과 御用 儒者만이 활개를 쳤으며, 그리하여 유교도 정치이념으로서의 본래 기능을 상실한 채 무인집권자에게 아부하기 위한 미사여구만을 나열하는 詞章의 수단으로 전락해 버리고 만 처지였다. 출가한 다음 혜심 등이 佛法에 입각한 정치를 내세우며, 불교를 상위에 두고 유교를 그에

58 惠諶이 내세우던 '儒佛無殊'의 說에 관해서는 다음의 글을 참고하라.
鄭赫,「高麗後期 眞覺國師 慧諶의 儒佛同源思想」,『北岳史論』3, 1993, 205~213쪽. 邊東明,「性理學의 初期受容者와 佛敎」, 103~104쪽. 朴榮濟,「수선사의 성립과 전개」, 61~62쪽.

종속시키려는 이른바 '유불무수'의 설을 주장한 것은, 그러므로 최씨정권 시기의 그와 같은 유교에 대한 강력한 비판에 다름이 아니었다. 요컨대 혜심 등은 새로이 진출하는 한미한 사회세력 출신으로서의 한계를 절감하는 가운데, 고려시기에 정치이념으로서 기능하던 유교 및 그러한 정치이념을 현실에서 구현하던 유자 관료의 역할이 제대로 이루어지지 못하는, 최씨무인정권 시기의 상황에 불만을 품고서 출가하였다고 할 수가 있는 것이다.

다음의 일화는 혜심 등의 최씨무인정권에 대한 그러한 불만을 생생하게 전해주는 사례가 아닌가 한다.

> ① … 지금의 문하시중 晉陽 崔公이 스님의 인품을 듣고서 마음을 기울여 갈구하기를 그치지 않아, 여러 차례 王京으로 맞아들이고자 하였으나 스님은 끝내 가지 않았다. 그러나 천리를 떨어졌으면서도 서로 마음이 합치하는 것이 마치 얼굴을 마주 대하는 듯하였으며, 다시 두 아들을 보내어 모시도록 시키면서는 무릇 스님의 일상에 필요한 물품이며 도구들을 있는 힘을 다해 마련해서 보내지 아니함이 없었다 …[59]
>
> ② 나는 출가한 이래로 다시는 王京을 밟지 않기를 맹세하였다. 세월이 흘러 금년(乙亥年이다 ; 충렬1, 1275) 3월에 내려온 조서를 엎드려 받았는데 上都로 불러올리는 명이었다. 일이 뜻하지 않게 벌어진지라 처음에는 가지 않으려 하였는데, 官家의 독촉을 받음이 심하여 사양했지만 어찌할 수가 없었다. 마침내 말을 타고서 길에 올라 熊川에 이르렀거늘, 사자에게 抗書를 들려 보내 질병을 이유로 굳이 사양하였다. 이어 西原에 닿으니 西原의 牧伯이 … 고을의 華井寺를 깨끗이 씻어내고서 머물기를 힘써 권하는데, 그 뜻이 매우 은근하여 어길 수가 없었다. 그리하여 행장을 풀고 석장을 걸어 하안거에 들었다 …[60]

59 … 今門下侍中晉陽崔公 聆師(惠諶)風韻 傾渴不已 屢欲邀致京輦 師竟不至焉 然千里相契 宛如對面 復遣二子叅侍 凡師之常住資具 莫不盡力營辦 … (『東文選』118 眞覺國師碑銘幷序)

최씨무인정권의 제2대 집권자인 崔怡는 혜심을 극진히 예우하였으며, 자신의 두 아들인 萬宗과 萬全(崔沆)으로 하여금 혜심의 문하로 출가하도록 시키었다. 그런데 혜심은 그러한 최이에 의해 누차에 걸쳐 간곡하게 초치를 받았음에도 불구하고, 끝내 왕경에는 발걸음을 하지 않았다고 한다(①). 충지도 출가하면서 다시는 왕경의 땅을 밟지 않겠다고 다짐하였으며, 그 후로 자신의 맹세를 지키고자 칭병도 마다하지 않았음을 스스로 술회하였다(②). 혜심과 충지가 출가한 다음 결코 왕경에 가지 않으려 하였다거나, 또는 아예 발길을 하지 않겠다고 다짐하였다는 것이다. 이는 우선 승려로서 세속의 정치와 일정한 거리를 두겠다고 하는,[61] 혜심과 충지의 강한 의지가 그처럼 표현되었던 것으로 간주하여 무난할 줄 믿는다. 그렇지만 거기에는 또한 그에 더하여 당시 왕경의 집권 세력, 즉 최씨무인정권에 대한 불만의 의미도 내포되었던 것으로 보아 좋지 않을까 생각한다.[62] 결코 왕경에 발걸음을 하지 않겠다는 단호한 결심에서, 중앙의 정치를 이끌던 세력에 대한 혜심 등의 불만을 읽어내는 것이 그리 어려운 일만은 아니라 여겨지는 것이다.

천인과 천책의 경우, 혜심이나 충지처럼 왕경에 가려 하지 않았음을 명시한 자료는 찾기가 어렵다. 하지만 출가한 다음 이들이 최씨무인정권 치

60 予自始出家 誓不復蹈京師 越今年(乙亥年也: 原註)三月 伏蒙下詔 徵赴上都 事出非意 初欲無行 被官家敦逼 辭不獲已 遂乘傳上道 行至熊川 馳介抗書 牢辭以微疾 乃抵西原 西原牧伯 … 洒掃州之華井寺 勉留之 其意勤至 不可違 因解包掛錫 而結夏焉 … (『圓鑑國師集』 予自始出家, 29~30쪽)

61 崔柄憲, 「眞覺慧諶, 修禪社, 崔氏武人政權」, 188쪽.

62 본문의 史料 ②에서 冲止가 출가 당시의 맹세를 지키고자 稱病한 것은 忠烈王 원년(1275)의 일이었다. 처음의 다짐을 지키기 위해 노력하였다고 하는 일이 있었던 시기가 元干涉期이므로, 그것은 최씨무인정권과는 상관이 없는 사건이었다고 할 수가 있는 것이다. 하지만 충지가 출가할 당시는 崔沆이 집권하던 시기였으므로, 출가하면서 다짐했다고 하는 그의 맹세를 본문에서와 같이 최씨무인정권에 대한 것으로 해석하는 데에는 별 문제가 없을 것이다. 한편 충지의 본문에서와 같은 다짐을, 무인집권자들의 횡포에 대한 저항정신의 발로였다고 이해하는 논자가 있어 눈길을 끈다(許興植, 「修禪社 圓鑑國師碑」, 701쪽).

하의 왕경에서 활동하였다는 기록도 또한 찾아보기가 어려운 것은 매한 가지이다. 더욱이 앞서 살피었듯이, 이들의 출가에 대한 주변의 반응이나 또는 그 사회적인 처지 그리고 당시의 정치적인 상황과 사상적인 경향에 대한 이들의 불만에서도, 혜심이나 충지의 그것과 별다른 차이를 찾아볼 수가 없었다. 즉 당시 왕경의 집권 세력에 대해 불만을 품었으리라는 점에서는, 이들도 혜심이나 충지와 마찬가지였던 것으로 보아 무방하지 않을까 여겨지는 것이다.

이제까지 혜심과 충지 그리고 천인·천책 등이 최씨무인정권 시기의 사회적·정치적인 상황이라든지 유교의 사상적인 경향 등에 불만을 품고서 출가하기에 이르렀음을 검토하였다. 그런데 여기에서 궁금해지는 것은, 그들이 출가하면서 허다한 불교 종파 가운데 무슨 이유로 굳이 조계종과 천태종을 지목하였으며, 또한 그처럼 출가한 동기가 자못 유사하였음에도 불구하고 끝내 서로 다른 종파의 신앙결사를 선택한 까닭은 무엇이었을까 라고 하는 점이다. 거기에는 반드시 그럴만한 사정이 있었음 직한데, 그에 관해서는 節을 달리하여 검토하도록 하겠다.

4. 儒者出身 승려의 출가 종파

혜심·충지와 천인·천책은 각각 조계종의 수선사와 천태종의 백련사로 출가하였다. 그렇다면 이들이 고려의 여러 불교 종파 가운데, 굳이 조계종과 천태종의 신앙결사를 선택하여 출가하게 된 까닭은 무엇이었을까?

보조국사 지눌과 원묘국사 요세는 기존 불교계의 타락상과 모순을 비판하면서 각각 정혜결사(수선사)와 백련결사를 개창하였다고 한다.[63] 개경을 중심으로 한 기성의 불교 교단이 세속화 경향을 보이는 가운데 소속 종파의 교리와 수행 방식만을 고집하며 서로 대립을 일삼자, 그 개혁을

63 蔡尙植, 「信仰結社의 유행과 주도세력」, 『高麗後期佛敎史硏究』, 一潮閣, 1991, 24~25쪽.

주장하면서 새로운 신앙결사운동을 전개하였다는 것이다.[64] 그런데 앞 절에서 살피었듯이, 혜심과 충지 그리고 천인·천책은 모두 최씨무인정권 시기의 사회적·정치적인 상황과 사상적인 경향에 불만을 품고서 출가한 승려들이었다. 그러므로 지눌·요세와 혜심 등과의 사이에는, 이를테면 기성체제를 바라보는 시각이 비판적이었다고 하는 데에 공통점이 있었던 셈이다. 그리하여 혜심 등이 마침내 세속을 벗어나기로 마음을 먹었을 때, 다른 어떠한 종파보다도 그처럼 자신들과 인식을 공유하면서 개혁을 외치던 수선사와 백련사가 우선 머리에 떠올랐으리라는 것은, 차라리 당연한 일이 아니었던가 헤아려진다. 다시 말해 혜심 등이 수선사와 백련사를 선택해서 출가하고자 나섰던 것은, 그처럼 기성 체제를 비판하면서 개혁을 내세우던 두 신앙결사의 주장에 공감하는 바가 많아서이기 때문이었다고 할 수가 있는 것이다.

그런데 여기에서 한 가지 풀리지 않는 의문은, 앞에서와 같은 과정을 거쳐 세속을 벗어난 혜심 등이 끝내 서로 다른 종파의 신앙결사를 선택하여 출가하게 된 까닭이 무엇이었을까 라고 하는 점이다. 혜심·충지와 천인·천책과의 사이에는 공통점이 매우 많았으며, 자연히 출가의 동기에서도 유사한 점이 많았다. 그럼에도 불구하고 이들은 그 교리와 수행 방식에서 서로 차이가 있는 수선사와 백련사로 각각 출가하기에 이르렀던 것이다.

이 대목에서 잠시 저들이 출가할 당시 최씨무인정권과 수선사 및 백련사와의 관계가 어떠하였던가를 살피는 것이, 문제를 해결하는 데 도움이 될 듯싶다. 우선 혜심이 출가할 당시(신종6, 1203) 수선사는,

> … (承安) 5년 庚申(神宗3, 1200)에 (지눌은) 松廣山 吉祥寺로 옮겨가서 무리를 거느리고 佛法을 시행하기 11년이었는데, 혹은 道를 말하고 혹은

64 邊東明, 「圓妙國師 了世의 定慧結社 참여와 결별」, 『歷史學報』 156, 1997, 343~346쪽.

> 禪을 닦으면서 安居와 頭陀에서 하나같이 부처의 계율에 의거하였다. 사방의 승려와 속인들이 (스님의) 교화함을 듣고서 다퉈 모여들어 우거져 성대한 모임이 되었다 …[65]

라고 하는 기록에서 알 수가 있듯이, 대외적으로 그 이름이 널리 알려지기 시작하던 신앙결사였다. 지눌이 송광산 길상사(즉 조계산 수선사)로 옮겨가 결사를 이끌던 承安 5년(신종3, 1200) 즈음 사방에서 승려와 속인이 수선사로 몰려들기 시작했다고 하는데, 그것은 혜심이 출가하기(1203) 겨우 3년 전에 지나지 않은 시기였던 것이다. 그리고 혜심이 출가한 이듬해(희종 즉위년, 1204) 왕명에 의해 지눌이 활동하던 송광산 길상사를 조계산 수선사로 개호하였던 사실로 미루어,[66] 혜심이 출가하던 무렵이면 중앙의 최씨무인정권 측에서도 이미 지눌과 수선사의 명성을 인지하였을 것으로 판단된다. 그러므로 혜심은, 말하자면 수선사와 중앙의 최씨정권이 이제 막 접촉을 갖기 시작하던 시기에, 그러한 수선사로 출가한 승려였다고 할 수가 있을 것이다. 다음으로 충지는, 역대 수선사주 가운데 최씨무인정권과 가장 밀착된 관계를 유지한 승려였던 것으로 알려진 圓悟國師 天英(수선사 5세 사주)의[67] 嗣法弟子였다. 그 천영이 최씨정권의 제2대 집권자인 최이의 願刹이었던 강화도 禪源社에서 主法으로 활동할 적에, 충지가 그에게 나아가 삭발하고서 승려 생활을 시작하였던 것이다.[68] 그러므로 충지는, 최씨정권과 수선사가 긴밀한 관계를 유지하던 시기에 그와 같은 수선사에 출가한 승려였던 셈이다. 요컨대 혜심과 충지가 출가

---

65 … (承安)五年庚申 移居松廣山吉祥寺 領徒作法 十有一年 或談道 或修禪 安居頭陀 一依佛律 四方緇白 聞風輻輳 蔚爲盛集 … (『普照全書』 昇平府曹溪山修禪社佛日普照國師碑銘幷序)

66 閔賢九, 「月南寺址 眞覺國師碑의 陰記에 대한 一考察」, 『震檀學報』 36, 1973, 28쪽.

67 許興植, 「佛臺寺 圓悟國師碑」, 『高麗佛敎史硏究』, 一潮閣, 1986. 許興植, 「圓悟國師의 父 梁宅椿墓誌」, 앞의 책. 閔賢九, 앞의 논문, 36쪽.

68 『圓鑑國師集』 曹溪山修禪社圓鑑國師碑銘幷序

할 당시 수선사와 최씨무인정권의 관계는, 이제 막 접촉을 갖기 시작하거나 혹은 이미 긴밀한 유대를 맺고 있던 그러한 사이였다고 하여 좋을 것이다.

한편 천인과 천책이 출가하던 고종 15년(1228) 경에는, 수선사가 최씨정권의 후원을 받아 이미 크게 명성을 떨치는 반면에 백련사는 아직 중앙과 별다른 관계를 맺지 않은 상황이었다. 그 무렵 수선사는 당시 집권자이던 최이의 두 아들 萬宗과 萬全의 출가를 받아들일 정도였으나,[69] 백련사는

> … 戊子年(고종15) 여름 5월에 이르러 儒學을 業으로 삼던 몇몇이 王京에서 와 뵙자, 스님께서는 머리를 깎고 출가하는 것을 허락하시며 『法華經』을 가르쳐서는 권면하여 통달하도록 시키었다. 그 이래로 멀고 가까운 데서 교화에 호응하여 信行이 있는 이들이 끊임없이 와서 점점 성대한 모임으로 되었다 …[70]

에 나오는 바와 같이, 천인·천책 등 儒者 몇몇의 출가를 계기로 하여 비로소 '信行者'들이 모여드는 형편이었다. 백련사가 최씨무인정권의 지원을

69 萬宗과 萬全이 眞覺國師 惠諶에게서 剃髮하고 승려가 되었다 함은 널리 알려진 사실이다. 다만 그들이 출가한 시기에 대해서는 흔히 高宗 6년(1219) 무렵의 일로 생각해 왔으나(閔賢九, 앞의 논문, 18쪽), 반드시 그렇지만은 않은 것 같다. 惠諶의 「曹溪眞覺國師語錄」 上堂篇 가운데 行者出家上堂條가 있는데, 이는 萬宗과 萬全의 출가를 기념하는 上堂法語였던 것으로 보인다. 이 法語의 뒷부분에, "萬全 上座는 이처럼 믿어 받아들이고, 이처럼 받들어 행하라. 만약 능히 이와 같으면, 무거운 4恩(父母·國王·衆生·三寶 혹은 父母·師長·國王·施主의 은혜)을 가히 완전히 보답하리로다"(『韓國佛敎全書』 6 曹溪眞覺國師語錄 上堂 行者出家上堂云)라는 내용이 있음으로 해서이다. 그런데 이 「曹溪眞覺國師語錄」(『韓國佛敎全書』 6)의 上堂篇은 高宗 9년(1222)에서 同王 20년(1233)까지의 上堂法語를 年度順으로 수록하였다. 그리고 위의 '行者出家上堂云'은 고종 11년(1224)에서 동왕 12년(1225)까지의 上堂 중 끝 부분에 수록되어 있다. 즉 「曹溪眞覺國師語錄」의 수록 순서에 따르면, 만종과 만전은 고종 11년과 12년 사이의, 아마도 고종 12년 무렵에 혜심의 문하로 출가하였던 것이 아닌가 헤아려지는 것이다.

70 … 至戊子夏五月 有業儒者數人 自京師來衆 師許以剃度 授與蓮經 勸令通利 自是 遠近嚮風 有信行者 源源而來 寖爲盛集 …(『東文選』 117 萬德山白蓮社圓妙國師碑銘幷序)

받은 것이 1230년대 이후였다고 하는 기왕의 지적에서도[71] 드러나듯이, 천인과 천책이 출가할 무렵 백련사와 중앙 무인정권과의 사이에는 아직 별다른 유대 관계가 없었다고 보아 좋을 것이다.

이상에서 혜심과 충지의 경우 최씨무인정권과 이제 막 관계를 맺기 시작하거나 혹은 이미 긴밀한 유대 아래 있던 수선사를 선택해 출가하였던 데 반해, 천인과 천책은 아직 최씨정권과 별다른 관계를 맺지 않은 백련사로 출가하였음을 검토하였다. 그런데 앞 節인 '儒者出身의 승려'에서 이미 지적하였거니와, 혜심 등은 상호간에 많은 공통점을 지닌 승려들이었지만, 오직 출가할 당시의 정치적인 상황과 개인적인 처지에서만은 서로 일치하지 않는 점이 있었다. 혜심과 충지는 정치적으로 불안정하던 시기에, 관직에 나아갈 가능성이 있거나 혹은 관료 생활을 하던 중 자진해서 출가하였다. 반면에 천인과 천책은 최씨정권이 비교적 안정을 구가하던 시기에, 예부시에 실패하거나 혹은 급제 이후 상당한 동안 관직을 얻지 못하는 좌절 끝에 낙담해서 출가하였다. 즉 혜심과 충지는 정국이 안정되지 못한 가운데서도 관료로서 출세할 것이 기대되던 상황에서 자발적으로 출가를 결심하였던 데 비하여, 천인과 천책은 최씨정권이 안정되어 관료로서 입신하기에 유리한 환경 속에서도 官途에 오르는 데 실패하여 낙심한 가운데 출가하였던 것이다.

따라서 혜심·충지와 천인·천책과의 사이에는, 당시의 집권세력 즉 최

---

71 蔡尙植, 「白蓮結社 성립과 사상적 경향」, 『高麗後期佛教史研究』, 一潮閣, 1991, 81~82쪽.

한편 무인정권의 시기에 白蓮社가 崔氏武人執權者들과 접촉한 자취를 찾아볼 수가 없다고 하여, 백련사와 최씨정권과의 관계를 부정하는 듯이 보이는 견해가 있어 눈길을 끈다(許興植, 「生涯와 時代背景」, 『眞靜國師와 湖山錄』, 民族社, 1995, 35~36쪽). 그러나 崔忠獻의 妻인 靜和宅主가 白蓮社의 主殿에 無量壽佛을 봉안하고 金字蓮經을 書寫하게 하였다든지, 또는 白蓮社에서 戒環解 『法華經』을 印板할 때 崔怡가 직접 跋文을 쓰고, 了世가 입적한 후 백련사를 계승한 天因이 崔怡를 祝願하였던 사실(蔡尙植, 앞의 논문, 81쪽) 등으로 미루어 볼 때, 백련사와 최씨정권과의 관계 자체를 부정하기는 어렵지 않을까 생각한다.

씨무인정권에 대한 불만의 정도에서 차이가 날 수밖에 없었을 법하다. 곧 혜심과 충지의 그것에 비해, 천인과 천책의 집권 무인세력을 향한 불만이 보다 높지는 않았을까 여겨지는 것이다. 혜심과 충지가 세속을 벗어나면서 당시 최씨정권과 벌써 유대를 맺은 사이이던 수선사를 선택한 데 반해, 천인과 천책이 아직 최씨정권과 별다른 관계를 맺지 않은 백련사를 선택하였던 것은, 그러한 데에 까닭이 있었다고 믿는다. 집권세력을 향한 불만이 상대적으로 높았던 듯 보이는 천인과 천책이, 두 신앙결사 가운데 최씨정권의 후원 아래 번성하던 수선사보다 최씨정권과 아직 특별한 관계를 맺지 않은 상태이던 백련사에 더욱 호감을 가졌으리라는 것은, 불을 보듯 뻔한 이치가 아닌가 여겨지는 것이다. 요컨대 혜심·충지와 천인·천책이 각각 수선사와 백련사라고 하는 서로 다른 종파의 신앙결사를 선택해서 출가하였던 것은, 이들이 출가할 당시의 정치적인 상황과 개인적인 처지에 그처럼 서로 차이가 있음으로 해서 빚어진 현상이라고 하여 지나치지 않은 셈이었다.

지금까지 혜심·충지와 천인·천책이 무슨 이유로 굳이 조계종과 천태종을 각각 지목해서 출가하려 들었으며, 또한 끝내 서로 다른 종파의 신앙결사를 선택해서 출가하기에 이른 까닭은 무엇이었던가를 검토하였다. 그리하여 혜심 등이, 기성 체제를 비판하면서 개혁을 내세우던 수선사와 백련사의 주장에 공감하여, 조계종과 천태종의 두 신앙결사로 출가하였음을 헤아릴 수가 있었다. 또한 나아가 출가할 당시의 정치적인 상황과 개인적인 처지에서의 차이로 말미암아 최씨정권에 대한 불만의 정도에서도 차이가 생기게 되어, 마침내 혜심과 충지는 최씨정권과 유대 관계이던 수선사를 그리고 천인과 천책은 집권세력과 아직 별다른 관계를 맺지 않았던 백련사를, 각각 선택하기에 이른 사실도 밝힐 수가 있었다고 생각한다.

그런데 여기에서 한 가지 문제가 되는 것은, 최씨무인정권에 대해 —서로 정도의 차이는 있었다지만— 불만을 품은 때문에 출가하였다고 하는 혜심 등이 출가한 다음에는 결국 그 최씨정권의 후원을 받는 가운데 당대를 대표하는 고승으로서 추앙받는 위치에 올랐다는 사실이, 상호 모순이 아닌가 하는 점이다. 그렇지만 이 문제는 반드시 그렇게만 생각할 까닭은 없어 보인다. 그 이유는 다음과 같다. 무엇보다도 혜심 등이 이끌던 수선사 및 백련사가 최씨무인정권과 가까워지게 되었던 것이, 집권세력의 의도적인 접근 때문이었다는 사실을 지적하지 않을 수가 없다. 최씨무인집권자는 자신의 정책을 합리화하고 나아가 자신의 정권을 정당화하기 위해서, 두 신앙결사를 후원하며 그 지도자들과 유대를 맺기 위해 노력하였던 것이다.[72] 아울러 혜심 등의 입장에서도 최씨정권 측의 그러한 후원을 마냥 외면만 하기에는 현실적으로 어려움이 적지 않았을 듯 여겨진다. 혜심 등은 처음 최씨무인정권의 치하에서 관직에 나아가 영달하기를 꿈꾸던 사람들이었다. 따라서 그들이 비록 최씨정권에 대한 불만 때문에 관료로서의 입신을 포기하고 출가하였다고는 하지만, 고려왕조 자체를 근본적으로 부정하는 혁명세력이 아닌 바에야, 당시 집권세력의 접근을 노골적으로 거부할 수만은 없었을 것으로 판단된다. 최씨집권자의 적극적인 후원을 받아들이면서도 끝내 王京에는 발걸음을 하지 않겠다고 다짐하던 혜심 등의 모습에서, 그들이 맞닥뜨려야만 하였던 난처함을 찾아보는 것이 그리 어려운 일만은 아니지 않을까 여겨지는 것이다.

5. 맺음말

高麗 崔氏武人政權의 시기에 儒子로서 출가한 승려 중 惠諶과 冲止 그리고 天因·天頙을 검토하였다. 그 결과 다음과 같은 사실을 알게 되었다고 생각한다.

혜심 등은 모두 삼남지방에 본관을 둔 인물들로서, 무인정권의 시기에 들어 차츰 성장하던 새로운 사회세력의 출신이었다. 그리하여 왕경의 귀

---

72 蔡尙植, 「信仰結社의 유행과 주도세력」, 16~21쪽. 金塘澤, 「崔氏武人政權과 修禪社」, 『高麗武人政權硏究』, 새문社, 1987, 232~243쪽.

족문화를 섭취하는 가운데, 최씨정권의 치하에서 관직에 나아가 출세하고자 하는 꿈을 지닌 인물들이기도 하였다. 또한 출가하기 전 이미 혼인하여 처자를 거느렸을 가능성이 컸을 만큼 상당한 사회생활을 경험한 다음 비교적 늦깎이로 출가하였으며, 나아가 그러하였음에도 모두 당대에 명성을 떨치며 고승으로서 추앙받는 위치에 올랐다. 한편 이들 사이에는 그와 같은 공통점 이외에 차이점도 있었는데, 출가할 당시의 정치적인 상황과 개인적인 처지에서 그러하였다. 혜심과 충지는 정치적으로 불안정하던 시기에, 관직에 나아갈 가능성이 있거나 혹은 관료 생활을 하던 중 자진해서 출가하였다. 반면에 천인과 천책은 최씨무인정권이 비교적 안정을 구가하던 시기에, 예부시에 실패하거나 혹은 급제한 다음 상당 기간 관직을 얻지 못하는 좌절 끝에 낙심해 출가하였다.

혜심 등이 세속을 벗어나 출가하기로 결심한 것은, 최씨무인정권 시기의 사회적·정치적인 상황과 유교의 사상적인 경향에 불만을 품은 때문이었다. 혜심 등은 최씨정권의 치하에서 관직에 나아가 출세하기를 희망한 사람들이었다. 그렇지만 당시는 그들과 같은 한미한 사회세력의 출신이 입신 영달하기에는 어려움이 많던 시절이었다. 또한 그들은 자신과 같은 유자 내지는 문신 관료의 활동이 정상적으로 이루어지는 정치를 희망하였으나, 현실은 그와 반대였다. 武人과 御用 儒者만이 활개를 쳤으며, 그리하여 유교도 정치이념으로서의 본래 기능을 상실한 채 무인집권자에게 아부하기 위한 미사여구만을 나열하는 詞章의 수단으로 전락해버리고 만 실정이었다. 혜심 등은 새로이 진출하는 한미한 사회세력으로서의 한계를 절감함과 동시에, 고려의 정치이념으로 기능하던 유교 및 그러한 이념을 현실에서 구현하던 유자의 역할이 제대로 이루어지지 못하는, 최씨무인정권 당시의 상황에 불만을 품고서 출가를 결심하였던 것이다.

혜심 등이 세속을 벗어나면서 고려 불교의 여러 종파 가운데 굳이 曹溪宗과 天台宗의 두 신앙결사를 지목해 출가하려 들었던 것은, 기성 체제를 비판하며 개혁을 제창하던 修禪社와 白蓮社의 주장에 공감하는 바가 많아서이기 때문이었다. 또한 혜심·충지와 천인·천책이 끝내 서로 다른 종파의 신앙결사를 각각 선택하여 출가하기에 이르렀던 것은, 출가할 당시의 정치적인 상황과 개인적인 처지가 서로 다름으로 말미암아 최씨무인정권에 대한 불만의 정도에서 차이가 생긴 때문이었다. 그리하여 혜심과 충지가 최씨정권과 유대를 맺은 사이이던 수선사를 선택한 데 반해, 상대적으로 최씨정권에 대한 불만이 더욱 컸던 천인과 천책은 최씨정권과 아직 별다른 관계를 맺지 않은 상태이던 백련사로 출가하게 되었던 것이다.

(「高麗 崔氏武人政權時期의 儒者 出身 僧侶」, 『全南史學』 11, 1997)

제3장 忠烈王의 妙蓮寺 창건과 法華信仰

1. 머리말

忠烈王은 남달리 天台思想과 法華信仰에 관심을 쏟던 군주였다. 그가 창건하여 願刹로 삼은 妙蓮寺가 天台宗에 속한 사찰이었다는[1] 사실만으로도 짐작이 가는 일이다. 또한 그의 치세를 경험하였던 李齊賢은,

> … 우리 충렬왕은 齊國大長公主와 더불어 부처를 존신하였는데, 이르시되 불교로 들어가는 길은 『法華經』이 가장 심오하고, 그 경전의 뜻을 펼쳐 통한 것은 天台의 註疏에 모두 갖추어졌다고 하시었다 …[2]

라고 하여, 더욱이 그것을 명백하게 전해준다.

충렬왕과 천태종의 그처럼 긴밀한 관계는 이미 다른 연구자들에 의해 주목을 받아 온지 오래이다. 그리하여 충렬왕대에 고려의 천태종을 이끌던 妙蓮寺의 法脈이 무인정권시기의 白蓮結社로 연결이 된다든지, 또는 충렬왕 이후 묘련사 계통의 천태종이 왕실의 후원 속에 점차 貴族化되어

1 許興植, 「天台宗의 形成過程과 所屬寺院」, 『高麗佛教史研究』, 一潮閣, 1986, 284~286쪽.

2 … 我忠烈王 與齊國大長公主 尊信佛氏 謂入佛之道 法華經最邃 暢經之義 天台疏悉備 … (『益齋亂藁』 6 妙蓮寺中興碑)

갔는데, 나아가 親元的인 경향으로까지 그 성격이 변질되어갔다고 하는 사실 등이 알려지게 되었다.[3]

그렇지만 지금까지의 그와 같은 연구 성과에도 불구하고 여전히 한두 가지 궁금한 점은 남아 있다. 우선 충렬왕이 그처럼 천태종에 관심을 가지게 된 동기가 무엇이었는지를 잘 알 수가 없다. 천태종에서 내세우는 會三歸一의 教說과 一心三觀의 禪法이 政治的 結合에 유익하였기 때문이라는 식의,[4] 어느 시기에나 적용 가능한 일반적인 해석만이 알려졌을 뿐이다. 과연 충렬왕이 천태종의 그러한 특성에 유의하였는지, 혹은 실제로 그와 같았다면 그러한 天台思想이 유독 충렬왕의 눈길을 끌게 된 이유는 무엇이었는지 등이 밝혀지지를 않은 것이다. 또한 충렬왕이 그처럼 천태종을 후원하는 데 관여한 인물들은 누구였으며, 나아가 그와 같은 정치적인 면 이외에 宗教信仰的인 측면에서 충렬왕을 포함한 천태종 후원자들이 천태종의 어떠한 점에 특히 호감을 가졌을까 라고 하는 점들도, 풀리지 않은 의문으로 남기는 매한가지이다. 지금까지의 연구 성과에 의거하는 한, 그러므로 어떠한 성격의 인물들이 왜 천태종을 후원하였으며, 또한 종교신앙적인 측면에서는 천태종의 어떠한 점이 선호되었던가 라고 하는, 초보적인 의문에 대한 해답도 찾아보기가 어려운 실정인 셈이다.

이 글에서는 먼저, 忠烈王代에 妙蓮寺와 관련되었던 것으로 나타나는 인물들을 검토하는 데서 시작하여, 문제 해결의 실마리를 풀어 가려 한다. 처음 충렬왕이 천태종과 인연을 맺게 되었던 계기에서 출발하여, 원찰인 妙蓮寺를 창건하고 이어서 그곳에 행차하여 法會를 열곤 하였을 때 그에 관여하였던 인물들을 하나하나 찾아 분석함으로써, 충렬왕대에 묘련사를 후원하였을 것으로 판단되는 인물들의 성격을 알아보고자 하는 것이다.

---

3 高翊晉, 「白蓮社의 思想傳統과 天頙의 著述問題」, 『佛教學報』 16, 1979, 133~151쪽. 李逢春, 「高麗 天台宗의 成立과 그 展開」, 『韓國史論』 20, 國史編纂委員會, 1990, 80~89쪽. 蔡尙植, 「妙蓮寺의 창건과 그 성격」, 『高麗後期 佛教史硏究』, 一潮閣, 1991, 181~197쪽.

4 高翊晉, 앞 논문, 145~146쪽.

다음으로, 충렬왕이 묘련사를 창건하고자 하였던 정치적 의도를 살피겠다. 당시의 정치적 상황 및 묘련사를 후원한 인물들의 성격에 유의하면서, 묘련사 창건에 담긴 정치적 의미를 헤아려 보고자 한다. 마지막으로, 宗教信仰的인 측면에서 충렬왕이 천태종의 어떠한 점에 특히 매력을 느끼었던가에 관해 다뤄 보도록 하겠다. 당시 천태종을 후원하던 인물들이 지녔을 것으로 여겨지는 法華信仰의 성격이 어떠하였던가를, 충렬왕의 경우를 예로 삼아 더듬어 보고자 하는 것이다.

이상과 같은 검토로써, 고려 충렬왕대에 비롯되었던 妙蓮寺系 天台宗의 등장이 지니는 의미를 제대로 이해할 수가 있게 되었으면 하는 바람이다.

2. 妙蓮寺와 관련된 인물들

충렬왕은 천태종 사찰인 묘련사를 창건하여 원찰로 삼았다. 그와 천태종의 사이에 이전부터 별다른 관계가 없었다면 상상하기 어려운 일이 아닌가 한다. 그렇다면 충렬왕으로 하여금 처음 천태종과 인연을 맺도록 계기를 제공한 인물은 누구였을까?

충렬왕은 태자 시절에 金坵·李穎과 상당히 친밀한 사이였다. 이들은 서로 시를 주고받으며 우정을 나누었는데, 唱和한 시를 모은 『龍樓集』이 세상에 알려져 전해질 정도였다. 당시 '士林'에서 퍽이나 부러워하였던 것으로 사서에 기록될 만큼, 충렬왕은 김구·이영과 꽤 돈독한 우의를 맺은 사이였던 것이다.[5] 그런데 그처럼 충렬왕과 私的으로 친숙하였다던 김구와

5 다음의 기록이 그것을 보여준다.

① … (忠烈王) 幼嚮學讀書 知大義 嘗與大司成金坵·國子祭主李松縉(穎)唱和 有集 行于世 … (『益齋亂藁』 9上 世家)

② … 忠烈王爲世子 與學士金坵·李松縉·僧祖英唱和 有龍樓集 … (『櫟翁稗說』 前集1 德陵嘗問臣齊賢曰)

③ … (李穎) 嘗與學士金坵 遊僧祖英方丈 忠烈爲世子 聞之賜製 … 士林歆艷 … (『高麗史』 106 李穎傳)

이영은 바로 문제의 그 천태종을 적극 후원하는 인물들이었다. 천태종 백련결사의 제4대 주법인 眞靜國師 天頙과 서로 주고받았던 시 등으로 미루어 헤아릴 수가 있는 일이다. 이들은 둘 다 白蓮結社에 入社한 俗弟子들이었던 것이다.[6] 따라서 만약 충렬왕이 즉위하기 전에 벌써 천태종에 관심을 가졌다고 한다면, 이들의 친밀도로 미루어 그것이 김구와 이영에서 비롯된 바가 적지 않았으리라는 사실을 직감할 수가 있다.

한편 백련결사의 진정국사 천책이 교류하던 문인 관료들 중에는 그밖에도 충렬왕과 긴밀한 관계를 맺은 인물들이 더 있었다. 柳璥과 鄭可臣이 곧 그들인데, 이들도 김구·이영이나 마찬가지로 천태종을 후원하며 백련결사에 입사한 속가제자들이자,[7] 또한 둘 모두 충렬왕의 두터운 신임을 얻은 인물들이었다.[8] 유경은 최씨무인정권의 붕괴와 왕정복고에 기여함으로써 이름을 떨쳤지만,[9] 충렬왕대에 차지하던 정치적 비중도 못지않게 큰 인물이었다. 그는 金方慶 誣告事件[10] 등 충렬왕이 재위 초반에 맞닥뜨

6 金坵·李穎과 白蓮結社의 관계는, 蔡尙植, 「白蓮結社 성립과 사상적 경향」, 『高麗後期 佛敎史硏究』, 一潮閣, 1991, 97～98쪽의 자세한 설명이 참고 된다. 또한 이들이 白蓮結社에 入社한 天台宗 俗弟子였음은, 許興植 譯註 『湖山錄』 卷3에 수록된 20-1-31～21-4-35, 28-143～29-1-44(許興植, 『眞靜國師와 湖山錄』, 民族社, 1995, 163～166·171～173쪽) 등의 詩를 통해서 알 수가 있다.

7 柳璥과 鄭可臣이 眞靜國師 天頙과 교유한 사실에 관해서는, 蔡尙植, 「白蓮結社 성립과 사상적 경향」, 94～96쪽을 참조하라. 또한 이들이 백련결사에 입사한 천태종 속가제자들이었음은, 許興植 譯註 『湖山錄』 卷3에 실린 30～31-2-48, 36～38-3-61, 8-1-4, 18-1-28～19-2-30(許興植, 『眞靜國師와 湖山錄』, 173～175·178～183·152·162～163쪽) 등의 詩文을 통해 알 수가 있다.

8 眞靜國師 天頙과 교류한 문인들 가운데, 金㥠도 또한 충렬왕대에 관료로서 활동한 기록을 남기었다. 그를 충렬왕과 전혀 관계가 없었던 인물이라고 할 수만은 없다는 뜻이다. 그렇지만 충렬왕으로 하여금 金㥠 자신이 후원하던 불교종파에 관심을 갖도록 유도할 수 있을 만큼 국왕의 돈독한 신임을 얻었던 것으로는 여겨지지를 않아, 일단 검토의 대상에서 제외하였다.

9 許興植, 「1262年 尙書都官貼의 分析」, 『韓國學報』 27·29, 1982.

10 金光哲, 「高麗 忠烈王代 政治勢力의 動向」, 『昌原大論文集』 7-1, 1985, 151～155쪽. 李益柱, 「高麗 忠烈王代의 政治狀況과 政治勢力의 性格」, 『韓國史論』 18, 서울大學校 人文大 國史學科, 1988, 174～176쪽.

렸던 정치적 어려움을 헤쳐 나가는 데 커다란 공헌을 하였다.[11] 충렬왕은 그의 門生들을 특별히 중용함으로써, 또한 그에 대한 신임이 각별함을 숨기지 않았다. 유경은 충렬왕과 밀착하여 정치적으로 비중 있는 역할을 하였던 것으로 평가받을 만한 인물이었던 것이다.[12] 충렬왕의 신임을 받았다는 점에서는 정가신도 하등 유경에 뒤질 것이 없었다. 그가 충렬왕 4년(1278)에 必闍赤의 구성원으로 참여할 수 있었다는 사실만으로도 짐작이 가능한 일이다.[13] 必闍赤는 왕권을 강화시키기 위하여 충렬왕의 측근들 주도 아래 설치된 기구였음이 밝혀졌거니와,[14] 그처럼 특수한 성격의 정치기구에 정가신이 참여하였던 것이다. 유경과 정가신은 충렬왕의 남다른 정치적 신임을 받는 가운데 관직 생활을 꾸려가던 인물들이었다고 할 수가 있는 셈이다. 그런데 이들은 앞서 언급하였듯이 백련결사에 입사하여 천태종을 후원하던 속가제자들이었다. 이들과 진정국사 천책의 사이에 오고 간 詩文 등에서 파악할 수가 있는 사실이거니와,[15] 이로써 충렬왕이 천태종과 인연을 맺게 되는 데 유경과 정가신이 전혀 무관치만은 않았을 것임을 예감하고도 남음이 있다.

김구와 이영 그리고 유경·정가신 등이 충렬왕으로 하여금 천태종에 관심을 갖도록 유도하는 데 관여하였을 가능성을 검토하였다. 사실 충렬왕은 어린 시절에 벌써 천태종과 그리 낯설지 않을 만한 환경 속에서 성장

11 『高麗史』 105 柳璥傳.

12 金塘澤, 「忠烈王의 復位 과정을 통해 본 賤系 출신 관료와 '士族' 출신 관료의 정치적 갈등」, 『東亞硏究』 17, 1989, 209～210쪽. 李益柱, 위 논문, 169·211～212쪽.

13 『高麗史』 105 鄭可臣傳.

14 李起男, 「忠宣王의 改革과 詞林院의 設置」, 『歷史學報』 52, 1971, 78～83쪽. 金光哲, 「高麗 忠烈王代 政治勢力의 動向」, 『昌原大論文集』 7-1, 1985; 『高麗後期 世族層硏究』, 東亞大出版部, 1991, 138～141쪽. 李益柱, 「高麗 忠烈王代의 政治狀況과 政治勢力의 性格」, 179～181·208～210쪽. 金塘澤, 앞 논문, 205～207쪽. 朴龍雲, 「高麗後期의 必闍赤에 대한 검토」, 『李基白先生古稀紀念 韓國史學論叢』 上, 一潮閣, 1994, 869～871쪽.

15 위의 註 7) 참조.

하였다. 충렬왕이 출생한 것은 고종 23년(1236) 그러니까 崔怡가 집권 중이던 시기였는데,[16] 이 무렵이면 天台宗 白蓮結社가 이미 집권무인을 비롯한 왕경의 유력자들과 유대를 맺은 가운데 그 이름을 높이기 시작하였던 것으로 이해된다.[17] 충렬왕의 조부인 고종(재위:1213~1259)은 그 말년(46년 4월)에 『法華經』을 念誦하는 법회를 베풀어, 王業과 더불어 자신의 壽命延長을 도모하였음이 사서에 특기되어 전한다.[18] 당시 충렬왕은 24세로서, 두 달 후 고종이 薨去하였을 때 몽고에 머무르던 父王 원종을 대신하여 '監國'을[19] 할 수 있는 정도의 연령이었다. 따라서 천태종의 所依經典인 『法華經』에 대한 고종의 그와 같은 태도가, 충렬왕에게 아무런 영향을 끼치지 않았을 리가 없다고 생각한다. 훗날 충렬왕이 원나라에 가면서 白蓮社로 하여금 법회를 열어 '行宮福利'를 기원하도록 명하였다든지,[20] 또는 왕비 齊國公主에게 병이 생기자 法華道場을 열어 그 쾌유를 빌도록 조치하였던 것[21] 등은, 그러므로 그러는 가운데 충렬왕이 묘련사를 창건하기 이전에 벌써 『법화경』 및 천태종의 성격을 충분히 파악하였을 것임을 헤아리게 한다. 요컨대 충렬왕은 어린 시절에 이미 천태종과 그리 낯설지 않은 환경 속에서 성장하였으며, 후에는 김구와 이영 그리고 유경·정가신 등 신임하는 인물들을 통해 더욱이 천태종의 의의를 이해하게 되었고, 이윽고 자신의 원찰로서 천태종에 소속된 묘련사를 창건하기에 이르렀던 것이 아닌가 여겨지는 것이다.

그런데 충렬왕의 묘련사 창건은 정작 이들 김구라든지 유경 등의 적극

16 『高麗史』 28 忠烈王 卽位年

17 蔡尙植, 「白蓮結社 성립과 사상적 경향」, 『高麗後期 佛教史硏究』, 81~83쪽.

18 『高麗史節要』 17 高宗 46년 4월. 『高麗史』 123 鄭世臣傳 및 同書 白勝賢傳

19 『高麗史』 24 高宗 46년 6월 壬寅

20 … 我主上(忠烈王)聞師(普幻)道藝 傾渴歲久 戊寅(忠烈王4)季冬 特下手詔 敦諭赴闕 適有天下會同事 聘于帝庭 爲設楞嚴法會 於白蓮社 命公主盟 以備行宮福利 … (『韓國佛教全書』 6 「首楞嚴經環解刪補記」 下 跋文)

21 以公主病 設法華道場 (『高麗史』 29 忠烈王 8년 7월 辛酉)

적인 주도와 참여 속에 이루어진 일이 아니었다. 충렬왕이 묘련사를 창건한 동왕 9년～10년(1284)의 무렵이면,[22] 김구와 이영·유경 등 앞서 거론하였던 인물들은 대부분 이미 致仕하였거나 혹은 사망한 다음이었다.[23] 이들을 묘련사 창건에 참여한 직접적인 후원세력으로 거명하기에는 적지 않은 무리가 따르는 것이다. 당시 계속 활동 중이던 인물로 정가신을 꼽을 수는 있다. 그렇지만 묘련사를 창건하는 데 직접 간여했다는 증거가 남아 전하지 않기는 그도 역시 매한가지였다.

묘련사를 창건한 후 백련결사의 社主이던 圓慧國統을 그 法主로 초치하는 등 묘련사가 백련사의 법맥을 계승하였다는 지적을 생각할 때,[24] 백련결사와 긴밀한 사이이면서 동시에 충렬왕의 신임도 두터웠던 김구 등을 묘련사 창건의 유력한 후원세력으로 떠올리는 것은 퍽 자연스러운 일인 듯 보이기도 한다. 그렇지만 앞서 언급하였듯이, 당시의 형편 등으로 미루어 이들을 묘련사 창건과 직접 연관시키는 것은 아무래도 무리라고 할 수밖에 없다. 충렬왕의 묘련사 창건을 직접 후원하였던 것으로 명시된 인물을 찾기가 그리 쉽지를 않은 것이다. 그러므로 김구 등 앞서 거론된 인물들은, 말하자면 천태종에 대한 충렬왕의 관심을 고조시킴으로써 천태종 소속의 사찰을 자신의 원찰로 창건하도록 분위기를 이끌었던 데서, 그 역할을 찾는 정도에 그쳐 마땅하지는 않을까 생각한다.

그렇다면 충렬왕의 묘련사 창건을 지지하고 또 직접 후원하였던 인물을 달리 찾아볼 수는 없는 것일까? 이와 관련하여, 자신의 第4子를 충렬왕대 묘련사의 初代主法이던 圓慧國統의 문하로 출가시킨 趙仁規가 먼저

22 蔡尙植, 「妙蓮寺의 창건과 그 성격」, 『高麗後期 佛教史研究』, 181쪽.

23 柳璥은 忠烈王 4년(1278)에 致仕하였다가 同王 15년에 사망하였으며(『高麗史』 105 柳璥傳), 金坵와 李穎은 충렬왕 4년에 사망하였다(『高麗史』 106 金坵傳, 同書 李穎傳). 이들이 모두 같은 해(충렬왕4)에 치사하거나 혹은 사망하여 공교로운 느낌이다.

24 高翊晉, 「白蓮社의 思想傳統과 天頙의 著述問題」, 135～136쪽. 蔡尙植, 「妙蓮寺의 창건과 그 성격」, 185～190쪽.

떠오른다. 그는 넷째 아들 義璇이 아직 어린 나이였을 때 묘련사로 출가시키었다고 하는데, 조인규의 兄으로서 水原 萬義寺에서 주로 활동하였다는 混其 이래, 조인규의 子 義璇과 孫子 普解 그리고 曾孫子 妙慧 등이 모두 천태종 승려로서 묘련사와 연관을 맺은 가운데 활동하였던 것으로 알려져 눈길을 끈다.[25] 조인규가 충렬왕대의 묘련사와 자못 긴밀한 관계였음을 암시하는 사실들이 아닐 수가 없는 것이다.

다음으로, 묘련사를 창건한 다음 충렬왕이 그곳에 행차하여 법회를 열곤 하였을 때, 그에 관여하였던 것으로 여겨지는 인물들도 또한 그냥 지나칠 수가 없다. 洪子藩을 비롯하여 廉承益과 陶成器 그리고 崔世延·金義光 등이 바로 그들이었다. 홍자번은 묘련사에서의 慶讚會를 성대히 마칠 수 있도록 공을 세운 行香使였다고 하여, 충렬왕에게서 紅鞓을 하사받는 영예를 누리었다.[26] 염승익은 묘련사에 행차한 충렬왕에게 佛法을 들어 사냥을 중지하도록 권유하여 그 횟수를 줄이는 데 성공했다고 하며,[27] 도성기와[28] 최세연·김의광[29] 등은 묘련사의 법회에 참석하고 돌아오던 충렬왕과 제국공주로 하여금 즐길 수 있도록 자리를 마련하였거나, 혹은 묘련사에 行幸한 충렬왕 내외를 모신 가운데 큰 연회를 열었던 것으로 기록에 나타난다. 아마도 묘련사에서 개설한 법회에 참석하는 충렬왕의 행차에 동행한 신료들이 아니었던가 짐작되는데, 충렬왕대의 묘련사 상황을 알려주는 자료에는 이들 말고는 더 이상 나타나는 인물이 없다. 현전하는 자료에 의거하는 한, 승려를 제외하고는 이들이 충렬왕대의 묘련사와 관련

---

25 高翊晉, 앞 논문, 146~151쪽. 蔡尙植, 앞 논문, 193~197쪽.

26 王及公主 幸妙蓮寺 設慶讚會 賜行香使洪子藩紅鞓 (『高麗史』 30 忠烈王 11년 11월 丁丑)

27 王與公主 幸妙蓮寺 又命修玄化寺 時廉承益 每勸以浮屠法 於是 遊畋稍疎 (『高麗史節要』 20 忠烈王 9년 6월)

28 王與公主 幸妙蓮寺 及還宮 將軍陶成器 結彩棚 盛伎樂 奉觴駕前 王與公主 極歡而罷 (『高麗史節要』 20 忠烈王 22년 正月)

29 王及公主 幸妙蓮寺 宦者將軍崔世延·金義光等 設彩棚 張雜戲 (『高麗史』 30 忠烈王 14년 正月 癸卯)

된 기록에 등장하는 인물의 전부인 것이다.

지금까지 충렬왕이 천태종 소속의 묘련사를 자신의 원찰로 창건하고 또 후원하는 데 관련되었을 것으로 여겨지는 인물들을 찾아보았다. 이제 그들을 분석할 차례가 되었는데, 충렬왕대의 묘련사 후원세력을 달리 찾아내기가 어려운 실정이므로, 아쉬운 대로 그와 무관하지만은 않았을 것으로 판단되는 이들을 검토함으로써 충렬왕의 묘련사 창건을 이해하기 위한 자그마한 디딤돌로 삼아볼까 생각한다. 우선 다음의 〈표 〉을 살펴보도록 하자. 각 인물별로 검토해나갈 내용을 모아, 위에서 다루었던 순서에 따라 표로 작성해본 것이다.[30]

이 표에서 먼저 눈에 띄는 것은, 이들의 家系에서 어떤 공통점을 찾아내기가 어렵다고 하는 사실이다. 이름난 귀족가문에서 최하층의 노비 신분에 이르기까지, 그 출신 배경이 일정하지를 않은 것이다. 이들의 가계를 알기 쉽게 분류해서 나타내면 다음과 같다.

高祖代 以前 出仕 .... 洪子藩, 廉承益, 李穎(?)

父祖代 出仕 .... 柳璥, 金坧

當代 出仕 .... 鄭可臣, 趙仁規

賤系 .... 崔世延, 陶成器, 金義光

30 여기에서처럼 관련 인물들을 한 데 모아 表로 만들어 비교 검토하는 방법에는, 인물 개개인의 특성이나 비중에서의 차이 등을 일일이 배려하며 살피기 어렵다는 한계가 있다. 예를 들어 趙仁規와 그 家門 人物들의 경우 〈표 1〉에 수록된 어느 누구보다도 묘련사 및 천태종과 깊은 관련을 맺었으며(위의 註 3에 있는 高翊晉, 蔡尙植 논문 참고), 또한 廉承益은 여기에서의 천태종 이외에 조계종과도 관계가 있었던 것으로 전한다(『朝鮮金石總覽』 上 麟角寺普覺國師靜照塔碑). 그렇지만 위에서와 같은 한계에도 불구하고, 묘련사와 관계가 있는 인물들에게서 나타나는 대체적인 성향을 파악하고자 하는 이 節의 경우, 본문에서와 같은 방법이 더욱 편리하다는 측면을 외면하기 어려운 것도 또한 사실이다. 인물들 개개인에 대한 배려를 소홀히 하지 않으면서도, 인물들 전체에서 찾아볼 수 있는 경향을 이해하려는 노력이 더해져야 할 것이다.

〈표 1〉 忠烈王代의 妙蓮寺 관련 인물

人物 (生沒年度)	本貫	家系 (最終歷任官職)	入仕方法	主要 歷任官職	性向	典據
金坵 (熙宗7, 1211~ 忠烈王4, 1278)	扶寧縣	(祖) (僧侶) (父) 挺○ (閤門祗候)	成均試 (高宗14, 1227) 禮部試 (고종19, 1232)	權直翰林, 國學直講, 右諫議大夫, 左僕射, 樞密副使, 政堂文學, 吏部尙書, 叅知政事, 平章事, 知僉議府事, 叅文學士判版圖司事	• 內豎上將軍康允紹 阿附達魯花赤 自比客使 見王不拜…王怒不能制 有司亦莫敢詰 (金)坵劾之甚力 達魯花赤怒日 允紹先開剃 遵上國之禮 而反劾耶 將危之 (『高麗史』 106 金坵傳) • 舌人率微賤庸劣 傳語多不以實 或懷姦濟私 (金)坵獻議 置通文館 令禁內學官叅外年少者 習漢語 (上同)	『高麗史』 106 金坵傳. 金坵墓誌銘(『高麗墓誌銘集成』, 翰林大아시아文化研究所, 1993)
李穎 (?~忠烈王4, 1278)	慶源郡		登第 (高宗朝)	寶文閣待制, 右副承旨, 樞密副使禮部尙書, 翰林學士承旨	• 美鬚髥 容儀閑雅 博聞强記 工草隷 (『高麗史』 106 李穎傳)	『高麗史』 106 李穎傳
柳璥 (熙宗7, 1211~ 忠烈王15, 1289)	儒州 (文化縣)	(8代祖)車達(大丞, 太祖功臣) (曾)寵(檢校少府少監) (祖)公權(登第, 政堂文學 叅知政事) (父)澤(登第, 右僕射翰林學士承旨)	登第 (高宗朝)	國子大司成(久在政房), 右副承旨上將軍, 簽書樞密院事, 叅知政事, 門下侍郎同中書門下平章事, 僉議侍郎贊成事, 僉議中贊判典理司事	• 三陟郡人의 賂物請託 거절 • 崔竩 誅滅 후 한때 政房에서 銓注權 장악하고 國家機務 叅決 • 林衍과 宦官의 권력 장악 비판 • 당시 손꼽히던 巨富 • 良民을 奴婢로 삼아 매매한 螺匠 木同 처벌 • 金方慶誣告事件 해결에 有功 • 致仕 自是 凡有內宴 王必命召 (『高麗史』 105 柳璥傳)	『高麗史』 105 柳璥傳. 金光哲, 『高麗後期世族層研究』, 東亞大出版部, 1991, 附錄8, 文化柳氏.

人物 (生沒年度)	本貫	家系 (最終歷任官職)	入仕方法	主要 歷任官職	性向	典據
廉承益 (?~忠烈王28, 1302)	峯城郡	(5代祖)信若(登第, 政堂文學) (高)克髦(工部侍郞) (曾)珝(登第) (祖)守藏(禮賓卿) (父)純彦(少府丞)	蔭敍(?) (爲李之氏所薦得幸忠烈王)	郎中, 承旨, 副知密直司事, 僉議評理, 知都僉議司事, 判版圖司事, 判監察司事, 都僉議中贊	• 律學助敎全子公…賂承益復職…承益權傾一國 臺諫莫敢問 (『高麗史』 123 廉承益傳) • 其人 50명을 자기 집 짓도록 私役 • 李英柱括民戶 告王曰 聚逋民者 廉承益爲首 (上同) • 承益得幸兩宮 常居禁中 希至都堂 (上同) • 丁母憂 公主病 命脫衰入內 設法席 穿掌祈佛 (上同)	『高麗史』 123 廉承益傳. 金光哲, 위의 책, 附錄25 瑞原廉氏.
崔世延 (?~忠烈王23, 1297)			宦官	將軍	• 世延擅權用事 多受賄賂 臣僚升黜 多出其口 雖宗室宰輔 不敢逆其意 (『高麗史』 122 崔世延傳) • 郎將 金弘秀와 內侍 朴樞의 奴婢를 강탈 • 時宦者寵盛 人皆歆慕 多自宮者 (上同)	『高麗史』 122 崔世延傳
陶成器 (?~忠烈王23, 1297)			宦官	將軍	倚勢橫恣 (右同)	『高麗史』 122 崔世延傳 附陶成器傳
金義光 (?~忠烈王22, 1296)		(父)壯(附崔怡 義光遂爲其府內竪)	內僚 (忠州官奴, 晉陽府 內竪)	郎將, 將軍, 密直副使, 副知密直司事	• 己巳年 東歸至婆娑府 聞變還朝 侍從輔佐 將軍丁伍孚…郎將金義光 爲一等功臣 (『高麗史』 29 忠烈王 8년 5월 庚申敎) • 內僚郎將鄭承伍·金義光…爲申聞色 (『高麗史』 104 金周鼎傳)	『高麗史』 123 李之氏傳

人物 (生沒年度)	本貫	家系 (最終歷任官職)	入仕方法	主要 歷任官職	性向	典據
鄭可臣 (?~忠烈王24, 1298)	羅州	(父)松壽(鄕貢進士)	登第 (高宗朝)	寶文閣待制, 左司議大夫, 祕書尹(必闍赤), 承旨, 密直學士, 政堂文學, 僉議贊成事, 中贊	• 李汾禧兄弟附洪茶丘 醞釀金方慶罪 (鄭)可臣恥與同朝 乞歸養母 至再三 王慰諭以遣 (『高麗史』 105 鄭可臣傳) • 貢物收取(名表紙) 완화 건의 • 尹秀의 '儒士' 從軍 건의 반대 • 消災道場 대신 國王의 修德 강조 • 元 世祖 회유 거절, 高麗國益 옹호	『高麗史』 105 鄭可臣傳
趙仁規 (高宗24, 1237~忠烈王34, 1308)	平壤府 祥原郡	(父)瑩(贈樞密副使)	蒙古語 譯人	諸校, 將軍, 右承旨, 知密直司事, 僉議贊成事, 中贊, 司徒侍中叅知光政院事, 判都僉議司事, 咨議都僉議司事 平壤君	• 逋民 모아 水獺皮 私取 • 東寧府 회복 등 對元外交에 공로 • 得幸 常出入王臥內 多聚田民致富 加以國舅 權傾一時 子壻皆列將相 人無敢比者 (『高麗史』 105 趙仁規傳)	『高麗史』 105 趙仁規傳. 閔賢九, 「趙仁規와 그의 家門」, 『震檀學報』 42·43, 1976·1977.
洪子藩 (高宗24〈23?〉, 1237~忠烈王32, 1306)	唐城郡	(5代祖)灌(登第, 左僕射) (高)至柔(叅知政事?) (曾)源中(判軍器監事?) (祖)斯胤(右僕射) (父)裔(同知密直司事)	蔭敍(?) (敏達嗜學)	戶部侍郎, 右副承宣, 判密直司事, 知僉議府事, 贊成事, 中贊, 僉議令, 中贊, 左僕射叅知光政院事, 中贊, 慶興君 咨議都評議司事	• (洪子藩)奏曰 比來不親聽政 有司章奏 悉委宦竪出納 中外觖望 請親庶政 以慰輿望 (『高麗史』 105 洪子藩傳) • 王以天變 命放囚 (洪)子藩奏…此非修德 實招災也 如欲修德 莫若省大府供御之費 禁市肆侵割之害 (上同) • 日本遠征 준비하면서 人民의 便益 도모하고 饑民을 구제 • 便民18事 上書 • 吳祁 처벌 주도	『高麗史』 105 洪子藩傳. 金光哲, 위의 책, 附錄11 南陽洪氏.

홍자번, 염승익은 이미 그 5代祖가 고위직을 역임한 바 있는 귀족가문의 출신이었다.[31] 이영은 그 계보를 잘 알 수가 없으나, 고려전기 최고의 문벌가문으로 손꼽히던 慶源李氏 출신이었다. 유경과 김구는 그 祖父代와 父代에 각각 출사를 시작하였으며, 정가신과 조인규는 당대에 중앙으로 발돋움한 인물들이었다.[32] 한편 최세연·도성기와 김의광은 각각 宦官과 內僚(본래는 忠州官奴) 출신이었다. 앞의 인물들과 달리, 이들은 관직에 진출하는 데 제약이 많은 미천한 신분의 출신이었던 것이다.

둘째, 이들이 대체로 자신의 능력을 토대로 관직에 나아가 출세한 인물들이었다는 사실을 지적할 수가 있다. 그 출신이 다채로운 만큼이나, 이들에게서는 入仕의 방식도 자못 다양하게 나타난다. 科擧及第와 蔭敍에 의해 출사한 인물이 있는가 하면, 譯人이나 宦官 혹은 內僚로서 관직을 얻은 이도 있었다. 그렇지만 음서의 혜택을 입었던 것으로 짐작되는 홍자번과 염승익을 제외하면,[33] 이들은 모두 가문의 배경에 힘입지 않고서 官途에 오른 인물들이었다. 과거급제자 및 아예 가문의 전통이랄 것도 없었을 역인과 내료 그리고 환관 출신은 더 이를 나위도 없으려니와, 앞서 예외로 치부한 두 사람의 경우에도 그것은 매한가지이었다. 홍자번은 비록 과거급제자는 아니었지만, 敏達하며 학문을 즐긴다는 평을 듣던 인물이었다. 재상으로 있던 柳璥에게서 그 자질을 인정받아 과거에 응시하도록 권유받았던 사실로 미루어,[34] 홍자번의 학문적인 소양이 어떠하였으리라는

31 洪子藩과 廉承益의 가문에 대해서는 다음의 논문을 참고하라.
盧鏞弼, 「洪子藩의 '便民十八事'에 대한 硏究」, 『歷史學報』 102, 1984, 51~54쪽. 閔賢九, 「趙仁規와 그의 家門」(中) 『震檀學報』 43, 1977, 21~22쪽.

32 鄭可臣과 趙仁規의 출신에 관하여는 다음을 참고하라.
閔賢九, 앞 논문(上), 1976, 18~20쪽. 邊東明, 「鄭可臣과 閔漬의 史書編纂活動과 그 傾向」 『歷史學報』 130, 1991, 27쪽.

33 洪子藩과 廉承益이 蔭敍에 의해 入仕하였다는 기록은 어디에도 없다. 특히 염승익의 경우, 전후 문맥상으로도 음서와는 무관하게 李之氐의 천거로 관직을 얻었던 것이 아닌가 여겨질 정도이다. 그렇지만 그 5代祖 이래로 중앙에서 관직을 역임해 온 가문의 출신이었음을 참작하여, 일단 이들은 음서에 의해 出仕한 것으로 해 두었다.

것은 넉넉히 짐작할 수가 있다.[35] 염승익도 가문의 배경에는 별달리 힘입은 바가 없었던 인물이라는 게 후대의 평가이다.[36] 사람들의 질병을 祈禳하는 일에 종사하다가, 內僚인 李之氐의 천거를 받아 충렬왕의 嬖幸으로 활동하면서 출세를 시작한 인물이었던 것이다.[37] 즉 출신의 다양성에도 불구하고, 이들은 대체로 가문의 전통에 힘입기보다는 자신의 능력과 노력에 의해 관직에 나아가 출세한 인물들이었다고 보아 무방하지 않을까 생각한다.

셋째, 이들이 모두 국왕의 곁에서 직접 국왕을 보좌하는 직책을 역임한 경력의 소유자이었다는 사실도 그냥 지나칠 수는 없다. 최세연·도성기와 김의광은 환관 혹은 내료라고 하는 직임상 늘 국왕의 곁에 붙어 지내다시피 하였을 터이며, 나머지 인물들도 —김구만 예외이었을 뿐— 모두가 승지로서 국왕을 지근거리에서 보필한 경험을 지닌 인물들이었다. 김구도 비록 승지를 역임한 것은 아니었지만, '掌詞命'하는[38] 등 국왕의 곁에 있지 않으면 안 되는 직책을 역임하였다.

넷째, 무엇보다도 이들이 모두 충렬왕과 밀착된 관계 속에서 활동한 인물들이었다는 사실을 지나칠 수가 없다. 김구와 이영 그리고 유경·정가신 등이 충렬왕의 매우 신임 받는 신하들이었다 함은 앞서 언급한 바가 있다. 조인규는 원에 入朝하던 태자 시절의 충렬왕을 從行할 적에 이미 강력한 신임을 얻었다. 이후 충렬왕의 총애를 받던 그는 늘 宮禁을 드나들곤 하였으며, 한때는 그 권세가 나라를 기울일 정도였다고 한다.[39] 홍자번

34 子藩 敏達嗜學 爲宰相柳璥所知 璥嘗謂曰 君年未二十 已爲堂後 盍應擧以濟世科之美 子藩遂應擧 不中 (『高麗史』 105 洪子藩傳)

35 盧鏞弼, 위 논문, 53~54쪽.

36 李起男, 위 논문, 82쪽. 閔賢九, 위 논문(中), 21쪽.

37 (廉承益)嘗得惡疾 念浮屠神呪 穿掌貫索 精勤疾愈 遂以禳人疾病爲事 爲李之氐所薦 得幸忠烈王 王嘗暴得疾 承益侍 (『高麗史』 123 廉承益傳)

38 嘗撰神·熙·康三朝實錄 掌詞命 (『高麗史』 106 金坵傳)

39 趙仁規와 忠烈王의 그러한 관계는, 閔賢九, 위 논문(上), 18~24쪽의 내용을 참고하라.

은 충렬왕대에 세 번이나 首相을 역임하는 등, 同王代에 정치적으로 두각을 드러냈다는 평가를 받는 인물이었다.[40] 또한 충렬왕의 각별한 신임을 얻었던 유경이 그의 능력을 높이 샀다는 사실에서도, 충렬왕이 홍자번을 어찌 대하였으리라는 것쯤은 능히 짐작할 수가 있는 바이다. 염승익은 『고려사』의 嬖幸傳에 수록될 만큼, 충렬왕의 남다른 총애를 받았다는 사실이 널리 알려진 인물이다. 충렬왕 내외의 고임을 입어 禁中에 常居하였으며, 조인규와 마찬가지로 그 권세가 나라를 기울일 정도였다는 평가를 받기도 하였다. 최세연과 도성기는 충렬왕의 각별한 신임 속에 권세를 휘두름으로써, 비록 宗室이나 宰相이라고 하더라고 그 뜻을 거스르기가 어려웠다고 한다. 환관인 이들의 그와 같은 출세에 자극을 받아 스스로 거세하는 자마저 드물지 않을 지경이었다고 하는 기록으로 미루어, 충렬왕의 총애를 배경으로 한 이들의 당시 위세가 얼마나 대단하였던가를 가늠할 수가 있다. 김의광은, 林衍의 元宗 廢立 당시, 입조하고 돌아오던 태자(충렬왕)를 도와 元에 되돌아가서 그 후원을 이끌어내는 데 기여함으로써 일등공신에 책봉되었던 인물이다. 충렬왕 4년에 必闍赤를 설치하면서 국왕에 대한 啓事를 전담시키고자 임명하였던 申聞色에[41] 그가 포함되었던 사실만 보더라도, 그에 대한 충렬왕의 신임이 얼마나 돈독하였던가를 헤아리고도 남음이 있다.

다섯째, 이들이 그 政治的 性向에 따라 크게 두 부류로 나뉜다는 사실을 지적하지 않을 수가 없다. 충렬왕대에 각종 폐단을 일으키는 장본인으로 지목받던 부류와, 그와 같은 폐해를 제거하고자 노력하던 부류가 그것이다. 조인규와 염승익 그리고 최세연·도성기 등은 전자의 부류에 속하는 인물들이었다. 조인규는 賦稅를 회피하고자 꾀하는 良民들을 유인하여 獺戶로 삼은 다음, 그들이 납부한 水獺皮 가운데 절반을 중간에서 착복하였

---

40 盧鏞弼, 위 논문, 31～32쪽.

41 舊制 凡國家事 宰樞會議 承宣稟旨而行 (金)周鼎言 今宰樞甚多 謀政無主 宜別置必闍赤 委以機務 又內僚 不可皆令啓事 請擇人爲申聞色 罷其餘 (『高麗史』 104 金周鼎傳)

다. 그 외에도 그는 田民을 허다히 모아 치부하며 권세를 부리는 등, 부정부패한 인물로 지탄을 받았다. 염승익은 부패 혐의로 관직에서 쫓겨난 자에게서 뇌물을 받은 다음 그에게 다시 관직을 내려 주었으며, 50명이나 되는 工人을 사사로이 동원하여 자기 집을 짓도록 시키기도 하였다. 당시 民戶를 수괄하는 책임을 맡았던 李英柱는, 逋民을 유인하여 불법적으로 치부한 권세가 중 염승익을 그 수괴로 지목하였다. 최세연과 도성기는 다른 사람의 奴婢와 田地를 탈취하며 관료의 인사를 제멋대로 하는 등, 횡포한 권세가로 크게 비난을 받았다. 내료 출신인 김의광의 경우 비록 구체적인 기록이 나타나지는 않지만, 그 성향에 관한 한 염승식이나 최세연 등과 별반 차이가 없었던 것이 아닌가 한다. 그가, 충렬왕의 총애를 배경으로 갖가지 폐단을 자아내는 內僚이던 李之氐·高宗秀 등과 더불어 『고려사』 폐행전의 동일한 곳에 수록된 사실 등에 비추어,[42] 그처럼 짐작이 되는 것이다. 조인규와 염승익을 비롯하여 최세연·도성기·김의광 등은 말하자면 충렬왕대에 각종 폐단을 일으킴으로써 비난을 받던 신흥권세가에 해당하는 인물들이었던 셈이다.[43]

반면에 김구와 유경 그리고 정가신·홍자번 등은 위의 인물들과 달리 그처럼 만연한 폐해를 제거하고자 노력하던 인물들이었다. 김구는 신변에 대한 위협에도 불구하고 다루가치에 빌붙어 무례하게 굴던 康允紹를 강력히 탄핵하였으며, 內僚 등 譯人으로 활동하던 미천한 신분 출신들의 농간을 방지하고자 通文館을 설치하도록 건의하였다.[44] 유경은, 뇌물로써 유혹하는 三陟郡 사람들의 청탁을 거절하였으며, 서류를 위조해 양민을

42 『高麗史』 123 李之氐傳

43 忠烈王代에 갖가지 폐단을 일으키던 이들 新興權勢家에 대해서는, 李起男, 위 논문, 62~84쪽의 내용을 참고하라.

44 金坵의 通文館 설치 주장을, 미천한 신분 출신들이 譯官으로 진출하여 국왕의 총애를 차지하는 것을 억제하려는 의도에서 나온 것으로 이해하는 데 관해서는, 金塘澤, 「忠烈王의 復位 과정을 통해 본 賤系 출신 관료와 '士族' 출신 관료의 정치적 갈등」, 217~218쪽을 참고하라.

노비로 만들어 매매한 사람을 다루가치의 압력에도 굴하지 않고 처벌하였다. 정가신은, 附元輩 洪茶丘와 결탁하고서 金方慶을 誣告해 분란을 일으킨 李汾禧 형제를 비난하며 사직하였다. 국왕의 修德을 강조하면서 貢物의 과도한 수취를 완화하도록 건의하였으며, 훗날 이른바 忠宣王의 改革政治를 적극적으로 후원하기도 하였다.[45] 홍자번은 환관과 내료들의 정치 개입을 비난하였으며, 국왕이 修德함으로써 왕실의 비용을 절감하고 시장 상인에 대한 침탈을 금지하도록 건의하였다. 그는 더욱이 時弊의 개혁을 주장하는 '便民18事'를 上書하였던 것으로 유명한 인물이기도 하다.[46] 그밖에 〈표 1〉의 인물들 가운데 이영도 또한 김구나 유경 등과 마찬가지의 성향을 지녔던 것이 아닌가 한다. 구체적인 사례를 적시하기는 어렵지만, 容儀가 閑雅하였다고 하는 그에 대한 당시의 평가로 미루어 그러한 생각이 드는 것이다. 아니더라도 최소한 그가 조인규나 염승익 등처럼 폐단을 일으키는 장본인으로 지목되지는 않았으리라 믿어 좋다고 생각한다.

한편 앞서 살핀 이들 두 부류의 인물들 사이에는, 그밖에 家系나 入仕 및 고위직에의 진출 경로 등에서도 서로 다른 점이 나타난다. 조인규 등 전자가 대개 보잘 것 없는 신분 출신으로서 국왕의 특혜 등에 힘입어 관직에 나아가 영달하는 경우가 많았던 데 반해, 후자는 모두 신분상의 어떠한 하자도 없이 정통적인 入仕路를 통해 출세한 인물들이었던 것이다. 전자에 속하는 인물들 가운데, 최세연·도성기와 김의광은 賤系로서 국왕의 특별한 조처에 따른 仕路의 許通을 거쳐야만 하였으며,[47] 流移民의 후예였음 직한 조인규도 기껏해야 양인 출신으로서[48] 충렬왕의 강력한 비호 아래 마침내 고위직에까지 오를 수가 있었다. 귀족가문 출신이었던 염승

45 鄭可臣의 정치적 성향에 대해서는, 邊東明, 「鄭可臣과 閔漬의 史書編纂活動과 그 傾向」, 6~14쪽의 설명을 참고하라.

46 盧鏞弼, 위 논문.

47 李益柱, 위 논문, 188~192쪽.

48 閔賢九, 「趙仁規와 그의 家門」(上), 18~19쪽.

익도, 내료인 이지저의 추천으로 충렬왕의 총애를 입으면서 비로소 영달할 수가 있었다는 측면에서, 최세연 등과 별반 다를 바가 없는 길을 걸었다고 하여 좋을 그러한 인물이었다. 말하자면 이들은 충렬왕의 측근세력으로서, 그의 강력한 후원과 비호가 없었더라면 관직에 나아가 출세하기가 어려운 처지의 인물들이었던 셈이다.[49] 반면에 후자에 속하는 인물들은 그와 달랐다. 이들은 과거급제나 음서와 같은, 고려시기 관료들이 일반적으로 걸었던 出仕路를 통해서 관직에 나아갔다. 이들이 비록 충렬왕의 신임 속에 관직생활을 영위했다고는 하지만, 앞서 인물들의 경우와는 달리 그것만을 유일한 발판으로 삼아 출세를 도모해야 하는 것은 아니었다고 할 수가 있는 것이다.[50]

요컨대 〈표 1〉의 인물들은 그 정치적 성향에 따라 당시 여러 폐단을 일으키는 장본인으로 지목받던 부류와 그 폐단을 제거하고자 노력하던 부류의 둘로 나누어지는데, 그 중 전자는 천계를 포함하여 그다지 보잘 것이 없는 신분 출신의 충렬왕 측근세력으로서 국왕의 강력한 비호 아래 특혜를 입어 고위직에까지 오른 인물들이었던 데 반해, 후자는 신분상의 하자가 없는 가문 출신으로서 과거급제와 같은 정통적인 입사로를 거쳐 충

49 이들을 포함하여 충렬왕의 강력한 비호 아래 성장한 國王側近勢力에 대해서는, 李益柱, 위 논문, 168~203쪽 및 金塘澤, 위 논문, 197~209쪽의 자세한 설명이 참고 된다.

50 이들은 대개 자기들보다 저급한 신분 출신이었던 충렬왕 側近勢力과 타협하는 가운데 정치적 성장을 도모하였던 것으로 평가를 받는다(李益柱, 위 논문, 168~187·203~213쪽). 洪子藩의 이른바 '便民18事'를 비롯한 이들의 개혁방안이 대체로 온건하여(盧鏞弼, 위 논문, 56~59쪽), 폐단을 일으키던 충렬왕 측근세력과 날카로운 대결을 벌이기까지는 하지 않았던 것도 그러한 측면에서 이해할 수가 있는 일이라는 것이다. 그러나 그와 더불어 거기에서 충렬왕 측근세력의 발호를 견제하고자 하는 홍자번 등의 의도를 읽어내는 일도 또한 못지않게 중요하지 않을까 생각한다(李益柱, 위 논문, 208~209쪽). 두 부류 사이에 그 출신 배경에서 서로 차이가 난다는 측면에서도 그러하거니와, 앞서 본문에서 언급하였던 바 이들의 주장이 폐단을 일으키던 세력에게 반드시 온정적인 것이었다고만 볼 수는 없다는 측면에서도 그처럼 헤아려지는 것이다. 한편 이들과 달리 충렬왕의 측근세력과 격렬하게 대립한 인물들도 적지 않았는데 그들에 대해서는, 李益柱, 위 논문, 213~219쪽 및 金塘澤, 위 논문, 209~224쪽의 내용을 참고하라.

렬왕의 신임 속에 출세한 인물들이었음을 이해할 수가 있다고 하겠다.

지금까지 충렬왕이 천태종 소속의 묘련사를 자신의 원찰로 창건하고 또 후원하는 데 관련되었을 것으로 여겨지는 인물들을 검토하였다. 그리하여 이들이 다양한 출신 성분에도 불구하고, 대체로 자신의 능력과 노력을 토대로 관직에 나아가 활동하였으며, 국왕의 지근거리에서, 특히 충렬왕과 밀착된 가운데 활약하였다는, 공통점을 지닌 인물들이었음을 파악할 수가 있었다. 또한 나아가 이들이, 그다지 보잘 것이 없는 신분 출신으로서 당시 각종 폐단을 일으키는 장본인으로 지목받던 충렬왕 측근세력과, 그처럼 야기된 폐단을 제거하고자 노력하던 고려시기의 정통적인 관료 출신이라고 하는, 두 부류의 인간들로 나누어진다는 사실도 아울러 파악하게 되었다고 생각한다. 이제 그와 같은 관련 인물의 분석에 이어 충렬왕대 묘련사 창건의 정치적 의미를 가늠해 볼 차례가 되었는데, 그에 관해서는 節을 바꾸어 살피도록 하겠다.

3. 妙蓮寺 창건의 정치적 의미

묘련사가 소속된 종파인 천태종의 사상 가운데 정치적으로 원용하기에 용이한 내용들이 포함되어 있다고 하는 사실은 벌써 여러 연구자들에 의해 지적되어 왔다. 『法華經』에서 내세우는 會三歸一의 教說과 天台智顗가 주장한 一心三觀의 禪法이 그것으로서, 정치적인 단합과 결속을 필요로 하는 위정자들에게는 천태종의 그러한 측면이 매우 유용하게 여겨졌으리라는 설명이다. 또한 나아가 고려에서도 그것은 예외가 아니었는데, 태조 왕건의 시기 이래로 이미 천태종의 존재 의의를 그처럼 정치적인 측면에서 파악하고 받아들였을 가능성이 높았다고 한다.[51]

51 趙明基, 『高麗大覺國師와 天台思想』, 經書院, 1962, 103~107쪽. 金哲埈, 「高麗初의 天台學 研究」, 『東西文化』 2, 1968; 『韓國古代社會研究』, 知識産業社, 1975, 335~336쪽. 高翊晉, 「白蓮社의 思想傳統과 天頙의 著述問題」, 『佛教學報』 16, 1979, 145~146쪽. 金相鉉, 「高麗初期 天台學과 그 史的 意義」, 『韓國天台思想研究』, 佛教文化研究

그런데 여기에서 한 가지 공교롭게 느껴지는 것은, 천태종에 그처럼 정치적인 의미를 부여해 이해하고자 하는 내용을 담은 기록이 모두 고려후기에 들어서야 비로소 나타나기 시작한다는 점이다. 다음의 자료를 살펴보도록 하자.

① 『법화경』의 大義인 셋을 모아 하나로 돌이킴(會三歸一)은 우리나라의 삼한통일이라는 응험에 부합한다 …[52]

② … 옛날에 聖祖(太祖)께서 처음 창업하던 즈음, 행군하는 병영에 모신 스님인 能兢이 道詵의 성스러운 비결을 몸소 전하여, "三乘이 一乘으로 모이고 三觀이 一心에 있어 매우 깊은 妙法이니, 우리가 세 나라를 하나로 만드는 것과 합치합니다"라고 태조께 아뢰었습니다. 그리하여 선종 3년(1086)에 이르러 大覺國師가 宋에 들어가 (이 가르침을) 구해 이 땅에 전해서, 이 會三歸一의 宗旨를 받들며 셋을 통합해 하나로 만든 터를 복되게 하였으니, 그 유래가 오래 되었습니다 …[53]

③ 가만히 생각하건대, 『묘법연화경』이란 億의 億劫 동안 부처의 입으로 처음 선양되어 한 글자 한 글자가 法身이 아님이 없으며 … 이 경전을 일러 셋을 하나로 합하는 妙典이라 이르니 우리의 (삼한) 통일에 합치하는 크나큰 바탕입니다 …[54]

④ … 이 東韓의 땅도 일찍이 셋으로 나뉘었다. 그러므로 우리 태조께서 창업하던 당시 행군에 모신 스님인 四大法師 能兢 등이 글을 올려 이르기를, "듣자 하니 당나라에 會三歸一의 『妙法華經』과 天台智者의 一心三觀 禪法이 있다 합니다. 聖君께서 삼한을 합쳐 한 나라를 이루신

所, 1983, 126~128쪽.

52 蓮經大義 會三歸一 合於東土統三之應 其在歸崇之意 孰能如此 …(『妙法蓮華經』 跋)

53 … 昔聖祖草刱之際 行營福田能兢 親傳道侁聖訣 以三乘會一乘 三觀在一心 甚深妙法 合我會三之國 上奏天聰 故至宣王三年 大覺國師入宋 求傳此土 奉此會三歸一之宗 福此會三合一之基 其來尙矣 …(『湖山錄』 4 答芸臺亞監閔昊書)

54 切惟妙法蓮華經者 億億劫始宣佛口 一一字無非法身 … 謂此會三之妙典 合吾統一之丕基 …(『湖山錄』 4 祝聖疏)

것과 풍토가 서로 부합하니, 만일 이 법을 구해 널리 행해지도록 한다면 곧 뒤를 잇는 龍孫의 수명이 연장되고 왕업이 끊어지질 않아 (천하가) 항상 한 집안을 이룰 것입니다" 하였다 …[55]

⑤ … 옛날에 개국의 조사인 도선이 智異山의 주인인 聖母天王의 비밀스러운 부탁을 받아 이르되, "만약에 세 巖寺를 창립한다면 곧 삼한이 합쳐져 한 나라를 이루고 전쟁은 절로 멎게 되리라"고 하였다. 이에 세 巖寺를 창건하였으니 곧 지금의 仙巖寺·雲巖寺와 이 절이 그것이다 … 생각하건대 또한 이 터가 처음에 도선조사를 만나 4백년도 전에 (이 절이) 비로소 창건됨으로 해서, 우리 태조께서 탄생하시어 삼국을 통합하여 하나의 조정으로 모이도록 만들었고 … 4백년 뒤에 (이 절이) 重創되어서는 會三歸一의 법으로 福利를 널리 드날리게 하였으니, 그 앞뒤가 서로 부합함이 어찌 이와 같이 신통한가 …[56]

사료 ①은 武人執政 崔怡가 戒環解 『妙法蓮華經』을 了世의 白蓮結社(普賢道場)에서 雕板하도록 하면서 썼던 발문(고종27, 1240)의 일부이며,[57] ②와 ③은 장차 백련결사 4세 주법이 될 天頙이 세속의 벗에게 보냈던 편지(고종28, 1241) 및 국왕을 祝聖하고자 지었던 疏 중의 일부이다. 사료 ④는 國淸寺에 석가여래상을 봉안하면서 無畏國統 丁午의 부탁으로 閔漬가 썼던 글(충숙왕 원년, 1314) 중에서, 그리고 ⑤는 무외국통의 下山所로서 龍巖寺를 중창하였을 때 무외국통 門人의 위촉으로 朴全之가 썼던 글(충

55 … 今此東韓之地 亦嘗三分 故在我太祖創業之時 行軍福田四大法師能兢等 上書云 聞大唐國 有會三歸一妙法華經 及天台智者一心三觀禪法 與聖君合三韓成一國 風土相合 若求是法流行 則後嗣龍孫 壽命延長 王業不絶 常爲一家矣 … (『東文選』 68 國淸寺金堂主佛釋迦如來舍利靈異記)

56 … 昔開國祖師道詵 因智異山主聖母天王密囑曰 若創立三巖寺 則三韓合爲一國 戰伐自然息矣 於是 創三巖寺 卽今仙巖雲巖與此寺是也 … 抑又此地之初 遇道詵祖師 始創於四百年之前 令我太祖誕生 而統三國會一廷 … 重創於四百年後 以會三歸一之法 弘揚福利 何其前後相符如是而神耶 … (『東文選』 68 靈鳳山龍巖寺重創記)

57 蔡尙植, 「白蓮結社 성립과 사상적 경향」, 72쪽. 趙明基, 『高麗大覺國師와 天台思想』, 7쪽.

숙왕5, 1318) 중에서 각각 인용한 것이다. 제2대 최씨 무인집정인 최이의 집권시기(1219~1249) 및 충선왕이 원나라에서 득의의 활동을 펼치던 시기[58]의 기록들인데, 왕건의 탄생과 고려 건국 특히 후삼국통일 및 그에 이은 고려왕조의 융성 등을『법화경』의 會三歸一 사상과 天台智者의 一心三觀 禪法에 연결시켜서 정당화해 눈길을 끈다.[59]『법화경』과 天台智顗의 사상을 원용하여 고려 왕조의 건국 및 정치적 통합에 성공한 왕조로서의 고려의 번영과 그 정통성을 강조하고 있는 것이다.

그런데 그에 더하여 주목되는 것은, 천태종에 대한 위에서와 같은 정치적 접근에 관련되는 자료들이 또한 모두 충렬왕의 묘련사 창건과 무관하지를 않다고 하는 점이다. 우선 사료 ①·②·③은 백련결사에서 새겨 간행하였던 책 내지 그 지도자였던 천책의 글 중에서 나온 것이다. 그런데 앞서 언급하였듯이 충렬왕은 자신의 원찰인 묘련사를 창건하면서 그 법맥을 백련결사에 연결되도록 하였으며, 더욱이 천책과는 김구·이영·유경·정가신 등을 통하여 묘련사를 창건하기 이전에 이미 연계되었을 가능성이 높았던 것으로 판단된다. 따라서 그러한 충렬왕이 자신의 원찰로서 묘련사를 창건하여 천태종에 속하도록 하면서, 위의 자료에 나오는 바와 같은 정치적 통합이념으로서의 천태종의 특성을 염두에 두지 않았을 까

58 忠宣王은 元의 武宗·仁宗이 재위하던 시기(忠烈王33, 1307~忠肅王7, 1320)에 주로 원나라에서 활동하면서 일생 중 최전성기를 맞이하였다(高柄翊,「高麗 忠宣王의 元武宗 擁立」,『歷史學報』17·18합, 1962).

59 이는 무엇보다도 본문의 자료가 쓰일 당시의 정치적 상황의 산물이 아닌가 한다. 본문의 사료 ①·②·③은 고려가 몽고의 침입에 시달리던 최씨무인정권시기의 것이었다. 따라서 그처럼 法華·天台思想에 의지하여 정치적 통합과 고려왕조의 정통성을 강조하였던 것은, 그로써 당시의 정치적인 역경을 극복하려는 데 그 목적이 있었을 것이다. 반면에 사료 ④와 ⑤는 비록 원간섭기의 것이기는 하지만, 당시는 忠宣王이 元 仁宗의 총애 속에 크게 득세하면서 고려의 정치도 상대적으로 안정을 구가하던 시기이었다. 따라서 본문에서처럼 법화·천태사상을 원용하여 정치적 통합을 이룩한 왕조로서의 고려의 정통성을 강조하였던 것은, 그것을 통해 당시 누리던 고려왕조의 안정과 번영이 쇠퇴하지 않고 지속되기를 기원하고자 하는 마음에서였던 것으로 보아 좋지 않을까 한다.

닭이 없다고 생각한다.[60]

나머지 두 자료의 경우에 대해서도 그것은 매한가지라고 말할 수가 있다. 사료 ④는 閔漬의 찬술이기는 하지만 그것이 妙蓮寺主이던 無畏國統 丁午의 주장을 반영한 것이었으리라 함은 이미 알려진 바가 있으며,[61] ⑤도 무외국통의 하산소를 중창하였을 때의 기록 가운데 나타난 내용이라는 점에서 무외국통의 생각과 무관하지만은 않았을 것으로 보아 좋을 터이다.[62] 그런데 그러한 무외국통을 묘련사의 법주로 초치한 이가 바로 충렬왕이었음을 떠올릴 때, 충렬왕도 또한 그에 앞서 무외국통과 같이 천태종에 대해 정치적으로 접근하는 데 이미 낯설지 않았던 것으로 보이며, 그리하여 자신의 원찰로서 묘련사를 창건하여 천태종에 속하도록 한 것은 아니었을까 헤아려지는 것이다.

충렬왕이 묘련사를 창건할 무렵 천태종의 정치적 유용성, 다시 말해 천태종에서 내세우던 회삼귀일과 일심삼관의 사상이 정치적 단합과 결속의 이념으로서 유용하다고 하는 사실을 이미 파악하였으며, 그리하여 천태종의 그와 같은 정치적 특성에 주목하여 자신의 원찰을 천태종에 속하도록 하였을 것임을 살펴보았다. 그런데 여기에서 한 가지 가시지 않는 의문은, 충렬왕이 그처럼 천태종의 정치적 성격에 특별히 유의하였던 까닭이 무엇이었을까 라고 하는 점이다. 거기에는 반드시 그만한 배경이 자리하였음이 분명해 보이는데, 그리 되었던 사정이 궁금한 것이다.

여기에서 잠시 충렬왕이 묘련사를 창건하던 당시의 정치적 상황을 살펴보도록 하자. 충렬왕은 무인정권기 이래 극도로 실추되었던 왕권을, 원의 후원을 배경으로 삼아 회복하고자 도모하였다. 그는 元 世祖의 駙馬로서[63] 元帝의 확고한 신임을 바탕으로[64] 元使 내지 元軍指揮官에 대해 우

60 天台宗의 意義에 대한 天頙의 그러한 정치적 해석이 妙蓮寺로 계승된다고 하는 사실에 관해서는, 高翊晉, 위 논문, 145쪽의 내용을 참고하라.

61 高翊晉, 위 논문, 145쪽.

62 朴全之의 靈鳳山龍巖寺重創記에 대해서는, 金相鉉, 「高麗初期 天台學과 그 史的 意義」, 126~128쪽의 해석이 참고가 된다.

위를 확보하였으며,[65] 또한 達魯花赤 및 고려에 주둔하던 元軍을 철수하도록 조정하는 데 성공하였다.[66] 그리하여 고려로 하여금, 원에서 파견한 관리라든지 군지휘관 내지 그들과 결탁하였던 부원배들의 횡포나 지나친 간섭에서 벗어날 수가 있도록 만들었던 것이다. 나아가 충렬왕은 그와 같은 對元外交의 성과를[67] 토대로 국내 정치세력을 재편함으로써, 국내에서의 정치적 기반을 확고히 하고자 도모하였다. 그는 親朝外交를 성공적으로 마치고 귀국하자마자, 국내에 잔존하던 부원배를 숙청하고[68] 인사이동을 단행하는[69] 등 정계 개편을 시도하였다. 그리고 이어서 必闍赤(및 申聞色)를 설치함으로써,[70] 마침내 그와 같은 자신의 의도를 관철시키고자 하였다.

63 金成俊, 「高麗後期 元公主出身王妃의 政治的 位置」, 『韓國中世政治法制史研究』, 一潮閣, 1985, 150~153쪽.

… 帝賜駙馬國王征東行中書省印 先是王奏曰 臣旣尙公主 乞改宣命 益駙馬二字 帝許之 (『高麗史』 29 忠烈王 7년 3월 乙卯)

64 高麗에 達魯花赤와 合浦鎭戍軍을 두었으면 좋겠다는 충렬왕의 요청에, 고려의 일은 충렬왕 스스로 알아서 하라고 하는 元 世祖의 아래와 같은 답변에서 그것을 볼 수가 있다.

… (忠烈)王曰 願得上所親信韃靼一人 爲達魯花赤 帝曰 何必達魯花赤 汝自好爲之 … 又請留合浦鎭戍軍 以備倭寇 帝曰 何必留之 其能無害於汝民乎 汝可自用汝國人鎭戍 倭寇不足畏也 … (『高麗史』 28 忠烈王 4년 7월 戊戌)

65 ① … 仍宴詔使 詔使以王駙馬 推王南面 詔使東向 達魯花赤西嚮坐 … (『高麗史』 28 忠烈王 卽位年 己巳)

② 王與忻都·(洪)茶丘議事 王南面 忻都等東面 事大以來 王與使者 東西相對 今忻都不敢抗禮 國人大悅 … (『高麗史』 29 忠烈王 7년 3월 丙辰)

66 『高麗史』 28 忠烈王 4년 7월 戊戌. 同上 8월 甲戌. 同上 9월 丙戌 및 己丑

67 충렬왕이 元帝와 대면해서 거둔 바 본문에서와 같은 외교적 성과는 당시 고려에서 대단한 반향을 불러일으켰던 듯싶다. 그가 入元하여 활약을 마치고 귀국하는 모습을 묘사한, “王與公主 至自元 百官班迎于郊 是行也 凡國家騷擾事 一切奏除 國人頌德感泣”(『高麗史』 28 忠烈王 4년 9월 乙巳)과 같은 기록에서 알 수가 있는 일이다.

68 『高麗史』 28 忠烈王 4년 10월 甲寅 및 己未

69 같은 책 癸丑 및 庚申

70 같은 책 辛未

必闍赤는 충렬왕 및 그와 밀착된 인물들의 주도 아래 왕권을 강화하고자 설치된 기구였음이 밝혀진 바 있다. 이 기구에 관해서는 이미 많은 연구가 나왔거니와,[71] 여기에서는 다만 必闍赤에 임명된 인물들의 출신이나 그 정치적 성향 등이 앞 節에서 살피었던 바 충렬왕대의 묘련사 관련 인물들과 유사한 점이 많다는 사실만을 지적하는 데 그치고자 한다. 충렬왕대의 묘련사 관련 인물들은 다양한 출신 성분에도 불구하고 대체로 자신의 능력과 노력을 토대로 관직에 나아갔으며, 국왕의 지근거리에서 특히 충렬왕과 밀착된 가운데 활약한 공통점을 지니었다는 것이 앞 節에서의 결론이었다. 또한 나아가 이들이, 그다지 보잘 것이 없는 신분 출신으로서 당시 각종 폐단을 일으키는 장본인으로 지목받던 충렬왕 측근세력의 인물들과, 그처럼 야기된 폐단을 제거하고자 노력하던 정통적인 관료 출신의 인물들이라고 하는, 두 부류로 나뉜다고 하는 사실도 알 수가 있었다. 그런데 충렬왕의 묘련사 창건과 관련되는 인물들에게서 찾아 볼 수가 있었던 그와 같은 특징이, 또한 必闍赤에 임명된 인물들에게서도 마찬가지로 나타나 흥미를 끈다. 必闍赤에 임명된 인물들은 대체로 자신의 능력과 노력을 토대로 관직에 나아갔으며,[72] 충렬왕과 밀착된 가운데 활약하였다는 공통점을 지니었다고 한다.[73] 이들은 또한 科擧와 같은 정통적인 入仕路를 거쳐 관직에 나아간 인물들과 그다지 보잘 것이 없는 신분 출신으로서 충렬왕의 側近勢力이 되어 출세한 인물들로 나뉘는데,[74] 후자의 경우 국왕의 嬖幸으로서 사회경제적 폐단을 일으켜 비난을 받았음에 반해[75] 전자의 인물들은 그것을 견제하려 하였음이 지적되기도 하였다.[76]

---

71 忠烈王代의 必闍赤에 관해서는 註 14)의 논문을 참고하라.

72 李起男, 「忠宣王의 改革과 詞林院의 設置」, 81～82쪽.

73 李益柱, 「高麗 忠烈王代의 政治狀況과 政治勢力의 性格」, 208～209쪽. 金塘澤, 「忠烈王의 復位 과정을 통해 본 賤系 출신 관료와 '士族' 출신 관료의 정치적 갈등」, 205～207쪽. 金光哲, 「忠烈王代의 王權」, 『高麗後期世族層硏究』, 東亞大出版部, 1991, 138～141쪽.

74 李益柱, 앞 논문, 208～209쪽. 金塘澤, 앞 논문, 207쪽. 金光哲, 앞 논문, 140쪽.

앞서 언급한 바 충렬왕대 묘련사 관련 인물들의 그것과 매우 흡사한 특성을 드러내 보이는 것이다.

그러므로 충렬왕대의 묘련사 관련 인물들과 必闍赤 구성원들은, 이를테면 동일한 부류에 속한다고 하여 좋을 그러한 사람들이었던 셈이다. 그 출신이나 정치적 성향 등에서 그처럼 서로 유사한 경향을 드러낸 사실에 비추어, 그러한 판단이 반드시 지나치다고만은 할 수가 없지 않을까 생각한다. 나아가 그러한 사실에 비추어, 충렬왕대의 묘련사 관련 인물들이 必闍赤 구성원들과 동일하게 충렬왕의 왕권강화정책에 협조적이었을 것임을 헤아려 무방해 보이며, 더불어 必闍赤에 임명된 관료들이 또한 묘련사 관련 인물들과 마찬가지로 충렬왕의 묘련사 창건과 무관하지만은 않았을 것임도 능히 파악할 수가 있을 줄 믿는다. 충렬왕이 묘련사를 창건하는데 관련된 인물들 가운데 4명은 必闍赤(및 申聞色)에도 임명되었다. 정가신과 조인규 및 염승익·김의광 등이 그들로서,[77] 이들 중 염승익은 必闍赤의 설치에 주도적인 역할을 하였던 것으로 기록된 인물이기도 하다.[78] 충렬왕대의 묘련사 관련 인물들과 必闍赤에 임명된 관료들이 동일한 부류의 인간들로서, 함께 충렬왕의 원찰인 묘련사를 창건하고 또 후원하는 일에 관여하였을 뿐만 아니라, 더불어 충렬왕의 왕권강화정책에도 협조하고 또 그것을 주도하였을 가능성이 매우 크다고 믿는다.

이후 충렬왕은 宰樞를 無力化시키면서, 그와 같은 성격의 인물들로 구성된 必闍赤를 중심으로 정치를 이끌어갔다.[79] 처음 必闍赤를 설치하게 된 배경에 대해,

75 李起男, 앞 논문, 83쪽.

76 李益柱, 앞 논문, 208~209쪽.

77 이들이 必闍赤에 임명된 사실에 관해서는, 『高麗史』 104 金周鼎傳을 참조하라.

78 … (金周鼎)令廉承益·李之氏諷王 遂置必闍赤·申聞色 … (『高麗史』 104 金周鼎傳)

79 必闍赤의 설치가 그처럼 宰樞를 無力化시키기 위한 것이었다는 사실에 관해서는, 金光哲, 「都評議使司와 世族」, 『高麗後期世族層研究』, 157~158쪽의 내용을 참고하라.

> 옛 제도에 무릇 나랏일은 宰樞가 회의하고 (국왕에게 아뢰어서) 承宣이 왕명을 받아 시행하였는데, 金周鼎이 말하기를 "이제 宰樞의 수효가 매우 많아 政事를 도모함에 중심이 되는 이가 없습니다. 따로 必闍赤를 두어 나라의 중대사를 (처리토록) 위임함이 마땅합니다. 또한 內僚가 모두 다 국왕에게 일을 아뢰도록 하는 것도 불가하니, 청컨대 (내료 중에서) 사람을 뽑아 申聞色으로 삼고 그 나머지는 그만두도록 하소서"라고 하였다 …[80]

라 전하는 자료에서, 이미 충렬왕의 그러한 속셈이 드러나거니와, 설치 이후 必闍赤 구성원들이 "항상 궁중에 모여 나라의 중대사를 참여해 결정하니 당시 이르기를 別廳宰樞라 하였다"라고 전하는 기록에서 더욱이 그것을 분명히 파악할 수가 있는 것이다.

당시 고려의 관리들은 충렬왕의 그와 같은 국정 운영 방식에 대해 사뭇 비판적이었다. "… 別廳宰樞라 하였는데, 조상 전래의 옛 제도가 아니므로 사람들이 많이 비난하였다"라 전하는 당시의 평이 그것이었다. 그렇지만 충렬왕은 거센 반발을[81] 무릅쓴 채 왕권강화정책을 꾸준히 추진해 갔다. 그리하여 必闍赤에 임명된 인물들(내지는 충렬왕의 묘련사 창건과 관련된 인물들)처럼 그에 동조하는 부류를 제외하면, 국정에서 소외당한 관료들 사이에는 차츰 맡은 바 직무를 적극적으로 수행하지 않은 채 수수방관하려는 풍조가 나타나게 되었다. 다음의 기록이 그것을 잘 보여준다.

> ① … (沈諹이) 뒤에 監察侍史로 임명되어 雜端 陳倜, 侍史 文應, 殿中侍史 李承休 등과 더불어 간언하였다 … 국왕이 크게 성내어 將軍 林庇와 池允輔 등에게 명하여 심양을 崇文館에서 국문하였다 … 드디어

---

80 舊制 凡國家事 宰樞會議 承宣稟旨而行 (金)周鼎言 今宰樞甚多 謀政無主 宜別置必闍赤 委以機務 又內僚 不可皆令啓事 請擇人爲申聞色 罷其餘 … 常會禁中 叅決機務 時號別廳宰樞 以非祖宗舊制 人多譏議 … (『高麗史』104 金周鼎傳)

81 충렬왕의 왕권강화정책을 향한 반발에 관해서는, 李益柱, 위 논문, 213~219쪽의 내용을 참고하라.

(심양을) 巡馬所에 가두었다 … 이튿날 진척·문응을 바다의 섬으로 유배하고 이승휴는 파직하였다 … 심양은 곧고 바른말을 하되 다른 마음이라곤 없었으며, 중앙과 지방의 관직을 역임하면서 모두 공적을 쌓아 명성이 있었다. 侍史로 임명됨에 미쳐서는 개탄하며 조정의 기강을 다시 떨치는 것을 자신의 임무로 삼았는데, 불행히도 참소에 한 번 맞아 들개 같은 자들에게 욕을 당했으니, 조종 이래로 일찍이 없던 일이었다. 이로부터 마침내 言路가 막히었다.[82]

② 판삼사사 韓康과 밀직부사 金伯鈞을 재추소의 사존으로 삼았다. 이때 양부에서 모두 뒤돌아 (눈치만) 보고 물러나 떠넘기면서 정사를 적절히 도모하지 못하였다. 그리하여 (정사를 도모하도록) 사존을 설치해서는 여섯 달이면 교체하였다.[83]

時弊의 개혁을 건의하던 감찰사 관원들이 오히려 혹독한 처벌을 받음으로써 마침내 言路가 막히게 되었으며(①),[84] 兩府의 재추들이 서로 눈치만 살피면서 정사를 처리하려 들지 않아 宰樞所司存을 두어 사무를 처리하도록 하였다(②)는 것이다. 충렬왕이 왕권강화정책을 강력히 추진하는 과정에서 정상적으로 직무를 수행할 수 없을 정도의 위협적인 분위기가 조성되었으며, 그리하여 재추를 비롯한 고려의 관료들이 위축된 가운데 점차 현상유지에 만족하는 소극적이고 안일한 태도에 빠져들었음을 여실히 보여준다.

충렬왕이 묘련사를 창건한 것은 지금까지 살핀 거와 같은 정치적 상황 속에서의 일이었다. 따라서 이제 충렬왕이 자신의 원찰로 묘련사를 창건

82 … (沈諹)後拜監察侍史 與雜端陳倜·侍史文應·殿中侍史李承休等言 … 王大怒 命將軍林庇·池允輔等 鞫諹于崇文館 … 遂囚于巡馬所 … 翼日 流倜·應于海島 罷承休 … 諹謇諤無他 莅官中外 皆有聲績 及除侍史 慨然以復振朝綱自任 不幸一中讒說 辱於狴犴 朝宗以來 未嘗有也 自是 言路遂塞 (『高麗史』 106 沈諹傳)

83 以判三司事韓康·密直副使金伯鈞 爲宰樞所司存 時兩府 皆顧望退托 莫適謀事 故置司存六月而替 (『高麗史節要』 20 忠烈王 8년 3월)

84 동일한 내용의 기사가 『高麗史節要』 20 忠烈王 6년 3월의 條에 수록되었다.

하면서, 천태종이 지닌 바 정치적인 통치이념으로서의 성격에 특별히 주목하였던 까닭도 거의 짐작할 수가 있게 되었다고 믿는다. 단적으로 말하여 그것은 자신의 왕권강화정책을 정당화하면서 국왕을 구심점으로 한 정치적 단합과 결속의 중요성을 강조할 필요성 때문에서였다고 할 수가 있을 것이다. 이 節의 서두에서 언급하였듯이 천태종에는 會三歸一과 一心三觀의 사상처럼 정치적으로 원용하기에 용이한 내용이 들어 있으며, 충렬왕도 그와 같은 사실을 이미 파악한 바였다. 따라서 그러한 충렬왕이 자신의 정치적 필요에 따라, 그에 부응할 수 있도록 천태종을 앞세우려 들었다고 해서 하등 이상할 것은 없다고 생각한다.[85]

나아가 이 節의 맨 앞에서 인용한 바 天頙과 閔漬·朴全之 등의 관계 기록에서, 천태종에 대한 그와 같은 정치적 접근이 太祖 王建 이래의 고려 전통이며, 그에 의지하여 고려왕조가 번성하였다는 사실을 역설하였던 데서도 또한 그것을 거듭 확인할 수가 있다. 그로써 충렬왕 자신이 추구해 온 정책이 그만큼 고려의 전통과 합치되는 것이며, 그리하여 자신의 통치

85 妙蓮寺는 天台宗 사찰이었음에도 불구하고, "王與公主 幸妙蓮寺 設華嚴法會"(『高麗史』 29 忠烈王 10년 12월 丙午)라고 하여, 落成되던 해 말 그곳에서 華嚴法會를 개최한 사실이 기록에 전한다. 그렇지만 묘련사의 정치적 존재의의를 왕권강화와 정치적 단합 및 결속이라는 측면에서 이해하고 나면, 그곳에서 화엄법회를 열었다고 하여 반드시 모순되게 여겨지지만은 않는다. 重重無盡한 圓融의 사상이자 一心에 의해 萬物을 統攝하고자 하는 華嚴思想도 또한 對立性이나 多元性을 통일하는 이념으로서(崔柄憲, 「高麗時代 華嚴宗團의 展開過政과 그 歷史的 性格」, 『韓國史論』 20, 國史編纂委員會, 1990, 184쪽), 권력의 집중과 왕권의 강화를 옹호하는 사상(김두진, 「의상과 그의 화엄사상에 관한 연구성과」, 『義湘』, 대우학술총서 인문사회과학 81, 1995, 23쪽. 김두진, 「의상 화엄사상의 사회적 성격」, 같은 책, 368쪽)이라고 할 수가 있기 때문이다.

한편 妙蓮寺가 齊國公主의 願刹이자 元 世祖를 위한 祝釐의 장소이기도 하였음을 들어, 이 부분에서 묘련사와 元과의 관계를 전혀 언급하지 않은 잘못을 지적하는 견해가 제기될 수도 있을 법하다. 여기에서 굳이 對元關係上의 의미까지 따지고 들지 않았던 것은, 이 글의 주요한 목적이 묘련사 창건의 정치적 의미를 알아보고자 하는 데 있어서였기 때문이거니와, 묘련사의 元과의 관계는 위의 註 3)에 있는 高翊晉과 蔡尙植의 논문에 정리된 내용을 참고하기 바란다.

에 의해 비로소 고려왕조가 이전과 같은 번성을 누리게 되리라는 것을 내세울 수가 있었을 것이기 때문이다.[86] 앞서 묘련사 창건에 관련된 인물들이 충렬왕과 밀착된 인물들로서, 必闍赤 구성원들이나 매한가지로 충렬왕의 왕권강화정책에 협조하고 또 그것을 주도하였을 것임을 지적하였다. 그런데 충렬왕이 묘련사를 창건하고자 하였던 이상에서와 같은 정치적 의도를 생각할 때, 그것은 너무도 당연한 일이었을 듯 여겨진다. 충렬왕은 무인정권기 이래의 혼란과 관료들 사이의 분열을 극복하고, 정치적 구심점으로서의 국왕의 권위를 강조하면서 고려왕조가 다시 번영의 길로 들어섰음을 과시하고자, 그러한 성격의 인물들과 힘을 합쳐 일종의 기념비적인 사업으로서 자신의 원찰인 묘련사의 창건을 계획하고 또 추진하였다고 할 수가 있는 것이다.

지금까지 충렬왕의 묘련사 창건이 지니는 정치적 의미를 검토하였다. 이제 宗教信仰的인 측면에서 충렬왕의 묘련사 창건을 음미할 차례가 되었는데, 그에 대해서는 자리를 바꾸어 살펴보도록 하겠다.

4. 忠烈王의 法華信仰

충렬왕은 측근세력을 비롯하여 자신과 밀착된 인물들을 지지·후원세력으로 삼아, 천태종 소속의 묘련사를 원찰로 창건하였다. 天台思想을 정치적으로 원용하려는 목적에서였다. 그런데 충렬왕이 천태종에 속한 묘련사를 자신의 원찰로 창건하였던 것은, 그와 같은 정치적 목적 때문에서만은 아니었다. 종교신앙적인 측면에서도 충렬왕의 묘련사 창건이 지니는 의미는 결코 작지 않았다고 할 수가 있는 것이다. 우선 다음의 자료를 살

86 閔漬가 天台宗에서 내세우는 會三歸一과 一心三觀의 사상을 고려의 후삼국통일 및 고려 왕조의 영원무궁할 것임과 연결지어 언급하면서, "… 至宣廟朝 … 創寺 亦曰國淸 … 常演妙法 歷代賴其福利 及國家中否 寺亦隨廢 中興以來 方始重營 …"(『東文選』 68 國淸寺金堂主佛釋迦如來舍利靈異記)에서와 같이, 王朝의 中興을 거론하였던 것도 그 방증이 될 것이다.

펴보도록 하자.

> 妙法은 궁극의 말씀이기에 나머지 둘은 곧 참된 것이 아니며, 凡夫라도 잠깐 동안 듣게 되면 成佛하지 않음이 없으니 … 혹은 한 글귀의 게송을 외워도 지옥이 비고, 혹은 (경전의) 반 글자만을 베껴 쓰더라도 천당으로 변화합니다 …[87]

충렬왕에 의해 妙蓮寺의 主法으로 초치된 無畏國統 丁午가 지은 疏의 일부이다.[88] 『법화경』을 聽聞·讀誦·書寫하는 행위만으로도, 범부가 부처로 되거나 지옥에서 고통당하는 사람이 한 명도 없게 되며, 자기가 있는 그 자리를 곧 천당으로 만들 수가 있다는 것이다. 『법화경을』 聽聞하거나 手持 혹은 讀誦하고 書寫하는 공덕의 무량함을 직설적으로 기려 눈길을 끈다.

무외국통 정오는 열렬한 법화신앙자로 알려진 승려이다.[89] 위에 제시한 자료를 포함하여, 그가 『법화경』을 鑽仰하는 글 다수를 『동문선』에 남겼던 것으로 미루어 짐작할 수가 있는 일이다.[90] 정오는 『법화경』을 소의경전으로 삼는 천태종 소속의 승려이었다. 따라서 그러한 정오가 그처럼 법화신앙을 고취하는 글을 남겼다고 하여 하등 이상히 여길 일은 아닐지도 모르겠다. 그렇지만 정오 등 묘련사의 법맥이 백련결사에 그 뿌리를 두었음을 떠올릴 때, 반드시 그처럼 단순하게 생각해 넘길 일만은 아닌 듯 보

87 妙法爲究境之說 餘二則非眞 凡夫得須臾之聞 無一不成佛 … 或誦一偈而地獄空 或書半字而天堂化 … (『東文選』 111 寫成法華經慶讚疏)

88 題目인 寫成法華經慶讚疏에 '代洪侍中'이라는 夾註가 있다. 侍中인 洪 아무개를 대신하여 無畏國統 丁午가 疏를 찬술하였다는 의미일 텐데, 여기의 洪侍中은 아마도 洪奎가 아니었던가 모르겠다. 당시를 살았던 李齊賢이, "洪南陽奎 聞妙蓮無畏國師善吹笛 自袖中笒 入方丈 請之 國師爲作數弄"이라는 題下의 詩를 통해, 무외국통과 홍규 사이의 교유를 전함으로 해서이다(『益齋亂藁』 4).

89 無畏國統 丁午 등 묘련사 계통의 法華信仰에 관한 이하의 설명은, 高翊晉, 「白蓮社의 思想傳統과 天頙의 著述問題」, 144~146쪽의 내용을 참고하라.

90 『東文選』 111에 丁午의 法華經慶讚疏 5篇이 수록되어 전한다.

인다. 백련사의 요세 및 그 후계자들은 열렬한 懺悔와 淨土求生으로 유명하였다. 그런데 그 법맥을 계승한 것으로 일컬어지는 묘련사에서는 그와 달리 『법화경』을 찬앙하는 일에 훨씬 열심이었다. 이전의 백련결사에서 참회를 통한 정토신앙을 앞세웠던 데 반해, 묘련사 계통에서는 법화신앙의 강조라고 하는 새로운 경향이 대두하였던 셈이다.[91]

한편 여기에서 궁금해지는 것은, 그렇다면 그러한 묘련사를 원찰로 삼은 충렬왕은 어떠하였을까 라고 하는 점이다. 충렬왕이 참회와 정토왕생에 남달리 관심을 보였다는 증거는 잘 찾아지지 않는다. 따라서 그 역시 자신의 원찰인 묘련사에서와 마찬가지로 법화신앙에 경도되었을 가능성이 높아 보이기는 한데, 과연 그러했는지 알아보려는 것이다. 다음의 기록을 살피도록 하자.

… 충렬왕이 韓康을 불러 이르기를, "과인이 재위한지 이미 오래여서 올해 환갑이다. 더욱 삼가고 조심해야 할 터이니, 경은 마땅히 조목을 나누어서 가히 행할 만한 일을 진술하라"고 하였다. 한강이 청하기를 … 또 말하기를, "先王은 地鉗을 살펴 塔廟를 설치하였는데,[92] 후세 사람들이 많이들

---

91 高翊晉, 「白蓮社의 思想傳統과 天頙의 著述問題」, 144~146쪽에서는, 白蓮結社와 비교하여 妙蓮寺 계통에서 『法華經』과 더불어 天台智顗의 3大部(『法華文句』·『法華玄義』·『摩訶止觀』)도 또한 매우 중시하였음을 강조해 눈길을 끈다. 그렇지만 3大部를 節要하는 등 白蓮結社의 了世가 天台疏에 보였던 관심 이상의 것을 妙蓮寺 계통에서 과연 찾을 수가 있을 것인지는 잘 판단이 서지를 않는다. 한편 백련결사에 비해 묘련사에서 『法華經』을 더욱 중시하였던 사실을 두고, 묘련사가 왕실과 귀족의 적극적인 뒷받침 속에 중앙의 정치권력과 결합하였던 때문으로 보는 견해가 있다(高翊晉, 같은 논문, 145~146쪽). 묘련사가 貴族化하면서 庶民佛敎的인 淨土信仰(白蓮結社)에서 敎學的·祈福的인 성격의 法華信仰으로 그 중점이 이동하였다는 이해인 셈인데, 자못 일리 있는 지적이라 생각한다.

92 '先王이 地鉗을 살펴 —곧 집게에 집히거나 또는 목에 칼을 씌운 듯 地氣가 막힌 곳을 살펴— 裨補로서 塔廟를 설치하다'는 정도의 의미로 판단되거니와, "是年正月 忠宣王卽位下敎曰 一 太祖創立禪敎寺社 皆以地鉗 相應置之 今兩班私立願堂 虧損地德 又共議寺社住持 率以貨賂濫得 並令禁斷 …"(『高麗史』 84 刑法 1 職制 忠烈王 24年)에 등장하는 바, '地鉗'의 또 다른 용례도 그와 관련하여 참고가 된다.

> 사사로운 뜻으로 옛것을 폐하고 새것을 창건하여, 불상이 풀숲 사이로 드러나도록 만들기에 이르렀습니다. 담당 관아에 명하여 옛 사찰을 重修토록 하심이 마땅합니다. 옛날부터 군왕은 모두 佛法을 신앙함으로써 나라의 복록을 일으켰는데, 전하께서는 『법화경』을 더욱 떠받드시니 만약 (『법화경』의) 壽量品을 늘 외우신다면 곧 壽命이 더해질 것입니다"라고 하였다 …93

위 자료에 따르면, 충렬왕은 부처의 가르침 중에서도 특별히 『법화경』을 존숭하였다고 한다. 그리하여 宰相 韓康에 의해 『법화경』의 수량품을 늘 독송하도록 권유를 받았다는 것이다. 그 원찰인 묘련사에서 그러하였듯이, 충렬왕 역시 『법화경』을 찬앙하는 데 열심이던 법화신앙자였음을 헤아리게 하는 대목이다.

그런데 위 기록은 그에 더해 충렬왕의 법화신앙에 나타나는 성격까지도 암시하는 듯 보여 눈길을 끈다. 충렬왕은 법화신앙을 통해 자신의 수명을 연장하고자 도모하였던 듯 여겨진다. 『법화경』의 수량품을 염송하는 공덕을 쌓음으로써 천수를 늘이도록 하라는, 한강의 건의로 미루어 짐작할 수가 있다. 비록 한강이 충렬왕에게 권유하는 형식을 취하기는 하였지만, 그것이 충렬왕의 평소 믿음과 무관하지 않으리라는 것은 두 말할 나위가 없다고 생각한다. 충렬왕의 법화신앙은 말하자면 수명의 연장과 같은 現世에서의 이익을 추구하는 성향의 것이었다고 하여 좋을 듯 여겨지는 것이다.

사실 충렬왕은 묘련사를 창건하기 이전에 벌써 법화신앙의 그와 같은 現世祈福的인 측면에 익숙한 편이었다. 앞서 언급한 바 있듯이, 충렬왕의 조부인 고종은 그 재위 말년(고종46, 1259)에 『법화경』을 염송하는 법회

93 … (忠烈)王召(韓)康曰 寡人在位已久 今年換甲 尤愼兢 卿宜條陳可行事 康請 … 又言先王相地鉗 而置塔廟 後人多以私意 廢舊創新 至使佛像 露在草間 宜命有司 重修舊刹 自古君王 皆信佛法 以興國祚 殿下 尤崇法華經 若常誦壽量品 則寶筭益矣 … (『高麗史』 107 韓康傳)

를 베풀어, 고려왕업과 함께 자신의 수명 연장을 도모한 적이 있었다. 당시 충렬왕은 24세로서, 두 달 후 고종이 薨去하였을 때 몽고에 체류 중이던 父王 원종을 대신하여 '監國'을 할 수 있는 정도의 연령이었다.[94] 따라서 고종의 그처럼 功德을 앞세운 현세기복적 법화신앙이, 충렬왕에게 아무런 영향을 끼치지 않았을 리가 없다고 생각한다. 훗날 충렬왕이 "以公主病 設法華道場"[95]에 나오는 것처럼, 법화도량을 열어 왕비 제국공주의 병환이 어서 낫기를 빌도록 시켰던 것은, 그리하여 그가 이미 법화신앙의 현세기복적 특성을 충분히 파악한 상태였음을 보여주는 증거라 할 것이다.

충렬왕의 묘련사 창건과 관련된 인물일 것으로 여겨지는 염승익은, 본시 부처에게 빌어서 타인의 질병을 고쳐주는 일을 하던 사람이었다. 관직에 나아간 뒤에도,

> … 염승익은 이윽고 병으로 면직되었다. 얼마 지나지 않아 모친상을 입었는데, 공주가 병에 걸리자 명하여 상복을 벗고 궁궐로 들어오도록 하니, 법석을 베풀어서는 손바닥에 구멍을 뚫으며 부처에게 (병이 낫기를) 기도하였다 …[96]

라 하였듯이, 제국공주의 병이 치유되도록 부처에게 기원하는 일을 맡기도 하였다.

염승익이 행하던 바 功德에 바탕한 그와 같은 現世祈福的 祈佛行爲를 반드시 그가 지녔던 법화신앙의 성격과 관련지어 해석할 근거는 없다. 그렇지만 다음에 언급하듯이 그는 紺紙銀字『法華經』寫經을 후대에 남길 정도로 열렬한 法華信仰者이었다. 따라서 염승익이 때때로 보여주던 祈佛

94 앞의 註 18)·19)를 참조하라.

95 『高麗史』29 忠烈王 8년 7월 辛酉

96 廉承益 … 嘗得惡疾 念浮屠神祝 穿掌貫索 精勤疾愈 遂以禳人疾病爲事 … 承益尋以病免 未幾丁母憂 公主病 命脫衰入內 設法席 穿掌祈佛 … (『高麗史』123 廉承益傳)

治病과 같은 그러한 현세기복적 신앙행위를, 그가 지녔던 법화신앙의 성격과 반드시 무관한 것이라고만 이해해야 할 까닭은 없다고 믿는다.

염승익은 충렬왕 9년(1283)에 『法華經』을 寫經한 다음,

> 특별히 국왕과 궁주를 위하여 모든 재액을 없이 하고, 전쟁이 가라앉아 사라지며 국토가 태평토록 하소서. 아울러 내 몸에 미쳐서는, 아홉 횡액을 마주치지 아니하고 속히 삼계를 벗어나 未來劫을 다하도록 大佛事를 이루도록 하소서. 또한 내 집안의 겨레붙이에게 질병과 고통이 없으며, 다함이 없는 모든 법계의 살거나 죽은 이들이 함께 佛法을 증명하기를 원합니다 … 내가 막 수명이 다하려 할 때, 일체의 모든 장애를 남김없이 제거하여저 아미타불을 눈앞에서 뵈오며 곧장 극락으로 왕생할 수 있기를 원합니다. 아울러 아내인 永寧郡夫人 魯氏며 그 소생인 딸과 어린 아들 등도 재앙에 마주치는 일이 전혀 없이 수명이 연장되기를 원합니다. 앞서 세운 대원을 모두 다 이루도록 시방의 여러 부처와 보살은 밝히 살피소서.[97]

라고 기원하였다.[98] 충렬왕 내외의 평안과 나라의 무사태평을 빌고 자신과 가족에게 재난이 닥치지 않기를 희원하였다. 『법화경』 사경이라는 공덕을 쌓음으로써 현세에서의 이익을 추구하는 신앙형태를 보여준다. 위 발문에는, 죽음에 임하여 阿彌陀佛을 親見하고 來世에서 極樂淨土에 왕생하기를 소원하는 정토신앙의 모습도 나타나기는 한다. 그렇지만 妻子의 災厄이 소멸하고 그 수명이 연장되기를 염원하는 등, 아무래도 현세에서의 기복을 중심으로 한 법화신앙의 성격을 더욱 강하게 드러냈던 것은 아

97 特爲國王宮主 無諸災厄 兵戈潛消 國土大平 兼及己身 不逢九橫 速脫三界 盡未來劫 作大佛事 亦願一門眷屬 無諸病苦 無盡法界生亡 共證普提者 … 願我臨欲命終時 盡除一切諸障礙 面見彼佛阿弥陀 卽得往生安樂刹 兼及妻氏永寧郡夫人魯氏 分身女子小男等厄會消除 壽命延長 咸就曩願 十方諸佛菩薩朗鑒 (『韓國上代古文書資料集成』 紺紙銀字妙法蓮華經 卷第七 寫經 跋文)

98 廉承益의 이 『法華經』 寫經에 관해서는, 權熹耕, 「高麗後期 忠烈王代의 寫經」, 『高麗寫經의 硏究』, 미진사, 1986, 397~400쪽의 설명을 참고하라.

닌가 헤아려진다. 염승익의 『법화경』 사경은, 공덕을 바탕으로 한 현세이익추구적인 법화신앙의 산물이라고 보아 큰 잘못이 아닌 줄 믿는다. 충렬왕이 그러하였듯이, 충렬왕의 원찰인 묘련사를 창건하는 일에 관련되었던 염승익도 또한 현세기복적인 성격의 법화신앙을 소유한 인물이었던 것이다.

충렬왕이 그 원찰인 묘련사 계통에서와 마찬가지로 법화신앙에 깊이 경도되었으며, 그 신앙의 성격은 공덕을 바탕으로 한 현세기복적인 것이었음을 검토하였다. 고려후기 충렬왕대에는 묘련사계의 천태종뿐만 아니라, 다른 종파에서도 공덕에 바탕한 현세이익적 신앙을 추구하는 경향이 다분하였던 것으로 알려진 바 있다.[99] 一然을 중심으로 한 迦智山系의 曹溪宗이 그러하였고,[100] 體元으로 대표되는 華嚴宗도 마찬가지였다.[101] 또한 고려후기에 성행하였다고 하는 寫經을 통해서도, 功德을 내세우는 神異的이며 呪術的인 당시의 신앙 경향을 파악할 수가 있다고도 한다.[102] 충렬왕과 그 원찰인 묘련사에서의 현세이익추구적인 법화신앙이, 당시의 시대적인 조류와 동떨어져 예외적으로 나타난 현상이 아니었음을 이해할 수가 있는 것이다.

요컨대 충렬왕이 천태종 소속의 묘련사를 자신의 원찰로 창건하였던 것은, 정치적인 목적에 더하여 종교신앙적인 필요성 때문에서이기도 하였다고 할 수가 있을 터이다. 위에서 살피었던 것과 같은 법화신앙의 현세기복적 성격에 대한 그의 깊은 관심이, 충렬왕으로 하여금 마침내 묘련사 건립이라고 하는 役事에 착수하도록 하는 데 한 몫을 하였던 것이 아닌가 헤아려지는 것이다.

---

99 蔡尙植, 「高麗後期 佛敎史의 展開樣相과 그 傾向」, 『歷史敎育』 35, 1984, 116쪽.

100 蔡尙植, 「仁興社刊 『歷代年表』와 『三國遺事』의 찬술기반」, 『高麗後期 佛敎史硏究』, 一潮閣, 1991, 174~177쪽.

101 蔡尙植, 「體元의 저술과 사상적 경향」, 앞의 책, 205~214쪽.

102 權熹耕, 「高麗寫經의 歷史的 背景」, 『高麗寫經의 硏究』, 미진사, 1986, 222~235쪽.

5. 맺음말

忠烈王은 남달리 天台思想과 法華信仰에 관심을 쏟던 국왕이었다. 그가 창건하여 원찰로 삼은 妙蓮寺가 天台宗에 속한 사찰이었다는 사실만으로도 짐작할 수가 있는 일이었다. 충렬왕은 측근세력을 비롯하여 자신과 정치적으로 밀착된 인물들의 지지와 후원을 받는 가운데 묘련사를 창건하였다. 천태종에서 내세우는 會三歸一과 一心三觀의 사상을 원용하여, 자신의 왕권강화정책을 정당화하고 국왕을 구심으로 한 정치적 단합과 결속의 중요성을 널리 알리려는 목적에서였다. 또한 충렬왕의 묘련사 창건은 종교신앙적인 측면에서의 필요성에서 비롯된 일이기도 하였다. 法華信仰의 功德思想에 바탕한 現世祈福的인 측면에 대한 깊은 관심에서, 그는 천태종 소속의 묘련사를 자신의 원찰로 창건하였던 것이다.

한편 충렬왕대의 고려 불교계에 나타나는 위에서와 같은 경향은, 당시 朱子性理學을 받아들이기 시작하던 儒者들로 하여금 불교를 비판·배척하도록 하는 빌미가 되기도 하였다. 현세에서의 이익을 좇아 공덕을 쌓고자 하는 불교를 비난하던 李齊賢과 崔瀣의 사례를 통하여 그것을 알 수가 있다.[103] 말하자면 묘련사를 위시하여 충렬왕대의 고려 불교계에 흐르던 功德思想 중심의 現世祈福的인 신앙 경향이, 현실을 개혁하기 위한 정치적 이념으로서 성리학을 받아들여 신봉하던 儒者들[104] 사이에 장차 斥佛論이 성장할 수 있도록 하는 자양분을 제공한 셈이었다고 할 수가 있는 것이다.

(「高麗 忠烈王의 妙蓮寺 창건과 法華信仰」, 『韓國史硏究』 104, 1999)

103 邊東明, 「性理學의 初期受容者와 佛敎」, 『高麗後期 性理學受容硏究』, 一潮閣, 1995, 91쪽.

104 邊東明, 「受容初期 性理學의 性格과 受容의 動機」, 앞의 책, 113~116쪽.

제4장 高麗後期의 法相宗

1. 머리말

고려후기의 불교계를 주도한 것은 曹溪宗과 天台宗이었다.[1] 武人政權이 들어선 이래 고려말까지 이 두 종파에서 王師와 國師를 거의 독점적으로 배출하다시피 하였던 것만 보아도 알 수가 있다.[2] 그런데 13세기말에서 14세기초에 걸쳐 法相宗 출신의 國師 2인이 잇따라 등장하여 눈길을 끈다. 禪宗이 우세를 보이던 元 干涉下의 불교계에서 敎宗의 부각이라고 하는 다소 이채로운 현상이 나타난 셈이었다.

따라서 이제껏 많은 연구자들이 그러한 사실에 관심을 보여 온 것은 당연한 일이었다고 할 수가 있을 것이다.[3] 또한 근래에는 고려후기의 법상

---

1 蔡尙植, 「高麗後期 佛教史의 展開樣相과 그 傾向」, 『歷史教育』 35, 1984.

2 許興植, 「高麗時代의 國師·王師制度와 그 機能」, 『歷史學報』 67, 1975; 「國師·王師制度와 그 機能」, 『高麗佛教史研究』, 一潮閣, 1986.

3 고려후기의 불교를 다루는 경우 으레 그러한 사실에 관심을 보이곤 하였는데, 그 중에서도 특히 법상종을 주제로 삼은 논문을 제시하면 아래와 같다.
許興植, 「瑜伽宗의 繼承과 所屬寺院」, 『高麗佛教史研究』, 一潮閣, 1986. 崔成烈, 「高麗中期 水精結社와 瑜伽宗」, 『韓國佛教學』 12, 1987. 金仁德, 「高麗時代 瑜伽思想의 展開와 彌勒信仰」, 『韓國彌勒思想研究』, 동국대 불교문화연구소, 1987. 金南允, 「高麗中期 佛教와 法相宗」, 『韓國史論』 28, 서울대 국사학과, 1992. 李萬, 「彌授의 唯識思想」, 『한국유식사상사』, 藏經閣, 2000. 金南允, 『新羅 法相宗 研究』, 서울大 博士學位

종을 주제로 한 연구가 나오면서, 그와 관련된 여러 사실들이 밝혀지기도 하였다. 원 간섭하의 法相宗教團이 寫經活動을 통하여 고려왕실과 귀족 및 元 帝室의 후원을 받게 되었고, 나아가 附元勢力과도 연계를 맺는 가운데 주요 종단으로 부각되었으며, 지방에 소재하는 사원에 주로 근거하여 教學研究와 함께 彌勒·阿彌陀·地藏信仰을 중시하면서 占察法과 懺悔 및 戒行을 강조하였다는 점 등이 알려지게 되었던 것이다.[4]

그런데 고려후기의 법상종에 대한 이제까지의 연구는 대부분 겉으로 드러난 현상을 살피는 데 몰두하였다는 느낌을 지울 수가 없다. 그러한 사실에 내포된 역사적 의미와 같은 것을 추구하는 일은 소홀히 한 채, 평면적인 설명과 나열에 그친 듯 보인다. 그리하여 고려후기에 새삼스럽게 법상종이 부각되기에 이른 배경이라든지, 혹은 그와 같은 법상종의 등장이 뜻하는 바 정치·사회적인 의미가 무엇인지 등에 관한 궁금증은 여전히 해소되지 않은 채로인 것이다. 무인정권기 이래 침체 상태이던 법상종이 13세기 말엽 급속하게 부상한 것을 두고 법상종 승려들의 寫經活動과 對元關係의 결과로만 설명한 채[5] 그냥 지나쳐도 되는 것인지, 나아가 14세기초 법상종의 僧政 장악이 지니는 정치적 의미는 무엇이며 또한 그러한 사실들과 당시 법상종에서 내세우던 教學 및 信仰은 어떠한 관계였는지 등 여러 의문이 머리를 떠나지 않는다.

이 글에서는, 고려후기 법상종 대두의 증표로 거론되곤 하는 두 國師 곧 법상종 출신의 弘眞國尊 惠永과 慈淨國尊 彌授를 통해 그러한 문제에 접근하려 한다.[6] 13세기말 法相宗의 등장에 관해서는 주로 弘眞國尊 惠永

論文, 1995.

4 토니노 푸지오니, 「高麗後期 法相宗教團의 動態」, 『高麗時代 法相宗教團의 推移』, 서울大 博士學位論文, 1996, 127~184쪽.

5 토니노 푸지오니, 앞 논문, 153~156쪽. 蔡尙植, 「원의 정치간섭과 불교」, 『한국사』 21, 국사편찬위원회, 1996, 96쪽.

6 惠永과 彌授보다 약간 뒤진 시기에 활동한 法相宗 高僧으로서 海圓이 있다. 주로 元에서 활동하였지만 고려에서도 크게 명성을 떨쳤던 승려인데, 가능한 한 그와 관련된 자료도 함께 이용하도록 하겠다(李穀, 「大崇恩福元寺高麗第一代師圓公碑」, 『稼亭

을 중심으로 검토하며, 14세기초 法相宗의 僧政 장악과 관련해서는 慈淨國尊 彌授를 주요한 대상으로 삼아 실마리를 풀어가려는 것이다.[7] 우선 13세기말 법상종의 부각과 관련하여, 寫經活動에 따른 對元關係의 형성이라고 하는 대외적인 측면과 함께 국내적인 요인으로서 당시 재위 중이던 忠烈王 및 法相宗과 관련된 인물들이 굳이 法相宗 내지는 그 대표자였던 弘眞國尊 惠永에게 관심을 보인 이유를 살피도록 하겠다. 이로써 고려중기 이후 거의 한 世紀만에 법상종이 다시 등장할 수 있었던 배경을 파악할 수가 있게 되지는 않을까 생각한다. 다음으로, 忠肅王 2년(1315)에 慈淨國尊 彌授가 懺悔府를 설치하고서 僧政을 '專管'하기에 이른 경위를 고찰하겠다. 당시의 실질적인 집권자였던 忠宣王의 정치적 의도 및 彌授의 사상적 경향 등을 음미함으로써, 법상종이 승정을 장악하게 된 배경이라든지 그에 담긴 의미 등을 파악할 수 있게 될 것으로 믿는다. 마지막으로, 惠永과 彌授의 信仰 및 敎學을 더듬는 시간을 가져보겠다. 그리하여 고려후기의 법상종에 나타나는 사상적인 경향의 한 부분을 파악하며, 더불어 앞서 다루었던 내용들을 거듭 확인하는 기회로 삼고자 한다.

이상과 같은 검토를 통하여, 13세기말 14세기초에 법상종이 고려의 불교계를 주도하며 번성할 수 있었던 요인과 그 의미가 밝혀질 수 있기를 기대한다. 또한 나아가 이러한 노력이 고려후기의 불교를 이해하는 데에도 자그마한 보탬이 될 수 있기를 바라는 마음 간절하다.

2. 13세기말 法相宗 대두의 배경

고려후기의 법상종과 관련하여 으레 언급되곤 하는 사실이 忠烈王 18

集』 6).

7 惠永과 彌授의 생애를 알려주는 핵심 자료로 그들의 碑文이 있다. 惠永의 경우 『海東金石苑』과 『朝鮮金石總覽』(上) 및 『韓國金石全文』(中世下)에 그 비문이 수록되어 전하며, 彌授의 비문은 앞의 세 책자 외에 『朝鮮寺刹史料』와 『朝鮮佛敎通史』에도 실렸다고 한다. 한편 두 비문은, 李智冠, 『校勘譯註 歷代高僧碑文』(高麗篇 4) (伽山佛敎文化硏究院, 1997)에도 수록되어 참고하기에 편하다.

년(1292)에 행해졌던 惠永의 國尊 책봉이다.[8] 법상종 출신의 그가 국존에 오름으로써, 이 종파가 두각을 나타내기에 이른 것으로 널리 이해들을 하는 것이다. 또한 혜영이 그처럼 국존에 오를 수 있었던 것은, 이태 전(1290)에 그가 寫經僧을 인솔하고 元에 들어갔다가 1년만에 大藏經 寫成을 성공적으로 끝마치고 돌아온 덕택이었음이 밝혀진 바 있기도 하다.[9] 말하자면 혜영이 사경승을 이끌고 원에 다녀온 것이, 13세기 말엽 법상종이 부각되기에 이른 직접적인 계기였다는 게 이제까지의 이해인 셈이다. 고려후기 법상종의 대두가, 원과 고려의 긴밀한 관계라고 하는 시대적인 상황과 결코 무관치 않은 일이었음을 직감할 수가 있다.

13세기 후반의 원나라에서는 티벳불교, 그 중에서도 薩斯迦(Sakya)派의 불교가 國敎로서 크게 존숭되었다. 世祖 쿠빌라이(재위: 1260～1294)의 절대적인 후원 속에 薩斯迦派 출신의 八思巴(Phags-pa: 1239～1280)가 帝師로서 원나라 전체의 불교계를 통섭하면서 아울러 티벳의 통치권을 장악하였으며, 그 이래로 薩斯迦派 라마는 대를 이어 帝師를 계승하며 막강한 권한과 지위를 누렸다.[10] 元帝國은 본시 종교적 다원주의 정책을 취한 것으로 정평이 있다.[11] 그렇지만 帝室에서는 불교 그 중에서도 薩斯迦派의 티벳불교를 절대적으로 후원하였으며, 그에 따라 禪·敎 양종 가운데서도 교종에 더욱 호의적이었다고 한다. 論理學(因明)과 戒律·儀範을 중시하는 薩斯迦派의 성향이, 선종보다는 교종에 더욱 친밀감을 느끼도록 만들었다는 것이다.[12]

---

8 冊僧惠永爲國尊 (『高麗史』 30 忠烈王 18년 10월 己酉)

9 고려후기의 불교사를 다룬 논문들이 공통적으로 지적하는 사실이며, 위의 註 3)·4)·5)의 논문들도 또한 그러하기는 매한가지이다.

10 李龍範, 「元代 喇嘛敎의 高麗傳來」, 『佛敎學報』 2, 1964, 161～171쪽. 토니노 푸지오니, 「高麗後期 法相宗敎團의 動態」, 147～148쪽. 印鏡, 「元世祖의 佛敎政策」, 『蒙山德異와 高麗後期 禪思想 硏究』, 불일출판사, 2000, 27～46쪽.

11 李龍範, 앞 논문, 164～165쪽.

12 印鏡, 위 논문, 38～39·55～61쪽. 한편 元의 大都에서 禪宗도 융성하였음을 지적한 견해가 있는데, 토니노 푸지오니, 위 논문, 147～148쪽이 그것이다.

그런데 원나라 불교의 그와 같은 흐름은, 13세기 말엽 고려에서 법상종이 대두하는 데에도 일정한 영향을 미쳤던 것으로 보인다. 앞서 법상종 출신의 혜영이 사경승을 이끌고 入元한 것을 계기로 이 종파가 부각되었다고 하였거니와, 그처럼 법상종의 고승이 고려를 대표하여 원에 들어간 것은 위에서와 같은 원 불교계의 동향과 무관하지 않은 조치였던 것으로 판단된다. 우선 法相宗이 교종의 다른 종파 예컨대 華嚴宗에 비해 선종과 거리가 더욱 멀다는 점에서,[13] 교종에 보다 호의적이었다던 元 大都의 불교계를 떠올리지 않을 수가 없다. 나아가 티벳불교의 薩斯迦派에서 중시하였다고 하는 論理學이나 戒律이, 고려의 법상종에서 강조해온 教學과 實踐의 내용이었다는 점도[14] 또한 빼놓을 수가 없다. 말하자면 고려의 법상종에는 일정 부분 원의 티벳불교와 상통할 수 있는 요소가 있었으며, 그리하여 법상종 출신의 혜영이 사경승을 인솔하고 원에 들어가게 되었던 것이 아닌가 헤아려지는 것이다.

元의 大都에서 惠永은 世祖의 배려로 元 臨濟宗의 本山이자[15] 고려와도 무관치를 않던 慶壽寺에[16] 머무르게 되었는데, 어느 날인가 萬安寺 堂頭의 요청으로 그곳에 가서 『仁王經』을 강설하여 대단한 존숭을 받았다고 한다.[17] 萬安寺는 원나라 조정에서 壽福總管府를 설치하여 그 財富와 庶

13 金杜珍, 「'性相融會'思想 成立의 思想的 背景—高麗初의 法相宗과 그 思想—」, 『均如華嚴思想研究』, 一潮閣, 1983, 116쪽.

14 高麗 法相宗의 그러한 특성에 관해서는 다음의 논문이 참고 된다.
金杜珍, 앞의 논문, 122~127쪽. 卞相喜, 「高麗 顯宗代 佛教界의 變化와 그 性格」,淑明女大 碩士學位論文, 1992, 45쪽. 金南允, 「고려중기 불교와 法相宗」, 『韓國史論』 28, 서울大 國史學科, 1992, 116쪽. 토니노 푸지오니, 위의 논문, 171~172쪽. 金南允, 「高麗 前期의 法相宗과 海麟」, 『江原佛教史研究』, 小花, 1996, 137쪽.

15 李龍範, 위의 논문, 184쪽.

16 慶壽寺는 忠宣王이 世祖妃 裕聖皇太后를 위하여 大藏經을 施納하는 등 관련을 맺었던 사찰이거니와(張東翼 編, 『元代麗史資料集錄』, 서울대학교출판부, 1997, 131~135쪽), 후일 元 武宗 옹립으로 실권을 장악한 다음에는 父王인 忠烈王을 한동안 그곳에 유폐시킨 적도 있었다(『高麗史』 32 忠烈王 33년 3월 辛卯).

17 … 庚寅 領寫經僧衆一百員 到大元國大都 以金字法華經爲贄 拜見世祖皇帝 特承勞慰

務를 전담토록 할 만큼 중시하였던, 몇 손가락 안에 꼽히는 티벳불교 대사찰이었다.[18] 그런데 그토록 중요한 사찰에서 대대적인 환영과 함께 혜영으로 하여금 불경을 강설토록 초빙하였고, 그리하여 그들에게서 혜영이 마치 부처를 대하듯 높은 존숭을 받기에 이르렀다는 것이다. 고려의 法相宗 승려인 惠永과 티벳불교의 萬安寺 堂頭를 비롯한 元 喇嘛와의 사이에 상당한 공감대가 이미 그 전에 형성되었을 것임을 예감케 하는 대목이다. 그렇지 않았다면, 즉 앞서 언급하였던 바 思想的인 면에서의 親緣性과 같은 게 없었다면, 과연 그와 같은 행사가 추진될 수 있었을 것인지가 우선 의심스럽기 짝이 없다.

법상종의 이론적 토대인 唯識思想은 대승불교의 가장 정밀하고 종합적인 教學體系로 일컬어진다.[19] 그러므로 신라 이래의 치밀하고 광범위한 교학 연구의 전통을 이어받은 고려의 법상종 승려들 역시, 경전과 교학에 관한 해박한 지식을 그 소양으로 삼았을 터이다.[20] 惠永도 또한 '但隨處講授後進爲業'하였다는[21] 평가에서도 드러나듯이, 그와 마찬가지였을 것임은 이를 나위가 없다. 따라서 만약 고려후기의 법상종 승려들이 다수 사경활동에 참여하였다면,[22] 그것은 앞서와 같은 法相宗團의 교학 전통에 기초해 이뤄진 일이었던 것으로 이해하여 지나치지 않아 보인다.[23] 아울러 13세기말에 법상종 출신의 惠永이 고려의 寫經僧들을 이끌

寓慶壽寺 礪衆嚴肅 無不敬服 一日 萬安寺堂頭 以種種幢盖 莊嚴道場 請師講仁王經 師升座演說 快若懸河 四衆景仰 如見佛日 至翌年 以金泥寫大藏經事畢 帝乃嘉之 … (『朝鮮金石總覽』 上 桐華寺弘眞國尊眞應塔碑)

18 李龍範, 위의 논문, 183·212쪽. 慶壽寺와 萬安寺의 소속 宗派와 함께 元代 이후 두 사찰의 沿革 내지 현재의 상황과 같은 것에 관한 설명은, 토니노 푸지오니, 위의 논문, 148·156쪽을 참고하라.

19 金南允, 『新羅 法相宗 研究』, 13쪽.

20 金南允, 「고려중기 불교와 法相宗」, 114~118, 132~137쪽.

21 『朝鮮金石總覽』 上 桐華寺弘眞國尊眞應塔碑

22 토니노 푸지오니, 위의 논문, 153~155쪽.

23 실제로 高麗前期에도 法相宗 승려들이 寫經活動을 하였으며(『高麗史』 11 肅宗 7년 5월 丙寅), 이러한 전통이 후기에까지 이어졌을 것임을 지적한 연구가 있다(토니노

고 원나라에 들어갔던 것도 또한, 그와 같은 현실을 토대로 가능한 일이었을 것임은 물론이다. 하지만 그럼에도 불구하고, 만일 高麗의 法相宗과 元 티벳불교와의 사이에 상호 공감대 형성이 불가능할 정도로 간격이 컸었다면, 사정은 달라지지 않았을까 여겨지기도 한다. 양자 사이에 위에서 살핀 거와 같은 사상적인 공통분모가 없었더라면, 비록 사경과 깊은 관련을 맺었다고 할지라도 법상종의 고승인 惠永이 고려 불교계를 대표하여 寫經僧團의 인솔자로서 入元할 수 있었을지 적이 의심스러운 것이다.

惠永이 一團의 寫經僧을 이끌고 元에 들어간 것은, 法相宗의 教學 전통에 기초한 寫經活動의 경험과 함께 더욱이 사상적인 측면에서 법상종이 티벳불교와 일정 부분 공감대를 형성할 수가 있었던 데 따른 일이었으며, 나아가 그에 힘입어서 13세기 말엽에 이 종파가 부각될 수 있었으리라는 점을 검토하였다. 고려후기 법상종의 등장이 고려와 원 사이의 밀접한 관계라고 하는 시대적인 상황과 무관치 않았을 것임을 살핀 셈인데, 그렇다면 당시 새삼스레 법상종이 부각된 것이 과연 전적으로 그와 같은 대외관계의 산물일 따름이었을까?

13세기말에 법상종이 두각을 드러낼 수 있었던 보다 본질적인 요인으로는, 국내적인 배경을 우선 거론하는 것이 온당한 듯 여겨진다. 고려중기 이후에도 법상종은 중앙과 지방에서 그 맥을 면면히 이어갔다.[24] 顯宗의 玄化寺 창건과 더불어 번창의 길을 걷던 법상종은, 李資謙의 난에 얽혀든 것을 계기로 위축되기 시작하였다. 武人政權이 들어선 이후에도 그러한 추이에는 변함이 없었는데, 그러는 과정에서 차츰 그 중심이 지방으로 옮겨지게 되었고, 사상도 교학보다는 실천적인 면이 두드러지는 경향

푸지오니, 「門閥貴族의 擡頭와 法相宗教團의 隆盛」, 『高麗時代 法相宗教團의 推移』, 서울大 博士學位論文, 1996, 82쪽 註 45)).

24 이하 高麗中期 이후 法相宗의 繼承에 관한 설명은, 토니노 푸지오니, 위의 논문, 138~144쪽의 상세한 내용을 참고하라.

을 보이게 되었다. 그러나 한편에서는 海安寺·玄化寺·崇敎寺 등 중앙의 사찰을 매개로 삼아, 왕실과 무인집권자 및 문무관료들과 法相宗團 사이의 교류도 끊이지 않고 지속되었다. 또한 지방에서는 金山寺·法住寺·鉢淵寺·桐華寺와 같은 사찰 및 水精社 등을 중심으로 敎勢가 유지되는 가운데 법상종 출신의 僧科 及第者도 배출하였으며, 나아가 大藏經 刻成事業에도 참여하는 등[25] 꾸준히 그 맥을 이어갔다. 무인정권의 말기에 법상종 사찰로 추정되는 彌勒寺가 重營되었던 것[26] 역시 그러한 추세에 발맞추어 나타난 현상이었을 것임은 물론이다.[27]

무인정권 하에서 그처럼 면면히 맥을 이어오던 法相宗에 재기의 발판이 마련된 것은, 충렬왕대(1274~1308) 초기 구체적으로는 같은 왕 6년(1280)~9년(1283) 무렵의 일이었다. 그 즈음 고려전기 개경의 대표적인 법상종 사찰이었던 玄化寺가,

> ① 왕과 공주가 玄化寺에 갔는데, 承旨 廉承益에게 명하여 佛殿을 짓도록 하였다.[28]
>
> ② 廉承益과 孔愉에게 명하여 玄化寺를 수리하고, 또한 南溪院과 王輪寺의 석탑을 수리하도록 하였다.[29]

에 나오는 바와 같이 거듭 重修되었으며, 동시에 몇 차례에 걸쳐 國王·公

25 다음의 논문에서 밝혀진 사실인데, 더욱이 高宗 31년(1244)에는 앞서 언급한 惠永도 分司都監板의 판각에 참여하였음이 밝혀져 주목된다.
정동락, 「『江華京板 高麗大藏經』 조성의 參與僧侶層과 對蒙抗爭」, 『嶠南史學』 7, 1996, 84~85쪽. 崔永好, 「瑜伽宗의 江華京板《高麗大藏經》 각성사업 참여」, 『釜山史學』 33, 1997, 43~44쪽.

26 重營彌勒寺及功臣堂 初自太祖以來功臣 皆圖形壁上 每歲十月 爲張佛寺 以資冥福 頃因遷都久廢 至是 王命重營設齋 … (『高麗史』 25 元宗 3년 10월 己未)

27 法相宗 彌勒信仰 사례로서의 이에 관한 설명은, 金南允, 『新羅 法相宗 硏究』, 164~165쪽을 참고하라.

28 王與公主 如玄化寺 命承旨廉承益 作佛殿 (『高麗史』 29 忠烈王 6년 2월 戊戌)

29 命廉承益·孔愉 修玄化寺 又修南溪院·王輪寺石塔 (同上 9년 7월 戊午)

主의 行幸을 맞이하였던 것으로 미루어 짐작할 수가 있다.[30] 그 동안 침체의 늪에 빠져 빛을 잃어가던 법상종이 이제 충렬왕의 후원 속에 다시 부상하기 시작하였음을 느낄 수가 있는 것이다.

그런데 여기에서 한 가지 떠오르는 의문은, 당시 충렬왕이 그처럼 새삼스레 법상종에 관심을 보이게 된 배경이 무엇이었을까 라고 하는 점이다. 거기에는 반드시 그럴 만한 까닭이 있었음 직한데 그리 된 사정이 궁금하다. 忠烈王과 法相宗의 관계를 생각할 때 가장 먼저 연상되는 인물은 柳璥이다. 柳璥은 일찍이 俗離寺의 주지이던 법상종 승려 惠永에게 『白衣禮懺』을 註釋해 주도록 요청한 적이 있었다. 元宗 10년(1269)의 일이었다. 이에 혜영이 여러 경문을 인용·참고하여 『白衣禮懺解』 1권을 찬술하였는데, 후세에 전하여 귀감이 되었다는 것이다.[31] 혜영의 이 저작물은 현재까지 전하는 것으로 이해되거니와,[32] 유경이 법상종 내지 그 승려인 혜영과 자못 친밀한 사이였음을 알려주는 자료이다.

원종 10년(1269) 무렵 유경은 정치적으로나 가정적으로나 불우함을 곱씹어야 하는 처지였다. 10여 년 전(高宗45, 1258) 金俊의 거사에 참여하여 功臣으로 책봉되면서 한때 政房을 장악하고 인사권을 휘두른 적도 있었으나, 곧 이어 무인들에 의해 거세된 이래 평범한 宰相으로 나날을 보내는 신세였다. 더구나 원종 9년(1268) 12월에 김준을 제거하고 권력을 장악한 무인 林衍과는 매우 사이가 좋지 않아서, 머지않아(1269년 4월) 섬으로

30 『高麗史』에 따르면, 忠烈王 6년에서 9년 사이에 國王·公主 내외의 玄化寺 行幸이 4회였던 것으로 나온다(『高麗史』 29 忠烈王 6년 2월 戊戌, 同上 5월 乙丑, 同上 8년 正月 丁丑, 同上 9년 7월 己未).

31 … 至元四年 移住俗離寺 己巳加僧統 卒中贊柳公璥 請釋白衣禮懺 師旁引經文 撰解一卷 傳爲龜鑑 甲戌移住佛國寺 … (『歷代高僧碑文』(高麗篇 4) 大邱 桐華寺 弘眞國尊 眞應塔碑文)

32 『韓國佛教全書』 6, 411~417쪽에 수록된 『白衣解』가 그것이다. 이 『白衣解』는 그 첫 부분과 뒷 부분이 떨어져나간 채 筆寫本으로 전해지던 것을, 弘眞國尊 惠永이 찬하였다고 전하는 『白衣禮懺解』로 판단하여 『韓國佛教全書』에 편입시켰다고 한다(『韓國佛教全書』 6, 411쪽, 註 ①②③).

유배되는 운명을 맞이해야만 하였다. 또한 당시는 妻服을 입는 불행을 당하여 現職에서 일시 물러나 居喪하는 중이기도 하였다.[33] 잇따른 불운을 마주하는 가운데 柳璥이 惠永으로 하여금 『白衣禮懺解』를 撰述해 주도록 요청하였음을 알 수가 있는 것이다. 불우한 시절을 맞아, 믿고 의지할 만한 대상으로서 법상종 승려 혜영이 첫 손에 꼽혔던 셈이다. 그와 혜영이 일반적인 승려와 신도의 사이를 넘어서 꽤나 각별한 관계였음을 보여주는 사례가 아닌가 싶다. 멀리 俗離寺(現 法住寺)에까지 연락하여 굳이 혜영에게 그와 같은 부탁을 하였던 것으로 미루어, 둘 사이의 친밀도가 남달랐다고 하여 지나치지 않을 줄 여겨지는 것이다.

한편 柳璥은 불우했던 元宗代와 달리 忠烈王代가 열리는 것과 함께 차츰 정치적인 비중을 키워 나갔다. 金方慶 誣告事件을 비롯하여 충렬왕이 재위 초반에 맞닥뜨렸던 여러 정치적 난관을 헤쳐 나가는 데 크게 기여하면서, 국왕과 밀착된 관계를 유지하였다. 충렬왕 또한 柳璥의 門生들을 특히 重用함으로써, 그에 대한 신임이 각별함을 숨기지 않았다. 유경이 나이 들어 致仕한 후에도 궁중에서 연회를 베풀 적마다 그를 불러들여 참여할 수 있도록 배려하였다는 데에서, 충렬왕의 그에 대한 신임과 총애가 얼마나 각별하였던가를 짐작하고도 남음이 있다.[34]

柳璥이 법상종 출신의 고승인 惠永과 퍽 친밀하였으며, 또한 충렬왕에게서 남달리 각별한 총애와 신임을 받는 인물이기도 하였음을 살폈다. 충렬왕의 법상종에 대한 관심이 결코 유경과 무관하지 않았을 것임을 암시하는 대목이 아닐 수가 없다. 혜영은 출가한 이래 줄곧 지방으로만 맴돌다가 충렬왕 2년(1276)에 처음으로 중앙의 사찰 주지를 맡아 王京에 머물도록 명령을 받았다고 한다. 이후 그는 9년 동안 開京에 머물다가, 山

33 『高麗史』 105 柳璥傳

34 李益柱, 「高麗 忠烈王代의 政治狀況과 政治勢力의 性格」, 『韓國史論』 18, 서울대 國史學科, 1988, 169·211~212쪽. 金塘澤, 「忠烈王의 復位 과정을 통해 본 賤系 출신 관료와 '士族' 출신 관료의 정치적 갈등」, 『東亞硏究』 17, 1989; 『元干涉下의 高麗政治史』, 一潮閣, 1998, 20쪽.

林으로 돌아가 노년을 보내고 싶다는 애원의 詩를 올린 끝에 비로소 瑜伽寺(慶北 達成)로 내려가도록 허락을 받은 듯 전하거니와(忠烈王11, 1285),[35] 이 또한 그와 관련하여 눈길을 끌기는 매한가지이다. 惠永이 그처럼 오랜 기간 開京에서 활동할 수 있었던 데에는, 柳璥과 같은 비중 있는 인물의 강력한 후원 및 국왕의 관심이 그 배경으로 작용하지는 않았을까 여겨지기 때문이다. 그리고 그처럼 혜영이 중앙에서 활동하던 기간 중에(忠烈王 2년~11년), 앞서 보았던 바 玄化寺가 중수되고 또한 국왕 내외가 잇따라 玄化寺에 行幸하는 등의 행사가 치러지곤 하였던 것이다(忠烈王 6~9년).[36]

35 … 是年(忠烈王2) 移住重興寺 命留京輦 凡九年 嘗獻詩 乞退云 戀君可忍辭金闕 臨老長懷漱石泉 日月瞻光無遠邇 願歸林下祝高年 乙酉(忠烈王11) 移住瑜伽寺 … (『朝鮮金石總覽』 上 桐華寺弘眞國尊眞應塔碑)

36 玄化寺가 重修되던 무렵(忠烈王 6년~9년) 柳璥은 이미 致仕 중이었다(『高麗史』 28 忠烈王 4년 10월 庚申). 현화사의 중수에 유경이 별다른 영향을 끼치지 못했을 것임을 암시하는 대목이 아닐 수 없다. 하지만 그 뒤에도 궁중에서 연회가 열릴 적마다 충렬왕이 그를 불러들여 참여토록 하였다는 기록으로 미루어(『高麗史』 105 柳璥傳), 충렬왕의 그에 대한 신임과 총애는 여전하였음을 알 수가 있다. 비록 치사 중이었지만, 충렬왕으로 하여금 법상종에 관심을 갖고 나아가 관련 사찰을 중수토록 할 정도의 영향력을 유지하는 데에는 별다른 문제가 없지 않았을까 여겨지는 것이다.

한편 柳璥은 法相宗 승려뿐만 아니라 天台宗 白蓮社의 眞靜國師 天頙과도 교유하였던 것으로 이름이 있다(邊東明, 「高麗 忠烈王의 妙蓮寺 창건과 法華信仰」, 『한국사연구』 104, 1999, 82쪽). 그가 법상종과만 관계를 가졌던 것은 아니며, 따라서 법상종에 대한 그의 후원은 물론 충렬왕으로 하여금 법상종에 관심을 지니도록 이끄는 데에도 한계가 크지 않았을까 여겨지는 것이다. 한데 당시에는 한 사람이 동시에 여러 종파의 승려와 교유하는 일이 적지 않았다. 李齊賢의 경우 그 家兄 體元이 華嚴宗 승려였는데(蔡尙植, 「體元의 저술과 사상적 경향」, 『高麗後期佛敎史硏究』, 一潮閣, 1991, 199쪽), 그와 그의 부친 李瑱은 天台宗 妙蓮寺의 無畏國統 丁午 및 三藏義旋 그리고 曹溪宗 修禪社의 慧鑑國師 萬恒 및 그 제자 松廣和尙 등과도 친밀하게 교유하였던 것이다(『益齋亂藁』 6 妙蓮寺重興碑, 같은 책 4 松廣和尙寄惠新茗順筆亂道寄呈丈下). 따라서 유경이 천태종·법상종의 고승과 동시에 교유한 것을 새삼 문제 삼을 까닭은 없어 보인다. 오히려 그가 관계를 맺었던 천태종·법상종의 두 종파 모두 충렬왕대에 국왕의 후원을 받아 부상하였다는 사실에, 더욱 의미를 부여해 마땅하지는 않을까 싶기도 하다. 그가 충렬왕대의 불교정책에 끼친 영향력, 내지는 그와 충렬왕의 법상종에 대한 관심이, 당시 정치적 비중이 컸던 柳璥과 법상종 고승 惠永과의 관계에서 비롯되었을 가능성을 검토하였다. 하지만 그렇다고 하여 그것이 곧 충렬왕이 법상종에 관심을 보이고 나아가 후원하기에 이른 근본적인 까닭이 될 수가 없을 것임은 물론이다. 그것은 기껏해야 그가 법상종에 관심을 갖게 된 계기를 제공한 데 지나지 않을 따름이었다. 충렬왕이 유경의 조언에 따라 법상종에 접근하였던 데에는 그 나름의 이유가 따로 있었음이 분명해 보이는 것이다. 그렇다면 당시 충렬왕이 법상종에 관심을 보이고 또 후원한 의도는 무엇이었을까?

이와 관련하여 우선 생각할 수가 있는 것이, 충렬왕대 초반에 이루어졌던 불교종단의 재편이다. 그 즈음 충렬왕은 무인정권기 이래 주류를 이루어 왔던 종파와는 다른 계통을 등장시킴으로써, 불교계를 재정비하고자 시도하였다.[37] 충렬왕 9년(1283) 3월에 있었던 一然의 國尊 책봉과 같은 해 6월의 妙蓮寺 착공은, 바로 그러한 노력의 산물이었다. 충렬왕은 迦智山派의 一然을 國尊으로 책봉함으로써, 무인정권기 이래 불교를 이끌어 왔던 曹溪宗 修禪社 대신 迦智山門을 불교계 주역으로 등장시켰다. 또한 天台宗 白蓮社에 그 법맥이 연결되는 妙蓮寺를 창건하여 자신의 願刹로 삼음으로써, 白蓮結社의 일부를 포섭하여 불교계를 이끌도록 적극 후원하기도 하였다. 무인정권기 이래의 주도세력 대신 새로운 계통을 내세워 불교종단을 재편성함으로써, 불교계를 자신의 영향권 내에 두려는 의도에서였다. 따라서 같은 시기(忠烈王 6년~9년)에 거듭 시도되었던 바 법상종 사찰인 玄化寺의 중수라든지 법상종 고승 惠永에 대한 배려 역시, 그와 같은 정책 추진의 일환이었던 것으로 간주해 무방할 듯싶다. 무인정권기 이래 소외되었던 법상종을 후원해 부각시킴으로써, 자신이 주도하는 불교

충렬왕 사이의 밀착도 혹은 충렬왕의 그에 대한 신임도를 보여주는 좋은 증거가 아닌가 여겨지는 것이다.

37 당시 忠烈王이 佛敎界를 재편하면서 曹溪宗 迦智山門과 天台宗 妙蓮寺 계통을 등장시켰던 것에 관해서는, 蔡尙植, 「一然의 생애와 檀越의 성격」, 『高麗後期 佛教史研究』, 一潮閣, 1991, 122~125쪽의 설명을 참고하라.

계의 재정비에 박차를 가하려는 데 그 목적이 있었던 것으로 이해하여 큰 잘못은 아니지 않을까 여겨지는 것이다.

충렬왕이 무인정권기 이래의 불교종단을 재편성하는 가운데 법상종으로도 관심을 돌리기에 이르렀을 것임을 살폈다. 원 간섭기에 들어 불교계를 재정비하는 과정에서 법상종이 부각되었을 가능성을 지적한 셈이다. 그렇지만 충렬왕이 법상종을 후원하였던 데에는, 그에 앞서 무엇보다도 그 종파의 사상경향이 자신의 왕권강화에 결코 불리하지 않으리라는 판단에서였음을 잊어서는 안 될 것이다. 잘 알려진 바와 같이, 충렬왕은 즉위 이후 줄곧 왕권을 강화고자 노력을 경주하였다. 忽赤·鷹坊을 만들고, 萬戶의 제도를 원에서 받아들이며, 必闍赤·申聞色을 설치하는 등의 조치가 모두 그러하였다. 이로써 무인정권기 이래 형편없이 실추되었던 국왕의 권위를 회복시키고자 도모하였던 것이다.[38] 앞서 언급하였던 바 불교계 재정비도 그러한 정책 추진의 일환이었을 것임은 물론인데, 그 중에서도 충렬왕의 왕권강화정책과 관련해서는 특히 天台宗(妙蓮寺系)과[39] 함께 여기에서 다루고자 하는 法相宗의 부각이 한층 큰 의미를 지니지는 않았을까 짐작된다.

法相宗은 국가권력의 집중과 왕권의 강화에 유리한 사상이라는 게 대체적인 이해이다. 戒律을 강조하는 전통과 같은 게 그러하다는 것이다.[40]

---

38 그밖에도 忠烈王은 다방면에서 王權을 强化하기 위한 노력을 경주하였는데, 이에 관해서는 다음의 논문이 참고 된다.
金光哲, 「高麗 忠烈王代 政治勢力의 動向—忠烈王初期 政治勢力의 變化를 中心으로—」, 『昌原大論文集』 7-1, 1985, 155~161쪽. 邊東明, 「高麗 忠烈王代의 萬戶」, 『歷史學報』 121, 1989, 111~112쪽. 金塘澤, 「충렬왕의 복위과정을 통해 본 賤系 출신 관료와 '士族' 출신 관료의 정치적 갈등」, 『元干涉下의 高麗政治史』, 一潮閣, 1998, 10~19쪽.

39 忠烈王의 王權强化政策과 天台宗 妙蓮寺 創建의 관계는, 邊東明, 「高麗 忠烈王의 妙蓮寺 창건과 法華信仰」, 『韓國史硏究』 104, 1999, 97~106쪽을 참고하라.

40 法相宗과 戒律 및 그 政治的 援用에 관해서는, 金杜珍, 「'性相融會' 思想 成立의 思想的 背景」, 122~127쪽과 金南允, 『新羅 法相宗 硏究』, 20~22·62쪽 및 金南允, 「高麗前期의 法相宗과 海麟」, 137쪽 등의 상세한 설명을 참고하라.

唯識教主인 彌勒의 설법은 크게 施論·戒論·生天地論으로 나뉘는데, 인간이 兜率天에 왕생하기를 원할 때는 반드시 戒를 지녀야 함을 강조한다고 한다. 또한 『瑜伽師地論』 本地分 중에 있는 菩薩戒의 說主가 彌勒으로 나타나며,[41] 그리하여 우리나라에서도 新羅 이래로 瑜伽僧들은 대체로 戒를 강조하는 전통을 지니었다고 한다. 고려시기에도 그러하기는 매한가지였다. 慧炤國師 鼎賢과 智光國師 海麟 그리고 慧德王師 韶顯 등 고려 법상종을 대표하는 고승들이 모두 戒를 중시하였다는 이해인 것이다.

그러한 전통은 고려후기의 법상종에도 변함없이 그대로 이어졌다. 惠永과 彌授·海圓 등 당대의 법상종 고승들이 모두 戒律을 중시하는 면모를 보였던 데서 짐작할 수가 있는 일이다. 惠永은 엄정 강직하고 과묵하며 누구를 대하건 교만하지 않았다는 평을 들었다. 寫經僧들을 이끌고 원나라에 갔을 적에도 대중 지도를 엄숙히 함으로써 敬服하지 않는 이가 없었던 것으로 전하기도 한다.[42] 계율을 중시하는 그의 면모가 약여하다 하겠다.

彌授 역시 그러하였다. 꾸미는 것을 멀리하며, 일상생활에서는 죽과 밥으로 아침과 점심을 공양할 뿐 정오 이후에는 아무 것도 입에 대지 않는 것으로 시종하였다. 戒律을 포함한 불교학의 으뜸가는 지도자임을 가리키는 '內三學都壇主'라는 법호가,[43] 그에게 결코 어색하지 아니함을 알고도 남음이 있는 것이다.[44] 彌授는 燕都에서 숙위 중이던 忠宣王의 요청에

41 이 부분 즉 『瑜伽師地論』 本地分의 第15菩薩地만을 따로 떼어낸 경전이 『菩薩地持經』(10卷) 혹은 『菩薩善戒經』(9卷)인데(『佛典解題事典』, 春秋社, 1989, 135쪽, 『瑜伽師地論』), 忠烈王의 發願으로 銀字寫經한 『菩薩善戒經』의 일부가 현전한다(李基白 編, 『韓國上代古文書資料集成』, 一志社, 1987, 99쪽, 紺紙銀字 菩薩善戒經 卷第八 寫經 跋文).

42 … 庚寅 領寫經僧衆一百員 到大元國大都 以金字法華經爲贄 拜見世祖皇帝 特承勞慰 寓慶壽寺 礪衆嚴肅 無不敬服 … 師天稟秀拔 聰敏過人 慈悲爲體 矜恕爲心 嚴毅寡辭 慢無彼此 … (『朝鮮金石總覽』 上 桐華寺弘眞國尊眞應塔碑)

43 內三學이란 戒·定·慧로서, 그러한 三學의 모범이 될 만한 高僧에게 내려진 法號가 곧 內三學都壇主였다고 한다(『歷代高僧碑文』(高麗篇 4) 報恩 法住寺 慈淨國尊 普明塔碑文 331쪽 脚註 18·19).

따라 『心地觀經』에 대한 疏記를 찬술하였던 것으로 기록에 전한다.[45] 본래의 명칭이 『大乘本生心地觀經』인 이 경전은 총 8卷 13品으로서, 出家하여 阿蘭若에 머무르면서 心地를 觀하여 妄想을 滅함으로써 佛道를 성취할 것을 說하는 내용으로 이루어졌다고 한다. 또한 四恩說과 더불어 大乘戒律과 兜率往生 및 密敎的 修行法의 세 가지 實踐門을 제시하였는데, 瑜伽唯識의 사상에 근거하여 出家主義 및 그에 수반되는 戒律을 내세웠다는 평을 받기도 한다.[46] 그러므로 彌授는 말하자면 그와 같이 계율을 강조하는 경전을 註疏해 주도록 요청받을 만큼, 계율에 정통한 것으로 이름이 높은 당대의 법상종 고승이었다고 하여 지나치지 않은 셈이다.

한편 이들과 더불어, 멀리 元나라에서까지 계율로 명성을 떨친 고려의 법상종 승려가 곧 海圓이었다.[47] 다음의 기록을 살펴보자.

> … 大德 乙巳年(1305)에 (元나라의) 安西王이 고려 승려의 戒行이 매우 높다는 말을 듣고는, (元) 成宗에게 청하여 사신을 (고려에) 파견해서 계행

---

44 … 戊申四月 下批爲大慈恩宗師開內三學都壇主大莊義寺住持五敎都僧統廣智妙辯佛覺普明大師 開內三學都壇主七字寶錄○受 … 師爲人 略無緣飾 因性循理 ○道而行 居常以寅粥午飯 度日過中不食 … (『朝鮮金石總覽』 上 法住寺慈淨國尊普明塔碑)

45 … 五住重興寺 至太尉大王 卽阼之年 戊戌五月 下批爲釋敎都僧統重興寺住持行智圓明大師 六住瑜伽寺 上之在燕都也 尤信嚮大般若經 令宿衛臣僚 常夜頌之 由是 殿下一行皆頌大般若經 嘗一日 於上國講主 請釋難信解品 諸講師云 此無釋解者 上遣使於師 請撰解 又請述心地觀經記 皆卽疏記 附使封獻 … (『朝鮮金石總覽』 上 法住寺慈淨國尊普明塔碑)

제시한 자료에서 『大般若經』의 難信解品과 『心地觀經』을 註疏하도록 요청한 '上'을, 위의 본문에서는 忠宣王으로 간주하였다. '上'이라고 하면 당시 재위 중이던 忠烈王으로 봄이 마땅하겠으나, 燕京에서 宿衛 중이었다거나 혹은 늘 佛經을 암송토록 하는 등 불교에 심취하였다는 자료 내용으로 미루어 忠宣王으로 간주하는 것이 옳다고 판단하였다. 前王의 자격으로 燕都에서 宿衛 중이던 忠宣王 역시 '上'이라 칭하여 문제될 까닭은 없지 않을까 생각하였던 것이다.

46 東國譯經院, 『한글대장경』 제154책, 1995, 17~20쪽의 『大乘本生心地觀經』에 관한 解題를 참조하라.

47 토니노 푸지오니, 「高麗後期 法相宗敎團의 動態」, 171~172쪽에서도, 海圓이 戒行으로 유명하였음을 지적하였다.

> 이 높은 고려 승려를 불러오도록 하였다. 公이 그 명에 응하여 (元에) 들어가 (황제를) 뵈었으며, 이윽고 朔方에서 안서왕을 수행하였다. 북방의 풍속에서는 밭 갈고 씨 뿌리기를 하지 않으며 목축으로 삶을 영위하기에, 고기를 먹고 고깃국을 마시며 그 가죽으로 옷을 만들어 입었다. 공이 그 사이에서 두 번의 겨울과 여름을 지냈는데, 차라리 굶주릴지언정 차마 (생강·마늘과 같은) 냄새나는 채소는 끊고 입에 대지 않은 채 계율 지키기를 더욱 굳건히 하였으므로 (안서)왕이 더욱 중히 여겼다 …[48]

충렬왕 31년(1305)에 고려 승려의 戒行이 높다는 소문을 들은 원나라의 安西王 阿難達(阿難答)이 고려에 승려를 초빙하고자 사자를 보내었다. 이에 海圓이 명령을 받고 安西王이 있는 북쪽 초원지대로 들어갔는데, 肉食위주의 현지 습속 탓에 큰 고초를 겪으면서도 굳게 계율을 지켜냄으로써 더욱 존숭을 받았다는 것이다.

安西王은 앞서 여러 차례 고려에 사신을 파견해 선물을 보내거나 혹은 童女와 閹人을 요청하는 등, 충렬왕과 긴밀히 교류해 오던 사이였다.[49] 고려 승려의 초치와 海圓의 파견 역시 양자의 그와 같은 친밀한 교섭이 있었기에 가능한 일이었을 것임은 물론이다. 뒷날 元 成宗의 사후에 벌어진 帝位繼承競爭에서 忠烈王이 安西王 阿難達을 지지하는 편에 서게 되었던 것은,[50] 그러므로 두 사람 사이의 그처럼 뿌리 깊은 인연을 배경으로 이루어진 정치적 선택이었다고 하여 좋을 것이다. 충렬왕과 아난달이 개인적

48 … 大德乙巳 安西王聞 高麗僧戒行甚高 請于成宗 遣使招致之 公應其命入覲 仍從安西王于朔方 北俗不事耕種 以畜牧爲生 食肉飮汁 而衣其皮 公居其間再寒暑 寧忍飢絶不茹葷 持戒律益堅 王愈重之 … (『稼亭集』 6 大崇恩福元寺高麗第一代師圓公碑)

49 · 安西王阿難達 遣使求童女 以韓孫秀之女 歸之 (『高麗史』 32 忠烈王 27년 正月 己未)
· 安西王阿難達 遣使來獻海青及金段 (같은 책 忠烈王 28년 11월 丁巳)
· 宴安西王使臣于壽寧宮 (같은 책 己未)
· 安西王阿難達 遣使來求閹人 (같은 책 忠烈王 30년 6월 丙申)
· 安西王阿難達 遣使來獻金 且賂左右 求童女 使乃婦人也 (같은 책 31년 9월 戊午)

50 高柄翊, 「高麗 忠宣王의 元 武宗 擁立」, 『歷史學報』 17·18, 1962; 『東亞交涉史의 硏究』, 서울大學校出版部, 1970, 300~302쪽.

으로나 정치적으로 매우 밀착된 관계를 유지하였음을 알 수가 있는 것이다. 그런데 그처럼 밀접한 사이의 안서왕이 고려에서 계행이 높은 승려를 파견해 주도록 요청했다고 한다. 파견될 승려를 선택하는 데 충렬왕의 고려조정이 얼마나 신중을 기하였을 것인지는 불을 보듯 빤하거니와, 이는 곧 戒行에 관한 한 海圓의 명성이 국왕도 신뢰할 수 있을 만큼 높았음을 보여주는 증거라고 하여 지나치지 않을 것으로 생각한다.[51]

13세기말 14세기초 法相宗의 高僧들이 戒律을 중시하였음을 검토하였다. 바꿔 말해 고려후기의 법상종에서 계율이 강조되었음을 살핀 것이다. 그런데 앞서 언급하였듯이, 법상종의 그러한 특징은 권력의 집중과 왕권의 강화를 정신적인 측면에서 뒷받침하는 데 퍽 유리하였다. 교단을 정비하고 나아가 일원적인 통치체제를 수립하는 데, 계율을 강조하는 법상종이 매우 쓸모가 있었던 것이다.[52] 따라서 무인정권시기 이래의 흐트러진 기강을 바로잡고 더욱이 권력을 집중시켜 왕권을 강화하고자 부심하던 충렬왕이, 법상종의 그러한 특성을 염두에 두지 않았을 까닭이 없다. 天台宗 妙蓮寺를 願刹로 창건함으로써, 그 종파에서 내세우던 會三歸一과 一心三觀의 사상을 원용하여 자신의 왕권강화정책을 정당화하고, 국왕을 구심점으로 한 정치적 단합과 결속의 중요성을 널리 알리고자 도모하던 그의 모습에서,[53] 그것을 넉넉히 짐작할 수가 있다.

나아가 廉承益과 같은 忠烈王의 側近들이 法相宗과 관련된 자료에 등장하는 것도, 그와 마찬가지의 맥락에서 이해하여 무방할 듯 여겨진다. 법상종 사찰인 玄化寺를 重修하는 일을 주관하였던 廉承益과,[54] 또한 법

---

51 海圓 이외에도 元나라에는 戒律에 정통한 것으로 이름 있는 고려의 승려들이 적지 않았던 듯싶은데, "… 仍約 世以高麗衲子 主盟熏席 盖爲其能精於戒律也 …"(『益齋亂藁』 7 大都南城興福寺碣)와 같은 기록에서 그것을 짐작할 수가 있다.

52 金杜珍, 「'性相融會' 思想 成立의 思想的 背景」, 122~127쪽.

53 邊東明, 「高麗 忠烈王의 妙蓮寺 창건과 法華信仰」, 97~106쪽.

54 · 王與公主 如玄化寺 命承旨廉承益 作佛殿 (『高麗史』 29 忠烈王 6년 2월 壬戌)
· 命廉承益·孔愉 修玄化寺 又修南溪院·王輪寺石塔 (同上 9년 7월 戊午)

상종 고승인 惠永의 國尊 추대 의식에 관여하였던 黃元吉,[55] 그리고 法住寺 주지로 내려가는 彌授에게 經論의 註解를 찬술하여 후진을 깨우치도록 하라는 충렬왕의 敎旨를 전달한 金子廷[56] 등이 그들이었다. 염승익과 김자정·황원길은 충렬왕의 측근이라 불릴 만한 인물들이었다. 말하자면 충렬왕의 주요한 정치적 기반을 형성한 가운데 그의 왕권강화정책을 앞장서 추진한 인물들이었던 셈인데,[57] 이러한 그들이 법상종과 무관하지 않았음을 알 수가 있는 것이다.

충렬왕의 법상종 후원에는, 戒律을 중시하는 법상종의 특성에 의지하여 자신을 중심으로 한 집권체제를 확립하려는, 정치적 목적이 담긴 것으로 간주해 지나치지 않을 줄 믿는다. 아울러 법상종의 고승 惠永이 寫經僧團을 이끌고 元나라에 들어간 것도 또한, 그러한 속셈을 지닌 충렬왕의 배려 덕분이었음이 거의 틀림없어 보인다. 당시 그 敎勢에서 曹溪宗이나 天台宗에 비해 열세였을 것으로 판단되는 法相宗 소속의 승려를, 굳이 고려 불교계를 대표하는 지도적 지위에 설 수 있도록 지목하였던 것만 보더라도 충분히 짐작할 수가 있는 일이 아닌가 싶다. 그리고는 元에 들어가

---

55 … 壬辰 上欲封師位國尊 … 師愕然不悅 意欲避之 緣督强起 十月 入京師 上命大將軍黃元吉 持內馬 出天壽寺 迎入崇教寺別院 二十二日 冊爲國尊 法號普慈 … (『朝鮮金石總覽』上 桐華寺弘眞國尊眞應塔碑)

56 … 三住莊義寺 又加僧統 四住俗離山法住寺 詣殿下 申聞下山 大將軍金子廷 出傳王旨 末法大宗匠 曠劫難遇 請撰經論章疏 流通於世 開蒙後進 自承命已來 手不釋卷 講論無閒暇 弘揚一代教 爲己任 撰述經論之解 凡九十二卷 … (『朝鮮金石總覽』上 法住寺慈淨國尊普明塔碑)

57 金子廷과 廉承益이 충렬왕의 측근으로서 왕권을 강화하는 데 앞장선 것과 관련해서는, 李益柱, 「高麗 忠烈王代의 政治狀況과 政治勢力의 性格」, 189~192·199쪽의 설명이 참고 된다. 한편 黃元吉을 충렬왕의 측근세력으로 지목한 글은 아직 찾아보기가 어려운데, 그의 정치적 행태 역시 저들과 별반 다를 바가 없었을 듯 여겨진다. 우선 '乳媼의 子'(『高麗史』 123 李汾禧傳 附 李槢傳)였다는 기록에서 다른 측근들과 마찬가지로 그 역시 그리 좋지 않은 신분 출신이었음을 감지할 수가 있거니와, 충선왕이 퇴위 당한 이후 잇달아 고위직을 역임하였던 것으로 미루어(앞의 책 31 忠烈王 24년 9월 丙申, 같은 책 忠烈王 26년 11월 丙寅, 같은 책 32 忠烈王 28년 5월 丙午) 그도 또한 충렬왕의 측근에 포함시켜 무방한 인물로 판단된다.

성공적으로 임무를 수행하였음을 근거로 마침내 惠永을 國尊으로 책봉하였다. 그로써 법상종이 불교 교단의 중심부에 자리 잡을 수가 있게 될 것임은 이를 나위가 없는 일이었다. 요컨대 13세기말에 법상종이 부각될 수 있게 된 배경으로는, 무엇보다도 왕권을 강화하여 자신을 중심으로 한 일원적인 통치체제를 확립하려는 충렬왕의 정치적인 의도가 개재되었음을 지적할 수가 있다고 하여 지나치지 않을 듯 여겨지는 것이다.[58]

58 고려후기에 法相宗이 대두하게 된 그와 같은 배경과 관련하여 문득 떠오르는 게 같은 교종에 속한 華嚴宗의 존재이다. 圓融의 사상으로서 一心에 의해 萬物을 統攝하고자 하는 화엄사상은, 흔히 對立性이나 多元性을 統一하는 이념으로 이해되곤 한다(崔柄憲, 「高麗時代 華嚴宗團의 展開過程과 그 歷史的 性格」, 『韓國史論』 20, 國史編纂委員會, 1990, 184쪽). 화엄종 역시 법상종과 매한가지로 權力의 集中과 王權의 强化를 옹호하는 데 유리한 사상을 지닌 불교종파로 받아들여져 온지 오래인 것이다(김두진, 「의상과 그의 화엄사상에 관한 연구성과」, 『義湘』, 대우학술총서 인문사회과학 81, 1995, 23쪽). 그런데 앞서 살핀 것처럼 왕권의 확립이라는 정치적인 목적을 가지고 법상종 후원에 나섰던 충렬왕이, 그러한 화엄종에 관해서는 별다른 배려를 하지 않았던 듯 보여 눈길을 끈다. 그가 남달리 화엄종에 관심을 기울였음을 밝힌 연구는 아직 찾아보기가 힘든 실정인 것이다. 이 시기의 화엄종에 관해서는, 조금 후대인 忠肅·忠惠王代(1313~1344)에 주로 활동하였을 것으로 추정되는 화엄종 승려 體元이, 신비적인 靈驗과 功德을 강조하는 불교관을 지녔다는 사실만이 알려졌을 따름이다(蔡尙植, 「體元의 저술과 사상적 경향」, 197~219쪽). 고려시기 화엄종의 위상 내지는 왕실과의 관계를 떠올릴 때, 충렬왕의 그러한 태도는 자못 눈여겨볼 만한 대목이 아닌가 여겨지는 것이다. 하지만 지금껏 그에 관한 의문을 풀어줄 수 있는 해답을 찾지는 못하였다. 무어라 왈가왈부하기에는 어려움이 있거니와, 다만 忠烈王妃 齊國公主가 화엄종의 중심 사찰인 興王寺의 黃金塔을 탈취하려 한 사건은, 그와 관련해 유의해 둠 직한 일인 듯 여겨지기도 한다. 좀 장황하지만, 관련 자료를 제시하면 다음과 같다.

… (忠烈王)二年 … 公主取興王寺黃金塔 入內 其裝嚴多爲忽剌歹·三哥等所竊 公主將毁用之 王禁之不得 但涕泣而已 後王與公主 如興王寺 僧乞還金塔 公主不許 … 三年 … 王疾革 宰樞請公主 停營繕 縱鷹鶻 又請曰 凡可以禬禳者 無不盡心 唯興王寺金塔在宮中 願還之 公主皆許之 王聞之大喜 令承旨李尊庇 還其塔于興王寺 (『高麗史』 89 后妃 2 忠烈王妃 齊國大長公主)

익히 알려진 바와 같이, 興王寺는 文宗의 願刹로서 12년에 걸친 대역사 끝에 완공된 고려왕조 최대의 사찰이었다(『高麗史』 8 文宗 21년 正月 庚申). 또한 거기에는 銀 427斤과 金 144斤을 들여 주조한 대형 黃金塔이 봉안되기도 하였다(같은 책 9 文宗 32년 7월). 온 힘을 다하여 국력을 쏟아 붓다시피 이룩한 흥왕사와 황금탑은,

한편 13세기말 法相宗의 대두에는, 그러한 정치적인 배경 외에 實踐信仰的인 측면도 일부분 작용하였던 것은 아닌가 여겨진다. 忠烈王代 이후 고려후기의 불교계에서는 대체로 神秘的인 靈驗과 功德을 내세우는 경향이 강하였던 것으로 전한다.[59] 법상종 역시 그러한 풍조에서 예외가 아니었을 것임은 물론이다. 가령 고려후기에 다수의 법상종 승려들이 寫經活動에 종사하였다는 지적이 그러한데, 사경에 따르는 공덕이 그들 사이에서 매우 중시되었을 것임을 이해할 수가 있는 것이다.[60] 弘眞國尊 惠永이 보이곤 하였다는 靈驗도 그러한 경우에 해당한다. 그는 49세 때 通度寺에 가서 기도 끝에 眞身舍利 몇 顆를 얻어 항상 곁에 지니었다고 한다. 그랬는데 다시 그 사리가 分身하여 여러 개로 되었고, 원하는 사람에게 문득 그것을 나누어주어도 그 본래의 수효에서 전혀 줄어들지 않는 등, 평생 동안 그의 높은 덕에 감응한 영험이 무척 많았던 것으로 전한다.[61]

이를테면 고려중기의 왕실을 상징한다고 하여 과언이 아닌 존재였던 셈이다. 그런데 원 공주 출신의 충렬왕비가 그러한 흥왕사의 황금탑을 빼앗아다 훼손시켜 달리 이용하려 하였다고 한다. 그리고 이를 말리지 못한 왕은 단지 눈물을 흘릴 따름이었는데, 마침내 의도적인 듯 여겨지는 충렬왕의 중병을 계기로 1년만에 겨우 황금탑이 다시 흥왕사에 봉안될 수 있게 되었다는 것이다. 얼핏 황금에 눈이 어두운 제국공주의 탐욕에 의해 빚어진 자그마한 일화로 느껴지기도 한다. 그렇지만 잦은 寺刹行幸과 몇 차례의 受戒 사실에서 드러나듯이(『高麗史』 28~30) 역시 돈독한 佛心의 소유자였던 그녀가, 그만한 정도의 재물에 집착하여 그와 같은 일을 저질렀다고 보기에는 어려움이 있지 않을까 싶다. 굳이 흥왕사의 황금탑을 탈취하여 훼손시키려 들었던 데에는, 모종의 정치적 내지는 종교·사상적인 의미가 내포되었을 가능성이 더욱 높지 않을까 여겨지는 것이다. 그러하였기에 1년이 지난 후에야, 그것도 충렬왕의 칭병과 宰樞의 간곡한 청원에 못 이겨 마지못해 돌려주기에 이르렀던 것이 아닐까? 이 사건을 올바로 이해하기 위해서는 興王寺에 대한 연구 내지는 무인정권시기의 對蒙抗戰과 華嚴宗의 관계(蔡尙植, 「體元의 저술과 사상적 경향」, 217쪽) 등 여러 방면에서 다각적인 고찰이 가해져야 할 것으로 믿어지거니와, 여기에서는 단지 그 일이 충렬왕대에 화엄종이 부각되지 못하였던 배경 중의 하나일 가능성을 지적하는 데 그치고자 한다.

59 蔡尙植, 「高麗後期 佛教史의 전개양상과 그 경향」, 『歷史教育』 35, 1984, 116쪽. 權熹耕, 「高麗寫經의 歷史的 背景」, 『高麗寫經의 硏究』, 미진사, 1986, 222~235쪽. 邊東明, 「高麗 忠烈王의 妙蓮寺 창건과 法華信仰」, 106~112쪽.

60 토니노 푸지오니, 「高麗後期 法相宗教團의 動態」, 153~155·174~175쪽.

그가 元 世祖를 배알하면서 예물로 바쳤다는 金字寫經의 『法華經』이[62] 聽聞·受持·讀誦·書寫의 공덕이 뛰어난 경전으로 이름이 있다든지,[63] 혹은 北京의 萬安寺에서 강설하였다는 『仁王經』이[64] 나라의 안녕과 번영을 기원하는 百高座會에서 독송되는 護國의 경전이었음도,[65] 그러한 경향과 무관하지 않을 것임은 물론이다. 아울러 忠宣王이 공덕을 쌓고자 평생의 소원으로 추진하던 萬僧會에 惠永의 門人인 孝楨이 초빙을 받아 설법하였다든지,[66] 혹은 慈淨國尊 彌授 역시 延慶宮에서 베풀어진 萬僧會에 참가하였는데, 앞서 그는 現夢한 彌勒의 감응을 받아 法名을 바꾸기까지 한 적이 있는 승려였다는 사실[67] 등도 마찬가지이다. 그 모두가, 공덕 위주의 영험을 내세우는 신비주의적인 사조에 기울었던 고려후기

---

61 … 甲戌 移住佛國寺 丙子 到通度寺 乞得舍利數枚 常置左右 復分身多矣 每有乞之者 輒與之 亦不減數 是年 移住重興寺 … 嗚呼 眞一國所尊之法王也 其平生德感靈應 不爲不多 皆眞境細事 又恐落於怪誕 此不具載 … (『韓國金石全文』(中世 下) 桐華寺弘眞國尊眞應塔碑)

62 … 庚寅 領寫經僧衆一百員 到大元國大都 以金字法華經爲贄 拜見世祖皇帝 特承勞慰 … (같은 책)

63 邊東明, 「高麗 忠烈王의 妙蓮寺 창건과 法華信仰」, 107쪽.
한편 고려시기 法相宗과 『法華經』의 관계는, 金南允, 「고려중기 불교와 法相宗」, 135~136쪽의 설명을 참고하라.

64 … 拜見世祖皇帝 特承勞慰 寓慶壽寺 厲衆嚴肅 無不敬服 一日 萬安寺堂頭 以種種幢蓋莊嚴道場 請師講仁王經 師陞座演說 快若懸河 四衆景仰 如見佛日 (『韓國金石全文』(中世下) 桐華寺弘眞國尊眞應塔碑)

65 고려시기 法相宗과 百高座會 및 『仁王經』의 관계는, 金南允, 「고려중기 불교와 法相宗」, 132~133쪽의 설명을 참고하라.

66 邊東明, 「李承休와 佛教」, 『韓國中世社會의 諸問題』, 韓國中世史學會, 2001, 782~783쪽.
· … 門人 金山寺住持僧統孝楨等 瀝哀悰而淚滴重泉 呈行狀而情陳九閽 欲傳鴻迹 請立龜趺 … (『朝鮮金石總覽』 上 桐華寺弘眞國尊眞應塔碑)
· 上王 飯僧二千·燃燈二千于延慶宮五日 施佛銀甁一百 手擎香爐 使伶官奏樂 邀禪僧冲坦·敎僧孝楨說法 各施白金一斤 餘僧二千 施白金二十斤 上王嘗願 飯百八萬僧點百八萬燈 至是 日飯二千僧·點二千燈 五日可滿僧一萬·燈一萬 期以畢願 謂之萬僧會 其費不可勝紀 (『高麗史』 34 忠肅王 卽位年 10월 丙子)

67 … 師諱子安 後因夢感 改彌授 … 甲寅首春 延慶宮百八萬僧齋日 上手獻兩街都僧統新鑄印 … (『朝鮮金石總覽』 上 法住寺慈淨國尊普明塔碑)

법상종의 모습을 보여주는 예들이라고 하여 지나치지 않을 줄 믿어지는 것이다.[68]

충렬왕은 공덕을 바탕으로 한 현세에서의 기복을 추구하는 신앙 경향을 지닌 군왕이었던 것으로 전한다.[69] 따라서 위에서와 같은 특징을 보이는 법상종이 그에게는 꽤나 친숙하게 느껴졌을 법하다. 아울러 이와 관련하여 법상종의 상징적 존재인 미륵을 섬기기 위한 龍華會를, 그가 몸소 두 차례나 열었다는 기록도 또한 기억하여 좋을 것이다.[70] 앞서 충렬왕으로 하여금 법상종에 관심을 갖도록 이끈 인물이었던 것으로 지적한 柳瑊은, 곤경에 처하여 觀音菩薩의 加被를 입고자 법상종 고승 惠永으로 하여금 『白衣禮懺解』를 찬술해 주도록 요청하였다.[71] '祈佛治病'으로 이름을 떨쳤다고 하는 廉承益 역시 공덕과 영험에 기운 신앙자였을 것임은 더 이를 나위가 없다.[72] 말하자면 충렬왕 등은 그와 같은 공덕과 영험 위주의 신비주의적인 경향에 호감을 느껴 법상종을 후원하였고, 그리하여 마침내 이 종파가 부각되는 데 기여하였던 것이 아닌가 헤아려지는 것이다.

마지막으로, 法相宗의 教學이 지니는 귀족적 성격 또한 13세기말 이 종파의 대두에 일익을 담당하지는 않았을까 여겨진다. 법상종의 唯識思想은 대승불교의 가장 정밀하고 종합적인 교학체계로서, 그것을 익히는 것

68 법상종 사찰로 이해되는 彌勒寺의 승려가 忠肅王에게 靈芝라 칭하면서 기이한 풀을 바쳤다는 다음의 일화에도, 당시 法相宗에서 드러내곤 하던 神秘主義的인 풍조가 반영된 것은 아닌가 여겨진다.

… 先是 彌勒寺僧獻異草 以爲靈芝 王重秘之 令文士賦詩 有一人獻詩 安得仙人培養術 更和甘露種庭心 盖譏之也 (『高麗史』 34 忠肅王 4년 閏正月 乙酉)

69 邊東明, 「高麗 忠烈王의 妙蓮寺 창건과 法華信仰」, 106~111쪽.

70 · 親設龍華會于廣明寺 (『高麗史』 32 忠烈王 27년 9월 戊申)
· 幸廣明寺 設龍華會 (같은 책 28년 2월 辛卯)

71 위의 註 31)을 참조하라. 惠永의 『白衣禮懺解』가 神異를 내세웠음은, 許興植, 「瑜伽宗의 繼承과 所屬寺院」, 222쪽을 참고하라.

72 邊東明, 「高麗 忠烈王의 妙蓮寺 창건과 法華信仰」, 109~111쪽.

은 그리 용이한 일이 아니라고 한다. 彌勒이 설한 난해한 敎說을 이해하고 또한 미륵이 상주하는 兜率淨土에 왕생하고자 戒律과 善行을 실천하는 데에는, 그만한 경제력과 지식이 필수적이라고 할 수가 있는 것이다. 말하자면 전통시기의 경우 귀족 출신의 지식층이 아니고서는, 법상종의 유식사상에 접근하는 것이 매우 어려운 일이었다고 하여 지나친 말이 아니었던 셈이다.[73]

고려후기에도 그것은 매한가지였다. 가령 柳璥·閔頔·金賆·金晅·金恂·李叔琪·全元發·李穀 등 당시의 내로라하는 문반 지식인들이 법상종과 관련된 기록에 나타나곤 하는 것이 그러하였다. 이들은 대개 법상종 고승인 惠永·彌授·海圓과의 관계 속에서 등장하는 인물들이었다. 앞서 누차 거명된 柳璥을 제외하면, 閔頔은 惠永을 國尊으로 책봉하는 일에 관여하였고,[74] 金賆과 金恂은 각각 그 아들을 법상종 승려로 출가시켰으며,[75] 나아가 金恂은 혜영 비문의 글씨를 쓴 書者이기도 하였다.[76] 金晅은 혜영의 비문을 찬한 인물인데,[77] 같은 비문의 글씨를 쓴 金恂의 예로 보거나 혹은 그가 위 金賆의 墓誌銘을 찬했던[78] 사실로 미루어, 그 역시 법상종과 무관한 인물이었다고는 할 수가 없을 듯싶다. 그밖에 彌授와 海圓의 비문을 찬하거나 비문의 글씨를 썼던 李叔琪[79]·全元發[80]·李穀 등도 또한 그

---

73 金南允, 『新羅 法相宗 研究』, 101~112·137쪽.

74 … 壬辰 上欲封師爲國尊 命近侍內衣直長閔頔 往迎於瑜伽寺 … (『朝鮮金石總覽』上 桐華寺弘眞國尊眞應塔碑)

75 · … 三男 瑜伽業 三重 玄抃 … (『高麗墓誌銘集成』 金賆墓誌銘)
· … 曰思順 剃度 爲慈恩宗大德 … (같은 책 金恂墓誌銘)

76 正議大夫 密直司左承旨 判秘書寺事 文翰學士 充史館修撰官 知制誥 臣金恂奉敎書(『韓國金石全文』(中世下) 桐華寺弘眞國尊眞應塔碑)

77 奉翊大夫 副知密直司事 國學大司成 文翰學士 臣金晅奉敎撰 (같은 책)

78 『高麗墓誌銘集成』 金賆墓誌銘

79 正順太夫 密直司左副代言 判繕工寺事 進賢館提學 知製敎 臣李叔琪奉敎撰 (『朝鮮金石總覽』 上 法住寺慈淨國尊普明塔碑)

80 奉常太夫 典校副令 直寶文閣 臣全元發奉敎書 幷篆 (같은 책)

와 매한가지가 아니었을까 짐작되거니와, 그 중에서도 이곡은 해원과 남다른 인연이 있음을 고백함으로써 더욱이 그것을 확인시켜 주기도 한다.[81] 그런데 그처럼 법상종과 관계를 맺었던 이들은, 앞서도 언급하였듯이 모두가 문반 지식인이라 불러 좋을 그러한 사람들이었다. 이들이 모두 과거급제자였던 사실만 보아도 알 수가 있는 일이다.[82] 따라서 13세기말에 나타난 법상종의 대두와 이들 문신의 존재는 서로 밀접한 상관관계가 있었다고 보아 지나치지 않을 듯 여겨진다. 말하자면 법상종은 그 교학의 특성상 識者層에게서 환영받을 소지가 있었으며, 그리하여 고려후기 법상종의 부각에는 그처럼 난해한 法相唯識의 教學에 접근할 수 있는 능력을 지닌 저들 貴族 知識人의 후원이 작용하였던 것은 아닌가 헤아려지는 것이다.[83]

지금까지 13세기말에 법상종이 대두하기에 이른 경위를 두루 검토하였다. 이제 그에 이어서 14세기초에 法相宗이 僧政을 장악하는 등 불교계를 이끄는 핵심 교단으로까지 성장하는 모습을 살필 차례가 되었는데, 그에 관해서는 節을 달리하여 알아보도록 하겠다.

81 … 予於元統癸酉 偕計而來 寓公別院報恩僧房 故知公熟 今之來 公沒已踰年 而其徒散而之四方 予不能不慨然 …(『稼亭集』6 大崇恩福元寺高麗第一代師圓公碑)

82 『高麗史』105 柳璥傳. 같은 책 108 閔宗儒傳 附 閔頔傳. 같은 책 103 金就礪傳 附 金賆傳. 같은 책 106 金晅傳. 같은 책 104 金方慶傳 附 金恂傳. 같은 책 109 李穀傳. 그밖에 李叔琪와 全元發의 경우 각각 文翰職인 進賢館提學 知製教와 直寶文閣을 역임하였던 것으로 미루어, 이들 역시 及第者였음이 분명하다.

83 앞서 13세기말 法相宗의 대두에 忠烈王과 그 側近들의 후원이 크게 작용하였을 것임을 강조하였다. 한데 그것만이 전부는 아니었으며, 본문에서 보듯이 거기에는 文臣 貴族들의 역할도 적지 않았다. 그런데 이들은 법상종의 등장에 기여하였다는 점에서는 동일하다고 할 수가 있겠지만, 그 경향에서는 서로 차이가 있었던 듯 보인다. 賤系를 중심으로 한 非文臣系列이 주류를 이루었던 국왕 측근의 경우 —廉承益의 예에서 보듯이— 주로 功德 위주의 現世祈福的인 신앙에 기우는 성향을 띄었던 반면에, 문신 지식인층에서는 법상종의 정밀한 教學에 한층 매력을 느끼지는 않았을까 여겨지는 것이다. 충렬왕의 측근이 천계를 중심으로 구성된 사실에 관해서는, 위의 註 34)와 38)의 논문을 참고하라.

3. 14세기초 法相宗의 僧政 장악

14세기 초반의 한때 승정을 장악하였던 법상종의 모습은, 같은 종파의 승려인 彌授를 통하여 찾아볼 수가 있다. 다음의 기록이 그것이다.

> … 乙卯年(1315)에 (스님을) 책봉하여 內殿懺悔師…國一大師로 삼았다. 명하여 懺悔府를 설립토록 하고는, 따로 銀으로 인장을 주조하여 僧政을 오로지 관장하도록 맡겼다. 비로소 五教兩宗(僧職)을 임명하는데 (각 소속 종파의) 사원과 더불어 의논하였다 …[84]

미수에게 존경이 담긴 길다란 법호를 내리는 동시에, 그로 하여금 懺悔府를 세우고서 僧政을 '專管'토록 하였다는 것이다(忠肅王2, 1315). 앞서 미수는 이미 승정을 주관하는 '兩街都僧統'이라는 이례적인 승계와[85] 함께, 三重大匡 祐世君으로 책봉되면서 따로 1품의 녹봉까지 지급받는 등 특별한 대우를 받는 중이었다(忠宣王5, 1313).[86] 그런데 이제 그에 더하여 官府를 세우고(立府) 승정을 오로지 하도록(專管) 권한을 위임받음으로써, 실질적으로 教權을 장악하는 최고의 실세 승려가 되었던 것이다.

본시 고려에서는 승정 또한 일반 관료의 그것과 유사한 절차를 거치는 것이 원칙이었다고 한다.[87] 그러던 것이 고려후기에 들어 변질되면서 미수와 같은 사례가 나타나기 시작하였다고 하는데, 실상 元 干涉下에서 그처럼 승려 개인이 승정을 전적으로 위임받기는 미수에 앞서 天台僧 丁午

84 … 乙卯 封爲內殿懺悔師三學法主德慧圓證藏通玄辯國一大師 命立懺悔府 別鑄銀印 專管僧政 始差五敎二宗 共議寺舍 …(『韓國金石全文』(中世下) 法住寺慈淨國尊普明塔碑)

85 兩街都僧統이 非常僧階임은, 許興植, 「佛教界의 組織과 行政制度」, 『高麗佛教史研究』, 一潮閣, 1986, 346쪽의 설명을 참고하라.

86 … 癸丑 下批爲大慈恩宗師三重大匡兩街都僧統菩提薩埵摩訶那伽國一大師祐世君 別頒一品俸祿 …(『朝鮮金石總覽』上 法住寺慈淨國尊普明塔碑)

87 高麗의 僧政은, 許興植, 「佛教界의 組織과 行政制度」, 348~350쪽의 설명을 참고하라.

의 경우가 처음이었다.[88] 충선왕이 복위한 지 3일만에, 정오에게 '禪教各宗山門道伴摠攝提調'의 비상한 호를 내리면서 아울러 승정을 위임하였던 것이 그것이다.[89] 그러므로 미수는 말하자면 정오에 이어 두 번째로 승정을 위임받은 승려였던 셈이다.

그렇다면 法相宗 승려 彌授가 그처럼 懺悔府를 개설하고서 僧政을 한 손에 틀어쥘 수 있었던 배경은 무엇일까? 미수가 승정을 장악한 것은 충숙왕 2년이었다. 하지만 미수로 하여금 그와 같은 권한을 행사하도록 위임한 것은 충숙왕이 아니라 충선왕이었던 것으로 판단된다. 당시 고려의 실질적인 통치자는 元에 머무르던 충선왕이었으며, 그 아들 충숙왕은 실권을 지니지 못한 국왕이었기 때문이다.[90] 그런데 여기에서 눈길을 끄는 것은, 彌授에 앞서 丁午에게 僧政을 위임한 것 역시 忠宣王이었다는 사실이다. 천태종의 정오와 법상종의 미수 둘 모두 충선왕에 의해 僧政權을 전담하도록 지목받았던 셈이다. 그렇다면 충선왕이 그처럼 특정 승려를 통해서 승정을 펼치려 든 동기는 무엇이었을까?

여기에서 잠시 그 즈음 원에서 행해지던 승정의 관행을 살피는 것도 도움이 될 듯싶다. 원나라에서는 불교에 관한 한 帝師에게 모든 권한이 주어졌다고 한다. 帝師는 불교계의 상징적인 지도자라기보다는, 실질적으로 僧政權을 행사하며 佛教事 일체를 통섭하는 실권자였던 것이다. 그리고 帝師로 하여금 그러한 권한을 원활히 행사할 수 있도록 보좌하기 위한 僧政機構로서 宣政院을 설치하였다. 帝師가 教權을 독점한 가운데, 宣政院을 통하여 일사불란하게 펼쳐지는 것이 원나라의 승정이었던 셈이다.[91] 널리 알려져 왔듯이, 충선왕은 생애의 대부분을 원에서 보낸 인물이었

88 蔡尙植, 「無畏國統 丁午의 활동상과 사상적 경향」, 『釜大史學』 23, 1999, 565쪽.

89 … 至大元年戊申秋 瀋王卽祚三日 請師上龍床並坐 又進禪教各宗山門道伴摠攝提調之號 仍委差共議事 … (『東文選』 68 靈鳳山龍巖寺重創記)

90 金塘澤, 「충숙왕대의 瀋王 옹립운동」, 『元干涉下의 高麗政治史』, 一潮閣, 1998, 74~77쪽.

91 李龍範, 「元代 喇嘛教의 高麗傳來」, 171쪽. 印鏡, 「元世祖의 佛教政策」, 30~46쪽.

다.[92] 따라서 그 역시 위와 같이 이루어지던 원의 승정을 잘 파악하였음이 분명하다. 그가 彌授로 하여금 懺悔府를 설치하여 僧政을 專管하도록 시키면서, 그와 같은 원의 제도를 염두에 두지 않았을 리가 없어 보이는 것이다.[93]

한데 문제는, 그럼에도 불구하고 충선왕이 그처럼 특정 승려를 통해서 승정을 시행하려 든 까닭이 무엇이었을까 라고 하는 의문은 여전히 풀리지 않은 채로라는 점이다. 위와 같은 원나라의 제도를 본받아 미수에게 전적으로 승정을 위임하려 하였던 데에는 반드시 그럴 만한 이유가 있었음 직한데, 그것이 궁금한 것이다. 앞서 충선왕은 첫 번째 즉위 당시(1298)의 下敎에서,

> 이 해 정월에 충선왕이 즉위하여 교를 내렸다. 이르되, "하나, 태조께서 선종과 교종의 사찰을 창립하면서 모두 地鉗으로써 서로 응하도록 설치하셨는데, 지금 兩班이 사사로이 願堂을 세워 地德을 훼손한다. 또한 사찰의 주지를 함께 논의해 정하는데 모두 뇌물로써 분수에 넘치게 얻는다. 아울러서 금단토록 하라 …"[94]

92 高柄翊, 「高麗 忠宣王의 元 武宗 擁立」, 293쪽.

93 이와 관련하여, 忠宣王이 復位한 후 개편한 高麗의 官制에 元 官制의 영향이 적지 않았음을 지적한 연구가 있어 참고 된다(朴宰佑, 「高麗 忠宣王代 政治運營과 政治勢力 動向」, 『韓國史論』 29, 서울대 國史學科, 1993, 27~32쪽).

94 是年正月 忠宣王卽位 下敎曰 一 太祖創立 禪敎寺社 皆以地鉗 相應置之 今兩班私立願堂 虧損地德 又共議寺社住持 率以貨賂濫得 並令禁斷 一 … (『高麗史』 84 刑法 1 公式 職制 忠烈王 24年)

위의 "皆以地鉗 相應置之" 부분은, '地鉗 곧 집게에 집히거나 또는 목에 칼을 씌운 듯 地氣가 막힌 그러한 장소에 대응하여 裨補로써 사찰을 세웠다'는 정도의 의미로 파악된다. '地鉗'의 또 다른 용례로는, "… (忠烈)王召(韓)康曰 寡人在位已久 今年換甲 尤愼兢 卿宜條陳可行事 康請 … 又言 先王相地鉗 而置塔廟 後人多以私意 廢舊創新 至使佛像 露在草間 宜命有司 重修舊刹 …"(『高麗史』 107 韓康傳)의 기록이 있어 참고가 된다.

한편 위의 "共議寺社住持 率以貨賂濫得" 대목을 "사찰의 주지와 공모하여 대개가 뇌물로써 함부로 얻고 있다"는 식으로 번역한 사례가 있다(蔡雄錫, 『『高麗史』 刑法

라고 하여, 사찰 구성원의 논의를 바탕으로 이루어져야 하는 住持의 선임이 뇌물에 의해 좌우되는 것을 비판한 적이 있었다. 각 종파별로 소속 승려의 여론을 존중하면서 僧錄司 등의 행정적인 절차에 따라 시행되어 오던 승정이, 왜곡되었음을 지적하였던 것이다.[95] 따라서 그와 같은 승정의 난맥상을 치유한다는 명분 아래, 충선왕이 명망 있는 고승으로 하여금 여론을 배제한 가운데 僧政을 專管토록 시켰던 것이 아닌가 생각할 수도 있을 듯싶다. 그렇지만 뇌물의 횡행과 같은 일이 '寺社의 共議' 때문에 발생하였다고 할 수가 없는 바에야, 그처럼 특정 승려에게 승정권을 독점시키는 방식으로 승정의 문란을 해결하려고 꾀하였다는 식의 이해는 설득력이 떨어져 보인다.

충선왕이 미수로 하여금 참회부를 설치하여 승정을 전관토록 시킨 일과 관련하여 참고 되는 것이, 그가 집권하였을 때의 관료에 대한 人事權 행사 방식이 아닌가 싶다. 충선왕은 元 武宗 옹립에 성공하여 실질적으로 정권을 장악한 이래(忠烈王 33년 3월, 1307) 吐蕃으로 귀양가는 때까지(忠肅王 7년 12월, 1320), 집권기간의 대부분을 元의 수도 북경에서 보내면서 傳旨를 통하여 국정을 이끌었다.[96] 특히 관직 인사권만은 반드시 신임할 수 있는 —예컨대 측근의 崔誠之·權漢功과 같은— 인물로 하여금 주관토록 하는 등, 항상 자신의 직접적인 관할 아래 놓아두었다.[97] 그로써 고려

志 譯註』, 新書苑, 2009, 219쪽). 뇌물로써 얻는 대상을 사찰로 상정한 듯싶거니와, 그보다는 사찰의 주지를 얻으려는 뇌물의 성행으로 이해함이 온당해 보인다. 문맥이라든지 문장의 구조에 비추어, 사찰의 주지란 구성원이 함께 논의해 선임하는 게 원칙이었음을 강조한 내용으로 판단된다.

95 또한 충선왕이, "敎曰 … 一 諺曰 僧多批職 亡國敗家 今批職之數過多 令有司 褒貶申聞 今後 有法德殊勝者 方加法號 …" (『高麗史』 33 忠宣王 卽位年 正月 戊申)에서와 같이, 僧職의 濫發을 꼬집은 것 역시 그와 연관되는 승정의 문란에 대한 비판이었음이 분명하다. 한편 "王次慶州 下僧批 僧輩以綾羅賂左右得職 人謂羅禪師綾首座 娶妻居室者居半"(같은 책 29 忠烈王 7년 6월 癸未)과 같은 기록은, 賂物과 僧職濫授에 대한 충선왕의 그러한 지적이 공연한 것이 아니었음을 보여주는 하나의 증좌일 터이다.

96 … 初忠宣在元 凡國家事 遙傳旨以行 … (『高麗史』 125 權漢功傳)

97 金塘澤, 「高麗 忠肅王代의 瀋王 옹립운동」, 『歷史學研究』 12, 全南大 史學科, 1993;

의 관료조직을 확고히 장악하려는 의도에서였음은 이를 나위가 없다.

충선왕이 미수에게 승정을 오로지하도록 위임하였던 것도 그와 매한가지의 경우가 아닐까 여겨진다. 자신이 신임할 수 있는 고승으로 하여금 승정권을 독점케 함으로써, 그를 통하여 불교계를 통제하는 것이 훨씬 용이하다고 판단할 수가 있었을 것이기 때문이다. 사실 정상적인 절차를 거치는 경우, 국왕일지라도 승정권을 행사하는 데 여러 모로 제약이 많은 것이 당시의 현실이었다. 다음의 자료를 살펴보도록 하자.

① 상왕이 右獻納 李穋와 右思補 禹倜, 左思補 尹頎를 巡軍에 하옥하였다가 이튿날 석방하였다. 당시 승려와 속인으로서 분수에 넘치게 직임을 받는 자가 많았는데, 諫官으로서 告身에 서명하는 것을 수긍하지 않은 때문이었다.[98]

② 조계종 승려인 景麟과 景聰은 모두 상왕에게 총애를 받아 궁궐을 출입하였으며 대선사의 승직을 받았다. 간관이 (대선사) 고신에 서명을 하지 않자, 상왕이 화를 내어 右獻納 李朝隱과 思補인 禹倜·尹頎를 불러 나무랐으나, 간관들이 오히려 서명하지 않았다. 또 이조은 등을 불러 (상왕이) 별전의 남문에 몸소 나아가서는 그 (서명 안 하는) 까닭을 차례로 물으며 곤장을 치고자 하였는데, 우칭이 강개해서 쟁론하니 왕이 깨닫고서 노여움이 조금 풀렸다. 그러나 이조은은 승직의 비준을 주관하였으므로 祖忽島로 유배 보냈다가 얼마 뒤 소환하여 관직을 삭탈하였으며, 윤기와 우칭 등은 좌천시키고 鄭權을 우헌납으로, 李榑를 우사보로, 崔洳를 좌사보로 삼았다.[99]

「충숙왕대의 瀋王 옹립운동」, 『元干涉下의 高麗政治史』, 一潮閣, 1998, 77쪽. 朴宰佑, 「高麗 忠宣王代 政治運營과 政治勢力 動向」, 40~41쪽.

· … 政歸忠宣 (權)漢功以從臣 在忠宣邸 與崔誠之 主選法 … 時王久留于元 從臣皆思歸 漢功·誠之 同掌銓注 利其賂遺 無意東還 … 初忠宣在元 凡國家事 遙傳旨以行 漢功與誠之·李光逢等 扈從京邸 招權納賄 親戚故舊 濫授朱紫 忠肅頗懷不平 … (『高麗史』 125 權漢功傳)

98 上王下右獻納李穋·右思補禹倜·左思補尹頎于巡軍 明日釋之 時僧俗多有濫受職者 諫官不肯署告身故也 (『高麗史』 34 忠肅王 元年 正月 癸巳)

당시 上王으로서 권력의 절정을 구가하던 충선왕이었지만, 승정과 관련하여 諫官의 반대로 큰 어려움을 겪었음을 보여준다. 그리하여 자신의 의지를 관철하기 위해, 위협과 下獄 그리고 유배와 관직삭탈 및 좌천이라고 하는, 온갖 무리한 수단을 동원해야만 하는 실정이었음을 전한다. 따라서 그러한 충선왕의 입장에서, 견제 받지 않고 승정을 자기 뜻대로 펼친다는 것은 자못 소망하는 일이었음이 분명하다.

충선왕이 미수로 하여금 참회부를 열어 승정을 오로지하도록 시킨 것은, 위 사건이 있은 이듬해 元에 있으면서의 일이었다(忠肅王2, 1315). 元 帝師의 경우와 마찬가지로 미수에게 승정에 관한 全權을 위임하면서, 그것을 시행하기 위한 官府를 새로이 개설하고 銀으로 된 官印을 주조하여 사용하도록 하는 등 배려를 아끼지 않았다. 간관의 견제를 피하여 자신의 의도대로 승정을 펼치고자 하는 충선왕의 강한 의지가 드러나는 대목이 아닌가 싶다. 실제로 불교에 관한 全權을 帝師에게 맡기는 방식을 취하던 원나라 승정의 경우, 국가권력에 의한 교단의 통제에 크게 효과를 보았다는 평가를 받기도 한다.[100] 따라서 앞서 살핀 것처럼 자기 뜻대로 승정을 실시하는 데 어려움을 겪던 충선왕으로서, 그와 같은 제도를 본받고 싶은 충동을 느끼지 않았을 리가 없다고 생각한다. 아울러 그처럼 새로운 승정을 시행하는 데 대한 비판세력에게, 원에서도 시행 중인 제도라는 권위를 빌어 압박할 수 있다는 利點 또한 염두에 두었음 직하다. 말하자면 충선왕은 신임할 수 있는 고승과 그를 돕도록 설치한 관부에 승정을 專管시킴으로써, 누구의 견제도 받지 않는 가운데 불교계를 장악하려는 의도를 지니었던 것이 아닌가 헤아려지는 것이다.[101]

---

99 曹溪宗僧景麟·景聰 俱有寵於上王 出入禁闥 授大禪師 諫官不署告身 上王怒 召右獻納 李朝隱·思補禹僴·尹頎誚讓 諫官猶不署 又召朝隱等 出御別殿南門 歷問其由 欲杖之 僴廷辨慷慨 王悟 怒稍解 然以朝隱主僧批 流祖忽島 旣而召還削職 左遷頎·僴等 以鄭權爲右獻納 李樽爲右思補 崔洳爲左思補 (같은 책 庚子)

100 印鏡, 같은 논문, 46쪽.

101 앞서 忠宣王 復位年(1308)에 天台僧 丁午로 하여금 僧政을 맡도록 하였다가, 이때

충선왕은 원나라에서 다양한 불교 종파와 관계를 맺었던 것으로 정평이 있다. 티벳불교를 비롯하여 華嚴宗·天台宗·臨濟宗, 그리고 심지어는 불법화되었던 白蓮教團의 復教에까지 관여하였음이 밝혀진 정도이다.[102] 고려에서도 그것은 비슷한 모습으로 나타난다. 曹溪宗 迦智山門과 天台宗 妙蓮寺系를 비롯하여 曹溪宗 修禪社系列이나 法相宗 및 華嚴宗 등 여러 종파에 관심을 아끼지 않았던 것이다.[103] 말하자면 충선왕대의 불교계는 매우 다양하게 구성되어 각 종파가 병렬한 상황이었다고 할 수가 있겠는데, 그런 만큼 그것을 적절히 제어하는 문제의 중요성 또한 커지지 않았을까 싶다. 교단을 통제할 수 있는 유효한 수단의 확보가 한층 절실해진 셈이다. 彌授로 하여금 懺悔府를 설치하여 僧政을 專管토록 시킨 것은, 그러므로 그처럼 복잡해진 불교계를 장악하려는 방편이 아니었던가 여겨진다. 원에 머무르면서 傳旨를 통하여 고려의 國政을 마음껏 주물렀듯이, 彌授와 懺悔府를 통하여 고려 불교계를 뜻대로 움직이려는 것이 그의 속셈이 아니었던가 판단되는 것이다.

그런데 여기에서 의문이 드는 것은, 忠宣王이 그처럼 教團을 통제하고자 하는 자신의 의지를 실현하는 데, 하필이면 彌授를 앞세우려 한 까닭

(忠肅王 2년, 1315) 그것을 法相僧 彌授에게 옮긴 것도 그와 매한가지 의미에서 이해할 수가 있을 듯싶다. 당시 丁午는 國統으로서 생존 중이었으므로(蔡尙植, 「無畏國統 丁午의 활동상과 사상적 경향」, 15～17쪽), 계속 그에게 僧政을 맡길 수도 있는 상황이었을 법하다. 그런데도 불구하고 그것을 미수에게 이관시켰던 것은, 충선왕과 정오의 사이가 멀어져서라기보다는, 고려 불교계에 대한 정오 개인의 영향력이 지나치게 비대해질 가능성에 대한 대비의 의미가 크지 않았을까 판단된다. 특정 종파의 고승이 오랜 기간 승정권을 독점함으로써 나타날 수도 있는, 국왕의 교단에 대한 통제권 약화를 예방하기 위한 조치였을 가능성이 커 보이는 것이다.

102 李龍範, 「元代 喇嘛教의 高麗傳來」, 189쪽. 張東翼, 「新資料를 통해 본 忠宣王의 在元活動」, 『歷史教育論集』 23·24합, 1999, 729～733쪽.

103 忠宣王이 曹溪宗 迦智山門과 天台宗 妙蓮寺系 및 法相宗과 曹溪宗 修禪社系 高僧들을 우대하며 후원한 사정은, 邊東明, 「李承休와 佛教」, 781～782쪽을 참고하라. 또한 華嚴宗 승려 體元을 총애하였음은, 蔡尙植, 「體元의 저술과 사상적 경향」, 200쪽의 설명을 참고하라.

이 무엇이었을까라고 하는 점이다. 다시 말해 미수가 충선왕에게 발탁되어 僧政權을 장악할 수 있었던 배경이 무엇인지 궁금한 것이다. 앞 節에서 언급하였듯이, 고려시기의 법상종 승려들은 엄정한 戒律의 준수를 매우 중시하는 경향을 보였다. 고려의 법상종에는, 교단을 정비하고 나아가 일원적인 통제체제를 마련하는 데 유용한, 계율을 강조하는 전통이 살아 숨쉬었던 셈이다. 그리고 미수 역시 그와 같은 법상종의 전통에서 벗어나지 않은 승려였음은 앞서 지적한 바 있다. 불교계를 통제하고 장악하려는 의도를 지닌 충선왕의 입장에서, 기다려 마지않던 존재가 곧 미수와 같은 법상종 고승이 아니었을까 여겨지는 것이다. 계율을 중시하는 미수야말로 자신의 그러한 의도를 실현하는 데 도움을 줄 수 있는 적임자라고 판단하였음 직해 보이기 때문이다. 충선왕이 미수로 하여금 참회부를 개설하고 승정을 오로지하도록 위임하였던 것은, 그러한 데에서 그 일차적인 배경을 찾을 수가 있다고 믿는다.

나아가 미수의 그와 같은 계율 중시 경향은 충선왕의 왕권강화 노력과도 떼어서 생각할 수가 없을 듯싶다. 불교에서의 계율 중시와 정치에서의 권력집중 내지 그 공고화가 서로 밀접한 관련이 있음은 이미 알려진 바 있거니와,[104] 자신의 고려에 대한 통치력을 강화하고자 노심초사하던 충선왕이[105] 그와 같은 사실을 간과하였을 리가 없다. 충선왕은 계율을 강조하는 미수를 내세워 불교계를 장악하는 동시에, 더욱이 자신의 정치권력을 반석 위에 올려놓는 정신적 배경으로 삼고자, 그로 하여금 참회부를 열고 승정을 전관하도록 위임하였던 것이 아닌가 짐작되는 것이다.

아울러 그와 관련하여 彌授가 돈독한 彌勒信仰者였다는 사실도 또한 눈길을 끌기는 매한가지이다. 미수의 비문에 따르면, 그의 처음 법명은 子

104 앞의 제2절에서 상세히 검토하였다.

105 忠宣王의 政治行路를 다룬 연구는 적지 않은데, 그 중에서도 王權强化의 측면에서 그것을 이해하는 문제에 관하여는 다음의 두 논문이 참고 된다.
金塘澤, 「충선왕의 復位敎書에 보이는 '宰相之宗'에 대하여」·「충숙왕대의 瀋王 옹립 운동」, 『元干涉下의 高麗政治史』, 一潮閣, 1998.

安이었는데 '夢感'한 다음 그처럼 이름을 바꾸었다고 한다.[106] 한데 그때 꿈에 감응한 존재가 彌勒이었으며, 그리하여 법명을 彌授로 바꾸게 되었으리라는 해석이 나온 바 있다.[107] 일리 있는 견해가 아닌가 싶거니와, 그의 入寂을 兜率天으로 돌아간 것으로 표현하였다든지,[108] 또는 그가 찬술한 『慈悲道場懺法述解』에서 彌勒을 흠모하는 심정을 표현하였던 것[109] 등도, 모두 그가 신실한 미륵신앙자였음을 보여주는 증거라고 하여 좋을 것이다.

彌勒은 法相宗에서 主佛로 모시는 신앙 대상이다. 唯識思想이 미륵의 가르침에서 비롯되었다는 믿음에 근거한 일이었다. 그런데 이 미륵신앙은 국왕의 권위를 높이고 왕권을 강화하는 데 유용하다는 점에서, 앞서 언급한 戒律의 경우와 하등 다를 바가 없었다. 미륵이 출현하여 중생을 제도하는 시기에 轉輪聖王이 正法으로 나라를 통치한다는 教說에서 드러나듯이, 미륵신앙에는 국왕의 절대적 권위를 뒷받침하는 내용이 포함되어 있는 것이다.[110] 따라서 미수가 보였다고 하는 위와 같은 미륵신앙자로서의 모습 역시, 안정적인 통치권의 확보에 주력하던 충선왕에게는 적이 환영받을 만한 요소가 아니었던가 여겨진다. 계율을 중시하는 미수가 그러하듯이, 신실한 미륵신앙자인 미수 역시 충선왕의 정치적인 의도에 부합하는 승려로서의 모습이었음이 분명해 보이는 것이다. 충선왕이 미수로 하여금 승정을 전관토록 시키면서 그러한 사실을 염두에 두지 않았을 까닭이 없다고 믿는다.

彌授가 懺悔府를 열고 僧政을 오로지 할 수 있었던 것이, 충선왕의 정치적인 의도에서 비롯된 일이었을 것임을 더듬어보았다. 戒律을 중시하

106 … 師諱子安 後因夢感 改彌授 … (『朝鮮金石總覽』 上 法住寺慈淨國尊普明塔碑)

107 李萬, 「彌授의 唯識思想」, 397~398쪽.

108 … 棄閻浮界 歸覩史陁 … (『朝鮮金石總覽』 上 法住寺慈淨國尊普明塔碑)

109 李萬, 「彌授의 唯識思想」, 396~398·404쪽.

110 金杜珍, 「'性相融會' 思想 成立의 思想的 背景」, 130~131쪽. 金南允, 『新羅 法相宗研究』, 110~112·136~137쪽.

는 彌勒信仰者인 法相宗 高僧 彌授가 왕권을 강화하는 데 유용할 것임을 간파한 충선왕의 적극적인 후원에 의해, 그는 마침내 승정을 전관하는 등 고려 불교계를 이끄는 최고지도자의 지위에 오를 수가 있었던 것이다. 따라서 그러한 미수의 행적에서, 충선왕과의 긴밀한 관계를 거듭 확인할 수가 있다고 하여 하등 이상히 여길 일은 아닐 듯싶다.

忠宣王이 즉위하던 해(忠烈王24, 1298) 5월, 미수는 생애 처음 국왕에게서 법호를 하사받는 영광을 누렸다. 새로이 즉위한 젊은 충선왕이 그에게 釋敎都僧統의 특이한 승계와 함께 重興寺 주지를 맡기면서 行智圓明大師의 호를 내렸던 것이다. 그 후 퇴위당한 충선왕이 원에 가 머무는 동안 별다른 활동을 보이지 않던 미수는,[111] 충선왕이 재집권에 성공한 뒤인 충렬왕 34년(1308) 4월에 화려한 승계와 법호를 앞세우고 다시 중앙에 등장하였다. 五敎都僧統의 승계와 함께 大慈恩宗師 開內三學都壇主 廣智妙辯佛覺普明大師라는 존칭을 지닌 가운데 開京에 소재하는 莊義寺의 주지로 임명되었던 것이다. 이후 三重大匡 祐世君에 책봉되고 1품의 녹봉을 받으며 僧政을 專管하는 등 고려 불교계를 이끄는 실력자로 군림하던 그는, 원나라에서 충선왕이 유배당한 직후인 충숙왕 8년(1321)에 재차 지방으로 내려가야만 하였다. 그랬다가 충선왕이 유배에서 풀려나 북경으로 되돌아온 뒤인 충숙왕 11년(1324)에 비로소 國尊으로 책봉되었다.[112]

---

111 다만 元의 首都에 머무르던 忠宣王의 요청으로 『大般若經』 難信解品과 『心地觀經』을 註疏한 적이 있을 뿐이었다(위의 註 45 참조).

112 … 至太尉大王卽阼之年戊戌(忠烈王24: 筆者 註. 以下 同)五月 下批爲釋敎都僧統·重興寺住持·行智圓明大師 六住瑜伽寺 上之在燕都也 尤信嚮大般若經 … 一日 於上國講主請釋難信解品 諸講師云 此無釋解者 上遣使於師 請撰解 又請述心地觀經記 皆卽疏記附使封獻 諸講觀止爭 相讚美 服其稀有 上心益加崇信 七復住莊義寺 戊申(忠烈王34)四月 下批爲大慈恩宗師·開內三學都壇主·大莊義寺住持·五敎都僧統·廣智妙辯佛覺普明大師 開內三學都壇主七字寶錄○受 己酉(忠宣王1) 爲崇敎院敎學 癸丑(忠宣王5) 下批爲大慈恩宗師·三重大匡·兩街都僧統·菩提薩埵摩訶那伽國一大師·祐世君 別頒一品俸祿 甲寅(忠肅王1)首春 延慶宮百八萬齋僧日 上手獻兩街都僧統新鑄印 乙卯(忠肅王2) 封爲內殿懺悔師·三學法主·德慧圓證藏通玄辯國○○師 命立懺悔府 別鑄銀印 專管僧政 治差五敎二宗 共議寺舍 丁巳(忠肅王4) 加封佛海澄圓弘慈廣智大導師 戊午(忠肅王5) 備

미수가 고위 승계를 받고 불교계를 이끌며 마침내 국존에 책봉되기에 이른 것이 모두 충선왕 집권기의 일이었으며, 반대로 그가 지방사찰을 전전하는 것은 대략 충선왕이 실각한 시기와 일치하였음을 보여준다. 彌授와 忠宣王이 각각 불교와 정치에서의 浮沈盛衰를 함께 하는, 이른바 운명공동체이다시피 하는 관계였음을 확인할 수가 있다. 동시에 충선왕의 미수에 대한 승정권 위임 역시 그러한 가운데 취해진 조치이었을 것임을 넉넉히 이해할 수가 있는 것이다. 요컨대 彌授는 思想的으로나 혹은 政治的으로 忠宣王과 매우 긴밀한 관계에 있었으며, 그리하여 충선왕의 신임을 바탕으로 懺悔府를 세우고 僧政을 專管하며 마침내 國尊에까지 오르는 등 고려 불교계를 이끄는 최고 지도자가 될 수 있었고, 法相宗 역시 그를 통하여 고려후기의 불교계에서 지도적인 교단으로 자리 잡을 수가 있었다고 하여 좋을 듯싶은 것이다.[113]

지금까지 14세기초에 법상종이 미수를 앞세워 승정을 장악하는 등 불교계의 주도적인 교단으로 성장한 경위와 함께 그러한 사실이 지니는 의미를 헤아려보았다. 이제 마지막으로 당시의 법상종에 나타나는 신앙과 교학을 알아볼 차례가 되었는데, 그에 관해서는 節을 달리하여 검토하도록 하겠다.

4. 高麗後期 法相宗의 信仰과 教學

고려후기의 법상종에 나타나는 신앙과 교학은 이미 다루어진 바가 있으며,[114] 이 글에서도 앞서 여러 차례 언급한 적이 있다. 따라서 여기에서

法駕 邀入大旻天寺講院 講三家章疏 辛酉(忠肅王8) 以○○寺 爲下山所 又移住桐華寺 甲子(忠肅王11) 封崇爲悟空眞覺妙圓無礙國尊 … (『朝鮮金石總覽』上 法住寺慈淨國尊普明塔碑)

113 忠宣王의 사후 그의 眞影을 法相宗 사찰인 海安寺에 봉안한 것도, 忠宣王과 法相宗 나아가 그와 가까웠던 法相僧 彌授와의 관계를 암시한다고 하여 무방할 것이다(토니노 푸지오니, 「高麗後期 法相宗教團의 動態」, 161~162쪽).

114 토니노 푸지오니, 「高麗後期 法相宗教團의 動態」, 171~175쪽.

는 그러한 사실들을 바탕으로 간단히 그 경향을 더듬어 보되, 이상에서와 마찬가지로 혜영과 미수의 경우를 주로 다루려 한다. 우선 신앙의 면에서 시작하여 실마리를 풀어가도록 하겠는데, 이와 관련하여 먼저 눈에 띄는 게 惠永의 觀音信仰이 아닌가 싶다. 원종 10년(1269)에 혜영은 柳璥의 요청에 따라 『白衣禮懺』을 註釋하였다.[115] 유경이 그처럼 觀音禮懺文을 註疏해주도록 청탁하였던 것으로 미루어, 당시 혜영은 아마도 관음신앙을 실천하는 승려로서 명성을 떨쳤던 게 아닌가 여겨진다. 그렇지 않았다면 유경이 하필 그를 지목하여 그러한 청탁을 하려 들지는 않았을 것이라 짐작되는 것이다. 惠永은 11세 때 南白月寺에서 출가한 승려로 기록에 전한다.[116] 그런데 이 남백월사는 통일신라시기에 努肹夫得과 怛怛朴朴이 成佛한 것으로 이름이 있는 사찰이었다.[117] 觀音菩薩의 도움으로 두 사람이 彌勒尊과 無量壽佛로 現身成道하였으며(聖德王8, 709), 훗날 사람들이 그곳에 가람을 세워 白月山 南寺 즉 南白月寺라 하고 彌勒尊像과 彌陀像을 金堂과 講堂에 각각 안치하였다는(景德王23, 764) 설화를 간직한 곳이었다. 혜영은 그 출가한 곳 자체가 통일신라 이래 관음신앙의 전통을 지켜온 이름 있는 사찰이었으며, 따라서 그만큼 유래 있는 관음신앙의 소유자가 바로 혜영이었던 셈이다.

혜영이 찬술한 觀音禮懺儀文 해설서인 『白衣禮懺解』는 그 일부가 현전하는 것으로 이해된다. 그리하여 密敎的인 淨土思想을 바탕으로 정토왕생을 희구하면서도, 疫病·刀兵·厄難·災難 등의 소멸에 대한 발원이 강하게 나타나는 저술임이 밝혀진 바 있다.[118] 懺悔와 功德으로써 罪業을 소멸시키고 재난에서 벗어나 이로움을 얻는, 이를테면 現世祈福的인 요소가

---

115 제2절의 관련 설명을 참고하라.

116 … 年至十一 投首座冲淵堂下 剃髮于南白月寺 … (『朝鮮金石總覽』上 桐華寺弘眞國尊眞應塔碑)

117 『三國遺事』3 塔像 南白月二聖努肹夫得怛怛朴朴

118 李萬, 「高麗時代의 觀音信仰」, 『韓國觀音信仰研究』, 東國大 出版部, 1988, 146~147쪽.

두드러지는 것이 惠永의 註釋이었던 셈이다. 『白衣禮懺解』의 그러한 특징은, 아마도 가정적으로나 혹은 정치적으로 어려움에 처했던 유경의 청탁에 따라 시작된 註疏였기에, 나타나게 된 것이 아닌가 싶기도 하다. 관음보살의 가피를 입어 곤경에서 헤어나려는 유경의 의도에 맞추다 보니, 표면상 그처럼 현세이익적인 측면이 도드라져 보였던 것이 아닌가 여겨지는 것이다. 하지만 그보다는 혜영 자신의 관음신앙이 본디 그러한 경향을 띠었음을 보여주는 증거라고 이해하는 것이 보다 온당하지는 않을까 싶다. 유경이 『白衣禮懺』의 註疏를 청탁하면서, 그것을 통하여 불우한 현실에서 벗어나고자 하는 자신의 의도에 부합하지 않는, 그러니까 현세기복적인 경향과는 거리가 있는 승려를 택했을 까닭이 없으리라는 점에서 그처럼 판단된다. 그가 멀리 俗離寺에 머물던 혜영으로 하여금 굳이 『白衣禮懺』을 註疏해 주도록 요청하였던 데에는, 그럴 만한 사정이 없지 않았을 터이다. 요컨대 혜영은 13세기 후반의 이름 있는 관음신앙자였으며, 그의 신앙 경향은 현세기복적이었다는 데서 그 특징을 찾을 수가 있다고 하여 좋지 않을까 여겨지는 것이다.

다음으로, 慈淨國尊 彌授는 돈독한 彌勒信仰者로서의 모습이 눈에 띄는 승려이다. 꿈에 미륵을 감응한 다음, 법명마저 미륵을 연상시키는 미수로 바꾸는 정도였다.[119] 그는 아마도 彌勒上生信仰의 소유자가 아니었던가 싶다. 그의 墓碑銘에서는, 입멸한 그를 兜率天으로 돌아간 것으로 표현하였다.[120] 미륵이 상주하는 도솔천에 왕생하기를 기원하던 평소 그의 태도가 그처럼 반영되었으려니와, 이는 곧 그가 미륵상생신앙에 경도된 승려였음을 보여주는 증거라 하여 좋을 것이다. 미륵상생신앙은 승려를 비롯하여 왕자나 귀족 등 사회적 지배층에게서 환영받을 소지가 큰 성격의 것이라고 한다.[121] 도솔천 왕생을 희구할 수 있을 만큼, 수행에 전념

---

119 李萬, 「彌授의 唯識思想」, 397~398쪽.

120 … 棄閻浮界 歸覩史陁 … (『朝鮮金石總覽』 上 法住寺慈淨國尊普明塔碑)

121 金南允, 『新羅 法相宗 硏究』, 106쪽.

하고 공덕을 쌓을 여력이 있는 신분에게 어울리는 신앙이라는 의미이다. 미수가 귀족지향적인 신앙의 소유자이었을 것임을 암시하는 대목이 아닐 수 없다. 그리고 이는 곧, 뒤에 다시 나오겠지만, 그가 수많은 경전을 註釋하는 등 敎學에 큰 관심을 보였던 것과도 일맥상통한다고 보아 무방할 것이다. 미수는 그밖에도 미륵보살이 중요하게 나오는 『心地觀經』과[122] 『慈悲道場懺法』을 註疏하고 더욱이 후자에서는 미륵에 대한 흠모의 정을 드러내는 등,[123] 미륵신앙자로서의 모습을 분명히 하였다. 그런데 이러한 미수의 미륵신앙 역시 혜영과 매한가지로 現世 위주의 경향을 띠었던 것은 아닌가 여겨진다. 미륵을 흠모한 나머지 꿈에 감응하였으며 드디어 彌勒을 禮懺하는 경전을 註疏하였다든지,[124] 혹은 그의 승려로서의 일생을 평하는 墓碑銘에서 '福利王家'하였음을 칭송한 것[125] 등에서 그러한 이해가 가능해 보인다.

惠永과 彌授의 觀音信仰과 彌勒信仰을 살폈다. 그리하여 現世에서의 利益을 중시하는 그들의 신앙 경향을 파악할 수가 있었다고 생각한다. 하지만 그렇다고 해서 두 승려가 반드시 그것만을 고집하였으며, 나아가 그들로 대표되는 고려후기의 법상종 승려들도 역시 모두 그러하였으리라는 의미가 아님은 물론이다. 고려후기의 법상종에서는 그 외에도 阿彌陀와 地藏信仰을 중시하는 경향이 있었음을 지적한 연구 또한 이미 나온 바 있다.[126] 이 글에서는 단지 혜영과 미수의 일생을 전하는 기록에 의거할 때, 두 승려에게서 그런 측면이 엿보인다는 점을 설명하려 한 데 지나지 않는

122 … 上之在燕都也 尤信嚮大般若經 … 嘗一日 於上國講主 請釋難信解品 諸講師云 此無釋解者 上遣使於師 請撰解 又請述心地觀經記 皆卽疏記 附使封獻 … (『朝鮮金石總覽』 上 法住寺慈淨國尊普明塔碑)

123 李萬, 「彌授의 唯識思想」, 397～398쪽.

124 李萬, 같은 논문, 397～398·404쪽.

125 … 銘曰 法王出世 如優曇花 心燈外燭 智鑑內磨 主張三學 福利王家 七十五臘 霈慈恩波 … (『朝鮮金石總覽』 上 法住寺慈淨國尊普明塔碑)

126 토니노 푸지오니, 「高麗後期 法相宗의 動態」, 171쪽.

것이다.

그런데 여기에서 두 승려의 그와 같은 신앙 경향과 관련하여 눈여겨볼 일은, 둘 모두 懺悔와 戒律을 중시하였다고 하는 사실이다. 惠永의 『白衣禮懺解』와 彌授의 『慈悲道場懺法述解』는 참회를 통하여 죄업을 소멸시킴으로써, 재난을 막고 이로움을 얻으며 궁극적으로 정토에 왕생하고자 희구하는 것에 관한 저술이다. 현세에서의 삶과 더불어 저승에서의 운명이 모두 참회에 달렸음을 강조하는 참회의 경전을, 그들은 중시하였던 것이다. 미수가 內殿懺悔師로서 승정을 주관하고자 개설한 懺悔府 역시 그처럼 참회를 중시하는 입장과 직결되는 명명이었을 것임은 물론이다. 나아가 참회에는 계율의 준수가 따르게 마련인데,[127] 앞서 누누이 설명하였듯이 이들은 또한 계율을 남달리 중시하는 승려였다. 惠永과 彌授의 觀音信仰과 彌勒信仰이 懺悔와 戒律에 바탕한 現世에서의 利益을 내세우는 경향이었음을 헤아릴 수가 있는 것이다. 참회와 계율 준수로써 罪業을 소멸시키고자 하는 궁극적인 목적이 淨土往生에 있음은 두 말할 나위가 없다. 하지만 이들에게 정치·사회적으로 더욱 시급히 요구되었고 그리하여 이들 역시 더욱 그에 관심을 기울일 수밖에 없었던 것은, 현세에서의 재난 회피와 평안한 삶을 누리도록 하는 일이었던 셈이다.

한편 13세기말 14세기초의 법상종에서는 教學의 연구도 자못 활발하였다. 彌授의 경우가 특히 그러한데, 그는 어려운 교학을 능히 풀이하고 설명하여 후학을 깨우친 것으로 기억되는 승려였다. 主法의 자리에 올라 '耆師碩德'들에게 唯識論을 강의함으로써, 宗乘을 두 어깨에 짊어진 당대 教學의 표준이라는 찬탄을 받은 것이 겨우 29세 三重大師이던 때였다. 충렬왕은 젊은 그를 末法時代의 보기 드문 大宗匠이라 추켜세우며, 그로 하여금 經論을 해설하는 章疏를 찬술하여 후진을 깨우치도록 특별한 당부를 내리기까지 하였다. 그리하여 그가 일생에 걸쳐 찬술한 章疏가 모두 92권

127 『白衣禮懺解』를 비롯하여 『慈悲道場懺法』과 『心地觀經』을 일별하면 금방 알 수가 있다.

에 달하는 정도였다. 고려시기의 법상종 승려로서는 유례를 찾기 힘들 만큼 활발한 저술활동을 보였던 것이다.[128] 그가 찬술하였다고 하는 經典의 章疏로서 현전하는 것은 없다. 註疏한 經名도 구체적으로 밝혀진 게 거의 없다. 다만 최근에 알려진 『慈悲道場懺法述解』와 충선왕의 요청으로 註解했다고 하는 『大般若經』 難信解品 및 『心地觀經』의 이름 정도가 전할 따름이다. 미수는 평생을 경전의 연구·해석과 후진 교육에 바쳤으며, 公卿士大夫의 자제로서 배움에 뜻을 둔 자들이 다수 그의 堂下에서 배출되었다는 평가를 받던, 당대 최고의 敎學僧이었던 것이다.[129]

惠永 역시 敎學에 밝은 승려이었다. 彌授처럼 經典의 章疏를 찬술하는 일에 진력한 것은 아니었지만, 그가 지은 『白衣禮懺解』는 지금까지 전해지기도 한다. 寫經을 주도할 만큼 경전에 해박하였으며, 고려시기 법상종에서 중시하던 『法華經』·『仁王經』·『華嚴經』 등에 밝았던 것으로 기록에 전한다. 때와 곳을 가리지 않고 후진에게 講授하는 것을 業으로 삼았으며, 그리하여 法相宗 8祖師의[130] 정통을 계승하였다는 당대의 그에 대한 평가

128 法相宗이 크게 번성하던 高麗中期에도, 藏經과 章疏를 종합 정리해서 간행하는 데 주력할 뿐이었다고 한다(金南允, 『新羅 法相宗 硏究』, 156~163쪽). 彌授처럼 활발하게 章疏를 찬술한 경우는 달리 찾아보기가 어려운 형편인 것이다.

129 … 禪或可以心傳 敎尤難於口演 能口講而演義 開發後蒙 爲內三學都壇主 惟慈恩國一大師是已 … 二十九(歲) 拜三重大師 主講唯識論○宗 耆師碩德 咸執經座下 共歎稀代之彦 弱齡博學 荷擔宗乘 爲一時標準 以三重主法 前古未曾有 而師爲之 … 大將軍金子廷出傳王旨 末法大宗匠 曠劫難遇 請撰經論章疏 流通於世 開蒙後進 自承命已來 手不釋卷 講論無閒暇 弘揚一代教 爲己任 撰述經論之解 凡九十二卷 … 上之在燕都也 尤信嚮大般若經 … 上遣使於師 請撰解 又請述心地觀經記 皆卽疏記 … 戊午 備法駕 邀入大旻天寺講院 講三家章疏 … 日繙海藏 內書經論 無一不貫穿 乃至餘事外○ 亦皆涉獵强記 學不厭 敎不倦 恒存誘掖後進之心 雖末學童蒙 請講某經論某書 懽然隨請卽講 不問○○酷暑 居處便否 因以四方學者 雲從霧集 冀蒙餘潤 一國公卿士大夫子弟之志于學者多出堂下 … (『朝鮮金石總覽』 上 法住寺慈淨國尊普明塔碑)

130 여기에 나오는 法相宗의 8祖師가 구체적으로 어떤 승려를 가리키는지 궁금하지만 알 길이 없다. 고려중기에 慧德王師 韶顯이 말한 海東6祖에 2祖가 더 늘었는데, 그 8祖師 중에는 韶顯도 들어갔을 것이라는 수긍할 만한 견해가 나온 정도이다(토니노 푸지오니, 「高麗後期 法相宗敎團의 動態」, 157쪽). 다만 여기에서 지적하고 싶은 것은, 8祖師說을 통해 고려후기의 법상종에서 고려전기 나아가서는 신라 이래의 법상

가[131] 결코 과장만은 아니었을 듯 여겨지는 것이다.

고려후기의 법상종에서 교학을 중시하였음을 살폈다. 法相唯識의 난해함은 익히 알려진 바 있으며, 당시의 지식인들 역시 그것을 잘 파악하였던 듯 보인다.[132] 그만큼 그에 대한 접근이 쉽지 않았음을 짐작할 수가 있거니와, 때로 법상종에서 드러나곤 하는 貴族主義的인 경향의 배경을 여기에서 그 일부나마 찾아볼 수는 있지 않을까 싶다. 귀족 출신의 지식인이 아니고서는 법상종의 교학을 이해하는 것이 거의 불가능에 가까운 일이라는 점에서 그러하다. 따라서 고려후기의 법상종에서 교학의 연구가 활발하였다는 것은, 그만큼 당시의 법상종이 貴族的인 성향을 지니었을 가능성을 높여 준다고 보아 무방할 것이다. 많은 經典을 註疏하며 教學의 연구에 진력하던 彌授의 경우, 허다한 공경사대부의 자제들이 그의 문하에서 가르침을 받았다고 하거니와,[133] 이는 곧 당시 법상종이 지니었던 귀족적 성격의 일단을 드러낸 것으로 간주하여 좋지 않을까 여겨지는 것이다.

지금까지 弘眞國尊 惠永과 慈淨國尊 彌授를 중심으로 고려후기 법상종의 信仰과 教學을 훑어보았다. 그리하여 13세기말 14세기초의 법상종이

종의 전통을 계승하였음을 자부하며, 이로써 그 존재의 정당성을 확보하려 들었으리라는 점이다. 李資謙의 난 이래 위축의 길을 걷던 법상종을 중흥시키고자 하는 강한 의지의 발로임이 분명해 보이거니와, 아마도 혜영이 활동하던 시기의 법상종이 그만큼 어려운 처지에 놓였음을 반영한 것은 아닌지 되새겨볼 일이다.

131 … 己巳 加僧統 卒中贊柳公璥 請釋白衣禮儀 師旁引經文 撰解一卷 傳爲龜鑑 … 庚寅 領寫經僧衆一百員 到大元國大都 以金字法華經爲贄 拜見世祖皇帝 … 一日 萬安寺堂頭 以種種幢盖 莊嚴道場 請師講仁王經 師陞座演說 快若懸河 四衆景仰 如見佛日 … 振身端坐 擧揚華嚴經十地品 俄頃泊然而逝 … 但隨處講授後進爲業 … 慈恩奧旨 尤難析理 慈氏傳之 無著得體 奬基宣布 洎于東土 哲人相繼 稱爲八祖 師其嫡嗣 … (『韓國金石全文』 中世下 桐華寺弘眞國尊眞應塔碑)

132 앞의 註 131) 惠永의 墓碑銘 중 "慈恩奧旨 尤難析理 慈氏傳之 無著得體" 운운한 데에서 그것이 잘 드러난다.

133 위의 註 129) 彌授의 墓碑文 중 "一國公卿士大夫子弟之志于學者 多出堂下" 운운의 부분이 그에 해당한다.

現世祈福的이고 貴族主義的인 경향을 드러냈음을 파악할 수가 있게 되지 않았나 생각한다. 대체로 보아 惠永이 功德에 바탕한 現世祈福的인 信仰의 측면에 기운 것처럼 느껴지는 반면, 彌授에게서는 貴族的인 教學僧侶로서의 모습이 더욱 도드라져 보인다는 차이 또한 감지할 수가 있었을 것으로 믿는다.

5. 맺음말

高麗後期의 法相宗을 검토하였다. 이제 그것을 잠깐 되짚어보는 것과 함께, 이후 법상종의 쇠퇴 및 그것이 지니는 사상사적인 의미를 간단히 언급함으로써 맺음말에 가름하고자 한다.

고려후기에 법상종이 대두한 것은, 13세기 말엽 법상종 고승 惠永이 寫經僧團의 지도자로서 元에 들어간 것을 계기로 해서였다. 寫經活動의 경험과 더불어, 教學의 측면에서 元의 티벳불교와 일정 부분 공감대를 형성할 수가 있었기에 가능한 일이었다. 하지만 보다 근본적인 배경으로서, 왕권을 강화하려는 忠烈王의 후원과 같은 국내적인 요인을 빼놓을 수가 없었다. 戒律을 중시하는 법상종의 특성에 의지하여, 자신을 중심으로 한 집권체제를 확립하려는 목적 아래 충렬왕은 법상종을 후원하였던 것이다. 또한 당시 법상종은 現世祈福的이며 貴族主義的인 경향을 보였는데, 이 역시 충렬왕과 그의 측근 및 귀족 지식인들의 호감을 끌어 그들에게서 지지를 획득할 수 있는 배경이 되기도 하였다.

14세기 초반에 법상종은 僧政을 장악하는 등 불교계를 이끄는 핵심 교단으로 떠올랐다. 법상종 고승 彌授가 忠宣王의 후원 아래 僧政을 專管하게 된 데 따른 일이었다. 당시 元에서는 帝師에게 승정에 관한 전권을 위임하여 중국 불교계를 통제하는 방식을 취하였는데, 충선왕은 고려에서도 그러한 제도를 원용하여 불교계를 장악하고자 시도하였다. 자신의 안배에 의해 여러 종파가 병렬하여 다양한 구성을 보이던 고려 불교계를, 계율을 중시하는 법상종 고승 미수를 앞세워 통제하려 들었던 것이다. 아울러 그러한 정책을 통하여, 더욱이 자신의 고려에 대한 통치력을 한층 반석 위에 올려놓으려 하였음은 더 이를 나위가 없었다.

고려후기에 법상종이 부각되고 나아가 승정을 오로지 하는 등 지도적인 종파로 성장할 수 있었던 것은, 정치권과의 관계에서 영향을 입은 바가 컸다. 법상종의 사상적 특징을 원용하여 통치권을 공고히 하려던 충렬왕과 충선왕의 정치적 의도에 따른 일이었다. 하지만 그와 같은 세속권력과의 친밀한 관계는, 반대로 법상종의 쇠퇴를 재촉하는 쪽으로도 작용할 가능성이 높았다. 후원세력의 정치적 성쇠에 따라, 법상종의 운명 역시 오르내리기를 반복할 수밖에 없었을 것이기 때문이다. 충선왕의 강력한 후원을 받던 미수의 행적이, 충선왕의 정치적 부침과 긴밀하게 연관된 것으로 나타난 사실만 보더라도 짐작할 수가 있는 일이다. 또한 법상종은 대개 왕권이 안정된 시기에 번성하였다. 역시 법상종의 사상적 특성에서 말미암은 일이었다.[134] 그런데 忠肅王代 이후 고려의 왕권은 매우 허약하였다. 언제 元에 의해 왕위가 뒤바뀔지 모르는 상황이었다. 법상종의 속성에 비추어 그 융성을 기대하기가 어려운 상황이 지속되었던 셈이다.

한편 원 간섭하 고려의 국왕들은 몇몇 심복에만 지나치게 의존함으로써, 고려의 정치가 파행을 겪는 빌미를 제공하였다. 국내에서의 세력기반이 미약한 때문이었다. 이른바 원 간섭기 側近政治의 전개를 말하는 것이거니와, 당시 국왕의 측근들 중에는 좋지 않은 신분 출신의 인물들이 많았다. 난해한 法相教學에 흥미를 느끼지 못할 인물들이 정치권력을 장악하였던 셈이다. 고려후기 들어 彌授에 의해 크게 선양되었던 법상교학의 맥이, 계속 이어지지 못하고 끊긴 배경 중의 하나가 여기에 있었던 것은 아닌가 싶다. 따라서 이후 고려의 법상종이 功德 중심의 神秘的인 現世祈福主義로 경도되었다고 하여 그리 놀랄 일은 못될 것이다. 나아가 불교종파 중에서 가장 치밀한 교학을 자랑하는 법상종의 그러한 쇠퇴와 현세기복주의는, 고려의 文人儒者들로 하여금 불교에서 더욱 멀어지게 하는

134 金杜珍, 「'性相融會' 思想 成立의 思想的 背景」, 140쪽.

하나의 요인이 될 수도 있었을 듯싶다. 더 이상 자신들의 思想哲學的인 갈증을 풀어주지 못하는 불교보다는, 새로이 전파되어 들어오던 朱子性理學으로 관심을 돌리는 것이 어찌 보면 너무도 당연하였을 듯 여겨지기까지 하는 것이다.

(「高麗後期의 法相宗」, 『한국중세사연구』 12, 2002)

제5장 李承休와 佛教

—元干涉下 修禪社系의 등장—

1. 머리말

李承休는 고려후기에 활동한 관료이자 문인이었다. 한국사에서 최초의 개국신화로 중시해 마지않는 檀君神話가 수록된『帝王韻紀』를 찬술한 역사가로서 자못 이름이 높은 인물이다.[1] 그런데 이제까지의 이승휴에 관한 연구는 온통『帝王韻紀』쪽으로만 관심이 모아졌던 듯싶다. 명성에 비해서는 그의 면모가 제대로 알려지지 않았다고 할 수가 있겠는데, 가령 사상적인 측면에서 그를 이해해보려는 시도가 별로 없었던 것과 같은 게 그에 해당한다 할 것이다.[2]

이승휴는 儒·道·佛에 모두 밝은 것으로 정평이 있는 인물이었다.[3] 그는

---

1 李承休(高宗11, 1224～忠烈王26, 1300)와『帝王韻紀』에 대해서는 많은 연구가 나왔는데, 자세한 것은 다음의 책과 글에 수록된 參考論著篇을 참고하라.
秦星圭·金慶洙 編,『李承休研究論叢』, 三陟郡, 1994. 변동명,「이승휴」,『한국사 시민강좌』27, 2000. 강원전통문화연구소 편,『이승휴의 사상과 역사의식』, 동안이승휴사상선양회, 2013.

2 다음의 연구가 발표되어 그나마 도움을 얻을 수 있는 정도이다.
秦星圭,「李承休의 佛教觀」,『中央史論』8, 1995. 金仁昊,「李承休의 歷史認識과 現實批判論의 方向」,『韓國思想史學』9, 1997. 鄭濟奎,「高麗後期의 居士觀과 그 特性」,『文化史學』11·12·13합, 1999.

3『動安居士集』雜著 公之答示

이를 나위 없이 儒者 즉 유교지식인이었다. 유교 경전을 익히고 詩文 짓기를 즐기던 고려시기의 독서인이었다. 그리하여 그처럼 닦은 실력을 바탕으로 과거에 급제하여 관직에 나아가는 것을 목표로 삼았던, 당시의 유자라면 으레 걸었을 그러한 길을 걸은 인물이었던 것이다. 또한 나아가 이승휴는 老莊思想에도 밝은 것으로 이름이 있었다. 은둔하여 거처하던 '容安堂' 및 그곳에 파거나 세웠던 연못과 정자인 '知樂塘'과 '葆光亭'이, 陶淵明의 「歸去來辭」 및 『莊子』의 齊物篇 등에서 취한 이름이었다는 사실만으로도 짐작할 수가 있는 일이다.[4] 그렇지만 무엇보다도 잊을 수가 없는 것은, 그와 불교 사이의 깊은 인연이었다. 動安居士라 自號하던 그는, 만년에 은거하면서 불교에 매우 심취하였던 것으로 전한다. 三陟의 頭陁山에 칩거하던 1280년(忠烈王6)에서 1289년(忠烈王15)까지 10년 동안, 이웃에 위치하는 三和寺에서 빌려온 천 상자에 이르는 불경을 모두 섭렵하였다고 스스로 밝혔던 것만 보아도 알 수가 있다.[5] "성품이 부처를 좋아하였는데 늘그막에는 그 섬기기를 더욱 공손히 하였다"거나,[6] 혹은 "부처의 가르침을 지나치게 좋아하였다"고[7] 하는 그에 대한 當代人과 史書의 인물평은, 그러므로 그의 그와 같은 사상적 취향을 정확히 반영한 표현이었다고 하여 지나치지 않을 것이다.[8]

이 글에서는 위와 같은 이승휴의 사상적 바탕 가운데 특히 불교의 측면을 주로 다루어 보려 한다. 그가 불교에 심취하였다는 당시 사람들의 평가는 말할 것도 없으려니와, 자신의 삶을 돌아보며 정리하는 인생의 황혼기에 그처럼 불교에 깊이 빠져들었으며, 더욱이 그러는 과정에서 유명한 『제왕운기』가 탄생하였다는 점에서, 그와 불교 사이의 관계를 살펴보는 것이 자못 흥미롭지는 않을까 싶은 것이다.

4 앞의 책 葆光亭記

5 앞의 책 看藏寺記, 看藏庵重創記

6 앞의 책 看藏庵重創記

7 『高麗史』 106 李承休傳

8 이상 이승휴의 사상에 관한 설명은, 변동명, 「이승휴」, 3장을 참조하라.

여기에서는 우선, 이승휴와 불교 사이의 관계를 보여주는 자료들을 검토하는 데서 시작하여 실마리를 풀어갈까 한다. 이승휴의 불교 활동이 어떠하였는지를 살피려는 것인데, 이로써 그의 불교사상 경향이 知訥의 修禪社系統에 그 맥이 닿았으며, 나아가 그것이 13세기 말~14세기 초에 있었던 수선사계의 재등장과 무관하지 않을 것임을 파악하게 될 것으로 기대한다. 다음으로, 이승휴가 그처럼 수선사계통과 연결된 사실이 지니는 의미가 무엇인지 알아보도록 하겠다. 각별히는 정치 정세의 추이와 연결시켜 당시 불교계의 흐름에 접근함으로써, 이승휴의 그와 같은 불교 활동이 지니는 정치적 의미를 가늠해 보고자 한다.

이상과 같은 검토를 통하여 이승휴의 사상적 바탕을 이해하는 것은 물론이려니와, 그에 담긴 정치적 의미라든지 혹은 나아가 13세기 말~14세기 초 불교계의 움직임을 파악하는 데에도 자그마한 보탬이 되기를 바라는 마음이다.

2. 李承休의 佛敎思想과 修禪社

이승휴는 충렬왕 6년(1280)에 殿中侍史로서 時政得失을 논하다가 파직을 당하였다. 국왕의 측근세력을 공격하다 그 노여움을 산 때문이었다. 그리하여 외가가 있는 三陟의 頭陁山 龜洞에 은거하게 되었는데, 이승휴가 본격적으로 불교에 접하고 또 깊이 빠져들기 시작한 것은 이때에 들어서였다. 다음과 같은 그의 술회에서 그것을 알 수가 있다.

> … 엎드려 생각하니, 외람되게도 변변치 못한 몸[漆桶]으로 어렸을 적에 현묘한 이치로 나아가는 문[玄關]을 두드렸다 … 궁성의 맑고 엄한 자리를 눈물로 작별하고, 푸른 산 속의 거칠고 궁벽한 자리에 깃들어 머물렀다. 이웃에 한 사찰이 있거늘 불경이 천 상자였다. 옛적에는 바쁜 일에 이끌린 바 되어 마음에 무슨 겨를이 있었으리오만은, 이제는 산림에 있으면서 일이 없으니 때가 되었음을 내 마땅히 알겠다. 아침에 도를 들으면 저녁에

달갑게 죽으리니, 寸陰이라도 한 자나 되는 구슬인 양 보배롭게 여기리라 … 밤낮으로 책상을 마주하여 한 심지의 향을 피우고서, 庚辰年(1280, 충렬왕6) 10월에서 지금 己丑年(1289, 충렬왕15)에 이르도록 10년 사이에 (불경) 열람하기를 마치었다 … 어찌 섭렵의 좋은 인연이 아니겠는가. 책이 정갈하고 창은 환히 빛나니, 기쁨이 깊어 오래도록 음미하였다 …[9]

위 기록에는 이승휴가 어렸을 적에 벌써 불교와 자못 친근하였던 것으로 나온다. 그렇지만 관직생활 등에 쫓기느라 짬을 내지 못하다가, 은거한 이후에야 비로소 불경 공부에 매진할 여유를 갖게 되었다고 한다. 그리하여 촌음을 아끼는 정진 끝에, 1280년(庚辰, 忠烈王6)에서 1289년(己丑, 忠烈王15)까지 10년 동안 천 상자에 이르는 경전을 모두 섭렵하였다는 것이다. 그리고는 자신이 거주하던 容安堂을 절로 바꾸어 看藏寺라 칭하였다(충렬왕15). 절의 이름에서도 드러나듯이, 대장경을 독파한 것을 기념하는 의미에서이었다.[10] 비록 출가한 것은 아니지만, 그의 삶이 승려에 못지않게 불교적인 것이었음을 보여 주는 사례들이다.

잘 알려진 것처럼, 이승휴와 같이 俗家의 佛弟子로서 부처의 가르침을 익히며 수행에 정진하는 이를 가리켜 불가에서는 흔히 居士라 부른다. 불교경전에 나오는 維摩居士가 그 전형적인 존재로 꼽히거니와,

지난 번 보내주신 바 兩則의 法語 … 겸해서 偈頌을 보이셨는데 이르기를, "維摩方丈이 띠 없은 암자를 그리워하거늘, 金色頭陀는 화두를 드는구나. 팔만의 부처님 자리는 어디에 두었는가, 작은 연못이 거울 같아 문득

9 … 伏念猥將漆桶 幼扣玄關 … 泣辭丹禁之淸嚴 栖寄碧山之荒僻 隣存一寺 藏有千函 昔爲鞅掌之所牽 有心奚暇 今在山林而無事 宜我知時 夕甘死於朝聞 貨寸陰以尺璧 … 六時對案 一炷焚香 自庚辰十月 至今己丑 十年而畢覽者 … 豈無涉獵之善緣 卷淨窓明 歡深味永 …(『動安居士集』 雜著 看藏寺記)

10 看藏寺者 古之容安堂也 容安堂者 動安居士將披覽海藏而結構者也 語在葆光亭記 其祝上䟽曰 … 乃作最後供養絶云 淺碧山隈構小庵 明窓十載轉千函 捨田施納名看藏 永作禪門淨勝藍 (같은 책)

와서 비치는구나"라고 하셨는데 감당할 수 없습니다 …[11]

에서와 같이, 了了庵의 信和尙이 이승휴를 維摩에 비유하였다든지 혹은 스스로 居士(動安)라 자처하였던 것 등은, 모두가 이승휴의 그러한 거사적 취향을 알려주는 증거라 하여 좋을 것이다.

고려시기에는 이승휴 외에도 그처럼 거사생활을 한 인물들이 적지 않았다. 고려중기의 李資玄(1061～1125)·李頫(1050～1110)·尹彦頤(1090～1149) 등이 그중에서도 손꼽히는 이들이었다.[12] 이들은 대체로 고답적·은둔적인 생활을 즐기는 가운데, 개인적인 자기 위안과 구제에 골몰하는 경향을 보였다고 한다. 거사의 전형이라 할 유마거사처럼, 중생의 아픔을 자기의 아픔으로 여기며 그들을 교화·제도한다는 종교적 사명의식은 찾아보기가 어렵다는 것이다. 이승휴의 거사생활도 그러한 틀에서 크게 벗어나지는 않았던 것으로 보인다. 은둔적인 노장사상을 바탕으로 개인적인 경전 공부와 참선수행에 몰두하는 등이 그러하였다. 다만 완전히 세상을 등진 것은 아니어서, 忠君愛國을 설파하고 자신의 정치적 이상이 실현되기를 기대하면서 저술 작업에 몰입하는 등, 현실에 대한 관심이 여전히 깊었던 점에서는[13] 저들과 다소 차이가 있었다.

그렇다면 동안거사 이승휴의 불교사상 경향은 어떠하였을까? 이승휴는 三陟의 頭陁山에서 칩거생활을 하던 중, 이웃에 위치한 三和寺에서 불교경전을 빌려다 보았다고 한다.[14] 그의 불교사상 형성이 삼화사와의 일정

---

11 頃所賜兩則法語 … 兼示偈子云 維摩方丈想茅庵 金色頭陀接話談 八萬猊床何處着 小潭如鏡頓來涵 不敢當不敢當 … (같은 책 答滿月峯了了庵信和尙書)

12 高麗時期의 居士佛教에 관해서는 다음의 글들이 참고 된다.
徐景洙,「高麗의 居士佛教」,『崇山朴吉眞博士華甲紀念 韓國佛教思想史』, 1975. 崔柄憲,「高麗中期 李資玄의 禪과 居士佛教의 性格」,『金哲埈博士華甲紀念 史學論叢』, 1983. 秦星圭,「李承休의 佛教觀」,『中央史論』8, 1995. 鄭濟奎,「高麗後期의 居士觀과 그 特性」,『文化史學』11·12·13합, 1999.

13 邊東明,「李承休의 生涯와 著述」,『震檀學報』99, 2005, 140～143쪽.

14 … 因往卜頭陁山下 以終老焉 … 於是 卽山開別墅 啓其堂曰容安以居 就山之三和寺 借

한 관계 속에서 이루어졌음을 암시하는 대목이다. 삼화사는 통일신라 말기인 9세기 후반 무렵에 세워진 사찰이었다.[15] 이 삼화사에 안치된 鐵佛에서 銘文이 얼마 전 발견되었는데, 그 내용에서 알아낸 사실이었다. 또한 철불 및 그 앞에 세워진 석탑의 양식이 전형적인 통일신라 말기의 것이었음도 그것을 뒷받침해 준다고 한다. 한편 창건 당시 삼화사는 華嚴宗 소속의 사찰이었을 것으로 이해들을 한다. 철불의 명문 중에, 9세기 후반 신라의 대표적인 華嚴學僧이었던 決言 大大德이 왕명을 받아 盧舍那佛을 鑄成하였다든지, 또는 이 道場에서 길이길이 『華嚴經』이 講說되기를 기원한다는 등의 내용이 포함되었음을 근거로 한 추정이다.

그런데 언제인가 삼화사는 禪宗으로 그 소속이 바뀌었던 듯싶다. 그리하여 고려후기에 쓰인 三和寺記文에서는, 삼화사의 창건자를 신라말의 禪僧이었던 것으로 기록해 두기까지 하였다. 다음의 자료를 살펴보도록 하자.

> 釋息影菴의 기문에, "… 신라의 말엽에 세 神人이 있었는데, 각각 거느린 무리가 매우 많았다. 여기에 모여 서로 더불어 일을 계획하고 의논하였거늘, 마치 옛적에 제후가 회맹하던 의례와 같았다. 오랜 시간이 흘러 드디어 (흩어져서) 갔으므로, 지역에 사는 사람들이 이로 말미암아 그 봉우리를 (이름하여) 三公이라 하였다. 얼마 뒤 闍崛山의 品日祖師가 마침내 그 장소에 가서 절을 세우고 또한 三公이라 편액을 만들어 걸었다. 태조께서 왕

浮圖書一大藏 日繙閱其中 十年而甫畢 後以其墅施僧 仍捨近田若干頃 以充常住 易扁曰看藏庵 (『動安居士集』 雜著 看藏庵重創記)

15 江原道 三陟의 頭陁山에 소재하는 三和寺에 관하여는, 그곳에서 발견된 鐵佛 銘文을 집중적으로 검토한 『文化史學』 8(韓國文化史學會, 1997)에 수록된 논문들이 참고 된다. 그밖에 三和寺를 다룬 글로는 다음을 들 수가 있다.
崔仁善, 「統一新羅時代 鐵佛」, 『韓國鐵佛研究』, 教員大學校 博士學位請求論文, 1997. 郭丞勳, 「下代後期 彌勒下生信仰의 盛行과 그 意義」, 『新羅下代의 佛教와 政治變動』, 翰林大學校 博士學位請求論文, 1998. 金昌鎬·韓基汶, 「東海市 三和寺 鐵佛 銘文의 재검토」, 『講座 美術史』 12, 1999. 金相鉉, 「三和寺鐵佛과 華嚴業 決言大大德」, 『文化史學』 11·12·13, 1999.

> 위에 오르시자, 다시 이 절에 조칙을 내려 절 이름을 문서에 수록하고 하여금 後嗣에게 전하도록 하셨으니, 신이한 일이었다. 대개 神人이 자리를 점지하여 그 징조를 드러냈고, 조사가 터에 절을 지어 그 상서로움을 표시하였으며, 신성대왕 태조에 미쳐 삼한의 땅을 (하나로) 모아 조화시켰으니, 그 응험의 효과가 밝게 드러났다. 이로써 절 이름을 바꿔서, 이르되 三和寺라 하였다"라고 기록하였다.[16]

息影菴이 쓴 기문에 따르면, 삼화사는 闍崛山門을 개창한 品日祖師 즉 梵日(810~894)에 의해 창건되었다고 한다. 품일이 처음 이 절을 세우던 당시에는 三公寺라 칭하였는데, 후에 王建의 後三國統一을 미리 암시한 것을 기념하여 三和寺로 개칭하였다는 것이다.

사찰의 창건에 대하여 三和寺 鐵佛의 銘文과 다른 내용을 전해, 다소 혼란스럽다. 그렇지만 사찰의 창건과 함께 조성하였을 것으로 믿어지는 철불의 명문에 우선은 무게를 두는 것이 온당한 듯싶다. 창건 당시의 삼화사는 華嚴宗에 소속된 사원이었던 것으로 이해하는 것이 옳지 않을까 여겨지는 것이다.[17] 그렇지만 적어도 위 삼화사의 기문이 쓰이던 시기, 그러니까 그 지은이인 息影菴이 활동하던 시기의 삼화사는 禪宗의 闍崛山門에 소속된 사찰이었음이 분명해 보인다. 그렇지 않고서야 위와 같은 내용의 기문이 쓰였을 리 만무하다. 말하자면 삼화사는 처음 화엄종 사찰로 창건이 되었는데, 그 후 언제인가 선종 사굴산문에서 그것을 흡수하게 되었던 것이 아닐까? 그리하여 식영암이 활동하던 시기에는 記文에서와 같이, 마침내 사굴산문의 개창조사인 범일에 의해 삼화사가 창건된 것으로

16 釋息影菴記 … 新羅末 有三神人 各率僚伍甚衆 集于茲 相與謀議 若古諸侯會盟之禮者 久之乃去 土人因名其峯爲三公 頃有闍崛山品日祖師 遂往卽其所 建佛祠 亦以三公揭榜 太祖龍飛 爰勅玆寺 籍名錄案 俾傳后嗣 異矣 夫神人占位示其兆 祖師構基識其祥 及神聖王會和三土 其效應著明 用是更寺目 曰三和寺 (『新增東國輿地勝覽』 44 三陟都護府 佛宇 三和寺)

17 후대에 쓰인 三和寺記文보다는 당대의 기록인 鐵佛의 銘文을 더욱 신뢰해 마땅할 것임은, 金相鉉, 「三和寺鐵佛과 華嚴業 決言大大德」, 446~447쪽을 참고하라.

믿어지기에 이르렀던 것은 아닐까 헤아려지는 것이다.[18]

息影菴은 修禪社 소속의 승려로서[19] 14세기 전반에 주요한 활동을 보였던 것으로 나타난다. 李齊賢(1287, 忠烈王13～1367, 恭愍王16)이라든지[20] 李嵒(1297, 忠烈王23～1364, 恭愍王13)[21] 등의 文人 官僚들과 절친하였으며, 『東文選』에 상당한 분량의 글을 남기는 등,[22] 매우 활발한 활동을 보인 禪僧이었다.[23] 따라서 삼화사는 적어도 이 식영암이 활동하던 14세기 전반 훨씬 이전에,[24] 이미 선종의 사굴산문에 소속된 사찰이었다고 하여 좋을 것이다. 그리하여 삼화사 창건의 주체마저 화엄종에서 사굴산문의 개창조사로 바뀌게 되었던 것은 아닐까 여겨지는 것이다. 또한 무인정권

18 반대로 三和寺가 처음 禪宗 闍崛山門 소속이었다가, 高麗初에 華嚴宗 사원으로 바뀌었을 것으로 보는 견해도 있다(金昌鎬·韓基汶, 위의 논문, 188～193쪽). 三和寺 鐵佛의 銘文을 어떻게 해석할 것인가와 관련하여 논란이 되는 문제이거니와, 삼화사 철불과 석탑의 양식에 대한 미술사적 고찰까지를 배려하는 입장에서, 창건 당시의 삼화사는 화엄종 소속이었던 것으로 이해하고자 한다(金相鉉, 위의 논문).

19 李穡이 찬한 李嵒의 墓誌銘에서, "… 與禪源息影老人 爲方外友 築堂寺中 扁曰海雲 扁舟往還 至輒忘歸 …" (『高麗墓誌銘集成』 李嵒 墓誌銘)와 같이, 息影菴을 수선사계열의 禪源寺에 소속된 승려로 표현한 것만 보아도 알 수가 있다. 그밖에도 息影菴은 「禪源寺毗盧殿丹靑記」와 「月燈寺竹樓竹記」(이상 『東文選』 65)를 찬술하고 「復禪源寺疏」(『東文選』 111)를 올리는 등, 그가 수선사 소속의 禪僧이었음을 보여주는 자료들은 여럿이다.

20 李齊賢의 저술에 送息影菴(『益齋亂藁』 3)·息影菴入京遣侍者問疾戱呈一絶(같은 책 4)·息影菴硯銘(같은 책 9하) 등, 息影菴과 관련된 글들이 여럿 남아 전한다.

21 위의 註 19) 李嵒 墓誌銘 참고.

22 『東文選』 卷65·97·101·111 등에 息影菴의 글이 수록되어 전한다.

23 崔氏武人政權의 시기에 高麗 佛教界를 이끌던 修禪社는, 13세기 후반 무인정권이 붕괴되고 元의 정치적 간섭이 시작되면서 침체기를 맞이하였다고 한다. 그러다가 다시 일어서게 된 것은 修禪社 10世社主인 慧鑑國師 萬恒(1249～1319)의 활동에 힘입어서였다고 하는데(朴榮濟, 「수선사의 성립과 전개」, 『신편 한국사』, 국사편찬위원회, 1996), 이 萬恒의 다음 세대쯤에 해당될 것으로 여겨지는 修禪社僧 息影菴의 활발한 활동도 또한 주목되어야 할 것으로 생각한다. 후속 연구를 기대한다.

24 사찰을 창건한 이에 관해서마저 그처럼 변화가 나타날 정도라면, 그러한 記文을 지은 息影菴이 활동하던 시기보다 훨씬 이전에 이미 三和寺의 소속 종파가 禪宗으로 바뀌었던 것으로 간주하여 좋을 것이다.

시기의 고승이었던 普照國師 知訥이 闍崛山門 출신이었으므로, 고려후기의 삼화사는 이를테면 지눌의 修禪社系列에 속하였던 것으로 간주해 무방할 듯 여겨진다. 수선사계통의 선승이었던 식영암이 삼화사의 기문을 지은 것도, 그와 같은 인연에서 말미암은 일이었을 것임은 물론이다.

고려후기의 삼화사가 수선사계열의 선종 사원이었을 가능성을 검토하였다. 이승휴의 불교사상 형성에 일정하게 기여하였을 것으로 여겨지는 삼화사의 사상적인 계보를 더듬은 셈인데, 이로 미루어 이승휴도 또한 선종 그 중에서도 지눌의 수선사계열에 가까운 사상적 경향을 보이지는 않았을까 싶다. 75세가 되던 해(충렬왕24, 1298)에 이승휴는 수선사계통으로 짐작되는 승려의 法戲頌과 그 序文에 깊은 감명을 받아, 그에게 자신의 禪詩를 담은 서신을 보낸 적이 있었다. 佛護寺의 승려였던 것으로 보이는 佛護 慧和尙이 그 주인공이었다.[25] 불호사는 현재 全南 羅州市 茶道面에 소재하는 佛會寺를 가리키거니와,[26] 고려후기에 이 사찰은 수선사 소속이었다.[27] 따라서 불호사의 승려라면 그 역시 수선사계열이었음이 분명하며, 그의 법희송 등을 음미하면서 그 家風을 그리워하던[28] 이승휴의 사상 경향도 또한 그에 가깝다고 하여 크게 잘못은 아닐 것이다.

실제로 이승휴는,

> 지난 번 보내주신 바 兩則의 법어를 늘 『牧牛子私記』의 윗면에 놓아두고, 서로 번갈아 살피면서 그 맛을 탐하여 싫증내지를 않았습니다 …[29]

---

25 『動安居士集』 雜著 寄佛護慧和尙書

26 이계표, 「영산강유역의 불교유적」, 『榮山江流域史硏究』, 1997, 344~346쪽.

27 수선사계열의 普覺國師 幻菴混修(1320, 忠肅王7~1392, 朝鮮太祖元年)가 恭愍王 21년(1372)에 佛護寺의 주지를 역임하였던 사실로 미루어 그처럼 짐작된다. 혼수는 젊었을 적에 앞서 언급하였던 息影菴을 禪源寺로 찾아가 『楞嚴經』을 익히기도 하였다고 한다.(『朝鮮金石總覽』 下 靑龍寺普覺國師定慧圓融塔碑)

28 去冬 有衲子 自五臺山寄示 法戲頌幷序引合一部 承讀一廻 卽便手書 玩味無斁 想見家風 … (『動安居士集』 雜著 寄佛護慧和尙書)

29 頃所賜兩則法語 常置牧牛子私記上面 互換相看 翫味無斁 … (같은 책 答滿月峯了了庵

에 나오는 것처럼, 知訥의 저술로 판단되는 『牧牛子私記』를 항상 곁에 둔 채 음미하여 마지않는다고 고백하기도 하였다. 『牧牛子私記』는 아마도 지눌이 입적하기 1년 전(1209)에야 완성했다고 하는 『法集別行錄節要幷入私記』가 아니었던가 여겨진다. 지눌의 주요 저작물에서 다루어졌던 여러 내용들을 요약 집성한 이 책은, 禪修行의 이론과 실제에 관한 요체를 서술한 종합적인 이론서로 평가를 받는다. 지눌의 마지막 저술로서 그의 사상이 고스란히 담겨 전하는 대표작인 셈이다.[30] 따라서 그러한 선종 서적을 밤낮으로 가까이하였던 사람이라면, 그를 가리켜 수선사계열에 속하는 佛者라 칭하여 잘못은 아닐 줄 믿는다. 삼화사 및 불호 혜화상의 경우로 미루어서도 짐작하였거니와, 이승휴는 修禪社系統의 曹溪禪宗을 따르는 在家佛者였음이 분명해 보이는 것이다.

앞서 언급하였듯이, 이승휴는 삼화사에서 빌려온 천 상자에 이르는 대장경을 10년에 걸쳐 독파하였다. 교종과 선종을 가리지 않은 채 엄청난 분량의 경전을 익혔던 것이다. 그리고는 그처럼 대장경을 섭렵한 것을 기념하는 의미에서, 자신이 불경을 열람하던 容安堂을 절로 개조하여 看藏寺라 칭하였다. 한편 그는 그러한 경전 공부뿐만 아니라 參禪에도 열중하였다. 以心傳心으로 환히 크게 깨치기를 바라며 看藏寺가 禪門의 청정한 가람이 되기를 기원하였다든지, 혹은 草家에 들어 앉아 參禪에 몰입하는 것을 이상으로 삼았던 등에서 알 수가 있는 일이었다.[31] 나아가 法語를 가

信和尙書)

30 知訥의 思想을 다루는 연구의 대부분이 『法集別行錄節要幷入私記』를 언급하곤 한다. 그만큼 관련 연구성과가 많다는 뜻이기도 한데, 『普照思想』 12(普照思想硏究院, 1999)에서 이 저술을 특집으로 다루어 도움이 된다. 그밖에도 참고하기 편한 관련 연구를 몇몇 들자면 다음과 같다.

Robert Buswell, 「頓悟頓修에 대한 知訥의 兩價的 批判」, 『普照思想』 2, 1988. Jan Yun-hua, 「『法集』과 知訥의 宗密觀」, 같은 책. 길희성, 「知訥 禪사상의 구조」, 『知訥의 사상과 그 현대적 의미』, 한국정신문화연구원, 1996. 강건기, 「『法集別行錄節要幷入私記』를 통해서 본 지눌의 사상」, 『녹원스님고희기념학술논총 한국불교의 좌표』, 1997. 김종명, 「지눌의 『法集別行錄節要幷入私記』에 미친 초기 선종서의 사상적 영향」, 『보조사상』 11, 1998.

슴에 새기고서 음미해 마지않던 그를, 당시의 어느 승려는 話頭를 가까이 하는 頭陁로 묘사하기도 하였다.[32] 看話禪 수행에 정진하는 佛者로서의 면모를 여실히 전해주는 사례들이다.[33] 그런데 이처럼 경전 공부와 더불어 참선에도 열심이며[34] 더욱이 화두 참구에 정진하는 것은, 무인정권의 시기 이래 수선사계통에서 내세우던 수행방식이었다. 그러므로 이승휴는 말하자면 거의 출가자에 못지않은 경지에서[35] 지눌의 가르침을 그대로 실천하고자 애쓰던 修禪社系列의 在家修行者였다고 일컬어 지나치지 않은 셈이었다.[36]

---

31 … 於世出世 達者同遊 以心傳心 豁然大悟 … 捨田施納名看藏 永作禪門淨勝藍 … 古聖有言曰 時當衰季 必於非山非野 人家近處 結草安禪 其意有在 …(『動安居士集』 雜著 看藏寺記)

32 頃所賜兩則法語 常置牧牛子私記上面 互換相看 翫味無斁 … 兼示偈子云 維摩方丈想茅庵 金色頭陁接話談 八萬猊床何處着 小潭如鏡頓來涵 不敢當 不敢當 …(『動安居士集』 雜著 答滿月峯了了庵信和尙書)

33 蒙山德異가 보내준 話頭를 대하는 데에서도 이승휴의 그러한 면이 잘 드러난다(『動安居士集』 雜著 上蒙山和尙謝賜法語).

34 李承休는 太祖 王建이 敎宗과 禪宗을 가리지 않고 우대하였던 역사를 강조하였거니와, 그러한 데에서도 敎와 禪 어느 쪽에도 치우치지 않으려는 그의 입장을 엿볼 수가 있다 할 것이다(… 我太祖神聖大王 … 宜敎敎 宜禪禪 創諸佛寺 選名僧而主法 …(『動安居士集』 雜著 看藏寺記)).

35 李承休를 維摩方丈과 金色頭陁에 비기던 了了庵의 信和尙은, 두 명의 옛 노인(叟)과 楊无爲子의 偈頌들로 이루어진 了了庵銘을 보내면서 그로 하여금 註脚해주도록 요청하였다. 그러자 이승휴는 깨달음의 한 측면만을 읊은 두 노인을 비판하고, 了·不了를 초월한 中道의 경지를 노래한 양무위자가 了了의 지극한 의미를 제대로 드러낸다고 평하였다. 그런 다음 그러한 양무위자의 운에 맞추어 자신의 경계를 노래한 偈頌으로써 답하였다(『動安居士集』 雜著 答滿月峯了了庵信和尙書). 또한 中國의 臨濟宗 高僧 蒙山德異는 李承休를 大丈夫의 志氣를 갖춘 인물로 평가하기도 하였다(앞의 책 和尙所寄法語).

36 이승휴에게는 세 아들이 있어, 長子 林宗과 三子 衍宗은 登科하여 관직에 나아갔고, 次子는 출가하여 曹溪宗 승려가 되었다고 한다. 법명이 昰煜인 둘째 아들은 僧科에 급제하여 禪門의 宗師로 추앙받는 존재였으며, 후에 이승휴가 기진한 看藏寺가 퇴락하자 그 門徒들을 거느리고 중창에 직접 참여하기도 하였다고 전하는데, 이승휴의 경우로 미루어 이 昰煜도 또한 修禪社系統의 禪僧이 아니었던가 여겨진다.(『高麗史』 106 李承休傳, 『動安居士集』 雜著 1 看藏庵重創記)

그렇다면 이승휴의 그와 같은 불교 경향이 지니는 사상사적 의의는 무엇일까? 74세가 되던 해(1297, 忠烈王23)에 이승휴는, 멀리 中國의 江南에서 부쳐온 臨濟宗 禪僧 蒙山德異의 法語를 받아들었다. 그리고 이듬해에는 그것을 사례하는 글에다 자신이 지은 偈頌 두 편을 더하여 답신을 보내었다.[37] 중국의 선승과도 禪談을 주고받을 만큼 불교계에 그의 이름이 알려졌음을 보여준다. 몽산덕이(1232～?)는 중국 臨濟宗 楊岐派의 법맥을 이은 고승으로서, 大慧宗杲의 看話禪法을 충실히 계승한 것으로 이름이 있다.[38] 몽산은 중국보다 우리나라에서 그 명성이 더욱 높은데, 그가 편집한 이른바 德異本『六祖壇經』은 1300년(忠烈王 26) 고려에서 처음 간행된 이후 우리나라에서 가장 널리 통용된『六祖壇經』의 판본이었다. 뿐만 아니라 그의『蒙山和尚法語略錄』은 13세기 말엽 이래 한국 불교계에서 크게 존숭을 받던 대표적인 선종 서적의 하나로서, 朝鮮 世祖代에는 그 한글 번역판이 간행될 정도였다. 고려말엽에서 조선시기에 이르도록 불교계에 끼친 그의 영향이 적지 않았음을 짐작할 수가 있는 것이다.

몽산은 看話禪을 매우 중시하는 선승이었는데, 이러한 몽산의 禪法은 13세기 말엽 이래 주로 修禪社系列의 승려에 의해 고려에 수용되었다고 한다. 修禪社의 10世法主인 慧鑑國師 萬恒(1249, 高宗36～1319, 忠肅王6)은 몽산에게서 古潭이라는 아호를 받았음이 그의 碑銘에 특기되어 전한다. 만항의 글과 偈를 보고는 감탄한 몽산이, 그 운에 맞추어 10여 偈頌을 읊은 다음 지어 보낸 것이었다.[39] 또한 만항은 중국의 江南 休休庵에서 간

37『動安居士集』雜著 上蒙山和尚謝賜法語, 和尚所寄法語

38 蒙山德異와 李承休 및 高麗 佛教와의 관계에 대해서는 다음의 글이 참고 된다. 韓基斗,「休休庵坐禪文硏究」,『金三龍博士華甲紀念 韓國文化와 圓佛教思想』, 1985. 許興植,「1306年 高麗國大藏移安記」,『高麗佛教史硏究』, 一潮閣, 1986. 閔泳珪,「蒙山德異와 高麗佛教」,『六祖壇經의 世界』, 民族社, 1989. 許興植,「蒙山德異의 行績과 年譜」,『韓國學報』77, 1994. 南權熙,「蒙山德異와 高麗 人物들과의 交流」,『圖書館學論集』21, 1994. 許興植,「蒙山德異의 著述과 生涯」,『書誌學報』15, 1995. 秦星圭,「李承休의 佛教觀」,『中央史論』8, 1995. 조명제,「高麗後期『蒙山法語』의 受容과 看話禪의 展開」,『普照思想』12, 1999.

행된 德異本『六祖壇經』(1290)을 무역상을 통해 받아 보고서는(1298), 그것을 覆刻하여 우리나라에 널리 유통시키기도 하였다(1300).[40] 한편 수선사의 圓明國師 冲鑑(1275, 忠烈王1～1339, 忠肅王후8)은 元에서 유력하던 중, 몽산의 제자 鐵山紹瓊을 방문했다가 그와 함께 고려로 귀국하였다. 이후 철산소경은, 궁중에서 禪을 강론하는 등 고려의 왕실과 귀족에게서 극진한 예우를 받으며 3년(1304, 忠烈王30～1306, 忠烈王32)을 머물렀다. 그런 다음 귀국하면서는 高麗大藏經 1본을 희사 받아 江西의 宜春縣 大仰山에 봉안하였다고 한다.[41] 13세기 말～14세기 초에 수선사의 대표적인 선승들이 몽산덕이 및 그 제자와 긴밀하게 연결되었음을 알 수가 있는 것이다. 그밖에도 고려 불교계에서는 여러 경로를 통해 몽산덕이와 직·간접적으로 교류했다고 하거니와, 萬恒과 冲鑑의 예에서 보듯이 수선사계통이 특히 그에 적극적이었다는 게 대체적인 이해이다.[42]

修禪社의 승려들이 그처럼 蒙山德異와의 교류에 적극적이었던 것은, 몽산의 看話禪法을 수용함으로써 침체를 벗어나고자 하는 의도에서였던 것으로 파악된다. 武人政權의 붕괴 및 元의 정치적 간섭과 함께 수선사는 퇴조를 면치 못하였다. 一然의 迦智山門이 상대적으로 부각되는 것에 짝하여 나타난 현상이었다. 이에 수선사에서는, 개창조 知訥이 大慧宗杲의 看話禪을 수용한 이래 그 사상적 경향을 같이해 오던 중국 臨濟宗과의 유대를 새로이 함으로써 돌파구를 마련코자 도모하였던 것으로 전한다. 수선사의 萬恒과 冲鑑 등이 臨濟宗 楊岐派의 법맥을 이은 몽산덕이와의 교

---

39 『益齋亂藁』 7 海東曹溪山修禪社第十世別傳宗主重續祖燈妙明尊者贈諡慧鑑國師碑銘幷序

40 閔泳珪, 「蒙山德異와 高麗佛敎」, 12～14쪽.

41 許興植, 「1306年 高麗國大藏移安記」, 707～712쪽.

42 蒙山德異와 관련된 이상의 설명은 위의 註 38)의 논문들을 참고하라. 한편 闍崛山門이 아닌 迦智山門에서도 蒙山德異와 교류하였음이 나타나 눈길을 끈다. 普覺國尊 一然을 계승한 寶鑑國師 混丘가 그 주인공인데, 그는 몽산이 배로 부쳐온 「無極說」을 홀로 깨치고서는 '無極老人'이라 自號하였다고 한다(『益齋亂藁』 7 有元高麗國曹溪宗慈氏山瑩源寺寶鑑國師碑銘幷序).

류에 나서고 그의 간화선법을 수용한 것은 그와 같은 상황에서의 일이었다는 것이다. 그리고 그러한 노력에 힘입어 13세기말~14세기초 萬恒의 代에는 修禪社의 社勢가 어느 정도 회복될 수가 있었던 것으로 파악된다. 또한 이후 고려의 선종이 오로지 간화선 일변도의 경향을 보이게 되었던 것도, 이때 수용한 몽산의 간화선법에서 받은 영향에 의한 것이었다고도 한다.[43]

지금까지 修禪社의 高僧들과 蒙山德異 사이의 직·간접적인 사상 교류가, 元의 정치적 간섭이 시작된 이래 침체를 면치 못하던 수선사계열의 재등장과 무관하지 않을 것임을 살폈다. 그런데 앞서 언급하였듯이, 修禪社系統의 在家修行者 李承休 역시 그러한 蒙山德異와 상당한 연고를 맺은 사이였다. 몽산덕이가 특별히 보내온 法語에 감화를 받은 이승휴가 偈頌을 지어 화답할 만큼, 둘 사이의 정신적인 유대감은 자못 깊은 것이었다. 따라서 이제 수선사계열에 속하는 재가수행자로서의 이승휴의 사상적 경향이 지니는 의의도 어느 정도 드러나게 되지는 않았을까 싶다. 말하자면 그도 또한 萬恒이나 冲鑑과 마찬가지로, 元 干涉下의 修禪社가 정체기에서 벗어나 다시 활발한 활동을 펼칠 수 있도록 단서를 마련하는 데 기여하였던 인물 중의 하나로 보아 좋지 않을까 여겨지는 것이다.

이승휴는 知訥의 저작물을 늘 곁에 두고 음미하면서 조금도 싫증을 내지 않는다던, 영락없는 수선사계열의 재가수행자였다. 따라서 그러한 이승휴가 몽산덕이와 관계를 맺고 교유하였다면, 그 의의도 또한 만항이나 충감의 그것과 별반 다르지 않을 것으로 간주해 지나치지 않을 터이다. 만항이나 충감과 앞서거니 뒤서거니 하면서 몽산덕이와 교류하던 이승휴의 수행생활이, 원 간섭기에 들어 위축된 듯 보이던 수선사의 사세 회복과 무관한 것이었다고만은 여겨지지를 않는 것이다. 삼척에 은거한 이래 지눌의 가르침에 따라 수행하면서 몽산덕이와도 교류하던 이승휴를 두고, 원 간섭기에 수선사가 다시 등장할 수 있는 토대를 닦은 인물 중의 하나

43 조명제, 「高麗後期 『蒙山法語』의 受容과 看話禪의 展開」, 235~261쪽.

였다고 평가하는 것이 그다지 큰 잘못은 아니라고 생각한다.

그런데 여기에서 문득 한 가지 궁금해지는 것은, 이승휴가 그처럼 수선사계열과 연결되고 또 나아가 그 사세의 회복에 기여하였다면, 그러한 사실이 지니는 정치적 의미는 무엇일까라고 하는 점이다. 위에서와 같은 이승휴의 불교 활동을 정치적인 측면에서 접근해 그에 담긴 의미를 가늠하려는 것인 바, 이에 관해서는 節을 바꾸어 살피도록 하겠다.

3. 李承休의 修禪社系와의 연결과 忠宣王

李承休는 三陟에 은거한 이후 본격적으로 불교에 접하고 또 깊이 빠져들기 시작하였으며, 그러는 과정에서 修禪社系와도 연계를 맺기에 이르렀다. 이미 알려진 바와 같이, 이승휴는 時政得失을 논하다가 파직당해 삼척에 은거하였다. 忠烈王의 側近嬖幸들을 공격하다 국왕의 노여움을 산 때문이었다.[44] 그러므로 이승휴가 불교에 심취하고 또한 수선사계와 연결되기에 이른 직접적인 계기는, 말하자면 충렬왕과의 정치적인 갈등에 있었다고 하여 지나친 말이 아닌 셈이었다.

그런데 그러한 충렬왕대의 정치를 비판하면서 그 개혁을 기치로 내걸고 집권한 이가 곧 忠宣王이었다. 충선왕은 나이 어린 世子 시절에 이미 父王의 측근중심 정치에 비판적인 태도를 보이곤 하였다. 그리하여 元의 후원을 받아 실질적으로 정국을 주도하던 충렬왕 21년(1295)에는, 田民奪占 문제를 몸소 처결하는 등[45] 벌써 弊政을 개혁하는 일에 나서기도 하였다. 元을 등에 업은 가운데 개혁을 내세워 국내에서도 꾸준히 지지기반을 넓혀가던 충선왕은, 母后(齊國大長公主)의 죽음을 계기로 충렬왕의 측근세력을 무력화시키는 조치를 단행하였다. 그리고는 마침내 충렬왕에게서 禪位를 받아 왕위에 올랐고, 곧바로 卽位敎書를 반포하면서 본격적인 개

44 변동명, 「이승휴」, 『한국사시민강좌』 27, 2000.

45 『高麗史』 31 忠烈王 21년 11월 丁丑

혁에 들어갔다(忠烈王24, 1298). 이른바 忠宣王의 改革政治가 시작되었음을 알리는 신호탄이었다.[46]

이승휴는 그와 같은 충선왕의 개혁 추진을 적극 지지하는 쪽에 속하는 인물이었다.[47] 충렬왕대의 폐단을 시정하고자 노력하다 파직당해 은둔의 길을 걸어야만 하였던, 그의 이력을 떠올리면 당연한 일이기도 하였다. 충선왕은 즉위한 다음 달(2월)에 75세의 이승휴를 개경으로 불러 올렸다.[48] 함께 개혁을 추진하자는 간곡한 요청이었다. 두 차례의 詔書와 함께 관직에 있던 아들 李林宗을 내려보내기까지 하는 국왕의 정성에 못 이겨 개경에 나아간 이승휴는, 그리하여 약 반년에 걸치는 기간 그의 측근에 머무르면서 충선왕의 개혁정치에 참여하였다. '民間利害'와 '時政得失'을 논하는 등 '直言無隱'함으로써, 폐정개혁을 강력히 추진하던 충선왕을 보좌하였다. 그 해 8월 국내 정치세력간의 갈등과 원의 간섭으로 개혁정치가 실패로 돌아갔음이 분명해지자, 이승휴는 致仕를 신청하고서는 삼척으로 돌아갔다.[49] 충선왕이 즉위한 다음 관직에 복귀하였다가 강제로 퇴위당할 무렵 다시 은거에 들어간 이승휴는,[50] 이를테면 충선왕의 개혁정치

46 忠宣王의 즉위와 퇴위 그리고 복위를 둘러싼 정치상황 및 그의 개혁 추진에 관해서는 이미 많은 연구가 나온 바 있다. 여기에서 그것을 일일이 언급하지는 않으려니와, 본문에서의 설명은 이제까지의 연구성과를 요약하여 정리한, 金光哲, 「개혁정치의 추진과 신진사대부의 성장」, 『한국사』 19, 국사편찬위원회, 1996, 117~125쪽의 내용을 참고하라.

47 李益柱, 「高麗 忠烈王代의 政治狀況과 政治勢力의 性格」, 『韓國史論』 18, 서울대 國史學科, 1988. 217쪽. 劉璟娥, 「《제왕운기》의 편찬」, 『한국사』 21, 국사편찬위원회, 1996), 325~326쪽.

48 王下書 徵前司諫李承休 (『高麗史』 33 忠宣王 즉위년 2월 甲申)

49 『高麗史』 106 李承休傳

50 李承休가 致仕한 것은 8월 10일(甲子)이었고, 忠宣王이 元帝의 명에 의해 강제로 퇴위당한 것은 같은 달 18일(壬申)이었다.

① … 李承休爲密直副使監察大夫詞林學士承旨 仍令致仕 (『高麗史』 33 忠宣王 卽位年 8月 甲子)

② 太上王餞于金郊 酒酣 使臣孛魯兀 以帝命取國王印 授逸壽王 於是太上王復位 王如元宿衛 凡十年 (같은 책 壬申)

와 운명을 함께 한 관료라는 평가를 받아 마땅한 인물이었던 셈이다. 이승휴가 충선왕의 개혁정치와 얼마나 긴밀한 관계를 맺은 인물이었는지 능히 헤아릴 수가 있는 것이다.

사실 그에 앞서 忠宣王은 이미 世子 시절에, 李承休의 『帝王韻紀』가 간행될 수 있도록 도움을 준 적도 있었던 것으로 보인다. 『제왕운기』는 찬술이 끝나자마자(忠烈王13, 1287) 近臣의 주선에 의해, 곧바로 충렬왕에게 바쳐졌다. 그러나 그 후 8·9년이 지나도록 아무런 조치가 취해지지 않다가,[51] 세자가 정국을 주도하기 시작하던 충렬왕 21년(1295) 이후에 가서야 비로소 간행되어 빛을 보게 되었다.[52] 당시의 정치 현실을 근심하며 역사의 教訓을 빌어 국왕을 勸誡하고자 쓰인 이 책이,[53] 아마도 충렬왕에게는 별로 마음에 차지 않았던 듯싶다. 그리하여 관심도 갖지 않은 채 한 편에 그냥 치워두었던 것이, 10년 가까운 세월이 흐른 다음에야 새삼스럽게 누군가에 의해 주목을 받게 된 셈이었다. 世子(忠宣王)의 입장에서 볼 때, 忠烈王代의 정치 현실에 불만을 품고 國王을 警戒시키고자 하는 의도에서 찬술된 이 책이야말로, 자신의 개혁 주장을 정당화하는 데 크게 보탬이 될 것으로 생각하였을 법하다. 따라서 이승휴와 마찬가지로 충렬왕대의 정치에 비판적이어서 세자에 의해 추진되는 개혁을 지지하던 —예컨대 尹珤와 같은[54]— 인물의[55] 건의 형식을 빌어, 마침내 세자의 승인 아래

51 … 昨者 兒子林宗 送一新印冊子 乃僕年前所著帝王韻紀也 驚惶併至 輒先披卷尾 閱其所由 則閣下奏承宣勅 令書記鄭玿彫 以流通晉陽板本也 … 抑厥初 此紀引表修寫粗畢 適有近臣 因省養母 來遊於此 偶與語及 卽持去奏之 不出報平廳事 由是未蒙判可 業已爲之 其可再乎 但緣督爲經而已矣 … (『動安居士集』 雜著 上尹承制諱珤啓)

52 『帝王韻紀』 간행본이 李林宗의 손을 거쳐 三陟의 李承休에게까지 전달된 것은 忠烈王 22년(1296)이었다. 따라서 그 간행을 위한 여러 작업들은 이미 忠烈王 21년(1295)에 시작되었던 것으로 짐작되는데, 晉州牧에서 『帝王韻紀』가 初刊된 것이 元貞年間(1295~1296)이었다는 恭愍王代 인물 安克仁의 지적도 참고가 된다(宋在雄, 「『帝王韻紀』와 『動安居士集』의 板本」, 『李承休研究論叢』, 三陟郡, 1994).

53 邊東明, 「李承休의 『帝王韻紀』 撰述과 그 史書로서의 性格」, 『震檀學報』 70, 1990, 30쪽.

54 尹珤는 『帝王韻紀』의 간행에 깊이 관여한 인물이었다(『動安居士集』 雜著 上尹承制諱

『제왕운기』의 간행이 추진되었던 것은 아니가 여겨지는 것이다. 개혁을 기치로 내세우는 세자가 실질적으로 정국을 이끌게 되면서 비로소 『제왕운기』가 세상에 나오게 된 것은, 위와 같은 사정에 의해서였다고 믿는다.[56] 이를테면 이승휴는 충선왕의 개혁정치를 역사적인 측면에서 정당화시키는 논리를 제공한 인물이었으며, 그리하여 뒷날 왕위에 오른 충선왕이 멀리 삼척에서 칩거 중이던 75세의 노인 이승휴를 그처럼 간곡하게 불러올려 개혁의 동반자로 삼고자 하였던 것은 아닌가 헤아려지는 것이다.

지금까지 이승휴가 충선왕의 개혁정치와 매우 긴밀한 관계에 있었음을 살펴보았다. 그런데 둘 사이의 그와 같은 친밀성이 반드시 그처럼 政治的인 측면에만 한정된 일은 아니었던 것 같다. 精神的·思想的인 측면에서도 두 사람이 공감대를 형성하였던 것은 아닐까 여겨지는 것이다. 특히 불교와의 관련에서 그러하지 않았을까 생각되는데, 훗날 복위한 이후 충선왕이 —마치 이승휴가 그러하였듯이— 불교에 깊이 빠져드는 모습을 보였던 것으로 미루어 대략 짐작이 가는 일이기도 하다.

처음 즉위하여 개혁을 펼치던 당시(忠烈王24, 1298), 충선왕이 불교에 대해 어떠한 생각을 품었는지는 잘 알 수가 없다.[57] 재위기간이 워낙 짧았

琚啓). 그런데 그는 忠烈王 25년(1299) 정월 印侯·金忻·元卿 등이 忠宣王을 복위시키고자 일으켰던 이른바 '韓希愈誣告事件'에서, 印侯 등의 편에 섰다는 혐의를 받아 관직에서 쫓겨났다(『高麗史節要』 22 忠烈王 25년 2월). 尹琚가 충렬왕의 정치에 불만을 품었으며 그리하여 충선왕의 개혁을 지지하던 인물이었을 것임을, 추측할 수 있게 하는 대목이다.

55 李承休와 마찬가지의 생각을 품었던 부류의 인간들에 관해서는, 邊東明, 「李承休의 『帝王韻紀』 撰述과 그 史書로서의 性格」, 24~30쪽의 내용을 참고하라.

56 당시(忠烈王 21년, 1295) 世子(忠宣王)가 改革을 내세우며 실질적으로 政局을 주도하던 상황에 대하여, 이승휴가 지극한 다스림으로 칭송하였던 것도 하나의 방증이 되지는 않을까 한다(… 東宮監國兮 嘉致理 … 『動安居士集』 雜著 旦暮賦 其辭曰).

57 正月의 卽位敎書와 5월의 敎書에서, 僧職이 과다하게 주어지는 문제와 僧俗間의 예절 문제 등이 거론된 바 있다(『高麗史』 33 忠宣王 卽位年 正月 戊申. 같은 책 5月 癸巳). 佛敎界의 世俗化 경향에 대한 충선왕의 비판이라고 할 수가 있겠는데, 한편 이에 대해 忠宣王이 佛敎의 政治介入을 반대하였던 증거로 이해하려는 입장도 있다(金光哲, 「高麗 忠宣王의 現實認識과 對元活動」, 『釜山史學』 11, 1986, 58~60쪽).

던 데다, 즉위한 해 5월에 趙妃誣告事件이 터지면서[58] 줄곧 내부적 갈등과 원의 압력에 시달리느라, 차분히 불교계와의 관계를 정리할 겨를이 없었던 때문이 아닌가 싶기도 하다. 하지만 복위한 이후에는 허다한 불교행사를 치르며 승려를 우대하는 등, 그가 깊은 佛心을 지닌 군왕이었음을 보여 주는 자료가 매우 많이 나타난다.[59] 그리하여 상당한 기간을 곁에서 모시며 총애를 누리던 李齊賢같은 이마저 그러한 충선왕을 두고,

> … (충선왕은) 오로지 浮圖法을 매우 좋아했는데, 본국의 옛 궁전을 喜捨하여 旻天寺로 만들면서 토목의 기교를 부림이 극에 달하였다. 구리[銅]로 본을 뜬 불상 삼천 여 구를 제작하고, 금·은가루를 (아교에) 녹여 불경 2부를 그리고 먹으로는 불경 50여 부를 베꼈으며, 蕃僧(라마)을 맞아들여 불경을 번역케 하고 戒를 받았다. 해마다 그러지 않는 달(月)이 없었으므로 사람들이 간혹 (그러지 말도록) 말을 하였으나, (충선왕은) 불교를 좋아함이 더욱 독실하였다 …[60]

라며, 그 奉佛의 지나침을 비판할 정도였다. 한편 당시 불교 종파의 성쇠에 대해서도 제법 구체적으로 알려진 편인데, 天台宗의 無畏國統 丁午와 法相宗의 慈淨國尊 彌授 그리고 曹溪宗의 寶鑑國師 混丘 등의 고승들이 충선왕에게서 우대를 받았던 것으로 전한다.[61] 忠宣王이 고려의 정치를 이끄는 동안에는, 妙蓮寺系統의 天台宗을 비롯하여 法相宗 및 曹溪宗 迦

---

58 『高麗史』 33 忠宣王 卽位年 5月 丙戌

59 『高麗史』 33·34의 忠宣王世家 및 忠肅王世家의 초기 기사만 일별하더라도 금방 알 수가 있다.

60 … (忠宣王)唯酷嗜浮圖法 捨本國舊宮 爲旻天寺 極土木之工 範銅作佛三千餘軀 泥金銀寫經二藏 黑本五十餘藏 邀蕃僧 譯經受戒 歲無虛月 人或以爲言 好之彌篤 … (『益齋亂藁』 9上 世家)

61 이러한 사실들은 대개 元 干涉下의 高麗 佛敎界를 다루면서 언급되어 왔는데, 구체적인 것은 지금까지의 관련 연구성과를 정리한 다음의 글들을 참고하라.
朴榮濟, 「수선사의 성립과 전개」, 『한국사』 21, 국사편찬위원회, 1996. 蔡尙植, 「원의 정치간섭과 불교」, 같은 책.

智山門이 忠烈王代를 이어 계속해서 고려의 불교계를 주도하였던 셈이다.

그런데 충선왕대의 그러한 불교계 상황과 관련하여 한 가지 눈에 띄는 사실은, 그동안 침체에 빠진 듯 보이던 수선사계통이 이때 다시 중앙에 등장한다는 점이다.[62] 수선사의 10세 사주인 慧鑑國師 萬恒이, 충선왕의 초빙을 받아 개경의 법회에 참석하여 극진한 예우를 받았던 것이 그러한 증거이다. 다음의 기록을 살펴보자.

① 상왕(충선왕)이 延慶宮에서 이틀 동안 2천명의 승려를 밥 먹이고 2천개의 등에 불을 켰다. 松廣寺의 승려 萬恒을 불러 법회에 참석시키고는, (만항이) 돌아감에 미쳐 상왕이 타던 초요자를 하사해 (태워서) 돌려보냈다.[63]

② 상왕이 연경궁에서 飯僧과 點燈을 행하였는데, 또한 만항과 더불어 輦에 동승해 演福寺로 가서 점등하기를 무릇 8일이었다. 만항이 주연을 여니 왕의 심히 즐거워하며 스스로 노래를 불렀다.[64]

③ 왕이 銀字院으로 승려 만항을 방문하였다.[65]

④ 상왕이 원으로 갔다. 가는 길에 延慶宮의 萬僧會에 들러 백금 130근을 승려 만항에게 시주하였다. 왕이 金郊驛에서 전송하며 술잔을 받들어 올리자, 상왕이 눈물을 흘리면서 왕 및 재추에게 나랏일을 부탁하였다.[66]

충숙왕 즉위년(1313) 12월 충선왕은 飯僧과 點燈을 하는 法會를 개최하

62 朴榮濟, 앞의 논문, 71쪽. 趙明濟, 「『蒙山法語』·『禪要』의 수용과 사상적 의미」, 『高麗後期 看話禪의 受容과 展開』, 釜山大 博士學位請求論文, 2000, 96~101쪽.

63 上王 飯僧二千點燈二千于延慶宮二日 召松廣寺僧萬恒赴會 及還 賜所御軺輜子 遣之 (『高麗史』 34 忠肅王 卽位年 12月 庚午)

64 上王 飯僧點燈于延慶宮 又與萬恒同輦 幸演福寺 點燈凡八日 萬恒設酌 王懽甚 自歌 (같은 책 壬申)

65 王訪僧萬恒于銀字院 (같은 책 忠肅王 元年 正月 庚寅)

66 上王如元 道入延慶宮萬僧會 以白金百三十斤 施僧萬恒 王餞于金郊驛 奉觴而進 上王流涕 以國事屬王及宰樞 (같은 책 丁未)

면서, 松廣寺의 승려인 萬恒을 초빙하였다. 그리고는 자신이 타는 초요자를 타고 귀환하도록 하거나(①), 혹은 함께 어가에 동승하고(②), 백금 130근을[67] 시주하는(④) 등, 매우 특별한 대우를 하였다는 것이다.

본시 충선왕은 108만명을 반승하고 같은 숫자의 등에 불을 켜는 것을 평생의 소원으로 삼았었다. 그리하여 닷새를 단위로 날마다 2천명을 반승하며 같은 숫자로 점등하여 1만을 채우는 萬僧會를 개최함으로써, 자신의 發願을 기어이 성취코자 다짐하였다고 한다.[68] 위 사료에 나오는 법회가 바로 그것이었다. 그리고 그처럼 중요한 만승회를 개최하면서, 충선왕이 修禪社主 萬恒을 초빙하여 매우 이례적으로 특별하게 예우하였음을 알려준다. 당시 만항은,

> … 皇慶 癸丑年(1313, 충숙왕 즉위년)에 太尉王(忠宣王)이 낮춰 永安宮에 거주하면서, 편안한 수레와 겸손한 말로 (만항을) 맞이해 경성에 이르렀다. 그때 바야흐로 선종과 교종의 이름난 승려들을 모아서 날마다 차례로 강론토록 하였는데, 스님이 이르자 방(棒)이며 할(喝)로 (꾸짖고 찬양함에) 바람이 일어나고 변론은 강을 거꾸로 매달아 물이 쏟아지듯 하였다. 왕이 매우 기뻐하며 수레를 같이 타고 가서 손수 음식을 받들어 올리고 '別傳宗主 重續祖燈 妙明尊者'의 법호를 더하였으며, 전별하면서 袈裟·웃옷·하의·모자·버선과 銀幣 50鎰을 주었다 …[69]

67 앞서 忠肅王 卽位年 10월에 있었던 최초의 萬僧會에서, 忠宣王은 禪宗僧 冲坦과 教宗僧 孝楨의 說法에 대한 감사의 표시로 각각 白金 1斤씩을 하사하였다(『高麗史』 34 忠肅王 卽位年 10月 丙子). 그러므로 萬恒에게 시주한 白金 130斤은, 말하자면 충선왕이 그를 얼마나 중히 여기었던가를 보여 주는 잣대라 하여 좋을 것이다. 여기에 나오는 禪僧 冲坦은 寶鑑國師 混丘의 문도로서 曹溪宗 迦智山門 소속이다. 孝楨은 法相宗 弘眞國尊 惠永의 門人으로서 그의 行狀을 짓고 碑石을 세웠으며, 또한 僧統의 僧階를 가지고 金山寺와 桐華寺 住持를 역임하였던 것으로 기록에 전한다(『朝鮮金石總覽』(上) 贈諡弘眞國尊碑銘并書).

68 上王 飯僧二千 燃燈二千 于延慶宮五日 施佛銀瓶一百 手擎香爐 使伶官奏樂 邀禪僧冲坦·教僧孝楨 說法 各施白金一斤 餘僧二千 施白金二十斤 上王嘗願 飯百八萬僧 點百八萬燈 至是 日飯二千僧 點二千燈 五日可滿僧一萬·燈一萬 期以畢願 謂之萬僧會 其費不可勝紀 (『高麗史』 34 忠肅王 卽位年 10月 丙子)

에 나오는 바와 같이, 선종과 교종의 여러 고승들을 압도하는 뛰어난 강론을 통해 충선왕에게서 그와 같은 각별한 대우를 받았던 것으로 전한다. 그밖에도 충선왕은 萬恒의 門人으로 판단되는 승려를 가까이하면서 諫官의 비판을 무릅쓴 채 그들에게 大禪師를 제수하는 등,[70] 수선사에 대하여 깊은 관심을 보였다. 원의 정치적 간섭기에 접어들면서 정체상태에 머무르던 수선사가, 충숙왕 초기 충선왕의 후원을 받아 다시 활발한 활동기에 들어섰음을 느낄 수가 있는 것이다.

그렇다면 忠宣王이 그처럼 修禪社에 관심을 보이며 후원하기에 이른 배경은 무엇이었을까? 이와 관련하여 잠시 忠烈王 말년에 불거진 중국 승려 鐵山紹瓊의 활동을 둘러싼 갈등을 더듬는 것도 도움이 될 듯싶다. 다음의 자료를 살펴보자.

① (中國) 江南의 승려인 紹瓊이 (고려에) 오자, 承旨 安于器를 보내어 교외에서 맞이하였다. 소경은 스스로 호를 鐵山이라 칭하였다.[71]

② 왕이 여러 신하를 거느리고서 예복을 갖춰 입은 채 소경을 壽寧宮으로 맞아들여서는 禪의 강설을 들었다.[72]

③ … 왕이 승려 소경을 궁중으로 불러다 佛畵에 點眼하고 『화엄경』을 독송케 하였으며, 왕과 淑昌院妃는 보살계를 받았다. 韓希愈가 承旨

69 … 皇慶癸丑 太尉王謙居永安宮 安車卑辭 邀至京城 時方聚禪敎名流 日以次講論 師至棒喝風生 辯若懸河 王喜甚 行同輿 手捧饌 加法號別傳宗主重續祖燈妙明尊者 袈裟衣裙帽襪先 銀幣五十鎰以賭 … (『益齋亂藁』 7 贈謚慧鑑國師碑銘幷序)

70 忠宣王에게 남다른 총애를 받아 궁중을 출입하면서 大禪師를 제수받아 諫官들의 반발을 불러일으킨 승려는, "曹溪宗僧景麟·景聰 俱有寵於上王 出入禁闥 授大禪師 諫官不署告身 上王怒 召右獻納李朝隱·思補禹偁·尹頎誚讓 … 以朝隱主僧批 流祖忽島 既而召還削職 左遷頎·偁等 以鄭權爲右獻納 李槫爲右思補 崔洳爲左思補" (『高麗史』 34 忠肅王 元年 正月 庚子)에 나오는 바와 같이, 曹溪宗僧 景麟과 景聰이었다. 이들은 그 法名으로 미루어 慧鑑國師 萬恒의 門人으로 나오는 景瑚(『益齋亂藁』 7 贈謚慧鑑國師碑銘幷序)와 同門受學한 사이가 아니었던가 짐작된다.

71 江南僧紹瓊來 遣承旨安于器 迎于郊 瓊自號鐵山 (『高麗史』 32 忠烈王 30年 7月 己卯)

72 王率群臣 具禮服 邀紹瓊于壽寧宮 聽說禪 (同上 8月 丁亥)

> 崔崇과 더불어, "秘記에 '나라의 군주가 남녘의 승려를 존경하면 반드시 (나라가) 뒤집혀 망한다'는 말이 있습니다. 전하께서는 삼가시기를 원합니다"라고 아뢰었다. (왕이 그 말을) 들어주지 않았다.[73]

충렬왕이 철산소경을 극진히 존숭하며 가까이하자, 韓希愈와 崔崇이 그리하지 말도록 건의하였다고 한다.[74] 앞 節에서 설명하였듯이, 鐵山紹瓊은 蒙山德異의 제자로서 修禪社의 圓明國師 冲鑑이 중국의 江南에서 고려로 모시고 온 고승이었다.[75] 말하자면 수선사의 사세 회복과 무관하지 않을 것으로 여겨지는 臨濟宗 楊岐派의 승려인데,[76] 그러한 철산소경을 한희유 등이 견제하려 하였다는 것이다.

당시 한희유와 최숭은 충렬왕의 측근으로서 권력을 장악한 핵심 실세들이었다. 대궐 안에서 몇몇이 모여 권력을 농단함으로써 '別廳(宰樞)'이라 불리던 권력기구에,[77] 이들이 참여하였던 사실만 보아도 충분히 알 수가 있다.[78] 충렬왕이 복위한 이래 충렬왕·충선왕 부자 및 각기 그들을 추종하던 세력 사이에 왕위를 놓고 격렬한 대립이 벌어졌을 때, 反忠宣王派의 주축을 이룬 인물들이었던 것이다.[79] 따라서 그러한 성격의 한희유 등

---

73 … 王召僧紹瓊于宮中 點眼畫佛 讀華嚴經 王與淑昌院妃 受菩薩戒 (韓)希愈與承旨崔崇言 秘記有 國君敬南僧 必致覆亡之語 願殿下愼之 不聽 (『高麗史』 104 韓希愈傳)

74 『高麗史節要』에 따르면, 韓希愈 등이 그처럼 건의한 것은 忠烈王 31년(1305) 4월의 일이었다(『高麗史節要』 23 忠烈王 31年 4月).

75 『韓國金石全文』 中世下 普光寺重刱碑
許興植, 「1306年 高麗國大藏移安記」, 『高麗佛教史研究』, 1986. 張東翼·權寧培, 「危素의 神光·普光寺 碑文에 대한 檢討」, 『慶北大論文集』 51, 1991.

76 위의 註 38)의 趙明濟 및 註 75)의 許興植 논문을 참고하라.

77 李起男, 「忠宣王의 改革과 詞林院의 設置」, 『歷史學報』 52, 1971, 78~83쪽. 金光哲, 「高麗 忠烈王代 政治勢力의 動向」, 『昌原大學論文集』 7-1, 1985, 155~160쪽. 李益柱, 「高麗 忠烈王代의 政治狀況과 政治勢力의 性格」, 『韓國史論』 18, 서울大 國史學科, 1988, 208~219쪽.

78 宋邦英·宋璘及上護軍李宏 還自元 王各賜衣 時帝寢疾 政在中宮 宏兄宦者福壽 得幸用事 又帝乳母爲璘營救 故邦英等賴以免 先是 韓希愈與崔崇·吳演等 入內議事 號曰別廳 至是 邦英·璘亦與焉 (『高麗史節要』 22 忠烈王 30年 8月)

이 수선사계열과 연결된 철산소경을 견제하려 하였다는 것은, 곧 忠烈王派가 수선사와 소원한 관계였음을 의미한다고 하여 지나치지 않을 듯 여겨진다. 훗날 충선왕이 수선사를 우대하였던 것과 대비되는 일이 아닐 수가 없거니와, 이는 또한 나아가 충선왕의 후원에 따른 수선사의 재등장이 당시의 정치적 변화와 무관하지 않았을 것임도 아울러 암시한다 하여 좋을 줄 믿는다.

한편 충렬왕파 인물들과 충선왕의 철산소경 내지 수선사에 대한 그처럼 상이한 입장과 관련하여, 눈길을 끄는 이가 權㫜이다. 그는 충렬왕 24년 충선왕의 개혁정치를 이끌던 詞林院 學士 중 하나였던 權溥의[80] 父인데, 고려에 온 철산소경을 맞이하여 스승으로 모시고서는 머리를 깎고 출가하였다고 한다.[81] 권단은 매우 청렴결백하며 기개 있는 관리로서, 시류에 영합하여 아부하지 못하였기 때문에 충렬왕대에 10년 동안이나 승진을 못한 적도 있는 인물이었다. 그가 知貢擧로서 선발한 門生들 중 權漢功·崔誠之·蔡洪哲·白頥正 등은,[82] 훗날 모두가 충선왕의 총애를 받는 측근 신하로 활약하였다.[83] 그 정치적 성향으로나 혹은 그 아들 및 문생의 경우로 보거나, 권단은 충선왕계열에 속한 것으로 간주하여 지나치지 않을 인물이었던 셈이다. 그런데 그러한 성향의 인물이, 수선사와 연계된 철산소경을 극진히 받들었다는 것이다.[84] 권단 또한 수선사와 무관하지만

79 이들 反忠宣王派에 관해서는 『高麗史』 忠烈王世家의 당시 기사와 함께, 『高麗史』 104의 韓希愈傳 및 같은 책 125에 수록된 宋玢·王惟紹·宋邦英·吳潛 등의 傳記를 참고하라.

80 … 忠宣受禪 置詞林院 (權)溥與朴全之等 俱爲學士 寵幸無比 … (『高麗史』 107 權㫜傳 附 權溥傳)

81 許興植, 「1306年 高麗國大藏移安記」, 712~714쪽. 趙明濟, 「『蒙山法語』·『禪要』의 수용과 사상적 의미」, 96쪽.

82 『高麗史』 107 權㫜傳

83 『高麗史』 106 白文節傳 附 白頥正傳. 같은 책 108 崔誠之傳. 같은 책 蔡洪哲傳. 같은 책 125 權漢功傳

84 그밖에도 鐵山紹瓊과 연결된 인물들을 더 찾을 수가 있는데, 閔漬·許評·金恂·尹珤 및 金賆의 妻 許氏 등이 그들이었다(許興植, 「1306년 高麗國大藏移安記」, 707~710

은 않았을 것임을 감지하고도 남음이 있다.[85]

아울러 역시 충선왕의 개혁정치를 주도하던 詞林院의 學士들 중 하나로서 충선왕과 가까웠던 李瑱이,[86] 修禪社主 萬恒과 매우 친밀한 사이였음도 간과할 수가 없다. 이진의 아들 李齊賢에 따르면, 慧鑑國師 萬恒은 매년 새로 나온 차(新茗)를 반드시 이진에게 보내왔으며, 이진은 그에 대해 장편의 시로 화답하곤 하였다고 한다. 그리고 그처럼 두 사람 사이에 오고 가던 전통이 대를 이어서 만항의 제자와 자신에게까지 이어짐을 기록하였다. 이제현은 둘 사이의 그러한 교유를 儒佛 사이의 으뜸가는 풍류라며 칭송하는 시를 읊었다.[87] 이진 또한 수선사와 긴밀한 관계였음을 알 수가 있는 것이다.[88]

쪽). 閔漬를 예외로 하면, 이들은 모두 인척으로 얽힌 사이였다. 許珙의 첫째 부인이 坡平尹氏로서 尹琉와 인척이며, 그 許珙과 尹氏 사이에서 許評과 金賆의 妻 및 金恂의 妻가 태어났던 것이다(「許珙 墓誌銘」, 『高麗 墓誌銘 集成』, 翰林大 아시아文化研究所). 또한 이들은 대부분 忠宣王과도 가까운 사이였다. 許評의 아들 許悰은 忠宣王의 외동딸인 壽春翁主와 혼인하였다. 金恂은 忠烈王派의 미움을 받던 金方慶의 아들이자, 忠宣王을 복위시키고자 韓希愈誣告事件을 일으킨 金忻의 아우였다(『高麗史』 104 金方慶傳, 같은 책 附 金忻傳 및 金恂傳). 尹琉도 또한 위의 註 54)에서 언급하였듯이 忠宣王派로 간주되던 인물이었다. 오직 閔漬만이 예외라고 할 수가 있는데, 한때 世子(忠宣王)의 師傅였던 그는 뒤에 오히려 忠宣王에게서 비난받는 입장이 되었다. 그러나 훗날 충렬·충선왕파의 대립시 충렬왕파에 가담하지 않았으며, 멀리 유배중이던 충선왕을 소환하여 주도록 元나라에 표문을 올리는 데 앞장을 서기도 하였다(『高麗史』 107 閔漬傳). 그를 굳이 反忠宣王派로 간주해야 할 까닭은 없는 셈이다.

85 權呾은 그 法名이 野雲으로서, 「楡岾寺記跋」 및 『蒙山和尙語錄略解』에 실린 「自警序」의 저자이다(許興植, 「1306年 高麗國大藏移安記」, 711~716쪽).

86 『高麗史』 109 李瑱傳
李起男, 「忠宣王의 改革과 詞林院의 設置」, 『歷史學報』 52, 1971.

87 … 東菴(李瑱)昔爲綠野遊 慧鑑(萬恒)去作曹溪主 寄來佳茗致芳訊 報以長篇表深慕 二老風流冠儒釋 百年存沒猶晨暮 … 傳家有約結香火 牽俗無由陪杖屨 … (맨끝의 夾註 : 初慧鑑以新茗寄東菴 其書戱云 前公案付山茗若干 東菴必以詩爲答 今法主亦寄茶於益齋(李齊賢)爲年例 故云) (『益齋亂藁』 4 松廣和尙寄惠新茗 順筆亂道 寄呈丈下)

88 그밖에도 李瑱·李齊賢 父子는 天台宗의 無畏國統 丁午와 順菴 義琁(『益齋亂藁』 6 妙蓮寺重興碑) 및 南山宗의 木軒 丘公(같은 책 重修開國律寺記) 등과도 관계를 맺었는데, 주된 교유 대상은 역시 선종 계통의 승려들이었다고 한다(趙明濟, 「선종계의 사

이진 등 충선왕파 인물들 가운데 일부가 수선사와 연결된 사이였음을 검토하였다. 한희유를 비롯한 충렬왕파 인물들이 수선사를 견제하려 들었던 것과는 대조적으로, 충선왕과 가까운 인물들이 수선사와 상당한 연고를 맺은 사이였음이 밝혀진 셈이다. 따라서 충선왕이 위에서와 같이 드러나게 수선사를 후원하고 나섰던 것도, 말하자면 이와 같은 데에서 그 배경을 찾을 수가 있지 않을까 싶다. 앞서 맺어졌던 그와 같은 연고가 배경이 되어, 훗날 권력을 장악한 충선왕이 그처럼 수선사에 관심을 보이며 후원하기에 이르지는 않았을까 짐작되는 것이다.

그런데 앞서 설명하였듯이, 이승휴도 또한 그러하기는 충선왕파 인물들과 매한가지이었다. 이승휴 역시 충선왕의 개혁정치에 직접 관여하였으며, 동시에 수선사와 깊은 연고를 맺은 가운데 그 재등장에 기여한 인물이었던 것이다. 불교에 대한 입장에서, 이승휴가 충선왕과 같은 개혁정치를 주도한 인물들과 공감대를 형성하였음을 이해할 수가 있다. 이승휴가 고령임에도 불구하고 충선왕의 개혁정치에 깊이 관여하기에 이르렀던 데에는, 이를테면 정치적인 측면에서만이 아니라 정신적·사상적인 측면에서도 그처럼 서로 공감할 수 있는 바탕이 마련되었기 때문이라고 하여 과언이 아니었던 셈이다.

일찍이 이승휴는 어느 승려에게 보낸 서신에서, 충선왕의 개혁정치를 칭송하는 글을 쓴 적이 있었다. 다음의 자료가 그것이다.

> 지난 겨울에 어떤 스님이 五臺山에서 와서는, 法戱頌에 序를 아울러 끌어다 합쳐서 한 部로 만든 것을 보여주었습니다. 받들어 한 차례 읽어보고는, 곧바로 손수 베껴서 익숙해지도록 음미하니 (그럴수록) 재미가 있었습니다. (스님의) 家風을 그리워하며 이와 같이 그 가운데에서 놀고 즐기기를 맘대로 하면서, 여러 삼매경에 들어 昇平의 노래 한 곡을 떠올려 불렀습니다. 우리 폐하(충선왕)께서 정성으로 佛法을 받들며 나라(의 병폐)를 다

상적 경향과 士大夫의 불교관」, 『高麗後期 看話禪의 受容과 展開』, 79~80쪽).

스려 백성을 살찌우고자 밤새워 애쓰시는 초기를 맞았으니, 어찌 浩大한 劫을 함께 수행한 것이 이러한 인연으로 되어 서로 契合해 나타난 것이 아니겠습니까. 그러한 즉 안팎이 護衛가 되어 그 일을 널리 드날리는 것이 사람과 하늘에 이익이 되게 한다는 데 결코 의심이 없을 테니, 그 지향하는 바가 경사스러워 손뼉 치는 것을 그만두지 못하겠습니다. 저는 살아온 해가 일흔하고도 다섯을 지났으니 …[89]

이승휴가 75세되던 해(忠烈王24, 1298) 봄에[90] 佛護寺의 慧和尙에게 보내었던 서신의 앞 부분이다. 앞 節에서 언급하였듯이, 불호사 혜화상은 수선사계열의 승려이었다. 그런데 그러한 출가 승려에게 이승휴는 자신의 禪詩와 더불어, 이제 막 즉위한 국왕의 정치를 칭송하는 글을 보내었던 것이다. 아마도 수선사의 혜화상 역시 자신과 마찬가지로 새로이 즉위한 충선왕의 정치에 기대를 걸 것이라는 믿음에서였다고 하면 지나친 비약일까? 적어도 혜화상이 자신과 아주 다른 정치적 성향을 가진 것으로 판단하였다면, 禪談을 주고받는 서신에 굳이 그러한 내용을 넣었을 까닭은 없을 것으로 믿는다.

지금까지 이승휴가 정신적·사상적인 측면에서 충선왕 및 그와 가까운 인물들과 공감대를 형성하였으며, 그리하여 그것을 바탕으로 그들이 함께 개혁정치를 추진하였을 것임을 검토하였다. 따라서 이제 이승휴의 불교활동에 함축된 정치적 의미도 거의 드러났다고 생각한다. 단적으로 말하여, 그것은 충선왕의 개혁정치를 정신적·사상적으로 뒷받침하였다는 데서 그 의미를 찾을 수가 있지 않을까 싶다. 이승휴가 수선사와 연결되

89 去冬 有衲子 自五臺山 寄示法戱頌 幷序引合一部 承讀一廻 卽便手書 玩味无斁 想見家風 以如是箇中 遊戱自在 種種三昧 擧唱昇平一曲 當我陛下 推誠奉法 醫國肥民 宵旰之初 豈非浩劫同修 爲此段因緣 相契出現也 然則內外爲護 弘揚箇事 利益人天 決定无疑矣 向方不勝慶抃 某行年七十又過其五 …(『動安居士集』 雜著 一部 寄佛護慧和尙書)

90 첫머리의 ‘지난 겨울(去冬)’이라는 표현에서 그렇게 추측하였다. 지난 겨울에 받은 法戱頌에 대한 회답을 이제 ‘새 봄(新春)’에 보낸다는 의미가 함축된 것이 아닌가 판단하였던 것이다.

고 더욱이 그 사세 회복에 기여하였던 것이 충선왕의 개혁정치와 무관하지 않으며, 그와 같은 앞서의 연고가 있었기에 훗날 충선왕이 그처럼 수선사에 관심을 보이며 후원을 아끼지 않았던 것이 아닌가 헤아려지는 것이다.[91]

4. 맺음말

李承休의 불교사상 경향 및 그것이 지니는 정치적 의미를 살피었다. 動安居士 李承休는 사상적으로 修禪社系統에 그 맥이 닿는 인물이었다. 三陟의 頭陁山에 칩거한 이래, 그는 이웃의 三和寺에서 빌려온 천 상자에 이르는 불교경전을 읽는 일에 매달렸다. 말하자면 그의 불교사상을 생각할 때 빼놓아서는 안 되는 것이 삼화사라고 할 수가 있겠는데, 그러한 삼화사가 선종 闍崛山門으로서 수선사계열에 속하는 사찰이었던 것이다. 또한 그와 禪談을 주고 받았던 것으로 문집에 나오는, 佛護寺의 慧和尙도 수선사계열의 禪僧이었다. 더욱이 이승휴는 知訥의 『法集別行錄節要幷入私記』를 항상 곁에 둔 채 음미하여 마지않는다고 고백한 佛者이기도 하였다. 經典 공부와 더불어 參禪에도 열심이었으며 더욱이 話頭 參究에 정진하던 그는, 의심의 여지가 없는 수선사계열의 在家修行者였다.

수선사에 그 맥이 연결되는 재가수행자로서의 이승휴의 그와 같은 사상적 경향은, 13세기 말에서 14세기 초에 걸쳐 수선사계통이 다시 중앙에 등장한 것과 깊은 연관을 맺고 있었다. 멀리 중국 江南에서 활동하던 臨濟宗 禪僧 蒙山德異와의 교류에서 짐작할 수가 있는 일이었다. 무인정권의

91 한편 여기에서 궁금해지는 것은, 당시 修禪社系統에서 표방하던 思想의 어떠한 측면이 忠宣王의 改革政治와 연결되었을까라는 문제이다. 아직 그러한 의문을 풀어줄 만한 준비를 갖추지는 못하였는데, 다만 그와 관련하여 武人政權時期 이래 修禪結社에서 내세우던 바 적극적인 社會意識의 전통 및 看話禪을 제창한 大慧宗杲의 現實參與的인 사상 경향을 지적한 견해는 참고하여 좋을 것으로 믿는다(趙明濟, 「修禪社의 현실참여와 간화선」·「『蒙山法語』·『禪要』의 수용과 사상적 의미」, 『高麗後期 看話禪의 受容과 展開』, 59~70·99쪽).

붕괴 및 元의 정치적 간섭과 함께 수선사는 퇴조를 면치 못하였다. 그리하여 수선사에서는, 몽산덕이와의 교류를 통해 그가 계승한 臨濟宗 楊岐派의 看話禪法을 적극적으로 받아들임으로써, 침체에서 벗어나고자 도모하였다. 수선사의 고승인 慧鑑國師 萬恒과 圓明國師 冲鑑 등이 바로 그들이었다. 그런데 이승휴의 불교 활동 역시 그러한 만항이나 충감과 별반 차이가 없었다. 知訥의 가르침에 따라 수행하는 것은 물론이려니와, 만항 등과 앞서거니 뒤서거니 하면서 蒙山德異와도 교류하던 그를 두고, 그들과 마찬가지로 수선사가 정체기에서 벗어나 다시 활발한 활동을 펼칠 수 있는 토대를 닦은 인물이었다고 평가하여 크게 잘못은 아닌 것으로 판단하였다.

한편 이승휴의 그와 같은 불교 활동은, 忠宣王의 改革政治와도 무관하지를 않았다. 이승휴는 충선왕의 개혁정치와 운명을 함께 한 관료였다는 평가를 받기에 부족함이 없는 인물이었다. 또한 그가 찬술한 『帝王韻紀』는 역사적인 측면에서 충선왕의 개혁을 정당화하는 논리를 제공하는 이론서 역할을 하였다. 그런데 이승휴와 충선왕 사이의 그러한 친밀성은 반드시 정치적인 측면에만 한정된 일이 아니었다. 정신적·사상적인 측면에서도 그러하기는 매한가지였다. 충선왕을 포함하여 그의 개혁정치와 연관된 인물들이 수선사와 일정한 관계를 맺었던 데서 알 수가 있는 일이었다. 이를테면 이승휴는 불교와의 관련에서도 충선왕 등과 공감대를 형성하였으며, 그것을 바탕으로 함께 개혁정치를 추진하기에 이르렀던 셈이다. 그러므로 이승휴의 불교 활동은, 요컨대 충선왕의 개혁정치를 정신적·사상적으로 뒷받침하였다는 데서 그 정치적 의미를 찾을 수가 있다고 하여 지나친 말이 아니었다.

(「李承休와 佛教」, 『韓國中世社會의 諸問題』, 韓國中世史學會, 2001)

제6장 忠宣王과 萬僧會

1. 머리말

忠肅王 즉위년(1313) 10월 開京에서 성대한 불교행사가 막을 올렸다. 上王인 忠宣王의 주선에 의해 개설된 이른바 萬僧會가 그것이었다. 평소 108만명의 승려에게 음식을 접대하고 108만개의 燈에 불을 켜기를 소원하던 충선왕이, 왕위에서 물러난 뒤 그것을 이루고자 개최한 法會였다.[1] 飯僧이란 승려를 공경하며 받들어 모시는 뜻에서 그들에게 음식을 대접하는 행위이고, 點燈이란 번뇌와 무지로 가득한 어두운 세계를 밝혀주는 부처의 공덕을 기려 칭송하고자 등에 불을 켜서 매달아 공양하는 것을 가리킨다.[2]

고려시기에는 국가 내지 왕실의 주도 아래 각종 불교행사가 끊임없이 베풀어졌다. 고려 불교의 특징이 그처럼 다양한 法會儀式의 거행에 있었음이 널리 받아들여져 온 것이다.[3] 飯僧이나 燃燈 역시 그러한 불교행사

1 『高麗史』 34 忠肅王 즉위년 10월 丙子

2 安啓賢, 「佛教行事의 盛行」, 『한국사』 6, 국사편찬위원회, 1975, 125·128쪽.

3 고려시기 행해졌던 다양한 불교행사에 관해서는 여러 연구가 나왔는데, 그 개략적인 현황이 安啓賢, 같은 논문, 107~142쪽 및 홍윤식, 「불교행사의 성행」, 『한국사』 16, 국사편찬위원회, 1994, 137~186쪽에 잘 정리되어 참고하기에 편하다.

중의 하나였다. 흔히 국왕에 의해 치러지곤 하던 정기적 혹은 부정기적인 수많은 불교의식들 가운데 으레 등장하던 이름이었다. 말하자면 고려왕조에서 위의 충선왕과 같은 佛事活動은, 그러므로 그다지 새삼스러울 것이 없는 통상적인 행사에 속한다고 하여 지나친 말이 아니었던 셈이다. 더욱이 충선왕은 깊은 佛心을 지닌 것으로 널리 알려진 군왕이기도 하였다.[4] 당시의 관습은 이를 나위가 없으려니와 충선왕의 개인적인 취향으로 미루어 보더라도, 앞서와 같은 그의 법회 개설은 자못 자연스러운 일이었음 직해 보이는 것이다.

그렇지만 충선왕의 만승회는, 당시에도 이미 과다한 비용의 지출에 대한 비판이 제기되었던 데서 드러나듯이,[5] 그 규모 등의 면에서 유례를 찾기가 힘든 특이한 법회였다. 108萬의 숫자를 채우기까지 상당 기간 동안 지속적으로, 그것도 개경에서만 집중적으로 열리도록 계획된 대규모의 불교행사였다.[6] 흔히 개경 혹은 전국에 걸쳐 하루 내지 며칠씩 열리곤 하던, 이전의 飯僧이나 燃燈을 위한 법회와는 단연 구별되는 佛事였던 것이다.[7]

4 金庠基, 「李益齋의 在元 生涯에 對하여」, 『大東文化硏究』 1, 1963; 『東方史論叢』, 서울大出版部, 1974. 北村高, 「高麗王王璋の崇佛」, 『東洋史苑』 24·25, 1985. 김광철, 「14세기초 元의 政局동향과 忠宣王의 吐蕃 유배」, 『한국중세사연구』 3, 1996. 張東翼, 「新資料를 통해 본 忠宣王의 在元活動」, 『歷史敎育論集』 23·24합, 1999. 邊東明, 「李承休와 佛敎」, 『韓國中世社會의 諸問題』, 韓國中世史學會, 2001.

5 『高麗史』 34 忠肅王 즉위년 10월 丙子, 같은 책 11월 戊申

6 구체적인 내용은 다음 節에서 설명할 예정이다.

7 연등과 반승에 관해서는 이미 많은 연구가 나온 바 있는데, 여기에서 주로 참고한 논문은 다음과 같다.

二宮啓任, 「高麗朝の上元燃燈について」, 『朝鮮學報』 12, 1958. 安啓賢, 「燃燈會攷」, 『白性郁博士頌壽紀念 佛敎學論文集』, 1959; 改題 「燃燈會」, 『韓國佛敎思想史硏究』, 東國大 出版部, 1983. 二宮啓任, 「高麗朝の齋會について」, 『朝鮮學報』 21·22合, 1961. 李載昌, 「麗代飯僧攷」, 『佛敎學報』 1, 1963. 安啓賢, 「佛敎行事의 盛行」, 『한국사』 6, 국사편찬위원회, 1975. 李相瑄, 「高麗時代의 飯僧에 대한 考察」, 『誠信史學』 6, 1988. 徐閏吉, 「密敎的 諸種儀禮의 開設」, 『高麗密敎思想史硏究』, 불광출판사, 1993. 洪潤植, 「高麗佛敎의 信仰儀禮」, 『韓國佛敎思想史』(上), 東方佛敎硏究所, 1994. 홍윤식, 「불교

따라서 일찍이 그러한 만승회에 관심을 보인 연구자도 한둘이 아니었다. 고려시기의 연등과 반승을 검토한 연구들 대부분이 충선왕의 만승회 설행을 언급하였던 것이다.[8] 하지만 그 모두가 사실을 소개하는 정도에 그치는 한계를 보여 아쉽다. 그와 같은 대규모의 법회가 개최되어야만 하였던 까닭이라든지, 또는 그러한 법회의 개설이 지니는 의미와 같은 것에 대해서는 아무도 관심을 보이지 않았다. 왜 충숙왕이 즉위한 초반에 그처럼 이례적인 법회가 열려야만 되었던가와 같은, 기본적인 사실조차 밝혀지지를 않은 실정인 것이다.

이 글에서는, 당시 상왕이었던 충선왕에 의해 만승회가 주도된 사실에 주목하여 그러한 문제에 접근해보려 한다. 우선 만승회가 개설된 기간과 장소 및 그와 관련된 승려 등에 관해 살피도록 하겠다. 이로써 그 전에 베풀어진 반승 및 연등 행사와의 차이를 이해하며, 나아가 그처럼 특이한 법회를 개설하게 된 동기 등에 대한 의문을 해소하는 실마리가 마련될 것으로 기대한다. 다음으로, 충숙왕 즉위 초에 상왕인 충선왕이 만승회를 개최해야만 되었던 이유를 알아보도록 하겠다. 왜 충선왕이 그와 같은 시기에 그러한 불사를 주도하게 되었던가에 관한 궁금증을, 당시의 정치적 상황과 연관시켜 풀어보고자 하는 것이다. 그런 다음 충선왕의 만승회 개설이 초래한 결과 및 그것이 지니는 정치적 혹은 사상적인 의미를 더듬어 봄으로써, 맺음말을 대신하도록 하겠다. 만승회 개설로 빚어진 결과를 소재로 삼아, 고려후기 불교와 정치의 관계 내지는 불교계의 경향과 같은 문제를 음미하는 기회를 가져보고자 하는 것이다.

행사의 성행」, 『한국사』 16, 국사편찬위원회, 1994. 金炯佑, 「高麗時代 燃燈會 硏究」, 『國史館論叢』 55, 1994. 安智源, 「高麗 燃燈會의 설행실태와 사회적 성격」, 『高麗時代 國家佛教儀禮硏究』, 서울大 博士學位論文, 1999. 김종명, 「연등회」, 『한국 중세의 불교의례』, 문학과지성사, 2001.

8 安啓賢, 「燃燈會」, 242쪽. 二宮啓任, 「高麗朝の齋會について」, 234~235쪽. 李載昌, 같은 논문, 301~304쪽. 安啓賢, 「佛教行事의 盛行」, 129~130쪽. 李相瑄, 같은 논문, 27~30쪽. 홍윤식, 「불교행사의 성행」, 185쪽. 安智源, 같은 논문, 107~109쪽.

2. 忠宣王의 萬僧會 開設

충선왕이 만승회를 개최하기에 이른 유래를 알려주는 기사는 다음과 같다.

> 상왕이 延慶宮에서 5일 동안 승려 2천에게 밥을 먹이고 燈 2천에 불을 켰다. 銀瓶 1백을 부처에 시주하고, 몸소 향로를 높이 받든 채 악공으로 하여금 음악을 연주하도록 시켰으며, 선종 승려인 冲坦과 교종 승려인 孝楨을 맞아들여 설법케 하면서 각각 白金 1근을 시주하고 나머지 승려 2천에게는 백금 20근을 시주하였다. 상왕은 일찍이 108만의 승려에게 밥을 먹이고 108만의 등잔에 불을 켜기를 소원하였는데, 이에 이르러 날마다 승려 2천에게 밥을 먹이고 등 2천에 불을 켜서 5일에 승려 1만과 등 1만을 채워서는, (그런 방식으로) 소원을 반드시 이루고자 기약하였다. 이를 萬僧會라 불렀는데, 그 비용이 이루 다 기록할 수가 없을 지경이었다.[9]

상왕 즉 충선왕은 일찍이 108만 명의 승려에게 음식을 베풀고, 108만 개의 등에 불을 켜기를 소원하였다고 한다. 그리하여 이때에 이르러 5일을 단위로 매일 2천 명에게 반승하고 같은 숫자를 점등함으로써 1만을 채우기를 반복하여 기필코 자신의 발원을 성취코자 하였는데, 그것을 일러 만승회라 하였다는 것이다. 만승회가 충선왕의 개인적인 신앙심의 차원에서 개최된 대규모 법회였음을 명시해 전한다.

고려인들은 불교를 국가나 개인의 현세에 있어서의 행복과 번영을 좌우하는 現世利益의 종교로서 더욱 절실하게 생각하였다고 한다.[10] 모종의 功德을 쌓음으로써 그에 상응하는 행복을 누릴 수가 있다고 하는 功德思

---

9 上王 飯僧二千燃燈二千 于延慶宮五日 施佛銀甁一百 手擎香爐 使伶官奏樂 邀禪僧冲坦 教僧孝楨說法 各施白金一斤 餘僧二千 施白金二十斤 上王嘗願 飯百八萬僧點百八萬燈 至是 日飯二千僧點二千燈 五日可滿 僧一萬燈一萬 期以畢願 謂之萬僧會 其費不可勝紀 (『高麗史』 34 忠肅王 卽位年 10월 丙子)

10 安啓賢, 「佛教行事의 盛行」, 『한국사』 6, 1975, 107쪽.

想에 근거한 관념의 결과로서, 그리하여 앞서 언급하였듯이 고려시기에는 갖가지 불교행사가 수도 없이 베풀어졌다는 것이다. 반승과 연등 역시 그러한 행사 중의 하나였음은 물론이다. 국가 내지는 왕실의 주도 아래 치러지던 정기적 혹은 부정기적인 수많은 法會儀式들 가운데 빠짐없이 등장하곤 하는 이름이었던 것이다.

그런데 위의 萬僧會는 고려에서의 그와 같은 통상적인 飯僧이나 燃燈을 위한 法會와는 차이가 있었다. 무엇보다도 규모의 면에서 이전과 크게 달랐다. 위에 제시한 자료 가운데 과다한 비용의 지출에 대한 비판이 특별히 기록된 데서도 드러나듯이, 이례적이라 불려 마땅할 만큼의 대규모적인 법회였던 것이다. 고려시기의 불교행사에 관한 기왕의 연구에 따르면, 燃燈의 경우 특설 燃燈會라 하더라도 길어야 5일 동안[11] 많아야 3만개를 點燈한 것이[12] 기간 및 燈의 숫자에서 가장 대규모의 사례에 해당하는 것으로 전한다. 飯僧의 경우에도 또한 顯宗代(1009～1031)에 한 차례 행해졌던 10만 명을[13] 제외하면, 많아야 1만 명이었고 최대라고 해야 3만 명 정도의 승려에게 음식을 접대하는 것이 상례였다.[14] 아울러 대부분의 그와 같은 법회는 開京의 宮闕이나 寺刹을 중심으로 널리 지방의 官衙와 寺刹 등에서까지 베풀어지곤 하는 것이 보통이었다.[15]

반면에 만승회는 5일을 단위로 매일 2천 명에게 반승하고 같은 숫자로 점등하여 1만을 채우기를 반복하였는데, 그 기간이 충숙왕 즉위년(1313) 10월 20일(丙子)에서 이듬해(1314) 정월 22일(丁未)에 이르기까지였다. 기록에 따르면, 그 기간 동안 충선왕은 총 7회에 걸쳐 반승 및 점등의 불사활동을 하였던 것으로 나타난다.[16] 그렇지만 이는 충선왕이 직접 참여한

11 『高麗史』 8 文宗 21년 정월 庚申

12 『高麗史』 9 文宗 27년 2월 丁酉

13 『高麗史』 4 顯宗 9년 5월 戊寅

14 安啓賢, 「燃燈會」, 240～241쪽. 李相瑄, 「高麗時代의 飯僧에 대한 考察」, 15～19쪽.

15 安啓賢, 「燃燈會」, 231～247쪽. 李載昌, 「麗代飯僧攷」, 297～299쪽. 李相瑄, 「高麗時代의 飯僧에 대한 考察」, 15～19·25쪽.

법회만 기록한 것일 뿐 실제로는 훨씬 많으며, 어쩌면 그 기간 내내 만승회가 개최되었던 것은 아닌가 여겨지기도 한다. 통상적인 儀禮의 경우 최초의 것과 함께 국왕이 직접 참여한 사례만 기록으로 남긴다는 『高麗史』의 편찬 원칙에 비추어서도 그러하거니와,[17] 더욱이 충선왕이,

> 상왕이 元으로 갔다. 가는 길에 延慶宮의 萬僧會에 들러 白金 130근을 승려 萬恒에게 시주하였다. 왕이 金郊驛에서 전송하며 술잔을 받들어 올리자, 상왕이 눈물을 흘리면서 왕 및 宰樞에게 나랏일을 부탁하였다.[18]

에서와 같이, 원나라로 향하는 길에 불쑥 延慶宮에 개설 중인 만승회를 방문하였다는 기록에서도 그것을 짐작할 수가 있지 않을까 싶다. 그 날 반승이나 점등의 법회 내지는 만승회를 개최하였다는 기록이 별도로 나타나지 않음에도 불구하고, 연경궁에서는 여전히 만승회가 열리는 중이었던 것이다.

또한 만승회는 거의 한 장소에서만 장기간 지속적으로 개최된 법회였다는 점에서도 특이한 사례에 속한다 할 것이다. 개경 그 중에서도 延慶宮에서만 몇 달 동안 계속하여 베풀어진 반승과 점등의 불사가 곧 만승회였던 것이다. 당시 충선왕이 演福寺에서 반승은 없이 점등만 설행하였던 사례가 두 번 나오기는 하지만,[19] 예외적이거나 아니면 만승회라 불리는 불

16 『高麗史』 34 忠肅王 卽位年 10월 丙子, 같은 책 11월 戊申, 같은 책 12월 庚午, 같은 책 12월 壬申, 같은 책 忠肅王 元年 正月 庚子, 같은 책 正月 癸卯, 같은 책 正月 丁未.

17 韓永愚, 「『高麗史』·『高麗史節要』의 비교연구」, 『震檀學報』 48, 1979, 12쪽. 邊太燮, 『高麗史의 硏究』, 三英社, 1987, 48쪽.
· 如圜丘·籍田·燃燈·八關等常事 書初見以著其例 若親行則必書 (『高麗史』 纂修高麗史凡例)

18 上王如元 道入延慶宮萬僧會 以白金百三十斤 施僧萬恒 王餞于金郊驛 奉觴而進 上王流涕 以國事屬王及宰樞 (『高麗史』 34 忠肅王 元年 正月 丁未)

19 上王 飯僧點燈于延慶宮 又與萬恒同輦 幸演福寺 點燈凡八日 萬恒設酌 王懽甚自歌 (『高麗史』 34 忠肅王 卽位年 12월 壬申)
· 上王如演福寺 點二千燈 (같은 책 忠肅王 元年 正月 庚子)

사활동에는 속하지 않는 법회가 아니었던가 여겨진다. 대체로 보아 만승회는 연경궁에서 열렸다고 보아 무방할 듯싶거니와,[20] 통상 대규모적인 연등회나 반승 불사의 경우 개경을 비롯하여 널리 지방의 사찰이나 관아에서까지 동시에 베풀어지곤 하던 전례에 비추어, 이색적인 행사라 하여 지나치지 않을 것이다.

만승회가 이전의 다른 불교행사와 달리, 대규모로 인원을 참여시킨 가운데, 상당한 기간 동안, 개경의 연경궁 한 장소에서만 집중적으로 베풀어진, 이례적인 반승과 점등의 법회였음을 검토하였다. 그런데 만승회는 禪敎 兩宗 각 종파의 고승을 고루 망라하다시피 동원한 가운데 개설된 법회라는 점에서도 눈길을 끈다. 다음의 기록을 다시 살피도록 하자.

> 상왕이 延慶宮에서 5일 동안 승려 2천에게 밥을 먹이고 燈 2천에 불을 켰다. 銀瓶 1백을 부처에 시주하고, 몸소 향로를 높이 받든 채 악공으로 하여금 음악을 연주하도록 시켰으며, 선종 승려인 冲坦과 교종 승려인 孝楨을 맞아들여 설법케 하면서 각각 白金 1근을 시주하고 나머지 승려 2천에게는 백금 20근을 시주하였다 … 이를 萬僧會라 불렀는데, 그 비용이 이루 다 기록할 수가 없을 지경이었다.[21]

앞서 제시하였던 바 처음 만승회가 개설되던 당시의 상황을 전해주는 자료 가운데 일부이다. 위 기록에 따르면, 충선왕은 만승회를 개설하면서 禪宗 僧侶 冲坦과 教宗 僧侶 孝楨을 맞이해 說法하도록 요청하였다고 한

20 萬僧會를 흔히, "上王如元 道入'延慶宮萬僧會' 以白金百三十斤 施僧萬恒…"(『高麗史』 34 忠肅王 元年 正月 丁未)이나 혹은 "…甲寅首春 '延慶宮百八萬僧齋日' 上手獻兩街都僧統新鑄印…"(『朝鮮金石總覽』 上 法住寺慈淨國尊普明塔碑)에서와 같이, 延慶宮과 연결 지어 잇대 호칭하곤 하였던 데에서 더욱이 그것을 확인할 수가 있지 않을까 생각한다.

21 上王 飯僧二千 燃燈二千 于延慶宮五日 施佛銀瓶一百 手擎香爐 使伶官奏樂 邀禪僧冲坦·教僧孝楨說法 各施白金一斤 餘僧二千 施白金二十斤 … 謂之萬僧會 其費不可勝紀(『高麗史』 34 忠肅王 卽位年 10월 丙子)

다. 만승회를 열면서 선종과 교종을 고루 안배하여 그에 참여시키고자 하는 충선왕의 의도가 엿보인다. 그런데 여기에 나오는 선승 충탄은 寶鑑國師(鑑智王師) 混丘(丘乙)의 문도로서[22] 曹溪宗 迦智山門 소속이며,[23] 교승 효정은 弘眞國尊 惠永의 문도로서[24] 法相宗 소속이었다.[25] 만승회가 개설되는 처음부터 조계종 가지산문과 법상종이 그에 관련되었음을 알려준다.

아울러 당시 王師였던 混丘(丘乙)의 門人 冲坦이 그처럼 만승회와 연관을 맺었던 것으로 미루어, 혼구와 같은 시기에 國師로 책봉되었던 天台宗의 無畏國統 丁午도 또한 그와 무관치만은 않았음 직해 보인다.[26] 사실 정오와 혼구는 만승회가 개설되고 얼마 지나지 않아서 함께 국통과 왕사로 책봉되었으며,[27] 그 뒤로도 상왕을 모신 가운데 더불어 팔관회를 참관하거나,[28] 혹은 때로 왕의 방문을 받기도 하는 등,[29] 만승회가 열리는 동안

22 … 次日 冲坦 祝髮爲僧 今鑑智王師丘乙堂下 禪○寺住持 禪師 … (『高麗墓誌銘集成』 尹珤 妻 朴氏 墓誌銘)

23 一然의 계승자로서 迦智山門 소속이었던 寶鑑國師(鑑智王師) 混丘(丘乙)에 관해서는, 李齊賢이 찬한 그의 碑銘(『益齋亂藁』 7 寶鑑國師碑銘幷序)과 함께, 蔡尙植, 「一然의 생애와 檀越의 성격」, 『高麗後期佛敎史硏究』, 一潮閣, 1991, 105~110쪽의 설명이 참고 된다.

24 … 門人 金山寺住持僧統孝楨等 瀝哀悰而淚滴重泉 呈行狀而情陳九闥 欲傳鴻迹 請立龜趺 … (『朝鮮金石總覽』(上) 桐華寺弘眞國尊眞應塔碑)

25 法相宗僧 弘眞國尊 惠永에 관해서는 그의 碑文(『朝鮮金石總覽』(上) 桐華寺弘眞國尊眞應塔碑)과 함께, 邊東明, 「高麗後期의 法相宗」, 『한국중세사연구』 12, 2002, 184~187·189~191·194·201쪽 등의 설명을 참고하라.

26 無畏國統 丁午에 관해서는, 蔡尙植, 「無畏國統 丁午의 활동상과 사상적 경향」, 『釜大史學』 23, 1999의 설명을 참고하라.

27 아래의 자료에 나타나듯이 丁午와 混丘가 각각 國統과 王師로 책봉된 것은 忠肅王 卽位年 11월 2일(戊子)이었는데, 이는 萬僧會가 처음 열리던 같은 해 10월 20일(丙子)에서 12일째 되는 날이었다.

· 以王師丁午爲國統 國一大師混丘爲王師 (『高麗史』 34 忠肅王 卽位年 11월 戊子)

· … 皇慶癸丑(忠肅王 卽位年) 德陵(忠宣王)謝位 處永安宮 屢遣中使 輿而致之 從容談道 或至日暮 於是 諗國王 以祖宗舊例 冊命師爲悟佛心宗解行圓滿鑑智王師 兩王同摳衣請益 前古未有 … (『益齋亂藁』 7 寶鑑國師碑銘幷書)

28 設八關會 王御儀鳳樓 上王與丁午·混丘 在樓西 公主與王·淑妃 在樓東 觀樂 … (『高麗史』 34 忠肅王 卽位年 11월 庚子)

지속적으로 상왕과 밀착된 관계를 유지하였다. 그 문인을 법회에 참여시킨 왕사 만항은 이를 나위가 없으려니와, 국통 정오도 또한 결코 충선왕의 만승회와 무관할 수만은 없는 고승이었던 것으로 간주하여 좋지 않을까 여겨지는 것이다.

한편 그들 외에도 法相宗의 慈淨國尊 彌授와 曹溪宗 修禪社(闍崛山門)의 慧鑑國師 萬恒 역시 충선왕이 개설한 만승회와 뗄 수 없는 관계를 맺은 승려들이었다.[30] 다음의 자료에서 그것을 파악할 수가 있다.

① … 甲寅年(충숙왕 원년) 정월 延慶宮의 108萬僧齋日에, 왕이 '兩街都僧統'이라 새로 주조한 인장을 몸소 헌상하였다 …[31]

② 상왕이 연경궁에서 이틀 동안 승려 2천에게 밥을 먹이고 등잔 2천에 불을 켰는데, 松廣寺의 승려 萬恒을 불러 법회에 참석시키고는 (만항이) 돌아감에 미쳐 왕이 타던 초요자를 하사해 (태워서) 돌려보냈다.[32]

③ … 皇慶 癸丑年(1313, 충숙왕 즉위년)에 太尉王(忠宣王)이 낮춰 永安宮에 거주하면서, 편안한 수레와 겸손한 말로 (만항을) 맞이해 경성에 이르렀다. 그때 바야흐로 선종과 교종의 이름난 승려들을 모아서 날마다 차례로 강론토록 하였는데, 스님이 이르자 방(棒)이며 할(喝)로 (꾸짖고 찬양함에) 바람이 일어나고 변론은 강을 (거꾸로) 매달아 물이 쏟

29 이때 丁午와 混丘를 방문한 것은 上王이 아닌 王이었다(王訪僧混丘 于廣明寺 翼日又訪丁午 于妙蓮寺. 같은 책 12월 丁巳). 하지만 당시 실권을 장악한 것은 상왕인 충선왕이었으며, 국왕인 충숙왕도 그의 뜻에 따라 움직이는 실정이었음을 잊지 말아야 할 것이다. 말하자면 이때 국왕이 國師와 王師를 방문한 것 또한 상왕의 意中에서 벗어난 일이었다고는 할 수가 없지 않을까 헤아려지는 것이다.

30 彌授와 萬恒은 고려후기의 法相宗과 曹溪宗 修禪社系列을 다룰 경우 늘 언급되곤 하는 당대의 고승들인데, 그 생애를 알려주는 비문이 각각 전하여 그들을 이해하는데 도움을 준다(『朝鮮金石總覽』(上) 法住寺慈淨國尊普明塔碑, 『益齋亂藁』 7 慧鑑國師萬恒碑銘幷序).

31 … 甲寅(忠肅王元年)首春 延慶宮百八萬僧齋日 上手獻兩街都僧統新鑄印 … (『朝鮮金石總覽』 上 法住寺慈淨國尊普明塔碑)

32 上王 飯僧二千 點燈二千 于延慶宮二日 召松廣寺僧萬恒赴會 及還 賜所御軺軺子 遣之(『高麗史』 34 忠肅王 卽位年 12월 庚午)

> 아지듯 하였다. 왕이 매우 기뻐하며 수레를 같이 타고 가서 손수 음식을 받들어 올리고 '別傳宗主 重續祖燈 妙明尊者'의 법호를 더하였으며, 전별하면서 袈裟·웃옷·하의·모자·버선과 銀幣 50鎰을 주었다 …[33]

彌授는 延慶宮의 百八萬僧齋日 즉 萬僧會 자리에서, 새로이 주조한 兩街都僧統의 印章을 왕에게서 직접 받았음이 그의 비문에 기록되어 전한다(①). 萬恒은 만승회에 참여하도록 충선왕에 의해 특별히 초빙을 받았는데(②), 그의 비문에 따르면 거기에서 빼어난 강론을 펼쳐 충선왕에게서 남다른 우대를 받았다고 한다(③).[34] 이들이 모두 만승회와 깊이 연관된 고승이었음을 이해할 수가 있는 것이다.[35]

曹溪宗의 修禪社와 迦智山門을 비롯하여 天台宗·法相宗을 대표하는 승려들이 만승회에 참여하였음을 살피었다. 이른바 고려시기의 4대종파[36] 중 3대종파가 만승회의 개설에 깊숙이 관여하였음을 확인할 수가 있는 셈이다. 다만 華嚴宗이 그와 관련되었음을 보여주는 직접적인 증거만은 잘 눈에 띄지를 않는다. 한데 화엄종 승려 體元이 충선왕의 知遇를 입어 높은 僧階와 이름있는 사찰의 주지를 제수받았다는 기록[37] 및 그에 바탕한

33 … 皇慶癸丑(忠肅王卽位年) 太尉王謙居永安宮 安車卑辭 邀至京城 時方聚禪教名流 日以次講論 師至 棒喝風生 辯若懸河 王喜甚 行同輿 手捧饌 加法號 別傳宗主重續祖燈妙明尊者 袈裟衣裙帽襪先 銀幣五十鎰以贐 師還山 … (『益齋亂藁』7 慧鑑國師碑銘幷序)

34 그밖에도 만항과 만승회와의 관계를 보여주는 기록이 더 전하는데, 그것을 제시하면 다음과 같다.

- 上王 飯僧點燈于延慶宮 又與萬恒同輦 幸演福寺 點燈凡八日 萬恒設酌 王懽甚自歌 (『高麗史』34 忠肅王 卽位年 12월 壬申)
- 上王如元 道入延慶宮萬僧會 以白金百三十斤 施僧萬恒 王餞于金郊驛 奉觴而進 上王流涕 以國事屬王及宰樞 (같은 책 忠肅王 元年 正月 丁未)

35 특히 萬恒이 그러하였는데, 忠宣王과 修禪社 내지 그 10세 社主인 萬恒과의 관계 및 그것을 바탕으로 한 修禪社系列의 등장에 관해서는, 邊東明, 「李承休와 佛教」, 782~788쪽의 설명을 참고하라.

36 許興植, 『高麗佛教史研究』, 一潮閣, 1986.

37 … 如公 妙年披剃 高步選佛場 見知大尉上王 崇緇秩 授名刹 而以親老 不忍去左右 湯藥必先嘗 至于其歿 尤友愛弟兄間 盖孝悌發於性 雖其學佛 趣舍之間 知有先後 … (『拙藁

충선왕의 화엄종 배려를 지적한 연구에 따르면,[38] 화엄종의 만승회 참여도 또한 반드시 부정적으로만 생각할 일은 아닌 듯싶기도 하다.

한편 위의 사료에 따르면, 만승회에서는 반승·점등의 불사와 더불어 여타의 행사도 함께 치러지곤 하였던 것으로 보인다. 법회이니만큼 佛法의 강론이 행해진 것은(③) 당연하려니와, 兩街都僧統에게 새로 주조된 인장을 바치는 거와 같은 의식도 함께 베풀어졌던 것이다(④). 나아가 충선왕이 초요자(軺轄子)를 타고 만승회에 참석하였던 사실도(②) 또한, 이 행사의 그와 같은 다양한 측면을 이해하는 데 도움을 줄 듯 싶다. 초요련(軺轄輦)은 燃燈會와 八關會에서 大赦令을 반포하러 갈 때에 타도록 규정된 특별한 수레로 기록에 전하거니와,[39] 이로 미루어 만승회 역시 연등회나 팔관회의 경우에서처럼 여러 가지 행사를 수반하지는 않았을까 짐작되는 것이다.[40] 말하자면 반승과 점등을 중심으로 필요에 따라서는 더불어 관련 불교행사가 함께 거행되기도 하던, 대형법회가 곧 만승회였던 셈이다. 따라서 그러한 법회에 國師와 王師를 포함한 당대의 高僧 大德이 대거 모여든 것은, 어찌 보면 너무 당연한 일이 아니었던가 싶기도 하다. '당시 선종과 교종의 이름난 승려들이 사방에서 모여들었다(時方聚禪敎名流)'고 하는 위의 자료(③)에 나오는 표현이, 반드시 과장으로만 생각되지를 않는 것이다.

지금까지 萬僧會가 보기 드물게 대규모적인 飯僧과 點燈의 法會를 중심으로 한 불교행사로서, 4大宗派를 위시한 禪敎 각 종파의 高僧을 망라

千百』 1 送盤龍如大師序)

38 蔡尙植, 「體元의 저술과 사상적 경향」, 『高麗後期佛敎史硏究』, 一潮閣, 1991, 198~200쪽.

39 毅宗朝詳定 象輅朱漆 … 軺轄輦 以椶梠爲屋 … 上元燃燈·八關會 御樓大赦 乘之 其還闕 乘平輦 其制如軺轄而無屋 (『高麗史』 72 輿服 毅宗朝)

40 연등회와 팔관회에서의 의례절차를 포함한 여러 행사에 관해서는 다음의 논문을 참고하라.
安智源, 『高麗時代 國家佛敎儀禮 硏究』, 서울대 박사학위논문, 1999, 61~85·165~194쪽. 김종명, 『한국 중세의 불교의례』, 문학과 지성사, 2001, 127~139·180~201쪽.

하다시피 동원하여 개설된, 이례적인 大佛事였음을 알아보았다. 그런데 여기에서 더욱이 주목되는 것은, 그처럼 이례적인 대규모의 법회가, 앞서 언급하였듯이 충선왕의 개인적인 발원에 의해 개최된 불교행사였던 것처럼 기록에 전한다고 하는 사실이다. 이전의 반승이나 연등 행사의 경우, 국가 내지 왕실 차원에서 항례적으로 혹은 특별한 일을 기념하여 부정기적으로 베풀어지던, 말하자면 공공의 목적을 지닌 가운데 公的으로 행해지던 불교행사였다. 반면에 만승회는 순전히 충선왕의 개인적인 관심에서 비롯된 불사였던 것으로 전한다. 태평성대를 축원한다거나 혹은 사원의 낙성이나 불상의 조성 내지는 국왕의 탄생일이나 왕자의 결혼을 기념하는 거와 같은, 불교행사의 개최에 따르는 어떤 타당한 이유의 제시 없이, 온전히 충선왕의 개인적인 信心의 발로에서 만승회가 비롯되었던 것처럼 史書에는 기록되어 전하는 것이다. 통상적으로 중앙과 지방의 사찰 내지 관아 등에서 행해지곤 하던 이전의 반승이나 연등 행사와 달리, 충선왕의 깊은 관심 속에 그의 正宮으로 막 중창을 마친 延慶宮에서[41] 만승회가 집중적으로 베풀어졌던 것도 또한 그와 같은 사실을 반영한 것은 아닌가 여겨지기도 한다. 아울러 그 경비를 전적으로 內帑에서 부담하여 추호도 下民에게서 거둬들이지 않았음이 강조되어 이색적이거니와,[42] 이 역시 만승회가 국가적 차원이라기보다는 충선왕 개인의 차원에서 베풀어진

41 忠宣王이 자신의 正宮으로 삼고자 同王 원년(1309)에서 5년(1313)에 걸쳐 延慶宮을 중창하였음에 관해서는, 김창현, 「개경의 대궐과 별궁」, 『고려 개경의 구조와 그 이념』, 신서원, 2002, 211~212쪽을 참고하라. 한편 고려시기의 燃燈과 飯僧이 흔히 궁궐에서 열리기도 하였음을 떠올리면, 延慶宮에서의 萬僧會 개설 역시 그러한 사례의 하나에 지나지 않는다고 생각할 수도 있을 것이다. 그렇지만 앞서 제시한 논문에서도 지적하였듯이, 연경궁은 충선왕의 지대한 관심 속에 많은 기간과 비용을 들여 이제 막 중창을 끝낸 궁궐이었다. 따라서 그와 같은 의미를 지니는 연경궁에서 장기간 지속적으로 베풀어진 만승회를, 다른 궁궐에서의 통상적인 반승 점등의 사례와 동일시하기는 어렵지 않을까 생각한다.

42 다음 節에서 다룰 式目都監의 上箋陳賀文 중 萬僧會를 언급하는 가운데, "…益發至心 絲毫不費於下民 錢穀特傾於內分 飯僧玉饌…"(『高麗史』 34 忠肅王 元年 正月 甲辰)이라 한 것이 그것이다.

법회임을 의미하는 것으로 생각하게 만들기도 한다.

그렇다면 충선왕이 그처럼 만승회를 개설한 까닭은 무엇이었을까? 과연 그의 개인적인 깊은 佛心의 결과로만 그것을 받아들여도 좋은 것일까? 순전히 私的인 신앙의 차원에서 충선왕이 그처럼 거창한 불사활동을 벌였다고 이해하기에는 뭔가 석연찮은 느낌이다. 미처 기록하기 어려울 만큼 엄청난 비용을 들인 것으로 사서에 전하는,[43] 그리하여 많은 물의를 일으켰음이 분명해 보이는 법회의 개설 이유가, 그처럼 단순히 개인적인 신앙심의 발로에 지나지 않았다고는 믿어지지를 않는다. 불교왕국인 고려에서조차 유례가 드문 불사활동을 벌인 동기라기에는 쉽사리 납득하기 어려운 점이 있어 보이는 것이다. 그 구체적인 진상이 어떠하였는지 궁금하거니와, 그에 관해서는 節을 바꾸어 알아보도록 하겠다.

3. 萬僧會 開設의 동기

충선왕이 만승회를 개설하기에 이른 까닭으로서 우선 생각해 볼 수가 있는 것이, 그의 불교계 장악 내지는 그 과시 의도이지 않을까 싶다. 충선왕은 원나라에서 다양한 불교종파와 관계를 맺었던 것으로 이름이 있다. 티벳불교를 비롯하여 華嚴宗·天台宗·臨濟宗, 그리고 심지어는 不法化되었던 白蓮教團의 復教에까지 관여하였음이 밝혀진 바 있는 것이다.[44] 고려에서도 그것은 비슷한 모습으로 나타난다. 曹溪宗 迦智山門과 天台宗 妙蓮寺系를 비롯하여 曹溪宗 修禪社系列이나 法相宗 및 華嚴宗 등 여러 종파에 충선왕은 관심을 아끼지 않았다.[45] 충선왕대의 고려 불교계가 매

43 … 上王嘗願 飯百八萬僧 點百八萬燈 至是 日飯二千僧 點二千燈 五日可滿 僧一萬 燈一萬 期以畢願 謂之萬僧會 其費不可勝紀 (『高麗史』 34 忠肅王 卽位年 10월 丙子) · 上王 飯僧點燈 于延慶宮五日 浮屠之數 布施之費 比前有加 (같은 책 11월 戊申)

44 李龍範, 「元代 喇嘛教의 高麗傳來」, 『佛教學報』 2, 1964, 189쪽. 張東翼, 「新資料를 통해 본 忠宣王의 在元活動」, 『歷史教育論集』 23·24합, 1999, 729~733쪽.

45 邊東明, 「李承休와 佛教」, 『韓國中世社會의 諸問題』, 韓國中世史研究會, 2001, 781~782쪽.

우 다양하게 구성되었음을 알 수가 있는 것이다. 한편 그런 만큼 그것을 적절하게 제어하는 문제 또한 시급한 과제로 떠오르지 않았을까 짐작된다. 말하자면 서로 얽혀 경쟁하는 여러 종파 사이를 적절히 조절하고 통제해야 할 필요성이 그만큼 커진 셈이거니와, 충선왕이 만승회를 개설하면서 선종과 교종을 막론하고 이름있는 승려를 널리 불러 모았던 까닭이 여기에 있지는 않았을까 싶다. 국사와 왕사를 필두로 소위 4대종파와 같은 禪敎 각 종파를 대표하는 高僧 碩德들을 만승회에 두루 참여시킴으로써, 고려 불교계를 통제하거나 혹은 그에 성공하였음을 과시하는 데 도움을 얻을 수가 있는 것으로 판단하였을 가능성이 높아 보이는 것이다. 실제로 충선왕은 이후 1년 가까이 흐른 충숙왕 2년(1315)에 법상종 승려 彌授로 하여금 懺悔府를 설치하여 僧政을 專管토록 함으로써, 불교계를 장악하고자 시도하였던 것으로 파악되기도 한다.[46]

충선왕의 만승회 개설이 단순히 개인적인 신앙심의 발로라기보다는, 고려 불교계를 장악하기 위한 방편 내지는 그에 성공하였음을 과시하려는 의도에서였을 가능성을 살폈다. 그렇지만 한편으로 생각해 보면, 과연 그것 하나만을 목적으로 만승회를 개설하였을까 의문이 일기도 한다. 만승회의 규모라든지 등을 감안할 때, 불교계 통제라는 목표만으로는 다소 과도한 불교행사라는 느낌을 지울 수가 없는 것이다. 그렇다면 충선왕이 만승회를 개설한 진정한 의도는 무엇이었을까. 이와 관련하여 주목해 마땅한 것이, 바로 다음의 자료가 아닌가 싶다.

> 上王이 스스로 자신의 공덕 10여 조목을 기록하여 비밀스럽게 式目都監에 내려서는, 箋을 올려 하례하도록 시키었다. 箋에 이르기를, "(전하께서는) 공이 높고 덕이 두터우시며 오직 평안히 무강하시니 … 돌이켜 생각하건대 우리나라는 본시 터를 닦던 시초에, 佛法을 널리 드높여 점차로 다스림에 이르기를 유지함으로써, 나라가 태평하기를 표방하였습니다. 이제

46 邊東明, 「高麗後期의 法相宗」, 『한국중세사연구』 12, 2002, 205~211쪽.

> (그와 같은 선대의) 남기신 典範을 이어 지극한 마음을 더욱 드러내어, 실한 오라기도 下民에게 비용을 부담시키지 않고 특별히 돈과 곡식을 궁중 창고에서 기울여 (마련해서), 승려에게 먹이는 귀한 음식이 구름처럼 김이 가득 서려 성대하고, 부처를 비추는 향기로운 등불은 하늘에 별이 갈라 퍼지듯 늘어서서 어지러이 빛나거늘, 숫자는 108만을 기약하고 정성은 삼천대천의 세계에 두루 미쳤습니다. 초목이 우거지듯 고승의 앉은 자리가 줄을 지어 가득 차고, 북과 종의 소리가 울려 퍼지듯 禪의 講說이 왕성하니, 말미암아 황제의 수명이 영구하기를 축원하고 겸하여 황후의 연세가 멀리 길어질 것을 기원하였습니다. 어찌 오직 두 聖人(황제와 황후)의 강녕하심만이리오, 또한 이는 三韓의 기쁘게 믿고 의지함입니다 … 臣들은 다행스럽게도 성대한 시절을 만나 빼어난 事績을 눈으로 볼 수 있게 되었으니, 그 손뼉을 치며 기뻐함을 어찌 가히 다 펼쳐서 보일 수가 있으리오"라고 하였다. 대개 상왕이 상국(元)에 (그러한 내용이) 전해기를 원해서였다.[47]

충선왕이 자신의 공덕을 스스로 기록해서는 都堂인 式目都監에[48] 은밀히 내려 보내어, 宰樞로 하여금 箋을 올려 賀禮하도록 시키었다고 한다. 그 중 만승회를 언급한 내용을 포함하여 관련된 부분을 발췌한 것이 위의 자료이다. 그런데 이에 따르면, 충선왕은 만승회를 개설함으로써 원나라의 황제와 황후가 길이 장수하고 강녕하기를 축원하였다고 한다. 또한 거기에 고려가 기꺼운 마음으로 믿고 의지함을 밝히면서, 그러한 사실들이 원나라에 알려지도록 도모하였음이 전하기도 한다.[49] 말하자면 원나라 황

47 上王 自記其德十餘條 密下式目 令上箋陳賀 箋曰 功高德厚 惟休無疆 … 顧惟本國 元自肇基 弘揚佛法 以維持馴致 邦家之帖泰 今承遺範 益發至心 絲毫不費於下民 錢穀特傾於內分 飯僧玉饌 盛如雲委以氤氳 照佛蘭燈 列似星分而燦爛 數期百萬八萬 誠遍三千大千 蔚然龍象之駢闐 殷若鼓鍾之禪講 因祝皇齡之永久 兼祈懿筭之遐長 豈唯二聖之康寧 亦是三韓之慶賴 … 而臣等幸遇盛時 獲瞻勝事 其爲慶抃 曷可敷宣 盖上王欲 以聞于上國也 (『高麗史』 34 忠肅王 元年 正月 甲辰)

48 邊太燮, 「高麗의 式目都監」, 『歷史敎育』 15, 1973, 58~64쪽.

49 安智源, 「高麗 燃燈會의 설행실태와 사회적 성격」, 108~109쪽.

제와 황후의 만수무강을 축원하며 동시에 그로써 고려도 안녕을 누리기를 기원하려는 것이 만승회를 개설한 목적이었던 셈이거니와, 더욱이 충선왕은 그러한 사실들이 원나라에 알려지도록 고심하였음을 이해할 수가 있는 것이다.

앞서 만승회가 처음 열리게 되었음을 전하는 자료에서, 그 배경이 순전히 충선왕의 개인적인 信心의 발로에 있었던 양 전하는 것과는 뉘앙스가 많이 다르다. 개인적 신심 운운은 아마도 불교행사를 개최하면서 으레 내세우게 마련인 명목상 내지는 의례적인 의미 부여쯤으로 간주해 무난할 듯싶거니와, 적어도 위 기록을 통해 만승회가 개인적인 신앙심의 차원에서 개최된 것이었다고만은 할 수가 없음이 분명해졌다 할 것이다. 그렇다면 충선왕이 굳이 그와 같은 만승회를 개설하고자 나선 진정한 의도는 무엇이었을까? 왜 당시 충선왕이 만승회를 개설하였으며, 또한 그것을 자신의 덕으로 내세워 신하들로 하여금 箋을 올려 칭송하도록 시키고, 나아가 그러한 사실이 원나라에까지 전해지도록 애를 썼는지 궁금한 것이다. 이와 관련하여, 잠시 만승회가 열리고 충선왕에게 頌德의 箋文이 올려지던 당시의 상황을 살피는 것도 무익하지만은 않을 것 같다.

만승회가 열린 것은 충선왕이 상왕으로서 개경에 체재하던 시기의 일이었다. 재위 기간 내내 원에 거주하던 충선왕이 고려로 귀국한 것은 충숙왕 즉위년(1313) 6월이었다.[50] 앞서 같은 해(忠宣王5, 1313) 3월 충숙왕에게 傳位하고서는,[51] 다음 달에 燕京을 출발한지[52] 두 달만의 일이었다. 이후 줄곧 고려에 머무르던 충선왕은 이듬해(忠肅王 元年, 1314) 정월 다시 원나라로 들어가기 위해 개경을 출발하였는데,[53] 그 사이인 충숙왕 즉위년 10월(丙子)에서[54] 再入元하던 날(忠肅王 元年 正月 丁未)까지[55] 만승

50 『高麗史』 34 忠肅王 卽位年 6월 丙子

51 『高麗史』 34 忠宣王 5년 3월 甲寅

52 같은 책 忠肅王 卽位年 4월 丙戌

53 같은 책 忠肅王 元年 正月 丁未

54 같은 책 忠肅王 卽位年 10월 丙子

회를 개설하였으며, 또한 再入元하기 직전(忠肅王 元年 正月 甲辰)에[56] 式目都監의 宰樞로 하여금 만승회의 개최와 같은 자신의 덕을 칭송하는 하례의 箋文을 올리도록 유도하였다. 말하자면 충선왕은 고려에 체류하던 8개월 가운데 후반기 4개월을 만승회와 함께 하였으며, 再入元을 앞두고 그 마지막을 장식하고자 만승회 개최의 의미를 천명한 頌德의 箋文을 上書토록 시키었던 셈이다. 만승회의 개설이라든지 혹은 재추로 하여금 頌德의 箋文을 올려 원나라에까지 그것이 알려지도록 한 일 등이, 모두 충선왕의 再入元과 깊이 연관되었을 것임을 암시한다.

그렇다면 충선왕이 원나라에 다시 들어가는 것과 만승회는 무슨 연관이 있었던 것일까? 충렬왕 24년(1298)에 8개월 가량 재위했다가 물러난 충선왕은, 그 후 대부분의 기간을 원에서 보내었다. 복위한(충렬왕34, 1308) 직후와 충숙왕에게 전위한 다음의 얼마 동안을 제외하고는 내내 원에 머물렀으며, 마침내 그곳에서 임종을 맞이하였다. 성년이 된 이후 충선왕이 그처럼 주로 원나라에서 머무르며 활동하였음은 널리 알려진 사실이거니와, 이러한 그의 在元生涯 가운데 문제가 된 것이 復位한 다음 고려의 국왕으로 재위하던 기간이었다. 고려의 왕이 장기간 본국을 비워 둔 채 원에 체류하는 데 대한 비판이 고려와 원 양국에서 심각하게 제기된 때문이었다. 충숙왕에게로의 전위는 그러므로 그러한 귀국 압력을 회피한 채 지속적으로 원에서 활동하기 위한 방편이었다고 하여 좋을 것이다.

충선왕이 그토록 원에서의 활동에 집착하였던 것은, 원의 정치적 간섭을 받아야만 하는 고려의 처지를 강하게 의식한 결과였다. 그는 고려의 정치가 원에 의해 좌우된다는 점을 누구보다 잘 파악한 인물이었다. 그 자신이 원의 개입에 의해 즉위와 퇴위를 거듭하는 重祚를 체험한 결과였다. 그가 그처럼 고려의 왕위를 넘겨주면서까지 원에 머무르려 하였던 것은, 그러므로 그로써 고려에 대한 자신의 통치권을 더욱 안정시키려는 의

55 같은 책 忠肅王 元年 正月 丁未

56 같은 책 忠肅王 元年 正月 甲辰

도에서였다는 역설이 널리 인정되어 온 바이다. 그러나 충선왕은 고려국왕의 지위에서 물러났음에도 불구하고 끝내 귀국해야만 하였다. 원이 그의 체류를 허락하지 않은 때문이었다. 원나라의 정국동향 및 그의 귀국을 둘러싼 고려 관료의 분열과 갈등을 감안해서 元帝가 내린 결정에 따른 일이었다.[57] 그렇지만 사태가 그러할수록, 충선왕의 입장에서는 원나라에 체류해야 할 필요성이 더욱 커졌다고 해야 할 것이다. 그것이야말로 원의 정국 변화에 적절히 대처하며, 그리하여 고려에서의 자신의 정치적 위상을 확고히 하는 지름길일 것이기 때문이었다. 말하자면 충숙왕에게 전위한 다음 상왕으로 고려에 머물면서 만승회를 개설하던 시기의 충선왕에게는, 원에 들어가 활동할 필요성이 자못 절실하였으며 더욱이 그에 따른 명분이 요구되는 상황이었다고 하여 좋을 듯 여겨지는 것이다.

충선왕이 만승회를 개설하려 하였던 것은 위와 같은 사정에서 그 이유를 찾아볼 수가 있다고 믿는다. 만승회를 통해 고려의 여론이 통일되고 정치적으로 안정된 상태임을 과시하며, 따라서 자신이 원에 들어가더라도 고려의 정치에 혼란이 생기지 않을 것임을 드러내려는 의도가 있지는 않았을까 헤아려지는 것이다. 본시 고려왕조에서는 연등회와 같은 불교의식을 매개로 國論의 통일을 지향하였다고 한다.[58] 민심의 규합과 사회적

57 위 본문에서 요약한 거와 같은 당시의 정치적 상황에 대해서는 이미 많은 논고가 나왔는데, 여기에서 주로 이용한 몇몇 연구 성과를 제시하면 다음과 같다.
高柄翊, 「麗代 征東行省의 硏究」(上·下), 『歷史學報』 14·19, 1961·1962; 『東亞交涉史의 硏究』, 서울대 출판부, 1970. 高柄翊, 「高麗 忠宣王의 元 武宗 擁立」, 『歷史學報』 17·18합, 1962; 『東亞交涉史의 硏究』, 1970. 金庠基, 「李益齋의 在元生涯에 對하여」, 『大東文化硏究』 1, 1963; 『東方史論叢』, 서울대출판부, 1974. 李昇漢, 「高麗 忠宣王의 瀋陽王 被封과 在元 政治活動」, 『全南史學』 2, 1988. 鄭希仙, 「高麗 忠肅王代 政治勢力의 性格」, 『史學硏究』 42, 1990. 金塘澤, 「高麗 忠肅王代의 瀋王 옹립운동」, 『歷史學硏究』 12, 1993. 김광철, 「14세기초 元의 政局동향과 忠宣王의 吐藩 유배」, 『한국중세사연구』 3, 1996. 李益柱, 「14세기 전반 高麗·元關係와 政治勢力 동향」, 『한국중세사연구』 9, 2000.

58 洪潤植, 「高麗佛敎의 信仰儀禮」, 『韓國佛敎思想史』(上), 東方佛敎硏究所, 1994, 1021~1024쪽.

통합을 위한 방법으로 불교의례를 주목하였으며,[59] 그리하여 文宗代(1046~1083)와 같은 경우 특설 연등회를 개설하여 국왕의 주도 아래 정국이 안정되었음을 과시하는 계기로 삼기도 하였던 것으로 전한다. 고려에서 연등회와 같은 불교의례가 지배층의 통치력을 과시하며, 나아가 계층 간의 결속을 도모하고자 베풀어진 행사였음이 널리 인정되어 온 것이다.[60]

앞서 밝혔듯이 충선왕은 만승회에 선종과 교종 각 종파의 고승을 두루 참여토록 하였거니와, 이 역시 그와 동일한 방향에서 해석함이 온당할 듯싶다. 그로써 불교계의 화합과 일치단결을 강조함은 물론, 나아가 고려가 정치적으로 분열되지 않은 가운데 안정을 누림을 표방할 수가 있었을 것이기 때문이다. 또한 만승회의 개최와 같은 자신의 덕을 칭송하는 箋文을, 고려의 신료를 대표하는 宰樞로 하여금 합의하여 上書하도록 시키고 나아가 그 頌德의 내용이 元에까지 알려지기를 바랐던 것도, 그와 마찬가지의 의미를 지닌 일이었음이 분명해 보인다.[61] 이로써 고려의 관료들 사이

59 安智源, 「序論」, 『高麗時代 國家佛敎儀禮硏究』, 서울대 박사학위논문, 1999, 6쪽.

60 安智源, 「高麗 燃燈會의 설행실태와 사회적 성격」, 99~100쪽. 그밖에 의례의 역할에 대한 다양한 견해 등 의례의 기능을 둘러싼 국제학계의 연구동향에 관해서는, 김종명, 「역사적 의미」, 『한국 중세의 불교의례』, 문학과 지성사, 2001, 273~277쪽의 소개를 참고하라.

61 忠宣王이 萬僧會와 같은 대형 법회를 열고 또 그것이 元에 알려지기를 바랐던 것과 관련하여, 혹시 元의 간섭을 촉발할 가능성은 없었을까 의문이 생길 수도 있다. 앞서 忠烈王 4년(1278)에 있었던 談禪法會 禁止事件의 전례에 비추어 볼 때 그러하다(金光哲, 「高麗 忠烈王代 政治勢力의 動向」, 昌原大論文集』 7-1, 1985). 그렇지만 고려의 불교행사에 대해 元은 대체로 불간섭을 원칙으로 하였던 것이 아닌가 싶다. 충렬왕 4년의 담선법회 금지 외에 따로 원이 고려의 불교행사에 개입한 사례는 쉽게 눈에 띄지를 않는다. 金方慶의 반역 무고사건과 얽혀 元의 적극적인 간섭을 유발한 충렬왕 4년의 담선법회 금지가, 오히려 예외적인 사건이 아니었던가 여겨지는 것이다. 한편 고려의 담선법회가 단순히 禪의 이치를 공부하며 참선하는 법회를 넘어, 외적의 침입을 물리치기를 기원하는 등 國泰民安을 위한 불교의례였음에 관해서는, 李萬, 「談禪法會에 관한 硏究」, 『韓國佛敎學』 10, 1985, 63~76쪽과, 金光植, 「崔瑀의 寺院政策과 談禪法會」, 『國史館論叢』 42, 1993, 217~257쪽 및 徐閏吉, 「密敎的 諸種儀禮의 開設」, 『高麗密敎思想史硏究』, 불광출판부, 1993, 184~186쪽을 참고하라.

에 어떠한 분열이나 갈등도 없으며, 서로 화합하는 가운데 태평성대를 구가함을 안팎으로 과시할 수가 있었으리라 판단되는 것이다. 앞서 제시하였던 바 충선왕에 대한 頌德 箋文의 마지막에서, "(충선왕의 덕을) 칭송하는 소리가 길에 가득하고 和合의 기운이 하늘을 찌르거니와, 臣들은 다행스럽게도 성대한 시절을 만나 빼어난 事績을 눈으로 볼 수 있게 되었으니, 그 손뼉을 치며 기뻐함을 어찌 가히 다 펼쳐서 보일 수가 있으리오"라고 하였던 것이,[62] 바로 그와 같은 충선왕의 속마음을 여실히 드러내 준다 하겠다.

한편 충선왕의 그러한 의도는, 만승회에 간여하였을 것으로 판단되는 신료들의 면면에서도 간취할 수가 있다. 만승회에 주도적으로 관여하거나 혹은 후원한 인물들이 누구였던가를 알려주는 직접적인 기록은 전하지를 않는다. 다만 어렴풋이나마 그와 연관되었을 것으로 짐작되는 인물은 찾아볼 수가 있는데, 그 중의 하나가 蔡洪哲이다. 만승회가 열리는 기간 동안, 충선왕이 신하의 私家로는 유일하게 蔡洪哲의 旃檀園을 방문하였던 사실로 미루어 그러한 추측이 가능하지 않을까 싶다.[63] 전단원은 禪僧들로 하여금 수행에 정진할 수 있도록 후원하고자, 채홍철이 자기 집의 북쪽에 지어 놓았다는 건물을 가리킨다.[64] 채홍철은 이곳에서 몸소 藥을 조제하여 사람들을 구제하는 일에 앞장섰던 것으로 전하거니와, 그리하여 세상에서는 흔히 活人堂이라고도 일컬었다는 이 전단원을, 충선왕이 방문하여 백금 30근을 시주하였다는 것이다.[65] 충선왕의 채홍철에 대한 관심

62 … 頌聲載路 和氣格天 而臣等幸遇盛時 獲瞻勝事 其爲慶抃 曷可敷宣 … (『高麗史』 34 忠肅王 元年 正月 甲辰)

63 上王 幸蔡洪哲旃檀園 施白金三十斤 (『高麗史』 34 忠肅王 卽位年 11월 戊戌)

64 旃檀園에서 參禪 修行한 승려 중에는 恭愍王代의 高僧 太古和尙 普愚(圓證國師)도 있었다. 그는 忠肅王 후6년(1337) 말에서 이듬해(1338) 초에 걸쳐 이곳에서 수행하던 중 無字 話頭를 타파하였던 것으로 유명하다(…後至元丁丑 師年三十七冬 寓旃檀園 叅無字話 明年正月初七日五更 豁然大悟 作頌八句 打破牢關後 淸風吹太古 其結句也… 『朝鮮金石總覽』 上 太古寺圓證國師塔碑).

65 … 尤好釋教 嘗於第北 構旃檀園 常養禪僧 又施藥 國人多賴之 呼爲活人堂 忠宣嘗幸其

이 남달랐음을 말해주는 사례이자, 나아가 당시 만승회가 한창 개설 중이던 상황이었음을 생각하면, 더욱이 채홍철과 만승회 개설이 무관치만은 않았음을 암시하는 일화가 아닌가 여겨진다. 이 채홍철과 더불어 만승회 개설에 관여하였을 것으로 추정되는 또 다른 인물은 裵廷芝이다. 앞서 제시한 上箋 頌德文에 따르면, 만승회에 들어가는 경비는 전적으로 왕실의 內帑에서 부담하였다고 한다.[66] 그런데 충선왕의 집권기간 동안 왕실재정기관을 도맡았으며,[67] 더욱이 만승회가 베풀어던 延慶宮의 提擧事에 임명된 인물이 곧 裵廷芝였던 것이다.[68] 아마도 만승회에 소요되는 경비의 수입과 지출을 총괄하여 책임지던 인물이지 않았을까 헤아려지거니와, 적어도 裵廷芝가 '延慶宮 萬僧會'와 무관치만은 않은 인물이었던 것으로 보아 무방할 듯싶다.

그런데 충선왕의 만승회 개설에 그처럼 관여하였던 것으로 여겨지는 채홍철과 배정지는 충선왕의 핵심 측근들이었다.[69] 충선왕의 정치적 의도

園 施白金三十斤 … (『高麗史』 108 蔡洪哲傳)

66 … 今承遺範 益發至心 絲毫不費於下民 錢穀特傾於內分 飯僧玉饌 盛如雲委以氤氳 … (『高麗史』 34 忠肅王 元年 正月 甲辰)

67 裵廷芝가 忠宣王代 王室財政機關의 책임자로서 忠宣王의 財政改革을 추진한 사실에 관해서는, 朴鍾進, 「忠宣王代의 財政改革策과 그 性格」, 『韓國史論』 9, 서울대 국사학과, 1983, 93~98쪽을 참고하라.

68 裵廷芝의 墓誌銘에 따르면, 그가 提擧延慶宮事로 재임한 것은 충선왕이 복위한(1308) 이후 충숙왕 5년(1318) 사이 어느 시기의 일이었던 것으로 보인다(…大尉王知其賢 嘗有大用意 及嗣位…王謂 富國莫先乎農也 設典農司 荒政不可不備也 立有備倉 公皆掌其草創之事 甚稱上旨 而錢穀之所丘 則知民部事 禮義之所關 則兼中門使 以至判內府·都津·司僕·繕工寺事 提擧豊儲·廣興·義成·德泉倉·料物庫·延慶·永安宮事 幹辦內侍院事…延祐戊午 耽羅賊… 『高麗墓誌銘集成』 裵廷芝 墓誌銘). 만승회가 개설 중이던 충숙왕 즉위년 10월에서 이듬해 정월까지의 사이에, 그가 延慶宮의 提擧事로 재직 중이었던가의 여부가 불분명한 것이다. 말하자면 그가 提擧延慶宮事로서 萬僧會의 經費를 책임졌으리라는 본문에서의 주장을 뒷받침할 증거가 불충분한 셈이다. 그렇지만 대략 충선왕의 집권기간 동안 주요 財政官署가 裵廷芝와 金怡 둘에게 주로 맡겨졌었다는 기왕의 연구로 미루어(朴鍾進, 앞의 논문, 93쪽), 만승회의 경비 역시 두 사람 그 중에서도 연경궁과 연고가 있었음이 확인되는 裵廷芝가 담당하였던 것으로 간주함이 온당하지 않을까 여겨진다.

에 맞추어 일을 추진할 수 있는 심복 추종자들이었던 것이다. 말하자면 충선왕은 전체 신료의 합의에 바탕하였다기보다는, 채홍철이나 배정지와 같은 소수의 측근 복심을 중심으로 만승회를 열어 고려의 화합과 안정을 내외에 과시하려 하였던 셈이다. 그 비용의 과다함을 비판하는 기록이[70] 암시하듯, 당시 충선왕의 그러한 대형 법회 추진에 대한 고려 국내의 여론은 대체로 부정적이지 않았던가 판단된다. 소수의 측근을 제외하고는 그와 같은 성격의 법회 개설에 동의하지 않는 것이 일반적인 분위기였던 셈이다. 하지만 충선왕은 만승회의 개설이 상하의 일치단결을 상징하는 양 과시하며, 고려가 태평성대를 누리고 있음을 賀禮하도록 宰樞의 합의를 강요하였다. 앞서 제시한 式目都監의 箋文이 그것이었다. 만승회의 개설 등 화합과 번영의 업적을 이룩한 자신의 덕을 고려의 관료들이 일치하여 한 목소리로 칭송하는 것처럼 꾸미고, 나아가 그러한 頌德文의 내용이 元에까지 알려지기를 그는 애써 도모하였던 것이다. 고려의 관료들이 분열 없이 일치단결한 상태임을 과시하고자 하는 충선왕의 의지가 매우 강렬하였음을 보여주는 대목이 아닐 수 없다.

충선왕은 宰樞의 頌德 箋文을 통하여 고려의 국론이 통일되어 어떠한 분열도 존재하지 않음을 政治的으로 과시하려 하였으며, 社會的 혹은 宗敎的인 측면에서 그것을 뒷받침하고자 마련된 불교행사가 곧 만승회였던 것으로 이해하여 좋을 줄 믿는다. 만승회는 수많은 사람들을 동원하여 장기간에 걸쳐 개경에서 열리도록 기획된 종교적인 儀式이었다. 宰樞의 頌德 箋文에서 언급된 바 고려의 정치적인 안정과 번영을 안팎으로 과시하는 데에는, 다시없는 행사가 아닐 수 없었던 것이다. 말하자면 종교적인 측면을 넘어 널리 사회 일반에까지 충선왕의 정치적인 의도를 관철할 수 있는 행사로 기획된 것이 곧 만승회였던 셈이다. 자신의 在元生活로 고려

69 朴鍾進, 「忠宣王代의 財政改革策과 그 性格」, 93~98쪽. 朴宰佑, 「高麗 忠宣王代 政治運營과 政治勢力 動向」, 『韓國史論』 29, 서울대 국사학과, 1993, 38~39쪽.

70 『高麗史』 34 忠肅王 卽位年 10월 丙子, 같은 책 11월 戊申

의 관료사회가 분열되고 정치가 불안해진다는 안팎의 비판을 불식시키는 것은 물론, 나아가 고려의 국론이 통일되고 정치가 안정되었음을 널리 과시함으로써 再入元의 명분을 마련하려는 것이, 만승회를 개설한 충선왕의 진정한 속마음이 아니었던가 헤아려지는 것이다.

4. 맺음말 -萬僧會 開設의 결과와 그 의미-

충선왕은 再入元의 명분을 마련하려는 정치적인 의도에서 만승회를 개설하였다. 그리고 결과적으로 소기의 목적을 달성하였다. 다시 원나라로 들어가 활동할 수가 있게 되었던 것이다. 그렇지만 머지않아 자신과 충숙왕에게 밀어닥칠 정치적인 수난이 이에서 잉태되었다는 점에서, 그가 만승회를 통해 과시하고자 도모하였던 정치적인 화합과 안정이라는 최종 목표에는 멀리 미치지 못하였다는 평가를 면치 못할 듯싶다. 在元 중 행하였던 그의 이른바 '傳旨政治'는 충숙왕의 불만을 불러일으켰으며, 더욱이 고려의 관료들 사이에 분열을 초래하였다. 그리하여 고려의 정치가 파행으로 치달은 끝에 마침내 그 자신은 머나먼 吐蕃 땅으로 유배되었고, 아들인 충숙왕도 또한 원나라로 소환되어 國王印을 빼앗긴 채 4년 동안 억류당해야만 하는 처지가 되었던 것이다.[71]

고려왕조에서는 수많은 불교행사를 통하여 국론의 통일과 민심의 규합 등 정치·사회적인 통합을 꾀하였으며, 아울러 국왕을 중심으로 한 정치적인 안정과 계층 간의 결속을 과시하고자 도모하였던 것으로 전한다. 만승회 역시 그러기는 매한가지였을 터이다. 그러나 만승회를 통해 후자 즉 충선왕을 중심으로 한 지배층의 통치력을 과시하는 기회로 삼는 데에는 성공하였을지 모르지만, 전자 즉 실제로 민심을 수렴하고 국론을 통일하는 데에는 실패하였음이 분명해 보인다. 만승회가 개설 중이던 당시의 부정적인 분위기는 이를 나위가 없으려니와, 앞서 언급하였듯이 그 뒤의 잇

71 위의 註 57)의 논문을 참고하라.

따른 정치적 파행에서 더욱이 그것을 확인할 수가 있는 것이다.[72]

충선왕의 만승회 개설은 국왕의 정치적인 의도를 관철시키고자 불교의례를 끌어들인 현저한 사례에 해당한다. 당대의 고승 대덕을 대거 동원하는 등, 만승회의 개설은 불교와 정치의 유착을 심화시켰다. 그리고 이처럼 불교가 세속 정치에 깊이 연결되면서, 특정 정치세력의 성쇠와 종파의 세력 구도가 맞물려 변화해 가는 상황을 노정시키기도 하였다.[73] 사회의 전체적인 변화에 따라 불교가 그에 적응하는 수준을 넘어, 세속의 정치와 직결되고 또 그에 좌우되는 현상마저 나타나기에 이르렀던 것이다.

나아가 충선왕의 만승회 개설에는 功德思想에 바탕한 現世祈福的인 경향의 만연이라고 하는, 고려후기 불교의 모습이 고스란히 반영되어 주목된다. 고려의 불교에 본시 그러한 측면이 강하게 나타난다는 점은 널리 받아들여져 왔거니와, 고려후기가 되면서는 특히 그 利己的·個人主義的인 측면이 더욱 도드라져 보이는 듯 여겨진다. 이전의 경우 각종 불교의례를 통하여 국가나 왕실의 안녕과 번영을 기원하는 것이 일반적이었던 데 비해, 후기에는 왕왕 利己的인 祈福의 차원에서 불교행사가 치러지곤 하였던 것이다.[74] 만승회 역시 충선왕 개인의 功德을 쌓기 위한 飯僧과 點

---

72 이와 관련하여, 고려시기에 거행된 수많은 불교행사가 결과적으로 정치력의 강화라든지 또는 사회적인 통합에 기여하지 못했음을 강조함으로써, 불교의례의 개설에서 정치적 혹은 사회적인 의미를 찾으려는 데 부정적인 견해가 나올 수도 있다(김종명, 「역사적 의미」, 『한국 중세의 불교의례』, 문학과지성사, 2001, 273~332쪽). 그렇지만 그 실제적인 결과에 못지않게, 불교의례를 개설한 의도 또한 중시해야 하지 않을까 생각한다. 불교행사를 통하여 정치력 강화 내지는 사회적인 통합을 '도모'하는 것과 실제로 그러한 목표를 '달성'하는 것은 별개의 문제이며, 따라서 그러한 불교의례를 베풀고자 한 의도를 살펴 그것이 지니는 정치적·사회적인 의미를 찾아보는 것 또한 반드시 부질없는 일이지만은 않을 것으로 판단되는 것이다.

73 忠宣王과 法相宗僧 彌授가 각각 政治와 佛教에서 浮沈盛衰를 함께하였던 것과 같은 사례를 들 수가 있겠는데, 그에 관해서는, 邊東明, 「高麗後期의 法相宗」, 214~215쪽을 참고하라.

74 14세기 들어 고려에서는 개인이나 혹은 특정 계층들이 자신만의 이익을 누리기 위해 불교를 專有하는 단계로 전락하였다는 지적이거니와(蔡尚植, 「體元의 저술과 사상적 경향」, 『高麗後期佛教史研究』, 一潮閣, 1991, 215쪽), 高宗代(1213~1259) 이후

燈의 佛事이자, 더욱이 그의 정치적인 의도를 관철시키고자 하는 現世利益 추구의 차원에서 개설된 만큼, 그러한 예에 속한다 하여 크게 잘못은 아닐 것이다. 이후 고려에서는 특정 개인이나 혹은 집단의 기복을 위한 불교행사가 사회적으로 한층 보편화되면서 유행하였다.[75] 충숙왕 후8년(1339) 5월에 婦女子들이 尊卑老少를 가리지 않고 香徒를 결성하여 齋(飯僧)와 點燈을 행하는 현상이 만연하자 그것을 금지하는 監察司의 지시가 내려졌다든지,[76] 혹은 향도를 결성한 燈燭輩들이 충혜왕의 참여 속에 祝壽齋를 열었다는 충혜왕 후3년(1342) 6월의 기록[77] 등에서 그것을 확인할 수가 있다.

한편 그처럼 고려말기로 갈수록 확연해지는 불교와 정치의 유착이나 혹은 공덕사상에 바탕한 이기적 차원의 현세기복주의의 만연은, 필연적으로 불교의 정치·사회적 내지는 사상적인 기반을 축소시켜 갔다. 개혁을 내세우며, 사회를 이끌어갈 참신한 이념을 갈구하던 新興士大夫로 하여금 고개를 돌리도록, 불교 스스로 그 원인을 제공하였던 셈이다. 功德思想 중심의 佛教에도 詞章 중심의 기존 儒教에도 만족할 수 없었던 그들로서, 새로이 전파되어 들어오는 朱子性理學에 관심을 돌리게 되는 것은 어찌 보면 너무도 당연하였던 듯 여겨지기까지 하는 것이다.

(「忠宣王과 萬僧會」, 『民族文化論叢』 27, 嶺南大 民族文化研究所, 2003)

에는 飯僧에서도 利他의 정신보다는 自利를 앞세우는 경향이 강해졌다고도 한다(李相瑄, 「高麗時代의 飯僧에 대한 考察」, 『誠信史學』 6, 1988, 23쪽).

75 安智源, 「高麗 燃燈會의 설행실태와 사회적 성격」, 109~110쪽.

76 『高麗史』 85 刑法 2 禁令 忠肅王 후8년 5월

77 『高麗史』 36 忠惠王 후3년 6월 甲寅

제7장 忠肅王의 密教大藏 金字寫經

1. 머리말

고려후기에 密教大藏이 金字로 寫經된 적이 있었다. 충숙왕의 發願에 따라 추진된 佛事였다.[1] 고려에서는 충렬왕대 이후 寫經이 크게 유행하였다. 신앙의 한 형태로까지 간주되어 '寫經信仰'이라 칭해질 만큼 불교경전의 筆寫가 성행하였다.[2] 참여 계층 또한 국왕에서 중앙의 귀족과 지방의 호장층에 이르기까지 다양하였으며, 그리하여 현전하는 사경 유물의 대부분이 이 시기에 제작되었던 것으로 여겨지기도 한다.[3]

사경은 본시 불교의 연구와 전파를 위한 경전의 書寫 작업, 내지는 그러한 과정을 거쳐 제작된 불교경전을 가리킨다. 그러던 것이 인쇄술의 발달과 함께 대량으로 경전이 간행되기 시작하면서, 차츰 경전의 유통보다는 功德을 위한 佛事의 차원에서 널리 행해지기에 이르렀다. 그리하여 근본정신이 퇴색된 가운데 외형만이 더욱 중시되면서, 호화로운 장식을 자랑하는 사경의 제작이 성행하였다. 현재까지 전하는 여러 金·銀字寫經이

1 『益齋亂藁』 5 金書密教大藏序

2 박상국, 『사경』, 빛깔있는 책들 54, 대원사, 1990, 57쪽.

3 우리나라의 寫經에 관한 개괄적인 정리는, 박상국, 『사경』 및 權熹耕, 『高麗寫經의 研究』, 미진사, 1986의 설명을 참고하였다.

그러한 풍조의 산물이었음은 이를 나위가 없다. 한국에서 그러한 성격의 사경이 특히 성행한 것은, 앞서 언급하였듯이 元 干涉下의 고려에서였다. 그리하여 주로 現世祈福的인 차원에서 제작된 화려한 金·銀字寫經이 지금까지 적지 않게 전하는 것이다.[4] 당시 고려의 그러한 사경 제작기술은 외국에서도 널리 그 우수성을 인정받았다. 여러 차례에 걸쳐 元 帝室에서 고려의 寫經僧을 대거 초빙하여 대장경을 寫成하였다든지, 혹은 비용을 보내어 고려에서 사경을 제작하도록 요구하였던 사실만 보아도 알 수가 있다.[5]

충숙왕이 密教大藏을 사경한 것은 위와 같은 환경 속에서의 일이었다. 말하자면 당시의 분위기로 미루어, 그다지 눈길을 끌지 못한 가운데 이룩되었음직한, 평범한 寫經 佛事 중의 하나였던 셈이다. 따라서 이제까지 연구자들이 그처럼 사소해 보이는 일에 별다른 주의를 기울이지 않은 것은, 도리어 당연한 일이 아니었던가 여겨지기도 한다.[6] 게다가 당시 완성되었다고 하는 金字로 筆寫된 密教大藏의 유물도 또한 아직 한 점이 발견

4 忠肅王 또한 그러한 분위기에서 예외적인 존재가 아니었음은 물론이다. 그의 發願으로 조성된 銀字寫經 1점이 현전하는 것으로 미루어 그렇게 말할 수가 있다('紺紙銀字 阿育王太子法益壞目因緣經 寫經 跋文', 『韓國上代古文書資料集成』, 李基白 編, 一志社, 1987).

5 박상국, 앞의 책, 47~53쪽.

6 고려시기의 寫經이나 密教를 다룬 연구에서, 그러한 사실이 있었음을 지적하는 정도에 그치는 게 보통이었다. 기껏해야 寫經으로 인한 財政的인 낭비를 지적한다든지 혹은 고려시기 密教가 차지하던 비중을 언급하면서, 그러한 증거로서 거론되는 수준에 지나지 않는 실정인 것이다. 그 몇몇을 들어보면 다음과 같다.
權熹耕, 「高麗國王·王室 發願寫經과 金·銀字院에 관한 考察」, 『高麗寫經의 硏究』, 미진사, 1986, 253~254쪽. 박상국, 앞의 책, 51~52쪽. 朴泰華, 「韓國佛教의 密教經典傳來考」, 『韓國佛教學』 1, 1975; 『韓國密教學論文集』, 大韓佛教眞覺宗, 1986, 153쪽. 鄭泰爀, 「한국의 밀교」, 『正統密教』, 經書院, 1984, 138~139쪽. 徐閏吉, 「高麗 建國의 密教的 理念」, 『高麗密教思想史硏究』, 불광출판부, 1993, 27쪽. 睦楨培, 「韓國 佛教史的 脈絡에서 본 密教의 機能」, 『韓國密教思想』, 동국대 불교문화연구원, 1997, 531~532쪽. 韓基汶, 「高麗時代 開京 現聖寺의 創建과 神印宗」, 『歷史教育論集』 26, 歷史教育學會, 2001, 496쪽.

되지를 않았다. 연구에 커다란 장애 요소가 아닐 수 없거니와, 충숙왕의 밀교대장 사경이 지금껏 검토에서 소외되기에 이른 가장 중요한 요인이 아마도 여기에 있지는 않았을까 여겨진다.

그렇지만 충숙왕의 밀교대장 금자사경을 그처럼 가벼이 보아 넘기는 것은, 그 의미를 지나치게 과소평가하는 것이 아닌가 염려된다. 또한 관련 유물이 전하지 않는다고 해서, 그러한 사실이 지니는 역사적 비중마저 덩달아 줄어드는 건 더더욱 아닐 것이다. 李齊賢에 따르면, 당시 金字로 필사한 불교경전이 총 130권이었다고 한다.[7] 제법 상당한 분량이라고 할 수가 있거니와, 우선 그 규모만으로도 충숙왕의 밀교대장 금자사경은 주목받아 마땅하다고 생각한다. 아울러 佛典 중에서도 密敎 관계만을 집중적으로 수집해서 사경했다는 사실 역시 그냥 지나칠 수가 없기는 매한가지이다. 무엇보다도 그리 해야만 되었던 까닭이 궁금하기 그지없거니와, 아울러 흔히 소수 종파로 간주되어 소홀히 다뤄져 오곤 하던 밀교가 고려사회에서 차지하는 비중이 어떠하였던가를 새삼 되새기도록 만들기 때문이기도 하다.

이 글에서는 李齊賢의 '金書密敎大藏序'를 비롯하여 고려·조선초기의 밀교대장 관련 자료를 바탕으로, 각별히는 당시의 정치정세와 연관시켜 충숙왕의 밀교대장 금자사경을 검토해보려 한다. 먼저, 사경의 대상이었던 密敎大藏에 관해 알아보도록 하겠다. 조선초기에 존재하였던 것으로 기록에 전하는 밀교대장의 經板을 함께 고찰함으로써, 밀교대장 그 자체에 관한 궁금증을 일부나마 해소하는 것은 물론, 나아가 무슨 경전을 사경하려 하였던가를 밝힘으로써 發願者의 의도를 헤아리는 데 도움을 얻고자 하는 것이다. 다음으로, 경전의 필사작업이 이루어진 시기와 장소 및 그와 관련되었을 것으로 여겨지는 불교종파 등을 찾아보도록 하겠다. 이로써 고려시기 密敎가 가졌던 성격의 한 부분을 파악하며, 더욱이 사경이 이루어지게 된 배경을 이해하는 실마리로 삼고자 하는 것이다. 이어서,

---

7 『益齋亂藁』 5 金書密敎大藏序

충숙왕이 밀교대장을 금자로 사경하기에 이른 배경을 더듬어보도록 하겠다. 굳이 특정한 시기에 사경을 해야만 되었던 까닭이라든지, 혹은 하고 많은 佛典 중에서 密教經典이라고 하는 특정한 분야만을 선택하여 사경하기에 이른 연유가 무엇이었던가 등을 가늠해 보려는 것이다. 그리하여 사경의 의의, 특히 그 대상으로 密教大藏이 택해지게 된 思想史的 의미가 무엇이었던가를, 高麗時期 佛教史의 흐름 속에서 거듭 음미하는 기회를 가져보고자 하는 바람이 있다.

2. 密教大藏과 그 經板

密教經典을 집성하였을 것으로 추정되는 密教大藏이 고려시기에 존재하였음을 전하는 것으로는, 李齊賢의 글이 유일하다. 충숙왕의 발원에 의해 추진된 寫經의 경위를 밝히는 그의 글에서, 그 대상이던 밀교대장의 존재가 자연히 드러나게 되었던 것이다. 다음의 기록이 그것이다.

> … 사람들에게 感應함이 반드시 깊으며, 신령스럽고 기이한 자취가 또한 많을 것이 당연하다. 옛 사람들이 그와 같음을 알고 그것을 모아 엮어서 90권으로 만들고는, 密教大藏이라 이름을 붙여 발간해서 세상에 퍼뜨렸다 … 또한 그 미처 수집하지 못한 것을 찾아 늘려 40여권을 얻었으니, 옛 것과 합하여 130권이 되었으므로, 글씨를 잘 쓰는 사람을 시켜 부문별로 나눠 베끼도록 하였다 …[8]

고려에는 본시 90권본의 밀교대장이 전해 오던 중이었는데, 이때 거기에다 40권을 새로이 보충하여 130권의 밀교대장을 사경하였던 사실을 전한다. 과거 언젠가 90권의 밀교 관련 경전이 집성되어 밀교대장이라는 이

8 … 其感於人也 必深矣 靈異之跡 亦宜乎多也 昔之人 知其若此 裒而纂之 成九十卷 名之曰 密教大藏 刊行于世 … 又增求其所未收 得四十餘卷 舊合一百三十卷 令工書者 分部而寫之 … (『益齋亂藁』 5 金書密教大藏序)

름 아래 간행된 것이 고려에 전해져 이용되었고, 그것을 사경한 충숙왕대에 그에 40권을 더한 130권본 밀교대장이 성립하였음을 알 수가 있다. 그러면 여기에 나오는 밀교대장은 어떠한 경전들로 이루어진 佛典集이었을까?

이 밀교대장이 구체적으로 무슨 경전을 편입시켜 엮어진 것이었던가에 관한 설명은 아직 찾아보지를 못했다. 언제, 그리고 어느 곳에서, 누구에 의하여 밀교경전의 수집이 시작되었으며, 또 그것이 정리되어 밀교대장이라는 이름 아래 비로소 간행되었던가를 전해주는 자료도 또한 접해 본 바가 없다. 90권본의 밀교대장도 그러하거니와 이때 金字로 사경하였다고 하는 130권본마저 전해지지 않아, 도무지 알아볼 도리가 없는 실정이다. 오리무중인 가운데, 다만 그 명칭으로 미루어 밀교에 관련되는 경전들을 모아 엮어진 것이 아니었을까 추측하는 정도를 벗어나지 못하는 상태인 것이다.

그런데 이와 관련하여 한 가지 궁금해지는 것은, 앞서 高宗代에 조성되어 海印寺에 그 木板이 수장되어 전하는 高麗大藏經 중의 密教經典과 이 密教大藏 사이에 무슨 연관이 없을까 라고 하는 점이다. 밀교대장이 밀교 관계 경전을 집성한 것이라면, 고려대장경 중의 밀교경전과도 그 편입 경전에서 상당 부분 일치하는 것이 마땅하지 않을까 여겨지기 때문이다. 해인사의 판본을 검토한 어느 연구에 따르면, 당나라 善無畏三藏 이래 송나라에 이르기까지 중국의 밀교승려들에 의해 飜譯 印出되어 고려대장경에 편입된 밀교경전만 총 356부 660권에 달한다고 한다.[9] 고려대장경에 편입

9 全宗釋, 「高麗時代의 密教經典 傳來 및 雕造考」, 『鏡海法師 申正午博士華甲紀念 佛教思想論叢』, 荷山出版社, 1991, 570쪽. 한편 이와 달리, 高麗大藏經에 密教專圓의 경전이 191종 356권 그리고 密教儀式의 作法에 관한 것이 20종 21권으로서 밀교에 관한 경전이 모두 211종 377권 수록되었으며, 그밖에 顯密兼圓의 경전도 상당히 많은 분량이 실려 전한다는 견해가 나온 바 있다(徐閏吉, 「高麗 密教信仰의 展開와 그 特性」, 『佛教學報』 19, 1982; 『韓國密教學論文集』, 大韓佛教眞覺宗, 1986, 174~175쪽). 守其가 찬술한 大藏目錄에 의거했다고 하거니와, 앞서의 주장과 비교할 때 그 卷數에서 너무 차이가 벌어져 혼란스럽다. 아마도 밀교경전 여부를 가르는 기준이 서로

된 밀교경전 중, 선무외삼장 이후의 이른바 '純密'(中期密教)系列로서 宋代까지의 것만 하더라도, 그 卷數에서 위 밀교대장의 5배가 넘는 분량인 셈이다. 하물며 선무외삼장 이전, 즉 불교가 중국에 처음 전래된 이래의 '雜密'(初期密教)系列 경전으로서 고려대장경에 수록된 것까지 합한다면, 그 격차가 훨씬 더 벌어질 것임은 물론이다. 고려대장경과 밀교대장의 사이에 서적의 크기나 혹은 부피에서 다소 차이가 있었다손 치더라도, 卷數上의 격차가 지나치게 크다고 아니할 수가 없다. 말하자면 둘 사이의 그러한 격차를 헤아려 살필 때, 고려대장경에 편입 수록된 밀교경전이 밀교대장을 구성하는 밀교경전과 서로 일치할 가능성은 거의 없다고 하여 무방하지 않을까 판단되는 것이다. 밀교대장이란 대장경 중의 밀교경전만을 별도로 떼어 모은 것, 다시 말하여 당시까지 전해지던 밀교에 관련된 경전 모두를 집성한 것일지도 모른다는 앞서의 예측이 보기 좋게 빗나간 셈이다.

밀교대장이 그 명칭에서 풍기는 느낌과는 다르게 밀교경전 모두를 집성한 것이 아니었음을 살폈다. 아마도 수많은 밀교경전 중의 특정한 분야만을 따로 모아 엮었음 직하거니와, 이와 관련하여 눈길을 끄는 것이 문제의 밀교대장에 관한 이제현의 다음과 같은 설명이다.

> 佛書로서 中國에 들어와 번역되어 經典으로 된 것이 數千萬卷인데, 이른바 陁羅尼라는 것은 중국에서 번역하지 못하였다. 비단 中國에서만 그러한 것이 아니라 天竺地域 사람들도 또한 알아듣고 이해하는 것이 불가능하였으며, 이르되 오직 부처만이 부처와 더불어 능히 그것을 알 수가 있다고 한다. 대개 그 뜻이 오묘하고 言辭가 신비롭거니와, 신비롭기에 알아들을 수가 없고 오묘하기에 이해하기가 어려우니, 이해할 수가 없은 즉 사람들

다른 데서 빚어진 결과이지 않을까 짐작되는데, 후자의 경우 해당 경전 목록을 제시하지 않아 그마저 비교할 수조차 없는 형편이다. 그렇지만 설사 卷數가 적은 후자를 기준으로 삼는다고 하더라도, 高麗大藏經에 수록되었다고 하는 密教經典의 분량이 密教大藏의 그것에 비해 3배 가까이나 많다는 점에서, 양자를 동일한 것으로 보기가 어렵기는 매한가지일 듯싶다.

> 의 공경함이 돈독해지고 알아들을 수가 없은 즉 사람들의 존숭함이 지극하게 된다. 존숭함이 지극하고 공경함이 돈독하면 사람들에게 感應함이 반드시 깊을 것이며, 신령스럽고 기이한 자취가 또한 많을 것이 당연하다. 옛 사람들이 그와 같음을 알고 그것을 모아 엮어서 90권으로 만들고는, 密敎大藏이라 이름을 붙여 發刊해서 세상에 퍼뜨렸으니, 즉 이 90권이라는 것은 數千萬卷의 근본이 되는 것이다 …[10]

중국에서 수많은 불교경전을 번역하였지만, 오직 陁羅尼만은 그리하지를 못하였다고 한다. 그 언어가 비밀스럽고 또 그 의미가 심오하여, 중국만이 아니라 인도에서도 사람들이 들어서 알거나 혹은 그 뜻을 이해하는 것이 불가능하였기 때문이라는 것이다. 그리하여 다라니에는 영묘하고 기이한 자취가 많았으므로, 그것을 아는 옛 사람이 다라니를 모아 90권으로 엮어 密敎大藏이라 칭하였다는 것이 이제현의 설명이다. 경전의 이름을 구체적으로 적시하지는 않았지만, '不能譯'의 陁羅尼類를 모아 조성한 경전집이 곧 밀교대장임을 분명히 하고 있는 것이다. 다라니나 혹은 밀교대장에 대한 이제현의 그러한 이해가, 일반적으로 어느 경우에나 적용할 수 있는 보편타당한 것인지 여부는 잘 모르겠다. 다만 그가 직접 실물을 접했을 것으로 보이는 충숙왕대의 90권본 내지 앞서 언급하였던 바 그 증보판 격인 130권본 밀교대장은, 그의 말처럼 '不能譯'의 陁羅尼經을 편입하여 엮은 佛典集이었음에 이의가 있을 수 없다.[11]

---

10 佛之書入中國 譯而爲經 數千萬卷 所謂陁羅尼者 中國之所不能譯也 非惟中國爲然 自竺域之人 亦不得聞而解之 以謂唯佛與佛 乃能知之 盖其義奥 其辭秘 秘故不可聞 奥故不可解 不可解則 人敬之篤 不可聞則 人尊之至 尊之至 敬之篤 其感於人也必深矣 靈異之跡 亦宜乎多也 昔之人 知其若此 裒而纂之 成九十卷 名之曰 密教大藏 刊行于世 則玆九十卷者 數千萬卷之根柢也 … (『益齋亂藁』 5 金書密教大藏序)

11 이와 관련하여 주목되는 것이 摠持集의 존재이다(咸佛眼, 「密敎의 哲學的 構造硏究」, 『韓國密敎學論文集』, 大韓佛敎眞覺宗, 1986, 521쪽). 『大毗盧遮那成佛經等一代聖教中無上一乘諸經所說一切陁羅尼』 또는 『大日經等一代聖教諸經中所說一切秘密陁羅尼』 내지 『大毘盧遮那成佛經等一代聖教中一乘諸經所說一切秘密陀羅尼』 등의 기다란 이름 아래 각종 다라니를 집성한 (梵書)摠持集의 印刊本 일부가 현전한다는데(南權

다라니란 梵語의 音譯으로서 呪·眞言·密言을 가리키며 흔히 摠持라 意譯하거니와, 충숙왕대에 존재하던 밀교대장이 그러한 다라니를 집성한 경전집이었음을 살폈다. 그런데 조금 후대의 朝鮮王朝實錄에 따르면, 이 밀교대장을 인쇄하기 위해 판각한 經板이 조선초기에 존재하였던 것으로 보여 주목된다. 다음의 기록을 살펴보도록 하자.

> 留後司에 王旨를 전해 이르기를, "金沙寺의 眞言大藏經 木板과 靈通寺의 華嚴經 木板 및 雲巖寺의 金字寫經한 3本 華嚴經 1部와 금자사경한 單本 華嚴經 1部 등을 水站의 배에 실어 오도록 하라"고 하였다.[12]

세종 5년(1423)에 眞言大藏經板과 華嚴經의 木板 및 金字로 寫經한 여러 華嚴經들을 선박으로 운반해 오도록 하라는 왕명이 내려졌다는 것이다. 아마도 머지않아 당도할 일본국 사신에게 賜與하기 위해 미리 서울로 운반해 놓도록 조치하였던 것으로 짐작되거니와, 金沙寺에 진언대장경이라 칭해지는 경전집의 목판이 존재하였음을 알려줘 주목된다.[13] 여기의 眞言大藏經板이 곧 密敎大藏의 木板을 가리킨다는 것은 그 명칭만으로도 쉬이 느낄 수가 있지만, 뒤이어 일본사신을 접견한 세종이,

熙, 「陀羅尼와 曼荼羅」, 『高麗時代 記錄文化 硏究』, 淸州 古印刷博物館, 2002, 303~314·324~328쪽), 다라니경을 편입하여 엮었음이 분명한 충숙왕대의 밀교대장 역시 그와 유사한 경전집이 아니었을까 헤아려지는 것이다.

12 傳旨于留後司曰 金沙寺眞言大藏經·靈通寺華嚴經等板子 及雲巖寺金字三本華嚴經一部·金字單本華嚴經一部等 以水站船隻載送 (『世宗實錄』 22 世宗 5년 10월 壬申)

13 위의 자료에서 眞言大藏經 木板을 보관 중이었던 것으로 나타나는 金沙寺의 소재나 연혁 등은 잘 알 수가 없다. 다만 古山子의 『大東地志』 黃海道 長淵 彌羅山條에 같은 이름을 지닌 사찰 즉 金沙寺가 소재하는 것으로 나오는데, 주변 해안의 白沙場에 관한 묘사 또한 사찰명과 부합하는 등 눈여겨볼 만한 부분이 없지 않다(『大東地志』 17 黃海道 長淵 山水 彌羅山). 섣부른 단정은 피하려 하거니와, 密敎大藏經 木板에 관한 궁금증을 해소하는 것은 물론 아직까지 알려지지 않은 새로운 密敎寺刹의 발굴이라는 차원에서도, 金沙寺에 관한 좀 더 다각적이고 세밀한 검토가 요망된다 하겠다.

> 일본국의 사신 圭籌·梵齡과 都船主 久俊 등 135명이 대궐에 나아갔다 … 임금께서 또 이르시기를, "(일본)국왕이 구한 바 大藏經板은 우리나라에 오직 한 벌밖에 (없어 줄 수가) 없다. (하지만) 요청을 완전히 가로막기도 곤란하므로 다만 密敎大藏經板과 註華嚴經板 그리고 漢字大藏經 全帙을 보내도록 하겠다"고 하셨다. 규주 등이 응대하여 말하기를, "우리 君主가 해마다 사람을 시켜 불경을 청함으로 해서 지나치게 번잡을 끼쳐드리지나 않을까 염려하고 있습니다. 한번 經板을 하사하시면 이후 불경을 청하여 번거로움을 끼치는 일이 없어질 것입니다 …"라고 하였다.[14]

에서와 같이, 동일한 것이 분명한 그 목판을 가리켜 密敎大藏經板이라 칭하였던 데서 더욱이 그것을 확인할 수가 있다. 당시 일본에서는 몇 차례에 걸쳐 印行한 大藏經을 조선에서 받아가던 끝에, 마침내 高麗大藏經板 자체를 넘겨주도록 희망하였다.[15] 불교를 억압하는 조선왕조의 정책을 파악하고서, 그 틈을 노린 요청이었다. 그리하여 조선에서는 이러한 터무니없는 억지 부리기에 대처하고자, 앞서 운반해 온 두 經板에다 印行한 고려대장경 1부를 더해 賜與함으로써 그들을 입막음하려 하였다. 결국 위에 제시한 두 經板과 大藏經 외에 金字로 寫經한 華嚴經 등을 더한 예물을 回賜함으로써 이때의 고려대장경판 요구 사건은 일단 매듭지어지거니와,[16] 여기에서 밀교대장을 새긴 목판의 존재가 거듭 확인되는 것이다.

---

14 日本國使臣圭籌·梵齡·都船主久俊等一百三十五人 詣闕 … 上又曰 (日本)國王所求大藏經板 我國唯有一本 難以塞請 但欲以密敎大藏經板·註華嚴經板·漢字大藏經全部 送之 圭籌等對曰 寡君以爲年年使人請經 恐爲煩瀆 一賜經板則 後無請經之瀆 … (『世宗實錄』22 世宗 5년 12월 壬申)

15 당시 朝鮮과 日本 사이에 佛經의 賜與를 중심으로 오간 외교적 교섭의 전말에 대해서는, 다음의 글들이 참고가 된다.
川口卯橘, 「大藏經板求請と日鮮の交涉」, 『靑丘學叢』3, 1931. 江田俊雄, 「足利義持による高麗藏經板の强請顚末」, 『印度學佛敎學硏究』3-2, 1955. 堀池春峰, 「中世日鮮交涉と高麗板藏經 -大和·圓成寺榮弘と增上寺高麗板-」, 『史林』 43-6, 京都大 史學硏究會, 1960. 李載昌, 「麗末鮮初期 對日關係와 高麗大藏經」, 『佛敎學報』3·4合, 1966. 羅鍾宇, 「朝鮮前期 韓日文化交流에 대한 一硏究 -高麗大藏經의 日本傳授를 중심으로-」, 『龍巖車文燮敎授 華甲紀念論叢 朝鮮時代史硏究』, 1990.

그런데 같은 자료에 따르면, 이때 일본으로 넘겨준 조선의 密敎大藏經板이[17] 梵字本이었던 것으로 나타나 흥미롭다. 다음의 기록을 살펴보자.

> (일본국 사신) 圭籌 등이 知申事에게 글을 올리기를, "규주 등이 지난 번 각각 명을 받들어 殿庭에서 拜禮하는 것을 容認받고서 곧 오게 된 뜻을 삼가 아뢰었더니, 전하께서 이르시기를, '大藏經板은 다만 한 벌뿐이니 하사할 수가 없고, 그 대신 金字 華嚴經 80권과 梵字 密敎經板과 大藏經 1부와 注華嚴經板 이 넷을 내려줄 것이다. 모두가 천하에 둘도 없는 法寶이니라' 고 하셨습니다. 아아 전하의 큰 은덕이 지극하시며 거룩하십니다. 비록 그러하지만 서둘러 (이것을) 배에 실어가 우리 전하에게 올리더라도, 빠뜨려져 모자라므로 본시 원하던 것을 채우기에는 부족할 것입니다. 더욱이 梵本과 같은 경우 또한 우리나라에서는 깨쳐서 환히 아는 자가 없으며, 한갓 佛氏의 한 보배로만 여기는 정도입니다. 엎드려 바라건대 尊官께서 다시 임금님께 아뢰어 漢字로 된 七千卷 經板을 하사하도록 하신다면, 우리 전하가 경사로 여겨 기뻐함이 헤아릴 수 없을 것입니다 …"라고 하였다.[18]

일본 사신이 조선의 知申事에게 올린 글의 일부이다. 조선에서 梵字 密

16 『世宗實錄』 23 世宗 6년 正月 乙酉, 같은 책 2월 癸丑, 같은 책 26 世宗 6년 12월 戊午 等

17 이때 日本으로 건네진 朝鮮의 密敎大藏經板이 이후 어찌 처리되었는지는 미처 확인하지 못하였다. 다만 당시 일본에 다녀온 사신이 귀국해 復命한 바에 따르면, 처음이 經板을 보관한 곳은 京都의 相國寺였던 것으로 나온다(『世宗實錄』 26 世宗 6년 12월 戊午). 〈補〉 밀교대장 권9와 권61의 목판인쇄본이 발견되었는데, 悉曇字 즉 梵字行과 그 音인 漢字行을 병기한 형태라고 하며(남권희, 「高麗時代 『密敎大藏』 卷9의 書誌的 硏究」, 『書誌學硏究』 58, 2014, 5~54쪽), 일본에 건네진 밀교대장경판은 相國寺의 화재시 함께 소실되었으리라고 한다(박광헌, 「高麗本 『密敎大藏』 卷61에 관한 書誌的 硏究」, 같은 책, 441~442쪽).

18 圭籌等 上知申事書曰 圭籌等 舊各承命 容拜於殿庭 卽謹言來意 殿下曰 大藏經板 只一本也 不可賜 更以金字華嚴經八十卷·梵字密敎經板·藏經一部·注華嚴經板 此四者賜焉 皆天下無雙之法寶也 嗚呼 殿下之大恩 至哉偉哉 雖然縱載 奉我殿下 闕然不足盈素願 且如梵本者 亦無我朝通曉者 徒知爲佛氏之一寶耳 伏冀尊官 更聞于聖聰 賜漢字七千卷經板者 我殿下喜慶之 不可測焉 … (『世宗實錄』 23 世宗 6년 正月 戊寅)

教經板을 사여하였지만 일본에는 그러한 梵本을 깨쳐서 이해하는 사람이 없으며, 그리하여 단순히 그저 부처가 남긴 보물로 여길 따름이라는 것이다. 그러니 한문으로 기록된 고려대장경판을 넘겨달라며 억지를 부렸음을 전한다. 漢字本 大藏經板에 대비되어 언급되는 梵字本 密敎大藏經板이 조선초기에 존재하였으며, 앞서 보았듯이 그것이 결국 일본으로 건네어졌음을 파악할 수가 있는 것이다.

조선초기의 密敎大藏經板이 梵字本이었음을 살폈다. 한데 사실이 그러하다면, 당시 사찰을 비롯하여 세간에까지 널리 간행 유포되어 이용되던 密敎大藏 역시 梵字本이었을 가능성이 높으며, 나아가 高麗後期의 密敎大藏 역시 그러한 것은 아니었을까? 이 밀교대장의 木板이 언제 어떠한 과정을 거쳐 조성되었던가에 관해서는 알려진 바가 없다. 하지만 적어도 조선왕조가 개창되기 이전, 아마도 고려왕조의 어느 시기에 그 판각 작업이 이루어졌던 것은 아닌가 추측된다. 불교를 탄압하는 데 치중하던 조선초기, 구체적으로는 왕조 개창(1392) 이후 위 범본 밀교대장경판에 관한 기록이 처음 나타나는 세종 5년(1423) 이전의 어느 시기에, 그러한 사업이 추진되었을 가능성은 거의 없다고 하여 지나치지 않을 것이다. 또한 대규모로 목판을 판각한 경험을 갖지 못하였을 것으로 짐작되는 통일신라 내지는 그 이전의 시기에도, 그러하기는 매한가지였을 것임이 거의 분명하다. 여러 정황으로 미루어 볼 때, 밀교대장경판의 판각 작업은 고려왕조에서 이룩되었다고 보는 것이 온당하지 않을까 싶은 것이다. 그리고 만약 그러한 추정에 그다지 큰 잘못이 없다면, 조선초기의 밀교대장경판이 그러하였듯이 고려시기의 밀교대장경판 역시 범자본이었을 것이며, 당연히 그것을 印刊한 고려시기의 밀교대장 또한 범자본이었을 가능성이 높은 것으로 간주하여 좋지 않을까 한다.

위에서 언급하였듯이, 이제현은 밀교대장을 다라니경의 집성으로 이해하였다. 그 언어가 비밀스럽고 또 그 의미가 심오하여 사람들이 듣거나 이해하지 못하는, 따라서 번역하지도 못하는 다라니 90권을 모아 밀교대장이라 칭하며 간행된 것이 세상이 전해졌는데, 거기에다 새로이 찾아낸

40권을 더하여 130권의 밀교대장을 금자로 사경하였다는 것이다. 번역하지 못한 다라니라면 그것은 범자본 다라니였을 가능성이 높으며, 그러한 다라니류를 집성한 밀교대장 역시 범자본이었으려니와, 따라서 고려시기에 판각되어 조선초기까지 전해지다가 일본에 건네어진 밀교대장의 경판 또한 범자본이었을 것임은 너무도 당연한 일이었던 셈이다.

지금까지 고려시기의 密教大藏이 梵字로 쓰인 陁羅尼經을 집성한 것, 다시 말해 梵字本 陁羅尼 經典集이 곧 密教大藏이었을 가능성을 살폈다.[19] 그런데 앞서 제시한 이제현의 글에 따르면, 당시 고려에는 90권본 밀교대장이 간행 유포 중이었는데, 거기에 빠진 경전 40권을 충숙왕대에 새로이 찾아 보충하여 130권을 사경하였다고 한다. 130권으로 이루어진 증보판 밀교대장이 성립하였던 셈이거니와, 그렇다면 이러한 사실이 지니는 의미는 무엇일까? 바꿔 말해서 충숙왕대에 새로이 수집하여 밀교대장에 편입시켰다고 하는 40권이 어떠한 성격의 경전이었던가 궁금한 것이다.

元 干涉下에 들어선 이후 고려 불교계에는 여러 변화가 일어났던 것으로 전한다. 그 중에서도 당시의 시대상과 관련하여 으레 지적되곤 하는 사실이, 곧 티벳계 불교의 영향에 관한 것이었다.[20] 널리 알려진 바와 같이 원나라에서는 티벳의 불교를 받아들여 국교로 삼았다. 그런데 그 티벳 불교가 원의 정치적 영향력을 등에 업고 고려에까지 영향을 끼치게 되었던 것이다. 본시 샤마니즘적인 본(Bon)교가 자리를 잡았던 티벳에 본격적으로 불교가 전파되기는 7세기 중엽 무렵에 들어서였던 것으로 전한다.[21]

---

19 陁羅尼는 입으로 讀誦하는 것이 특징이며, 意味보다는 聲音 자체가 중요시되었다고 한다. 그리하여 印度 이래의 梵聲 자체를 그대로 독송함으로써 그 신비스러움을 유지하고자 하였으며, 그처럼 梵文으로 된 다라니를 독송하면 모든 장애를 벗어나 한량없는 福德을 얻는 것으로 받아들여졌다는 것이다. 洪潤植, 「朝鮮時代 眞言集의 刊行과 儀式의 密教化」, 『韓國密教思想』, 동국대 불교문화연구원, 1997, 425~426쪽.

20 安啓賢, 「麗元關係에서 본 高麗佛教」, 『黃義敦先生古稀記念 史學論叢』, 1960. 李龍範, 「元代 喇嘛教의 高麗傳來」, 『佛教學報』 2, 1964. 全宗釋, 「高麗佛教と元代喇嘛教との關係」, 『印度學佛教學研究』 35-2, 東京, 日本印度學佛教學會, 1987.

지리적으로 경계를 맞대는 특성상 인도에서 직접 불교를 받아들이는 등 티벳불교는 인도불교에 가장 근접한 것으로 평가를 받는데, 더욱이 인도에서 8세기~13세기에 걸쳐 성립한 後期密教의 경우 직접 티벳에 전파되어 그곳 불교를 密教化하는 데 상당한 영향을 끼쳤을 것으로 이해된다.[22] 元의 지배를 받던 당시의 티벳불교가 밀교적 성격을 강하게 띠었음을 파악할 수가 있는 것이다. 아울러 흔히 '라마교'로도 불리는 이 교파에는, 그러므로 당시 고려에까지 전파되지 않았던 것으로 여겨지는[23] 後期密教의 경전이 다수 존재하였을 것으로 봄이 마땅하지 않을까 싶다.[24] 말하자면 충숙왕대에 새로이 수집하여 밀교대장에 편입시켰다고 하는 40권의 경전이란, 그리하여 그처럼 티벳불교를 통해 고려에 전해진 바로 그 후기밀교의 경전과 관계가 있지는 않았을까 추정되는 것이다.

충숙왕대에 새로이 수집하여 밀교대장에 추가로 편입시켰다는 40권의 다라니경은, 티벳불교와 연결되는 후기밀교 계통의 것일 가능성이 매우 높다고 생각한다. 티벳불교에 스미어 든 후기밀교적인 요소가 고려에까

---

21 티벳불교에 관해서는, 鄭泰爀, 「서장의 밀교(라마교)」, 『正統密教』, 經西院, 1984, 49~88쪽 및 平川彰 編/楊氣峰 譯, 『佛教研究入門』, 경서원, 1988에 실린 山口瑞鳳, 「티벳불교의 특징」과 楊氣峰, 「佛教流通略史」 중의 '티벳'항, 그리고 『望月佛教大辭典』 4, 1957, 티벳(西藏)條, 3611~3618쪽의 설명을 참고하였다.

22 이에 관해서는, 앞의 註 20), 21)의 글과 함께, 朴泰華, 「神印宗과 總持宗의 開宗 및 發達過程攷」, 『韓國密教思想』, 동국대 불교문화연구원, 1997, 291쪽 및 蔡印幻, 「朝鮮時代의 密教思想」, 같은 책, 377쪽과 金武生, 「六字眞言 信仰의 史的 展開와 그 特質」, 같은 책, 557~561쪽 등의 간단한 지적이 참고가 된다.

23 蔡印幻, 같은 논문, 377쪽.

24 티벳(西藏)大藏經은 그 분량에서 漢譯大藏經에 필적할 만하며, 密教部를 비롯하여 顯教部에 이르기까지 漢譯에 들어가지 않은 허다한 經典을 수록하였다 한다(鄭泰爀, 「서장의 밀교(라마교)」, 84~88쪽, 『望月佛教大辭典』 4, 1957, 西藏大藏經條, 3618~3619쪽). 판본에 따라 차이가 나거니와, 티벳대장경(313함 4569부)에서 漢譯과 공통되는 經論은 일부(551부)에 지나지 않으며, 더욱이 그 나머지 중에서도 3000부 이상이 密教와 관련된 것이라는 지적도 나온 바 있다(鄭承碩 編, 『佛典解說事典』, 民族社, 1989, 24쪽). 漢譯大藏經에는 들어가지 않은 채 티벳대장경에만 수록된 密教 관련 경전이 매우 많다는 의미이거니와, 그 중에는 다수의 後期密教 經典도 들어갔을 것으로 이해하여 무방하지 않을까 한다.

지 전파됨으로써, 밀교대장을 증보하는 데 영향을 끼쳤던 셈이다.[25] 결국 충숙왕이 金字로 寫經할 것을 발원하였던 密教大藏이란 梵字로 이루어진 陁羅尼經의 집성으로서, 티벳불교에 전해지던 後期密教 계통까지도 망라한 경전집이었음을 이해할 수가 있는 것이다.[26]

지금까지 고려후기에 존재하였던 것으로 알려진 밀교대장을 검토하였다. 이제 그러한 밀교대장을 金字로 사경한 사실에 관해 알아볼 차례가 되었는데, 이는 節을 바꾸어 살피도록 하겠다.

3. 密教大藏의 寫經

충숙왕의 발원에 따라 추진된 밀교대장의 금자사경이 완료된 것은, 같은 왕 15년(1328) 5월 무렵이었던 것으로 보인다. 사경 사실을 전하는 유일한 자료인 그 序文의 찬술이, "致和 元年 五月日"에 있었다는 기록에 비추어 그러하다.[27] 처음 사경을 시작한 것이 언제였는지는 잘 알 수가 없다. 다만 글씨 쓰기에 능한 자들에게 분배하여 베끼도록 하였다고 하므로,[28] 그다지 많은 시일이 소요되지는 않았을 것으로 짐작되는 정도이다.

이미 밝혀진 바와 같이, 당시 고려에는 사경을 위한 전문기관이 별도로 설치되어 운영 중이었다. 金字(寫經)院과 銀字(寫經)院이 그것이었다. 이

25 이 後期密教에는 불교 본래의 모습과는 다소 거리가 있는 '左道的' 요소가 상당하다고 한다. 그러한 後期密教를 직접 받아들인 티벳불교 역시 그러하다는 의미인데, 肉食이나 飮酒 및 男女關係까지도 용인되는 경향이 있었다는 지적이 그것이다. 世界聖典刊行協會, 『望月佛教大辭典』 4, 東京, 1957, 티벳條, 3615쪽. 金東華, 『佛教教理發達史』, 三榮出版社, 1977, 675~676쪽. 李龍範, 「元代 喇嘛教의 高麗傳來」, 232쪽.

26 密教大藏과 그 經板에 대한 검토로는 매우 미흡하다. 채 소개의 수준을 넘어서지 못한 느낌이거니와, 특히 고려시기에 존재하였다는 梵書摠持集—내지는 그 經板—과 密教大藏—내지는 조선초기까지 전해지던 그 經板—과의 관계를 분명히 하지 못하여 아쉬움이 크다. 忠肅王이 發願한 바 密教大藏의 金字寫經을 살피려는 글이기 때문이라는 변명 아래 일단 문제제기에 그치되, 후일의 상세한 논의를 기대한다.

27 … 拜手稽首謹書 致和元年五月日 (『益齋亂藁』 5 金書密教大藏序)

28 … 舊合一百三十卷 令工書者 分部而寫之 … (같은 책)

기관에는 전문적으로 사경에 종사하는 승려와 일반 관리들이 소속되어, 주로 왕조 내지는 왕실을 위한 사경작업에 동원되었던 것으로 전한다. 따라서 충숙왕의 발원에 따라 조성된 밀교대장의 금자사경 역시, 金字院과 같은 국가기관에서 관련 작업이 이루어졌던 것으로 봄이 온당하지 않을까 생각된다.[29] 그리고 그처럼 국왕의 발원을 성취시키고자 전문적인 기구의 주관 아래 숙련된 인력을 투입하여 이루어진 사경작업이라면, 비록 130권에 이르는 적지 않은 분량이라 하더라도 그에 소요된 기간 역시 그다지 길지는 않았을 것으로 보아 무방할 듯싶다. 말하자면 밀교대장의 금자사경이 시작된 것 또한, 그것이 완성된 충숙왕 15년(1328) 5월에서 그리 멀지 않은 어느 때가 아니었던가 짐작되는 것이다.[30]

다음으로 이와 관련하여 궁금한 것은, 그러한 사경 작업에 간여한 불교 종파가 어느 계통이었을까 라고 하는 점이다. 밀교대장의 사경이라는 佛事의 성격상 밀교 계통이 그에 개입되었으리라는 것은 너무도 당연하다. 다만 고려시기의 밀교종파들 가운데 어느 쪽이 좀 더 주도적인 역할을 담당하였는지 알고 싶은 것이다. 고려시기의 밀교에는 神印宗과 摠持宗의 두 종파가 존재하였던 것으로 전한다.[31] 이 중 三國末期의 신라 승려인 明

29 權熹耕, 「高麗國王·王室 發願寫經과 金·銀字院에 관한 考察」, 『高麗寫經의 硏究』, 248~254쪽.

30 忠烈王 16년(1290)에 寫經僧 100명을 인솔하고 元에 들어갔던 高麗의 法相宗 高僧 惠永은, 1년만에 大藏經의 金字寫經을 마치고 이듬해(1291)에 귀국하였다(邊東明, 「高麗後期의 法相宗」, 『한국중세사연구』 12, 한국중세사학회, 2002, 184쪽, 186쪽 각주 17).

31 高麗時期의 密敎宗派에 관한 설명은 다음의 글들을 참고하였다.
權相老, 「神印宗과 摠持宗」, 『佛敎』 59, 1929; 『韓國密敎學論文集』, 大韓佛敎眞覺宗. 1986. 朴畢圭, 「密敎의 特質과 韓國에 있어서의 그 流通史的 考察」, 嶺南大 碩士學位論文, 1976; 같은 책. 李鍾益, 「韓國佛敎諸宗派成立의 歷史的 考察」, 『佛敎學報』 16, 1979; 같은 책. 鄭泰爀, 「韓國佛敎의 密敎的 性格에 대한 考察」, 『佛敎學報』 18, 1981; 같은 책. 徐閏吉, 「高麗 密敎信仰의 展開와 그 特性」, 『佛敎學報』 19, 1982; 같은 책. 徐閏吉, 「神印·摠持宗의 開立과 展開」, 『高麗密敎思想史硏究』, 불광출판부, 1993. 朴泰華, 「神印宗과 總持宗의 開宗 및 發展過程攷」, 『韓國密敎思想』, 동국대학교 불교문화연구원, 1997. 高翊晉, 「新羅密敎의 思想內容과 展開樣相」, 같은 책. 徐景洙, 「麗末

朗法師를 계승한 신인종은, 神印(文豆婁, Mudra)作法을 통한 국가적 위난의 타개에 주로 관여한 교파였다고 한다.[32] 반면에 총지종은 통일신라 초반의 승려인 惠通國師를 계승한 교파로서, 治病 등 眞言(摠持, Dharani)의 持誦에 의한 개인적인 災厄의 소멸에 주로 징험을 보였던 것으로 알려져 있다.[33] 나아가 고려시기에도 그러하기는 매한가지였는데,[34] 신인종계열인 廣學과 大緣의 두 大德이 태조 왕건을 도와 神印作法으로 고려를 괴롭히던 海賊을 진압하였다든지,[35] 혹은 총지종의 또 다른 명칭이었던 것으로 여겨지는 持念業 소속의 禪師 祖猷가 摠持(Dharani)의 法力으로 병에 걸린 많은 사람을 구해 살려냈다든지[36] 하는 등의 기록에서, 그것을 확인할 수가 있다.

그렇다면 위와 같은 두 종파 중 어느 쪽이 밀교대장의 사경과 더 깊은 관련을 맺었던 것일까? 앞서 살피었듯이 밀교대장은 다라니를 모아 조성한 경전집이었다. 사경의 대상이 다라니경이었다는 의미이거니와, 그와 같은 일의 성격상 아무래도 신인종은 그와 다소 거리가 있었던 것으로 봄이 온당하지 않을까 싶다. 神印作法에 주로 의지하였던 것으로 알려진 神印宗보다는, 陁羅尼를 持誦하며 그 法力을 앞세웠던 것으로 보이는 摠持宗이 더욱 밀접한 관계에 있었던 것은 아닐까 헤아려지는 것이다. 사실

鮮初 佛敎의 密敎的 傾向」, 같은 책. 蔡印幻, 「朝鮮時代의 密敎思想」, 같은 책. 睦楨培, 「韓國 佛敎史的 脈絡에서 본 密敎의 機能」, 같은 책. 韓基汶, 「高麗時代 開京 現聖寺의 創建과 神印宗」, 『歷史敎育論集』 26, 2001.

32 文明大, 「新羅 神印宗의 硏究」, 『震檀學報』 41, 1976; 『韓國密敎學論文集』, 大韓佛敎眞覺宗, 1986, 93~118쪽. 金在庚, 「新羅의 密敎受容과 그 性格」, 『大丘史學』 14, 1978; 같은 책, 128~130쪽.

33 金在庚, 「新羅의 密敎受容과 그 性格」, 131~140쪽. 高翊晉, 「新羅密敎의 思想內容과 展開樣相」, 『韓國密敎思想』, 161~173쪽.

34 徐閏吉, 「神印·摠持宗의 開立과 展開」, 『高麗密敎思想史硏究』, 145~156쪽.

35 … 及我太祖創業之時 亦有海賊來擾 乃請安惠·朗融之裔 廣學·大緣等二大德 作法禳鎭 皆朗之傳系也 … (『三國遺事』 5 神咒 明朗神印)

36 … 然業浮屠者 雖自己分上 定熟慧圓 其利他之功 公然顯及於生民者 盖寡矣 某 以摠持法力 驅除虐癘 凡救活幾人也 … (『東文選』 27 持念業禪師祖猷爲大禪師敎書)

총지종에서는 이보다 먼저 고려전기 穆宗代에도 陁羅尼經을 木板에 새겨 印行한 적이 있었다.[37] 다음의 刊行記文이 그것을 알려준다.

> 高麗國 摠持寺의 住持인 眞念廣濟大師 釋弘哲이 寶篋印經의 木板을 공경히 조성하여, 널리 佛塔 중에 공양하도록 간행 보시하였다. 때는 統和 25년 丁未의 해에 기록한다.[38]

摠持寺의 주지 弘哲이 『寶篋印經』 즉 『一切如來心秘密全身舍利寶篋印陀羅尼經』을 널리 佛塔 중에 공양할 수 있도록 板木에 새겨서 간행 보시하였다는 것이다. 총지종 소속임이 분명해 보이는 총지사에서 목종 10년(1007) 무렵에 다라니경을 판각하여 간행하였음을 전한다. 종파의 명칭에 걸맞게 총지종 측에서 일찍이 다라니경을 간행 유포시키는 일에 관심을 기울였음을 보여주거니와, 나아가 그러한 관심에 비추어 충숙왕대의 밀교대장 사경에 이 계통이 깊이 개입되었을 것임을 헤아려 그다지 큰 잘못은 아닐 것으로 믿는다. 舊本 즉 梵字本 陁羅尼經 90권으로 이루어진 密敎大藏을 여러 경전과 對校하여 빠진 글자를 채우고 전도된 곳은 바로 하며 잘못된 곳을 고침으로써 정확을 기하는 한편, 또한 일찍이 구해 넣지 못한 경전 40권을 새로이 보충하여 130권의 증보판 밀교대장을 조성하고, 더욱이 그처럼 집성된 陁羅尼 經典集을 金字로 寫經하는 거와 같은 사업에,[39] 다라니를 의미하는 종파명을 지닌 摠持宗을 제외한 다른 어느 종파가 더욱 깊이 관여하였으리라고는 도무지 생각이 되지를 않는 것이다.[40]

---

37 千惠鳳, 「高麗初期 刊行의 寶篋印陀羅尼經」, 『中央大學校圖書館學報』 2, 1973. 郭丞勳, 「고려전기 『一切如來心秘密全身舍利寶篋印陀羅尼經』의 간행」, 『아시아문화』 12, 翰林大 아시아문화연구소, 1996.

38 高麗國摠持寺主 眞念廣濟大師 釋弘哲 敬造寶篋印經板 印施普安佛塔中供養 時統和二十五年丁未歲記 (郭丞勳, 같은 논문, 118쪽)

39 … 以舊本 校于諸經 或乙或竄而是正之 又增求其所未收 得四十餘卷 舊合一百三十卷 令工書者 分部而寫之 … (『益齋亂藁』 5 金書密敎大藏序)

40 반면에 즉위하던 해(1313)와 그 이듬해(1314) 두 차례에 걸쳐 충숙왕이 神印宗 사찰

한편 고려시기에는 그와 같은 摠持宗을 일러 持念業이라 칭하기도 하였던 것으로 알려져 주목된다.[41] 持念業 禪師 祖猷를 大禪師로 봉하는 官誥에서 그가 수행하는 바를 서술하는 중에, '眞乘摠攝於眞言'이라고 하여 불교의 진수를 함축한 眞言 즉 다라니(摠持)를 언급하였음이[42] 그러한 증거라고 할 수가 있을 것이다. 이제현이 다라니경을 집성한 밀교대장을 가리켜 '數千萬卷之根柢'라고 하여, 수천수만 권에 이르는 大藏經 즉 모든 불경의 근본이라 표현한 것과[43] 동일한 인식을 드러내고 있다. 아울러 그 祖猷를 大禪師로 봉하는 敎書에서는, 또한 그가 '摠持法力'에 의지하여 많은 病者를 구제한 사실을 특별히 강조해 두기도 하였다.[44] 持念業이 眞言 즉 摠持(다라니)를 持念하는 밀교종파로서, 摠持宗을 가리키는 또 다른 명칭이었음을 이해할 수가 있는 것이다.

그러면 그와 같은 摠持宗(持念業)이 당시 사회에서 주로 담당하거나 혹은 그리할 것으로 기대된 역할은 무엇이었을까? 이와 관련하여, 총지종이 고려시기 科擧의 雜業 중 呪噤業 및 太醫監 소속의 呪噤博士 등과 남다른 연고가 있었음을 지적한 연구가 발표되어 주목된다.[45] 다음의 사료를 살펴보자.

인 現聖寺에 親行하였음을 근거로, 밀교대장 금자사경이 신인종과의 연관 아래 이루어진 佛事였을 것임을 내세우는 견해도 있다(韓基汶, 앞 논문, 496쪽). 그러나 親行과 寫經(1328)의 사이에는 14년~15년의 차이가 있으며, 또한 그 동안에 정치적인 상황에서도 큰 변화가 있었다(다음 節 서술). 두 事案을 직결시키는 것이 과연 온당할까 싶거니와, 나아가 신인종이 神印作法을 앞세우던 밀교종파였음을 떠올리면 더욱이 그러하다. 다라니경을 의미하는 종파명을 지닌 총지종보다, 그러한 신인종이 그에 더욱 깊이 관여하였으리라고는 상상하기가 어렵지 않을까 여겨지는 것이다.

41 李鍾益, 「韓國佛敎諸宗派成立의 歷史的 考察」, 『佛敎學報』 16, 1979; 『韓國密敎學論文集』, 730~731쪽. 徐閏吉, 「高麗 密敎信仰의 展開와 그 特性」, 『佛敎學報』 19, 1982; 같은 책, 180쪽.

42 『東文選』 27 持念業禪師祖猷爲大禪師官誥

43 『益齋亂藁』 5 金書密敎大藏序

44 『東文選』 27 持念業禪師祖猷爲大禪師敎書

45 徐閏吉, 「神印·摠持宗의 開立과 展開」, 『高麗密敎思想史硏究』, 153~154쪽.

> 摠持寺에 행차하였다. 주지 懷正을 불러 賞林亭에서 놀이하면서, 福德을 기원하는 시 2수를 지어 宰樞와 侍從臣僚에게 보였다. (한편) 호종하는 백관과 군졸은 숲과 골짜기에서 노숙하였으므로, 수심 가득한 탄식이 자못 많았다. 회정은 오직 呪噤으로써 임금의 사랑을 받았거니와, 은총이 비할 데가 없었다. 무릇 僧徒로서 직책이나 恩賞을 구하는 자가 모두 따라붙으며 뇌물을 바쳤는데, 탐욕스럽고 비루하여 만족할 줄을 몰랐다.[46]

毅宗이 摠持寺의 주지 懷正을 총애하였는데,[47] 그 까닭이 呪噤에 있었다고 한다. 총지종 소속 사찰의 주지가 주금에 능하였음을 전하는 기록이다. 불경에서는 眞言持誦하는 승려를 가리켜 大力呪師·大呪師·呪師 등으로 칭한다고 하거니와,[48] 아마도 여기의 呪噤 역시 그와 상통하는 의미로 쓰였던 것은 아닌가 싶다. 나아가 그 명칭으로 미루어 고려시기 科擧의 雜業 중에 들어 있던 呪噤業과도 무관하지만은 않았을 것이며, 또한 太醫監에 소속되었던 呪噤博士를 비롯한 呪噤師·呪噤工과도 무슨 연관이 있었음이 분명해 보인다.

고려시기 呪噤業의 考試課目은 脉經·劉涓子方·瘡疽論·明堂灸經·針經·本草經 등으로, 거의가 醫業에서 부과하는 과목들과 중복된다고 한다.[49] 아울러 呪噤이 들어가는 관직을 소속으로 삼는 太醫監(典醫寺) 역시, 그 관부 명칭에서도 드러나듯이 醫藥과 疾病의 퇴치를 관장하는 중앙의 기

46 幸摠持寺 召住持懷正 遊賞林亭 留題祈福詩二絶 宣視宰樞侍臣 扈從百官軍卒 露宿林壑 頗多愁嘆 懷正唯以呪噤得幸 恩寵無比 凡僧徒求職賞者 皆趣附賄賂 貪鄙無厭 (『高麗史』 18 毅宗 11년 8월 乙卯)

47 이때 毅宗의 惣持寺 行幸에 시종한 林景和 墓誌銘에도, "丁丑(毅宗 11년)八月二十三日 上幸惣持寺 宣示御製詩 于侍從之臣 各令和進 公亦應製 上覽之 遣中貴人 賜御扎云 詠侍臣和進詩 吏人之中 景和尤佳 其公之榮遇如此"(『高麗墓誌銘集成』 第三版, 한림대 아시아문화연구소, 178~179쪽)에 나오는 바와 같이, 당시 국왕과 시종 신료들이 詩文을 唱和한 사실이 기록되어 전한다.

48 徐閏吉, 「神印·摠持宗의 開立과 展開」, 154쪽.

49 許興植, 「高麗 禮部試의 諸業別 出題와 及第者의 進出」, 『白山學報』 20, 1976; 『高麗科擧制度史硏究』, 一潮閣, 1981, 115~116쪽.

구였음은 물론이다.[50] 呪噤 즉 위의 자료에서 摠持寺의 주지 懷正이 능통하였다고 하는 그것이, 곧 醫藥이라든지 病者의 치료에 관계되는 일이었음을 쉽게 알아차릴 수가 있는 것이다.

앞서 언급한 持念業 禪師 祖猷는 洛山寺의 주지로서 평소 '摠持法力'으로 많은 사람을 '救活'하던 중,

> ① … 아무개가 摠持(다라니)의 法力으로 해로운 돌림병을 몰아내 없애서 사람을 구해 살려내기 무릇 몇이었던가. 하물며 우리 社稷의 重臣이 바야흐로 陰陽에 의해 害를 입을 지경이었는데, 스님의 한 마디 호통으로 뒤집어 끝을 순조롭도록 만들어서, 三韓의 주춧돌로 하여금 오늘에 다시 굳건하도록 하였으니, 그 복을 주고 이롭게 하는 효험이 이미 숨김없이 드러났도다. 비록 가장 높은 위계의 僧爵으로 우대한다 한들 누가 不可하다 이르리오. 이제 大禪師 告身 한 통을 내리니 이르거든 마땅히 받으리로다.[51]
>
> ② … 洛山寺 주지 禪師 祖猷는 三昧力을 頌持함으로써 능히 모든 魔軍을 위압하여 굴복시키는구나. 晉陽公이 수십일 동안 몸이 편찮았는데, 洛伽山에서 천리길을 홀연히 이르매 … 조화로운 기운이 재빨리 모여들어 시원스럽고, 태산이 다시 안정되어 우뚝 솟았으니, 朕만이 홀로 가상히 여길 뿐 아니라 온 나라가 모두 기뻐하는도다. 이에 詔書를 내려 특별히 큰 칭호를 하사하노라 …[52]

에 나오는 바와 같이, 수십일 동안 질병에 시달리던 崔氏武人政權의 제2대 執政 晉陽公 崔怡를 치유함으로 해서 최고 승계인 대선사에까지 오를

50 『高麗史』 76 百官1 典醫寺

51 … 某 以摠持法力 驅除虐癘 凡救活幾人耶 況我社稷重臣 方寇於陰陽 而師之一喝 轉作和倪 使三韓柱礎 復固於今日則 其福利之效 公然已著矣 雖以僧爵之極位待之 誰曰不可 今賜大禪師告身一通 至可領也 (『東文選』 27 持念業禪師祖猷爲大禪師敎書)

52 … 洛山寺住持 禪師祖猷 以頌持三昧力 能攝伏一切魔 當晉陽公累旬而未寧 自洛伽山千里而忽至 … 灑然和氣之遄集 屹若泰山之復安 非朕獨嘉 擧國咸喜 玆頒鳳詔 特賜鴻稱 … (같은 책 持念業禪師祖猷爲大禪師官誥)

수가 있었다고 한다. 고려시기의 총지종이 치병 활동에 깊이 연관된 종파였음을 능히 파악하고도 남음이 있다. 나아가 大覺國師 義天이 총지사에서 와병 중이었다는 기록도,[53] 또한 총지사에서의 질병 치료를 전하는 사례로서 총지종이 지니던 그러한 특성을 잘 보여준다 할 것이다. 內亂을 염려하여 摠持寺에서 佛頂消災道場을 개설하는[54] 등, 그밖에도 이 종파가 관여한 佛事가 없지는 않았을 터이다.[55] 그렇지만 총지종이라고 하면 아무래도 병자의 치유를 먼저 떠올리지 아니할 수가 없다. 요컨대 고려시기의 총지종은 眞言의 持誦을 중심으로 하여, 신라시기와 마찬가지로 특히 治病 활동에 깊이 관여하였을 것임을 충분히 이해할 수가 있지 않을까 싶은 것이다.

충숙왕의 발원에 따라 동왕 15년 5월 무렵 완성된 密敎大藏을 金字로 寫經했던 일에 관해 살폈다. 金字院의 주관 아래 筆耕 專門人이 동원되었던 이 佛事에는, 고려시기에 持念業이라고도 불리던 摠持宗이 깊이 관여하였을 것으로 추정하였다. 아울러 당시 이 종파가 眞言持誦을 앞세우면서 주로 醫藥과 治病의 활동에서 두각을 나타낸 사실도 파악할 수가 있었다고 생각한다. 이제 그와 같은 密敎大藏의 金字寫經이 추진되기에 이른 배경을 검토할 차례가 되었는데, 그에 관해서는 節을 달리하여 알아보도록 하겠다.

4. 密敎大藏 寫經의 배경

충숙왕이 밀교대장을 사경하려 들었던 까닭을 이제현은,

> … 우리 주상 전하께서는 온갖 政事를 보시는 여가에 佛典에도 마음을 쓰셨는데, 그 密敎에 대하여는 믿음이 더욱 간절하시어 內帑의 珍寶를 꺼내주며 金가루로 그것을 베끼도록 하셨다 …[56]

53 幸惣持寺 問母弟僧煦疾 (『高麗史』 11 肅宗 6년 9월 甲申)

54 『高麗史』 48 天文2 明宗 16년 9월

55 徐閏吉, 「高麗 密敎信仰의 展開와 그 特性」, 178~180쪽.

라고 하였다. 본시 깊은 佛心을 지닌 충숙왕이 특히 밀교를 더욱 절실히 신앙하였던 까닭에, 內帑金을 내려 密敎大藏을 金字寫經하도록 시켰다는 것이다. 또한 많은 비용이 들어가 인민에게 폐해를 끼치게 마련인 수천수만 권의 대장경을 사경하는 대신, 불교의 진수만을 함축한 130권의 밀교대장을 사경함으로써 왕실의 내탕금만으로도 간결하고 신속하게 불사를 마쳤으므로, 그 功德이 더욱 한량없을 것임을 강조하기도 하였다.[57] 밀교대장의 금자사경이 공덕을 쌓고자 하는 충숙왕의 개인적인 불심에서 비롯된 일이었음을 전하는 것이다.

다라니경은 심오하고 비밀스러워 神異한 靈驗을 드러내는 데 뛰어난 존재로서 널리 이름이 있거니와, 충숙왕이 밀교를 돈독히 신봉하였던 데에는 아마도 그와 같은 신비스러운 힘에 의지하고자 하는 의도가 있었던 것으로 보인다.[58] 실제로 충숙왕은 자주 神秘主義에 경도된 모습을 드러내곤 하였는데,

> 魏王 숙소 뜰의 벽돌에 햇살이 비추자, 서리가 반짝여 光彩가 아롱졌다. 어떤 사람이 왕에게 이르기를, "위왕 숙소 뜰의 광채가 모두 모란과 여러 花草의 모양을 이루었으니, 그것은 하늘에서 祥瑞를 내려 君王의 덕을 드러내려 하심입니다"라고 하였다. 왕이 매우 기뻐하며 그 사람에게 상을 두터이 내리고, 이어 畫工에게 명하여 그 형상을 그리도록 하였다. 앞서 彌勒

56 … 我主上殿下 萬機之暇 留神于釋典 其於密教 信之尤切 發內帑之珎 泥金以書之 …(『益齋亂藁』5 金書密教大藏序)

57 佛之書入中國 譯而爲經 數千萬卷 … 名之曰 密教大藏 刊行于世 則玆九十卷者 數千萬卷之根柢也 … 所爲數千萬卷者 以萬乘之勢 爲之非難 其書既多 其費亦廣 未免浚民 以充其用 恐非佛氏之意也 今者 主上殿下 不傷民財 不費民力 簡而得其要 速而致其精 可謂得佛氏之意 而功德豈易量哉 … (같은 책)

58 … 所謂陁羅尼者 … 盖其義奧 其辭秘 秘故不可聞 奧故不可解 不可解則人敬之篤 不可聞則人尊之至 尊之至 敬之篤 其感於人也必深矣 靈異之跡 亦宜乎多也 昔之人 知其若此 裒而纂之 成九十卷 名之曰 密教大藏 刊行于世 則玆九十卷者 數千萬卷之根柢也 我主上殿下 萬機之暇 留神于釋典 其於密教 信之尤切 發內帑之珎 泥金以書之 … (같은 책)

> 寺의 승려가 기이한 풀을 바치면서 靈芝라 일컬었는데, 왕이 그것을 중히 여겨 깊숙이 간직하고서는 文士들로 하여금 시를 짓도록 하였다. 한 사람이 바친 시에, "어떻게 神仙의 培養術을 얻어서, 다시 甘露와 함께 뜰 가운데 심어 볼까나"라고 하였는데, 대개 왕의 행위를 기롱하는 것이었다.[59]

에서와 같이, 그 정도가 심하여 어느 文士에 의해 기롱을 당하기까지 하였다. 아울러 충숙왕이 꿈을 꾼 다음 자신의 이름을 불교적인 '卍'으로 바꾼 것도, 또한 꿈을 계기로 삼았다는 면에서 깊은 불심과 함께 자못 신비주의에 경도된 모습을 보여주는 사례로 보아 좋을 듯싶다.[60] 그밖에 충숙왕의 측근 폐행 가운데 '陰陽幻術'에 능했다는 王三錫이나, 그와 늘 어울렸다고 하는 승려 祖倫, 그리고 '風水'로 생계를 꾸렸다던 승려 출신의 曹莘卿 등이 손꼽혔던 것도,[61] 역시 충숙왕의 그러한 성향과 무관치만은 않은 일이었음이 거의 분명하다. 말하자면 충숙왕은 공덕에 의한 祈福과 같은 신비적인 영험에 의지하는 성향이 강한 인물로서, 밀교대장의 금자사경 역시 그러한 그의 개인적인 취향의 산물로 판단하여 무방하지 않을까 여겨지는 것이다.

밀교대장을 금자로 사경하는 불사가 충숙왕의 개인적인 성향에 따른 祈福의 차원에서 이루어졌을 가능성을 살폈다. 하지만 그럼에도 불구하고 떠나지 않는 의문은, 하필 충숙왕 15년(1328) 무렵에 그러한 불사가 추진되어야만 하는 까닭이 무엇이었던가 라고 하는 점이다. 굳이 그처럼 특정한 시기에 밀교대장의 사경을 추진하였던 데에는 무언가 곡절이 있었으려니와, 그리 된 사정이 궁금한 것이다. 그런데 이와 관련하여 눈길을 끄는 것이, 사경이 이루어지던 충숙왕 15년을 전후하여 충숙왕의 행적에

59 魏王舘庭磚 日照霜潤 光彩爛班 有人白王曰 魏王舘庭中光彩 皆成牧丹 諸花卉狀 豈天降祥 以表聖德 王甚喜 厚賞其人 乃命畫工 圖其狀 先是 彌勒寺僧 獻異草 以爲靈芝 王重秘之 令文士賦詩 有一人獻詩 安得仙人培養術 更和甘露種庭心 盖譏之也 (『高麗史』 34 忠肅王 4년 閏正月 乙酉)

60 王以夢改諱燾爲卍 典理司貼牓喩人 (『高麗史』 35 忠肅王 후4년 11월 丙午)

61 『高麗史』 124 嬖幸2 王三錫傳. 같은 책 附 曹莘卿傳

변화가 나타나는 것처럼 보인다는 사실이다. 『高麗史』와 『高麗史節要』를 살피면, 충숙왕 13년과 14년의 경우 각각 한 차례씩 敎書를 반포하고 또 瀋王 暠에게 양위하려다가 그만 두었다는 사실[62] 외에는, 國政에 관련되는 어떠한 기록도 전하지 않는다. 閔漬와 金怡의 사망 기사를[63] 빼면, 오직 그 세 가지 사실만이 기록되었을 따름이다. 그러다가 충숙왕 15년에 들어서면서 다시 여러 기록들이 나타나기 시작한다. 앞서 이태 동안 거의 그 존재조차 찾아보기 힘들던 국왕이, 밀교대장의 사경이 이루어지던 충숙왕 15년에 들어 새삼 국정을 챙기는 등 활동에 나선 듯 보이는 것이다. 마치 충숙왕이 밀교대장의 사경을 계기로 정치 활동을 재개한 느낌이 들 정도이다.

충숙왕이 원에서 돌아온 것은 동왕 12년(1325) 5월이었다. 國王印을 빼앗기고 원에 억류된 채 瀋王擁立運動과 立省策動에 직면하여 큰 위기 속에 고초를 겪다가, 泰定帝가 즉위한 다음 국왕인을 돌려받고 이어서 魏王 阿木哥의 딸 金童公主와 혼인하는 등 기반을 다진 다음의 귀국이었다. 게다가 그가 개경에 들어오던 날, 연경에 머물던 상왕 충선왕마저 사망하였다. 국왕으로서의 포부를 펼칠 수 있는 호기를 맞이한 셈이거니와, 그리하여 그 해(1325) 10월에는 개혁 교서를 반포하는 등 나름대로 의욕적인 출발을 보이는 듯하였다.[64] 그런데 이듬해(충숙왕13, 1326)에 들어서면서 갑자기 활동을 멈춘 채, 마치 잠적해버린 듯 모습을 드러내지 않았다. 그

62 『高麗史』 35 忠肅王 13년 7월 丁卯. 같은 책 14년 11월 戊子. 『高麗史節要』 24 忠肅王 14년 5월

63 『高麗史節要』 24 忠肅王 13년. 같은 책 14년 5월. 『高麗史』 35 忠肅王 14년 5월

64 당시의 정치적 상황에 관해서는 다음의 논문이 참고 된다.
鄭希仙, 「高麗 忠肅王代 政治勢力의 性格」, 『史學硏究』 42, 1990. 金光哲, 「高麗 忠肅王 12년의 改革案과 그 性格」, 『考古歷史學志』 5·6合, 1990. 金塘澤, 「高麗 忠肅王代의 瀋王 옹립운동」, 『歷史學硏究』 12, 1994; 『元干涉下의 高麗政治史』, 一潮閣, 1998. 이영진, 「忠肅王代의 改革案과 그 性格」, 『北岳史論』 4, 1997. 李益柱, 「14세기 전반 高麗·元關係와 政治勢力 동향」 『한국중세사연구』 9, 2000. 金炯秀, 「高麗 忠肅王 12年(1325) 敎書의 再檢討」, 『慶北史學』 24, 2001.

렸다가 이태 뒤(충숙왕15, 1328)에 마치 부활이나 한 것처럼 기지개를 켜며, 사냥에도 나서는[65] 등 활발한 활동을 보이기에 이른 것이다.

『고려사』와 『고려사절요』의 충숙왕 13년과 14년 기록이 그토록 비정상적으로 빈약한 것은, 본시 관련 자료가 전하지 않기 때문이었을 터이다. 특히 두 사서를 편찬하는 데 기초가 되었을 忠肅王實錄의[66] 해당 연도 부분이 무척 부실하였을 가능성이 높아 보인다. 아마도 충숙왕 13년과 14년에는 史官이 史藁(史草)를 작성하기조차 어려울 정도의 무슨 사정이 있었던 것이 아닌가 여겨지거니와, 적어도 당시의 정치가 매우 파행적이었을 것임을 짐작하는 데는 이것만으로도 부족함이 없을 듯싶다. 앞서 충숙왕이 국왕인을 빼앗긴 채 원에 억류 중이었던 기간에도 그와 같이 기록이 빈약하지는 않았던 것으로 미루어, 국왕의 闕位에 버금갈 만큼 비정상적인 상황이 한동안 지속되었던 것으로 판단하여 무방하지 않을까 여겨지는 것이다.

그렇다면 당시 고려에서는 무슨 일이 벌어졌던 것일까? 이와 관련하여 주목되는 것이 다음의 기사이다.

> 崔安道는 … 李宜風과 더불어 모두 忠肅王의 嬖幸이 되어 … 늘 왕의 곁에 있으면서 오로지 보복만을 일삼았다. 충숙왕이 참소를 입어 元에 억류당했을 때 시종한 공로가 있다 하여 최안도에게 田民을 더해 하사하였다. 왕이 燕京에 5년 동안 머물면서 근심과 두려움으로 성품에 손상을 입었으므로, 환국함에 미쳐서도 늘 깊숙한 전각에 들어앉아 失意에 빠져 즐거워함이 없었으며, 政事를 친히 돌보지도 아니하였다. 崔安道가 金之鏡·申時用·僧侶 祖倫 등으로 더불어 권력을 제멋대로 휘두르면서, 관직을 팔고 刑獄을 뇌물로 처결하여 못하는 짓이 없었으며, 臺諫이 올리는 章疏도 중간에서 가로막아 왕에게 아뢰지 못하도록 하였다 …[67]

65 『高麗史』 35 忠肅王 15년 4월 辛亥

66 忠肅王實錄을 포함하여 高麗王朝의 實錄編纂에 관해서는, 鄭求福, 「高麗朝 史館의 實錄編纂」, 『韓國中世史學史』(Ⅰ), 集文堂, 1999, 89~144쪽을 참고하라.

충숙왕은 元에 머물다가 환국한 뒤 늘 전각 깊숙한 데 있으면서 시름에 잠겨 즐거워함이 없었으며, 나랏일을 직접 챙기지도 않았다고 한다. 燕京에 5년간 억류당하면서 겪었던 근심과 두려움으로 성품이 손상되었기 때문이라고 하거니와, 그리하여 그 틈을 타서 측근 폐행인 崔安道 등이 제멋대로 권력을 휘두르며 전횡하였음을 지적하는 기록이다. 비슷한 내용으로서 아마도 위 기사의 근거가 되었음 직한 白文寶의 史論은[68] 이를 나위가 없으며, 그밖에도 충숙왕에게 질병이 있어 官職 除授를 직접 하지 않았다느니,[69] 혹은 병을 핑계로 원에서 온 사신을 몸소 접견하지 않아 그들이 열흘이고 한 달이고 머무르며 횡포를 자행하였다느니,[70] 하는 기록들도 그와 매한가지였다. 충숙왕이 燕京에서 억류당했을 때 얻은 모종의 질환으로 朝臣을 접견하지 않고 政事를 돌보지 않아 폐행들이 권력을 오로지하였으며, 심지어는 元使조차도 직접 대하기를 꺼려하였음이 여러 기록에 누누이 강조되어 전하는 것이다.

앞서 언급하였던 바 충숙왕 13년과 14년 사이의 비정상적 상황이란, 곧 위에서와 같은 사태의 전개를 의미하는 것으로 이해하여 좋지 않을까 싶다.[71] 그처럼 정치가 파행적으로 이루어졌던 까닭에, 史官조차 정상적으

---

67 崔安道 … 與李宜風 俱爲忠肅嬖臣 … 常在王側 專事報復 忠肅被讒留元 以安道侍從有勞 加賜田民 王留燕五年 憂悸傷性 及還國 常居深殿 忽忽不樂 不親政事 安道與金之鏡·申時用·僧祖倫等 擅權柄 賣官鬻獄 無所不至 臺諫章疏 中沮不啓 …(『高麗史』124 嬖幸 2 崔安道傳)

68 史臣白文寶曰 王留燕五年 憂勞驚悸 損傷天性 及還國 常居深殿 忽忽不樂 不接朝臣 不親政事 由此 小人竝進 如祖倫·(崔)安道·(金)之鏡·申時用等 專擅權柄 賣官鬻獄 無所不至 臺諫章疏 中沮不啓 其不遭譴責於買驢 幸矣 (『高麗史節要』24 忠肅王 15년 7월)

69 … 元欲立省于本國 (尹)碩與金怡·李凌幹等 奏于帝 議遂寢 論功爲一等 轉僉議評理 封海平府院君 拜政丞 王有疾 不親除授 碩與代言奉天祐等 銓注於其第 …(『高麗史』124 嬖幸2 尹碩傳)

70 … 帝遣買驢來質問 王辭疾不迎 … 時上國使臣 絡繹而來 王皆不接見 使臣陵辱宰相 擅作威福 多納賄賂 荒淫聲色 淹留旬月 買驢疾其所爲 並督令還歸 (『高麗史』35 忠肅王 15년 7월 己巳)

71 위에서 언급한 白文寶의 史論이나 元使 不接見 사실의 경우, 忠肅王 15年 7月條에 기록되어 전한다. 同王 13년~14년 무렵의 정치적 파행을 거론하는 증거로서는 부

로 활동할 수가 없어 별다른 기록을 남기지 못하였던 게 아닌가 짐작되는 것이다. 한편 고려에서의 그와 같은 정치적 파행과 국정 혼란은, 한동안 잠잠하던 瀋王黨으로 하여금 다시 활동할 수 있는 빌미를 제공하였던 듯 보인다. 다음의 기록을 살펴보자.

> 그때 왕이 姦臣 때문에 그릇된 길로 이끌리어 左副代言 韓宗愈에게 이르기를, "내가 元에 表文을 올려 瀋王에게 禪位하려 한다" 하고서는, 드디어 남 몰래 표문을 한종유에게 주면서 印章을 찍도록 명하였다. 한종유가 아뢰기를, "나라가 祖宗에서 전해 옴에 嫡子를 폐하고 곁가지에게 주는 일이 어찌 가당키나 하겠습니까"라며 굳게 간하였으나 허락을 얻지 못하였다. 나와서는 말에서 떨어졌다 핑계하고 일어나지 아니하면서, 李兆年으로 더불어 여러 大臣들과 도모하여 간신을 잡아 물리치니, 그 일이 마침내 실행되지 않게 되었다.[72]

忠肅王이 瀋王에게 讓位하려다 韓宗愈 등의 격렬한 반대를 받아 그만두게 되었던 사정을 전하는 내용이다. 당시 충숙왕의 선위 의사가 진심이었는지 여부는 확실하지 않다. 단지 정치적인 제스처에 지나지 않았을 가능성도 없지 않다.[73] 그렇지만 진심이든 아니었든 간에, 그것이 적어도 심

적절한 사례인 셈이다. 그러나 충숙왕이 질병을 앓아 朝臣을 접견하지 않고, 政事를 챙기지 않으며, 元使를 만나는 것조차 꺼렸던 거와 같은 사태는, 15년 7월에 갑자기 발생한 것이 아니었다. 해당 자료의 文意에서도 드러나거니와, 그 훨씬 전부터의 일이었다. 오히려 15년에 들어서는 충숙왕의 활동이 활발해져서 사냥에까지 나설 정도였던 것이다(『高麗史』 35 忠肅王 15년 4월 辛亥). 충숙왕의 '不親政事'가 燕京에서 억류당할 적에 받았던 정신적 압박감의 痼疾化에 기인한다는 지적으로 미루어, 위에서와 같은 정치적 파행은 그가 還國한 지(12년 5월) 얼마 지나지 않고서, 아마도 13년~14년 이래의 일이었던 것으로 파악함이 온당할 듯 여겨진다.

72 時王爲姦臣所誤 謂左副代言韓宗愈曰 吾欲表請于元 禪位瀋王 遂密以表 授宗愈 趣令印之 宗愈曰 國家傳之祖宗 豈宜廢嫡 以與旁支乎 固諫不得命 旣退 托以墜馬 不起 與李兆年 謀諸大臣 執姦臣斥之 事竟不行 (『高麗史節要』 24 忠肅王 14년 5월)

73 金塘澤, 「충숙왕대의 瀋王 옹립운동」, 『元干涉下의 高麗政治史』, 一潮閣, 1998, 98쪽.

왕 측의 활동과 깊이 연관된 가운데 불거진 사건이었음은 틀림없어 보인다.[74] 아마도 심왕 측과 기미를 통하였음이 분명한 '姦臣'이라 지칭된 인물이, 정서적 장애 증상을 보이던 충숙왕을 회유하여 발생한 정치적 파동이 아니었던가 짐작되는 것이다.

나아가 심왕당은 그에서 그치지 않고,

> 황제가 平章政事 買驢와 舍人 亦忒迷失不花 등을 보내 왔다. 興禮君 朴仲仁 및 曹頔·趙雲卿·上護軍 高子英 등이 그들을 따라왔는데, 모두 瀋王의 黨與였다. 그때 柳淸臣과 吳潛이 中書省에 나아가, 왕이 장님에 귀머거리이며 벙어리여서 政事를 친히 돌보지 않는다고 모함하였다 … 이에 황제가 매려를 보내와 질문하게 되었다. 왕이 질병을 칭탁하고서 마중하지 않자, 매려는 왕이 실제로 귀머거리에 벙어리인 것으로 생각하여, 지름길로 왕궁에 나아가 조서를 선포하고 힐문하였다. 왕이 대답하기를 … 라고 하니, 매려가 왕의 예의에 맞춰 거동함이 엄숙하며 언사에 조리가 있음을 보고서, "황제께서 신으로 하여금 (이곳에) 오게 한 것은 왕의 질환을 살피기 위함이거니와, 이제 본 바로는 앞서의 고소가 모두 무고입니다"라고 하였다. 이에 曹頔 등이 두려워하며 아무 말도 못하였다 …[75]

에서와 같이, 충숙왕의 질병을 과장하여 그가 귀머거리에다 소경이며 벙어리라고 元 中書省에 무고하면서 왕위 탈취를 기도하기도 하였다.[76] 당

---

74 鄭希仙, 「高麗 忠肅王代 政治勢力의 性格」, 31쪽.

75 帝遣平章政事買驢·舍人亦忒迷失不花等來　興禮君朴仲仁及曹頔·趙雲卿·上護軍高子英等從之 皆瀋王之黨也 時柳淸臣·吳潛 詣中書省 誣王盲聾瘖啞 不親政事 … 於是 帝遣買驢來質問 王辭疾不迎 買驢意 王實聾啞 徑詣王宮 宣詔詰問 王對曰 … 買驢見 王禮容嚴肅 言辭有敍 曰帝所以命臣來者 察王疾也 以今所見 向者之訴 皆誣也 於是 頔等惶懼無言 … (『高麗史』 35 忠肅王 15년 7월 己巳)

76 이 기사 또한 비록 忠肅王 15년 7월로 나오지만, 그 이전 아마도 忠肅王 13년~14년 이래의 상황을 전하는 것으로 봄이 온당하지 않을까 한다. 훨씬 전부터 瀋王黨의 忠肅王에 대한 그와 같은 모함이 잇따른 결과, 이때에 마침내 元帝가 사신을 파견하여 실제로 그러한가의 여부를 확인하기에 이르렀다고 보는 것이, 더욱 실제에 가까울 듯 여겨지는 것이다.

시 심왕 측에서는 그로써 고려왕위를 빼앗아 차지할 수가 있다고 판단하였던 것으로 보이며, 그리하여 여러 명의 黨與를 元使와 함께 고려에 보내기까지 하였다.[77] 결국 충숙왕과 元使의 직접 대면에 의해 그것이 모함에 지나지 않았던 것으로 밝혀져 실패로 끝나게 되지만, 상당한 기간에 걸친 음모의 결과인 듯 나름대로 자신을 가졌던 셈이다.

『고려사』에 따르면, 충숙왕은 그 13년과 14년에 각 한 차례씩의 교서를 반포하였다고 한다.[78] 거의 활동을 보이지 않던 2년 동안의 그의 행적에 관한 기록 셋 가운데 둘이 그것이었다. 각각 입성책동과 심왕옹립운동을 저지하는 데 기여한 공신을 포상하고자 반포한 것이었는데, 이 또한 당시 충숙왕이 심왕당에 의해 시달림을 당했음을 보여주는 증거라 하여 좋을 것이다. 충숙왕이 그러한 공신책봉을 통하여 자신의 지지기반을 확고히 하고자 도모하였음은 이미 지적된 바 있거니와,[79] 그처럼 지지기반을 확충하고자 나서야만 되었던 상황의 배경에는 심왕당의 집요한 왕위 탈취 기도가 도사렸던 듯 여겨진다. 입성책동이나 심왕옹립운동 모두가 심왕당이 고려왕위를 탈취하고자 기도하는 과정 내지는 그러한 사건 자체였으며, 따라서 그것을 저지하는 데 공훈을 세운 이들에 대한 공신책봉 교서의 반포는 곧 反瀋王勢力의 결집을 의미한다고 할 수가 있을 것이다. 그리고 이는 곧 그러한 결집이 요청될 만큼 당시 심왕당의 책동이 또한 활발하였음을 반증하는 것이 아닌가 헤아려진다. 심왕옹립운동이 저지되어 國王印을 돌려받고[80] 입성책동도 또한 끝났음을 공식화하며[81] 그리하

---

77 당시 忠肅王의 嬖幸으로서 권력을 제멋대로 휘둘렀다던 崔安道 등이, "買驢·亦忒迷失不花還 … 初買驢之來也 幸臣(崔)安道·金之鏡等 恐禍及己 日夜憂懼 及其還也 喜而益驕"(『高麗史節要』 24 忠肅王 15년 7월)하였다는 기록에서도, 당시의 그와 같은 분위기를 느낄 수가 있다. 당시 이들이 자신에게 화가 미칠까 두려워하였던 까닭은, 아마도 왕위가 瀋王에게 넘어갈 것으로 예상하였던 때문이 아닌가 짐작된다. 元 干涉期에 왕위가 교체될 적마다 前王의 측근들이 늘 처벌을 받곤 하던 관행을 떠올리면 쉽게 이해할 수가 있는 일이다.

78 『高麗史』 35 忠肅王 13년 7월 丁卯. 같은 책 14년 11월 戊子

79 鄭希仙, 「高麗 忠肅王代 政治勢力의 性格」, 29~31쪽.

여 고려로 환국한[82] 뒤로도 많은 시일이 흐른 뒤에, 새삼 그들에 대한 포상 교서가 반포된 것은 그것 말고 달리 해석할 도리가 없지 않을까 싶은 것이다.

연경에서의 억류 후유증으로 귀국 후 정서장애에 시달리던 충숙왕이 잠시 정사를 멀리하자, 정치적 파행이 지속되는 가운데 심왕당의 왕위 탈취 음모가 집요하게 계속되는 것이, 충숙왕 13년~14년의 상황이었을 것임을 살폈다. 『고려사』 등에 해당 연도의 기록이 형편없이 부실하였던 것도, 그와 같은 데에 까닭이 있었음이 거의 틀림없어 보인다. 그랬다가 동왕 15년 정월에 들어서면서 홀연히 『고려사』 등의 기록이 정상적인 상태로 돌아간다. 일상적으로 국정이 처리되며, 충숙왕도 또한 西海道에까지 나가 사냥하는[83] 등 기록의 전면에 등장한다. 元使 買驢를 대면한 충숙왕이 논리정연한 대응으로 심왕당의 왕위 탈취 기도를 무산시킨 것도[84] 그러한 과정에서의 일이었음은 물론이다.

밀교대장을 사경하는 불사가 이루어진 것은, 위에서 살핀 바와 같이 상황이 극적으로 뒤바뀌던 충숙왕 15년에 들어서의 일이었다. 국정이 일상적으로 처리되는 등 사태가 정상화되는 것과 때를 같이하여, 충숙왕의 발원에 따라 금자로 사경한 밀교대장이 그 모습을 드러내었던 것이다. 충숙왕의 활동 재개와 밀교대장의 금자사경이 서로 뗄 수 없는 관계였음을 직감할 수가 있다.

한편 이때 사경의 대상이 된 밀교대장은 범자본 다라니 경전집이었다. 고려시기의 밀교종파 가운데 摠持宗과 연고가 깊은 다라니류를 집성한 佛典集으로서, 앞서 언급하였듯이 당시의 금자사경 불사에 이 종파가 깊이 관여되었을 것임을 헤아리게 한다. 그런데 고려시기의 摠持宗은, 이미 검

80 『高麗史』 35 忠肅王 11년 正月 甲寅
81 같은 책 12년 正月 庚申
82 같은 책 12년 5월 辛酉
83 『高麗史』 35 忠肅王 15년 4월 辛亥
84 같은 책 15년 7월 己巳

토하였듯이 持念業이라고도 불리면서 다라니 즉 眞言의 持誦을 위주로 하는 가운데 治病 활동에 깊이 개입된 종파였다. 다시 말해 밀교대장의 사경 또한 총지종의 그러한 성격과 무관하지만은 않았을 가능성이 높아 보이거니와, 이와 관련하여 주목되는 것이 사경을 발원한 충숙왕의 질환 문제가 아닌가 싶다.

앞서 누차 거론한 바와 같이 밀교대장을 사경하기 이전의 동왕 13년~14년 무렵, 충숙왕은 政事에서 거의 손을 떼야만 되었을 정도로 심한 정서장애에 시달렸다. 심왕당의 과장 섞인 모함 때문이기는 하였지만, 원에서는 고려왕위의 교체까지를 염두에 둔 가운데 사신을 보내어 충숙왕의 질환 상태를 확인하려 들기도 하였다. 그랬다가 그 15년에 들어 홀연히 충숙왕의 활동이 다시 기록에 나타나기 시작하는 등 질병을 떨쳐내고 일어선 듯 보이는 것과 때를 같이하여, 그의 발원으로 밀교대장의 금자사경이 이루어지는 것이다. 충숙왕의 질환 치유와 총지종이 개입된 밀교대장의 사경이 그 시기에서 묘하게 서로 맞아떨어진다는 느낌을 떨칠 수가 없다.

충숙왕의 밀교대장 금자사경은 治病에 관한 총지종의 명성을 충분히 고려한 끝에 추진된 佛事였던 것으로 판단하여 좋을 것으로 생각한다. 충숙왕이 하고많은 경전 중에서 유독 다라니 佛典集에 주목하여 큰 비용을 들여 金字로 寫經하도록 발원하면서, 다라니의 持誦으로 질병을 치유한다던 총지종의 그러한 특성을 염두에 두지 않았을 까닭이 없다. 나아가 당시 瀋王黨에서 충숙왕의 持病을 빌미삼아 왕위 탈취를 꾀하였음을 떠올리면, 이는 단순히 국왕의 治病을 기원하기 위한 개인적인 것이라기보다는, 정치적 의미를 더욱 강하게 지닌 불사였다고 함이 한층 온당해 보이기도 한다. 치병 활동으로 이름이 높은 총지종을 끌어들여 자신이 치유되었음을 과시함으로써 심왕당의 책동을 와해시키고자, 그 종파에서 떠받들던 다라니류의 모음인 밀교대장을 금자사경하도록 발원하였던 것이 아닌가 헤아려지는 것이다. 말하자면 자신의 持病을 빌미삼아 왕위 탈취를 기도하던 심왕당의 공격에 대응하여, '摠持法力' 즉 다라니의 神力에 의해 자신의 질환이 치유되었음을 강조하기 위해 밀교대장을 사경하였으며, 그로써 왕위의 保全을 도모하려던 것이 충숙왕의 진정한 의도라고 하여 지나치지 않은 셈이었다.[85]

충숙왕이 밀교대장을 금자로 사경함으로써, 지병을 떨치고 다시 활동을 개시한 기념물, 내지는 심왕당의 자신에 대한 공격이 근거 없는 모함임을 강조하며, 더욱이 왕위를 보전하고자 하는 자신의 강력한 의지의 상징물로 내세우고자 하였음을 살폈다. 고려사회에서 다라니경과 총지종이 지니는 의미를 십분 활용한 조치였음은 물론이다.

한편 밀교대장의 사경에 함축된 그와 같은 정치적인 의미는, 그에 직접 관여한 것으로 나타나는 인물에게서도 찾아볼 수가 있다. 羅英秀가 그였다. 당시 判內府寺事로서 왕실의 재정을 담당하던 나영수는 밀교대장 금자사경의 실무를 총괄하였다고 하는데,[86] 그는 심왕옹립운동을 저지하는 데 기여함으로써 공신으로 책봉된 인물이기도 하였다.[87] 말하자면 反瀋王派라 지목해 마땅한 인물이었거니와, 심왕당의 공격에 대응하여 고려왕위를 지켜내고자 하는 사경의 정치적 의도에 부합하는 적임자라고 아니할 수가 없을 듯싶은 것이다.

신비주의적인 취향을 지닌 忠肅王이 陁羅尼(摠持)의 法力을 앞세워 持

85 그런데 이와 관련하여 한 가지 떠오르는 사실은, 陁羅尼[眞言]보다는 觀音經이나 藥師經을 담은 密敎經典이 治病에서 더욱 효과적인 것으로 생각할 수도 있다는 점이다. 충숙왕의 치병을 위해서라면 반드시 陁羅尼類나 혹은 그에 주로 의지하는 摠持宗만을 고집하려 들 까닭이 없었던 셈이다. 그런데 당시에는 충숙왕의 질병을 실질적으로 치유한다기보다는, 질병이 치유되었음을 안팎에 과시하려는 데 더 큰 무게가 두어졌음을 유념할 필요가 있어 보인다. 질병 치유에 효과적인 쪽보다는, 그리되었음을 과시하기 위한 정치적인 선전에 유리한 쪽을 충숙왕 등이 좀 더 선호하였을 가능성이 높아 보인다. 그리고 그러한 측면에서 보자면, 신비적인 梵字本 陁羅尼經이나 혹은 그것을 이용한 질병 치유로 높은 명성을 누리던 摠持宗이, 나름대로 상당한 효용성을 지니지는 않았을까 헤아려지는 것이다.

86 … 發內帑之珎 泥金以書之 奉翊大夫·判內府寺事·上護軍 臣羅英秀 實幹其事 …(『益齋亂藁』 5 金書密教大藏序)

87 教曰 寡人在都五年 姦臣謀移國祚 侍從之臣 盡節輔佐 … 爲一等功臣 … 內府寺事羅英秀 … 爲二等功臣 賜田及臧獲 父母妻子爵有差 (『高麗史』 35 忠肅王 14년 11월 戊子)

病의 치유를 천명하고, 나아가 심왕당의 공격에 맞서 王位 보전의 의지를 과시하려는 의도에서, 密敎大藏의 金字寫經을 추진하였음을 살폈다. 이제 글을 마무리하면서, 마지막으로 그러한 사경이 지니는 의의를 고려시기 불교사의 흐름 속에서 음미하는 기회를 가져보도록 하겠다.

5. 맺음말 -密敎大藏 寫經의 思想史的 의미-

고려후기에 忠肅王의 발원으로 密敎大藏의 金字寫經이 이루어졌다. 그런데 이 밀교대장은 명칭에서 풍기는 느낌과 달리 밀교에 관련된 경전 모두를 집대성한 것이 아니었다. 陁羅尼類만을 모아 조성한 佛典集이었다. 한편 조선초기의 기록에 따르면, 이 밀교대장을 판각한 木板이 있었는데 世宗 초 일본과의 교섭 과정에서 그쪽에 賜與하였다고 한다. 아마도 고려왕조의 어느 시기에 판각되어 전해 내려오다가 그리 되었던 것으로 여겨지거니와, 이 密敎大藏經板이 梵字本이었던 것으로 미루어 고려시기에 간행 유포된 밀교대장 역시 범자본이었을 가능성이 높은 것으로 판단하였다.

충숙왕은 기왕에 간행 유포된 90권본 밀교대장에다 40권을 새로이 찾아 보충한 130권본 밀교대장을 편집 필사하였다. 말하자면 증보판 밀교대장을 조성하여 금자사경한 셈인데, 이때 추가로 편입시킨 40권의 경전은 당시 고려에까지 그 손길이 미치던 元代 티벳불교와 연결되는 後期密敎 계통의 다라니일 가능성이 높았다. 티벳불교에 스며든 후기밀교적인 요소가 고려에까지 전파되어, 밀교대장을 증보하는 데 영향을 끼쳤던 것이다. 요컨대 충숙왕이 금자로 사경할 것을 발원하였던 밀교대장이란, 梵字로 이루어진 다라니의 집성으로서, 티벳불교에 전해지던 후기밀교 계통까지도 망라한 경전집이었던 셈이다.

밀교대장의 금자사경이 완성된 것은 충숙왕 15년(1328) 5월 무렵이었다. 金字院의 주관 아래 숙련된 인력을 투입하여, 그다지 길지 않은 기간을 소요한 끝에 이룩된 불사였다. 당시 이 사경 불사에는 여러 정황으로 미루어, 밀교 계통의 摠持宗이 관여하였을 가능성이 높았다. 持念業이라 칭해지기도 하던 이 종파에는 呪噤에 능한 승려가 많았던 것으로 전하거니와, 충숙왕의 금자사경에 개입되었던 고려시기의 摠持宗(持念業)은 眞言持誦을 앞세우며 각별히는 治病 활동에서 두각을 나타내는 불교 종파였다.

충숙왕은 功德에 의한 祈福과 같은 신비적인 영험에 의지하려는 성향이 강한 인물이었다. 밀교대장의 사경이 충숙왕의 개인적인 취향에 따른 기복의 차원에서 이루어졌을 가능성이 없지 않은 것이다. 그렇지만 충숙왕이 사경을 발원한 것은 보다 정치적인 차원에서의 일이었다. 燕京에서의 억류 후유증을 털고 일어서 瀋王黨의 책동을 분쇄함으로써, 王位를 보전하고자 하는 자신의 의지를 드러내려는 것이 그의 진정한 의도였다. 陁羅尼(摠持)의 法力을 내세워 질환의 치유를 과시하며, 더욱이 심왕당의 공격이 근거 없음을 강조함으로써, 자신의 왕위를 온전히 지켜내고자 밀교대장을 금자사경하였던 것이다. 말하자면 진언의 지송을 위주로 한 가운데 치병 활동으로 두각을 나타내던 총지종과 관련이 깊은 불전집을 사경함으로써, 그 명성을 활용하여 정치적 목적을 달성하려 하였다고 하여 과언이 아니었던 셈이다.

충숙왕이 밀교대장을 증보하고 또 그것을 금자로 사경하고자 발원하였던 것은, 다라니가 자주 드러내곤 한다는 '靈異之跡'[88]에 의지하고자 함에서였다. 국왕의 持病治癒와 王位保全이라고 하는 현실에서의 목적을 달성하고자 그러한 佛事를 추진하였던 것이다. 말하자면 현세에서의 보답을 바라며 사경 공덕을 쌓았던 셈이거니와, 이는 곧 신비적인 영험과 공덕에 의지한 現世祈福的인 경향의 만연이라고 하는, 고려후기 불교의 흐름에 편승하고 나아가 그것을 부추기는 처사였다고 하여 지나치지 않을

88 … 所謂陁羅尼者 … 盖其義奧 其辭秘 秘故不可聞 奧故不可解 不可解則人敬之篤 不可聞則人尊之至 尊之至 敬之篤 其感於人也必深矣 靈異之跡 亦宜乎多也 … (『益齋亂藁』 5 金書密教大藏序)

것으로 생각한다.

다음으로, 충숙왕의 밀교대장 금자사경에는 고려시기 密敎 그 중에서도 특히 摠持宗의 비중이라든가 혹은 역할과 같은 것이 반영되었음을 놓치지 말아야 한다. 고려시기에 摠持宗(持念業)은 이른바 4大宗派에 들지 못하는 군소종파의 하나로 꼽힌다.[89] 그렇지만 고려시기에 행해지던 수많은 불교행사 중에는 순수한 密敎儀禮가 상당히 많았으며, 그 밖의 경우에도 밀교적 성격을 짙게 지닌 儀式이 대다수를 차지하였다고 한다.[90] 밀교 내지는 그 중의 하나인 총지종의 비중을 반드시 낮추어 볼 수만은 없는 셈이다. 고려후기에 찬술된 것으로 알려진 『禪門寶藏錄』에서 敎(顯敎)·禪(心敎)과 대등한 3敎 중의 하나로 密敎가 거론되는 것도[91] 또한 그러한 정황을 방증한다고 하여 좋을 것이다.[92]

고려시기에 摠持宗(持念業)은 禪宗에 소속된 종파였다. 이 종파 소속의 승려인 洛山寺 住持 祖猷가 禪師·大禪師의 僧階를 지니었다든지,[93] 혹은 총지종 승려를 가리켜 "北宗禪의 神秀나 南宗禪의 惠能과 다른 族類가 아니다"고[94] 묘사되는 등에서 확인할 수가 있는 일이다.[95] 또한 이 종파에서는 呪噤이라고 하는 나름의 독자적인 영역을 확보하였다. 眞言의 持誦을 내세우며 治病 활동에서 두각을 드러냄으로써, 다른 어느 종파도 넘볼 수 없는 고유한 영역을 차지한 가운데 면면히 宗統을 유지해갔던 것이다. 『寶篋印陀羅尼經』을 판각하여 간행하고(穆宗代), 국왕의 아우인 고승 義

---

89 徐閏吉, 「高麗 瑜伽·律·神印 等 諸宗의 性格과 그 展開」, 『韓國史論』 20, 國史編纂委員會, 1990; 『高麗密敎思想史硏究』, 불광출판부, 1993, 284~290쪽.

90 徐閏吉, 「高麗 建國의 密敎的 理念」, 『高麗密敎思想史硏究』, 28쪽.

91 徐閏吉, 「高麗 密敎信仰의 展開와 그 特性」, 『韓國密敎學論文集』, 177쪽.

92 총지종을 포함하여 고려시기에 밀교가 차지하던 비중을 누누이 강조한 연구로는, 徐閏吉의 『高麗密敎思想史硏究』(불광출판부, 1993)가 손꼽힌다.

93 위의 註 42)와 44)를 참조하라.

94 … 北秀南能非異族 … (『牧隱詩藁』 31 寄摠持都大禪師)

95 반면에 밀교 계통의 또 다른 종파인 神印宗은 敎宗에 속하였다고 한다(韓基汶, 앞 논문, 493쪽).

天의 질환을 치료하며(肅宗代), 呪噤에 힘입어 더욱이 국왕의 총애 속에 僧政을 좌우하였다든지(毅宗代), 혹은 修禪社의 제2세 社主인 惠諶과 問答하고,[96] 당대의 무인집권자인 崔怡의 질병을 치유하며(高宗代), 나아가 어느 시기엔가 다라니를 집대성한 密敎大藏을 板刻하고, 또 그것을 金字寫經하였던 사례(忠肅王代) 등으로 미루어 그렇게 말할 수가 있다.[97] 그리하여 牧隱 李穡에게서 詩를 기증받는 摠持宗 都大禪師가 나오고[98] 『佛頂尊勝陀羅尼經』을 새긴 石碑 혹은 經幢이 세워지는[99] 등 고려말·조선초까지 그 教勢를 유지해오다가, 조선왕조의 억불정책에 따라 南山宗과 합하여 摠南宗으로 그리고 이어서 禪宗으로 통폐합되면서, 마침내 역사에서 그 이름마저 지워지기에 이르렀던 것이다.[100] 密教라는 명칭처럼 顯教와 달리 겉으로 화려하게 드러나지는 않지만, 고려시기의 불교에서 밀교 내지 그 일파인 총지종의 비중이나 혹은 역할이 결코 만만치는 않았음을 확인할 수가 있는 것이다.

한편 충숙왕대에 사경을 위해 밀교대장이 찬집 증보되는 과정에서, 元代의 티벳불교에 스민 後期密教的인 요소가 고려에까지 전파되었을 가능

96 師問僧 闍梨何業 僧云 陁羅尼 師云 有多字陁羅尼 一字陁羅尼 無字陁羅尼 餘則不問 如何是無字陁羅尼 僧云 啊字 師云 此是一字 僧無對 師云 你正道着 (『韓國佛教全書』 6 「曹溪眞覺國師語錄」 室中對機)

97 武人政權時期인 明宗 16년에 天文異常으로 內亂이 일어날 것이 염려되자 摠持寺에 佛頂消災道場을 개설토록 하는 등, 국가적인 재난을 除滅하는 데에서도 摠持宗의 활동이 드러난다(『高麗史』 48 天文 2 明宗 16년 9월). 그밖에도 총지종과 밀접한 관계가 있었음이 분명해 보이는 개별 다라니의 寫經이나 혹은 수많은 다라니 印刊物 등에 관해서는, 南權熙, 「陀羅尼와 曼茶羅」 『高麗時代 記錄文化 硏究』, 279~338쪽 및 「寫經」 같은 책, 345~387쪽의 내용을 참고하라.

98 『牧隱詩藁』 31 寄摠持都大禪師

99 崔夢龍, 「光州 十信寺址 梵字碑 및 石佛移轉始末」, 『考古美術』 138·139, 1978. 그밖에 고려시기에서 조선초기에 걸쳐 세워진 陁羅尼石幢에 관해서는, 南權熙, 「陀羅尼와 曼茶羅」, 『高麗時代 記錄文化 硏究』, 281~282쪽을 참고하라.

100 權相老, 「神印宗과 摠持宗」, 『佛教』 59, 1929; 『韓國密教學論文集』, 大韓佛教眞覺宗, 1986, 91~92쪽. 徐閏吉, 「朝鮮朝 密教思想硏究」, 『佛教學報』 20, 1983; 『韓國密教學論文集』, 256~258쪽.

성이 매우 높았다. 그런데 이 후기밀교에는 불교 본연의 모습과는 다소 거리가 있는, 이른바 '左道的'인 요소가 상당히 포함된 것으로 알려져 주목된다.[101] 그 영향을 받아 성립한 티벳불교 역시 마찬가지였으려니와, 肉食이나 飮酒 및 男女關係까지도 용인되는 경향이 있었다는 지적이 그것이다. 흔히 불교의 타락 내지는 세속화의 사례로 일컬어지며 비판의 대상이 되는 행위들이, 이 교파의 교리에 의하면 반드시 절대적으로 금지되는 일만은 아니었던 셈이다.

고려후기 들어 부쩍 심해졌다고 하는 불교의 세속화 내지 타락에는, 이처럼 스며든 후기밀교적인 요소의 영향이 적지 않았을 것으로 판단된다. 예컨대 남녀관계의 경우, 티벳불교에서는 계율에 의해 엄격히 통제받는 가운데 의식의 하나로 치러지도록 규정되어 있다고 한다. 하지만 이러한 일이 으레 그러하듯 자칫 도를 넘어서기 십상이며, 그리하여 교단의 타락으로 이어질 가능성 또한 그만큼 높아지는 것도 사실이다. 원 간섭하의 고려에 스며들었던 이와 같은 후기밀교적인 요소가, 고려말기로 갈수록 성리학을 수용한 인물들에 의해 극렬하게 공격을 받는 한 빌미가 되었던 바, 불교의 타락과 전혀 무관하다고만은 말할 수가 없지 않을까 헤아려지는 것이다.

(「忠肅王의 密敎大藏 金字寫經」, 『歷史學報』 184, 2004)

101 위의 註 25)를 참고하라.

제8장 朱子性理學의 受容과 僧侶의 儒佛觀

1. 머리말

高麗는 佛教를 지배사상으로 하는 사회였다. 그러므로 그러한 고려에서 새로운 사상인 性理學을 수용한다든지, 혹은 그리하여 그것을 지배이념으로 하는 새 왕조를 건설한다는 것은, 곧 불교와의 치열한 경쟁 내지 다툼을 전제하지 않고서는 불가능한 일이었다고 할 수가 있을 것이다. 성리학의 수용이란 불교와의 관련 속에서 살피지 않으면 안 되는 연구주제인 셈이다. 한편 성리학이 받아들여지던 시기에 승려들은 그러한 사태의 진전을 어떻게 인식하였는지를 검토하는 일도 또한 그러한 면에서 퍽 흥미로운 작업이 아닌가 한다. 새로운 사상이 들어오고 이어서 그것을 신봉하는 인물들에 의하여 기왕의 사상이 비판·배척되는 상황으로 발전하는 동안, 당시까지 지배적인 지위를 차지하던 사상의 편에서는 그에 대해 어떻게 인식하고 또 대처하였는지 궁금한 때문이다.

이 글에서는 성리학이 받아들여진 이후 주요한 활동을 보였던 고려후기 승려들의 儒佛觀을 검토함으로써, 그러한 궁금증의 일단을 풀어보고자 한다. 당시의 인물들이 儒佛의 관계를 어떠한 시각에서 바라보았는지에 관한 연구는 상당히 많다. 그런데 그것들은 거의 모두가 성리학을 신봉하는 儒者들이 지니었던 儒佛觀에 관한 것이거나, 아니면 조선전기의 승려들이 지니었던 그것에 대한 고찰이었다는 한계를 벗어나지 못하였다. 李齊賢(1287, 忠烈王13~1367, 恭愍王16)·李穡(1328, 忠肅王15~1396, 太祖5) 등의 온건한 불교비판 및 鄭道傳(? ~1398, 太祖7) 등의 강력한 斥佛論에 관한 많은 연구,[1] 그리고 조선초기에 활동하던 涵虛堂 己和(1376, 禑王2~1433, 世宗15) 및 보다 뒤진 시기의 승려 普雨(? ~1565, 明宗20)의 護佛論理에 관한 연구들이 그것이다.[2] 다시 말해서 성리학이 받아들여진 이후에 활약한 고려후기 승려의 유불관을 살피려는 연구는 좀처럼 찾아보기가 쉽지를 않은 것이다.

그러므로 지금까지의 연구성과에 의거하는 한, 성리학 신봉자들의 불교비판에 대하여 고려후기의 불교계에서 어떠한 반응을 보였는지는 거의 알 길이 없는 셈이다. 다만 太古普愚(1301, 忠烈王27~1382, 禑王8) 등 당시의 대표적인 승려들이 중국에 다녀온 다음 중국 臨濟宗의 正統을 계승하였음을 내세움으로써, 유교의 도전에 대응하려 하였다는 견해가 나타나기는 하였다.[3] 그리고 당시의 상황으로 미루어 그와 같은 해석에 수긍되는 일면이 없는 것도 아니다. 그렇지만 그것은 겉으로 드러나는 현상에

---

1 儒者의 불교비판에 관한 허다한 연구성과를 일일이 제시하지는 않겠다. 朴龍雲, 『高麗時代史』, 一志社, 1987, 643~647·784~785쪽을 참고하라. 다만 앞 책에서는 다루지 않았지만 이 글에서 장차 언급하게 될 尹澤과 白文寶의 불교비판에 관해서는 다음을 참고하라.
李男福, 「白文寶의 性理學 受容과 排佛論」, 『韓國史研究』 74, 1991. 邊東明, 「高麗後期 性理學 受容階層의 政治思想」, 『高麗後期 性理學受容研究』, 一潮閣, 1995.

2 이 글에서 주로 참고한 관련 연구는 다음과 같다.
韓鍾萬, 「麗末鮮初의 排佛·護佛思想」, 『崇山朴吉眞博士華甲紀念 韓國佛教思想史』, 1975. 宋天恩, 「己和의 思想」, 같은 책. 徐閏吉, 「普雨大師의 思想」, 같은 책. 金容祚, 「己和와 그의 顯正論」, 『慶尙大 論文集』-人文系篇- 21, 1982. 宋錫球, 「朝鮮朝의 儒佛對論」, 『韓國의 儒佛思想』, 思社硏, 1985. 裵宗鎬, 「儒佛道 三教의 軋轢과 調和」, 『韓國儒學의 哲學的 展開』 上, 延世大出版部, 1985. 宋錫球, 「朝鮮朝 16~17世紀의 儒·佛對論」, 『佛教와 諸科學』, 동국대, 1991.

3 徐閏吉, 「高麗末 臨濟禪의 受容」, 『韓國禪思想研究』, 불교문화연구소, 1984; 『高麗密教思想史研究』, 불광출판부, 1993, 340~343·346~347쪽. 韓基斗, 「高麗 禪宗의 思想的 傳統」, 『韓國思想史大系』 3, 精神文化研究院, 1991, 437~438쪽.

대한 개연성 있는 설명의 하나일 뿐, 당시 승려들이 대응하고자 하였던 바의 내용이 구체적으로 어떠하였는지를 체계적으로 드러내 보여주지는 못한다. 말하자면 고려후기의 승려들이 도대체 어떠한 논리로써 성리학 신봉자들의 불교비판에 대처하려 하였는지에 관심을 보인 연구는 아직까지 찾아보기가 어려운 실정인 것이다.

이 글에서는 지금까지의 연구성과에 나타나는 그러한 한계를 극복하기 위하여 다음과 같은 내용을 주로 살펴보고자 한다. 우선, 太古普愚 등 당시에 주요한 활동을 보인 승려들이 지니었던 儒佛觀을 검토하도록 하겠다. 그리하여 그들이 유교와 불교에 각기 그 나름의 고유한 기능이 있음을 인정하는 並存的인 儒佛觀의 소유자였음을 밝히도록 하겠다. 아울러 유불관계에 대한 그들의 그러한 관점이 성리학이 받아들여지기 이전에 활동한 승려들의 儒佛無殊論과 질적으로 다른 차원의 것이었음도 함께 논의하도록 하겠다. 이어서 다음으로는, 이전의 승려들과 달리 태고보우 등이 그처럼 並存的인 입장에서 유불의 관계를 이해하려 하였던 까닭을 알아보도록 하겠다. 당시 유교와 불교가 처해 있던 상황을 더듬어, 성리학이 받아들여진 다음 승려들이 이전과 다른 관점에서 유불의 관계를 바라보려 하였던 이유를 가늠해보고자 하는 것이다. 마지막으로, 고려후기 승려들의 그와 같은 儒佛並存의 논리가 향후 어떻게 전개되어 가는지를 추적하도록 하겠다. 禑王 5년(1379)에 있었던 幻菴混修(1320, 忠肅王7~1392, 太祖元年)의『護法論』발간이 지니는 의미를, 조선초기에 활동한 승려 己和의『顯正論』저술과 연관시켜 이해함으로써, 고려후기 승려들의 儒佛並存論이 조선시대 승려들의 유불관에 끼친 영향을 헤아리려는 것이다.

이상과 같은 검토를 통하여, 성리학이 받아들여진 이후 고려후기 승려들에 의하여 제시되었던 並存的인 儒佛觀이 지니는 역사적 의미를 올바로 이해할 수가 있게 되었으면 하는 바람이다.

2. 性理學受容 이후의 승려의 유불관 : 儒佛竝存論

성리학이 수용된 이후에 활약한 고려후기의 승려 가운데 儒佛並存의 견해를 표명한 인물로는 우선 太古和尙 普愚를 들 수가 있다. 그와 恭愍王(재위:1351～1374) 사이에 있었던 대화에서 헤아릴 수가 있는데, 다음의 기록이 그것이다.

① 왕이 사자를 보내어 승려 普虛를 益和縣에서 불렀다. 보허는 호가 太古이다 … 보허가 마침내 이르자 왕이 안으로 불러들여 佛法을 물었다. 보허가 말하기를, "君王으로서 행해야 할 道는 (스스로를) 닦아 밝혀서 (民을) 교화하는 데 있지 반드시 부처님을 믿어야만 하는 것은 아닙니다. 만약 나라를 잘 다스리지 못한다면 비록 부처님을 받들고자 정성을 다한들 무슨 공덕이 있겠습니까 …"라고 하였다.[4]

공민왕이 태고화상 보우[5]를 초치한 다음 설법을 청하는 대목이다. 그런데 보우는 그때 佛法을 강설하는 대신 君王의 道에 관해 충고하였다. 군왕은 스스로를 닦고 밝히어서 民을 교화하는 지위에 있는 만큼, 반드시 부처를 믿어야만 하는 것(信佛)은 아니라는 지적이다. 비록 부처에게 정

---

4 (恭愍)王遣使 召僧普虛于益和懸 普虛號太古 … (普)虛旣至 王引入內 問法 虛曰 爲君之道 在修明敎化 不必信佛 若不能理國家 雖致勤於佛 有何功德 … (『高麗史』 38 恭愍王 원년 5월 己丑)

5 普愚와 普虛는 동일인이다. 太古普愚는 다음의 논문을 참고하라.
金映遂, 「太古和尙의 宗風에 대하여」, 『佛敎界』 40, 1942; 『韓國佛敎思想論攷』, 圓光大出版部, 1984. 李英茂, 「太古普愚國師의 人物과 思想」, 『建大史學』 5, 1976. 李英茂, 「韓國佛敎史上 太古普愚國師의 地位」, 『韓國佛敎學』 3, 1977. 韓基斗, 「傳承統合의 祖上 普愚」, 『韓國佛敎思想硏究』, 一志社, 1980. 徐閏吉, 「高麗末 臨濟禪의 受容」, 『韓國禪思想硏究』, 불교문화연구소, 1984; 『高麗密敎思想史硏究』, 불광출판부, 1993. 崔柄憲, 「太古普愚의 佛敎史的 位置」, 『韓國文化』 7, 1986. 李相瑄, 「恭愍王과 普愚」, 『李載龒博士還曆紀念 韓國史學論叢』, 1990. 兪瑩淑, 「圓證國師 普愚와 恭愍王의 改革政治」, 『韓國史論』 20, 國史編纂委員會, 1990. 許興植, 「太古와 懶翁의 繼承者」, 『韓國中世佛敎史硏究』, 一潮閣, 1994.

성을 다한다고 할지라도, 나라를 잘 다스리지 못한다면 아무런 공덕이 없으리라고 거듭 강조하기까지 하였다. 군왕과 같이 나라를 다스리는 지위에 있는 인물들은 부처를 섬겨 복을 받으려 들기보다는 修明敎化, 즉 유교적인 의미에서의 善政을 베푸는 일[6]에 모든 정성을 쏟아야 한다는 의미일 터이다. 그리고 말할 필요도 없는 일이겠지만, 그러한 주장 속에는 부처를 섬기는 일이 보우 자신과 같은 승려의 할 일이라는 뜻도 이미 전제되어 있다고 보아 좋을 줄 믿는다. 나라를 다스리는 일은 유교적인 의미에서의 선정을 베풀 수 있는 儒者에게 그리고 부처를 섬기는 일은 승려에게 맡기자는, 일종의 역할분담을 보우는 주장하였던 셈이다. 바꾸어 말하자면, 나라를 다스리는 일과 같은 정치적 문제는 유교적인 입장에서 접근하도록 하고 神에게 기원하는 일과 같은 신앙의 문제는 불교 측에서 담당해야 한다는 것이, 보우의 입장이었다고 해석하여 잘못은 아니지 않을까 여겨지는 것이다.[7] 요컨대 보우는 유교와 불교에 각기 그 나름의 고유한 기능이 있음을 인정하는, 그리하여 둘 모두 국가 사회에 필요한 존재임을 내세우는 並存的인 儒佛觀을 소유한 승려였다고 이해하여 좋을 듯 여겨진다.[8]

---

6 修明敎化란 治者가 먼저 자기를 닦아 스스로를 名哲히 한 다음 民을 가르쳐 감화시킴으로써 저절로 다스림이 이루어지도록 한다는 의미이다. 유교에서 이상적인 治者型을 거론할 때 사용하곤 하는 修己治人과 별로 다를 바가 없는 용어인 것이다. 그러므로 보우가 언급한 修明敎化를, 본문에서처럼 유교적인 善政을 의미하는 용어로 해석하더라도 그다지 무리한 일은 아니라고 믿는다. 한편 修明敎化에 대하여 '敎化를 닦아 밝힌다'고 새기는 이도 있다(李相瑄, 위의 논문, 262쪽. 兪瑩淑, 위의 논문, 159쪽). 필자의 번역과는 다르지만, 그렇게 새긴다 하더라도 그것이 유교적인 의미에서의 선정을 뜻한다는 사실에는 변화가 없다고 생각한다.

7 한편 이에 대하여, 僧俗으로 냉정하게 구별해서 각자의 본분에 충실할 것을 보우가 강조하였던 것으로 보는 견해가 있다(兪瑩淑, 앞의 논문, 160쪽). 본문의 사료를 굳이 儒佛의 관계를 의미하는 것으로까지 해석하지는 않은 셈이다. 그러나 본문의 기록은 요청받은 說法 대신 君王의 道라고 하는 정치적 문제를 제기한, 말하자면 정치와 종교의 관계를 다룬 자료이다. 따라서 이를 단순하게 승속의 관계에 대한 의견 정도로 받아들이기보다는, 적극적으로 유교적인 정치와 불교 신앙의 관계를 제시한 것으로 이해하여 좋지 않을까 생각한다.

太古普愚는 그 俗姓이 洪氏이며 본관은 洪州이다.[9] 忠烈王 27년(1301)에 태어나 13세 되던 해(1313)에 檜岩寺의 廣智禪師에게 의탁해 출가하였다. 19세 때(1319, 忠肅王6) '萬法歸一'의 話頭를 참구하기 시작한 이래 네 번에 걸쳐 깨달음을 얻었다고 한다. 忠穆王 2년(1346, 46세) 봄 원나라에 들어갔으며 이듬해 7월 湖州 霞霧山의 天湖庵으로 가 臨濟宗 楊岐派의 石屋淸珙(臨濟 18代孫, 1270～1352)에게서 印可를 얻었다. 충목왕 4년(1348, 48세) 봄에 귀국하여 陽平郡에 위치한 小雪山(龍門寺)에 머물다가, 공민왕의 부름에 응하여 王師·國師에 올랐다. 그 후 우왕에 의하여 1381년에 다시 국사에 책봉되었으며 이듬해(1382, 우왕8) 12월에 世壽 82세로 세상을 마쳤다.

普愚는 그 생애의 후반에 이르러 주요한 활동을 보였는데, 각별히 눈길을 끄는 것은 그것이 공민왕과의 긴밀한 관계 속에서 이루어졌다는 사실이다.[10] 그들의 첫 만남은 원나라에서 이루어졌다. 앞서 보우는 석옥화상의 인가를 받고 燕都에 돌아온 다음 永寧寺의 法會에 참석하였는데, 당시

8 앞서 필자는 유교와 불교에 각기 고유한 기능이 있음을 인정하는 것을 調和的인 儒佛觀이라고 표현한 적이 있었다(邊東明, 「性理學의 初期受容者와 佛敎」, 『李基白先生古稀紀念 韓國史學論叢』 上, 一潮閣, 1994; 『高麗後期 性理學受容硏究』, 一潮閣, 1995, 114～118쪽). 그런데 조화적이라고 하면 유교와 불교 상호간에 모든 면에서, 이를테면 人間觀이나 宇宙論과 같은 사상철학적인 측면에서도 아무런 갈등 없이 조화가 이루어진다는 의미로까지 해석될 여지가 있음을 근래에 깨닫게 되었다. 양자 사이에 서로 다른 고유한 기능이 있음을 인정한다는 정도의 뜻으로는 조화적이라는 용어가 적절하지를 못한 셈이다. 그러므로 이제 조화적인 유불관이라는 표현을 정정하여 並存的인 儒佛觀 내지는 儒佛並存論이라는 용어로 고쳐서 사용하려 한다. 양자에 각기 고유한 영역이 있어 그것이 함께 존립할 수도 있음을 가리키는 데에는 並存 내지 並立이라는 용어가 더욱 알맞지 않을까 여겨지기 때문이다.

9 보우의 생애에 관해서는 李穡이 찬술한 塔碑銘과 함께 특히 門人 維昌이 지은 行狀을 참고하라. 註 5)의 논문 중에서는, 李英茂, 「太古普愚國師의 人物과 思想」 및 兪瑩淑의 논문이 또한 보우의 생애를 자세하게 설명하여 참고가 된다. 보우를 연구하는데 필요한 기본자료는 崔柄憲, 앞의 논문, 100～103쪽에 잘 해설되어 참고하기에 편하다.

10 李相瑄, 兪瑩淑의 위 논문은, 그와 같은 두 사람의 관계 및 그것이 지니는 정치적 의미를 상세히 논하였다.

의 상황을 묘사한 자료 가운데 그와 공민왕의 만남을 알려주는 다음과 같은 내용이 전한다.

> ② … 荅剌海등이 황제의 명을 받들어 (스님이) 묵는 절(永寧寺)에서 법당을 열자 … 스님은 二宮皇后(奇皇后)가 바친 금란가사를 입고서 우레와 같은 설법으로 크게 떨쳤다. 공민왕이 세자였는데 (법회에서) 오랫동안 감탄을 더하다 이르기를, "제가 만약 고려에서 (왕위에 올라) 새로운 정치를 시행하게 되면 마땅히 스님을 제 스승으로 모시겠습니다"라고 하였다 …[11]

법회에 참가한 공민왕이 보우의 설법을 듣고서 감탄한 끝에, 장차 자신이 고려의 왕위에 오르면 보우를 스승으로 삼겠다고 다짐을 하였다는 것이다.

이 일이 있었던 1347년(忠穆王3)은 공민왕이 質子로서 元都에 머물던 시기였다. 위의 사료 ②에는 당시 그가 世子였던 듯 기록되었으나, 실제는 그렇지가 않았다. 공민왕은 忠惠王 후2년(1341) 5월 그의 나이 12세 때 王弟로서 入元宿衛하도록 명령을 받았다. 그리하여 大元子라 불리면서 고려 왕위계승의 후보자로 지목을 받기도 하였지만, 그러나 충혜왕이 돌아간 다음 충목왕이 즉위함으로써, 위의 사료 ②의 일이 있었던 당시 그는 元廷에 머물면서 宿衛를 계속할 수밖에 없는 처지였다. 그리고 곧 뒤이어 충목왕의 死後(忠穆王4, 1348)에 있었던 고려의 왕위계승 경쟁에서도, 그는 忠定王에게 패배할 운명이었다. 공민왕이 고려의 왕위에 오르게 된 것은 그 뒤인 忠定王 3년(1351) 12월의 일이었다.[12] 즉 그가 보우와 처음으로 만났다고 하는 충목왕 3년(1347)은, 공민왕이 아직 고려의 왕위계

11 … 荅剌海等 欽奉聖旨 開堂于所館之寺 … 師披二宮皇后所獻金襴 大振雷音 玄陵(恭愍王:筆者柱)爲世子 加嘆久之曰 小子若新政於高麗 則當師吾師矣 … (『太古和尙語錄』下 附錄 行狀)

12 공민왕의 즉위과정은, 閔賢九, 「高麗 恭愍王의 卽位背景」, 『韓沽劤博士停年紀念 史學論叢』, 1981, 791~808쪽을 참고하라.

승권자인 世子로 확정되기 이전이었던 것이다.

그런데 공민왕은 그처럼 왕위계승권자로서의 지위가 확보되기 이전이었음에도 불구하고, 앞의 사료 ②에서와 같이 자신이 고려의 왕위에 오른 이후의 조치를 미리 보우에게 약속하였다. 당시 공민왕과 보우의 사이에 종교적인 것은 말할 것도 없으려니와, 정치적인 측면에서도 상당히 깊이 있는 대화가 오갔을 것임을 암시하는 대목이다.[13] 보우는 공민왕이 즉위하기 이전에 벌써 그와 정치적 입장을 같이하였던, 그리하여 공민왕이 고려 국왕에 오르는 것을 지지하는 세력에 속하는 인물이었던 것이다.

앞서 이 節의 서두에서 보았던 사료 ①은, 위와 같은 관계의 두 사람이 공민왕의 즉위 후 처음으로 공식 재회한 자리에서 있었던 일을 기록한 것이다. 따라서 당시 두 사람의 사이에는 상당히 의미심장한 대화가 오고 가지 않았을까 짐작된다. 아울러 그와 같은 대화 중에는 정치적인 내용도 빠지지 않았을 것임이 거의 분명하다.[14] 보우가 공민왕에게 나라를 다스리는 군주의 기본원칙으로서 '信佛'이 아닌 '修明敎化'를 제시한 것은, 바로 그러한 자리에서였다. 그리고 그것이 곧 並存的인 儒佛觀을 전제로 하는 것이었음은 이미 살핀 바가 있다. 그러므로 당시 태고보우가 공민왕에게 건의하였던 儒佛並存의 원칙은, 단순한 수사적인 표현을 넘어서는 말하자면 의미 있는 하나의 통치원리로서였다고 하여 좋을 것이다.

지금까지 태고보우의 並存的인 儒佛觀을 검토하였다. 그런데 당시에는 보우 이외에도 그와 비슷한 유불관을 지닌 승려가 더 있었다. 다음의 자료를 살펴보자.

> … 왕이 성균관을 짓도록 명하자, 辛旽이 柳濯·李穡과 더불어 崇文館에 모여 옛터를 살폈다. 신돈이 冠을 벗고 머리를 두드리며 先聖(孔子)께 맹

13 兪瑩淑, 앞의 논문, 156~157쪽.

14 위 본문의 사료 ①에 바로 뒤이어지는 둘 사이의 다음과 같은 대화가 그러한 증거이다. "… 又曰 君王 去邪用正 則爲國不難矣 王曰 予非不知邪正 但念其從我于元 皆效勤勞 故不能輕去耳" (『高麗史』 38 恭愍王 元年 5월 己丑)

세하여 이르기를, "마음을 다해 (성균관을) 다시 세우겠습니다"라고 하였다. 좌우에서 모두 "옛 규모를 조금 줄이면 쉽게 완성할 수 있겠습니다"라고 하자, 신돈이 말하기를 "文宣王은 온 세상의 영원한 스승이시오. 작은 비용에 인색하여 이전 시대의 규모를 이지러뜨림이 옳은 것인가"라고 하였다 …[15]

공민왕 16년(1367) 5월에 林樸의 건의에 따라 국왕이 성균관을 重建하도록 명령하자,[16] 辛旽과 柳濯 및 李穡 등이 장차 성균관 건물을 세울 장소인 崇文館의 옛터를 살피러 갔다는 것이다.[17] 그런데 그곳에서 신돈은 孔子를 天下萬世의 스승이라고 추앙하면서 최대의 경의를 표하였다고 한다. 건물의 규모를 이전보다 약간 줄이면 쉽게 공사를 마칠 수가 있으리라는 주위의 건의를 물리치면서, 온 마음을 다해 이전의 규모에 못지않게 성균관을 재건할 것을 孔子에게 맹세하기도 하였다. 孔子 내지는 그로 대표되는 儒敎에 대한 신돈의 인식이 자못 긍정적이었음을 알려주는 일화이다.[18]

---

15 … (恭愍)王命營成均館 (辛)旽與(柳)濯·李穡 會崇文館 相舊地 旽免冠扣頭 誓先聖曰 盡心重營 左右皆曰 少損舊制 可易成 旽曰 文宣王 天下萬世之師也 可靳小費 虧前代之規乎 … (『高麗史』 132 辛旽傳)

16 『高麗史』 74 選擧 2 學校 恭愍王 16년, 『高麗史節要』 28 恭愍王 16년 5월

17 공민왕 16년의 성균관 중건과 국학 부흥은 다음의 논문을 참고하라.
李成茂, 「鮮初의 成均館 硏究」, 『歷史學報』 35·36, 1967, 224~225쪽. 閔賢九, 「辛旽의 執權과 그 政治的 性格」(下), 『歷史學報』 40, 1968, 70~74·78쪽. 李成茂, 「朱子學이 14·15세기 韓國敎育·科擧制度에 미친 影響」, 『韓國史學』 4, 1983, 371쪽. 李秉烋·朱雄英, 「麗末鮮初의 興學運動」, 『歷史敎育論集』 13·14, 1990, 492~493쪽. 朴贊洙, 「高麗後期 國學의 變遷」, 『泰東古典硏究』 10, 1993, 328~331쪽.

18 본문의 사료를 신돈의 儒佛觀과 관련시켜 이해하는 것은, 閔賢九, 「辛旽의 執權과 그 政治的 性格」(下), 78쪽을 참고하라. 한편 위에서 살폈던 태고보우도 또한 신돈과 비슷한 말을 하여 신돈의 유교관을 이해하는 데 도움을 준다. 유교적 성군의 표상인 堯舜을 보우가 聖人으로 받드는 다음의 기록이 그것이다. "… 佛言 經行及坐臥 常在於其中 堯舜亦曰 允執厥中 無爲而天下大治 堯舜豈非聖人乎 佛祖豈異人乎 …" (『太古和尙語錄』 上 玄陵請心要)

辛旽(?~1371, 恭愍王20)은 승려 출신이었다.[19] 그러므로 그와 같은 성격의 신돈이 유교를 그처럼 호의적으로 인식하였다는 것은 상당히 이색적인 일이라고 할 수가 있을 것이다. 그러나 당시 그가 공민왕의 사부로서 집권자가 되어 나라를 다스리는 지위에 있었다는 사실을 떠올리면, 반드시 그것이 이해될 수가 없는 일인 것만은 아니다. 일반적으로 현실정치와 유교 사이에는 늘 긴밀한 관련이 있어 왔다. 그러므로 그가 현실정치에 깊숙이 개입하고 또 그것을 주도하는 동안 차츰 정치적인 측면에서 유교가 지니는 효용성 내지는 그 역할을 중시하게 되었을 가능성이 있으며, 이로 말미암아 유교를 그처럼 긍정적이고 호의적으로 인식하게 되지는 않았을까 여겨지는 것이다. 신돈의 유교에 대한 호의적인 인식은 그의 집권자로서의 경험 속에서 우러나온 것이었다고 믿는다. 하지만 그렇다고 해서 신돈이 불교의 존재의의까지를 부정한 것이 아니었음은 또한 이를 나위가 없는 일일 터이다. 그가 華嚴宗 승려로서 觀音菩薩의 신통력에 기대어 공민왕의 得子를 기원하였다든지, 혹은 8회에 걸쳐 文殊會를 개설함으로써 田民辨整 등의 개혁조치로 틈이 벌어진 君臣 사이의 화합을 도모하였다는 기왕의 연구성과에서 그것을 확인할 수가 있다.[20] 말하자면 신돈은 불교와 유교에 각각 그 나름의 역할이 있음을 인정하는, 그리하여 보우와 마찬가지로 並存的인 儒佛觀을 소유한 승려가 아니었던가 여겨지는 것이다.

한편 고려인은 아니지만 한때 고려에서 활동하였으며, 또한 원의 수도에 머물면서 入元한 고려 승려들에게 큰 영향을 끼쳤던 印度 출신의 승려 指空(1300, 忠烈王26(?)~1363, 恭愍王12)도[21] 또한 보우나 신돈과 마찬가

---

19 신돈에 관해서는 다음 논문을 참고하라.
閔賢九, 「辛旽의 執權과 그 政治的 性格」(上·下), 『歷史學報』 38·40, 1968. 朱碩煥, 「辛旽의 執權과 失脚」, 『史叢』 30, 1986. 李啓杓, 「辛旽의 華嚴信仰과 恭愍王」, 『全南史學』 창간호, 1987.

20 李啓杓, 앞 논문, 37~44쪽.

21 指空에 관해서는 李能和 이후 忽滑谷快天 등 일본인 학자들이 관심을 보이곤 하였는

지의 입장을 밝혀 흥미를 끈다. 다음의 기록이 그 증거이다.

> … (지공)스님의 명성이 안팎으로 떨쳐 일어나자 至正皇帝(順帝)의 황후와 황태자가 延華閣으로 맞아들여 佛法을 문의하였다. 스님이 이르기를, "佛法은 스스로 배우는 자가 있으니, (두 분께서는) 천하를 거느리시는 일에 오로지 마음을 다하신다면 매우 다행이겠습니다"라고 하였다 …[22]

지공이 중국에서 명성을 떨치자, 元 順帝(在位:1333~1367)의 황후와 황태자가 그를 맞아들여 說法을 청했다고 한다.[23] 그런데 그때 지공은, 佛法에는 스스로 그것을 배우는 자가 있으니 두 분께서는 오로지 천하를 거느리는 일에나 마음을 다하시라고 충고하였다는 것이다. 佛法에 관한 것은 자신과 같은 승려에게 맡기고, 황후나 황태자와 같은 통치자들은 나라를 잘 다스리는 일에 몰두해야 한다는 의미일 터이다. 이 節의 맨 앞 사료 ①에서 살폈던 바의 보우가 공민왕에게 충고하였던 내용과 별다른 차이가 없다. 다시 말하여 지공도 또한 보우와 마찬가지로 竝存的인 儒佛觀을 지닌 승려였음이 거의 틀림없어 보이는 것이다.

지공은, 앞으로 살피게 되겠지만, 여러 모로 고려와 많은 인연을 지닌

데, 한국에서 본격적인 연구가 이루어진 것은 1980년대 말에 들어서이다. 특히 許興植에 의하여 그에 관한 일련의 논문이 잇따라 발표되었다. 관련 연구성과를 제시하면 다음과 같다.

金炯佑, 「胡僧指空研究」, 『東國史學』 18, 1984. 中島志郎, 「梵僧指空의 研究」, 東國大碩士學位論文, 1985. 許興植, 「指空의 思想과 繼承者」, 『겨레문화』 2, 1988. 許興植, 「指空의 思想形成과 現存著述」, 『東方學志』 61, 1989. 許興植, 「指空의 思想과 麗末鮮初의 現實性」, 『碧史李佑成教授停年退職紀念論叢』(上), 1990. 許興植, 「指空의 無生戒牒과 無生戒記」, 『書誌學報』 4, 1991. 許興植, 「指空의 原碑文과 碑陰記」, 『李箕永博士古稀紀念論叢』, 1991. 許興植, 「指空의 遊歷과 定着」, 『伽山學報』 창간호, 1991.

22 … 師(指空:筆者註)之名 震暴中外 至正皇后·皇太子 迎入延華閣 問法 師曰 佛法自有學者 專心御天下 幸甚 … (『牧隱文藁』 14 西天提納薄陁尊者浮屠銘幷序)

23 이때의 황후와 황태자가 高麗 여인 奇皇后와 그의 아들 愛猷識里達臘이었을 것임은, 許興植, 「指空의 遊歷과 定着」, 99쪽을 참고하라.

승려였다. 그에게서 깊은 영향을 받은 고려의 승려도 적지를 않았다. 공민왕 말기에서 우왕 초반에 걸쳐 王師를 지낸 懶翁慧勤은 그 대표적인 승려였다. 지공이 고려 승려가 아님에도 불구하고 그의 유불관을 검토하였던 까닭이 여기에 있다. 고려후기의 승려들이 지녔던 유불관이 앞서 살폈던 바의 지공이 보여준 유불관계에 대한 인식과 전혀 동떨어지지만은 않았으리라 여겨지는 것이다.

지공은 인도에서 출생하고 또 그곳에서 성장하였다.[24] 인도에서 修學의 시기를 보낸 그가 히말라야를 넘고 티벳을 거치는 기나긴 遊歷 끝에 元의 大都에 도착한 것은, 그의 나이 25세(?) 무렵이었다. 그리하여 泰定帝(재위:1323~1328)의 환대 속에 元京에서의 활동을 시작하였는데, 그때 고려 여인으로서 원나라 大順丞相의 부인이었던 韋氏가 그를 후원하였다고 한다. 그 뒤 1326년 3월에는 御香을 받들고 고려 금강산의 法起道場에 오게 되었고, 이후 3년가량에 걸친 그의 고려에서의 활동이 시작되었다. 고려에서 그는 釋尊 내지는 達摩의 환생으로 간주되어 커다란 환영을 받았다. 승려는 말할 것도 없으려니와 宗室과 公卿大夫에서 士庶人에 이르기까지 수많은 사람들이 그를 추종하였다. 그리고 天曆年間(1328~1329)에 元帝의 명령으로 원에 돌아가게 된 다음에는, 다시 원의 수도에 머물며 고려 출신의 승려와 檀越에게서 계속 열렬한 후원을 받았다. 그가 원에서 여생을 보낸 燕京의 法源寺도 고려인들의 후원 아래 건립되었으며, 그리하여 그의 주위에는 항상 고려 출신의 승려와 신도들로 가득하였다고 한다.

아울러 당시에는 많은 고려의 승려들이 指空을 흠모하여 멀리 연경의 법원사로 그를 찾아가기도 하였다. 懶翁慧勤(1320, 忠肅王7~1376, 禑王2)과 白雲景閑(1298, 忠烈王24~1374, 恭愍王23) 그리고 無學自超(1327, 忠肅王14~1405, 太宗5) 및 正智國師 智泉(1324, 忠肅王11~1395, 太祖4) 등이 그 중에서도 대표적인 승려들이었다. 특히 나옹혜근은 10년에 걸친 원나

24 指空의 생애는 註 21)의 논문과 함께, 각별히는 李穡이 撰한 '西天提納薄陁尊者浮屠銘幷序'(『牧隱文藁』 14)를 참고하라.

라에서의 생활 가운데 거의 절반가량을 그의 곁에서 지내는 등, 지공의 수제자로 활약을 보인 승려였던 것으로 전한다.[25] 지공은 혜근에게 法衣 한 벌과 拂子 하나 그리고 梵字草書로 된 서신 한 통을 전하여 줌으로써, 자신의 계승자가 혜근임을 분명히 하였다. 또한 지공은 죽음에 임하여 다시 한 통의 편지와 더불어 가사 한 벌을 고려에 있는 혜근에게 보내주도록 유언하기도 하였다. 혜근에 대한 지공의 신임과 기대가 매우 각별하였음을 알 수가 있다.

나옹혜근은 寧海를 본관으로 하는 朱氏 가문의 출신이었다.[26] 그의 나이 20세 때(1339, 忠肅王 후8년) 이웃에 사는 벗의 죽음을 계기로 功德山 妙寂庵의 了然禪師에게 의탁하여 출가하였다. 묘적암 및 檜岩寺에서 8년 동안 修道한 다음, 28세 되던 1347년(忠穆王3) 11월에 得度師를 찾기 위해 元나라로 떠났다. 元에 머무는 동안 그는 앞서 살피었던 指空과 가장 깊은 인연을 맺었지만, 그 밖에도 臨濟宗 陽岐派의 平山處林을 비롯하여 千巖元長 和尙과 悟光 長老 등 중국 임제종의 고승들을 두루 만나면서 여러 곳을 유력하기도 하였다. 고려로 돌아온 뒤에는 공민왕의 知遇를 입어 神光寺·淸平寺 등의 주지를 역임하였으며, 辛旽이 제거된 다음인 1371년(恭愍王20) 8월에 王師로 책봉되었다. 그는 指空의 授記에 따라 檜岩寺를 중창하기를 염원하였는데, 그 落成法會가 열리던 해(1376, 禑王2) 5월에 神勒寺에서 입적하였다.

懶翁慧勤은 指空에게서 깊은 감화를 입은 승려였다. 혜근과 平山處林 사이의 교유도 무시할 수는 없다. 그렇지만 혜근에 대한 영향력이라는 측

25 徐京洙, 「懶翁 - 麗朝 最後의 禪僧」, 『韓國의 人間像』 3, 新丘文化社, 1965. 金容祚, 「懶翁慧勤에 關한 硏究」, 『慶尙大論文集』-人文系篇- 21-2, 1982. 徐閏吉, 「高麗末 臨濟禪의 受容」. 朴虎男, 「檜巖寺 和尙 懶翁의 無生法 考察」, 『畿甸文化硏究』 16, 1987. 許興植, 「懶翁의 思想과 繼承者」(上·下), 『韓國學報』 58·59, 1990. 許興植, 「太古와 懶翁의 繼承者」, 『韓國中世佛敎史硏究』, 一潮閣, 1994.

26 懶翁의 생애는 앞 註 25)의 논문을 참고하라. 기초 사료로는 나옹의 門人 覺宏이 찬술한 '懶翁和尙行狀'이 『懶翁和尙語錄』에 수록되어 참고하기에 편하다.

면에서, 지공의 그것이 평산처림보다 월등하였다 함은 이미 여러 연구에서 밝혀진 바가 있다.[27] 그런데 지공은 앞서 살피었듯이 並存的인 儒佛觀을 소유한 승려였다. 그리고 혜근은 그러한 지공의 사상적인 계승자였다. 혜근의 유불관계에 대한 이해가 지공의 병존적인 유불관과 무관하지만은 않았을 것임을 예감할 수가 있다. 나옹혜근도 지공과 매한가지로 並存的인 儒佛觀의 소유자가 아니었을까 헤아려지는 것이다.

더불어 혜근의 嗣法弟子인 幻菴混修가 우왕 5년(1379)에 儒佛並存論을 주장하는 『護法論』을 발간하였던 것도,[28] 또한 그와 같은 짐작을 뒷받침하는 유력한 증거의 하나라고 할 수가 있을 터이다. 그러한 성격의 『護法論』을 간행함으로써, 지공과 혜근을 거치며 이어져 온 師門의 儒佛並存論을 보다 체계적으로 구체화시키려는 것이, 혼수의 의도가 아니었던가 여겨지는 것이다. 나옹혜근은 병존적인 유불관을 소유한 승려였음이 거의 분명하다고 믿는다.

이상에서 성리학이 수용된 이후에 활약한 승려의 儒佛觀을 검토하였다. 그 결과 太古普愚와 辛旽 그리고 懶翁慧勤 등 당시를 대표할 만한 승려들이 儒佛並存論을 표방하였음을 이해할 수가 있게 되었다고 생각한다. 그런데 여기에서 문득 머리에 떠오르는 것은, 유불관계에 대한 이들의 그와 같은 이해가 그보다 앞선 시기에 활동한 승려들의 그것과 매우 달랐다는 사실이다. 다음의 기록을 살펴보도록 하자.

> ① 저는 예전에 公의 문하였는데 이제는 공이 우리 결사에 들어왔으니, 공은 佛敎的 儒者요 저는 儒敎的 佛者입니다. 서로 손이 되고 주인이 되며 뒤바꿔서 스승이 되고 제자가 되는 것은, 예부터 그러하였지 요즘에 비롯된 것은 아닙니다. 그 이름으로 분별한다면 불교와 유교가 멀리 다르지만, 그 실질을 파악하면 유교와 불교가 다르지 않습니다 … 『起世界經』에 이르기를, "부처님께서 '내가 두 聖人으로 하여금 震

27 註 25)의 논문, 특히 許興植, 「懶翁의 思想과 繼承者」(上), 132~133쪽을 참고하라.
28 이 논문의 제4절을 참고하라.

旦에 가서 교화를 펴게 하리라' 말씀하셨는데, 한 분이 老子로서 迦葉菩薩이요 또 한 분은 孔子로서 儒童菩薩이다" 하였습니다. 이에 의거한 즉 儒教와 道教의 宗旨는 佛法에 근본을 두었으니, 방편으로는 별개이지만 실제에서는 동일합니다 …[29]

② … 지금 각하는 儒者이고 저는 佛者이므로, 실제 몸가짐이 동일하지 않고 이름에 따른 직분도 같지 않습니다. 그러나 세존께서 말씀이 있으셨습니다. "내가 세 사람을 보내어 저 동방을 교화하도록 하겠다." 그러므로 李舟가 이르기를, "석가가 중국에 태어났더라면 주공이나 공자와 같은 가르침을 베풀었을 터이며, 주공이나 공자가 서방에 태어났더라면 석가와 같은 가르침을 베풀었으리라" 하였습니다. 李商隱이 또한, "공자는 노자를 스승으로 섬기고 노자는 석가모니를 스승으로 섬겨 머리 숙여 바르게 깨쳤으니, 나는 내 스승을 스승으로 섬긴다" 말하였은즉, 어찌 三教가 다르겠습니까 …[30]

무인정권의 시기를 대표하는 고승들이 세속의 知人에게 보낸 서신 가운데서 발췌한 자료이다. 사료 ①은 修禪社의 제2세 主法인 眞覺國師 慧諶(1178, 明宗8～1234, 高宗21)이 출가하기 이전 자신의 國子監試 座主였던 崔洪胤에게 띄운 서신의 일부이며, 사료 ②는 白蓮社의 제4세 主法인 眞靜國師 天頙(1206 熙宗2～?)이 역시 출가하기 이전 자신과 國學의 同舍生이었던 閔昊에게 보낸 서신 가운데서 인용한 것이다.[31] 慧諶과 天頙은

29 我昔居公門下 公今入我社中 公是佛之儒 我是儒之佛 互爲賓主 換作師資 自古而然 非今始爾 認其名則 儒佛逈異 知其實則 儒佛無殊 … 起世界經云 佛言 我遣二聖 往震旦行化 一者老子 是迦葉菩薩 二者孔子 是儒童菩薩 據此則 儒道之宗 宗於佛法 而權別實同者乎 … (『韓國佛敎全書』 6 曹溪眞覺國師語錄 書答 答崔叅政洪胤)

30 … 今閣下儒也 予釋也 實容儀不同 名分不等 然世尊有言 我遣三人 化彼震旦 故李舟曰 釋迦生中國 設教如周孔 周孔生西方 設教如釋迦 李商隱亦曰 尼師老聃 聃師牟尼 稽首正覺 吾師吾師 則何三教之異 … (『湖山錄』 4 答芸臺亞監閔昊書)

31 眞覺國師 慧諶과 眞靜國師 天頙에 관해서는 이미 상당수의 논문이 나왔는데, 이들의 생애는 다음의 연구를 참고하라.
閔賢九, 「月南寺址 眞覺國師碑의 陰記에 대한 一考察」, 『震檀學報』 36, 1973. 許興植,

위의 자료에서 儒·佛이 표면상 달라 보이지만 실제에 있어서는 서로가 한 가지라는 사실을, 佛經 등을 인용해 설명하고 있다. 근본에 있어서 유교와 불교가 다르지 않다는 '儒佛無殊'의 설을 강력하게 내세웠던 것이다.

그런데 이들의 이른바 '儒佛無殊'란 유교와 불교를 동등한 차원의 사상으로서 대등하게 취급하는 것이 아니었다. 불교 우위의 입장에서 유교를 그 하위의 개념으로 포섭하려는 논리였다. 孔子를 부처보다 낮은 菩薩에 비기면서 유교가 불교를 근본으로 하여 거기에서 흘러나온 것으로 이해한다든지(①), 또는 공자를 老子의 제자에 그리고 다시 그 노자를 釋迦牟尼의 제자에 견줌으로써 儒·佛·道 가운데 유교를 최하위에 두려는 태도(②) 등에서 알 수가 있는 일이다. 결국 무인정권의 시기에 불교계에서 내세우던 이른바 '儒佛無殊'의 설이란, 불교를 상위에 두고 유교를 그에 종속시키려는 의도에서 나온 佛教至上主義의 이론이었던 셈이다. 그리고 이러한 논리대로라면 유교는 결국 독자적으로 존립할 가치가 거의 없는, 그리하여 그 역할에서도 별다른 의미를 찾아 볼 수가 없는 존재에 지나지 않게 될 것임은 물론이었다.[32]

한편 고려중기의 승려 大覺國師 義天(1055, 文宗9~1101, 肅宗6)은, 혜심이나 천책보다 앞서 이미 그와 동일한 취지의 주장을 내세웠었다.[33] 다음의 기록이 그것을 보여준다.

> … 성인의 마음 씀은 넓고 커서 모두 갖추었으니, 人乘과 天乘이 있고 聲聞乘과 緣覺乘이며 菩薩乘이 있는데, 이 5乘은 부처를 배우는 자가 마땅

「眞靜國師의 生涯와 時代認識」, 『東方學志』 35, 1983. 秦星圭, 「眞覺國師 慧諶의 生涯와 思想」, 『高麗史의 諸問題』, 三英社, 1986. 蔡尙植, 「白蓮結社 성립과 사상적 경향」, 『高麗後期佛教史研究』, 一潮閣, 1991.

32 鄭赫, 「高麗後期 眞覺國師 慧諶의 佛儒同源思想」, 『北岳史論』 3, 1993. 邊東明, 「性理學의 初期受容者와 佛教」, 『高麗後期 性理學受容研究』, 一潮閣, 1995.

33 의천과 그의 사상에 관한 연구논문을 일일이 제시하지는 않겠다. 그의 생애와 저술 및 사상은 『國譯 大覺國師文集』(韓國精神文化研究院, 1989)에 수록된 崔柄憲의 解題에 요령 있게 설명되어 참고하기에 좋다.

> 히 마음을 다해 익혀야 할 바의 큰 강령입니다. 열 가지 선행과 다섯 가지 戒는 인승이고, 네 가지 禪과 여덟 가지 定은 천승입니다. 四聖諦의 법은 성문승이고, 12因緣의 진리는 연각승이며, 六度萬行을 닦음은 보살승입니다. 인승으로 말할 것 같으면 周公·孔子의 道와 더불어 같은 곳으로 돌아가고, 천승으로 말할 것 같으면 老子·莊子의 學과 한 가지로 일치합니다. (그러므로) 옛 사람이 이르신 바 儒와 道의 가르침을 닦는 것은 가히 사람과 하늘의 報를 잃지 않는 일이라 할 수 있으니, 고금의 賢人과 達士들이 모두 이치에 맞는 말씀이라 하였습니다. (그러나) 혹시 그 다음의 三乘 출세간의 법이야 무릇 세속의 가르침과 어찌 더불어 같은 차원에서 말하겠습니까 …[34]

대각국사 의천이 內侍인 文冠에게 보냈던 서신의 한 부분이다. 앞서 文冠이 국왕의 사자로서 의천에게 다녀간 적이 있었는데, 위 사료는 그에 대한 답서 가운데 일부를 발췌한 것이다. 이 자료에서 의천은 불교의 5乘 가운데 가장 낮은 단계인 人乘을 유교에 대응시키면서, 유교는 불교와 더불어 동일한 차원에서 언급할 상대가 되지 못한다고 주장하였다. 유교를 불교의 가장 초보적인 수양단계로 낮추어 보면서 아예 무시하려는 듯한 태도를 드러냈던 것이다. 義天이 慧諶이나 天頙에 못지않게 佛教至上主義的인 입장에 선 인물이었음을 알 수가 있다.

지금까지 義天을 비롯하여 성리학이 수용되기 이전에 활약한 慧諶과 天頙 등의 승려들이, 유교의 고유한 역할 내지는 그 나름의 독자적인 기능이 있음을 거의 인정하지 않는 佛教至上主義的인 태도를 지니었음을 살폈다. 그런데 앞서 검토하였듯이, 성리학이 받아들여진 이후에 활동한 고려후기의 승려들은 그와 달랐다. 이들은 並存的인 儒佛觀을 표명함으

34 … 聖人用心 則廣大悉備 有人乘焉 有天乘焉 有聲聞乘焉 有緣覺乘焉 有菩薩乘焉 此之五乘 是學佛者之所宜盡心之大槩也 十善五戒 人乘也 四禪八定 天乘也 四聖諦法 聲聞乘也 十二因緣 緣覺乘也 六度萬行 菩薩乘也 以言乎人乘 與周孔之道同歸 以言乎天乘 共老莊之學一致 先民所謂 修儒道之教 可以不失人天之報 古今賢達皆以爲知言也 其或後之三乘出世之法 豈與夫域內之教 同日而言哉 … (『大覺國師文集』 13 與內侍文冠書)

로써, 유교에도 그 나름의 고유한 기능이 있으며 그러므로 국가 사회에서는 유교와 불교를 모두 필요로 한다는 사실을 인정하였다. 저들 양자 사이에는, 유교에 고유한 기능이 있음을 인정하느냐의 여부를 놓고 넘기 힘든 장벽이 존재하였던 셈이다. 太古普愚 등 성리학이 수용된 이후에 활동한 승려들의 유불관계에 대한 이해는, 그 이전 시기의 승려들이 내세웠던 바 佛教至上主義的인 儒佛觀과 본질적으로 다른 차원의 것이었다.

그렇다면 태고보우 등이 혜심 등 성리학 수용 이전에 활약한 승려들의 儒佛觀과 그처럼 질적으로 다른 並存的인 儒佛觀을 표방하게 된 연유는 무엇이었을까? 더구나 태고보우와 신돈은 현실정치에 깊숙이 개입한 것으로 정평이 있는 승려들이었다.[35] 그러므로 이들이 그처럼 현실정치에 대한 불교의 직접적인 개입을 부정하는 의미가 담긴 儒佛並存論을 주장하였다는 것은 모순이 아닐 수가 없다. 거기에는 반드시 그럴 만한 까닭이 없었을 리가 없는데, 그 이유가 궁금한 것이다. 이제 그 문제에 관하여는 節을 바꾸어 검토하도록 하겠다.

3. 儒佛竝存論 제기의 배경

太古普愚 등이 並存的인 儒佛觀을 표방하기에 이른 연유를 알아보기 위해서는, 우선 그 당시에 유교와 불교가 마주했던 상황을 살피는 일이 필요할 것 같다. 고려후기 사상계의 가장 커다란 특징은 朱子性理學을 받아들였다는 데에 있다.[36] 이미 고려중기의 유교에도 새로이 性理學的인 경향의 싹이 일부 나타나기는 하였다. 그러나 실천보다는 그 思辨的인 측

35 閔賢九, 「辛旽의 執權과 그 政治的 性格」(上·下), 『歷史學報』 38·40, 1968. 兪瑩淑, 「圓證國師 普愚와 恭愍王의 改革政治」, 『韓國史論』 20, 國史編纂委員會, 1990.

36 性理學의 受容에 관한 연구는 일일이 열거할 수 없을 정도로 많다. 지금까지의 연구 성과와 함께, 성리학의 수용과 관련된 아래의 설명은, 邊東明, 「高麗後期 性理學의 受容과 그 主導階層」, 『高麗後期 性理學受容研究』(一潮閣, 1995) 및 「受容初期 性理學의 性格과 受容의 動機」(같은 책)를 참고하라.

면에 대한 知的 호기심이 더욱 앞섰던 까닭에, 그것이 당시 고려사회에 뿌리를 내리지는 못하였다. 고려에 주자성리학이 수용된 것은 新興士大夫階層에 의해서였다. 忠烈王 16년(1290) 이래 安珦·白頤正·權溥·禹倬과 같은 선구자에 의해 받아들여지기 시작한 성리학은, 興學運動과 같은 그들의 보급을 위한 노력에 힘입어 李齊賢·崔瀣·朴忠佐·安軸 등이 활약하는 시기에 이르면 이미 상당한 정도로 그 기반을 구축하였다. 忠穆王 즉위년(1344)에 주자성리학에서 중시하던 유교 경전인 4書가 科擧의 고시과목으로 채택되었던 사실만 보아도 알 수가 있는 일이었다.

성리학을 수용한 신흥사대부들은 그 思辨的·形而上學的인 측면에 대해서도 상당한 지식을 자랑하였지만 그 실천적인 측면에 더욱 관심을 기울였다. 고려후기에 수용된 성리학의 성격은 실천적이라는 데에 그 특징이 있었던 것이다. 그런데 그 실천적 성격이란, 개인적인 차원에서 일상생활 중에 心性을 함양하고 道德倫理를 실천하는 일만을 의미하는 것은 아니었다. 오히려 국가적인 차원에서의 經世濟民의 실현을 위한 정치적인 실천이라는 특성이 못지않게 현저하였다. 고려후기의 신흥사대부들은 朱子性理學의 經世理念을 바탕으로 고려사회를 이끌어가고자 하는 의도를 지니었다. 요컨대 초기에 성리학의 수용을 주도하였던 신흥사대부들은 현실을 개혁하기 위한 理念으로서 성리학을 받아들였던 것이다.

한편 이들 개혁지향의 신흥사대부들은, 불교에 대해서도 이제까지와는 다른 차원에서 비판을 가하기 시작하였다. 고려에서 유학자에 의하여 불교가 본격적으로 비판을 받기는, 成宗代(981~997)에 있었던 崔承老의 上書文이 그 시초가 아니었던가 한다.[37] 崔承老는 儒敎的인 道德政治의 실현을 이상으로 삼던 儒學者였다. 그러므로 그는 정치에 불교가 개입하는 것을 강력하게 반대하였다. 최승로는 불교를 來世를 위한 가르침으로 생각하였으며, 또한 佛敎의 功德信仰에 대해서도 부정적으로 평가하는 입장

37 최승로의 상서문과 그의 불교비판에 관하여는, 李基白 外, 『崔承老上書文硏究』, 一潮閣, 1993, 173~174쪽을 참고하라.

이었다. 하지만 그는 불교의 존재의의 자체까지를 부정하지는 않았다. 三教에는 제각기 일삼는 바가 달리 있다[三教各有所業]고 하는 그의 지적으로 미루어 알 수가 있는 일이다. 즉 최승로는 儒教와 佛教에 각기 그 나름의 고유한 기능이 있음을 인정하는 並存的인 儒佛觀의 소유자였던 것이다. 崔承老의 儒教的인 合理主義가, 佛教를 그 근본에 이르도록 철저하게 배격하지 못하는 한계를 지니었음을 이해할 수가 있다.

최승로 이후 고려의 유학자들 가운데 그 이상으로 불교에 대해 강한 비판의식을 지니었던 인물은 거의 보이지 않는다. 적어도 주자성리학이 받아들여지기 이전까지는 그런 실정이었다고 말할 수가 있다. 그렇지만 고려후기에 신흥사대부들이 성리학을 수용하게 되면서는 상황이 바뀌었다. 주자성리학을 신봉하는 개혁적인 성향의 신흥사대부들 사이에서 불교 그 자체를 배격하는 강경한 斥佛論이 나타나기 시작하였던 것이다. 물론 성리학이 수용되던 처음에 벌써 모두에게서 그러한 불교배척의 주장이 나타난 것은 아니었다. 수용초기의 성리학 신봉자 가운데 하나였던 李齊賢과 같은 인물은 아직 불교 그 자체를 배격한다기보다는 사원의 폐해와 승려들의 비행을 공격하는 데 그치었다. 그리고 그러한 폐단이 당시의 權勢家들과 야합하여 자행되는 현상을 더욱 강하게 비판하기도 하였다. 성리학적인 經世理念에 입각하여 개혁을 주장하던 이제현에게, 불교세력은 개혁의 대상이라는 면에서 권세가와 하등 다를 바가 없는 존재였던 셈이다.[38]

그런데 성리학을 신봉하는 고려후기의 신흥사대부들 가운데서는, 일찍이 이제현의 불교에 대한 비판의 수준을 넘어 불교 그 자체를 배격하고자 하는 강경한 斥佛意識을 지닌 인물들도 나타났다. 崔瀣(1287, 忠烈王13～1340, 忠惠王復位元年)는 그 선구적인 인물이었다.[39] 그는 李齊賢과 同年

38 李齊賢의 佛教觀은, 邊東明, 「性理學의 初期受容者와 佛教」, 『高麗後期 性理學受容研究』, 一潮閣, 1995, 113～114쪽을 참고하라.

39 崔瀣의 佛教觀은 다음의 논문을 참고하라. 단 宋昌漢과 高惠玲은 崔瀣가 불교 그 자

生으로서 수용초기의 성리학 신봉자에 해당하는 인물이었음에도 불구하고,[40] 불교를 反人倫的이라고 공격하는 등 불교의 사회적 기능에 대해 부정적인 시각을 보여 주목된다. 우선 다음의 기록을 살펴보도록 하자.

> ① … 세상에서 불교를 말하는 자들은 이르기를, "佛者가 되려거든 반드시 親愛하는 것을 먼저 끊어서 버려야 한다"고 가르친다. 무릇 사람의 도리[人道]란 (겨레붙이와 같은) 친한 이를 친애[親親]하는 데서 근원하거늘, 친한 이를 없애면 (결국) 사람이 존재할 수 없게 되는데 누가 佛者가 된단 말인가. 이런 방식으로 佛者가 되기를 구하는 것은 아무래도 이해하지 못하겠다 …[41]
>
> ② 하늘이 民을 낳으니 民에게는 변치 않는 道가 있거늘, 천하의 이치는 하나일 뿐이어서 다른 길로 道를 찾는다면 이를 일러 異端이라고 한다. 지금 무릇 東方에서 사람들에게 道를 가르친다는 이가, "儒란 外를 위하는 것이니 어찌 함께 그것을 버리지 않으리오"라고 한다 … 그러나 장차 그 內를 위한다는 것을 배우면, 綱常이 땅에 떨어지고 천하에서 民이 없어질 것이다 …[42]

'人道'는 '親親'에 바탕을 두며 또한 그것은 하늘이 부여한 바로서 인간의 변치 않는 本性인데도, 불교에서는 그것을 버려 관계를 끊도록 가르친다는 것이다. 그리하여 人倫(綱常)을 땅에 떨어뜨리고, 이 세상에서 인간

체를 비판한 것은 아니라는 평가를 내려, 필자와는 견해가 다르다.
宋昌漢, 「崔瀣의 斥佛論에 대하여」, 『大丘史學』 38, 1989, 121~143쪽. 高惠玲, 「崔瀣의 생애와 사상」, 『李基白先生古稀紀念 韓國史學論叢』(上), 一潮閣, 1994, 887~891쪽. 邊東明, 「性理學의 初期受容者와 佛敎」, 113~118쪽.

40 성리학 수용의 초기(1290, 忠烈王16~1344, 忠穆王즉위년) 및 그 초기수용자에 관하여는, 邊東明, 「高麗後期 性理學의 受容과 그 主導階層」, 22~61쪽을 참고하라.

41 … 世之說佛者曰 爲佛先須棄絶親愛 夫人道原於親親 滅親無人 誰爲佛者 以是求佛 竊所未喩 … (『拙藁千百』 1 送盤龍如大師序)

42 惟天生民 民有秉彛 天下之理 一而已矣 岐而求道 寔曰異端 今夫以道敎人於東方者 謂儒爲外 盍共捨諸 … 然而將學其所以爲內者 則綱常墜地 天下無民矣 … (같은 책 問學業諸生策二道)

이 사라지도록 만든다며 비판하였다. 또한 그는,

> … 승려란 대체로 (어디에도) 예속되지 않아 그 (자신이 부담해야 할) 요역에서 벗어난다. (그러므로) 민으로서 (승려가 되어) 그 요역을 피하는 자가 항상 수천수만 명인데 (모두가) 그저 편히 앉아서 먹여주기를 기다린다 …[43]

라는 지적에서 알 수 있는 바와 같이, 승려들을 無爲徒食하는 避役의 무리로 강력하게 비난하기도 하였다. 고려말기의 이른바 강경파 척불론자들이 불교를 滅倫害國의 가르침으로 매도하던 것과 마찬가지의 논리가 이미 최해에게서 나타난다. 최해는 이제현과 달리 불교의 가르침 자체를 비판함으로써 불교의 고유한 역할을 부정하는 강경한 척불론의 소유자였던 것이다.

사실 최해는 불교를 좋아하지 않는다고 공언하던 인물이었다.[44] 그리하여 불교의 功德思想에 대해서도,

> … 보살을 공경하는 것은 보이지 않는 가운데 사람에게 능히 복을 주기 때문인데, 그 보이지 않는 가운데 주는 복이란 이미 알아볼 수가 없다 …[45]

에 나오는 것처럼, 표가 나지 않게 은밀히 주어지는 福은 인식할 수가 없는 것이라고 하면서 회의적인 시선을 보내기도 하였다.[46] 그리하여 그는 마침내 이상과 같은 논리의 궁극적인 도달점이라 할 유교 우위의 儒佛觀

43 … 其僧 大抵不隷逃其役 民避其徭 常有數千萬人 安坐待哺 … (같은 책 送僧禪智遊金剛山序)

44 … 隱者(崔瀣:筆者註)素不樂浮屠 … (『高麗史』 109 崔瀣傳)

45 … 敬菩薩者 爲能福人於冥冥也 其冥冥之福 旣不可識 … (『拙藁千百』 1 送僧禪智遊金剛山序)

46 불교의 공덕사상을 부정하는 것이 최해의 본심이었음은, 邊東明, 「性理學의 初期受容者와 佛敎」, 115쪽의 註 54를 참고하라.

에까지 이르게 되었다. 다음의 기록을 살펴보도록 하자.

① … 내가 가만히 보건대 세상 사람들이 부처를 받드는 것이 크게 지나치니, 배나 수레가 이르는 곳이면 불탑이며 불당이 (줄지어 늘어서) 서로 바라볼 지경이며, 그 무리들은 모두 권력을 어루만지면서 富를 독차지하여 이 백성에게 해독을 끼치면서 士大夫를 종인 듯 깔본다. 그러므로 우리 儒者들이 취하지 않는 바이거니와, 이것이 어찌 부처의 잘못이겠는가. 무릇 부처는 선한 것을 좋아하고 선하지 않은 것을 좋아하지 아니하며, (가령) 그 마음을 밝혀 本性을 깨친다[明心見性]는 說을 두고 살피건대 또한 거의 우리 儒家의 학설을 근원[祖]으로 하여 (본떠서) 만든 듯 여겨지기도 한다 …[47]

② … 나는 일찍이 이르기를, "儒를 알면 佛을 알지 못하더라도 佛者가 되는데 지장이 없지만, 佛만 알고 儒를 모르면 능히 佛者가 될 수 없으리라"고 하였다 …[48]

불교에서 말하는 '明心見性'의 說을 유교, 구체적으로는 아마도 性理學의 心性論에서[49] 본받아 배운 것으로 간주한다든지(①), 또는 불교를 모르더라도 유교만은 알아야 진정한 佛者가 될 수가 있으리라는(②) 강변이다. 말하자면 불교는 유교에서 갈려나간 下位의 사상이며(①), 유교만으로도 인간의 올바른 삶이 얼마든지 가능하다는 것이(②) 그의 생각이었다. 성리학적인 心性論 등에 입각하여 유교가 불교보다 우위에 있는 사상임을 내세웠던 것이다. 요컨대 최해는 성리학의 입장에서 불교의 가르침

---

47 … 僕竊見 天下奉佛大過 舟車所至 塔廟相望 其徒皆拊權擅富 蠱毒斯民 而奴視士夫 故爲吾儒所不取焉 是豈佛之過歟 夫佛好爲善 不好爲不善 就其明心見性之說而觀之 似亦祖吾儒而爲者 …(『拙藁千百』1 頭陀山看藏庵重營記)

48 … 予嘗謂 知儒而不知佛 不害爲佛 知佛而不知儒 則不能爲佛 …(같은 책 送盤龍如大師序)

49 崔瀣는 성리학 신봉자였다. 그러므로 그에게 유교란 바로 성리학이었다고 보아 좋을 줄 믿는다. 또한 人間의 心性을 궁구하는 유교의 학설이라면, 그것이 곧 성리학의 心性論을 의미한다는 것도 두 말할 나위가 없는 일일 것이다.

자체를 비판하고, 나아가 유교가 불교보다 우위에 있는 사상임을 드러냄으로써 불교의 존재의의를 부정하고자 시도한, 우리나라 최초의 유학자였던 셈이다.

최해의 뒤를 이어 강경한 불교배척의 의지를 내보였던 고려후기의 성리학 신봉자로는 尹澤(1289, 忠烈王15～1370, 恭愍王19)과 白文寶(1303, 忠烈王29～1374, 恭愍王23) 그리고 李仁復(1308, 忠烈王34～1374, 恭愍王23) 등을 들 수가 있다. 이들은 安珦과 李齊賢·崔瀣 등 수용초기의 성리학 신봉자를 계승하여 성리학의 확산기에 주로 활동하였던,[50] 이를테면 고려후기의 제2세대 성리학 신봉자라고 할 수가 있는 인물들이었다. 그런데 이들 세대에 이르면 이제 더욱 다수의 성리학 신봉자들 사이에서 최해의 주장과 마찬가지의 강경한 斥佛論이 일어나기 시작하였던 것이다. 다음은 윤택 등의 그러한 儒佛觀을 보여주는 자료이다.

> ① … 그때 공민왕이 불교에 깊이 맛을 들여 초연히 만물의 밖에 생각을 두었다. 윤택이 아뢰기를, "전하께서는 위로 종묘를 받들고 아래로는 만백성을 기르시거늘, 어찌 필부나 하는 바 윤리를 떨어뜨려 끊는 일을 본받으려 하십니까. 臣의 말을 들으실 것 같으면 孔子의 도가 아니고는 불가하니 원컨대 聖意를 더하소서"라고 하였다 … 병이 위독해지자 자손을 앞으로 오게 해서는 훈계해 이르기를, "… 내가 죽거든 (장사지낼 적에) 불교의 법을 쓰지 말라"고 하였다 …[51]
>
> ② 엎드려 생각하건대, 이 나라는 대대로 동방의 사직을 지켜 왔으며, 문물과 예악에 옛 유풍이 있습니다. … 우리 동방은 檀君에서 지금에 이르기까지 이미 3600년이니, 마침내 한 바퀴 돌아 始初에 이르는 때를

---

50 필자가 忠穆王 즉위년(1344) 이후를 성리학의 확산기로 이해하는 데 관해서는, 邊東明, 「高麗後期 性理學 受容階層의 史書編纂活動」, 『高麗後期 性理學受容研究』, 一潮閣, 1995, 120쪽을 참고하라.

51 … 時(恭愍)王深味釋教 超然有物外之想 (尹)澤曰 殿下 上奉宗廟 下保生靈 奈何欲效匹夫廢絶倫理之事 如聽臣言 非孔子之道不可 願加聖意 … 疾篤 前子孫而訓之曰 … 我死毋用浮屠法 … (『高麗史』 106 尹諧傳 附 澤傳)

만났습니다. 마땅히 堯舜六經의 道를 준수하며 功利禍福의 說은 행하지 말아야 할 것입니다. 이와 같이 하면 하늘이 도움을 純一하게 하고 음양이 때를 제대로 맞춰서, 나라의 복이 길이 이어질 것입니다. 바라건대 睿宗께서 청연각과 보문각을 설치한 옛일을 생각하시고, 天人道德의 설을 강구하여 聖學을 밝히십시오. … 신라에서 처음 佛法을 숭상하니 백성이 출가하기를 즐겨했습니다. 鄕과 驛의 吏는 모두 徭役과 賦稅를 도피하고, 士大夫도 한 아들이 있으면 또한 모두 머리를 깎도록 하였습니다. 근래에 이르러서는 그 폐해가 더욱 심해져, (불교가) 군왕에게 아첨하고 백성을 해치며 세상을 미혹시키고 재물을 좀 먹습니다 … 도리어 異端의 가르침을 부르짖으니 나라의 엎어지는 것이 어렵지 않을 터입니다 …[52]

③ … 공민왕이 文殊會를 크게 열어 兩府를 거느리고 부처에게 예를 올렸는데, 오직 李仁復과 李穡만이 절할 때에 이르러 문득 나가버리고는 절을 하지 않았다 … 죽음에 임하여 아우인 李仁任이 염불하기를 권유하자, (李仁復이) 이르기를 "나는 평생 부처에게 아첨하지 않았거늘 이제 (와서) 스스로를 속이는 것은 불가하다"고 하였다 …[53]

윤택은 공민왕의 好佛을 비판하면서, 어리석은 필부들이나 속여 인간의 윤리를 파괴하는 불교에 미혹되지 말 것을 건의하였다(①). 오직 孔子의 가르침에 따르는 것만이 국가사회를 올바로 이끄는 길이라는 주장인 것이다. 그리하여 그는 죽음에 임해서도 자신의 장례를 불교식으로 치르지 말도록 유언하기까지 하였다. 불교를 배척하고자 하는 그의 결의가 아주 굳센 것이었음을 보여준다.[54] 한편 그의 아들 尹龜生은 佛敎的인 喪葬

52 伏以國家世守東社 文物禮樂 有古遺風 … 吾東方 自檀君至今 已三千六白年 乃爲周元之會 宜遵堯舜六經之道 不行功利禍福之說 如是則 上天純祐 陰陽順時 國祚延長 願念睿廟置清燕·寶文閣故事 講究天人道德之說 以明聖學 … 新羅始崇佛法 民喜出家 鄕驛之吏 悉逃徭賦 士夫有一子 亦皆祝髮 至于近年 其弊尤甚 媚君害民 惑世蠹財 … 反倡異教 邦家之覆不難矣 … (『淡庵逸集』 2 疏箚 斥佛疏)

53 … (恭愍)王大設文殊會 率兩府禮佛 唯(李)仁復與李穡 至拜時 輒出不拜 … 臨歿 弟(李)仁任勸念佛 曰吾平生不侫佛 今不可自欺 … (『高麗史』 112 李仁復傳)

儀式을 거부하고 家廟를 설치하는 등 남보다 먼저 朱文公家禮를 실천했다고 하여 『高麗史』의 孝友列傳에 수록되기도 하였는데,[55] 이도 또한 불교배척에 대한 윤택의 강력한 의지가 그의 아들에게까지 영향을 미치어 나타난 결과가 아니었던가 여겨지기도 한다.

사료 ②는 白文寶가 공민왕 12년(1363)에 올렸다고 하는 이른바 '斥佛疏'의 일부이다.[56] 그는 功利禍福의 說로써 사람을 유혹하는 佛教를 믿지 말도록 공민왕에게 건의하였다. 堯舜의 가르침을 준수하는 것만이 옳은 길임을 내세웠던 것이다. 불교를 배척하고 유교의 經世理念에 따라 나라를 다스리는 것, 이를테면 睿宗代(1105~1122)에 經筵을 시행함으로써 天人道德의 說을 강구하여 성인의 가르침을 밝혔던 故事에 따르는 것과 같은 일만이,[57] 上天의 도우심을 힘입어 왕조를 중흥시킬 수 있는 바른 길임을 그는 역설하였던 것이다. 불교는 임금에게 영합하여 뭇사람에게 해를 끼치고 세상을 미혹하여 재물을 좀먹는 이단의 가르침이라는 것이 그의 믿음이었다. 그리하여 만약 그 세력이 번성하게 되면 결국 나라가 망하기에 이를 것이라는 강경한 경고마저 서슴지 않게 되었다. 斥佛에 대한 백문보의 의지가 남달리 강력하였음을 짐작할 수가 있다. 사실 백문보는 같은 시기를 살았던 인물들 중에서 특히 불교를 배척하는 일에 힘썼던 것으로 유명한 인물이었다. "不惑異端"하고,[58] "引聖排邪說"하였다든지,[59] 혹은

---

54 尹澤의 家系와 정치활동 및 그의 思想에 관하여는, 邊東明, 「高麗後期 性理學 受容階層의 政治思想」, 『高麗後期 性理學受容研究』, 170~188쪽을 참고하라. 그 중에서도 특히 불교를 배척하고자 하는 그의 의지에 관하여는 183~184쪽을 참고하라.

55 『高麗史』 121 尹龜生傳

56 백문보는 다음의 논문이 참고 된다. 閔賢九, 「白文寶研究」, 『東洋學』 17, 1987. 李男隨, 「白文寶의 性理學 受容과 排佛論」, 『韓國史研究』 74, 1991. 특히 본문의 백문보 관련 사료에 대한 자세한 해설은 閔賢九, 같은 논문, 260~262쪽 및 李男隨, 같은 논문, 45~52쪽의 내용을 참고하라.

57 고려시대의 經筵은, 權延雄, 「高麗時代의 經筵」(『慶北史學』 6, 1983)을 참고하라.

58 『高麗史』 112 白文寶傳

59 尹紹宗이 白文寶를 추도한 挽辭에 나오는 구절이다(『淡庵逸集』 2 附錄 下).

"闢異端尤力"하였다는[60] 그에 대한 人物評들로 미루어 헤아려지는 바이다. 불교를 배척하고자 하는 백문보의 의지와 노력이 고려말기의 척불론자들 사이에서도 이미 널리 명성을 떨쳤음을 이해할 수가 있다.

마지막으로 사료 ③은 李仁復의 佛敎觀을 보여 주는 자료이다. 그는 恭愍王이 개설한 文殊會에서 부처에 대한 배례를 회피하였다고 하는데, 죽음에 임해서도 평생 동안 부처에게 아첨하지 않았음을 자부하기도 하였다. 앞서 살피었던 尹澤이나 白文寶의 경우와 같은 구체적인 자료는 부족한 형편이지만, 이인복도 또한 불교를 강력히 배척하고자 하는 의지의 소유자였음을 알 수가 있다.

지금까지 수용초기의 성리학 신봉자인 崔瀣에게서 나타나기 시작하던 강경한 불교배척의 주장이, 성리학의 확산기에 들어서면서 윤택과 백문보 그리고 이인복과 같은 인물들 사이에서 더욱 널리 퍼져 갔음을 살피었다. 고려말기의 鄭夢周·鄭道傳·尹紹宗 등에 이르러서야 비로소 강경한 척불론이 등장하기 시작하였다는 이제까지의 견해와는[61] 달리, 성리학이 받아들여지던 초기에 이미 불교 자체를 비판하는 강경한 불교배척의 주장이 나타났으며,[62] 성리학의 확산기에 이르게 되면 성리학을 신봉하는 보다 여럿의 신흥사대부들이 불교 자체를 배격하고자 하는 강력한 의지를 표명하였음을 확인할 수가 있었던 것이다.

다음은 앞서 살피었던 바 불교를 배척하고자 하던 당시 儒者들의 그와 같은 분위기를 보여 주는 상징적인 逸話이다.

> 懶翁이 檜巖寺에 머무르자, 선비며 아낙들이 파도가 밀어닥치듯 앞 다퉈 몰려들었다. 어떤 儒生 셋이 서로 말하기를, "저 머리 깎은 중이 무슨 거짓

---

60 權近이 고려후기에 성리학을 받아들이는 데 기여한 성리학 신봉자를 언급하는 가운데, 權溥·李齊賢·李穀·李仁復 등과 함께 白文寶를 거론하면서 그에 관하여 평한 구절이다(『陽村集』 16 鄭三峰文集序).

61 尹瑢均, 「朱子學の傳來とその影響に就いて」, 『尹文學士遺稿』, 1933, 47~56쪽. 朴龍雲, 『高麗時代史』(下), 一志社, 1987, 643~647쪽.

62 邊東明, 「性理學의 初期受容者와 佛敎」, 114~118쪽.

술수를 부리기에 사람으로 하여금 이처럼 놀라 시끄럽게 만드는고. 우리가 가서 보고 제압해버리리라"고 하며, 드디어 方丈에 도착하였다. 나옹이 걸상에 걸터앉았는데, 용모가 웅장해 뛰어나고 눈빛이 밝고 맑아서 바라보기에 근엄하였다. (나옹이) 홀연히 큰 소리로 唱하여 이르기를, "세 사람이 함께 왔으니 반드시 지혜로운 이가 하나는 있을 터. 지혜가 이르지 못하는 곳의 한 구절을 가져와 말하라"고 하자, 세 사람이 넋이 빠져서는 땅에 이마를 대고 엎드려 절을 하며 돌아갔다.[63]

나옹이 회암사에 머무르던 당시의 일이다. 元나라에서 돌아온 후 나옹은 1370년(恭愍王19) 8월 이래 1년 혹은 몇 개월 동안씩 단속적으로 회암사에 머무르곤 하였다. 그러다가 1374년(恭愍王23) 봄 회암사에 주지하여 중창공사를 일으키면서 1376년(禑王2) 4월에 落成法會를 열 때까지 줄곧 그곳에 머물렀다.[64] 따라서 위의 일화는 공민왕 19년 8월 이후 禑王 2년 4월 사이의 어느 시기에 있었던 일임이 분명하다. 위의 기록에 따르면, 儒生 3명이 회암사에 머무르던 나옹을 시험하여 억누르고자 찾아갔다가 오히려 그의 일갈에 압도당하고 말았다고 한다. 비록 실패하였다고는 하지만, 젊은 儒生들이 불교계의 高僧을 핍박하려고 시도하였다는 사실이 흥미를 끈다.

고려에서는 적어도 무인정권기 이래로 儒者가 승려에게서 학문을 익히는 일이 드물지 않은 형편이었다. "나라의 풍속에 幼兒는 꼭 승려에게서 句讀法을 익힌다"든지,[65] 혹은 "지금 배우는 자들은 모두 승려를 좇아서 章句를 익히며 … 가사를 입고 궁벽한 산속으로 숨은 이를 멀리 찾아가서 배워 익힌다"는[66] 기록이 그간의 사정을 짐작케 한다. 그리하여 고려후기

63 懶翁住檜巖寺 士女奔波 有儒生三人 相謂曰 彼髡有何幻術 而使人驚駭如此 吾輩往見壓之 遂到方丈 翁踞榻而坐 容貌雄偉 眼波明瑩 望之儼然 忽大聲唱云 三人同行 必有一智 智不到處 道將一句來 三人魄遁 頂禮而還 (『慵齋叢話』 6 懶翁住檜巖寺條)

64 『懶翁和尙語錄』 懶翁和尙行狀

65 … 國俗 幼必從僧習句讀 … (『高麗史』 108 閔宗儒傳 附 頔傳)

에 주자성리학 수용의 濫觴을 열었던 安珦은 興學運動을 추진하는 과정에서,

> … 大德(1297~1307) 말년에 文成公 安珦은 재상이 되자 國學을 수리하고 … 또 故郎中 兪咸의 아들로서 승려가 된 자가 泗州에 거주하는데, 『史記』와 『漢書』에 능통하다는 말을 듣고 驛馬를 보내서 불러 王京에 이르자, 尹莘傑·金承印·徐謜·金元軾·朴理 등을 보내어 그 講說을 듣도록 하였다 …[67]

라고 하는 기록에서 알 수가 있듯이, 승려를 데려다 유생을 가르치도록 시키기도 하였다. 유교를 부흥시키기 위하여 조정에서 공식적으로 승려로 하여금 유생들을 교육하도록 하는 일마저 나타났던 것이다.[68] 그러므로 앞의 자료에서 살폈던 것처럼 유생이 승려를 핍박하여 골탕 먹이고자 꾀하였다는 것은, 기왕의 유불관계에 비추어 보자면 자못 이례적인 사건이라고 아니할 수가 없다. 이전 같았으면 승려에게서 학문을 익혀야 할 처지이었을 유생이 오히려 불교계의 고승을 시험하여 압도하려고 시도하였다는 사실에서, 성리학을 받아들인 이후 점차 불교배척의 목소리를 높여 가던 고려후기 신흥사대부들의 면모를 찾아보는 것이 그리 어려운 일만은 아니라 생각되는 것이다.

주자성리학의 수용 이후 이를 신봉하던 개혁지향의 신흥사대부들이 이전과는 다른 차원에서 불교 자체를 배격하고자 노력하였으며, 시간이 흐름과 더불어 그와 같은 추세가 더욱 강화되어갔음을 살피었다. 그런데 당시 고려 불교계의 일반적인 분위기는, 성리학 신봉자들의 그와 같은 공세

66 … 今其學者 皆從釋子 以習章句 … 裹足遠尋蒙伽梨而遯窮山者 以講習之 … (『櫟翁稗說』 前集 1 又問臣曰條)

67 … 大德末 安文成珦爲宰相 葺國學 … 又聞故郎中兪咸子爲僧者 居泗州 能讀史(記)·漢(書) 驛召至京 而遣尹莘傑·金承印·徐謜·金元軾·朴理等 受其說 … (『櫟翁稗說』 前集 2 國家伐叛耽羅條)

68 邊東明, 「性理學의 初期受容者와 佛敎」, 108쪽.

에 위기를 느끼며 그에 대응할 태세를 갖추는 것과는 거리가 멀었다. 원 간섭기 이래 고려의 불교계에서는 세속의 권력과 결탁하여 각종 폐단을 야기하기 일쑤였으며,[69] 불교의 사회적인 기능도 유독 그 실천신앙적인 측면이 강조되는 흐름을 보였던 것으로 이해된다. 그리하여 사상적으로도 신비적인 영험과 공덕을 앞세우는 경향이 농후하였으며, 당면의 과제를 풀어가기 위하여 진지하게 고민하고 또한 경전을 탐구하는 모습은 찾아보기가 어려운 실정이었다.[70] 말하자면 당시 고려의 불교계는, 앞서 검토하였던 바와 같은 성리학 신봉자들의 斥佛論에 대하여 경각심을 가지고 적극적으로 그에 대처하고자 나서기는커녕, 각종 폐단의 당사자로 지목받는 가운데 스스로 그 사회적인 기능을 축소시키면서 사상적인 침체의 시기를 맞이하였던 것이다.

한편 원 간섭기 이래 고려 불교계의 그와 같은 일반적인 추세와는 달리, 일부 승려들 사이에서는 차츰 새로운 상황의 전개에 위기의식을 비치며 그에 대처하고자 하는 움직임이 일어나기도 하였다. 처음 그것은 당시의 불교계를 향하여 자각과 반성을 촉구하는 형태로 나타났는데, 대개 개경을 벗어나 지방에서 활동하는 승려에 의해 제기되곤 하였다. 중앙의 불교 주도세력에서 소외된 계열의 승려가, 불교계의 개혁을 통하여 성리학 수용 이후의 변화에 대응하고자 시도하였던 것이다.

忠肅王代(1313~1339)를 전후하여 지방에서 활동하던 天台僧 無寄雲默은 그 대표적인 인물이었다.[71] 그는 天頙의 제자인 靜照大禪師 而安을 스

69 尹瑢均, 「朱子學の傳來とその影響に就いて」, 『尹文學士遺稿』, 1933, 40~46쪽. 韓㳓劤, 「麗末鮮初의 佛敎政策」, 『서울大論文集』-人文社會科學- 6, 1957; 改題 「麗末~太宗朝의 抑佛策과 佛敎傳承」, 『儒敎政治와 佛敎』, 一潮閣, 1993, 1~6쪽. 許興植, 「僧政의 紊亂과 宗派間의 葛藤」, 『高麗佛敎史硏究』, 一潮閣, 1993, 498~521쪽.

70 원 간섭기 이래 고려의 불교계에 신비적인 영험과 공덕을 강조하면서 실천신앙에 몰두하는 경향이 있었음은, 蔡尙植, 「高麗後期 佛敎史의 전개양상과 그 경향」, 『歷史敎育』 35, 1984, 112~117쪽을 참고하라.

71 無寄雲默에 관해서는, 蔡尙植, 「無寄와 '釋迦如來行蹟頌'」, 『高麗後期 佛敎史硏究』, 一潮閣, 1991, 219~227쪽을 참고하라. 無寄雲默은 그 생애가 잘 알려지지 않은 승려이

승으로 하여 삭발한, 그러므로 白蓮社의 4世 주법인 天頙의 法孫에 해당하는 승려였는데, 당시의 타락한 불교계를 다음과 같이 비판하였다.

> … 혹 어떤 비구는 부처께서 금한 법을 어기며 利子를 놓아 불리기에 나서 많은 재산을 소유하고, 혹은 왕공과 대신의 세력에 빌붙어 스스로 부강함에 기대어서는 다른 가난하고 약한 이를 능멸하며, 淫行을 탐하고 술을 즐긴다. 어떤 이는 外道의 서적을 찬탄해 읊조리며 속인들과 패거리를 지어서는 서로 번갈아 시를 주고받는가 하면, 혹은 잡희와 바둑·장기·도박·거문고·피리며 온갖 선하지 않은 일을 즐기니, 이처럼 욕망에 따라 멋대로 굴어 악을 짓지 않음이 없다 …[72]

부처의 가르침을 어기면서 이자놀이로 재산을 불리는 일에만 몰두하거나, 권세가와 결탁하여 힘없는 자에게 군림하며, 술 마시기를 즐기고 세속인과 어울려 승려의 본분에 어긋나는 행위를 하는 등, 악한 일을 하지 않음이 없다는 것이다. 유학자들의 '佛教害國論'이 나올 수밖에 없었던 당시의 상황을 보여 준다. 그리하여,

---

다. 관련 자료가 거의 남아 전하지를 않기 때문이다. 그가 찬술한『釋迦如來行蹟頌』에 수록된 바 李叔琪와 序와 白蓮社 沙門 豈의 跋에 간략히 소개된 내용이, 그의 생애에 관한 자료의 전부인 정도이다. 그는 천태종 백련사 계통의 승려이거니와, 僧選에서 上上科에 오른 다음 窟嵓寺의 주지를 역임하기도 하였다. 金剛山과 五臺山 등지를 유력하다가 드디어 始興山 卓一庵에 깃들이게 되었는데, 거기에서 20년을 한결같이『法華經』과 阿彌陀를 念誦하고 부처를 그림 그리거나 경전을 필사하면서 지내었다. 그가 자신의 행적과 사상을 이해하는 데 필수적인 자료라고 할『釋迦如來行蹟頌』을 찬술한 것도 이때의 일이었다. 결국 無寄雲默은 중앙이 아닌 지방에서 法華思想을 기본으로 하여 淨土觀을 표방하면서 普賢道場의 실천수행에 정진한, 그리하여 親元的이고 貴族的이었던 개경 妙蓮寺 계통의 天台宗과는 그 성격을 달리하였던, 말하자면 무인정권시기 백련결사의 본래 정신을 충실히 계승한 고려후기의 승려였다고 할 수가 있을 것이다.

72 … 或有比丘 違佛禁法 經紀息利 多有財産 或附王公大臣之勢 自恃富强 凌他貧弱 貪婬嗜酒 或讚詠外書 朋伴俗人 更相唱和 或樂雜戲圍棊博弈琴瑟笛 諸不善法 如是恣情 無惡不造 … (『釋迦如來行蹟頌』 下 62張)

… 옛날에 北魏의 太武帝(世祖)가 佛法을 깨뜨려 없앤 것은, 대개 그 때의 沙門들이 부처의 계율을 어기며 거리낌 없이 멋대로 구는 행실이 많았기 때문이다. 이러한 즉 스스로 그 재앙을 불러들인 연후에 왕이 그에 더하였을 뿐이니, 가히 경계로 삼지 않을 수 있겠는가. (그런데) 지금의 형세를 살피면 거의 그 시대와 같으니 위태롭고 위태롭도다 …[73]

에 나오는 바와 같이, 중국의 역사적인 경험으로 미루어 당시 승려들의 타락한 행위 때문에 마침내 불교가 크게 배척을 받아 탄압을 받는 지경에 이를지도 모른다는 경고마저 서슴지 않았다. 당시 불교의 처한 상황이 위태롭기 그지없다는 사실을 매우 강조하였던 것이다. 그는 또한,

… 『七夢經』은 말한다. “사자가 죽고 여러 날이 지나도록, 뭇 짐승들은 오히려 살아 있는 듯 두려워하여 모두 감히 가까이 가지 못한다. (그렇지만) 여러 날이 지난 뒤 그 몸에서 저절로 벌레가 생겨나 사자의 살을 다 먹어버린다 …” 여래께서 열반하신 뒤 그 남기신 바의 가르침은 마치 사자가 죽은 뒤의 몸과 같다 … 부처께서 열반하시고 1700년 뒤, 부처의 제자가 계율을 깨뜨리고 악을 행하여 스스로 부처의 가르침을 깨뜨리는 것을 비유함이다 …[74]

라고 논하여, 末法時代에는 佛弟子들의 파계와 악행으로 인하여 불교가 자멸할 것임을 지적하기도 하였다. 석가가 입멸한 후 한동안은 석가의 遺法 때문에 外道가 감히 접근하지 못하다가, 시간이 경과하면 그리 된다는 것이다. 마치 獅子가 죽으매 여러 날이 지나도 뭇짐승들이 오히려 두려워하여 감히 접근하지 못하는데, 시간이 많이 지나게 되면 사자의 몸 안에

73 … 昔者 魏帝破滅大法者 盖以其時沙門 違佛戒律 多行放逸故也 此則 自召其殃然後 王乃加之耳 可不鑑焉 觀今之勢 幾乎彼世 危哉危哉 … (같은 책 62張)

74 … 七夢經云 師子死經多日 衆獸猶生怖畏 皆不敢近 多日之後 身中自生其虫 食盡師子肉也 … 如來滅後 所遺教法 猶如師子死後之身 … 喩佛滅後 一千七百年後 佛之弟子 破戒惡行 自破佛教也 … (같은 책 14張)

서 스스로 벌레가 생겨 그 몸뚱이를 전부 파먹어 버리는 것과 같은 이치라는 것이다. 무기운묵이 위기의식을 지닌 가운데 고려후기 불교계의 타락상에 대하여 매우 격렬하게 비판하였음을 이해할 수가 있다.

그러면 無寄雲默이 이상에서와 같이 강하게 불교계를 비판한 까닭은 무엇이었을까? 우선 지적할 수가 있는 것은, 그의 그러한 행위가 타락한 당시의 불교계를 향해 각성과 개혁을 촉구하고자 하는 의도에서 나온 것이었으리라는 사실이다. 아울러 그와 함께 거기에는 '佛敎害國論'을 주장하는 척불론자들의 비난과 공격에 대응하여 불교를 옹호하고자 하는 속셈도 또한 포함되었다고 보아 좋지 않을까 생각한다. 앞서 살피었던 바, 승려의 타락으로 인하여 마침내 국가와 사회가 그 해를 입게 됨으로써 장차 불교가 크게 배척을 받게 될지도 모른다고 경고하던 태도에서, 그의 그러한 속마음은 헤아리고도 남음이 있다. 그러한 경고를 통하여 불교계의 혁신을 불러일으킴으로써, 척불론자의 '佛敎害國論'에 맞서 불교를 지켜내고자 하는 것이 그의 본심이었을 듯 여겨지는 것이다. 또한 그가 중국에서 이른바 3武(北魏 太武帝, 在位:424～452. 北周 武帝, 在位:560～578. 唐 武宗, 在位:840～846)에 의해 자행되었던 바의 毁佛 사건을 상세히 언급하였다든지,[75] 혹은 韓愈(768～824)와 같은 중국의 이름 있는 불교배척론자의 주장을 소개하였던 데서도,[76] 그의 그와 같은 생각을 찾아내는 것이 그리 어려운 일은 아니다. 불교 배척에 관한 중국에서의 역사적인 경험에서 교훈을 얻음으로써, 고려에서 그와 같은 척불사태가 발생하는 것을 미연에 방지하여 불교를 옹호하고자 하는 것이 그의 본심이었음이 분명하다고 생각되는 것이다.

한편 無寄雲默은 일상생활 가운데 佛弟子들이 지켜야 할 윤리를 역설하였는데, 그 중에는 儒敎的인 德目도 포함되어 눈길을 끈다.[77] 무기운묵

75 『釋迦如來行蹟頌』 下 6～10張

76 같은 책 11～12張

77 같은 책 24張

의 주장에 따르면, 세속의 인간에게는 부모의 은혜보다 더 큰 것이 없으며, 부처가 없을 경우에는 부모에게 효도하는 것이 곧 부처를 받드는 것과 똑같은 공덕이라고 하였다. 부모는 釋迦와 彌勒이므로 부모를 잘 모시면 달리 공덕을 쌓을 필요가 없으며, 어떠한 보시도 부모에 대한 효도만은 못하다고 강조하기도 하였다. 부모야말로 三界(欲界·色界·無色界)에서 으뜸가는 福田이라는 것이다.[78] 아울러 그는 인간사회에서 仁義가 행해져야 함을 강조하기도 하였다. 仁義야말로 모든 善의 근본으로서, 三皇五帝의 가르침도 이를 벗어나지 않으며, 孔子와 孟子를 聖賢이라 부르는 것도 이에서 말미암을 뿐이라는 것이다. 또한 유교의 5常(仁·義·禮·智·信)과 불교의 5戒(不殺生·不偸盜·不邪淫·不妄語·不飮酒)가 그 이름은 다르지만 그 의미는 동일하며, 그러므로 儒教의 聖君·聖賢(人王)이나 佛教의 부처(法王)의 가르침이 모두 仁義를 넘어서 또 다른 데에 따로 존재하는 것은 아니라고도 하였다.[79]

無寄雲默이 孝와 仁義의 실천을 역설하였으며, 나아가 유교의 5常과 불교의 5戒의 의미하는 바가 동일하다고까지 주장하였음을 알아보았다. 불교에서 실천하고자 하는 계율이 유교의 實踐論理와 하등 다를 바가 없음을 그는 강조하였던 것이다. 그런데 여기에서 한 가지 잊지 말아야 할 사실은, 바로 그러한 불교가 유학자에 의하여 인간의 윤리를 파괴하는 가르침으로 비난을 받아 오곤 하였다는 점이다. 무기운묵의 견해와는 달리, 불교는 그 실천윤리적인 측면에서 유교의 공격을 받았던 것이다. 무기운묵과 같은 시기에 활동하였던 崔瀣도 그와 같은 '佛敎滅論'의 시각에서 斥佛論을 전개한 유학자였다. 앞서 살피었던 바, 부처의 가르침대로 따르면 人倫(綱常)이 땅에 떨어지게 된다는 그의 주장에서 알 수가 있는 일이다. 그러므로 무기운묵이 그처럼 불교에서 실천하는 계율과 유교의 실천

78 같은 책 34~35張

79 … 言行世仁義者 夫仁義 乃諸善之本 三王五帝之道 不踰於此 孔孟之得聖賢名 亦由此而已矣 世道稱五常 出世法名五戒 名異義同 故知人王·法王之道 俱不越仁義也 … (같은 책 36張)

윤리가 서로 일치함을 강조하였던 까닭은, 요컨대 유학자의 -구체적으로는 최해와 같은 성리학 신봉자의- 불교를 향한 윤리적인 측면에서의 척불논리에 대처하고자 하는 데에 그 이유가 있었던 것이 아닌가 헤아려지는 것이다.[80]

지금까지 무기운묵이 위기의식 속에서 타락한 불교계를 행해 각성할 것을 촉구하고, 동시에 불교에서 실천하고자 하는 덕목과 유교의 실천윤리가 동일하다는 사실을 강조함으로써, 주자성리학의 수용 이후 유학자에 의하여 내세워지던 '佛敎滅論害國論'에 기초한 척불의 주장에 대처하고자 하였음을 검토하였다. 그런데 처음 위에서와 같이 불교계의 주도세력에서 소외된 채 지방에서 활동하던 무기운묵과 같은 승려에 의하여 제기되던 그와 같은 주장은, 시간의 흐름과 함께 차츰 중앙과 밀접한 관련을 맺은 승려에게서도 나타나기 시작하였다. 공민왕대에 주요한 활동을 보인 白雲景閑(1298～1374)과[81] 太古普愚(1301～1382)가 바로 그들이었다. 이들도 또한 불교계의 타락을 경계하며 아울러 불교와 유교의 실천하고자 하는 바에 동일한 점이 있음을 내세우는 등, 무기운묵과 마찬가지의 견해를 보여 주목된다. 우선 다음의 기록을 살펴보도록 하자.

> ① 대중에게 보인다. 이르되, 여러 형제여! 이제 末法의 운세를 당해서 賢哲 聖人은 숨어 엎드리고 사악한 가르침은 더욱 왕성해지니 佛法이 쇠약해 피폐하구나 …[82]

80 이와 관련하여, 『三國遺事』에 孝善篇을 배치한 것이 신라시기 유교의 불교 비판을 향한 응답으로서 뿐만 아니라, 一然 당시의 필요성 다시 말해 고려후기에 있었던 유교의 불교 비판에 대한 응답이기도 하였다는 지적이 참고가 될 것이다(李基白, 「新羅 佛敎에서의 孝觀念」, 『東亞硏究』 2, 1983; 『新羅思想史硏究』, 一潮閣, 1986, 284～286쪽).

81 白雲景閑에 관해서는 다음 논문을 참고하라.
鄭柄朝, 「白雲의 無心禪에 대하여」, 『韓國佛敎學』 3, 1977. 徐閏吉, 「高麗末 臨濟禪의 受容」, 『韓國禪思想硏究』, 불교문화연구소, 1984; 『高麗密敎思想史硏究』, 불광출판부, 1993. 權奇悰, 「白雲의 禪思想 硏究」, 『伽山李智冠스님華甲紀念論叢 韓國佛敎文化思想史』, 1992.

② … 또한 나이 어린 沙彌가 있어 거짓으로 佛者의 모습과 복장을 하고서 망령되이 부처의 제자를 칭하거늘, 五戒를 지키지 않고 六根은 깨끗하지 않으면서 외람되이 승려의 부류에 섞여드는구나 …[83]

③ … 출가하여 도를 닦는 자는 명예와 이익을 탐내지 않고 住持가 되는 것을 필요로 하지 않으며, 입고 먹는 일에 마음을 쓰지 않고 다른 이가 공경하며 찬탄해주기를 바라지 않는다. 즐거운 마음으로 절도를 지켜서, 좋지 않은 옷과 음식을 입고 먹으며 바위 골짜기에 몸을 감춰 세상에 드러나는 것을 도모하지 않는다. 이야말로 가히 출가해서 도를 배우는 자가 행하는 바라고 이름붙일 만하다. 다만 요즘 출가자들은 한갓 제 힘으로 (名利 따위를) 얻으려 할 뿐 아니라 남의 세력에 의지해서까지 (그것을) 탐내니, 낸들 이를 어찌할 수가 있겠는가 …[84]

④ … 비록 그러하지만, 지금은 九山의 禪客들이 각각 그 문파를 등에 업고서 상대는 열등하고 내가 우월하다며 시끄럽게 싸움질함이 매우 심한데, 근자에는 그에 더해서 道門을 내세워 창과 방패를 쥐고 울타리를 세워 편을 가르니, 이로 말미암아 조화로움이 손상되고 바른 길이 무너집니다. 아! 선은 본시 하나의 門이건만 사람들이 스스로 많은 門을 만들어서 여니, 本師의 가르치심인 平等無我의 道라든지 여러 祖師가 일으키신 格外의 맑게 휘날리는 家風이며, 先王의 佛法을 보호하여 나라를 편안히 하려는 뜻과 같은 것들은 어찌 기약함이 있겠습니까. 이것이 요즘의 폐단입니다 …[85]

---

82 示衆云 諸兄弟 今當末運 賢聖隱伏 邪法增熾 佛法衰弊 … (『白雲和尙語錄』上 興聖寺入院小說 33張)

83 … 亦有年小沙彌 假佛形服 妄稱釋子 五戒也不持 六根也不淨 濫厠僧流 … (같은 책 因筆不覺葛藤如許示同菴二三兄弟 41張)

84 … 所以出家爲道者 不求名不求利 不要住持 不謀衣食 不求人之恭敬讚歎 甘心守節 惡衣惡食 藏身巖谷 不圖現身 是可名爲出家學道者之所爲也 只如今者 非但自求 依他勢求者 吾未如之何也已矣 …(『太古和尙語錄』上 上堂 至正十七年丁酉正月十五日條)

85 … 雖然 今也 九山禪流 各負其門 以爲彼劣我優 鬩鬪滋甚 近者益之 以道門持矛楯作藩蘺 繇是傷和敗正 噫禪是一門 而人自闢多門 烏在期本師平等無我之道 列祖格外淸歘之風 先王護法安邦之意也 此時之蔽也 … (같은 책 下 附錄 行狀)

사료 ①과 ②는 白雲景閑의 語錄에서, 그리고 사료 ③과 ④는 太古普愚의 語錄과 行狀에서 각각 발췌한 기록이다. 이들에 따르면 당시는 末法의 시기여서 부처의 가르침이 쇠퇴하고 사악한 주장이 횡행하며(①),[86] 5戒도 준수하지 않는 말하자면 겉모습만 승려의 행색을 한 자들이 망령되이 부처의 제자임을 내세우고 다니기 일쑤였다고 한다(②). 승려의 본분을 망각한 채 세력가에게 의지하여 세속의 名利 따위나 탐하면서(③) 서로 파당을 나누어 다툼을 일삼음으로써 부처와 祖師의 가르침을 더럽히는 것이 당시의 실정이었다는 것이다(④). 景閑과 普愚가 雲默과 매한가지로 그 타락상을 비판함으로써 불교계에 경각심을 고취하며 아울러 그 개혁을 촉구하였음을 알 수가 있다.

한편 이들은 유교에서 내세우는 바를 끌어들여 자신의 견해를 정당화하는 등 불교와 유교의 추구하는 바가 서로 다르지 않음을 내세우기도 하였는데, 다음의 자료가 그것을 보여준다.

① 여러 형제께서 이미 오셨으니 … 마땅히 각자 힘써서, 잘못 물든 욕망이나 습관을 제거하고 진정한 공부를 겸손히 성취하시오. 孔子가 이르되, "누가 능히 문을 거치지 않고 나갈 수 있으리오. 어찌 이 (先王의) 道에서 말미암지 않는가"라고 하였소. 세속의 儒者도 오히려 이와 같이 말하거늘 하물며 (출가한) 승려이겠는가. 옛 사람은 이 하나의 크나큰 일을 이루기 위해, 잠자는 것을 그만두고 밥 먹기도 잊은 채 제 몸을 버리고 생명을 바쳐서 오랜 동안 고되게 힘쓰고서야 비로소 성취할 수가 있었다오 …[87]

② … 방편으로는 (그것을) 불러 마음이라고 하며, 또한 이르되 道라 하고, 또한 이르되 모든 법의 왕이라 하며, 또한 이르되 부처라고도 합니

86 그밖에도 白雲景閑은, 『白雲和尙語錄』 下 辛卯年上指空和尙書(6張) 및 같은 책 寄太古和尙書(17張) 등에 자신의 그와 같은 末法觀을 보여 주는 글을 남기었다.

87 諸兄弟旣來 … 宜各勉力 除去妄染情習 下得眞正功夫 孔丘曰 誰能出不由戶 何莫由斯道也 俗儒尙曰如是 況衲者乎 古人爲此一大事 廢寢妄飡 捐軀捨命 久受辛勤 乃可得成 … (『白雲和尙語錄』 上 因筆不覺葛藤如許示同庵二三兄弟 40張)

다. 부처께서 말씀하시기를, "거닐거나 앉거나 눕거나 항상 그 가운데 있다"라 하였고, 堯舜이 또한 이르기를, "진실로 그 中을 잡으니 행함이 없이도 천하가 크게 다스려진나"고 하였습니다. 요순이 어찌 성인이 아니며, 부처와 조사가 또한 어찌 다른 사람이겠습니까. 다만 이 마음을 밝혀 얻었을 뿐입니다 …[88]

③ … 이 香은 百千 三昧의 근원이요 헤아릴 수 없는 묘한 이치의 體性으로서, 불교에서 쓰면 六度萬行이오 유교에서 쓰면 三綱五常이라 …[89]

인간의 오래된 妄習을 떨쳐내고 얻은 불교에서의 수행의 경지는, 유교에서 인간이 반드시 그로부터 말미암아 나아가야 한다고 주장하는 道와 별반 다를 바가 없다는 것이 白雲景閑의 생각이었다(①).[90] 太古普愚는, 堯舜을 聖人이라고 칭하면서, 어디에서나 늘 인간과 함께하는 心(혹은 道)을 밝혀 터득하고자 하기는 불교나 유교가 매한가지라고 하였다(②). 또한 불교의 六度萬行과[91] 유교의 三綱五常이[92] 그 원래의 본성에서는 하나임을 내세우기도 하였다(③). 즉 불교에서 실천하고자 하는 덕목이 유교에서 내세우는 윤리도덕과 다르지 않음을 이들은 주장하였던 것이다.[93]

백운경한과 태고보우가 당시 여러 폐해를 자아내던 타락한 불교계에

88 … 方便呼爲心 亦云道 亦云萬法之王 亦云佛 佛言 經行及坐臥 常在於其中 堯舜亦曰 允執厥中 無爲而天下大治 堯舜豈非聖人乎 佛祖豈異人乎 只明得箇此心 … (『太古和尙語錄』 上 法語 玄陵請心要)

89 … 此香百千三昧之根源 無量妙義之體性 釋用也六度萬行 儒用也三綱五常 … (같은 책 上堂 至正十六年丙申三月初六日條)

90 白雲景閑은 『白雲和尙語錄』 下 示海州牧伯(28張~29張)에서도, 본문의 사료와 마찬가지로 孔子의 言行을 인용하여 자신의 주장하고자 하는 바를 피력하였다.

91 6度는 6바라밀로서 보살이 수행하는 바 布施·持戒·忍辱·精進·禪定·智慧 등의 여섯 덕목이며, 萬行은 보살이 수행하는 8萬細行이다.

92 3綱은 君爲臣綱·父爲子綱·夫爲婦綱이며, 5常은 仁·義·禮·智·信을 가리킨다.

93 이와 관련하여 白雲景閑이 유교의 孝와 불교의 孝를 대비시켜 언급함으로써, 불교에서도 孝를 실천함을 드러내고자 노력하였던 사실이 참고가 될 것이다(『白雲和尙語錄』 上 興聖寺入院小說 19張).

경각심을 불러일으키고자 애를 썼으며, 나아가 불교의 修行德目과 유교의 실천윤리가 서로 다르지 않음을 내세웠음을 검토하였다. 이들은 앞서 살피었던 바 무기운묵과 동일한 현실인식의 소유자이었던 것이다. 그러므로 이들의 그러한 주장에는, 무기운묵의 경우와 매한가지로 위기의식 속에서 주자성리학의 수용 이후 儒學者들에 의해 제기되던 '佛敎滅倫害國'의 斥佛論에 대처하고자 하는 의도가 담긴 것으로 간주하여 좋을 줄 믿는다.[94] 무기운묵보다 한 세대 가량 뒤지는 공민왕대 즈음에 이르면, 백운경한과 태고보우의 사례에서 보듯이 성리학 신봉자들의 척불론에 대처하고자 하는 움직임이 이제 개경의 중앙 불교계에서도 부각되기에 이르렀던 것이다. 그리고 이는, 말할 필요도 없는 일이겠지만, 당시 불교계의 내부에서 성리학의 성장과 그 신봉자들의 척불론에 대한 위기의식이 그만큼 고조되어갔음을 보여 주는 증거로 이해하여 지나치지 않을 터이다.

한편 유자들의 척불론에 대처하고자 하는 불교계의 그와 같은 위기의식과 관련하여, 당시 많은 승려들이 元나라에 들어가 그곳의 고승과 접촉하고 돌아왔던 사실도 또한 자못 눈길을 끈다. 白雲景閑 및 太古普愚·懶翁慧勤과 같은 恭愍王代를 대표할 만한 고승들을 포함하여, 雪山千熙(眞覺國師: 1307, 忠烈王33～1382, 禑王8)와 竺源智泉(正智國師: 1324, 忠肅王11～1395, 太祖4) 그리고 無學自超(王師: 1327, 忠肅王14～1405, 太宗5) 등 고려말기에 이르기까지의 여러 이름 있는 승려들이 중국에 遊歷한 경험을 가졌음이 확인된다.[95] 이들은 국내에서 수행하여 깨우친 바를 그곳의 고승에게 확인하고 아울러 印可를 얻어 귀국하곤 하였는데, 앞서 제2절에서 살피었던 바 太古普愚와 石屋淸珙의 관계 및 懶翁慧勤과 指空(및 平山

94 白雲景閑이 張商英 등 불교에 귀의하였던 것으로 유명한 중국의 儒者 4人을 예로 들어 세속의 신도를 설득하려 하였던 사례도, 그와 관련하여 참고가 될 것이다(위의 책 下 上軍須李宰臣玖書).

95 이들의 入元과 그 行蹟은 다음의 논문을 참고하라.
許興植, 「禪宗의 復興과 看話禪의 展開」, 『奎章閣』 6, 1982; 『高麗佛教史研究』, 1986, 484～486쪽. 徐閏吉, 「高麗末 臨齊禪의 受容」, 307～335쪽.

處林)의 관계에서 그것을 알 수가 있다. 마찬가지로 위의 白雲景閑이 지공과 석옥청공에게서,[96] 설산천희가 萬峰時蔚에게서,[97] 竺源智泉이 指空 및 碧峯和尙에게서,[98] 그리고 무학자초가 지공에게서,[99] 각각 그 宗風의 영향을 입었던 것으로 기록에 전하기도 한다.

그런데 이들은 고려에 돌아온 다음 그와 같은 중국에서의 유력 경험 및 그곳 승려와의 사승관계를 매우 강조하는 경향을 보여 눈길을 끈다. 太古普愚는 元나라에서 귀국한 다음 石屋淸珙에게서 法을 받아온 사실을 널리 선전하였으며, 그의 門徒들도 또한 그러한 사실을 적극 내세웠다. 『高麗史』에 "(太古)歷諸方 入江南 自言傳衣鉢于石屋和尙"[100]이라 기록된 것이라든지, 또는 그 문도들이 편찬한 語錄이나 行狀에 그와 같은 사실이 크게 강조된 사실 등에서 그것을 알 수가 있다.[101] 白雲景閑과 懶翁慧勤도 그러기는 매한가지였다. 백운경한은 스스로 지공의 제자임을 내세우면서, 또한 동시에 태고보우와 자신이 더불어 石屋淸珙 문하의 同門이었음을 회고하는 기록을 남기었다.[102] 마찬가지로 나옹혜근도 西天의 108代 祖師인 지공과 임제종 평산처림의 法이 자신에게 계승되었음을 앞세우며,[103] 설법하는 중에 臨濟'正'宗을 거듭 강조하기도 하였다.[104] 또한 나아가 태고

96 『白雲和尙語錄』 下 辛卯年上指空和尙書(6~7張), 寄太古和尙書(16~17張)

97 萬峰時蔚은 臨濟宗 楊岐派 승려로서 天巖元長의 제자이다(忽滑谷快天 著, 鄭湖鏡 譯, 『朝鮮禪教史』, 398쪽). 한편 설산천희는 그밖에 임제종 양기파의 蒙山德異와도 신이한 奇緣이 있었던 것으로 전한다(『朝鮮金石總覽』 上 彰聖寺眞覺國師大覺圓照塔碑).

98 『陽村集』 38 追贈正智國師碑銘并序

99 『東文選』 121 妙嚴尊者塔銘

100 『高麗史』 38 恭愍王 원년 5월 己丑

101 崔柄憲, 「太古普愚의 佛教史的 位置」, 『韓國文化』 7, 1986, 127~128쪽.

102 『白雲和尙語錄』 下 辛卯年上指空和尙頌, 寄太古和尙書

103 … 乙未秋 奉聖旨 主大都廣濟禪寺 丙申十月十五日 設開堂法會 … 又拈香云 此一辦香 奉爲西天一百八祖指空大和尙·平山和尙 用酬法乳之恩 … (『懶翁和尙語錄』 行狀 6~7張)

104 『懶翁和尙語錄』 普說 27~28張

보우는 元代에 새로이 편찬된 『勅修淸規』를 가져다가 공민왕에게 요청해서는 왕명으로 그것을 간행해 보급토록 하였으며, 『緇門警訓』을 중국에서 가져와 重刊하기도 하였다.[105] 종래 普照知訥의 「誡初心學人文」으로 대표되던 고려의 曹溪淸規 대신 중국에서 널리 시행 중이던 청규를 받아들이고자 시도하였던 것이다. 그가 고려 선종의 전통보다는 중국 선종의 수행규범을 더욱 내세우고자 하였음을 보여 준다. 태고보우 등은 고려 선종의 전통을 계승하였음을 표방하기보다는 오히려 중국 臨濟宗 내지는 印度禪宗의 정통을 이어받았음을 자부하며, 더욱이 그러한 사실을 애써 널리 알리고자 노력하였던 것이다.

사실 앞서 元의 간섭이 시작되던 초기만 하더라도 고려 불교계의 상황이 반드시 위와 같은 것은 아니었다. 慈淨國尊 彌授의 사례에서 보듯이, 고려 승려의 불경에 대한 해설서가 오히려 원나라로 흘러들어가는 것이 당시의 형세였다.[106] 教學 분야의 경우 고려의 승려들이 굳이 중국의 승려를 앞으로 내세워야 할 어떤 이유를 찾아보기가 어려웠던 것이다. 그러므로 비록 선종에 관한 사례가 아니어서 직접 태고보우 등의 경우에 대입하기는 어렵다고 하더라도, 慈淨彌授의 사례와 위에서처럼 중국 내지는 인도 불교의 정통을 계승하였음을 내세우는 것과의 사이에는 상당한 거리가 있다고 아니할 수가 없다. 다시 말해서 태고보우 등이 그처럼 종래와 달리 중국 또는 인도 불교의 정통을 계승한 것으로 자처하였던 데에는 반드시 그만한 까닭이 없지 않았으리라 여겨지는 것이다.

그러면 이들이 위와 같은 태도를 취한 까닭은 무엇이었을까. 이와 관련

105 자세한 것은 다음의 글을 참고하라.
崔柄憲, 「太古普愚의 佛教史的 位置」, 130~131쪽. 崔昌植(法慧), 「高麗時代의 禪宗淸規에 대한 硏究」, 동국대 석사학위논문, 1974. 崔昌植, 「高麗版 重添足本禪苑淸規解說」, 『高麗版 重添足本禪苑淸規』, 民族社, 1988.

106 … 上之在燕都也 尤信嚮大般若經 令宿衛臣僚 常夜頌之 由是 殿下一行 皆頌大般若經 嘗一日 於上國講主 請釋難信解品 諸講師云 此無釋解者 上遣使於師(彌授:筆者註) 請撰解 又請述心地觀經記 皆卽疏記 附使封獻 諸講觀止爭 相讚美 服其稀有 … (『朝鮮金石總覽』(上) 法住寺慈淨國尊普明塔碑)

하여 한 가지 떠오르는 것은, 고려중기에 義天의 활약으로 선종이 위축되자 선승들이 중국 선종 구체적으로 臨濟宗風의 계승을 강조함으로써 교종의 공세에 대처하여 선종을 지켜내고자 노력하였다는 지적이다.[107] 위기를 맞이한 고려중기의 선종 승려들이, 중국 불교의 전통을 끌어들임으로써 새로운 상황의 전개에 대응하고자 시도하였던 것이다. 태고보우와 나옹혜근 등이 중국 임제종 내지는 인도 선종의 정통을 계승하였음을 강조하였던 것도 그와 마찬가지는 아니었을까 싶다. 말하자면 당시 새로이 두각을 드러내던 주자성리학 및 그 신봉자들에 의하여 제기된 척불론에 대한 위기의식 속에서, 중국 내지는 인도 불교의 정통성에 의지하여 그에 대처하고자 그러한 태도를 취했던 것은 아닐까 헤아려지는 것이다.[108] 앞서 살피었던 바, 위기의식 속에 불교계를 향해 경각심을 고취하고 그 개혁을 촉구하며, 나아가 불교와 유교의 실천덕목이 서로 다르지 않음을 내세우던 그들의 태도로 미루어, 그러한 생각을 떨칠 수가 없는 것이다.

이상에서 태고보우 등이 활동하던 시기에 유교와 불교가 직면했던 상황을 검토하였다. 성리학이 받아들여지던 초기 이래로 이를 신봉하던 개혁지향의 신흥사대부들은 종래와 다른 차원에서 '佛敎滅倫害國論'에 입각하여 불교 그 자체를 배격하고자 하는 주장을 내세웠다. 한편 불교 측에서는 처음 지방에서 활동하던 일부 승려에 의하여 그러한 척불론에 대처하고자 하는 움직임이 일어났다. 그리고 이어서 당시 불교계를 주도하던 중앙의 승려들 사이에서도 차츰 위기의식이 고조되는 것과 함께 그에 대응하고자 하는 논리와 주장이 나타나기 시작하였다. 타락한 불교계를 향해 각성과 개혁을 촉구하며 동시에 불교의 수행덕목과 유교의 실천윤리가 서로 다르지 않음을 내세움으로써, 유학자들의 '佛敎滅倫害國論'에 대

107 許興植, 「佛敎史의 새로운 傾向」, 『韓沽劤博士停年紀念史學論叢』, 1981; 『高麗佛敎史研究』, 一潮閣, 1986, 445쪽.

108 이와 관련하여, 태고보우 등의 入元遊歷이 성리학의 공격에 대응하기 위한 것이라 지적한 위의 註 3)의 논문도 참고가 될 것이다.

응하고자 하는 것이 그것이었다. 아울러 이들이 元의 高僧에게서 印可를 받아 온 사실을 앞세우며 臨濟宗의 정통을 계승하였음을 자처한다든지, 혹은 중국에서 가져온 『勅修淸規』와 『緇門警訓』을 간행해서 보급하였던 것도 그와 마찬가지의 목적에서였다. 요컨대 당시는 주자성리학으로 무장한 신흥사대부들의 강경한 불교배척의 주장에 맞서서, 불교 측이 위기를 느끼는 가운데 그에 대처하고자 노력하는 것이 하나의 주요한 흐름으로 자리잡아가는 시기였다고 하여 지나치지 않은 셈이었다.

태고보우 등이 竝存的인 관점에서 유교와 불교의 관계를 이해하려 하였던 것은 위와 같은 상황 속에서의 일이었다. 그러므로 이제 그들이 그와 같은 주장을 내세웠던 까닭도 거의 헤아릴 수가 있게 되었다고 믿는다. 단적으로 말하여 그것은 성리학 신봉자들이 제기하던 강경한 척불론에 대한 위기의식 속에서, 불교가 지향해야 할 방향을 모색하고자 하는 苦心의 산물이었다. 성리학의 보급·확산과 그에 따라 갈수록 강력해지는 성리학 신봉자들의 불교배척 운동으로, 승려들은 차츰 그에 대응할 필요성을 느끼지 않을 수가 없었을 터이다. 그리하여 앞서 살피었듯이 타락한 불교계의 개혁 및 유교와 불교의 실천덕목이 서로 다르지 않다는 논리를 내세움으로써, '佛敎滅倫害國論'에 입각한 유학자들의 척불의 주장에 대처하고자 노력하였다. 그리고 나아가 불교의 독자적 존립의 정당성을 확보하고자, 유교와 불교에 각기 그 나름의 고유한 기능이 있다는 유불병존의 주장을 앞세우게 되었던 것이 아닌가 헤아려지는 것이다. 그렇게 함으로써 고려사회에서는 유교와 불교를 둘 다 필요로 하며, 둘 가운데 어느 하나라도 없어서는 안 된다는 논리가 성립할 것이기 때문이다. 앞서 제2절에서 언급하였듯이 태고보우와 신돈은 현실정치에 깊숙이 개입한 것으로 정평이 있는 승려들이었다.[109] 그러므로 그들이 불교의 정치에 대한 직접적인 간여를 부정하는 유불병존론을 표방하는 것은 모순된 태도가 아닐 수 없는데, 이들이 그처럼 자신의 실제 행동과 어긋나는 견해를 내세

109 위의 註 35) 참조.

울 수밖에 없었던 까닭이 위에서 검토한 바와 같은 당시의 상황에 있었을 것임은 물론이다.

지금까지 태고보우 등이 並存的인 관점에서 儒佛의 관계를 이해하려 하였던 연유를 살펴 보았다. 그리하여 성리학을 신봉하는 신흥사대부들의 강경한 불교배척의 주장이 차츰 대세를 이루어가는 가운데, 불교가 존립해야 하는 당위성을 굳건히 하고자 그와 같은 주장이 나타나게 되었음을 알게 되었다고 생각한다. 그렇다면 이후 그들이 내세웠던 유불병존의 견해는 어떠한 방향으로 전개되어 나갔을까? 태고보우 등에 의하여 제기된 그와 같은 논리가 후대 승려들의 儒佛觀과 어떻게 연관되는지 궁금해지는데, 이제 그에 대하여는 節을 달리해서 검토하도록 하겠다.

4. 儒佛竝存論의 전개

고려후기에 주자성리학이 받아들여진 이후 太古普愚와 懶翁慧勤 등에 의해 제기되었던 並存的인 儒佛觀의 전개와 관련하여, 우선 禑王 5년(1379)에 있었던 幻庵混修(1320, 忠肅王7～1392, 太祖元年)의 『護法論』 발간을 검토하겠다. 다음의 기록을 살펴보자.

> 송나라 승상인 天覺 張商英이 『護法論』 한 편을 지었는데 거의 1만여 글자였다. 승려 僧俊이 幻菴 普濟大禪師의 명으로 忠州의 靑龍寺에서 重刊하였다 …[110]

위 글에 따르면, 幻庵混修가 그 제자인 僧俊에게 명하여 충주의 청룡사에서 『護法論』을 간행하도록 시켰다고 한다. 그리고 위의 기록에는 나오지 않지만, 국립중앙도서관에 소장된 一山文庫 중의 『護法論』 跋文(李穡撰)에 의하여 그 시기가 우왕 5년이었음을 파악할 수가 있다.

---

110 宋丞相張天覺護法論一篇 殆萬餘言 釋僧俊 以幻菴普濟大禪師之命 重刊于忠之靑龍寺 … (『牧隱文藁』 13 跋護法論)

『護法論』은 北宋의 徽宗代(1100~1125)에 재상을 역임한 바 있는 張商英이 저술하였다.[111] 저자 장상영은 처음 孔子를 숭배하는 儒者로서, 歐陽脩 등에게 동조하여 불교를 배격하는 '無佛論'을 저술하려 하였다고 한다. 그러던 것이 佛經을 검토하는 가운데 차츰 그 가르침에 빠져들게 되었으며, 『維摩經』·『華嚴經義疏』·『華嚴經決疑論』 등을 익히면서는 마침내 독실한 佛敎徒로 전향하게 되었다. 그리하여 廬山 東林寺의 常總과 隆興府 兜率寺의 從悅 등에게서 禪을 배웠으며, 圜悟克勤이나 大慧宗杲 등과도 교류하기에 이르렀다. 그의 『호법론』은 위와 같은 과정을 거치면서 탄생한 저술이었다.

『호법론』은 유학자들의 불교배척에 관한 논리와 주장을 반박하기 위해 장상영이 저술한 책이었다. 그리하여 당시 사회적으로 커다란 영향을 미치던 韓退之와 歐陽脩의 척불론을 비롯하여 程明道·程伊川 등의 불교배척에 관한 주장을, 유교와 불교의 경전에 근거해 하나하나 논박하였다. 또한 儒·佛·道 3교를 솥의 세 발에 비유하여 어느 하나도 빼놓을 수가 없음을 주장하기도 하였다. 유교가 皮膚病을, 도교가 血脈病을, 그리고 불교가 骨髓病을 각각 치유한다는 비유가 그것이었다. 유·불·도에는 각기 그 나름의 고유한 기능이 있으며, 그러므로 국가 사회에는 셋이 다 필요하다는 三敎並存論을 주장하였다.

이 『호법론』이 언제 우리나라에 처음 전래되었는지에 관하여는 잘 알 수가 없다. 다만 앞서 언급하였듯이, 고려말 우왕 5년에 幻庵混修의 주도 아래 비로소 이 책이 발간되었음을 파악할 수가 있을 뿐이다. 그러면 당시 환암혼수로 하여금 그와 같은 성격의 책을 간행하여 널리 배포하도록 만든 배경은 무엇이었을까? 그가 『호법론』의 내용에 매우 공감하였음은 분명해 보이는데, 그로 하여금 그와 같은 생각을 품도록 만들었던 배경이

111 張商英과 『護法論』에 관한 설명은 『宋史』 351 張商英傳과 함께, 久保田量遠, 『中國儒道佛三敎史論』, 東方書院, 1931; 國書刊行會, 1986, 395~396·473~474·481~482·522~527쪽 등을 참고하라.

궁금하다.

幻庵混修는 그 俗性이 趙氏이며 本貫은 豊壤이었다.[112] 13세(1332, 忠惠王2)에 출가하여 22세(1341, 忠惠王復位2)에는 闍崛山門의 승려로서 僧科에 급제하였다. 그는 懶翁慧勤의 嗣法弟子였다. 그가 나옹혜근을 만난 것은 五臺山 神聖菴에 있을 때였는데, 근처의 孤雲庵에 머물던 나옹혜근에게서 가르침을 받게 되었던 것이다. 후에 나옹혜근은 그에게 金襴袈裟와 象牙拂子 등을 信標로 내림으로써, 그가 자신의 계승자임을 명확히 하였다. 환암혼수가 명성을 떨치게 된 것은 공민왕 19년(1370)에 있었던 功夫選場에서였다. 禪敎의 모든 종파를 망라한 여기에서 그는 유일하게 主試者인 나옹혜근을 만족시킨 승려였던 것이다. 그 후 그는 우왕 9년(1383)에 國師로 책봉되었고, 조선왕조가 개창된 지 얼마 되지 않은 그 해(1392) 9월에 입적하였다.

환암혼수의 위와 같은 이력 가운데『護法論』의 발간과 관련하여 눈길을 끄는 것은, 그가 나옹혜근의 법을 계승한 승려였다는 사실이다. 나옹혜근은 앞서 제2절에서 검토한 바가 있듯이 병존적인 유불관을 표방하였을 것으로 여겨지는 승려였다. 환암혼수의 사승인 나옹혜근은,『호법론』에서 주장하는 바 유불병존론과 동일한 견해를 소유한 승려였던 것이다. 중국에서『호법론』은 불교를 배격하고자 하는 유학자의 논리와 주장에 대처하기 위해 저술된 책이었다. 그리고 그러한 斥佛論에 대응하는 논리로서 儒佛並存論을 내세웠다. 태고보우와 나옹혜근이 성리학을 신봉하는 신흥사대부들의 강경한 척불론에 대처하고자 노력하면서, 그 대응 논리로서 유불병존의 주장을 제기하던 것과 너무도 흡사한 것이다. 주자성리학의 수용 이후 이들이 처한 상황과 그 대응논리는, 마치 중국에서『호법론』이 저술되던 시기의 그것을 재현한 것이 아닌가 여겨질 정도이다.

112 幻庵混修는 다음의 자료와 논문을 참고하라.
權近,「有明朝鮮國普覺國師碑銘幷序」,『陽村集』37. 許興植,「懶翁의 思想과 繼承者」(下),『韓國學報』59, 1990, 74~78쪽.

그리고 환암혼수는 그러한 나옹혜근의 嗣法弟子였으며, 아울러 태고보우와도 전혀 무관한 사이만은 아니었다.[113] 그가 스승인 나옹혜근 등의 儒佛並存論에 공감한 나머지, 그 논리가 보다 구체적으로 체계화되어 저술된 『호법론』을 발간하기에 이르렀었을 것임을 짐작하게 해주는 대목이다. 환암혼수가 우왕 5년에 자신의 제자를 시켜 『호법론』을 간행하도록 하였던 것은, 스승인 나옹혜근의 儒佛並存論을 계승하는 것과 함께, 그것을 보다 구체적으로 체계화시켜 널리 퍼뜨리고자 하는 의도에서였을 것으로 판단된다. 성리학의 수용 이후 태고보우 등에 의하여 제기되었던 유불병존의 주장이, 이제 환암혼수의 단계에 이르러 그 논리를 보다 체계화시킨 『호법론』의 발간으로 연결되었음을 이해할 수가 있는 것이다.

한편 이렇듯 전개되던 儒佛並存論은 조선왕조가 개창된 이후 한 차례의 轉機를 맞이하게 된다. 涵虛堂 得通己和가 『顯正論』을 저술한 것이 그것이었다.[114] 함허당 득통화상은 忠州劉氏 출신으로서, 우왕 2년(1376)에 출생하여 세종 15년(1433)에 입적한 조선초기를 대표하는 승려였다.[115] 그가 출가한 것은 21세 되던 해(1396 太祖5)였다고 하는데, 당시 그는 성균관에 들어가 수학 중이던 유생의 신분이었다. 출가한 이듬해 봄에 檜岩寺로 가서 王師인 無學自超에게 가르침을 받은 것을 계기로, 그는 나옹혜근에서 무학자초로 이어지는 禪家를 계승한 이름난 승려가 되었다. 그리하여 世宗 3년(1421)에 大妃의 薦度를 위한 법회를 주재하는 등 한때 왕실과

113 崔柄憲, 「太古普愚의 佛教史的 位置」, 124쪽. 許興植, 「懶翁의 思想과 繼承者」(下), 70~71·73~78쪽. 許興植, 「太古의 思想과 繼承者」, 『韓國中世佛教史研究』, 一潮閣, 1994, 392~396쪽.

114 中國 唐代에 劉進喜가 지은 『顯正論』도 있는데, 이는 道教의 입장에서 佛教를 비판한 책이다(久保田量遠, 위의 책, 349쪽).

115 得通己和와 그의 『顯正論』에 관한 설명은 다음의 논문을 참고하라.
宋天恩, 「己和의 思想」, 『崇山朴吉眞博士華甲紀念 韓國佛教思想史』, 1975, 753~774쪽. 金容祚, 「己和와 그의 顯正論」, 『慶尙大論文集』-人文系篇- 21, 1982, 239 ~249쪽. 宋錫球, 「朝鮮朝의 儒佛對論」, 『韓國의 儒佛思想』, 思社研, 1985, 382~384쪽. 박경환, 「유불 논쟁」, 『강좌 한국철학』, 예문서원, 1995, 332~348쪽.

깊은 인연을 맺기도 하였다. 그는 선종 승려임에도 불구하고 불경에 조예가 깊었던 것으로 평가를 받는데, 『金剛經五家解說誼』와 『圓覺經疏』를 비롯하여 여러 註疏와 頌·讚을 남기었다.

함허당 득통화상의 여러 저술 가운데 또한 이채로운 빛을 발하는 것이 『顯正論』이다. 그의 『顯正論』은 이 나라에서 저술된 최초의 본격적인 反斥佛 내지 護佛의 이론서였다.[116] 억불정책을 시행하던 조선왕조에서 그는 유학자들의 척불론을 반박하며 불교의 존재의의를 드러내고자 노력하였다. 그리하여 조선 유학자들의 척불에 관한 논리와 주장을 하나하나 논박하고, 또한 유교와 불교가 각기 다른 기능을 가지고 있으며 그러므로 국가 사회에는 둘 다 모두 필요하다는 儒佛並存論으로써 불교의 존재를 정당화하기 위하여 『顯正論』을 저술하게 되었던 것이다.

앞서 언급한 대로 득통기화는 무학자초의 제자이자 나옹혜근의 법손이었다. 그러므로 그의 『현정론』이, 나옹혜근 이래 척불론을 반박하고 불교를 옹호하기 위해 애를 쓰던 師門의 전통을 계승한 것이었다고 하여 큰 잘못은 아닐 줄 믿는다. 물론 함허당 득통화상으로 하여금 그러한 책을 저술하지 않으면 안 되게 만들었던 당시의 상황으로서, 새로운 왕조 개창 이후의 강경한 억불정책과 더욱 격렬해진 유학자들의 척불 움직임을 빼놓을 수는 없을 터이다. 그리하여 고려후기에 주자성리학을 받아들인 이후 태고보우와 나옹혜근 등에 의해 표방되던 儒佛並存論이, 『호법론』의 간행에 이어 조선 승려의 손으로 『현정론』을 저술하는 데에까지 발전함으로써, 이제 한국 護佛理論의 역사에 한 획이 그어지기에 이른 셈이었다.

5. 맺음말

朱子性理學이 받아들여진 이후에 활동한 고려후기 승려들의 儒佛觀을

116 비슷한 시기에 저술된 것으로 보이는 『儒釋質疑論』도 전하기는 하지만, 그 저자가 확실하지 않아 여기에서는 일단 제외하였다.

검토하였다. 고려의 건국 이래 지배적인 사상으로서의 지위를 누려오던 불교 측에서, 고려후기에 새로운 사상인 성리학이 수용 보급되어가는 것을 어떻게 인식하였으며 또 그 신봉자들의 불교 비판에 어떠한 논리로 대처하려 하였는지를 살피었다.

太古普愚를 비롯하여 辛旽과 懶翁慧勤 등 당시를 대표할 만한 승려들은, 유교와 불교가 모두 국가 사회에 필요한 존재임을 주장하였다. 유교는 정치를 그리고 불교는 신앙생활을 담당함으로써 양자는 각기 그 나름의 고유한 기능을 가지고 있으며, 그러므로 고려왕조에는 둘 중의 어느 하나라도 없어서는 안 된다는 儒佛竝存論을 표방하였던 것이다. 그런데 이들의 그러한 견해는, 성리학을 받아들이기 이전에 활동한 승려들의 儒佛觀과 크게 달랐다. 大覺國師 義天과 眞覺國師 慧諶 그리고 眞靜國師 天頙 등 고려중기 이래의 고승들은, 儒佛無殊의 논리를 바탕으로 한 佛教至上主義的인 입장에서 유교의 존재가치를 부정하려는 듯한 태도를 보였기 때문이다. 바꿔 말해 태고보우 등의 유불관계에 대한 이해는 그 이전 승려들의 그것과 본질적으로 다른 차원의 것으로 평가해 마땅할 만한 것이었다.

태고보우 등이 그처럼 이전의 승려들과 달리 竝存的인 관점에서 儒佛의 관계를 이해하려 하였던 것은, 성리학 신봉자들이 제기하던 강경한 斥佛論에 대한 위기의식 때문이었다. 성리학이 받아들여지던 초기에 벌써 이를 신봉하던 개혁지향의 新興士大夫들은, '滅倫害國論'에 입각하여 불교 그 자체를 배격하고자 하였다. 그리고 성리학이 보급·확산됨에 따라 그러한 추세는 더욱 강화되어 갔다. 이에 승려들이 차츰 그에 대응할 필요성을 느끼게 되었는데, 타락한 불교계를 향해 각성과 개혁을 촉구하며 동시에 불교의 수행덕목과 유교의 실천윤리가 서로 다르지 않음을 주장함으로써, 유학자들의 '佛教滅倫害國論'에 대항하고자 하는 것이 그것이었다. 그리고 나아가 불교 존립의 정당성을 확보하기 위하여, 유교와 불교에 각기 그 나름의 고유한 기능이 있다는 儒佛竝存의 주장을 내세우게 되었던 것이다. 그렇게 함으로써 고려사회에서는 유교와 불교를 둘 다 필요로 하며, 둘 가운데 어느 하나라도 없어서는 안 된다는 논리가 성립할 것이기 때문이다. 요컨대 태고보우 등의 병존적인 유불관은, 성리학 신봉자들의 강경한 斥佛論에 대한 위기의식 속에서 그에 대응하여 불교가 지향해야 할 바를 모색하고자 고민하는 가운데 나타난 논리였던 것이다.

태고보우 등이 제기한 유불병존의 주장은 이후 고려말기의 『護法論』 간행과 조선초기의 『顯正論』 저술로 이어졌다. 『호법론』은 유학자들의 斥佛論을 반박하기 위하여 北宋人 張商英이 지은 책으로서, 儒佛의 竝存을 주요한 논리로 내세웠다. 이 책이 한국에서 처음 간행된 것은 고려말 禑王 5년(1379)에 이르러서였다. 그 일을 주도한 것은 幻庵混修였는데, 그는 懶翁慧勤의 嗣法弟子였다. 즉 환암혼수는 師僧인 나옹혜근 등의 儒佛竝存論을 계승하여, 그 논리가 보다 구체적으로 체계화된 이 『호법론』을 간행·보급하고자 노력하였던 것이다. 『호법론』의 발간에 이어 비로소 조선의 승려에 의해 斥佛論을 반박하고 불교를 옹호하는 책이 저술되었는데, 그것이 『顯正論』이었다. 저자인 涵虛堂 得通己和는 無學自超의 제자로서, 나옹혜근의 법손에 해당하는 승려였다. 『현정론』에서 그는 조선 유학자들의 척불에 관한 주장을 하나하나 논박하고, 또한 유교와 불교가 각기 다른 기능을 가지고 있으며 그러므로 국가 사회에는 둘 다 모두 필요하다는 儒佛竝存論을 전개하였다. 즉 득통화상 기화는 나옹혜근 이래 척불론을 반박하고 불교를 옹호하기 위하여 노력하던 師門의 전통을 계승하였으며, 그리하여 『현정론』은 그 精華로서 탄생한 셈이었다. 고려후기에 성리학을 받아들인 이후 태고보우와 나옹혜근 등에 의하여 표방되던 유불병존론이, 『호법론』의 간행에 이어 조선 승려의 손으로 『현정론』을 저술하는 데에까지 발전함으로써, 이제 한국 護佛理論의 역사에 한 획이 그어지게 되었던 것이다.

(「高麗後期 性理學의 受容과 僧侶의 儒佛觀」, 『國史館論叢』 71, 1996)

Ⅱ부
고려 불교의 이모저모

제1장 高麗時期의 儒敎와 佛敎

1. 머리말

고려는 유교적 정치이념에 입각한 통치를 지향하던 文治主義 왕조였다. 그리하여 신라 때에만 해도 불교와는 비교조차 안 되던 유교가, 장차 불교를 억누를 수 있을 정도로까지 성장하게 되었다. 이 글은 고려시기에 있었던 유교의 그와 같은 성장 발달과 그에 따른 儒佛關係 내지는 그에 대한 인식이라 할 儒佛觀의 변화를 살피고자 마련되었다.

고려왕조에서는 불교가 매우 번성하였다. 불교를 돌려놓고 유교사상의 전개를 논하는 것은 생각하기조차 힘들 정도이다. 양자의 관계를 검토하는 것이 그만큼 흥미로운 일이라 하겠거니와, 이제까지 고려시기의 儒佛關係를 두고 여러 연구자들이 관심을 보여 왔던 것은 그런 면에서 너무도 당연하다. 儒敎史 혹은 佛敎史의 연구동향을 정리하면서, 으레 양자의 관계에까지 논의가 미쳐야 함을 강조하는 경우와 같은 것이 그러하였다. 혹은 반드시 그처럼 직접 거론하는 것은 아닐지라도, 그러한 사실들을 염두에 둔 가운데 고려시기의 사상사를 다루곤 하는 것이 보통이었던 것이다.[1]

---

1 이 글은 高麗時期의 儒佛關係 내지 儒佛觀의 推移를 概括的으로 훑어보는 데 그 목적이 있다. 따라서 특정한 인물이나 혹은 시기 등에 나타나는 그것에 초점을 맞춘

여기에서는 고려 유교의 전개에 조응한 儒佛關係의 추이를 개관하되, 대략 네 시기로 나누어 더듬어 볼 생각이다. 제1기는 太祖代(918~943)에서 成宗代(981~997)까지로서, 대체로 고려왕조가 창건된 이후 유교적 정치이념에 입각한 제도의 정비가 이루어지는 시기이다. 科擧制가 시행되고 國子監과 같은 유교 교육기관이 설립되는 가운데 崔承老 등 유학자들이 활동하였거니와, 이 무렵 유교의 사상적 독립을 의미하는 儒佛竝存論이 강력히 제기되어 눈길을 끈다. 제2기는 穆宗代(997~1009)에서 武臣亂이 일어나는 毅宗代(1146~1170)까지이다. 崔冲과 金富軾, 尹彦頤 등 고려를 대표하는 유학자들이 배출되었으며, 私學이 융성하는 가운데 官學을 진흥시키려는 노력이 더해지는 한편 北宋의 性理學이 전파되어 오기도

여러 연구성과를 여기에 모두 제시하지는 않겠다. 한편 학계의 연구동향을 정리하는 글들 외에, 고려시기의 유불관계 내지 유불관을 통시적으로 개괄하여 다룬 경우는 그리 흔치를 않은데, 그에 관해서는 다음의 연구가 참고 된다.
李丙燾, 「高麗時代의 儒佛關係」, 『韓國儒學史』, 亞細亞文化社, 1987. 安啓賢, 「佛教와 儒學의 交流」, 『韓國佛教史硏究』, 同和出版公社, 1982. 김익수, 「儒家의 排佛思想-주로 高麗時代를 중심으로-」, 『韓國思想』 19, 韓國思想硏究會, 1982. 裵宗鎬, 「儒佛道 三教의 軋轢과 調和」, 『韓國儒學의 哲學的 展開』(上), 延世大出版部, 1985. 韓鍾萬, 「韓國의 儒佛道三教 會通論」, 『如山柳炳德博士華甲紀念 韓國哲學宗教思想史』, 1990. 金杜珍, 「高麗時代 思想의 歷史的 特徵」, 『韓國思想史大系』 3, 韓國精神文化硏究院, 1991.

그 외에 주로 高麗末 朝鮮初에 한정되기는 하지만 다음의 연구도 도움이 된다.
韓㳓劤, 「麗末鮮初의 佛教政策」, 『서울大 論文集』(人文社會科學) 6, 1957; 『儒教政治와 佛教』, 一潮閣, 1993. 韓鍾萬, 「麗末鮮初의 排佛·護佛思想」, 『崇山朴吉眞博士華甲紀念 韓國佛教思想史』, 1975. 宋錫球, 「조선조의 儒·佛對論」, 『韓國의 儒教思想』, 思社硏, 1985. 박경환, 「유불논쟁」, 『강좌 한국철학』, 예문서원, 1995. 금장태, 「조선초기의 儒·佛조화론」, 『종교연구』 18, 한국종교학회, 1999.

반면에 중국에서의 유불관계를 다룬 연구는 매우 많은데, 그 중 쉽게 접할 수 있는 다음의 저술이 있어 한국의 경우를 이해하는 데 참고가 된다.
常盤大定, 『支那に於ける佛教と儒教·道教』, 東京, 東洋文庫, 1930. 구보타 료온(久保田量遠) 저, 최준식 역, 『中國儒佛道 三教의 만남』, 민족사, 1990. 한토 다이가(半頭大雄)·야마다 구니오(山田邦男) 저, 최효선 역, 『논어와 禪』, 민족사, 1992. 라이 용하이(賴永海) 저, 金鎭戊 역, 『佛教와 儒學』, 운주사, 1999. 아라키 겐고(荒木見悟) 저, 심경호 역, 『佛教와 儒教』, 예문서원, 2000.

하였다. 이를테면 유교가 크게 힘을 키워 가던 시기라 할 수가 있겠는데, 그와 같은 유교의 세력 확대에 직면한 불교의 대응 내지는 양자의 관계가 궁금하다. 제3기는 武人政權의 시기이다. 유교가 침체의 길을 걸었던 반면에, 개혁을 기치로 내세운 結社佛教가 일세를 풍미하였다. 불교가 유교를 압도하다시피 하였는데, 이때에 또한 과거에 급제한 儒者들이 출가하여 불교계를 주도하는 이색적인 현상이 나타나 주목된다. 제4기는 元의 정치적 간섭을 받기 시작한 이후 고려가 멸망할 때까지이다. 중국에서 전파되어 온 주자성리학을 받아들이는 등, 유교의 존립에 위기감을 느끼던 儒者들에 의해 그 독자적인 영역을 확보하려는 노력이 현실화되는 가운데, 점차 排佛論이 대두하는 시기이다. 장차 불교를 배격하고 유교지상주의 시대로 나아가기 위한 발판이 확보된다는 점에서 눈여겨 볼 만한데, 그리하여 지금까지 비교적 많은 연구가 이루어진 시기이기도 하다.

이제 이상에서 제시한 순서에 따라 관련 내용을 검토하려 하거니와,[2] 앞서 언급하였던 대로 여기에서는 각별히 시기별 추이에 유의하며 실마리를 풀어갈 생각이다. 잘 알려진 바와 같이 고려시기에는 유교와 불교가 공존하였다. 이른바 儒佛竝存의 시기였다. 그러나 유교와 불교 각각의 盛衰浮沈이나 혹은 當代人의 선호도에는 상당한 편차가 있었으며, 그것은 보통 일정한 경향성을 띠게 마련이었다. 대체로 불교가 우세한 가운데 유교가 제 자리를 찾고자 애쓰는 형국이었거니와, 시기별로 다르게 나타나는 양자의 그러한 관계에 보다 관심을 기울이는 가운데 논지를 전개해 가고자 하는 것이다.

---

2 그런데 여기에서 한 가지 공교롭게 느껴지는 것은, 위에서의 時期區分이 대체로 政治社會的인 측면에서의 그것과 서로 호응하는 듯이 보인다는 점이다. 바꿔 말하자면 요즘 흔히 高麗王朝史를 네 시기로 나눠 살피는 것과 거의 일치한다는 게 보다 적절한 표현일 터이다. 思想이나 혹은 宗教 信仰 역시 政治社會的인 산물임을 새삼 떠올리게 되거니와, 더욱이 고려시기에는 儒教가 政治的 理念으로서 기능하였던 사실과도 부합하는 현상이 아닌가 여겨진다. 高麗王朝史의 時期區分에 대해서는, 朴龍雲, 『高麗時代史』(上), 一志社, 1985, 11~14쪽 및 한국중세사학회 편, 『고려시대사강의』, 도서출판 늘함께, 1997, 29~47쪽의 설명이 참고 된다.

2. 儒佛竝存論의 대두와 儒敎的 政治理念의 성립

고려초기의 대표적인 유학자 崔承老는, 성종 원년(982)의 상서문에서 유교와 불교가 각기 일삼는 바가 따로 있음을 역설하였다. 다음의 자료가 그것이다.

> … 불교를 숭상하는 것은 다만 來生의 因果만을 심고 現世에서 보답을 받는 데 이익됨이 적으니, 나라를 다스리는 요체는 아마 여기에 있지는 않을 것입니다. 또한 三敎에는 제각기 일삼는 바가 달리 있으므로 그것을 행하는 사람이 혼동하여 하나로 해서는 안 되는 것입니다. 釋敎를 奉行하는 것은 몸을 닦는 근본이요, 儒敎를 奉行함은 나라를 다스리는 근원입니다. 몸을 닦는 것은 곧 來生을 위한 밑천이요, 나라를 다스리는 것은 바로 今日의 힘쓸 바입니다. 금일은 지극히 가깝고 내생은 지극히 머니, 가까운 것을 버리고 먼 것을 구하는 것은 또한 잘못이 아니겠습니까 …[3]

유교와 불교에는 각기 나름의 고유한 기능이 있으므로, 받들어 행하는 사람이 그것을 혼동하여 하나로 만들어서는 안 된다는 점을 강조하는 내용이다. 유교와 불교의 차이를 깨닫지 못한 채 동일한 것으로 혼동한다든지, 혹은 나아가 함부로 융회 통합을 기도하지 말 것이며, 각자의 사상적인 특성을 살리도록 해야 한다는 의미로 풀이된다. 이를테면 儒佛竝存論을 표방한 셈이거니와, 그리하여 불교가 정치에 개입하는 것을 반대하며 정치에 관한 한 유교를 바탕으로 해야 함을 강력히 주장하는 입장이라 할 것이다. 그리고 익히 알려진 바와 같이, 최승로의 그러한 건의가 성종에 의해 받아들여져 유교적 이념에 입각한 고려왕조의 제도 정비가 추진되

3 一. 崇信佛法 雖非不善 … 況崇佛敎者 只種來生因果 鮮有益於見報 理國之要 恐不在此 且三敎各有所業 而行之者 不可混而一之也 行釋敎者 修身之本 行儒敎者 理國之源 修身是來生之資 理國乃今日之務 今日至近 來生至遠 舍近求遠 不亦謬乎 … (李基白 外, 『崔承老上書文硏究』, 一潮閣, 1993, 148~149쪽)

었다.[4]

그런데 최승로의 그러한 병존적인 유불관계 주장은 불교비판의 측면에서 한계를 노정하였다는 지적을 받아 왔다.[5] 불교에 대해 매우 비판적으로 인식하였음에도 불구하고, 이론적인 측면은 도외시하는 등 그 입장을 제대로 관철시키지 못한 데 따른 일이었다. 하지만 그렇다고 해서 최승로의 병존적인 유불관이 지니는 역사적인 의미를 낮추어 보아야 하는 것이 아님은 물론이다. 그가 그처럼 유교와 불교를 구분하고 서로 다른 기능을 분담시키려 하였던 데에는 그만한 연유가 있었던 것이다.

신라말 고려초는 禪宗과 風水地理思想이 유행한 반면 儒教는 후퇴한 시기였다. 신라 하대에 들어 유교는 골품제를 중심으로 한 낡은 질서를 깨뜨리고 새로운 질서를 수립하려는 의욕을 드러내었다. 유교적 정치개혁을 제창한 崔致遠의 활동에서 알 수가 있는 일이다. 그러나 이 시도는 진골귀족의 반대를 받아 실패로 돌아갔다. 실의에 빠진 최치원이 방랑 끝에 加耶山 海印寺에서 여생을 마치었던 것도 그러한 데에 까닭이 있었음은 물론이다. 한편 당시는 豪族이 정치적·사회적·경제적 및 군사적인 지배권을 행사하던 시기이었다. 그리고 이들 호족은 사상적으로 유교보다는 선종이나 풍수지리설에 더욱 친근감을 지닌 존재였다. 그로써 자신들 존재의 정당성을 부여받을 수 있음으로 해서였다. 결국 당시는 중앙과 지방을 막론하고 유교적인 정치이념을 펴나가는 것이 그리 순탄치 못한 시

4 崔承老에 관해서는 다음의 논문이 참고 된다.
金哲埈, 「崔承老의 時務二十八條」, 『趙明基博士華甲紀念 佛教史學論叢』; 『韓國史學史研究』, 서울大出版部, 1990. 李基白, 「新羅 骨品體制下의 儒教的 政治理念」, 『大東文化研究』 6·7合, 1970; 『新羅思想史研究』, 一潮閣, 1986. 河炫綱, 「崔承老의 政治思想」, 『梨大史苑』 12, 1975; 『韓國中世史研究』, 一潮閣, 1988. 趙南國, 「崔承老의 時務論과 儒佛觀」, 『東方思想論攷』, 道園柳承國博士華甲紀念論文集刊行委員會, 1983. 李在云, 「崔承老의 政治思想」, 『汕耘史學』 3, 1989. 金福順, 「崔致遠과 崔承老」, 『慶州史學』 11, 1992. 李基白, 「崔承老와 그의 政治思想」, 『崔承老上書文研究』, 一潮閣, 1993.

5 李基白, 「新羅 骨品體制下의 儒教的 政治理念」, 246쪽.

기였다 할 것이다. 최치원과 같은 유학자들이 불교에 빠져들면서 유·불·선 삼교의 일치와 융합 특히 유·불 양교의 그것에 관심을 보인 것은, 그러한 상황에서의 일이었다. 당시 유학자들이 공통으로 느꼈을 법한 좌절감의 소산으로서, 말하자면 일종의 사상적인 혼돈 상태였던 셈이다.[6]

따라서 그러한 속에서 제기된 최승로의 유불병존론은 차라리 '과격한 불교 비난'이었다는 평가를 받기도 한다.[7] 자못 전향적인 유불관으로서, 시대를 앞서가는 의미를 지닌다고 하여 지나치지 않은 셈이었다. 그렇다면 그처럼 시대적인 분위기를 넘어서는 진보적인 건의가 받아들여져 실천되기에 이른 것은 어떠한 배경에서였을까. 사실 앞서 태조대에도 이미 최승로와 유사한 주장을 편 인물이 있었다. 왕건의 참모 崔凝이 그였다.[8] 그는 태조 왕건에게 불교나 음양설에 기대기보다는 文德을 닦도록 권유하였다. 그러나 왕건은 당시의 분위기를 내세워 그것을 받아들이지 않았다. 오랜 전란의 어려움 속에서 '佛神陰助'와 '山水靈應'에 주로 의지하던, 즉 불교와 풍수지리사상 등에 휩쓸린 가운데 거기에서 희망을 찾던 당시의 풍조에 비추어, 풍속을 바꾸고 교화를 아름답게 하는 것과 같은 유교적인 정치를 펼치기에는 아직 때가 이르다는 것이 왕건의 인식이었다.[9]

그런데 매우 신중하기는 하였지만, 기실 태조 왕건도 유교적인 정치이념을 실현하는 일에 아예 무관심한 것만은 아니었다. 臣子로 하여금 예절에 밝도록 하기 위해, 바꿔 말해 신하들에게 유교적인 忠孝의 개념을 일깨우고자 '政誡'와 '誡百寮書'를 지어 반포하였다든지, 혹은 西京에 학교를 세운 일과 같은 것이 그러하였다. 하지만 왕건은 그처럼 유교에 의지하여

6 李基白, 같은 논문, 232~236쪽.

7 安啓賢, 「佛敎와 儒學의 交流」, 『韓國佛敎史硏究』, 同和出版公社, 1982, 269쪽.

8 『高麗史』 92 崔凝傳

9 … 太祖當干戈草創之際 留意陰陽浮屠 叅謀崔凝諫云 傳曰 當亂修文 以得人心 王者雖當軍旅之時 必修文德 未聞依浮屠陰陽 以得天下者 太祖曰 斯言 朕豈不知之 然我國山水靈奇 介在荒僻 土性好佛神 欲資福利 方今兵革未息 安危未決 旦夕悩惶 不知所措 唯思佛神陰助 山水靈應 儻有效於姑息耳 豈以此爲理國得民之大經也 待定亂居安 正可以移風俗美敎化也 … (『補閑集』 上 孫知樞抃條)

군주로서의 권위를 확립하는 데 집착하기보다는, 생애 마지막 날까지 호족들과의 연합정책을 조심스레 유지해 나가는 일로 더욱 고심하였다. 고려 통일왕조에 이르러 새삼 유교를 향한 정치적 관심이 높아져 가기는 하였지만, 그 한계 또한 명백하였던 것이다.

고려왕조에서 유교가 본격적으로 정치적인 관심의 대상으로 떠오르는 데에는 光宗代(949~975)의 개혁을 기다려야만 하였다.[10] 특히 科擧制度의 시행이 그것으로서, 이로써 유교적인 정치이념의 실현을 기대할 수 있는 여건이 갖춰지기 시작하였다. 불교나 풍수지리사상과 같은 종교적 혹은 신비주의적 풍조가 만연한 가운데, 성종 초 최승로의 건의가 받아들여질 수 있었던 것은 그처럼 유교적 정치이념에 대한 관심이 꾸준히 높아져 온 것을 배경으로 한 일이었다.[11]

최승로는 유교의 성장을 배경삼아 유교적 이념에 입각한 정치를 주장하였다. 그리고 그것이 성종에 의해 받아들여짐으로써, 우리 역사상 처음인 유교적 정치이념의 성립을 보게 되었다. 최승로는 자신의 주장에 설득력을 부여하고자, 유교와 불교를 治國과 修身의 가르침으로 대비시키면서 각자 고유한 기능이 있음을 내세웠다. 그로써 불교의 정치 개입을 배제하고, 그 그늘에서 벗어나 유교의 독자적인 영역을 확보할 수가 있을 것이기 때문이었다. 그러므로 최승로의 유불병존론은, 말하자면 고려에서 유교적 정치이념이 성립하는 데 기여하며 그 토대를 제공한 기본 이론에 해당한다고 하여 지나치지 않은 셈이었다.

최승로는 儒者로서의 정체성을 강하게 의식하던 인물이었다. 유교와 불교를 혼동하여 하나로 해서는 안 된다거나, 혹은 그리하여 불교가 정치에 개입하는 것을 배격하였던 데서 알 수가 있다. 유교의 사상적인 독립의지의 발현이라 일컬어 무방해 보이거니와, 儒·佛을 구별하지 않은 채

10 李基白, 「新羅 骨品體制下의 儒教的 政治理念」, 237쪽.

11 新羅末에서 高麗初 崔承老의 上書文이 등장하기 이전까지 儒教와 文人知識層의 성장에 관해서는, 全基雄, 『羅末麗初의 文人知識層』(혜안, 1996)이 참고 된다.

儒者로서의 정체성이 희미해진 가운데 儒佛融會的인 입장에 머물던 최치원의 경우와 비교할 때,[12] 최승로의 그러한 인식은 전진적인 것으로서 긍정적으로 평가해 마땅하지 않을까 헤아려지는 것이다.

3. 儒教의 성장과 儒佛對立 및 交涉

顯宗代(1009~1031)를 거치면서 정치적 주도권을 장악한 文臣들은 자신에게 유리한 정치제도를 마련하였다. 그리고 그에 따라 그들의 정치이념으로서 유교의 위상도 확고해져 갔다. 崔致遠과 薛聰이 文廟에 배향되었으며, 崔冲을 비롯한 문신들에 의해 설립된 私學이 번창하는 가운데 官學을 진흥하기 위한 정책이 펼쳐졌다든지, 혹은 최충의 九齋學堂 명칭에서와 같은 유교의 心性化 경향이 나타나는 한편, 北宋에서 발흥 중이던 새로운 유학이 전래되어 왔다는 등의 지적에서 알 수가 있는 일이다. 또한 淸讌閣·寶文閣과 같은 학문연구기관이 설립되고, 經筵이 활성화되며, 『三國史記』를 비롯하여 『論語新義』나 『易解』와 같은 역사서 내지 경전 주석서가 찬술되었던 것 등도, 모두 당시 유교가 흥성하였음을 보여주는 사례임은 이를 나위가 없다.

그런데 고려 유교의 그와 같은 성장과 위상의 확립은, 자연히 문신들로 하여금 儒者로서의 정체성을 더욱 강하게 의식하도록 자극하는 방향으로 작용할 가능성이 높았다. 유교와 불교의 구별을 내세우며, 더욱이 불교에 비판적인 입장을 숨기지 않던 문신의 존재에서 그것을 확인할 수가 있다.

12 崔致遠 역시 자신을 '腐儒'라거나 혹은 '儒門末學'이라 일컬음으로써, 기본적인 입장이 유교에 있음을 숨기지 않았다. 그러나 자신이 건의한 時務策이 진골귀족의 반대를 받아 실천에 옮겨지지 않자 방랑 끝에 은둔을 택하였고, 이후 더욱 불교에 몰입하는 한편 儒佛融會에 관심을 갖게 되면서(李基白, 「新羅 骨品體制下의 儒教的 政治理念」, 232~236쪽), 사상적으로 방황하는 가운데 끝내는 儒者로서의 정체성도 희미해져 갔던 것이 아닌가 여겨진다. 최치원이 釋迦를 최우위에 두고 孔子와 老子를 그 아래로 위치지운 데 관해서는, 李丙燾, 「新羅 統一時代의 儒學」, 『韓國儒學史』, 亞細亞文化社, 1987, 54~55쪽의 설명을 참고하라.

다음의 기록을 살펴보자.

> … (遼나라에서) 돌아와 禮部侍郎·諫議大夫로 임명되었다. 왕(睿宗)이 승려 曇眞을 王師로 책봉하면서 金仁存을 封崇使로 삼았다. (김인존이) 사양하여 이르기를 "신이 諫院에서 직책을 맡아 이미 왕사 책봉이 불가함을 말씀드렸으나 아직 윤허를 얻지 못하였는데, 또 (왕명을) 좇아 봉숭사가 된다면 이는 전하를 기만하는 것입니다"라고 하였다. 왕이 두세 차례 강요하였으나 끝내 사양하며 지시를 받들지 않았다 …[13]

金仁存이 승려 曇眞의 왕사 책봉을 반대하였다고 한다.[14] 전후 문맥으로 미루어 담진의 승려로서의 자질을 문제삼아서라기보다는, 승려를 왕사로 삼는 데 대한 반발이었던 것으로 이해된다.[15] 당시 관행적으로 이루어지던 승려의 국사·왕사 책봉에 대한 문신 유자로서의 본격적인 문제 제기라는 점에서, 자못 의미가 크다고 하지 않을 수 없다.[16] 고려말기에 조계

13 … 還拜禮部侍郎諫議大夫 王封僧曇眞爲王師 以(金)仁存爲封崇使 辭曰 臣職在諫院 已言封王師不可 未蒙兪允 又從而爲使 是欺殿下也 王强之再三 固辭不奉旨 以內侍柳台樹代之 … (『高麗史』 96 金仁存傳)

14 睿宗 2년(1107) 정월의 일이었다(『高麗史節要』 7 睿宗 2년 正月).

15 金鎔坤, 「高麗時期 儒敎官人層의 思想動向」, 『國史館論叢』 6, 1989, 78쪽. 李源明, 「高麗 武臣政權期 儒·佛交涉」, 『高麗時代 性理學受容硏究』, 國學資料院, 1997, 148~149쪽.

16 이와 달리 禪宗에 관심을 기울이는 睿宗의 불교정책에 대한 반발로 이해하려는 견해도 있다. 敎宗과 밀착된 문벌귀족 출신의 金仁存이 교종 옹호 차원에서 禪僧의 王師 冊封을 반대하였다는 것이다(金相永, 「高麗 睿宗代 禪宗의 復興과 佛敎界의 變化」, 『淸溪史學』 5, 1988, 55쪽. 金秉仁, 「金富軾과 尹彦頤」, 『全南史學』 9, 1995, 52~53쪽). 그러나 예종이 선종에만 관심을 기울였던 것은 아니며, 또한 위 기록에서 특정 승려의 왕사 책봉 반대가 아니라 단지 '왕사 책봉'[封王師]의 불가를 주장하였던 사실로 미루어, 반드시 그처럼 禪僧이었기에 曇眞의 왕사 책봉을 반대하였던 것으로만 해석해야 하는지는 의문이다. 한편 김인존은 후에 禪僧 學一에게 왕사로 취임하도록 권유하여 성사시켰다고 하는데, 그가 儒者로서의 정체성에 입각하여 승려를 왕사로 삼는 데 반대하였다고 하는 위 본문에서의 이해와는 상충되는 사례여서 눈길을 끈다. 한데 관련 기록을 면밀히 검토해 보면, 그와 달리 생각해볼 여지도 없

종 승려 粲英을 왕사로 삼으려던 恭讓王을 공박하면서, 伊尹과 같은 이를 스승으로 삼으며 堯舜과 孔孟의 가르침을 따르도록 진언한 斥佛論者가 연상되는 장면이다.[17]

사실 이 시기만 하더라도 불교와 관계를 맺지 않은 문신 유자를 찾아보기란 적이 어려운 실정이었다.[18] 그 중에서도 병존적인 유불관의 차원은 그만두고 개인적으로 불교를 신앙하는 수준을 넘어, 유자로서의 정체성은 접어둔 채 儒佛一源的인 인식을 드러낸 가운데 불교에 심취한 사람도 또한 적지를 않았다. 蔡忠順은 유교와 불교가 하나의 근원에 함께 한다는 儒佛一源論을 주장하였다.[19] 같은 현종대의 崔沆은 집에 불상과 불경을

지 않을 듯싶다. 예종이 학일을 왕사로 책봉하려 하였던 것은, "… 我睿王元年 宋崇寧四年 加三重大師 … 宣和四年(예종 17, 1122)○○ 上因疾 召師(學一)於內殿 欲拜爲王師 師牢讓不受 侍中金仁存等 謂師曰 上欲以不臣禮事師 久矣 師之不受 非也 師不得已受命 於是 上便行師拜 然未及冊禮而登遐 四月○○ 仁王卽位 …"(尹彦頤 撰, 高麗國雲門寺圓應國師之碑, 李智冠, 『校勘譯註 歷代高僧碑文』(高麗篇 3), 伽山佛敎文化硏究所, 1996)에서와 같이, 자신의 질병 때문이었다. 같은 비문에 따르면, 學一은 질병을 치유하고 災異를 물리치는 데 남다른 신통력을 발휘했다고 한다(… 凡人間疾病 無問貴賤 一切救之 動輒有驗 … 水旱災異 祈禳無不效應 …). '暴死'한 王子(肅宗의 子, 圓明國師 澄儼)를 살려내는 등, 碑文 곳곳에서 그가 행했다는 신이한 기적이 강조되어 전하는 것이다. 그러므로 당시 문하시중으로 재임 중이던 김인존이 학일에게 왕사 취임을 권유하였던 것은, 말하자면 국왕의 병세 위중이라는 비상한 사태 하에서의 예외적인 일로 간주함이 온당하지 않을까 싶다. 실상 왕사 책봉예식을 거행할 수도 없을 만큼 당시 예종은 위독한 상태였으며 곧장 승하하고 말았거니와, 그처럼 경각을 다투던 국왕의 질환 치유라는 절박한 상황에서 마지막 수단으로 추진된 것이 학일의 왕사 책봉이었고, 수상이던 김인존이 백관을 대표하여 그처럼 학일에게 권유하기에 이르렀던 것은 아닌가 헤아려지는 것이다. 실제로 위의 사료에서도 '金仁存等'이라고 하여, 그 혼자서가 아니라 고위 신료들과 함께 학일에게 왕사로 취임해야 함을 설득하였던 것으로 기록되어, 더욱이 그것을 확인할 수가 있기도 하다.

17 王欲迎曹溪僧粲英爲師 大司憲成石璘·左常侍尹紹宗等 伏閤諫之 又聯章上疏曰 三代帝王 以論道經邦燮理陰陽者爲師 故湯師伊尹 伐夏救民 … 願殿下 勿以無君父者爲師 尊堯舜孔孟之道 以開三韓太平之業 … (『高麗史節要』 34 恭讓王 2년 2월)

18 金杜珍, 「高麗時代 思想의 歷史的 特徵」, 『韓國思想史大系』 3, 141쪽. 김인존이 승려의 왕사 책봉을 반대하던(睿宗 2년 정월) 무렵에도 그러하였음은, "史臣金富佾曰 … 擧世 皆好佛 位高者 以營寺寫經爲事 (魏)繼廷獨不然…"(『高麗史節要』 7 睿宗 元年 12월)이라고 하는 기록에서 확인할 수가 있다.

마련해 두고 승려처럼 생활하다 마침내 私第를 희사하여 사찰로 삼았다.[20] 李頫는 여러 불경을 읽었으며 특히 『金剛經』을 좋아하여 金剛居士라 自號하였다.[21] 선승 貫乘과 '空門友'였다는 金剛居士 尹彦頤의 생활도 그보다 더 불교적이었을지언정 못하지는 않았으며,[22] 고려중기의 居士佛教를 대표하는 李資玄[23] 역시 다시 이를 나위가 없었다.[24]

현저한 몇몇 사례만 들었거니와, 그밖에도 이 시기 문신 유자로서 불교를 '酷信'하였던 예를 찾는 것은 그리 어려운 일이 아니다. 한편 그러한 분위기 속에서 국왕 또한 불교를 적극 후원하며 돈독한 신앙심을 과시하였다. 헤아리기 어려울 정도의 각종 불교행사를 개최하였으며, 장기간에 걸쳐 대장경을 조성 판각하였다.[25] 또한 국왕마다 거대한 사찰을 조영하는 것이 거의 관례가 되다시피 자리를 잡아, 현종과 문종·숙종 등은 경쟁이나 하듯이 玄化寺와 興王寺·國淸寺 등 數千間에 이르는 대사찰을 잇달아 창건하였다.[26] 엄청난 경비와 民力의 소모를 초래하는 일이었다.

19 臣聞 聖人之至鑒也 儒書韞志勤修 則政教是興 佛法在心虔敬 則福祿克就 所謂雖各主三教 而共在一源 眞理內融 化門外顯者也 …(『韓國金石全文』中世上 高麗國靈鷲山大慈恩玄化寺碑陰記)

20 『高麗史』93 崔沆傳.

21 『高麗史』95 李子淵傳 附 李頫傳.

22 『高麗史』96 尹瓘傳 附 尹彦頤傳.
金秉仁, 「金富軾과 尹彦頤」, 『全南史學』9, 1995.

23 『高麗史』95 李子淵傳 附 李資玄傳.
崔柄憲, 「高麗中期 李資玄의 禪과 居士佛教의 性格」, 『金哲埈博士華甲紀念史學論叢』, 1983.

24 이들은 다시 둘로 나눠 생각할 수가 있겠는데, 顯宗代에 활동한 崔沆·蔡忠順과 文宗代 이후 睿宗·仁宗代에 활동한 李頫·李資玄·尹彦頤 등이 그들이다. 전자는 新羅末 崔致遠 이래의 儒佛融會的인 분위기와 관련지어 이해함이 옳을 듯싶거니와, 유교가 번성하는 가운데 北宋의 新儒學이 전파되어 오던 高麗中期의 儒佛交涉은 후자에게서 그 전형을 찾음이 온당할 것으로 여겨지는 것이다.

25 安啓賢, 「大藏經의 彫板」·「佛教行事의 盛行」, 『한국사』6, 국사편찬위원회, 1975.

26 崔柄憲, 「天台宗의 成立」, 『한국사』6, 국사편찬위원회, 1975. 崔柄憲, 「高麗中期 玄化寺의 創建과 法相宗의 隆盛」, 『韓沽劤博士停年紀念史學論叢』, 知識産業社, 1981. 許興植, 「天台宗의 形成過程과 所屬寺院」, 『高麗佛教史研究』, 一潮閣, 1986. 金光植,

이에 대해 당시의 문신들은 대부분 크게 반대하였다. 흥왕사와 국청사의 경우가 특히 그러하였다.[27] 문신들은 재정 소모나 民力의 고갈과 같은 민생문제를 반대 이유로 내세웠다. 하지만 문종 등은 그와 같은 집요한 반대에도 불구하고 기어이 사찰을 완공하였다. 국왕을 견제하려는 문신들에 대한 반감 때문이었다. 문신들이 자신에게 유리한 정치기구를 마련하고 私學을 설립하여 세력 확대를 꾀하자, 국왕은 官學을 진흥시켜 사학을 약화시키는 한편 무신을 중용함으로써 문신을 견제하려 하였다. 대사찰의 건립도 그 일환이었다. 문신들의 사상적 기반이었던 유교에 대항하려는 의도에서 추진된 불사였다. 유교는 충효를 강조함으로써 왕권의 강화에 이바지하기도 하였지만, 문신들에게는 왕권을 견제하는 이론적인 무기로 이용되기도 하였던 것이다.[28]

그리하여 義天의 경우와 같이 국왕과 왕실의 편에 서서 불교개혁을 추진하던 승려도[29] 문신들에게는 비판의 대상이 되었다. 佛法을 구하러 宋에 들어가고자 원하던 의천을 못 가게 막으려 했다든지,[30] 혹은 天台宗 도

「高麗 肅宗代의 王權과 寺院勢力」, 『白山學報』 36, 1989. 韓基汶, 「高麗中期 興王寺의 創建과 華嚴宗團」, 『高麗寺院의 構造와 機能』, 民族社, 1998.

27 『高麗史節要』 4 文宗 10년 2월, 같은 책 6 宣宗 7년 3월 戊子

28 김당택, 「국왕과 문신의 갈등」, 『우리 한국사』, 푸른역사, 2002, 136쪽.

29 義天과 그의 思想에 관한 많은 논문을 일일이 제시할 겨를은 없다. 그의 생애와 저술 및 사상에 관해서는 『國譯 大覺國師文集』(韓國精神文化硏究院, 1989)에 수록된 崔柄憲의 「解題」와 함께 許興植의 「義天의 思想과 試鍊」(『정신문화연구』 53, 한국정신문화연구원, 1994) 등 요령 있는 정리가 나온 바 있으며, 그의 불교활동을 왕권강화와 관련시켜 이해한 최연식의 「'大覺國師碑'의 建立過程에 대한 새로운 고찰」(『韓國史硏究』 83, 1993)도 참고가 된다.

30 義天의 入宋을 반대하는 文臣들의 명분이 遼와의 외교 마찰에 대한 우려에 있었음은 널리 알려진 사실이다. 宋에서도 고려와의 정치적 관계를 의중에 두었기에 고려왕자 출신의 의천을 환대하였다. 송의 哲宗은 의천을 客禮로써 引見하고, 또한 館伴으로 하여금 의천의 求法旅行을 안내하도록 배려하였던 것이다(崔柄憲, 「大覺國師 義天의 渡宋活動과 高麗·宋의 佛教交流」, 『震檀學報』 71·72합, 1991, 360~361쪽, 허흥식, 「義天의 사상과 시련」, 『고려의 문화전통과 사회사상』, 집문당, 2004, 140~141쪽). 그런데 의천이 입송하던 당시(宣宗2, 1085), 고려와 송은 이미 국교를 재개

량인 國淸寺의 건립을 반대하였던 데서 느낄 수가 있는 일이다. 의천의 그러한 활동이 왕권강화를 위한 것임을 잘 알던 문신들로서 당연한 태도였다. 나아가 의천이 鑄錢을 건의하고[31] 南京 건설에 개입하는 등 정치적인 문제에까지 간여하자,[32] 그 비판이 더욱 격렬해졌을 것임은 불을 보듯 뻔하다. 문신들이 늘 경계해 마지않던 것이 승려의 정치 개입이었음을 떠올리면 되는 일이다.[33] 그러므로 다음과 같은 의천의 유교 비하 발언은 그

한 상태였다. 文宗 25년(1071) 이래의 일이었다(全海宗, 「對宋外交의 性格」, 『한국사』 4, 국사편찬위원회, 1974, 335~336쪽. 閔賢九, 「高麗前期의 對外關係와 國防政策-文宗代를 中心으로-」, 『高麗政治史論』, 고려대학교출판부, 2004, 120~121쪽). 말하자면 아무리 의천이 왕자 출신이라고는 하지만, 출가한 승려로서 그가 求法次 入宋하는 것까지 遼에서 시비할 상황은 아니었던 듯 여겨지는 것이다. 의천의 입송 반대는, 그의 활동을 견제하려는 문신들의 정치적 의도에서 나왔을 가능성이 높다고 믿는다. 의천은 송에 들어가 章疏를 수집하고 중국 불교계의 새로운 思潮를 직접 견문함으로써, 자신이 추진하려는 불교개혁의 사상적 정당성을 확인하고자 하였다. 그리고 그의 그러한 불교개혁은 결과적으로 왕권강화를 뒷받침하는 방향으로 작용할 게 분명하였다. 따라서 그러한 결과를 뻔히 예상하면서도 문신들이 의천의 入宋을 수수방관하였다면, 그것이 도리어 이상한 일이었음 직하다. 1년 가량이 흐른 뒤 의천이 귀국하자, 宣宗은 母后와 함께 '前古無比'의 성대한 환영의식을 베풀었다고 한다(『高麗史節要』 6 宣宗 3년 6월). 왕자 출신 승려의 무사귀환에 대한 것이라기에는 도를 넘는 열렬한 환대였다. 史書의 文脈에서 느낄 수가 있는 일이다. 문신들의 의구심을 자극하고도 남음이 있었으려니와, 의천의 입송이 지니는 정치적 의미를 거듭 되새기지 않을 수가 없는 것이다.

31 蔡雄錫, 「高麗前期 貨幣流通의 基盤」, 『韓國文化』 9, 1988, 90~94쪽. 서성호, 「숙종대 정국의 추이와 정치세력」, 『역사와 현실』 9, 1993, 24~26쪽.

32 南仁國, 「肅宗의 卽位와 새로운 政治勢力의 登場」, 『고려중기 정치세력연구』, 신서원, 85~88쪽.

33 의천도 그러한 사실을 명백히 의식하였다. 이른바 '鑄錢論'의 말미에서 "… 벼슬에 나아가 政事를 도모함은 儒者에게 있으며 (따라서 나와 같은 승려에게는) 허락되지 않는 바입니다(出位謀政 在儒者 所不許) …"(『大覺國師文集』 12) 라고 토로한 것이 그것이었다. 그렇지만 곧바로 그에 이어서 "그러나 신이 君親의 重함을 생각하매 어찌 감히 몸을 아끼겠습니까(然臣念君親之重 身何敢悋) …" 라고 하여, 鑄錢 건의와 같은 자신의 정치색 짙은 활동을 정당화하였다. 비록 승려의 몸이지만, 임금을 위해서라면 儒者 즉 文臣들의 비판을 무릅쓰고라도 현실 정치에 적극 간여하겠다는 강력한 의지를 숨기지 않았던 것이다. 사실 의천은 이미 같은 글의 앞 부분에서, 新羅 승려 慈藏이 국왕의 정치적 조언자로서 활동하였음을 예로 들면서 자신에게도 그러

에 대한 나름의 대응인 셈이었다.

> … 성인의 마음 씀은 넓고 커서 모두 갖추었으니, 人乘과 天乘이 있고 聲聞乘과 緣覺乘이며 菩薩乘이 있는데, 이 5乘은 부처를 배우는 자가 마땅히 마음을 다해 익혀야 할 바의 큰 강령입니다. 열 가지 선행과 다섯 가지 戒는 인승이고, 네 가지 禪과 여덟 가지 定은 천승입니다. 四聖諦의 법은 성문승이고, 12因緣의 진리는 연각승이며, 六度萬行을 닦음은 보살승입니다. 인승으로 말할 것 같으면 周公·孔子의 道와 더불어 같은 곳으로 돌아가고, 천승으로 말할 것 같으면 老子·莊子의 學과 한 가지로 일치합니다. (그러므로) 옛 사람이 이르신 바 儒와 道의 가르침을 닦는 것은 가히 사람과 하늘의 報를 잃지 않는 일이라 할 수 있으니, 고금의 賢人과 達士들이 모두 이치에 맞는 말씀이라 하였습니다. (그러나) 혹시 그 다음의 三乘 출세간의 법이야 무릇 세속의 가르침과 어찌 더불어 같은 차원에서 말하겠습니까 …[34]

여기에서 의천은 불교의 5乘 가운데 가장 낮은 단계인 人乘을 유교에 대응시키면서, 유교는 불교와 더불어 동일한 차원에서 언급할 상대가 되지 못한다고 일갈하였다. 유교를 불교의 가장 초보적인 수양 단계로 낮추어 보면서 아예 무시하려는 태도를 드러내었던 것이다. 문신 유자의 공격

한 바람이 있음을 말하였다(… 是故 新羅大僧統慈藏上疏 以本俗衣服鄙醜 … 臣愚 不敢追蹤於慈藏 然前所謂 惟聖難逢 …). 그리하여 김부식이 찬한 비문에까지, "국사는 이미 한 나라의 존귀한 王親으로서 큰 政事가 있으면 반드시 친밀하게 상의해서 결정하였으므로, 국왕과 더불어 나랏일을 논의하여 가름한 바가 아주 많았으며, 인민에게 음덕을 끼침이 또한 두터웠다(師旣爲一國尊親 有大政事 必款密諮決 故所與上論判國家事 甚多 而有陰德於人民亦厚)"(『大覺國師外集』 12) 라고 하여, 그의 활발한 정치 활동이 특기되기에 이르렀던 것이다.

34 … 聖人用心 則廣大悉備 有人乘焉 有天乘焉 有聲聞乘焉 有緣覺乘焉 有菩薩乘焉 此之五乘 是學佛者之所宜盡心之大槩也 十善五戒 人乘也 四禪八定 天乘也 四聖諦法 聲聞乘也 十二因緣 緣覺乘也 六度萬行 菩薩乘也 以言乎人乘 與周孔之道同歸 以言乎天乘 共老莊之學一致 先民所謂 修儒道之教 可以不失人天之報 古今賢達 皆以爲知言也 其或後之三乘出世之法 豈與夫域內之教 同日而言哉 … (『大覺國師文集』 13 與內侍文冠書)

을 받은 의천이[35] 유교를 비하시킴으로써, 그러한 사상을 근거로 삼는 그들이 도리어 내세울 바 없는 존재임을 암시하며 반격하였던 셈이다.[36] 말하자면 고려중기에 들어 유교적 정치이념이 확립되는 등 흥륭하는 유교를 바탕으로 세력을 확대시킨 문신들이 불교를 공격해오자, 그에 대응하

35 위 본문에 인용한 사료의 앞 부분에 御史臺가 義天을 공격한 사실이 기록되어 저간의 사정을 전한다.

36 한편 의천의 위와 같은 발언을 脫俗한 출가자의 常套語 정도로 치부하며, 별반 무게를 두지 않으려는 견해가 나올 수도 있다. 속세를 버리고 출가한 승려로서, 세속보다 부처의 세계를 우월시하며 현실의 문제보다 내세에 보다 큰 의미를 두는 것은 당연한 입장이라는 의미에서이다. 의천의 5乘論은, 중국에 불교가 전파되고 儒·道敎와의 사이에 갈등이 발생하면서 나타난 논리였다. 승려라면 으레 입에 올렸을 법한 상투적인 주장인 셈이었다. 그렇지만 잊지 말아야 할 사실은, 왜 특정한 시기에 의천에 의해, 그것도 文臣에게 보낸 서신에서 그러한 주장이 표출되기에 이르렀던가라고 하는 점이다. 같은 서신의 앞 부분에서 의천은, 자신의 僧侶試驗 管掌에 대한 御史臺의 비판을 언급하였다. 의천이 승려들의 '表白文字' 시험을 관장하게 되면, 그것을 본받아 후진 승려들도 모두 '表白' 考試官이 되고자 '章句' 다듬는 일에만 몰두함으로써, 정작 본령인 '經論'을 소홀히 하게 될 우려가 있다는 것이 어사대의 주장이었다. 그러나 의천의 입장에서 보자면, 이는 터무니없는 트집에 지나지 않았다. '士儒'의 '勤學問'이 오직 科擧의 考試官을 본받아 장차 그처럼 고시관이 되려는 데에만 있는 것은 아니지 않는가 라는, 의천의 항변에서 알 수가 있는 일이다. 어사대의 문신들이 그처럼 납득되지 않는 이유를 대면서까지 무리하게 의천의 僧侶考試(僧科?) 主管을 막으려 하였던 것은, 의천의 불교계 주도를 견제하려는 의도에서였던 것으로 이해된다. 의천의 불교 주도가 곧 왕권강화의 바탕이 되며, 그리하여 문신의 반발을 초래하게 되었던 것은 아닌가 헤아려지는 것이다. 당시는 의천이 출가한(1065) 지 20년쯤 되던 시기로서, 그의 入宋이 거론되던 즈음이었다(… 自十六七歲已來 從事于西方聖人之敎 二十載于茲矣 … 予固不敏而知學之難 所以頃歲重道輕生 問津中國者 志在於何在乎 …. '與內侍文冠書'). 그러니까 대략 宣宗 2년(1085) 초 무렵으로서, 이러한 파동을 겪은 끝에 의천이 마침내 密航入宋을 결행하였던 것으로 판단되거니와, 요컨대 그가 본문에서처럼 공공연히 유교를 비하하는 주장을, 그것도 문신에게 보내는 서신에서 드러내기에 이른 배경은 그러하였다. 단순히 상투적인 수준에서 俗世(내지 儒敎)에 대한 出世間(내지 佛敎)의 우월함을 언급하려 했다기보다는, 자신을 공격하기에 급급한 유자에 대한 비판이자 그들이 사상적 근거로 삼던 유교에 대한 공격의 의미를 지닌 정치적 발언이었다. 본문에 제시한 사료에 바로 잇대어서, 의천은 자신을 공격하던 유자들을 우물 안 개구리와 같이 소견이 좁은 굽은 선비[曲士]라 비난하였다. 앞서의 유교 비하 발언을 부연해서 설명한 셈이거니와, 거기에 담긴 의천의 의중을 거듭 음미함이 마땅하지 않을까 싶은 것이다.

여 불교를 지켜내고 나아가 당시까지의 불교우위 상태를 지속시키고자 내세운 논리가 곧 의천의 위 5乘論이었던 것이다.

따라서 앞서 제시한 바 김인존의 불교 비판은, 결국 의천의 경우에서와 같은 승려의 유교 공격에 대응하려는 문신 유자들의 생각을 반영한 행동이었다고 하여 지나치지 않을 듯싶다. 승려를 왕사로 책봉하는 것 자체를 반대하는 그의 단호한 태도에서, 의천의 유교 비하 발언과 같은 공격에 맞서려던 문신 유자들의 의지를 읽어내는 것이 반드시 불가능한 일만은 아니지 않을까 여겨지는 것이다. 고려의 문신들은 이제 더 이상 불교와 같은 超現世的 권위에 의지함으로써 그 지위를 뒷받침 받으려 하지 않았다. 그보다는 유교적 도덕의 실천에서 권위의 원천을 모색하고자 하는 경향이 더욱 강하였던 것이다. 고려중기 유교의 성장에 발맞추어 나타난 현상이었음은 이를 나위가 없다.[37]

한편 이 무렵에는 앞서 언급하였듯이, 유자로서의 정체성을 의식하지 않은 채 불교에 깊이 빠져든 문신 유자가 종종 나타나기도 하였다. 당대를 대표하는 유학자이던 尹彦頤와 같은 이조차도 그러하였다. 소위 居士佛敎의 등장이거니와, 아마도 문신 중심의 문화가 무르익어 감에 따라 일부에서 개인적 자유주의를 추구하는 경향이 나타나게 된 데 따른 현상이 아니었던가 싶다. 이때의 거사불교가 維摩居士처럼 중생과 아픔을 함께 하기보다는 개인적이자 명상적 수양방법인 참선에 탐닉하였으며, 더욱이 道家思想의 영향 아래 고답적이고 은둔적인 성향을 지니었다는 등의 지적에서 짐작할 수가 있다.[38] 유자로서의 정체성보다는 불자로서의 수행에

37 그런데 文臣 儒者들이 내세우던 道德的인 規範이란 그 적용에서 國王에게도 예외를 두지 않았다. 말하자면 고려중기의 경우, 유교적 도덕률을 바탕으로 왕권을 견제하려는 문신들과 그에 맞서 불교 등을 앞세워 국왕의 초월적 권위를 내세우며 왕권을 강화하려는 국왕 측과의 대립 구도를 상정하는 것이 합당하지 않을까 판단되는 것이다(김당택, 「국왕과 문신의 갈등」, 『우리 한국사』, 130~131쪽).

38 崔柄憲, 「高麗中期 李資玄의 禪과 居士佛敎의 性格」, 『金哲埈博士花甲紀念史學論叢』, 1983; 『高麗中·後期佛敎史論』, 佛敎學會 編, 1986, 208~214쪽.

더욱 충실하려 들었던 거사의 출현은, 그러므로 유교의 입장에서 보았을 때 사상적 혼미에서 빚어진 한때의 일탈적 경향이었다고 평하여 무방하지 않을까 싶다.

4. 儒敎의 침체와 儒者 출신 僧侶의 활약

武臣亂은 필연적으로 유교의 침체를 초래하였다. 玉石을 가리지 않고 불태워지는 형국에서,[39] 문신 유자들은 대개 지방으로 몸을 피하거나 혹은 입산하여 승려가 되었다. 학문을 익히려 해도 師友淵源을 잃어버렸기에 입산한 이를 찾아가 배울 수밖에 없는 것이 당시의 실정이었던 것으로 전한다.[40] 무신난과 무인정권을 비난하는 해당 자료의 성격상 다소 과장이 섞이기는 하였겠지만, 문신 유자들이 다수 살상을 당하는 등 유교가 크게 위축될 수밖에 없는 상황이었음을 파악하는 데는 부족함이 없다.

살아남은 유자들 중에서도 관직을 얻지 못하여 실의에 잠긴 채 궁핍 속에 여생을 보낸 이가 적지 않았다. 설령 관직에 나아갔다고 하더라도 사정은 별반 다름이 없었다. 정치적 입장을 자유로이 개진할 수 없는 등, 뜻을 펼치는 데 제약이 많아 힘들기는 매한가지였다. 유교적 정치이념에 충실하려 할 경우, 무인집권자의 기대처럼 무인정권을 정당화하기는커녕 도리어 그를 비판해야만 하였기 때문이다. 유자로서의 정체성을 분명히 의식하는 채로 무인정권에 출사한다는 것은 거의 불가능에 가까운 일이었던 것이다. 무인정권 아래에서 유교의 침체는 필연적이었다고 밖에 달리 이를 말이 없는 셈이다.

최씨무인정권의 치하에서 문인 유자들이 얼마간 관직에 진출하였다지만, 그들에게서 유교적 정치이념의 실천이나 혹은 유교의 사상적인 발전과 같은 것을 기대하기는 어려웠다. 그들은 단순히 글 잘 짓는 기술자로

39 『高麗史節要』 11 毅宗 24년 8월 丙子

40 李齊賢의 『櫟翁稗說』 前集 1 又問臣曰條 및 崔滋의 『拙藁千百』 2 東人之文序 등에, 그러한 사정이 기록되어 전한다.

서 채용된 것에 지나지 않았다. 崔怡가 인재를 선발하는 기준이었다던 '能文能吏'에서 '能文'이, 유교경전 이해와 같은 학문적 능력이라기보다는 文章力을 의미하였다는 사실에서 짐작할 수가 있는 일이다.[41] 詩文에 능하다 하여 崔忠獻이 李奎報에게 관직을 주었다든지, 혹은 崔怡가 文章으로 시험하여 崔滋를 발탁하였다는 등은 그 현저한 사례에 속한다.[42] 李齊賢이 무인정권시기의 유자를 가리켜 '眞儒'인 '經明行修之士'가 아니라 詞章에 몰두하는 '雕蟲篆刻之徒'라 폄하하였던 데에는[43] 그만한 까닭이 있었다. 武人執政은 유교적 합리주의나 실천 윤리가 아니라, 그들의 詩文 짓는 능력에서 이용가치를 발견하고 문인을 등용하였던 것이다.

유교에서 詞章은 흔히 餘技末藝로 치부되는 것이 상례이었다. 본령이 아니었거니와, 따라서 그러한 데에 매달려야만 하는 당시의 상황에 불만을 품고, 나아가 그러한 학풍 내지 그것을 주도하는 문인을 비판적으로 바라보는 유자가 나타나는 것은 필연적인 형세였다. 治國의 경륜과 같은 유교의 근본정신은 외면한 채 四六騈文과 같이 화려하게 기교를 부리는 문장으로써 헛된 이름이나 과시하려 한다며, 당시의 풍조를 비판하는 글이 나타나는 것도 당연한 일이었다.[44]

그런데 무신난 이후 그처럼 유교가 침체되고 詞章의 풍조가 만연하자, 불교로만 더욱 침잠해 들어가는 문신 유자들이 생겨났다.[45] 儒者로서의 정체성에 못지않게 佛者로서의 모습이 도드라지는 문인도 적지 않았다. 이러한 경향에는 앞선 시기 거사불교의 영향도 없지 않았을 터이다. 하지

41 趙仁成, 「崔瑀政權下의 文翰官—'能文'·'能吏'의 人事基準을 중심으로—」, 『東亞硏究』 6, 1985.

42 『高麗史』 102 李奎報傳, 같은 책 崔滋傳

43 『櫟翁稗說』 前集 1 又問臣曰條

44 과거급제자로서 승려가 된 天頙이, 출가하기에 이른 경위를 토로한 글에서 그러한 내용을 찾아볼 수가 있다(『湖山錄』 4 答芸臺亞監閔昊書).

45 李源明, 「武臣政權期 儒·佛交涉의 양태」, 『高麗時代 性理學受容硏究』, 國學資料院, 1997, 162~170쪽.

만 그에 더해 유자로서의 포부를 펼칠 수 없는 상황에 직면하여, 권력과의 대결을 회피하며 脫俗的인 종교의 세계로 도피하려는 심리가 발동해서이었을 가능성이 한층 높아 보인다. 무인정권에 附庸的인 詞章風의 유교로는 채울 수 없었던 공허함을 메우고자, 사상적인 파행 속에 방랑하며 편력한 결과가 그렇게 나타나지는 않았을까 헤아려지는 것이다. 李仁老와 李奎報·李藏用 등이 곧 그러한 경향을 대표하는 유자들이었다.[46]

나아가 그처럼 침체되어 본연의 기능을 발휘하지 못하는 유교에 좌절한 일부에서는, 아예 유교를 등지고 출가하는 경향마저 나타났다. 유교사상 자체를 회의적으로 인식하며, 그것을 뒤로한 채 탈속의 세계로 몸을 던진 것이었다. 과거급제자로서 佛門에 투신하여 그 지도적 위치에까지 올랐던 修禪社의 惠諶과 冲止 및 白蓮社의 天因과 天頙 등은 그 대표적인 인물들이었다.[47] 이들은 최씨정권의 치하에서 관직에 나아가 출세하기를

46 李仁老와 李奎報에 관한 연구는 매우 많아 일일이 매거하기 어려울 정도이다. 震檀學會 고전연구심포지엄에서 『破閑集』(『震檀學報』 73, 1991)과 『東國李相國集』(『震檀學報』 83, 1997)을 다룬 것 외에, 李藏用에 관한 것을 포함하여 주로 참고한 논저는 다음과 같다.

馬宗樂, 『高麗後期 登科儒臣의 儒學思想 硏究』, 啓明大 博士學位論文, 1999. 金晧東, 『고려 무신정권시대 文人知識層의 현실대응』, 景仁文化社, 2003. 閔賢九, 「李藏用小考」, 『韓國學硏究』 3, 1981. 朴菖熙, 「李奎報의 本質에 대한 연구」, 『外大史學』 1·2·3, 1987·1989·1990. 李興鍾, 「李仁老의 思想世界」, 『歷史教育』 46, 1989. 朴宗基, 「李奎報의 생애와 著述傾向」, 『韓國學論叢』 19, 1996. 鄭濟奎, 「李奎報의 佛教理解와 首楞嚴經信仰」, 『東洋古典硏究』 7, 1996. 秦星圭, 「李奎報의 佛教觀」, 『佛教史硏究』 2, 1998. 金仁昊, 「李奎報와 崔滋의 佛教認識과 佛教批判論」, 『河炫綱教授定年紀念論叢 韓國史의 構造와 展開』, 2000. 박윤진, 「이규보의 불교관에 대한 一考察」, 『史叢』 53, 2001.

47 惠諶 등을 언급한 논문은 미처 헤아리기 어려울 정도로 많은데, 여기에서 주로 참고한 논저는 다음과 같다.

秦星圭, 『高麗後期 眞覺國師 惠諶 硏究』, 中央大 博士學位論文, 1986. 李永子, 『韓國天台思想의 展開』, 民族社, 1988. 蔡尙植, 『高麗後期佛教史硏究』, 一潮閣, 1991. 普照思想硏究會, 『普照思想』 7(眞覺國師 惠諶의 生涯와 思想), 1993. 許興植, 『眞靜國師와 湖山錄』, 民族社, 1995. 閔賢九, 「月南寺址 眞覺國師碑의 陰記에 대한 一考察」, 『震檀學報』 36, 1973. 高翊晉, 「白蓮社의 思想傳統과 天頙의 著述問題」, 『佛教學報』 6, 1979. 秦星圭, 「圓鑑國師 冲止의 生涯」, 『釜山史學』 5, 1981. 兪瑩淑, 「崔氏武臣政權과

희망하던 사람들이었다. 그렇지만 그들을 좌절케 한 정치사회적인 현실과 더불어, 특히 정치이념으로서의 기능을 상실한 詞章風의 유교에 실망한 끝에 불교로 전향하였다. 그리하여 개혁을 기치로 내세우며 불교계에 새로운 바람을 일으키던 수선사와 백련사를 찾아 출가하였다.[48]

이들 유자 출신의 승려들은 출가한 후에도 세속 유자와의 연고를 꾸준히 유지하며 상호 후원의 관계를 맺는 게 보통이었다. 학문을 익히고 또 科擧에 응시하는 과정에서의 동료와 스승 및 좌주 등이 그들이었다. 대개 관료로 재직 중이던 그들은 흔히 혜심 등이 주도하는 불교결사에 入社하는 등의 형태로 인연의 끈을 이어갔다. 그리하여 그들 유자는 출가자에게 세속적인 후원을 제공하고, 또한 혜심 등은 유자로 하여금 安心立命토록 인도하는 등, 상호 돈독한 유대를 지속시켜 갔던 것이다.

그런데 이들 유자 출신의 승려들은 그러는 한편에서 불교 우위를 내세우며 유교를 그 하위로 포섭하려는 입장을 드러내기도 하여 눈길을 끈다. 혜심과 천책이 대표적이었다. 출가하기 이전 자신의 國子監試 座主였던 崔洪胤과 國學의 同舍生이었던 閔昊에게 각각 보낸 서신에서, 이들은 유교와 불교가 표면상 달라 보이지만 실제에 있어서는 같다는 점을 佛經 등에 의거하여 설명하였다. 근본에서 보자면 유교와 불교가 다르지 않다는 '儒佛無殊'의 설을 강력하게 내세웠던 것이다.[49] 한데 이들의 이른바 유불

曹溪宗」, 『白山學報』 33, 1986. 許興植, 「佛敎界의 새로운 傾向」, 『高麗佛敎史硏究』, 一潮閣, 1986. 許興植, 「修禪社 圓鑑國師碑」, 같은 책. 金皓東, 「高麗 武臣政權時代 佛敎知識人 知訥·惠諶의 現實對應」, 『民族文化論叢』 13, 1992. Edward J. Shultz, 「高麗 武人執權期의 佛敎」, 『李基白先生古稀紀念 韓國史學論叢』(上), 一潮閣, 1994. 박영제, 「원 간섭기 초기 불교계의 변화」, 『14세기 고려의 정치와 사회』, 민음사, 1994.

48 邊東明, 「高麗 崔氏武人政權時期의 儒者 出身 僧侶」, 『全南史學』 11, 1997.

49 · 我昔居公門下 公今入我社中 公是佛之儒 我是儒之佛 互爲賓主 換作師資 自古而然 非今始爾 認其名則 儒佛逈異 知其實則 儒佛無殊 … 起世界經云 佛言 我遣二聖 往震旦行化 一者老子 是迦葉菩薩 二者孔子 是儒童菩薩 據此則 儒道之宗 宗於佛法 而權別實同者乎 … (『眞覺國師語錄』 答崔參政洪胤)

· … 今閣下儒也 予釋也 實容儀不同 名分不等 然世尊有言 我遣三人 化彼震旦 故李舟曰 釋迦生中國 設敎如周孔 周孔生西方 設敎如釋迦 李商隱亦曰 尼師老聃 聃師牟尼

무수란 유교와 불교를 동등한 차원의 사상으로서 대등하게 취급하는 것이 아니었다. 불교 우위의 입장에서 유교를 그 하위의 범주로 포섭하려는 논리였다.[50] 공자를 부처보다 낮은 보살에 비기면서 유교가 불교를 근본으로 하여 거기에서 흘러나온 것으로 이해한다든지, 혹은 공자를 노자의 제자에 그리고 다시 그 노자를 석가모니의 제자에 견줌으로써 유·불·도 가운데 유교를 최하위에 두려는 태도 등에서 알 수가 있는 일이었다. 말하자면 무인정권시기의 불교계에서 내세우던 이른바 유불무수의 설이란, 불교를 상위에 두고 유교를 그에 종속시키려는 의도에서 나온 이론이었던 셈이다. 그리고 이러한 논리대로라면 유교는 독자적으로 존립할 가치가 없는 거의 무의미한 존재에 지나지 않을 것임은 물론이었다.[51]

혜심 등이 그처럼 유교의 존재의의 자체를 부정하려는 듯한 태도를 드러낸 것은, 출가하기 이전 자신들이 맞닥뜨렸던 유교의 존재양태에 대한 좌절감 내지 회의에서 비롯된 일이 아니었던가 여겨진다. 아울러 문제의 서신을 받은 崔洪胤이나 閔昊처럼 불교결사에 들어온 세속의 유자들 역시 그와 유사한 의식의 소유자였을 가능성도 없지 않다. 유교가 침체하자 불교에 깊이 빠져드는 유자들이 부지기수였던 것으로 미루어, 그러하였을 가능성을 배제하기가 어려워 보인다. 말하자면 유교가 정상적으로 기능하지 못하는 상황에서, 혜심 등은 불교가 우위에 있음을 표방하면서 사상적으로 방황 중이던 세속의 유자들을 휘하에 끌어들이려 하였던 셈이다.

나아가 그들은 불교에 입각하여 정치가 행해져야 함을 내세움으로써, 정치이념으로서의 유교의 기능마저 부정하려는 듯한 태도를 보이기도 하였다. 국왕 康宗과 무인집권자 崔怡에게 올린 혜심의 답신이 그러하였다.[52] 그에 따르면, 佛法을 체득한 臣子는 忠孝를 다하는 인간이 되며, 장

稽首正覺 吾師吾師 則何三教之異 … (『湖山錄』 4 答芸臺亞監閔昊書)

50 鄭𡡉, 「高麗後期 眞覺國師 慧諶의 儒佛同源思想」, 『北岳史論』 3, 1993, 205～213쪽.

51 邊東明, 「性理學의 初期受容者와 佛教」, 『高麗後期 性理學受容研究』, 一潮閣, 1995, 103～104쪽.

52 · … 又謹上啓 至尊侍側 旣叅我社 願契我心 … 臣子得之則 忠國孝家 出將入相 致君

수나 재상이 되어서는 堯舜의 태평성대가 이룩되도록 君王을 잘 보필할 수가 있다고 한다. 그리고 군왕이 부처의 가르침을 깨달아 실천하면, 나라가 번성하며 천하로 하여금 道義가 넘치도록 변하게 할 수가 있다고도 하였다. 또한 崔怡가 공평하고 실속 있는 정치로 누구나가 칭송할 만큼 훌륭한 다스림을 이룩할 수 있었던 것도, '學佛' 즉 불교를 배운 덕분이라고 하였다. 부처의 가르침에 따라 정치를 하게 되면 유교에서 말하는 태평성대는 절로 이룩할 수가 있으며, 그리하여 유교가 아니라 불교에 입각한 정치를 해야 하고, 그로써 유교적인 정치이념이 추구하던 이상사회도 이룩할 수가 있다는 것이 혜심의 생각이었던 셈이다.[53] 결국 정치이념으로서의 유교의 기능을 인정하기보다는, 佛法에 따르는 정치가 더욱 이상적임을 강조하려는 것이 곧 혜심의 본심이었다 할 것이다.[54]

무인정권시기에는 수선사와 백련사를 중심으로 하는 불교가 사상을 주도하였다. 詞章風이 성행하는 가운데 침체를 면치 못하던 유교를, 불교가 압도하는 형국이었다. 惠諶 등이 儒佛無殊論을 내세워 유교를 불교의 하위로 포섭하고자 나선 것은 그러한 상황에서의 일이었다. 나아가 사상적인 우위를 바탕으로 그들은 세속의 정치까지도 佛法에 입각해 이루어져야 함을 역설하였다. 유교를 불교의 하위로 포섭하는 것과 함께 정치적인 측면에서까지도 불교의 주도권을 확실히 하려는 의도에서였다. 말하자면 침체에 빠진 유교를 압박하며 불교가 그 至上主義를 표방하던 것과 대조

高舜 措世唐虞 君王得之則 高而不危 滿而不溢 … 邦家日盛 以至遠方自服 眼前見胡來漢來 舊染咸新 天下皆齊變魯變 道之所在 理合如然 (『眞覺國師語錄』書答 上康宗大王)

· … 近聞左右 異於尋常 頓然改變 爲此事甚力 政化日益公平 凡百施爲 皆去華取實 至於村野 無知婦人小子 莫不稱美之 嗚呼休哉 此乃學佛之驗也 公其勉之 … (같은 책 答崔尙書瑀)

53 惠諶의 이러한 태도를 看話禪의 특징인 실천적이고 적극적인 현실참여적 경향으로 이해한 데 관해서는, 趙明濟, 「高麗中期 看話禪의 수용」, 『高麗後期 看話禪 研究』, 혜안, 2004, 112~117쪽의 설명을 참고하라.

54 邊東明, 「高麗 崔氏武人政權時期의 儒者 出身 僧侶」, 178~180쪽.

적으로, 이 시기의 유교는 존립 자체마저 위협받는 위기에 직면하였던 셈이다.

당시 사상적으로 방황하며 불교에 심취해 세월을 보내던 대다수의 문신 유자들에게서 위와 같은 위기에 대처하는 방안을 기대하기는 어려웠다.[55] 한편 무기력한 그들과 달리, 비록 소수이기는 하지만 유자로서의 정체성을 의식하며 유교의 본령을 잃지 않고자 고심하는 이도 있었다. 교묘한 문장 다듬는 일에만 골몰하던 세태를 비판하면서 "글[文]이란 道를 실천해나가는 門"임을 천명하던 崔滋라든지,[56] 혹은 "道란 글[辭]을 빌려서 傳하는 것"인데 "세상에서의 이른바 名儒란 章句의 기교로 과거에 급제한 사람에 지나지 않는다"던 林椿[57] 등이 그들이었다.[58] 특히 임춘은 종종 韓愈나 歐陽修를 앞세워 불교에 비판적인 인식을 드러내기도 하여 이채를 띠거니와,[59] 그러한 임춘에 의해 "窮理盡性의 妙를 체득하여 행한다"며[60] 그 성리학적인 학풍을 칭송받던 權敦禮와 같은 인물도, 역시 동일한 인식

55 위기의식을 갖기는커녕 도리어 우호적이고 긍정적인 입장에서 불교를 대하는 것이 대부분이었다고 한다(李源明, 「武臣政權期 儒·佛 相互認識」, 『高麗時代 性理學受容研究』, 146~155쪽).

56 金塘澤, 「崔滋의 『補閑集』 著述動機」, 『震檀學報』 65, 1988. 朴菖熙, 「『補閑集』에 나타난 崔滋의 의식내용」, 같은 책. 李興鍾, 「崔滋의 思想研究」, 『史學志』 24, 1991. 李源明, 「武臣政權期 儒學思想의 전개」, 『高麗時代 性理學受容研究』, 國學資料院, 1997.

57 秦星圭, 「林椿의 生涯와 現實認識」, 『韓國史研究』 45, 1984. 李興鍾, 「林椿研究」, 『龍巖車文燮華甲紀念 史學論叢』, 1989. 柳昌圭, 「高麗 武人政權時代의 文人 朴仁碩」, 『東亞研究』 17, 1989.

58 · 文者蹈道之門 不涉不經之語 … 今之後進 尙聲律章句 … (『補閑集』 序)
· … 竊以道假辭而傳 述者明而作者聖 文以氣爲主 … (『西河集』 6 上按部李學士啓)
· … 夫世所謂名儒者 不過工章句取科第爾 果如是而爲名儒 則何擾擾焉名儒之多耶 不唯今世不見 雖古亦少 … (『西河集』 4 答靈師書)

59 『西河集』 1 寄山人益源. 같은 책 贈皇甫兄弟. 같은 책 2 贈皇甫若水. 같은 책 賀皇甫沆及第二首. 같은 책 5 送李眉叟序. 같은 책 6 上吳郎中啓

60 … 以此知賢者之處乎廟堂也 無異於山林間矣 斯乃窮理盡性之妙 其體而行之者 非閣下而誰耶 惟先生深思之靜慮之 俯循物議 起應徵詔 則亦海內蒼生之福也 若吾道之大行也 物必蒙利 … (『西河集』 4 答同前書)

의 소유자이었을 것으로 판단된다. 이들이야말로 당대의 학풍을 부정적으로 인식하는 가운데 더욱이 불교를 비판하며[61] 아울러 고려중기에 싹을 틔우던 성리학적인 요소를 계승함으로써,[62] 불교에 예속되다시피 하여 그 존립조차 위협받던 유교를 지켜내고자 고심한 인물들이었다고 하여 지나치지 않을 듯 여겨지는 것이다.

5. 性理學의 수용과 排佛論의 대두

유교가 침체의 늪에서 벗어나 재흥의 기지개를 켠 것은, 무인정권이 붕괴되고 몽고와 화친을 맺은 다음에 가서였다. 충렬왕 때에는 詞章을 주로 하던 종래의 학풍을 經學과 史學의 방면으로 향하도록 이끌고자 經史敎授都監을 설치하였다. 또한 安珦 등의 노력으로 國學 大成殿을 중수하고 贍學錢을 두어 養賢庫를 충실히 하는 등 유교를 장려하였다. 왕위에서 물러난 충선왕이 연경에 萬卷堂을 지어 李齊賢으로 하여금 元의 학자들과 교유하도록 하였던 것도 고려 유교의 발전에 큰 자극을 주었다.[63]

그렇지만 이 시기 유교의 특징은 무엇보다 성리학을 받아들였다는 데에서 찾아 마땅할 터이다. 고려중기 이래 일부에서나마 끊이지 않고 이어져 온 새로운 경향의 유교를 바탕 삼아, 이때 元에서 전해져 온 주자성리학을 수용하기에 이르렀던 것이다.[64] 安珦을 필두로 白頤正과 權溥·禹倬

61 崔滋의 경우 東白蓮社를 후원하는 등 親佛敎的인 인물이었던 것으로 전한다(韓基汶, 「高麗後期 尙州 功德山 東白蓮社의 成立」, 『尙州文化硏究』 3, 1993). 하지만 그 역시 정치에 관한 한 유교에 따라야 함을 내세우는 竝存的인 儒佛觀의 소유자가 아니었던가 싶다. 崔冲이나 崔思諏·崔瀹 등 선대 이래로 이어져 온 海州崔氏 家學의 경향으로 미루어 그러하거니와, 더욱이 태조에게 유교적인 정치를 권유한 崔凝의 사례를 『補閑集』의 첫머리에 수록하였던 데서도(위의 脚註 9) 그러한 추정이 가능할 듯 싶다.

62 邊東明, 「高麗後期 性理學의 受容과 그 主導階層」, 『高麗後期 性理學受容硏究』, 17~21쪽.

63 李丙燾, 「高麗後期의 儒學」, 『韓國儒學史』, 亞細亞文化社, 1987. 李秉烋·朱雄英, 「麗末鮮初의 興學運動」, 『歷史敎育論集』 13·14합, 1990.

및 李齊賢·朴忠佐·崔瀣·安軸 등이 그에 앞장선 인물들이었다. 성리학을 수용한 이들 新興士大夫들은 그 思辨的·形而上學的인 측면에서도 상당한 지식을 자랑하였다. 하지만 그보다는 성리학의 실천적인 측면에 더욱 유의하였다. 특히 經世濟民의 실현을 위한 정치적 실천이라는 특성이 두드러졌는데, 초기에 성리학의 수용을 주도한 신흥사대부들은 고려의 현실을 개혁하기 위한 이념으로서 그것을 받아들였던 것이다.[65]

한편 성리학을 수용한 이들 개혁 지향의 신흥사대부들은, 불교에 대해서도 이제까지와는 다른 차원에서 비판을 가하기 시작하였다.[66] 불교 자체를 배격하려는 강경한 척불론이 차츰 고개를 쳐들며 그 모습을 드러내기에 이르렀던 것이다. 물론 주자성리학이 수용되던 처음에 모두가 그처럼 강경한 불교배척을 주장한 것은 아니었다. 차라리 유교와 불교를 병존의 관계로 인식하는 것이 주된 분위기였다는 게 보다 올바른 표현일 듯싶다. 성리학의 초기 수용자 대부분은 崔承老 이래의 전통적인 儒佛觀을 유지하는 쪽에 서 있었던 것이다. 이들의 불교 비판이 주로 사회경제적인 폐단을 지적하는 정도의, 말기의 그것에 비하면 비교적 온건한 성향을 보

---

64 무인정권시기 曹溪宗 계통에서 이루어지던 인간의 心性에 관한 깊은 성찰과 함께, 특히 왕조의 중엽 이래 이어져 온 고려 유교의 性理學的인 요소가 바탕이 되어 고려 후기에 성리학이 수용되었을 것임에 관해서는, 邊東明, 「高麗後期 性理學의 受容과 그 主導階層」, 『高麗後期 性理學受容研究』, 11~22쪽의 설명이 참고 된다.

65 邊東明, 「受容初期 性理學의 性格과 受容의 動機」, 『高麗後期 性理學受容研究』, 64~92쪽. 성리학의 수용을 다룬 논문은 일일이 거명하기 어려울 만큼 많다. 근자에 출간된 관련 저서만 해도 다음과 같이 여럿이다. 邊東明, 『高麗後期 性理學受容研究』, 一潮閣, 1995. 李源明, 『高麗時代 性理學受容研究』, 國學資料院, 1997. 申千湜, 『高麗後期 性理學의 受容과 教育思想』, 명지대출판부, 1998. 金仁昊, 『高麗後期 士大夫의 經世論 研究』, 혜안, 1999. 都賢喆, 『高麗末 士大夫의 政治思想研究』, 一潮閣, 1999. 高惠玲, 『高麗後期 士大夫와 性理學 受容』, 一潮閣, 2001.

66 性理學의 受容을 儒佛對立的인 관점에서만 이해해서는 안 된다는 주장도 강력한데, 그에 관해서는 채상식, 「성리학과 유불교체의 사상적 맥락」, 『역사비평』 24, 1994(봄), 304~312쪽 그리고 趙明濟, 「元 干涉期 看話禪의 전개」, 『高麗後期 看話禪 研究』, 혜안, 2004, 142~151쪽 및 趙明濟, 「高麗末 看話禪의 성행」, 같은 책, 208~220쪽 등을 참고하라.

였던 것도 역시 그와 매일반의 경우라 함은 이를 나위가 없다.

성리학의 초기 수용자 중 이제현이 그러한 경향을 대표하는 인물이었다.[67] 그는 아직 불교 자체보다는 사원의 폐해와 승려의 비행을 공격하는 데 한층 힘을 쏟는 편이었다. 또한 그러한 폐단이 당시의 권세가들과 야합한 가운데 빚어졌다는 데에 더욱 비판적이었다. 성리학적인 경세이념에 입각하여 개혁을 주창하던 그에게, 부패한 사원과 승려는 권세가와 하등 다를 바가 없는 존재였다. 사회경제적인 폐단을 일으키는 장본인으로서 개혁의 대상일 뿐이었다. 하지만 그렇다고 해서 불교 자체까지를 공격의 대상으로 삼은 것이 아니었음은 물론이다. 어디까지나 폐단과 그것을 야기한 장본인에 대한 공격에 그치었다.[68]

그러나 성리학의 초기 수용자라고 해서 모두가 이제현과 동일한 생각을 가진 것만은 아니었다. 그의 불교비판 수준을 넘어서, 불교 자체를 배격하고자 하는 강경한 척불의식을 지닌 인물도 나타났던 것이다. 최해가 그러하였다. 이제현과 同年生인 그는, 불교를 反人倫的인 가르침으로 공격하는 등 그 사회적 기능에 부정적인 시각을 드러내어 주목된다. '人道'는 '親親'에 바탕을 두며 또한 그것은 하늘이 부여한 바 인간의 본성인데도, 불교에서는 그것을 버려 관계를 끊도록 가르친다는 것이다. 그리하여 '綱常'을 땅에 떨어뜨리고, 이 세상에서 인간이 사라지도록 만든다며 준열히 비판하였다. 이울러 승려들을 無爲徒食하는 避役의 무리로 강력하게 비난하기도 하였다.[69] 고려말기의 이른바 강경파 척불론자들이 불교를 滅

67 이하 이제현과 최해의 불교관에 관한 설명은, 邊東明, 「性理學의 初期受容者와 佛教」, 『李基白先生古稀紀念 韓國史學論叢』(上), 一潮閣, 1994; 『高麗後期 性理學受容研究』, 一潮閣, 1995, 93~119쪽의 내용을 요약하였다.

68 한편 이 시기에서 고려말에 이르도록 士大夫들이 불교에 심취하고 승려와의 교류를 통해 불교를 긍정적으로 인식하였다는 이해에 관해서는, 趙明濟, 「元 干涉期 看話禪의 전개」·「高麗末 看話禪의 성행」, 『高麗後期 看話禪 연구』, 142~151·207~263쪽의 관련 설명을 참고하라.

69 · … 世之說佛者曰 爲佛先須棄絶親愛 夫人道原於親親 滅親無人 誰爲佛者 以是求佛竊所未喩 …(『拙藁千百』 1 送盤龍如大師序)

倫害國의 가르침으로 매도하던 것과 동일한 논리가 이미 최해에게서 나타났던 것이다. 그가 이제현과 달리 불교 자체를 비판함으로써 그 고유한 기능을 부정하는 강경한 배불론의 소유자였음을 이해할 수가 있다.

사실 최해는 불교를 좋아하지 않는다고 공언하던 인물이었다. 불교의 功德思想에 대해서도, 표나지 않게 은밀히 주어지는 福은 알 수가 없는 것이라고 하여 회의적인 시선을 보내기도 하였다.[70] 그리하여 그와 같은 논리의 연장에서, 마침내 그는 유교 우위의 유불관을 주장하기에 이르렀다. 불교에서 말하는 '明心見性'의 설을 유교, 구체적으로는 아마도 성리학의 心性論에서 본받아 배운 것으로 간주한다든지, 혹은 불교를 모르더라도 유교만은 알아야 진정한 佛者가 될 수 있다고 강변하였다.[71] 이를테면 불교는 유교에서 갈려나간 하위의 사상이며, 유교만으로도 인간의 올바른 삶이 얼마든지 가능하다는 것이 그의 생각이었다. 성리학의 심성론 등에 입각하여 유교가 불교보다 우위에 있는 사상임을 내세웠던 것이다. 요컨대 최해는 성리학의 입장에서 불교의 가르침을 비판하고, 나아가 유교가 불교보다 우위에 있는 사상임을 드러냄으로써 불교의 존재의의를 무시하려 한 선구적인 排佛儒者였던 셈이다.[72]

· 惟天生民 民有秉彛 天下之理 一而已矣 歧而求道 寔曰異端 今夫以道 教人於東方者 謂儒爲外 盍共捨諸 斯言一出 和者日衆 不唯其徒趣信 至如自名以儒者 從而惑焉 然而將學 其所以爲內者 則綱常墜地 天下無民矣 … (같은 책 問學業諸生策二道)

· … 其僧 大抵不隷 逃其役 民避其徭 常有數千萬人 安坐待哺 (같은 책 送僧禪智遊金剛山序)

70 · … 隱者(崔瀣;筆者註) 素不樂浮屠 … (『高麗史』 109 崔瀣傳)

· … 敬菩薩者 爲能福人於冥冥也 其冥冥之福 旣不可識 … (『拙藁千百』 1 送僧禪智遊金剛山序)

71 · … 僕竊見 天下奉佛大過 舟車所至 塔廟相望 其徒皆拊權擅富 蠱毒斯民 而奴視士夫 故爲吾儒所不取焉 是豈佛之過歟 夫佛好爲善 不好爲不善 就其明心見性之說而觀之 似亦祖吾儒而爲者 … (『拙藁千百』 1 頭陁山看藏庵重營記)

· … 予嘗謂 知儒而不知佛 不害爲佛 知佛而不知儒 則不能爲佛 … (같은 책 送盤龍如大師序)

72 崔瀣에 관한 이제까지의 연구성과는, 趙東一·高惠玲 外, 『高麗名賢 崔瀣 硏究』, 國學資料院, 2002 끝에 부록된 '崔瀣 先生 관련 硏究 論文 現況'이 상세하다.

최해의 뒤를 이어 강경한 불교배척의 의지를 내보였던 인물로는, 尹澤과 白文寶 그리고 李仁復 등을 들 수가 있다.[73] 이들은 안향과 이제현·최해 등을 잇는 고려의 제2세대 성리학 신봉자로서, '廢絶倫理'의 불교를 버리고 孔子의 도를 따르도록 국왕에게 주청하거나,[74] 혹은 斥佛疏를 올리며,[75] 또한 죽음에 임해서는 평생 동안 부처에 아첨하지 않았음을 자부하던,[76] 고려후기의 손꼽히는 척불론자들이었다. 성리학이 받아들여지던 초기 이래로 최해의 경우에서 보듯이 이미 강경한 척불론이 나타났으며, 성리학의 확산과 함께 윤택·백문보 등 더욱 다수의 신흥사대부들이 불교 자체를 배격하고자 하는 강력한 의지를 표명하였음을 확인할 수가 있는 것이다. 고려말기의 대표적인 척불론자로 일컬어지는 鄭夢周와 鄭道傳·尹紹宗 등의 출현이 그러한 바탕 위에서 가능했을 것임은 말할 것도 없는 일이다.[77]

성리학 수용 이후 이를 신봉하던 개혁 지향의 신흥사대부들이 이전과는 다른 차원에서 불교를 배격하려 하였으며, 점차 그러한 추세가 확산 강화된 끝에 마침내 고려말기의 과격한 불교배척 주장이 나오게 되었음을 살폈다. 그런데 당시 불교계의 일반적인 분위기는 유교의 그러한 공세에 위기를 느끼며 대응할 태세를 갖추는 것과는 거리가 멀었다. 神秘的인 靈驗과 功德을 앞세우며 利己的인 現世祈福主義로 흐르는 경향이 농후한 가운데,[78] 세속의 권력과 결탁하여 각종 폐단을 자아내기 일쑤였다.[79] 스

---

73 閔賢九, 「白文寶硏究」, 『東洋學』 17, 1987. 李男隨, 「白文寶의 性理學 受容과 排佛論」, 『韓國史硏究』 74, 1991. 邊東明, 「高麗後期 性理學 受容階層의 政治思想-尹澤과 『大學衍義』를 중심으로-」, 『高麗後期 性理學受容硏究』, 一潮閣, 1995.

74 『高麗史』 106 尹諧傳 附 尹澤傳

75 『淡庵逸集』 2 疏箚 斥佛疏

76 『高麗史』 112 李仁復傳

77 邊東明, 「高麗後期 性理學의 受容과 僧侶의 儒佛觀」, 『國史館論叢』 71, 1996, 239~245쪽. 고려말 유자들의 불교관에 대해서는, 도현철, 「고려말기 사대부의 불교 인식과 대응」, 『역사와 현실』 20(1996)이 참고 된다.

78 蔡尙植, 「高麗後期 佛教史의 전개양상과 그 경향」, 『歷史教育』 35, 1984. 邊東明, 「忠

스로의 사회적인 기반을 축소시키면서 사상적인 침체의 시기를 맞이하였던 것이다.

한편 그와 같은 대체적인 흐름 속에서도, 일부 승려들 사이에서는 차츰 새로운 상황의 전개에 위기를 느끼며 그에 대처하려는 움직임이 일어나기도 하였다.[80] 처음 그것은 대개 지방에서 활동하던 승려에 의해, 불교계의 자각과 반성을 촉구하는 형태로 나타났다. 충숙왕대(1313～1330, 1332～1339) 무렵의 白蓮社 승려 無寄雲默이 그러하였다.[81] 天頙의 法孫에 해당하는 그는, 당시 불교계의 타락상을 적시하며 중국에서 발생하였던 法難의 경험에 비추어 이 나라에서도 훼불사태가 발생할 가능성을 경고하였다. 또한 孝와 仁義의 실천을 역설하며, 불교의 계율이 유교의 실천윤리와 하등 다를 바가 없음을 강조하기도 하였다. 성리학 신봉자들의 佛敎滅倫害國論에 바탕한 공격을 의식하며, 경각심을 촉구하는 동시에 그에 대응하고자 내세운 논리였음은 물론이다.

그런데 처음 그처럼 불교 주도세력에서 소외된 채 지방에서 활동하던 승려에 의해 제기되던 각성과 대응의 주장은, 시간의 흐름과 함께 차츰 중앙과 밀접한 관계를 맺은 승려에게서도 나타나기 시작하였다. 공민왕대(1351～1374)에 주요한 활동을 보인 白雲景閑과[82] 太古普愚가[83] 그러하

宣王과 萬僧會」, 『民族文化論叢』 27, 2003. 邊東明, 「忠肅王의 密教大藏 金字寫經」, 『歷史學報』 184, 2004.

79 尹瑢均, 「朱子學の傳來とその影響に就いて」, 『尹文學士遺稿』, 1933. 韓㳓劤, 「麗末鮮初의 佛教政策」, 『서울大論文集』-人文社會科學- 6, 1957; 改題 「麗末～太宗朝의 抑佛策과 佛教傳承」, 『儒教政治와 佛教』, 一潮閣, 1993. 許興植, 「僧政의 紊亂과 宗派間의 葛藤」, 『高麗佛教史研究』, 一潮閣, 1986.

80 이하 성리학 수용 이후 불교계의 대응에 관한 설명은, 邊東明, 「高麗後期 性理學의 受容과 僧侶의 儒佛觀」, 227～259쪽의 내용을 간추린 것이다.

81 無寄雲默에 관하여는, 蔡尙植, 「無寄와 '釋迦如來行蹟頌'」(『高麗後期 佛教史研究』, 一潮閣, 1991)의 상세한 논의를 참고하라.

82 鄭炳朝, 「白雲의 無心禪에 대하여」, 『韓國佛教學』 3, 1977. 徐閏吉, 「高麗末 臨濟禪의 受容」, 『韓國禪思想研究』, 불교문화연구소, 1984; 『高麗密教思想史研究』, 불광출판부, 1993. 權奇悰, 「白雲의 禪思想 研究」, 『伽山李智冠스님華甲紀念論叢 韓國佛教文

였다. 이들 역시 불교의 타락을 비판하며 경각심을 불러일으키는 한편, 불교의 수행덕목과 유교의 실천윤리가 서로 다르지 않음을 내세워 눈길을 끈다. 성리학 수용 이후 유자들에 의해 제기되던 멸륜해국의 불교 배척 주장에 대처하려는 의도에서였음은 물론이다. 무기운묵보다 한 세대가량 뒤지는 공민왕대에 이르면, 이제 개경의 중앙 불교계에서도 배불론에 대처하고자 하는 움직임이 일어나고 있었던 것이다. 그만큼 유교의 공격이 거세어졌으며, 불교계의 위기의식도 따라서 고조되어갔음을 이해할 수가 있다.

당시 太古普愚와 白雲景閑·懶翁慧勤[84] 등 수많은 승려들이 원나라에 들어가 그곳의 고승들과 접촉하고 돌아온 것도 그와 무관하지 않은 일이었다. 이들은 귀국 후 중국에서의 그러한 遊歷 경험 및 그곳 승려와의 師承關係를 매우 강조하였으며, 또한 중국에서 시행되던 '清規'를 가져와 보급하기도[85] 하였다. 이들이 그처럼 고려 선종보다는 중국 선종의 정통을 계승하였음을 내세우고 싶어 하였던 것은, 당시 성리학을 수용한 신흥사

化思想史』, 1992.

83 金映遂,「太古和尙의 宗風에 대하여」,『佛教界』40, 1942;『韓國佛教思想論攷』, 圓光大出版部, 1984. 李英茂,「太古普愚國師의 人物과 思想」,『建大史學』5, 1976. 李英茂,「韓國佛教史上 太古普愚國師의 地位」,『韓國佛教學』3, 1977. 韓基斗,「傳承統合의 祖上 普愚」,『韓國佛教思想研究』, 一志社, 1980. 徐閏吉,「高麗末 臨濟禪의 受容」,『韓國禪思想研究』, 불교문화연구소, 1984. 崔柄憲,「太古普愚의 佛教史的 位置」,『韓國文化』7, 1986. 李相瑄,「恭愍王과 普愚」,『李載龒博士還曆紀念 韓國史學論叢』, 1990. 兪瑩淑,「圓證國師 普愚와 恭愍王의 改革政治」,『韓國史論』20, 國史編纂委員會, 1990. 許興植,「太古와 懶翁의 繼承者」,『韓國中世佛教史研究』, 一潮閣, 1994.

84 徐京洙,「懶翁-麗朝 最後의 禪僧」,『韓國의 人間像』3, 新丘文化社, 1965. 金容祚,「懶翁慧勤에 關한 研究」,『慶尙大論文集』人文系篇 21-2, 1982. 徐閏吉,「高麗末 臨濟禪의 受容」. 朴虎男,「檜巖寺 和尙 懶翁의 無生法 考察」,『畿甸文化研究』16, 1987. 許興植,「懶翁의 思想과 繼承者」(上·下),『韓國學報』58·59, 1990. 許興植,「太古와 懶翁의 繼承者」.

85 崔昌植(法慧),「高麗時代의 禪宗清規에 대한 研究」, 東國大 碩士學位論文, 1974. 崔柄憲,「太古普愚의 佛教史的 位置」. 崔昌植,「高麗版 重添足本禪苑清規 解說」,『高麗版 重添足本禪苑清規』, 民族社, 1988.

대부에 의해 제기되던 배불론에 대한 위기감에서였다. 다시 말해 중국 불교의 권위를 이용하여 그에 대처하려는 의도에서였던 것이다.[86]

太古普愚 등이 竝存的인 儒佛認識을 드러낸 것은 그러한 속에서의 일이었다. 태고화상 보우는 설법을 청한 공민왕에게, 佛法을 강설하는 대신 君王의 道에 관해 충고하였다. 군왕은 스스로를 닦아 밝혀 인민을 교화하는 지위에 있는 만큼, 반드시 부처를 믿어야만 하는 것은 아니라는 것이다. 비록 부처에게 정성을 다한다고 할지라도, 나라를 잘 다스리지 못하면 아무런 공덕이 없으리라고도 하였다.[87] 군왕과 같이 나라를 다스리는 지위에 있는 인물들은, 부처를 섬겨 복을 받으려 하기보다는 '修明敎化', 즉 유교적인 의미에서의 선정을 베푸는 일에 모든 정성을 쏟아야 한다는 의미이다. 부처를 섬기는 일은 보우 자신과 같은 승려가 할 일이라는 뜻을 전제한 언사이었음은 물론이다. 말하자면 치국과 같은 정치적 문제는 유교적인 입장에서 접근하도록 하고, 복을 기원하는 거와 같은 신앙의 문제는 불교에서 담당해야 한다는 것이 보우의 입장이었던 셈이다. 고려말기의 고승 보우가 유교와 불교에 각기 나름의 고유한 기능이 있음을 인정하는, 그리하여 둘 다 국가사회에 필요한 존재임을 내세우는 병존적인 유불관의 소유자였음을 보여준다. 그 외에도 孔子를 '天下萬世의 스승'이라 칭하며 성균관을 대대적으로 중영하였던 辛旽이나,[88] 師僧 指空의[89] 병존적인 유불관을[90] 계승하였을 것으로 여겨지는 懶翁慧勤도 역시 그와 유사

---

86 徐閏吉, 「高麗末 臨濟禪의 受容」, 『韓國禪思想研究所』, 불교문화연구소, 1984; 『高麗密敎思想史研究』, 불광출판부, 1993. 韓基斗, 「高麗 禪宗의 思想的 傳統」, 『韓國思想史大系』 3, 精神文化研究院, 1991.

87 (恭愍)王遣使 召僧普虛于益和縣 普虛號太古 … (普)虛旣至 王引入內 問法 虛曰 爲君之道 在修明敎化 不必信佛 若不能理國家 雖致勤於佛 有何功德 … (『高麗史』 38 恭愍王 元年 5월 己丑)

88 … (恭愍)王命營成均館 (辛)旽與(柳)濯·李穡 會崇文館 相舊址 旽免冠扣頭 誓先聖曰 盡心重營 左右皆曰 少損舊制 可易成 旽曰 文宣王 天下萬世之師也 可靳小費 虧前代之規乎 … (『高麗史』 132 辛旽傳)

89 金炯佑, 「胡僧指空研究」, 『東國史學』 18, 1984. 中島志郎, 「梵僧指空의 研究」, 東國大碩士學位論文, 1985. 許興植, 『高麗로 옮긴 印度의 등불』, 一潮閣, 1997.

한 인식을 지니었던 것으로 보인다. 특히 나옹혜근의 경우 그 嗣法弟子인 幻庵混修가[91] 우왕 5년(1379)에 儒佛竝存論을 주장하는 『護法論』을 발간함으로써[92] 더욱이 그것을 확인시켜 주기도 한다.

보우 등이 앞선 시기의 의천이나 혜심 혹은 천책 등의 불교지상주의적인 인식과 질적으로 다른 차원의 병존적인 유불관을 표방하게 된 것은, 성리학을 수용한 유자들의 불교비판에 대응하려는 의도에서였던 것으로 판단된다. 성리학의 보급 확산과 그에 따라 갈수록 강력해지는 유자들의 불교배척운동으로, 승려들은 차츰 그에 대처할 필요성을 느끼지 않을 수가 없었을 터이다. 그리하여 앞서 살피었듯이 타락한 불교계에 대한 경고 및 유교와 불교의 실천덕목이 다르지 않다는 논리로써, 佛敎滅倫害國論에 입각한 유자들의 척불 주장에 대처하고자 하였다. 그리고 나아가 불교 존립의 당위성을 굳건히 하고자, 유교와 불교의 기능 분담을 의미하는 유불병존의 주장을 내세우게 되었던 것이 아닌가 헤아려지는 것이다. 요컨대 보우 등의 유불병존론은, 그러므로 고려후기 들어 성리학을 신봉하는 신흥사대부들이 제기하던 강경한 척불론에 대한 위기의식 속에서, 불교가 지향해야 할 방향을 모색하고자 하는 고심의 산물이었다고 하여 지나치지 않은 셈이다.

이후 고려 승려들의 그러한 유불병존의 주장은, 北宋의 재상 張商英이 저술한 『護法論』의 발간으로 이어졌다. 유교와 도교 측의 불교비판을 반박하며 삼교의 기능 분담과 병존을 주장하는 이 책은,[93] 고려말(禑王5, 1379) 闍崛山門 幻庵混修의 주도 아래 忠州 青龍寺에서 간행되었다.[94] 그

90 … 師(指空)之名 震暴中外 至正皇后·皇太子 迎入延華閣 問法 師曰 佛法自有學者 專心御天下 幸甚 …(『牧隱文藁』 14 西天提納薄陁尊者浮屠銘幷序)

91 『陽村集』 37 有明朝鮮國普覺國師碑銘幷序.
許興植, 「懶翁의 思想과 繼承者」.

92 『牧隱文藁』 13 跋護法論

93 張商英과 『護法論』은, 『宋史』 351 張商英傳과 함께, 久保田量遠, 『中國儒道佛三教史論』, 東方書院, 東京, 1931; 國書刊行會, 東京, 1986, 395~396·473~474·481~482·522~527쪽 등의 설명이 참고 된다.

런데 환암혼수는 앞서 언급하였듯이 병존적인 유불관을 지녔을 것으로 여겨지는 나옹혜근의 嗣法弟子였다. 아울러 마찬가지로 유불병존론을 내세우던 태고보우와도 무관한 사이가 아니었다. 그가 師僧 나옹혜근 등의 유불병존론을 계승하는 것과 함께 그것을 보다 체계화시켜 널리 퍼뜨리고자, 『호법론』을 간행하는 일에 나섰을 것임을 헤아리게 하는 대목이다. 나아가 이러한 전통은 조선초 涵虛堂 得通和尙의 護佛書인 『顯正論』 저술로 이어졌다.[95] 得通己和가 無學自超의 제자, 다시 말해 나옹혜근의 법손이었음을 떠올리면 금방 이해되는 일이다. 고려후기 들어 나옹혜근 등에 의해 제기된 反斥佛의 논리가, 조선초기의 護佛論으로 계승되어 이 나라 최초의 反斥佛·護佛의 이론서인 『현정론』 찬술의 바탕을 이루었던 것이다.

6. 맺음말

고려시기에는 유교와 불교가 공존하였다. 삼국 내지 통일신라에서 체제이념의 기능을 담당한 것은 불교였다. 그러나 고려에서는 불교의 체제이념으로서의 성격이 다소 약화되었으며, 적어도 정치에 관한 한 유교가 그 기능을 대신하였다. 유교는 본시 안정된 왕권에 바탕하여 文臣 儒者가 주도하는 정치를 표방하는 사상이었다. 그렇지만 막상 구체적인 정치현실 속에서는 그 표출되는 양상이 시기에 따라 사뭇 달리 나타나는 게 보통이었다. 眞骨이 특권을 독점하는 骨品制下에서 유교는 진골이 아닌 국왕 주도의 정치를 뒷받침하였으며, 나아가 지방분권적인 豪族의 시대에는 중앙집권적인 체제의 정비를 정당화하는 이념으로서 기능하였다. 또한

94 宋丞相張天覺護法論一篇 殆萬餘言 釋僧俊 以幻菴普濟大禪師之命 重刊于忠之青龍寺 … (『牧隱文藁』 13 跋護法論)

95 宋天恩, 「己和의 思想」, 『崇山朴吉眞博士華甲紀念 韓國佛教思想史』, 1975. 金容祚, 「己和와 그의 顯正論」, 『慶尙大論文集』 人文系篇 21, 1982. 宋錫球, 「朝鮮朝의 儒佛對論」, 『韓國의 儒佛思想』, 思社硏, 1985. 박경환, 「유불논쟁」, 『강좌 한국철학』, 예문서원, 1995.

고려왕조에 들어 중앙집권체제가 정비되면서는 왕권의 專制化를 비판하며 문신 유자가 중심이 된 정치를 이상으로 내세웠으나, 무인정권하에서는 다시 국왕 중심의 정치를 기치로 무인집권자의 권력 전횡을 반대하는 구실을 맡도록 기대되었다. 그러다가 왕정복고 후 특히 원 간섭하에서 원을 배경으로 한 국왕이 정치적 주도권을 강화시키려 하자, 문신 유자 중심의 정치를 표방하며 그에 대항한 이념도 역시 유교였다.

고려시기에는 그렇게 유교가 정치이념으로서 기능하였다. 그러나 사상적 영향력은 불교에 견주어 그다지 강한 것이 못되었다. 불교가 우세한 가운데 유교가 제 자리를 찾기 위하여 애쓰는 것이 일반적인 형세였다. 하지만 그러한 중에서도 시기에 따라 양자의 관계에 변화가 나타나는 것은 어찌할 수 없었으며, 대체로 그것은 일정한 경향성을 띠었다.

태조 왕건에서 성종대에 이르는 고려초기에는, 儒者에 의해 儒佛竝存論이 제기되면서 유교적 정치이념이 채택되었다. 유교와 불교에 각기 고유한 기능이 있으며 정치에 관한 한 유교적 이념에 입각해야 함을 주장하던 崔承老의 상서문이, 성종에 의해 받아들여져 고려의 제도 정비가 추진되기에 이르렀던 것이다.

고려 중엽에 들어 정치적 주도권을 장악한 문신 유자들은 자신에게 유리한 제도를 마련하였다. 그리고 그에 따라 그들의 정치이념으로서 유교의 위상도 확고해졌다. 유교적 정치이념이 확립되고 유교가 흥성하자, 유교와 불교의 구별을 앞세우며 불교에 비판적인 문신 유자가 나타났고, 자연히 국왕 등 왕실의 후원 속에 번성하던 불교에서도 그에 대처하려는 움직임이 나타났다. 義天과 같은 당대의 고승에 의해 유교를 비하하는 5乘論이 개진된 것은 그러한 상황에서의 일이었다.

그러나 그러한 유불갈등도 잠시, 무신난이 발생하고 유교가 크게 위축되면서 불교의 압도적 우위는 필연적인 형세였다. 유교는 불교에 예속되다시피 하였으며, 유교에 실망하고 출가한 유자 출신 승려에 의해 유교를 불교의 하위로 흡수하려는 儒佛無殊論이 제기되었다. 침체에 빠진 유교를 압박하며 불교가 지상주의를 표방하던 것과 대조적으로, 유교는 그 존립 자체마저 위협받는 지경에 처하였던 것이다.

유교가 침체의 늪을 벗어난 것은 무인정권이 붕괴된 이후에 가서였다. 經學과 史學이 권장되는 한편 朱子性理學이 받아들여진 것과 같은 일이 그러하였다. 성리학을 바탕으로 개혁을 주장하던 신흥사대부들은, 불교에 대해서도 비판을 가하기 시작하였다. 불교 滅倫害國을 내세우는 유자들의 강경한 척불 주장이 점차 확산되어갔다. 그러자 위기를 느낀 불교계에서는 고심 끝에 유불병존론을 내세우기에 이르렀다. 고려말 『護法論』의 간행과 조선초 『顯正論』의 저술은, 그러므로 불교계의 그와 같은 노심초사의 결정체였다고 하여 지나치지 않은 셈이었다.[96]

(「高麗時期의 儒敎와 佛敎」, 『한국중세사연구』 18, 2005)

96 마지막으로 용어 문제 하나를 짚고 넘어가야겠다. 유교와 불교의 관계를 인식하는 데에는, 竝存的 儒佛觀과 一致 내지 調和的 儒佛觀 및 排斥的 儒佛觀 등이 있을 수 있다. 儒佛一致(一源)論의 경우 어느 한 쪽을 정점으로 나머지를 그보다 낮은 단계에 배치하는 것이 보통으로서, 외견상 양자의 조화를 도모하는 듯 비춰진다. 하지만 실인즉 그로써 상대방의 존재 가치를 무시하려는 것이기 일쑤였다. 불교를 정점으로 하여 유교를 최하위의 方便쯤으로 폄하 흡수해버리려던 義天·惠諶 등의 5乘論·儒佛無殊論이나, 반대로 성리학을 정점으로 불교를 그 아류로 비하하던 崔瀣의 경우가 그에 해당한다 할 것이다. 한편 儒佛調和란 단순히 상호 부합하는 정도를 넘어 양자 간에 모든 면에서, 이를테면 人間觀·心性論이나 혹은 宇宙論과 같은 사상철학적인 면에서까지 아무런 모순이나 갈등이 없이 융회가 이루어진다는 의미를 내포한다. 일견 유불일치론과 유사하거니와, 상대를 무시하기보다는 이론적인 조화 통일을 모색한다는 점에서 다소 뉘앙스가 다르게 느껴진다. 반면에 儒佛竝存論이란 양자 사이의 우열을 따지거나 혹은 조화 통합을 꾀하기보다는, 각자의 고유한 영역을 인정함으로써 같은 시기 동일한 공간에서도 함께 존립이 가능한 경우를 가리키는 용어로 사용하는 것이 온당할 듯싶다. 이 경우에도 때로 양자 사이에 상호 부합하는 점이 있음을 지적하는 수가 있으나, 근본적으로 儒者 혹은 佛者로서의 정체성을 분명히 하는 가운데 서로 간에 상통하는 점도 있음을 언급하는 정도가 고작으로서, 예컨대 李齊賢이나 李穡의 경우가 그러한 예에 해당하는 것으로 판단된다.

제2장 和順 雙峯寺

1. 머리말

한국 불교사에서 전라도 일대는 남다른 의미를 지니는 것으로 평가를 받아 왔다. 선종의 경우가 특히 그러하였다. 널리 알려진 바와 같이 신라 하대에 받아들여진 선종이 가장 먼저 뿌리를 내려 번성한 지역이자, 또한 고려 무인정권의 시기에는 불교 개혁을 주장하던 선종계 신앙결사의 근거지이기도 하였다.[1] 전라도 지역에 위치한 사찰들을 대상으로 한 연구가 적지 않은 것도, 따지고 보면 그러한 사실이 지니는 의미를 일찍이 깨달은 결과일 것임은 이를 나위가 없다.

이 글에서 살피려는 쌍봉사는 전남 화순군 이양면에 자리한다. 현재는 조계종 제21교구 본사인 松廣寺의 말사이지만, 신라말 이래로 특히 고려 최씨무인정권의 시기에는 전라도 일대에서 손꼽히는 사찰이었던 것으로 전한다. 보유 중인 몇몇 불교문화재와 더불어 역사적인 의미가 적지 않다 하겠거니와, 벌써 이 사찰에 관심을 보인 연구자가 여럿이었던 데에는 그만한 까닭이 있었던 셈이다.[2]

1 민현구, 「한국 조계종(曹溪宗)의 성립과 호남(湖南) 지방」, 『한국중세사산책』, 일지사, 2005, 57~64쪽.

그런데 이제까지의 연구는 대체로 선종이 수용되고 이어 산문이 형성되던 신라 하대, 내지는 집권무인의 아들이 머무르던 최씨무인정권의 시기로 치우치는 경향이 있었다. 이 사찰이 불교사에서 차지하는 위치나 의의라든지, 혹은 그 존재를 뒷받침하던 지역사회와의 관계까지를 아울러 이해하기에는 다소 미흡한 형편이었다. 기왕에 다루어졌던 내용 중에도, 신라 하대 張保皐의 쌍봉사 관련설을 비롯하여, 당시 이 사찰을 후원한 지방세력의 문제나, 혹은 무인집권자 崔怡의 아들인 萬全이 출가한 후 활동할 거점으로 쌍봉사가 지목된 이유 등, 새로이 논의할 만한 여지가 있음직한 게 한둘이 아니다. 고려중엽 선종이 부흥하던 시기의 쌍봉사의 역할도 빼놓을 수가 없음은 물론이다. 검토해 마땅한 소재가 여럿이거니와, 여기에서는 신라말~고려시기에 초점을 맞추어 쌍봉사를 살피려 한다. 쌍봉사가 기록에 처음 등장하는 신라말에서 시작하여 무인정권의 시기에 이르기까지를 중심으로, 이 사찰이 자못 번성하면서 남긴 흔적을 더듬는 한편 그것이 의미하는 바를 되새겨보려는 것이다.

먼저 신라말과 고려초에 걸친 시기의 쌍봉사를 살피겠다. 선종이 처음 받아들여지고 이어서 산문이 형성되던 당시 쌍봉사의 위상이 상당하였던 것으로 지적되곤 하거니와, 이제 그것을 찬찬히 되새기며 장보고와의 관련설이라든지 혹은 다른 후원세력의 존재 여부와 같은 문제를 재음미함으로써, 선종의 수용과 9산문의 형성에서 이 사찰이 차지하는 바의 위치

2 쌍봉사를 언급한 연구는 적지 않은데, 여기에서는 쌍봉사를 주요한 논의 대상으로 삼은 다음의 논고를 주로 참고하였다.
金光植, 「崔沆의 雙峯寺 寺院勢力 構築과 李延年亂」, 『水邨朴永錫教授華甲紀念 韓國學論叢』, 1992. 崔完秀, 「쌍봉사」, 『명찰순례』, 대원사, 1994. 朴貞柱, 「新羅末·高麗初 獅子山門과 政治勢力」, 『震檀學報』 77, 1994. 金光植, 「崔氏武人政權의 寺院勢力 育成」, 『高麗 武人政權과 佛教界』, 民族社, 1995. 李炳熙, 「雙峯寺의 연혁」, 『雙峯寺』, 木浦大學校博物館·和順郡, 1996. 申泳文, 「羅末麗初 師子山門의 思想과 그 性格」, 『北岳史論』 9, 2002. 曺凡煥, 「新羅下代 武珍州地域 佛教界의 動向과 雙峯寺」, 『新羅史學報』 2, 2004. 曺凡煥, 「新羅 下代 西南地域의 禪宗山門 形成과 發展」, 『震檀學報』 100, 2005. 曺凡煥, 「新羅 下代 道允禪師와 獅子山門의 개창」, 『新羅史學報』 10, 2007; 『羅末麗初 禪宗山門 開創 研究』, 景仁文化社, 2008.

를 올바로 이해하는 데 도움을 얻고자 하는 것이다. 다음으로, 고려중기 선종이 부흥하는 과정에서의 쌍봉사의 역할을 더듬어보겠다. 고려왕조에 의한 통일과 체제정비의 과정에서 다소 위축의 기미를 보이던 이 사찰이, 고려중엽 들어 선종이 부흥하는 데 나름의 기여를 하면서 무인정권시기 수선사 등장의 발판을 다지는 등 그 위상을 회복함으로써, 장차 무인집권자의 아들이 주지로 머무는 가운데 번성을 구가하는 기틀을 닦아갔음을 밝히려는 것이다. 마지막으로, 무인정권시기의 쌍봉사를 검토하겠다. 최씨무인정권이 굳이 쌍봉사를 지목하여 만전으로 하여금 주지로 머물도록 조처한 이유라든지, 그리하여 수선사의 개혁지향적 이미지와 어긋나는 행적을 보이며 비난을 불러일으켰음에도 만전이 마침내 무인집권자의 지위에 오른 경위 등을 헤아림으로써, 무인정권하 쌍봉사의 번성이 지니는 의미를 되새기는 기회를 마련코자 하는 것이다.

2. 신라말·고려초 禪宗山門의 형성과 雙峯寺

쌍봉사가 기록에 처음 등장하는 것은 839년 무렵이었다. 몇 년 뒤 곡성의 태안사에서 桐裏山門을 개창하는 寂忍禪師 慧徹(785~861)이 신무왕 원년(839) 2월에 귀국하였는데, 이어서 —아마도 그 해 혹은 이듬해— 夏安居에 들었던 곳이 바로 무주 관내의 쌍봉사였다는 碑文 기록이 그것이다.[3] 그 창건 연도를 정확히 지적하기는 어렵지만, 늦어도 신무왕 원년 무렵이면 승려들이 머물며 여름결제를 날 만큼 이 사찰이 정상적으로 기능하였음을 알 수가 있다.

신라 하대의 쌍봉사는 무주 즉 현재의 전남지역 일원에서 상당한 영향력을 지닌 사찰이었던 것으로 보인다. 다음의 일화가 그 증거이다.

3 … 以違親歲積 宣法心深 遂言歸君子之鄉 直截乾城之浪 開成四祀(神武王 원년, 839)春二月 方到國也 是日群臣同喜 … 譬諸夫子自衛反魯也 遂於武州管內雙峰蘭若結夏 時遭陽亢 …(『校勘譯註 歷代高僧碑文』(新羅篇) (李智冠, 伽山文庫, 1993, 76쪽), 谷城 大安寺 寂忍禪師 照輪淸淨塔碑文)

> … (혜철이) 귀국하였다 … 드디어 무주 관내의 쌍봉사에서 여름결제에 들었는데, 마침 가뭄을 만나 산이 마르고 냇물이 졸아붙었으며, 비가 오지 않을 뿐 아니라 조각구름조차 하나 없었다. 무주 州司에서 혜철 선사께 간절히 요청하니, 스님이 고요한 방에 들어가 좋은 향을 사르며 땅에서의 기도에 하늘이 감응해주기를 빌었다. 잠깐 사이에 단비가 조금씩 뿌리더니 무주 관내의 들판을 적시도록 많이 내렸고, 마침내 큰물이 질 만큼 쏟아졌다 …[4]

중국에서 귀국한 혜철이 쌍봉사에서 처음으로 여름결제를 나던 시기의 일이다. 당시 무주의 일원에 지독한 가뭄이 들었는데,[5] 州司의 요청으로 그가 큰비를 내리는 신이한 행적을 보였다는 것이다.

그 즈음 혜철은 중국에서 귀국하여 활동을 시작한 지 얼마 되지 않은 상황이었다. 그런 그에게 곤경에 처한 무주 관아에서 도움을 요청하였다. 그만큼 혜철이 큰 존경과 함께 널리 이름을 떨친 승려였음을 이해할 수가 있다. 아울러 그와 같은 관심과 숭모의 대상이던 승려가 귀국 후 최초로 머무르고자 했을 정도로, 쌍봉사는 나름의 규모와 명성을 자랑하는 사찰이었음이 거의 틀림없다. 신라하대의 무주지역에서 손꼽히는 사찰 가운데 하나로 쌍봉사를 거론하는 것이[6] 반드시 지나쳐 보이지만은 않는다.

혜철이 머무르고자 했던 쌍봉사는 본시 北宗禪 계통과 무관하지 않았으리라고 한다. 신라 중대 말엽에 들어온 북종선이 智異山 지역을 중심으

---

4 … 開成四祀(神武王 원년, 839)春二月 方到國也 … 遂於武州管內雙峰蘭若結夏 時遭陽亢 山枯川渴 不獨不雨 亦無片雲 州司懇求於禪師 師入靜室 爇名香 上感下祈 小間甘澤微微而下 當州內原濕滂沱 旣而大有 … (같은 책)

5 혜철이 귀국한 이듬해에 전국적인 가뭄이 있었다고 하는데(…自夏四月至六月 不雨…『三國史記』 11 新羅本紀 11 文聖王 2년), 혹여 그와 관련된 일화인지도 모를 일이다.

6 최완수, 「쌍봉사」, 32쪽. 조범환, 「신라하대 무진주지역 불교계의 동향과 쌍봉사」, 186쪽.

로 미약하게나마 명맥을 유지하였는데, 강원도 설악산 오색석사의 예에서 볼 수 있듯이 다소 멀리 떨어진 곳에서도 그 흔적이 발견되며, 쌍봉사 역시 그러한 경우에 해당할 가능성이 없지 않다는 것이다. 쌍봉사가 처음 북종선 사찰로 창건되었으며 혜철이 귀국해 머무르던 무렵에 비로소 南宗禪 사찰로 새롭게 태어났으리라고까지 추정하는 것은[7] 다소 지나칠지 모르겠다. 그러나 선승 혜철이 귀국한 뒤 최초로 하안거를 지낸 사실 등으로 미루어, 이 사찰이 선종과 전혀 무관치만은 않았으리라는 정도의 가능성은 열어두어 무방할 듯싶기도 하다. 그랬다가 혜철이 주석한 것을 계기로 쌍봉사가 남종선을 표방하는 선종 사찰로 거듭났던 것으로 이해함이 온당하지 않을까 여겨지는 것이다.

한편 쌍봉사가 무주에서 그처럼 상당한 영향력을 지니게 되는 경제적 배경으로서 청해진 張保皐의 후원을 거론하는 경우가 있다. 사찰의 위치라든지, 혹은 장보고 선단을 이용하였을 법한 혜철이 최초로 이 사찰에 머물렀다는 점에서, 그 가능성마저 부정하기는 어려울지 모르겠다. 그러나 당시 쌍봉사가 昇州 豪族의 정신적인 지주 역할을 하였기에 장보고가 이 사찰을 후원함으로써 승주지역과 유기적인 관계를 맺으려 하였다든지, 그리하여 장보고의 사망 후 쌍봉사가 反新羅的인 경향을 띠게 됨으로써 무주와 신라 조정의 지속적인 통제 속에 친신라적인 이웃 장흥 寶林寺의 견제가 더해짐으로써, 쌍봉사가 독자적인 禪門으로 성장하지 못하였으리라고까지 추정하는 데에 이른 것은[8] 다소 지나친 느낌이다.

무엇보다 쌍봉사와 승주 일대 토착세력과의 연결은, 뒤에 다시 언급할 기회가 있으려니와, 澄曉大師 折中(826~900) 혹은 기껏해야 그의 스승인 澈鑒禪師 道允(798~868)의 시절로 올려볼 수 있는 정도에 지나지 않는다. 도윤의 제자인 절중이 그 말년에 승주지역과 연결되는 듯 보이는 게 유일한 단서라는 점에서 그러하다.[9] 도윤보다도 제법 앞서서 혜철이 쌍봉사에

7 조범환, 같은 논문, 189~190쪽.

8 조범환, 같은 논문, 192~198쪽.

주석하던 시기 혹은 그 이전에 벌써 쌍봉사가 승주지역과 연결되었으리라는 추정에는 선뜻 따르기가 주저된다. 또한 당시 장보고와 승주 호족이 그처럼 긴밀한 유대관계를 맺었을 것으로 여겨지지도 않는다. 후일 장보고를 계승한 것으로 이해되는 羅州 吳氏와 같은 세력이 왕건과 연결되는 데 반해, 승주 호족은 견훤과 연결되었다는 점에서 그처럼 판단된다.[10] 친신라적이었다는 보림사가 소재하는 장흥지역의 경우, 신라 하대에 그 해안지역이 장보고 세력에 포함되었던 것으로 이해된다는 점에서,[11] 또한 보림사의 정치적 성향을 반드시 그처럼 친신라 일변도로 규정할 일만은 아니라는 사실도 잊지 말아야 한다. 요컨대 신라 하대의 쌍봉사가 장보고를 포함한 서남해안지역 해상세력과 무관하지만은 않았으리라는 정도는 모르지만, 그것을 넘어 매우 긴밀한 연관 속에서 정치적 성향마저 그와 함께 했다고까지 주장할 만한 근거는 없어 보이는 것이다.

신라하대 무주지역의 유력한 사찰 중 하나였던 쌍봉사가, 선승 혜철의 주석을 계기로 남종선을 내세우는 禪刹로 점차 자리 잡아갔을 것임을 살폈다. 이후 이 사찰이 이른바 선종 9산 중의 하나인 獅子山門이 처음 뿌리를 내린 이름난 선종 도량[禪場]으로서 그 위치를 굳힌 것은 철감선사 도윤에 의해서였다. 『祖堂集』에 따르면, 도윤은 속성이 朴氏이며 漢州의 鵂巖 출신이라고 한다.[12] 휴암은 현재의 황해도 鳳山이다. 그러므로 도윤은

9 절중은 만년에 승주 이웃 고을인 낙안[芬嶺郡]의 桐林寺에 머문 적이 있었으며, 입멸한 후 그의 부도가 동림사에 세워졌다(『校勘譯註 歷代高僧碑文』(高麗篇1) (李智冠, 伽山文庫, 1994), 寧越 興寧寺 澄曉大師 寶印塔碑文. 朴貞柱, 「新羅末·高麗初 獅子山門과 政治勢力」, 2~5쪽의 澄曉大師碑 校勘 判讀文). 낙안의 동림사가 곧 현재의 순천 낙안 金苊寺임은 최인선, 「낙안의 불교문화」, 『樂安과 樂安邑城』, 順天大博物館·順天市, 2001, 290~294쪽을 참고하라.

10 鄭淸柱, 「新羅末·高麗初 西南海岸地域 豪族의 動向」, 『新羅末高麗初 豪族研究』, 一潮閣, 1996, 147~149·159~160쪽.

11 邊東明, 「長興 天冠山地域의 土着勢力과 佛教信仰」, 『韓國中世의 地域社會研究』, 學研文化社, 2002, 17~21쪽.

12 『祖堂集』 17 東國雙峯和尙

수도 경주와는 거리가 먼 변방 출신이었던 셈이다. 그의 집안은 지역사회의 유력자 계층에 속하였다.[13] '여러 대에 걸친 호족[累葉豪族]'이었다느니, 혹은 그 '할아버지와 아버지가 벼슬살이를 하였는데 그것이 고을의 문서에 상세[祖考仕宦 郡譜詳之]'하다느니 하는 등의 기록에서 짐작할 수가 있다. 연구자에 따라서는 그가 浿江鎭의 軍官을 지낸 가문의 출신이 아니었던가 추정하기도 한다. 도윤은 18세(815, 憲德王7) 무렵 출가하였다. 그리하여 화엄을 익히는 등 10년을 노력하다가, 선종을 배우기 위하여 28세 되던 해(825, 헌덕왕17)에 중국으로 유학을 떠났다. 그리고는 馬祖道一의 문하인 南泉普願을 찾아 가르침을 받아 마침내 인가를 얻었다. 스승 남전은 그를 두고 "우리 宗門에서 간직해온 진리가 모두 동쪽 땅 신라로 돌아가는구나[吾宗法印歸東國矣]"라며 찬탄하였다고 한다. 도윤은 스승이 열반하고 나서도(834) 13년 동안 줄곧 중국에 머물렀는데, 아마도 각처를 돌아다니며 수행을 계속하였던 것으로 보인다. 그러다가 당 무종(唐 武宗)의 불교탄압 등 정세의 변화를 계기로 귀국한 것이 847년(文聖王9)이었다.[14] 돌아온 뒤 그는 흔히들 금강산으로 추정하는 楓岳의 長潭寺에 머물렀다.[15] 당시 많은 이들이 그의 가르침을 받고자 몰려들었으며, 국왕[景文王] 또한 그를 각별히 예우하였다고 한다. 868년(경문왕8)에 입적하였는

13 도윤의 출신과 활동은 위의 『조당집』과 함께 다음의 논문을 참고해 정리하였다. 李基東, 「新羅 下代의 浿江鎭」, 『韓國學報』 4, 1976; 『新羅 骨品制 社會와 花郞徒』, 韓國研究院, 1980. 崔柄憲, 「羅末麗初 禪宗의 社會的 性格」, 『史學研究』 25, 1976. 朴貞柱, 「新羅末·高麗初 獅子山門과 政治勢力」, 『震檀學報』 77, 1994. 李炳熙, 「雙峯寺의 연혁」, 『雙峯寺』, 木浦大博物館·和順郡, 1996. 申泳文, 「羅末麗初 師子山門의 思想과 그 性格」, 『北岳史論』 9, 2002. 盧鏞弼, 「신라하대 선종 사자산문의 사회적 기반」, 『韓國古代社會思想史探究』, 한국사학, 2007. 曺凡煥, 「新羅 下代 道允禪師와 獅子山門의 개창」, 『新羅史學報』 10, 2007; 『羅末麗初 禪宗山門 開創 研究』, 景仁文化社, 2008.

14 權悳永, 「唐 武宗의 廢佛과 新羅 求法僧의 動向」, 『정신문화연구』 54, 1994, 102~103쪽.

15 … 於是 精護浮囊 遠尋絶境 企聞楓岳長潭寺 有道允和尙 久遊華夏 纔返故鄕 特詣禪扉 自投五體 和尙曰 … (朴貞柱 校勘 判讀文, 3쪽)

데, 출가해 구족계를 받은 지 44년, 세속의 나이 71세였다.

위의 도윤이 쌍봉사를 찾아와 머문 것은 늘그막에 들어서였던 것으로 보인다. 그가 쌍봉사에 주석하는 등 이 사찰과 무슨 연고를 맺었다는 직접적인 기록은 찾아지지 않는다. 그렇지만 그의 부도와 탑비가 쌍봉사에 세워졌으며,[16] 또한 그의 문인들이 쌍봉사에서 활동하였던 사실[17] 등에 비추어 그리 짐작들을 한다.[18] 그렇다면 그가 쌍봉사에 머물며 사자산문 개창의 씨앗을 뿌리기 시작한 것은 언제였을까.

풍악의 장담사에 머물던 그가 화순의 쌍봉사로 옮겨간 것은 대략 경문왕 원년(861)에서 그리 멀지 않은 어느 시기였던 것으로 파악된다.[19] 장담사에서 도윤의 가르침을 받던 그의 제자 절중이 道譚禪院의 慈仁禪師를 찾아 그 문하에 입실한 게 최소한 866년(경문왕6) 이전이라고 한다.[20] 아마도 도윤이 장담사를 떠나 쌍봉사로 옮겨갈 때 절중은 그와 동행하는 대신 자인선사를 찾아갔던 듯 여겨지거니와, 따라서 도윤의 쌍봉사 주석은 늦어도 866년 이전의 일이라 하여 좋을 것이다. 한편 도윤을 앙모하여 구름처럼 몰려든 이들 중에는 경문왕도 있었는데,[21] 도윤이 쌍봉사로 옮겨간 것은 그의 요청에 의해서였을 가능성이 높다고 한다. 경문왕이 선승들과 유대를 맺는 동시에 그들을 경주로 초치하거나 혹은 다른 사찰로 옮겨 주석하도록 권유한 사례가 여럿이었음에 비추어 그처럼 파악된다는 것이다.[22] 일리 있는 견해로 판단되거니와, 그러므로 도윤이 쌍봉사로 옮겨가

---

16 金和英, 「新羅澈鑒禪師塔과 塔碑에 대한 考察」, 『白山學報』 9, 1970.

17 … 長史金公休 與郡吏宋嵒等 … 迎入郡城 … 請爲安下 大師謂長史曰 貧道老之將至 擬往雙峯 親尋同學之徒 面禮先師之塔 以此南去 … (朴貞柱 校勘 判讀文, 3쪽)

18 철감선사 도윤이 만년에 쌍봉사에서 활동하였음을 의심하는 연구자는 아직 없다.

19 조범환, 「신라 하대 도윤선사와 사자산문의 개창」, 166쪽.

20 박정주, 「신라말·고려초 사자산문과 정치세력」, 9쪽.

21 … 洎于長慶五年(825;憲德王17) 投入朝使 … 以會昌七祀(847;文聖王9) 夏初之月 旋屆青丘 便居楓岳 求投者風馳霧集 慕來者星逝波奔 于是景文大王聞名歸奉 恩渥日崇 咸通九載(868;景文王8) 四月十八日 … 怡然遷化 … (『祖堂集』 17 東國雙峯和尙)

22 조범환, 「신라하대 무진주지역 불교계의 동향과 쌍봉사」, 201쪽.

머무르기 시작한 것은 866년 이전의 어느 때 아마도 경문왕이 즉위하던 861년에서 그리 멀지 않은 어느 시기이며, 그리하여 비로소 쌍봉사가 사자산문의 보금자리인 이름난 선종 도량으로서 점차 그 위치를 굳혀나갔던 셈이다.

경문왕이 도윤으로 하여금 쌍봉사에 머물도록 주선하고 더불어서 아마도 경제적 후원까지 마다하지 않았던 것은, 새로이 대두하던 지방세력에 대처하려는 의도에서였던 것으로 여겨진다.[23] 신라 하대에 등장한 이른바 호족의 존재를 지칭함이다. 이즈음 신라 중앙에서는 지방사회의 존숭을 받던 선승을 수도로 초치하거나 혹은 새로이 머물 사찰을 주선하며 옮겨가도록 권유함으로써, 호족과 선승의 결합을 막고 나아가 선승을 통해 지역의 민심을 위무하고자 도모하였다고 한다. 더욱이 당시 쌍봉사가 위치하던 무진주 지역에서는 그 얼마 전인 841년 혹은 846년의 장보고 피살과 뒤이은 851년의 청해진 혁파로 인해, 지역사회가 동요하며 민심이 자못 흉흉해진 터였다.[24] 도윤이 쌍봉사로 옮겨가기 불과 몇 년 전에 헌안왕이 普照禪師 體澄(804～880)에게 장흥의 迦智山寺 즉 보림사로 옮겨가기를 권유하고 더불어 경제적 후원을 베풀었다든지(859), 혹은 그에 앞서 문성왕이 곡성 동리산문의 혜철을 우대하였던 것 등이, 모두 무진주 지역사회의 그러한 동향을 고려해서 나온 위무 조치였음은 이를 나위가 없다. 아울러 풍악의 장담사에 머물던 도윤으로 하여금 쌍봉사로 옮겨 주석하도록 주선한 경문왕의 생각도 또한 거기에서 크게 벗어나지 않았을 것임은 물론이다. 도윤의 입장에서도 국왕의 요청을 정면으로 거스르는 데 한계가 있었음 직하며, 무엇보다 자신의 사상을 널리 전파하는 데 왕실의 후원이 불가피한 측면이 없지 않았을 듯싶기도 하다. 보조선사 체징이 머뭇거리면서도 왕의 권유에 따라 가지산사로 옮겨갔듯이,[25] 도윤도 또한 그

23 조범환, 「신라 하대 도윤선사와 사자산문의 개창」, 166～170쪽.

24 李基東, 「張保皐와 그의 海上王國」, 『張保皐의 新研究』, 莞島文化院, 1985, 115～117쪽.

러하지는 않았을까 헤아려지는 것이다.

도윤의 주석과 더불어 쌍봉사는 이름난 선종 도량으로서의 위상을 확고히 할 수 있는 토대를 구축하였던 것으로 보인다.[26] 그의 명성이나 왕실의 후원 등에 비추어 그처럼 짐작된다. 동시에 지역사회에서의 영향력도 점차 커져갔을 듯싶다. 지역 토착세력과 연계를 맺고 또한 유대를 강화해 갔을 가능성이 높아 보인다. 그렇지만 도윤과 그가 주석하던 쌍봉사를 후원한 신라말·고려초의 토착세력으로서 그 이름을 남긴 이는 아직 찾아지지 않는다.[27] 쌍봉사가 위치하던 능주지역의 土姓集團과 같은 부류를 후원세력으로 떠올려봄 직은 하지만, 그럴싸한 단서가 눈에 띄지 않는다. 그보다는 차라리 이웃 순천의 낙안지역 호족과 연계되었음을 암시하는 자료를 눈여겨보는 게 옳을 성싶다. 도윤의 제자인 절중으로 하여금 오늘날 순천시 낙안에 위치하던 桐林寺에 주석하도록 권유한 지역 토착세력가의 존재를 전하는 기록이 그것이다.

강원도 영월의 獅子山 興寧禪院을 중심으로 활동하던 절중은 대략 890년대 전반의 한때 武州 芬嶺郡의 동림사에 머문 적이 있었다.[28] 분령군은

---

25 … 憲安大王卽位之後年也 大王聆風仰道 勞于夢魂 願闢禪扉 請入京轂 夏六月 教遣長沙縣副守金彦卿 賫茶藥迎之 師以處雲巖之安 兼屬結戒之月 託淨名之病 陳六祖之辭 冬十月 教又遣道俗使 靈巖郡僧正連訓法師 奉宸馮瑄等 宣諭綸旨 請移居迦智山寺 遂飛金錫 遷入山門 … (『譯註 歷代高僧碑文』(新羅篇) 長興 寶林寺 普照禪師 彰聖塔碑文)

26 이병희, 「쌍봉사의 연혁」, 14쪽

27 도윤의 속성이 朴氏인 점을 들어 그가 朴英規와 같은 昇州 朴氏의 후원을 받았을 것으로 보는 견해가 있다(박정주, 「신라말·고려초 사자산문과 정치세력」, 21쪽. 조범환, 「신라하대 무진주지역 불교계의 동향과 쌍봉사」, 193·201쪽). 그러나 동일한 박씨라고 하여 황해도 봉산 출신인 도윤과 전라도 남해안 승주지역의 토착 박씨세력 사이에 무슨 연고가 있었을 가능성을 추정하는 것은, 지나치게 후대의 姓族觀念을 소급 적용한 게 아닌가 저어된다.

28 折中의 생애와 활동에 관해서는 澄曉大師 寶印塔碑文과 함께 다음의 연구를 주로 참고하였다.

鄭永鎬, 「新羅 獅子山 興寧寺址 硏究」, 『白山學報』 7, 1969. 朴貞柱, 「新羅末·高麗初 獅子山門과 政治勢力」, 『震檀學報』 77, 1994. 崔仁杓, 「羅末麗初 師子山門의 動向」,

樂安郡의 옛 이름으로서 오늘날의 순천시 낙안면 일대에 해당한다. 당시 절중은 兵禍로 흥녕선원을 잃고 尙州에서 公州를 거쳐 쌍봉사로 향하는 중이었다. 스승인 도윤의 탑비에 참례하고 겸하여 그곳에서 활동 중이던 同學을 찾아 만나려는 목적에서였다. 그리하여 무주에 도착해서 크게 환대를 받던 그에게, 경주의 진성여왕은 無量과 靈神의 두 사찰을 맡기며 주석하기를 청하였다. 그러나 절중이 거처하기로 결정한 곳은 분령군의 동림사였다. 武州의 '群吏'라 표기된 지역 토착세력가인 金思尹 등의 권유를 받아들인 결과였다.

절중을 후원한 것으로 나타난 김사윤이 어떤 성격의 인물인지를 알려주는 기록은 달리 찾아지지 않는다. 다만 관아에서 행정실무를 담당하는 吏職에 재임 중이었던 사실에 비추어, 그가 지역의 토착 유력자였으리라는 데에는 별로 이견이 없을 것 같다. 나아가 분령군에 소재하는 사찰을 절중에게 주선할 정도였다는 점에서, 그가 이 고을과 어떤 연고를 지닌 인물, 억측을 더하자면 오늘의 낙안지역을 근거로 활동하던 신라말기의 토착세력가였을 가능성이 없지 않아 보인다. 낙안의 土姓 가운데 金氏가 들어 있다는 사실도 또한 그 방증이 된다 함은 이를 나위가 없다.[29]

도윤의 제자 절중이 쌍봉사에 인접한 낙안지역의 토착세력이었을 법한 인물의 후원을 받아 동림사에 주석하였을 것임을 살폈다. 당시 쌍봉사에서는 절중에 의해 '동문수학한 무리'[同學之徒]라 지칭되던 도윤의 또 다른

『韓國傳統文化研究』 11, 1996. 이병희, 「雙峯寺의 연혁」, 『雙峯寺』, 木浦大學校博物館·和順郡, 1996. 申泳文, 「羅末麗初 師子山門의 思想과 그 性格」, 『北岳史論』 9, 2002. 曺凡煥, 「新羅下代 武珍州地域 佛教界의 動向과 雙峯寺」, 『新羅史學報』 2, 2004. 曺凡煥, 「新羅 下代 西南地域의 禪宗山門 形成과 發展」, 『震檀學報』 100, 2005. 曺凡煥, 「新羅 下代 道允禪師와 獅子山門의 개창」, 『新羅史學報』 10, 2007; 『羅末麗初 禪宗山門 開創 研究』, 景仁文化社, 2008.

29 『世宗實錄』 151 地理志 全羅道 樂安郡 土姓. 『新增東國輿地勝覽』 40 樂安郡 姓氏
한편 澄曉大師 寶印塔碑의 陰記 중에 折中의 단월로서 '師尹 一哲湌'이 나타나 흥미롭다(朴貞柱, 「新羅末·高麗初 獅子山門과 政治勢力」, 5·25쪽). '師尹'이 얼핏 '思尹'을 연상시키기도 한다는 점에서, 가능성이 별다르게 높아 보이지는 않지만 '師尹 一哲湌'과 金思尹을 동일인으로 간주할 수 있는 개연성을 염두에 두어 봄 직하다.

제자들이 활동 중이었다. 절중이 아무런 지역적 연고가 없었음에도 무주에 이르러 환대를 받았던 데에는, 도윤과 그 제자들의 지역사회에 대한 영향력이 적잖이 작용했을 터이다. 아울러 그처럼 도윤의 또 다른 제자들이 활동 중이던 쌍봉사에, 자신의 제자를 이끌고 온 절중이 주석하고자 나설 수 없었을 것임도 또한 자명하다. 김사윤이 절중에게 분령군의 동림사에 머물도록 권유한 것은 그러한 속에서의 일이었다. 김사윤이 단순히 절중의 法恩에 보답코자 거처할 사찰을 주선했다기보다는, 도윤 이래의 아니더라도 최소한 쌍봉사에서 활동하던 그의 문도와 맺은 모종의 인연을 바탕으로 그러했을 가능성을 암시한다. 도윤의 끼친 바 영향을 도외시한 채 김사윤의 절중 후원을 이해하기는 어렵지 않을까 여겨지는 것이다.

쌍봉사 시절의 도윤을 후원하였을 법한 토착세력으로는, 인접한 낙안지역의 호족으로 짐작되는 김사윤 등이 가장 유력하다고 믿는다. 멀리 북쪽 강원지방에서 내려온 도윤의 제자 절중이, 만년을 보낼 거처[終焉之所]로서 김사윤 등에 의해 낙안의 동림사를 제공받기에 이른 배경은 그러한 데서 찾아 마땅하다고 생각한다.[30] 따라서 도윤이 입적한 뒤에도 쌍봉사는 지역 토착세력과의 연계를 바탕으로 이름 있는 선종 도량으로서의 위상을 유지할 수가 있었을 듯 여겨진다. 빼어난 조형미를 자랑하는 도윤의 부도 및 탑비와 함께, 쌍봉사는 여전히 도윤 제자들의 활동무대로서 그 성세를 자랑하였을 듯 여겨지는 것이다. 도윤의 계승자로서 사자산문의 실질적인 개창조로 칭해지기도 하는 징효대사 절중이, 쌍봉사를 도윤의 근본도량으로 인정하고[31] 아마도 자신의 마지막 안식처로서[32] 그곳을 찾

---

30 앞서 지적하였듯이, 도윤에 훨씬 앞서 혜철이 머물던 시기에 벌써 쌍봉사가 순천지역 호족의 후원을 받았으리라는 주장이 있지만, 선뜻 따르기가 망설여진다. 순천의 유력한 호족이던 朴英規와 金惣의 先代가 쌍봉사와 연결을 맺었으리라는 주장인데(조범환, 「신라하대 무진주지역 불교계의 동향과 쌍봉사」, 193쪽), 막상 그것을 뒷받침할 만한 단서는 쉬이 찾아지지를 않는다. 김사윤과 같은 순천 낙안지역 호족과 쌍봉사의 연결이란 것도 실은 추정에 지나지 않으며, 그나마도 기껏해야 절중 내지는 그 스승인 도윤의 시기로 올려볼 수 있는 정도에 지나지 않음을 유념할 일이다.

31 신영문, 「나말여초 사자산문의 사상과 그 성격」, 114쪽.

으려 하였던 것도, 모두 그러한 데에 까닭이 있었을 것임은 물론이다.[33]

연구자에 따라서는 당시 쌍봉사에서 활동하던 도윤의 제자가 訓宗長老이며, 그 문하에서 이른바 四無畏師의 하나인 法鏡大師 慶猷(871~921)가 배출되었던 것으로 파악하기도 한다.[34] 경유의 비문을 면밀히 검토한 끝에 나온 견해로서 일리가 있어 보이거니와, 태조 왕건에 의해 王師로 추앙받던 경유와 같은 선승이 처음 출가한 사찰이었을 만큼, 도윤의 열반 후에도 쌍봉사가 널리 이름을 떨쳤음을 보여준다. 또한 경유의 비문에서 쌍봉사 훈종장로가 도윤의 수제자[冢子]라 지칭되었던 데서 드러나듯이, 당시 쌍봉사가 도윤의 법맥을 잇는 중심 사찰로서 후일 사자산문이라 칭해지는 선종 일파의 근본도량이었음을 넉넉히 헤아리고도 남음이 있다.

9세기 말에서 10세기 초에 걸치는 정치적 격동기에 쌍봉사의 정치적 성향이 어떠하였던가를 보여주는 직접적인 자료는 전하지 않는다. 그렇지만 아마도 親甄萱的인 경향을 지니지는 않았을까 라는 게 대체적인 견해인 듯싶다. 도윤의 제자인 절중은 신라왕실과 거리를 둔 반면에, 견훤과는 적대적이지 않았으며 도리어 그와 연결되었을 가능성이 높다고 한다.[35] 또한 쌍봉사가 후백제 견훤왕의 세력범위 내에 위치하였으며, 따라서 특별히 탄압을 받지 않는 한 그 위상에 비추어 견훤의 지원 대상이었으리라는 게 보다 순조로운 듯싶기도 하다. 아울러 쌍봉사의 소재지인 능주의 읍격이 고려왕조에 들어서면서 강등되었음에 비추어,[36] 쌍봉사의 후

---

32 박정주, 「신라말·고려초 사자산문과 정치세력」, 21쪽.

33 … 長史金公休 … 名居 請爲安下 大師謂長史曰 貧道老之將至 擬往雙峯 親尋同學之徒 面禮先師之塔 以此南去 不可踟躕 以使領衆行 … 達于武府 … 當州群吏金思尹等 欵聞禪旨 深沐法恩 請住芬嶺郡之桐林 永屬禪居 以爲終焉之所 … (朴貞柱 校勘 判讀文, 3쪽)

34 신영문, 「나말여초 사자산문의 사상과 그 성격」, 111~115쪽. 조범환, 「신라 하대 도윤선사와 사자산문의 개창」, 172~173쪽.

35 박정주, 「신라말·고려초 사자산문과 정치세력」, 20~21쪽.

36 통일신라 치하의 화순지역에는 武州 관내의 1郡(陵城郡)과 2縣(同福縣·汝湄縣)이 있었다. 고려왕조가 들어선 이후에도 세 고을이 들어서 있기는 매한가지였다. 다만 하

원세력이었을 능주 호족이 왕건의 고려와는 가깝지 않았으며 아마도 친견훤적인 성향을 띠었으리라는 점도 놓칠 수가 없기는 매한가지이다.[37]

후삼국시기에 쌍봉사가 견훤의 후백제와 연결되었던 반면에, 신라는 물론 왕건의 고려와도 일정한 거리를 두었을 가능성에 무게를 두고자 한다. 따라서 후삼국 통일 후 고려왕조의 치하에서 쌍봉사가 예전과 다름없는 위상을 유지하는 데는 한계가 적지 않았을 법하다. 고려시기 들어 도윤의 법맥을 계승하는 중심 사찰이 화순 쌍봉사에서 영월 흥녕선원으로 넘어가는 듯한 양상을 보인 것도 그러한 데에 까닭이 있었음 직하다. 고려가 후삼국을 통일한 얼마 뒤에 왕실을 비롯하여 溟州·廣州·忠州 지역 유력자들의 지원을 받아 절중의 탑비가 흥녕선원에 건립되는 등, 흥녕사 계열이 크게 부각된 사실을 이름이다. 그리하여 고려시기 사자산문을 대표하는 근본도량으로서 흥녕사가 그 위상을 굳혀가는 데 반해, 쌍봉사는 도윤의 법맥을 잇는 주요 도량의 위치에서 점차 멀어져갔던 셈이다.[38]

3. 고려중엽 禪宗의 부흥과 雙峯寺

신라하대에 쌍봉사는 도윤이 주석한 이래 선종 사찰로서 손꼽히는 위상을 다져갔다. 그러나 후삼국의 혼란기를 거쳐 고려왕조에 들어서면서

나같이 守令을 배정받지 못한 屬縣이라는 점에서 큰 차이가 있었다. 여미현에서 이름을 바꾼 화순현은 능성현과 함께 나주목 관내에 속하였으며, 동복현은 보성군의 관할을 받는 처지가 되었다. 아마도 이 지역이 후삼국시기에 견훤의 후백제를 지지하였던 탓에 통일 후 고려왕조에 의해 그 邑格이 강등 당했던 게 아닌가 싶거니와, 이들 세 고을이 다시 수령을 배정받아 중앙과 직결된 가운데 지방행정을 자율적으로 시행할 수 있게 된 것은 상당한 세월이 흐른 뒤였다. 가장 일렀던 능성현이 고려중엽(인종 2, 1143)에 현령을 배정받았으며, 뒤이어 아마도 원 간섭하의 충렬왕대(1274~1308)에 동복현이 그리고 고려말(공양왕 2, 1390)에 화순현이 각각 監務를 배정받았던 것이다.(『高麗史』 57 地理 2 全羅道 羅州牧 和順縣. 同上 陵城縣. 同上 寶城郡 同福縣)

37 이병희, 「쌍봉사의 연혁」, 15쪽. 조범환, 「신라 하대 도윤선사와 사자산문의 개창」, 175~176쪽.

38 조범환, 같은 논문, 176~177쪽.

그 명성은 다소 바랬다. 정치적으로 친견훤적인 노선을 걸은 데 기인한 결과였던 듯싶거니와, 그리하여 고려가 후삼국을 통일한 이후 쌍봉사는 도윤의 법맥을 잇는 근본도량으로서의 위상을 영월에 위치하는 사자산 흥녕사에 내어주고 말았다. 하지만 그렇다고 해서 쌍봉사의 사세가 몰라볼 만큼 위축된 것은 아니었다. 고려중기에 이르도록 이름 있는 선종 사찰로서의 위치는 나름대로 유지하였다.

고려중엽 쌍봉사에서는 禪師 翼宗이 활동 중이었다고 한다. 출가하여 祖師禪法을 익히던 妙應大禪師 教雄(1076~1142)이 쌍봉사로 익종 선사를 찾아가 사승으로 모시었다는 기록이 그것이다.[39] 그 후 大覺國師 義天(1055~1101)이 天台宗을 개창하자 두 선승이 함께 거기에 참여하였으며, 결국 이들 익종과 교웅 및 그 계승자들을 비롯한 僊鳳寺 계열이 고려 천태종의 핵심을 차지한다는 사실이 국왕에 의해 공인되었다고 하거니와,[40] 그것은 어찌 되었든 천태종의 중심 사찰인 國淸寺가 숙종 2년(1097)에 완공되고[41] 이어서 천태종 僧選이 숙종 6년(1101)에 실시되었던 사실로 미루어,[42] 대개 그 무렵까지 익종이 쌍봉사에서 활동하였음은 파악할 수가 있는 셈이다. 이 쌍봉사가 곧 화순에 소재하는 쌍봉사일 것이라는 전제 하

---

39 師諱教雄 … 年九歲 投長慶寺禪師釋贊落髮 … 性自少精敏 學祖心印禪法…(釋)贊禪師沒 謁雙峯寺禪師翼宗爲師 會大覺國師肇立台宗 … (翼)宗禪師樂聞其教 遂就學焉 師亦隨之 … (金龍善 編,『高麗墓誌銘集成』(3版), 한림대 아시아문화연구소, 2001, 朴教雄墓誌銘)

40 許興植,「天台宗의 形成過程과 所屬寺院」,『高麗佛教史研究』, 一潮閣, 1986, 271~277쪽. 아울러 이 글의 다음다음에 있는 주 42)의 사료를 참고하라.

41 · 王太后始創國淸寺 (『高麗史』 10 宣宗 6년 10월 辛酉)
· 國淸寺成 (같은 책 11 肅宗 2년 2월 壬申)

42 … 居頓·神○·靈巖·高達·智谷 五法眷名公學徒 因命會合 其外直投大覺門下 諸山名公學徒三百餘人 與前五門學徒 無慮一千人 乾統元年辛巳 大覺始擧宏綱 抄學優者一百人 坐奉恩寺 以宗經論百二十卷 試取賢良四十餘人 而與先國初大行 曹溪·華嚴·瑜伽 軌範齊等 世謂之四大業也 大覺歸寂 嚮之五門 各有次蔭本山寺 唯國師門下 無所依怙 乾統四年甲申六月日判 以爲國師下稱行 故天台六法眷中 最爲首也 … (許興植 編,『韓國金石全文』(中世上), 亞細亞文化社, 1984, 南崇山僊鳳寺海東天台始祖大覺國師之碑銘幷序陰記)

에,[43] 이를테면 11세기말에서 12세기초 즈음에도 쌍봉사가 여전히 선종 사찰로서 제 기능을 발휘하였으며, 나아가 익종 및 교웅과 같은 이름 있는 승려의 수행도량으로서 녹녹치 않은 위상을 자랑하였던 것으로 간주해 무방하다 할 것이다.

한편 조선후기의 자료에 따르면, 비슷한 시기(紹聖年間 : 1094～1097)에 화순 쌍봉사가 당대의 고승인 慧照國師에 의해 중창되었던 것으로 전하여 눈길을 끈다.[44] 아울러 이 혜조국사의 제자인 廣智大禪師 之印(1102～1158)이 후일 쌍봉사에서 轉輪大藏을 행했던 사실로 미루어,[45] 그것이 전혀 터무니없는 기록에 그치지만은 않을 성싶기도 하다. 쌍봉사가 11세기말 혹은 12세기 초엽 즈음에 들어 혜조국사의 중창불사로 다시 그 사세를 떨치는 계기를 마련하였을 개연성이 자못 높아 보이는 것이다. 아울러 이 혜조국사가, 아래에 소개되는 것처럼, 고려중기의 선종 부흥을 이끈 승려로 인정받아온 사실에 비추어, 쌍봉사도 또한 당시 선종의 부흥에 일정한 역할을 하였던 것으로 이해하여 무방할 듯싶기도 하다.

혜조국사 曇眞은 고려중기에 선승으로서 매우 일찍이 그리고 거의 유일하게 중국에 유학하여 臨濟宗의 법맥을 고려로 이어왔다는 평가를 받

43 이병희, 「쌍봉사의 연혁」, 15～16쪽.
禪師 翼宗은 無等山處士 殷元忠과 교분을 나누는 사이였는데, 둘이서 함께 全羅道의 山水形勢를 논한 다음 月出山에 逸齋를 세우고는 伽倻山에 숨어 살던 李仲若을 초빙해 머물도록 주선하였던 것으로 전한다(『西河集』 5 逸齋記). 翼宗이 교분을 나눈 殷元忠이 無等山을 중심으로 활동한 인물이었다든지, 혹은 더불어 전라도의 산수형세를 거론하면서 맞춤한 지리적 공간으로 월출산을 지목한 사실 등으로 미루어(邊東明, 「11세기말 12세기초 殷元忠의 활동과 사상 경향」, 『歷史學研究』 51, 2013, 4～6쪽), 익종이 활동했다는 쌍봉사는 현 화순에 소재하는 그 쌍봉사일 가능성이 매우 높은 것으로 판단된다.

44 『朝鮮寺刹史料』(上), 「雙峯寺創建碑文」, 寶蓮閣, 1980.

45 … 師諱之印 … 考聖祖睿王 母殷氏 爲王之媵 … 年九歲 命投慧炤國師祝髮 學禪那法 … 上又遣近臣徵之 辭不獲已 來赴闕下 賜對壽德宮大平亭上 玉色親臨宴 示慈惠寵眷甚渥无與比者 自法住至智勒 坐道場者五 … 雖殊方絶域珍寶 人或求之卽與之 ○方丈蕭然 餘經書圖畵 亦嘗以服玩 餘貲營轉輪大藏 於雙峯·智勒兩刹 其功德不可殫記 …(『高麗墓誌銘集成』 王之印 墓誌銘)

는 승려이다.[46] 뒤에 그는 대각국사 의천의 중국유학 안내자로서 거듭 송나라에 들어가기도 하였는데, 귀국 후 숙종과 예종대에 추진되었던 정치·사상계의 개혁운동에 의천과 더불어 동참하였을 것으로 추정들을 한다. 그리하여 예종 2년(1107)에 왕사, 이어서 같은 왕 9년(1114)에 국사로 책봉됨으로써, 고려중기의 선종이 부흥할 수 있는 기틀을 마련하였다는 것이다. 말하자면 혜조국사 담진은 새로운 선풍으로 선종계를 재정립하고 나아가 그것을 임제종 계승의식으로 발전시키는 등, 장차 무인정권의 시기에 知訥의 修禪社가 등장할 수 있는 토대를 닦은 승려였다는 평가를 받기에 부족함이 없는 당대의 고승이었던 셈이다.[47] 아울러 그와 같은 명망을 지닌 혜조국사의 주도 아래 중창된 사찰이고 보면, 쌍봉사 역시 고려중기 선종의 부흥에 일정하게 기여하면서 무인정권시기 수선사 등장의 발판을 다지는 등 나름의 위상을 굳혀갔으리라 짐작하여 크게 잘못은 아닐 것이다.

나아가 혜조국사의 문하로 출가하여 후일 쌍봉사에서 진행된 전륜대장

46 혜조국사 담진에 관해서는 다음의 연구가 참고 된다.
許興植, 「高麗中期 禪宗의 復興과 看話禪의 展開」, 『奎章閣』 6, 1982; 改題 「禪宗의 復興과 看話禪의 展開」, 『高麗佛教史研究』, 一潮閣, 1986. 崔柄憲, 「高麗中期 李資玄의 禪과 居士佛教의 성격」, 『金哲埈華甲記念史學論叢』, 1983. 金相永, 「高麗 睿宗代 禪宗의 復興과 佛教界의 變化」, 『淸溪史學』 5, 1988. 金相永, 「高麗中期의 禪僧 慧照國師와 修禪社」, 『李箕永古稀紀念論叢 佛教와 歷史』, 1991. 鄭修芽, 「慧照國師 曇眞과 '淨因髓'」, 『李基白先生古稀紀念 韓國史學論叢』(上), 一潮閣, 1994.

47 다만 혜조국사를 계승한 大鑑國師 坦然(1069~1159)의 제자인 淵湛이 명종 폐위와 신종 즉위라는 정치적 격변기에, "(崔)忠獻兄弟 與(朴)晉材及其族金躍珍·盧碩崇等 勒兵市街 … 召杜景升 流于紫燕島 … 御史申光漢等十二人 及淵湛等于嶺南"(『高麗史節要』 13 明宗 27년 9월 辛酉)에서와 같이 무인집권자 崔忠獻에 의해 거세된 사실로 미루어, 최씨무인정권의 후원과 비호 속에 불교계를 이끌었던 수선사의 지눌이 혜조국사 담진 및 탄연과 그 사승관계에서 —사상적으로는 영향을 받았겠지만— 직접적으로 연결되었을 가능성은 그리 높아 보이지 않는다(허흥식, 「선종의 부흥과 간화선의 전개」, 475·481쪽. 許興植, 「禪宗의 繼承과 所屬寺院」, 『高麗佛教史研究』, 237~238쪽. 金相永, 「高麗中期의 禪僧 慧照國師와 修禪社」. 金塘澤, 「최씨무인정권과 修禪社」, 『高麗의 武人政權』, 國學資料院, 1999, 326~327쪽).

법회를 이끌었다고 하는 광지대선사 지인의 경우로 미루어서도 그러하기는 매한가지이다. 지인은 예종의 庶子였는데, 승려로서 활동하는 동안 예종을 비롯하여 인종과 의종에게서 특별한 배려와 지원을 받았던 것으로 전한다.[48] 따라서 그처럼 여러 국왕의 남다른 관심과 후원의 대상이던 지인 대선사가 주지하며 대규모 불사를 행하던 사찰이라면, 그러한 쌍봉사가 여타의 일반 사찰과 구별되는 위상을 자랑하며 고려중기 선종의 부흥에 이바지했다고 하여 하등 무리가 없어 보이는 것이다.

고려중기에 이르도록 쌍봉사가 나름의 명성을 지닌 가운데 선종의 부흥에도 기여하였음을 살폈다. 한데 그와 같은 寺勢의 유지와는 달리, 쌍봉사의 소속 산문은 일관되게 유지되지를 못하였던 것으로 보인다. 신라말 고려초에 철감선사 도윤이 주석하고 그 법손들이 활약하면서, 쌍봉사는 사자산문 소속의 선종 사찰로 자리를 잡았었다. 고려중기에도 변함없이 선종 사찰이었음은, 그곳에 주석하던 익종이 선사라 불리었던 데서 입증된다. 다만 익종의 출신 산문이 드러나지 않음으로 해서, 쌍봉사가 여전히 사자산문에 속하는 선찰이었던가의 여부는 불분명하다.

궁금한 것은 그 뒤 익종이 제자인 교웅 등과 더불어 천태종으로 개종한 다음이다. 아마도 쌍봉사의 주지였던 것으로 판단되는 익종의 신분으로 미루어, 익종의 전향과 함께 쌍봉사 역시 천태종으로 그 소속이 바뀌었을 가능성이 제기되는 것이다. 그러나 익종과 교웅의 천태종 전향은 개인적인 차원에서의 일이었다.[49] 사찰을 포함하여 그 구성원까지 모두가 함께 천태종으로 개종한 것은, 고려초 이래로 法眼宗風을 이어온 다섯 山寺에서만, 그것도 왕명에 따라 이루어진 일대 변혁의 결과였다. 익종과 쌍봉사의 경우는 거기에 포함되지 않았으며,[50] 따라서 쌍봉사는 천태종이 아니라 변함없이 선종 소속의 사찰이었던 것이다. 아울러 선승인 혜조국사

---

48 『高麗墓誌銘集成』 王之印 墓誌銘

49 이병희, 「쌍봉사의 연혁」, 16쪽.

50 허흥식, 「천태종의 형성과정과 소속사원」, 265~277쪽.

가 그와 거의 비슷한 시기에 쌍봉사를 중창하였다든지, 또는 그 제자로서 광지대선사의 칭호를 부여받은 선승 지인이 얼마 후 쌍봉사에 주석하면서 전륜대장을 베풀었던 사실 등에서 보더라도, 쌍봉사가 천태종이 아니라 선종에 소속된 사찰이었음에는 이론의 여지가 없어 보인다.

그런데 문제는 여기에 나오는 선승 혜조국사가 9산문 중 사자산문이 아니라 闍堀山門 출신의 선승이었다는 사실이다.[51] 그가 중창하였고 이어서 그 제자인 지인이 주석한 쌍봉사도 또한 사굴산문 소속이었던 것으로 이해하는 게 자연스러워 보이는 것이다. 본시 사자산문 소속이었을 쌍봉사가, 어느 시기에 무슨 일을 계기로 그리 되었는지는 분명하지 않다. 그렇지만 늦어도 12세기 초중반 즈음이면 사굴산문으로 그 소속이 바뀌었음은 거의 틀림없는 사실로 여겨진다. 신라말 도윤의 주석 이후 사자산문에 소속된 선종 사찰이었던 쌍봉사가, 고려중기 이전의 어느 때인가 사굴산문 출신에 의해 운영되는 선종 사찰로 그 소속을 달리하였던 셈이다. 후일 사굴산문 계열의 수선사로 출가한 무인집권자의 아들 萬全이 쌍봉사에 주지로 머물 수 있었던 것도, 이처럼 그 전에 쌍봉사가 이미 사굴산문 소속으로 바뀌었었기에 가능한 일이었을 것임은 물론이다.

4. 崔氏武人政權과 雙峯寺

쌍봉사에 세상의 눈길이 크게 쏠린 것은 고려중엽을 넘어 최씨무인정권의 시기에 들어서면서였다. 무인집권자의 아들이 출가하여 이 사찰에 머물면서, 불교계는 물론 특히 세속의 일에 깊이 간여한 때문이었다. 최씨무인정권의 제2대 집권자인 崔怡에게는 萬宗과 萬全이라는 두 庶子가

51 제자인 大鑑國師 坦然이, "高麗國曹溪山崛山下斷俗寺大鑑國師之碑銘幷序 … 惟我大鑑國師 卽其人也 … 諱坦然 … 年十九也 師素慕禪悅 乃就廣明寺 依慧炤國師 服勤承事遂傳心要 …"(『韓國金石全文』(中世下) 山淸 斷俗寺大鑑國師塔碑)에서와 같이, 闍堀山門 출신이었던 것으로 미루어 그 師僧 慧照國師 역시 그러하였던 것으로 파악들을 한다.

있었다. 그런데 최이는 이 두 아들을 修禪結社의 제2세 社主인 眞覺國師 惠諶(1178~1234)의 문하로 보내어 삭발하도록 시켰다. 그런 다음 禪師의 승계를 주어 晉州의 斷俗寺와 화순의 쌍봉사에서 각각 주지 노릇을 하도록 했는데, 아비의 권세를 앞세운 이들의 소행이 문제로 부각되었던 것이다. 널리 알려진 바와 같이 당시 쌍봉사에 주지로 머무르던 만전이, 곧 후일 환속하여 沆으로 개명하고서는 최이의 뒤를 이어 최씨무인정권의 제3대 집권자에 오른 그 인물이다.

그렇다면 최이가 만전을 송광사로 출가시키고 뒤이어 쌍봉사에 머물도록 조치한 것은 언제였으며, 그 이유는 무엇이었을까? 만전의 출가를『고려사』에서는,

> … 최이는 正室에게서 아들을 얻지 못하였으며, 애첩인 기생 瑞蓮房이 낳은 두 아들 만종과 만전을 두었을 따름이다. 처음에 최이는 (사위인) 金若先에게 兵權[兵柄]을 물려주고자 하였는데, 두 아들이 소란을 불러일으킬까 두려워하여 둘 모두를 송광사로 보내어 머리칼을 자르게 하고서는, 아울러 선사의 승계를 내려 만종은 단속사에서 그리고 만전은 쌍봉사에서 각각 주지를 하도록 시키었다 …[52]

라고 기록하였다. 시기는 명시하지 않은 채, 권력의 순조로운 승계를 위해서 만전 등을 출가시켰음을 전하는 것이다.

오늘의 연구자들은 그 시기를 대략 최충헌의 사망으로 최이가 권력을 물려받은 고종 6년(1219)을 전후한 무렵으로 추정하는 게 보통이다.[53] 만전이 11세쯤 되던 즈음의 일이라는 이해이다. 하지만 그보다는 만전의 출

52 … (崔)怡無適子 嬖妓瑞蓮房 生二男萬宗·萬全 初怡欲傳兵柄於(金)若先 恐二男爲亂 皆送松廣社 剃髮並授禪師 萬宗住斷俗 萬全住雙峯 … (『高麗史』129 叛逆 3 崔忠獻傳 附 崔怡傳)

53 閔賢九, 「月南寺址 眞覺國師碑의 陰記에 대한 一考察」, 『震檀學報』36(1973), 18쪽 註 31).

가를 기념하는 법회[上堂法語]가 열렸던 것으로 판단되는 고종 12년(1225) 즈음이었을 가능성이 한층 높아 보인다.[54] 당시 만전은 17세로서 권력의 승계에 관심을 보일 성년에 이르렀거니와, 그리하여 이때 최이가 좋은 가문 출신의 사위를 후계자로 삼아 권력의 순조로운 승계를 도모하고자, 만전 등 미천한 측실에게서 얻은 두 아들을 출가시켜 후환을 미연에 방지하려 들었던 것으로 이해되는 것이다.[55]

만전이 출가한 수선결사는 최씨무인정권과의 긴밀한 관계 속에서 크게 성장하였던 것으로 이름이 있다.[56] 국왕과 왕실 구성원 및 집권무인을 위

54 邊東明, 「高麗 崔氏武人政權時期의 儒者 出身 僧侶」, 『全南史學』 11, 1997, 187쪽 註 55.

만전 형제를 밀어내고 兵權을 물려받을 후계자로 낙점되었다고 하는 김약선이 단위부대[領]의 지휘관인 '將軍'이었음을 전하는 기록이 고종 12년에 처음 나타나며("以修葺內殿 移御將軍金若先第" 『高麗史』 22 高宗 12년 3월 乙酉), 또한 그 김약선이 무인집권자 최이와 함께 私兵을 거느린 존재 다시 말해 병권을 계승할 후계자로서의 모습을 고종 17년(1230)에야 비로소 드러낸다는 점도("大倉八廩地庫皆災 崔瑀及壻金若先 皆擁家兵自衛 無一人往救者 徹夜不滅" 『高麗史節要』 16 高宗 17년 7월) 그러한 추정을 뒷받침한다. 만전 형제가 병권 승계에서 밀려 출가한 게 고종 6년이었다면, 후계자 김약선의 병권 관련 기록이 그처럼 한참 뒤에 나타날 수는 없지 않을까 여겨지는 것이다. 나아가 만전 형제의 출가 후 행적을 전하는 기록이 고종 27년에 처음으로 나타난다는 사실에서도(『高麗史節要』 16 高宗 27년 12월), 만전의 출가가 고종 6년(1219)보다는 늦은 시기의 일이었을 것임을 암시받는다. 요컨대 현전 기록에 의거하는 한, 만전 형제의 출가 시기로는 그의 출가에 즈음하여 진각국사 혜심이 '上堂法語'(『韓國佛教全書』 6 『曹溪眞覺國師語錄』 上堂篇)를 베풀었던 동왕 12년(1225) 무렵이 가장 유력하지 않을까 헤아려지는 것이다. 만전의 출가 시기는 출가에 담긴 정치적 의미를 헤아리는 데 중요한 요소로 판단되거니와, 고종 12년이면 만전이 17세 성인으로서 권력승계자 문제가 본격적으로 부각될 만한 시기라는 점 외에는, 아직 그에 관해 상론할 만한 준비가 되지 않았다.

55 여기에 나오는 萬全과 金若先의 신분이라든지 혹은 그 권력승계에 얽힌 문제 등에 관해서는, 金塘澤, 「최씨정권의 붕괴」, 『高麗의 武人政權』, 340~343쪽의 설명을 참고하라. 아울러 賤系와 연관된 王子를 小君이라 칭하며 출가시킴으로써, 그들의 존재로 인해 야기될 여러 분란을 미연에 방지하려던 고려왕실의 관행도 염두에 둘 일이다.

56 고려 최씨무인정권과 수선결사 내지는 그 社主들과의 관계를 다룬 연구는 헤아릴 수 없이 많은데, 여기에서는 주로 다음의 논저를 참고하였다.

시한 수많은 고위관직자들의 결사 참여와 더불어 정권 차원에서 이루어진 허다한 후원들, 예컨대 수많은 법회에 대한 지원, 定慧結社에서 修禪結社로의 개칭과 賜額, 僧科에 응시하지도 않은 혜심에 대한 高位僧階 제수, 곡물이나 토지의 증여와 같은 막대한 경제적 지원 등이, 그와 관련해서 흔히 지적되곤 하는 사항들이다. 한편 수선사에서는 무인집권자 및 그가 베푸는 정치를 미화하고 칭송하며 또한 그것을 기리는 법회를 베푸는 등으로써 그에 보답하였다. 최씨무인집권자는 수선사를 후원함으로써 사원세력 재편성에 의한 불교계 통제와 함께, 정권장악을 정당화하는 정신적·사상적 기반을 마련하며, 또한 수선사 산문과 연계된 사회계층을 정치적 지지세력으로 포섭하고자 도모하였다. 그에 대해 수선사 측에서는 최씨무인정권의 후원을 바탕으로 宗風을 선양하며 그 기반을 굳건히 하려는 목적을 지니었다. 말하자면 최씨무인정권과 수선사 양측은 서로의 필요에 응하여 정신적 혹은 세속적인 측면에서 상호 후원하는 형태로 협력하는 사이였다는 게 이제까지의 이해인 셈이다.

만전이 수선사로 출가한 것도 그와 무관치 않았을 것임은 이를 나위가 없다. 권력승계 과정에서 표출될지도 모를 혼란을 미연에 방지한다는 차원에 더하여, 정권의 기반을 더욱 굳건히 하기 위한 모종의 정치적 속셈

閔賢九, 「月南寺址 眞覺國師碑의 陰記에 대한 一考察」, 『震檀學報』 36, 1973. 金塘澤, 「崔氏武人政權과 修禪社」, 『歷史學硏究』 10, 1981. 秦星圭, 「眞覺國師 慧諶의 生涯와 思想」, 『高麗史의 諸問題』, 三英社, 1986. 兪瑩淑, 「崔氏武臣政權과 曹溪宗」, 『白山學報』 33, 1986. 秦星圭, 「眞覺國師 慧諶의 修禪社 活動」, 『中央公論』 5, 1987. 崔柄憲, 「修禪結社의 思想史的 意義」, 『普照思想』 1, 1987. 尹龍爀, 「고려 대몽항쟁기의 불교의례」, 『歷史敎育論集』 13·14, 1990. 蔡尙植, 「信仰結社의 유행과 주도세력」·「修禪結社 성립의 사회적 기반」, 『高麗後期佛敎史硏究』, 一潮閣, 1991. 崔柄憲, 「定慧結社의 趣旨와 創立過程」, 『普照思想』 5·6, 1992. 金晧東, 「高麗 武臣政權時代 佛敎知識人 知訥·慧諶의 現實對應」, 『民族文化論叢』 13, 1992. 崔柄憲, 「眞覺慧諶, 修禪社, 崔氏武人政權」, 『普照思想』 7, 1993. 許興植, 「修禪社重創記의 史料價値」, 『古文書硏究』 4, 1993. 許興植, 「普照國師碑文의 異本과 拓本의 接近」, 『書誌學報』 9, 1993. Edward J. Shulz, 「高麗武人執權期의 佛敎」, 『李基白先生古稀紀念 韓國史學論叢』(上), 一潮閣, 1994. 金光植, 『高麗 武人政權과 佛敎界』, 民族社, 1995. 박영제, 「수선사의 성립과 전개」, 『한국사』 21, 국사편찬위원회, 1996.

이 그의 출가에 담겼으리라는 지적인 것이다. 특히 최씨무인정권의 사원세력 재편을 통한 불교계 장악 의도와 함께, 그 경제적 기반의 확충이라는 차원에서 그것을 이해하려는 게 대체적인 추세이다.[57] 그리고 출가한 이후 만전의 활동이 그러한 방향으로 치우쳐 나타나는 것도 또한 사실이다. 현전하는 기록에 의거하는 한 전적으로 그러하다.

출가하여 선사를 제수받은 만전은 쌍봉사에서 주지 노릇을 하면서,

> … 무뢰배인 나쁜 중[僧]들을 모아 門徒를 삼았는데 … 이 문도들이 이름있는 절을 (서로) 나누어 차지하고서는, 권력에 의지하여 위세를 부리며 멀고 가까운 곳을 가리지 않은 채 여기저기 쏘시고 다녔다 … 서로 官人이라 번갈아 부르며 옳지 않은 일을 함부로 저질렀는데, 때로 다른 사람의 아내를 억지로 범한다든지 혹은 제멋대로 驛馬를 타거나 관리를 업신여기며 모욕을 주는 등 못하는 짓이 없었다. 그밖에도 승려로서 살찐 말을 타고 비단옷을 걸친 자들이 거짓으로 (만전의) 제자라 칭하며 이르는 곳마다 침해하고 소란을 피웠지만, 지방 관아에서는 두려워 움츠러들 뿐 감히 누구 하나 힐문하지 못하였으므로, 사람들이 모두 원망하였다 …[58]

에서와 같이, 그 문도들로 하여금 이름있는 절[名寺]을 차지하도록 시키었

---

57 최이의 서자인 만종과 만전의 출가에 관해서는 앞의 논저와 함께, 다음의 글들이 특히 참고 된다.
金光植, 「高麗崔氏武人政權과 斷俗寺」, 『建大史學』 7, 1989. 金光植, 「崔沆의 雙峯寺 寺院勢力 構築과 李延年亂」, 『水邨朴永錫敎授華甲紀念 韓國史學論叢』, 1992. 李炳熙, 「雙峯寺의 연혁」, 『雙峯寺』, 1996.

58 崔瑀孽子僧萬宗萬全 皆聚無賴惡僧爲門徒 … 門徒分據名寺 倚勢作威 橫行遠近 … 更相稱曰官人 恣行不義 或强奸人妻 或擅乘驛騎 或陵辱官吏 無所不至 其他僧徒 乘肥衣輕者 詐稱弟子 所至侵擾 州縣畏縮 莫敢誰何 民皆怨之 (『高麗史節要』 16 高宗 27년 12월)
동일한 사실이 『高麗史』 129 叛逆 3 崔忠獻傳 附 崔怡傳에는 "… 並授禪師 萬宗住斷俗 萬全住雙峯 皆聚無賴僧爲門徒 … 門徒分據名寺 倚勢橫行 鞍馬服飾 皆效韃靼 相稱爲官人 或强淫人妻 或擅乘驛騎 陵轢州縣官吏 其他僧徒 乘肥衣輕者 詐稱弟子 所至侵擾 州縣畏縮 莫敢誰何 …"라 기록되어 전한다.

다. 당시 불교계를 이끌던 이름난 사찰을 점거함으로써, 만전 자신을 중심으로 사원세력을 재편성하려는 속셈에서였음이 틀림없어 보인다. 그리하여 최소한 쌍봉사가 위치하는 전라도 일원의 불교계는 만전의 영향권 내에 들었으리라는 게 온당한 이해일 듯싶은 것이다.

만전이 지역 내 사원세력을 재편하고자 시도할 수 있었던 것은, 이를 나위 없이 권력에 힘입어서이었다. 무인집권자의 아들이라는 신분만으로도 그러하거니와, 그의 문도들이 권력에 의지하여 위세를 부렸다든지 혹은 '관인'을 사칭하거나 역마를 이용했다는 등에서 짐작할 수가 있는 일이다. 더욱이 그들이 갖가지 불법적인 행위를 자행함으로써 여러 문제가 발생했던 사실에 비추어, 권력에 의지한 그와 같은 사원세력 재편이 무리하게 시도되었으며 그리하여 그에 대한 반발이 만만치 않았을 것임을 예상할 수가 있다.

실제로 현 전남지역 북부 일원에서 그러했을 가능성을 보여주는 사건이 발생하기도 하였다. 고종 23년(1236) 후반에서 24년 전반의 시기에, 화순의 이웃 고을인 潭陽 金城山城에서 일어나 주변으로 번지며 지역사회를 뒤흔들었던 이른바 百濟復興運動을 가리킴이다.[59] 담양 원율 출신의 李延年 등이 최씨무인정권에 반기를 들어 백제부흥을 기치로 지역민을 선동하면서 담양과 광주 일대를 휩쓸고 나주까지 진출하여 세력을 떨치다가 진압되었는데, 거기에 가담한 것으로 나타난 승려들이 곧 만전의 사

---

59 무인정권시기에 일어난 三國復興運動을 다룬 연구 성과는 적지 않은데, 백제부흥운동과 관련해서는 다음의 글들이 참고 된다.
許興植, 「眞靜國師의 生涯와 時代認識」, 『東方學志』 35, 1983;『高麗佛敎史硏究』, 一潮閣, 1986. 尹龍爀, 「高麗 對蒙抗爭期의 民亂에 대하여」, 『史叢』 30, 1986;『高麗 對蒙抗爭史硏究』, 一志社, 1991. 金塘澤, 「崔氏政權과 國王」, 『韓國學報』 42, 1986; 『高麗의 武人政權』, 國學資料院, 1999. 劉璟娥, 「高麗 高宗·元宗時代의 民亂의 性格」, 『梨大史苑』 22·23합, 1988. 閔賢九, 「高麗中期 三國復興運動의 역사적 의미」, 『한국사시민강좌』 5, 1989. 朴宗基, 「武人政權下의 農民抗爭」, 『한국사시민강좌』 8, 1991. 金光植, 「崔沆의 雙峯寺 寺院勢力 構築과 李延年亂」, 『水邨朴永錫敎授華甲紀念 韓國史學論叢』, 1992. 邊東明, 「武人政權時期의 百濟復興運動과 李延年」, 『韓國中世의 地域社會硏究』, 學硏文化社, 2002.

원세력 재편 과정에서 소외되었거나 혹은 그에 반발한 이들일 것이라는 지적으로서,[60] 상당히 일리가 있어 보이는 것이다.

한편 만전은 사원세력의 재편성을 통한 불교계 길들이기에 머물지 않았으며, 세속의 일에도 깊숙이 개입하였다. 그의 활동이 최씨정권의 지방통치와 같은 세속적인 일에까지 미치었음은, 앞서 제시한 자료에 그의 문도들이 관인을 사칭하고 역마를 타며 관리를 업신여기고 욕보였다느니, 혹은 그럼에도 고을 관아에서는 두려워 움츠러들 뿐 어찌할 줄 몰랐다고 하였던 데서 느낄 수가 있다. 만전 문도들의 활동이 모두 지방관 내지 지방관아와 연결되어 나타나는 것이다. 또한 만전이 머물던 사찰로 전라도 안찰사가 —아마도 문안인사를 위해— 찾아갔다든지, 혹은 만전이 全羅道 按察使나 道康(현 康津) 監務와 같은 지방관과 갈등을 빚었던 사실 등도,[61] 그의 지방행정 간여와 무관치 않은 일이었을 것임은 이를 나위가 없어 보인다.

그렇지만 만전의 세속적인 활동 중에서 가장 도드라지게 드러나는 것은 경제적인 기반의 확충을 위한 노력이었다. 그의 문도들이 자행했다는 행패나 혹은 그와 지방관 사이에 때로 불거졌다던 갈등도 대개 그러한 데 기인한 일이었던 것으로 판단되거니와, 관련 자료에서 하나같이 강조되는 게 만전의 재산불리기 처사에 따른 갖가지 부작용이었음은 더욱이 그것을 분명히 전한다. 다음의 기록과 같은 것이 그러한 예이다.

> … 만종은 단속사에서 그리고 만전은 쌍봉사에서 각각 주지 노릇을 하였다. 모두 무뢰배 승려들을 끌어모아 문도로 삼고는, 오직 재산 불리기만을 일삼아 금붙이와 비단이 鉅萬으로 헤아렸다. 경상도에 미곡 50여만 석을 쌓아두고서는 민간에 빌려주어 이자를 거둬들이는데, 가을철 곡식이 익기 시작하면 재촉하여 징수하는 것이 너무 혹독하므로 민간에는 더 이상

---

60 김광식, 「최항의 쌍봉사 사원세력 구축과 이연년난」, 507~509쪽. 변동명, 「무인정권시기의 백제부흥운동과 이연년」, 62~63쪽.

61 『高麗史節要』 16 高宗 27년 12월, 같은 책 高宗 37년 12월, 『高麗史』 102 金之岱傳

> 남은 곡식이 없어 조세를 바치지 못한 게 (계속) 누적되는 실정이었다 … 刑部尙書 朴暄이 崔怡에게 말하기를, "지금 북쪽 몽고군이 해를 이어 쳐들어와 노략질하므로 민심이 갈 바를 몰라 안성되지 않아서, 은혜와 믿음으로 어루만지더라도 오히려 변란이 발생할까 두렵습니다. 그런데 지금 두 禪師의 문도가 민간의 재산을 벗겨 빼앗아감으로 해서 실로 원망을 들음이 많아, 남쪽 지방이 어지럽고 소란스럽습니다. 만약 북쪽 몽고병이 느닷없이 밀어닥치기라도 하면 혹시 서로 응원하여 변란이 발생할지도 모를 일입니다" 라고 하였다. 최이가 그 말을 듣고서도 결정을 내리지 못하고 망설이다가 … 박훤에게 "어찌할꼬" 물었다. 박훤이 이르기를, "공께서 만약 두 선사를 불러 돌아오게 하시고, 巡問使나 按察使로 하여금 그 무뢰배 승도들을 옥에 가두도록 하여 민심을 위로하신다면, 가히 변란이 일어나지 않을 것입니다" 라고 하였다. 최이가 그럼직하게 여기고서는, 곧바로 御史 吳贊과 行首 周永珪를 쌍봉사와 단속사로 보내어, 돈과 곡식을 풀어 모두 그 주인에게 돌려주고, 계약 문서를 불사르며, 문도로서 악질적인 자를 옥에 가두도록 하니, 안팎을 가리지 않고 기뻐하였다. 만종과 만전이 開京에 올라가 그 누이동생인 宋愔의 妻와 함께 최이에게 울면서 호소하니 … 최이가 곧 그처럼 처리한 것을 후회하고서는, 박훤이 아비 자식의 사이를 갈라놓았다 하여 黑山島로 귀양보내고 … 그 문도를 모두 풀어주었으며, 만전으로 하여금 俗人으로 돌아오게 하고서는 沆이라 이름을 고치도록 하였다.[62]

만전 형제가 수단 방법을 가리지 않은 채 재산을 불리는 일에 혈안이었

---

62 … 萬宗住斷俗 萬全住雙峯 皆聚無賴僧爲門徒 惟以殖貨爲事 金帛鉅萬計 慶尙道所畜米五十餘萬石 貸與取息 秋稼始熟 催徵甚酷 民無餘粟 租稅屢闕 … 刑部尙書朴暄 言於怡曰 今北兵連年入寇 民心疑貳 撫以恩信 猶恐生變 今兩禪師門徒 割剝民産 斂怨實多 南方騷擾 若北兵猝至 恐相應爲變矣 怡聞之猶豫 … 怡謂暄曰 若之何 暄曰 公若召還兩禪師 令巡問按察使 囚其無賴僧徒 以慰民心 可無變矣 怡然之 卽遣御史吳贊·行首周永珪于雙峯斷俗 發錢穀 悉還其主 焚契券 囚門徒之爲惡者 中外相慶 萬宗萬全詣京 與其妹宋愔妻 泣訴怡曰 … 怡乃悔之 反謂暄離間父子 流黑山島 … 悉釋其門徒 令萬全歸俗 改名沆 (『高麗史』129 叛逆 3 崔忠獻傳 附 崔怡傳)

음을 상세히 전한다. 한데 그것이 단순히 개인적인 탐욕에서 나온 것만은 아니었으리라는 게 일반적인 견해이다. 그보다는 정권의 경제적 기반을 확충하려는 정략적인 차원에서 진행된 사업이었으리라는 지적에 대체로 수긍들을 하는 것이다. 만전의 행위를 비판하던 최이의 심복 관리가 도리어 처벌을 받았다든지, 반면에 문제를 야기한 당사자인 만전은 승복을 벗고 환속하여 장차 집권할 후계자로서의 길을 걷도록 조치되었던 등에서, 저간의 사정을 넉넉히 짐작하고도 남음이 있다. 만전의 출가 후 활동이 정권의 경제적 토대를 굳건히 하는 등 무인집권자의 정치적 속셈과 무관치 않았으리라는 데에는 이견이 없을 줄 믿어지는 것이다.

무인집권자 최이의 서자인 만전이 수선사로 출가한 것은 단순히 권력의 순조로운 승계를 위한 목적에서만이 아니었다. 그처럼 표면상 내세워진 사유에 더하여, 최씨무인집권자의 권력을 한층 굳건히 하려는 고도의 정치적 술수를 바탕으로 추진된 일이었다. 사원세력 재편을 통한 불교계 휘어잡기나 혹은 경제적 기반의 확충이라고 하는, 무인집권자의 정치적 목적을 달성하기 위해 고안된 정략적 발상의 산물이 곧 만전의 출가였다고 하여 지나친 말이 아니었던 셈이다.

한편 여기에서 눈길을 끄는 것은, 최씨무인정권의 기반을 공고히 하기 위한 목적에서 시행된 그처럼 중대한 사업이 화순의 쌍봉사를 축으로 추진되었다는 사실이다. 그러한 사업을 수행하는 주체가 곧 쌍봉사의 주지인 만전이었다는 사실만으로도 그렇게 말할 수가 있다. 쌍봉사를 거점으로 이름난 사찰에 문도를 파견하여 사원세력을 재편성함으로써 불교계를 휘하에 끌어들이며, 또한 그처럼 파견된 문도 조직을 이용하여 경제적인 수취행위를 시도하였던 사실 등이 그러한 증거이다. 정권의 기반을 굳건히 하려는 목적에서 추진되었던 것으로 판단되는 사업들이, 모두 만전이 주지로 머물던 쌍봉사를 중심으로 진행되었던 것이다. 최씨무인정권의 전라도지방 통치에서 공공의 행정조직에 버금가리만큼 중요한 역할을 담당한 것이, 쌍봉사를 중심으로 한 만전의 문도와 사원조직이었다고 하여 지나치지 않은 셈이었다. 당시 전라도 안찰사이던 金之岱가 수모를 무릅쓰고 만전이 머물던 진도의 사찰로 찾아가 인사를 차려야만 되었던 것은,[63] 그러므로 그와 같은 정책이 추진된 나머지 나타난 현상의 하나였다고 하여 좋을 것이다.

쌍봉사가 최씨무인정권의 시기에 한때나마 전라도 지역사회에서 중심적인 위치를 차지하였음을 살폈다. 불교계는 물론 지역사회의 상당 부분이 만전과 쌍봉사를 바라보며 그를 축으로 삼아 움직이는 형국이었다고 하여 지나치지 않은 셈이었다. 그렇다면 무인정권 측에서 쌍봉사로 하여금 그처럼 중요한 역할을 수행하도록 지목한 배경은 무엇이었을까 궁금하다. 정권의 기반을 공고히 하기 위한 활동의 거점으로서 만전에게 주어진 게 굳이 쌍봉사여야만 했던 까닭이 무엇이었는지 알고 싶은 것이다.

앞서 누누이 지적하였듯이 쌍봉사는 신라 하대에 벌써 전남지역의 손꼽히는 선종 사찰 가운데 하나였다. 선종이 처음 받아들여지던 초기에 혜철이 머물며 이름을 떨치던 무주 일원의 대표적인 사찰이었으며, 철감선사 도윤이 터를 잡고 활약함에 미쳐서는 마침내 선종 9산 가운데 하나인 사자산문 개창의 터전이 되는 도량으로 자리를 잡기에 이르렀다. 고려초 정치정세의 변화로 잠시 쇠퇴의 기미가 보였고 그러는 가운데 아마도 사자산문의 주도권이 영월의 흥녕사로 넘어간 듯 여겨지는데, 그 후 언제인가 사굴산문으로 소속이 바뀌면서 고려중엽 선종의 부활을 주도하던 혜조국사 담진에 의해 중창을 보게 되었으며, 그리하여 다시 寺勢가 번창하였다. 말하자면 쌍봉사는 신라 하대에서 무인정권의 시기에 이르는 거의 내내 큰 굴곡 없이 지역을 대표하는 선종 사찰로서의 지위를 유지했던 셈

63 … 萬全嘗住珍島一寺 其徒亦橫恣 號通知者尤甚 按察使金之岱 其所請謁 皆抑而不行 之岱嘗至其寺 萬全慢罵而不之見 之垈直入升堂 堂上有樂器 乃操琴數弄 橫笛而吹之 音節悲壯 萬全欣然出曰 適有微疾 不知公至此 相與歡飮盡日 因託以十餘事 之垈於座 一切聽行之 留數事曰 此卽當至行營 乃可爲耳 宜遣通知相候 之垈還營數日 通知果至 之垈命縛之 數其不法 沈之江中 萬全卽(崔)沆也 雖挾前憾 以之岱廉愼少過 竟莫能害 (『高麗史節要』 16 高宗 27년 12월)

이거니와, 무인집권자 최이가 쌍봉사를 만전의 활동 거점으로 삼으려 한 첫 번째 이유는 이와 같은 데에서 찾아 마땅하다고 생각한다. 지역 내 중심사찰로서의 쌍봉사의 오랜 전통이야말로, 그곳을 거점으로 전라도지역의 사원세력을 재편성하여 불교계를 통제하고 나아가 지역사회에 영향력을 행사하는 데 필요한 권위를 확보하도록 도움을 주었을 터이며, 그리하여 최씨무인집권자로 하여금 소기의 정치적 목표를 달성하는 데 기여할 수가 있었음 직한 것이다.

다음으로, 쌍봉사가 사굴산문 소속이었으며 더욱이 수선사와 가까운 이웃에 위치하였던 점도 그냥 지나쳐서는 안 될 것이다. 사굴산문 출신의 보조국사 지눌에 의해 처음 문이 열린 수선사는, 당시 개혁을 주창하며 새로운 선풍을 내세워 불교계의 주도세력으로 성장하는 중이었다. 그리하여 최씨무인집권자는 수선사를 후원하여 자기 쪽으로 끌어들임으로써 정신적·사상적인 측면에서 정권 존립의 정당성을 확보하는 한편, 그 권위를 바탕으로 지역사회를 주도하며 경제력을 확충하는 등 권력기반을 공고히 하려 들었으며, 최이가 만전을 수선사의 제2세 사주인 혜심의 문하로 출가시킨 것도 그러한 정책의 일환이었음은 앞서 언급한 바가 있다. 최씨정권의 입장에서 수선사 및 그 후원계층을 계속 정권 지지세력으로 묶어두는 동시에 더욱이 그 이탈의 움직임을 미연에 방지할 필요성이 절실했으려니와,[64] 이웃에 위치하면서 또한 오랜 전통으로 지역사회에서 명성이 높은 禪刹인 쌍봉사야말로 만전이 머물며 그러한 임무를 수행하기에 다시없는 사찰이었을 법하다. 아울러 고려중엽에 이르는 어느 시기에 쌍봉사가 가지산문에서 사굴산문으로 그 소속이 바뀌었기에, 사굴산문 계열의 수선사로 출가한 만전이 쌍봉사에 머무는 데 어떠한 지장이 없었으

64 실제로 修禪結社의 제2세 主法인 惠諶은 斷俗寺 住持 임명을 고사하며, 武人執政 崔怡의 누차에 걸친 간곡한 요청에도 불구하고 끝내 王京에 발걸음을 하지 않는 등, 집권세력과 일정한 거리를 두고자 애를 썼음이 전한다(秦星圭, 「眞覺國師 惠諶의 修禪社 活動」, 『中央公論』 5, 1987, 24~28쪽. 邊東明, 「高麗 崔氏武人政權時期의 儒者出身 僧侶」, 『全南史學』 11, 1997, 182~190쪽).

리라는 점도 또한 십분 참작되지 않았을 리가 없어 보인다.

쌍봉사에 무인집권자의 아들인 만전이 머물면서 정권의 기반을 굳건히 하는 작업을 추진하였던 데에는 위와 같은 여건이 작용하였다고 믿는다. 그리하여 무인정권시기 한때나마 이 사찰이 불교계를 주도하는 것은 물론 수취와 지방행정에까지 간여하면서 지역사회의 중심적인 역할을 수행하였던 듯 여겨지는 것이다. 아울러 제 직분을 훌쩍 넘어서는 만전의 그러한 활동이 가능했던 것도 또한 정권의 기반 확충이라는 정치적 차원에서나 이해될 수가 있는 일일 것임은 물론이다. 만전의 수선사 출가와 쌍봉사를 중심으로 한 활동의 배후에 정권의 기반을 굳건히 하려는 집권자의 의도가 자리하였기에, 수선사의 개혁적 성향과 어긋나는 동시에 최이의 심복마저 규탄해 마지않는 등 원성의 표적이었음에도 만전의 활동이 지속될 수 있었으며, 그러한 활동을 바탕으로 마침내 만전이 賤出로서의 한계를 극복하고 최씨무인정권의 제3대 집권자로 등장하게 되었던 것이 아닌가 헤아려지는 것이다.

5. 맺음말

쌍봉사는 신라말에서 고려시기에 이르도록 전남지역의 손꼽히는 선종 사찰 가운데 하나였다. 선종이 받아들여지던 신라하대에 벌써 동리산문 개창조사인 혜철이 머물며 이름을 떨치던 무주지역의 대표적인 사찰이었다. 철감선사 도윤이 터를 잡고 활약함에 미쳐서는 마침내 선종 9산 중 하나인 사자산문 개창의 첫 터전을 이루는 도량으로 자리를 잡기에 이르렀다. 국왕의 관심에 더하여 金思尹과 같은 지역 토착세력의 후원에 힘입은 결과였다.

고려초 정치정세의 변화로 인하여 쌍봉사에는 잠시 쇠락의 기미가 감돌았다. 그리고 그러는 가운데 도윤의 법맥을 잇는 사자산문 근본도량으로서의 위상도 영월의 흥녕사로 넘겨주었다. 그렇지만 익종과 교웅이 활동하던 이름 있는 선찰이었으며, 고려중엽 혜조국사 담진에 의해 중창을 본 데 이어 그 제자인 광지대선사 지인과 연결되면서 손꼽히는 선찰로서의 명맥을 이어갔다. 혜조국사의 선종 부흥운동에 기여한 선종도량으로서, 장차 무인정권의 시기에 수선결사가 등장하도록 바탕을 다지는 데 일조하였다.

쌍봉사가 역사적으로 주목받는 사찰의 반열에 든 것은 최씨무인정권의 시기에 이르러서였다. 최이의 서자로서 후일 최씨무인정권의 3대 집권자에 오른 최항이 한때 출가하여 만전이라는 법명으로 머물던 곳이었기 때문이다. 당시 최씨무인정권에서는 만전을 앞세워 쌍봉사를 거점으로 사원세력을 재편하여 불교계를 다잡는 한편, 지역사회를 주도하며 아울러 정권의 경제적 기반을 확충하고자 도모하였다. 수선사의 명성과 더불어 쌍봉사의 오랜 전통을 앞세워 정권 유지의 바탕을 한층 굳건히 하려는 의도에서였거니와, 그와 같은 중차대한 사업 추진의 중심지가 곧 쌍봉사였던 것이다. 최씨무인정권의 시기에 이 사찰이 한때나마 전라도 지역사회에서 중심적인 위치를 차지했다고 하여 지나치지 않은 셈이었다.

최씨정권이 무너지고 이어 무인정권이 종언을 고하면서 쌍봉사에도 변화가 찾아왔음 직하지만, 기록상으로 확인되는 것은 없다.[65] 조선왕조에 들어 불교계 전반이 크게 위축되는 중에도 쌍봉사는 국왕과 왕실의 관심 속에 나름대로 지위를 유지하였다. 쌍봉사에서 소유한 토지 및 소속 승려에 대한 世祖의 免稅·免役의 조치와 같은 몇몇 특혜 속에서 가능한 일이었다. 그러나 宣祖代 이후 이웃 竹樹書院과 鄕校를 비롯한 각종 기관의 수탈이 심해져 부담이 무거워지면서, 쌍봉사는 점점 어려운 지경에 빠져들었다. 조선후기(정조19, 1795)에 발부된 한 문서(全羅道綾州雙鳳寺矯弊節目, 『各司謄錄』 54)에서 저간의 사정을 짐작할 수가 있다.

(「신라말·고려시기의 화순 雙峯寺」, 『歷史學硏究』 37, 2009)

65 이병희, 「쌍봉사의 연혁」, 19~22쪽.

제3장 曹溪山 佛敎
—松廣寺와 仙巖寺—

1. 머리말

순천의 조계산은 높고 험준하거나 웅장하지 않다. 높이가 887m이며 기암괴석으로 이름이 있는 것도 아니다. 그럼에도 사계절 내내 이 산에는 탐방객이 끊이질 않는다. 전남 도립공원이자 더불어 명승 5호를 그 안에 품은 명산이다 보니, 온난한 기후와 함께 아름다운 자연경관을 즐기며 더불어 문화유산을 찾아 음미하려는 인파가 철을 가리지 않고 밀려든다.

조계산은 또한 한국의 불교 전통과 뗄 수 없는 관계라는 점에서 한층 높은 명성을 자랑한다. 曹溪라는 산의 명호 자체가 불교에서 유래하였거니와,[1] 松廣寺와 仙巖寺라는 이름난 거찰이 이 산의 동서 양측에서 면면히 그 전통을 이어왔던 데서 더욱이 그것을 확인할 수가 있다. 조계산의 그와 같은 유구한 불교 전통을 제외하고서는, 한국의 불교사를 온전히 구성하는 게 거의 불가능하다고 평하여 지나치지 않아 보인다.

한데 그와 같은 중요성에도 불구하고, 이 산을 불교와의 연관 속에서 고찰한 연구는 찾아보기가 쉽지를 않다. 송광사나 선암사라든지 혹은 그곳을 근거로 활약한 고승 및 관련 유적이나 유물을 개별적으로 다룬 글들

1 綺山子, 「曹溪山淵源」, 『朝鮮佛教叢報』 15, 1919, 83~86쪽.

은 매우 많다. 일일이 거론하기가 어려울 지경이거니와, 그럼에도 막상 조계산 자체를 불교와 연계시켜 다룬 경우는 흔치를 않다. 한국 불교가 찬란한 성취를 이룩하는 데 기여하였던 주요한 지리적 공간 중의 하나인 조계산이, 이제까지 불교사에서 소외된 채 방치된 것이나 진배없는 상태였던 셈이다.

자연히, 조계산을 배경으로 면면히 이어져 온 불교의 전통을 종합적으로 파악하는 것도 녹녹하지만은 않은 게 현실이다. 개별적으로 진행되어 온 이제까지의 연구를 아우르고 체계화하여, 그 전모를 제시할 필요성이 제기되는 대목이다. 송광사와 선암사를 중심으로 조계산의 불교 전통을 종합해서 정리하며, 더불어 그것을 역사적 흐름에 비춰 해석하여 그 구체적인 실상을 드러내려는 게 이 글의 목표이다. 이제까지의 관련 연구를 바탕으로 한국 불교사의 전개와 연관시켜 조계산 불교에 접근하여 그 실상을 밝히며, 더불어 그 특성이라든지 그에 담긴 의미를 헤아려 체계적인 이해를 도모하려는 것이다.

이 글에서는 먼저, 조계산으로 불교가 전해져 자리 잡기에 이른 경위를 검토하려 한다. 조계산 일원으로 불교가 처음 전파되고 이어서 뿌리 내리기까지를 찬찬히 더듬어, 조계산 불교의 전모를 파악하는 첫 걸음으로 삼고자 한다. 다음으로, 조계산 일원에서 불교가 크게 번창하던 시기를 다루겠다. 시간의 흐름에 따라 그 모습을 달리했을 것으로 여겨지는 조계산 불교의 흥륭하는 양태를 밝히며 더불어 그 함의를 드러내어, 한국불교사의 전개에서 조계산 불교가 차지하는 위상의 일단을 헤아리는 기회로 삼고자 한다. 마지막으로, 조선 유교사회가 열린 이후 조계산 불교가 그에 대응하며 전통을 유지하고자 노력하는 모습을 살피겠다. 조선왕조의 전개와 함께 조계산 불교가 변화를 강요당하는 것은 불가피하였으려니와, 그러한 속에서 나름의 전승을 거쳐 오늘에 이르렀음을 밝혀 논의를 마무리하려 한다.

이상에서와 같은 검토가 올바로 이루어져, 전통시기 전남의 동부지역에서 그 명맥을 이어와 오늘에 이른 조계산 불교의 전모를 이해하는 데 도움이 되었으면 하는 마음이다. 나아가 그리하여 한국불교의 역사에서 조계산 불교가 차지하는 위상을 새삼 되짚는 기회가 되기를 희망해 마지 않는다.

2. 조계산에의 불교 전파

曹溪山의 본래 명호는 松廣山이었다고 한다. 고려시기의 자료에서 확인이 된다. 가령 普照國師 知訥이 神宗 3년(1200)에 松廣山의 吉祥寺로 옮겨 거처하였다느니,[2] 혹은 曹溪山이 곧 옛날의 松廣山이라느니[3] 하는 등의 기록이 그것이다. 그러다가 지눌이 대구 八公山에서 이 산으로 定慧結社를 옮겨와 자리를 잡음에 미쳐, 국왕 熙宗이 산의 명호를 내려 송광산에서 조계산으로 바뀌었다는 것이다.[4]

송광산이라는 명호의 유래라든지 의미를 두고는 설왕설래가 적지 않다.[5] 대체로 說話나 漢字에 근거한 뜻풀이 수준이어서, 굳이 그것까지를 나열할 필요는 없어 보인다. 반면에 조계산의 경우, 그 유래가 자못 명확하다. 희종이 1205년에 친필 題額을 내리면서 그처럼 산명을 바꾸었는데,[6]

---

2 … (承安)五年庚申(신종3, 1200) 移居松廣山吉祥寺 領徒作法 十有一年 … (『普照全書』 昇平府曹溪山修禪社佛日普照國師碑銘幷序)

3 昇平郡管內富有縣曹溪山者 故之松廣山也 … (『朝鮮寺刹史料』 上 大乘禪宗曹溪山修禪社重創記)

4 … 師(知訥)之作是道場也 可謂希有矣 … 上(熙宗)聞而嘉之 乃易山名曰曹溪 … (같은 책)

한편 일설에는 조계산의 옛 이름이 淸凉山이었으며 大覺國師 義天이 그것을 조계산으로 바꾸었던 것으로 전하기도 한다지만(陳仁鎬, 「산천 평야의 지명유래」, 『順天市史』 정치·사회편, 順天市史編纂委員會, 1997, 122~123쪽), 후대의 기록으로 신빙성이 낮아 여기에서는 취하지 않는다.

5 韓國佛教硏究院, 「松廣寺의 歷史와 精神」, 『松廣寺』, 一志社, 1975, 19쪽. 강건기·김성우, 「송광사의 연혁」, 『송광사』, 대원사, 1994, 29~30쪽. 陳仁鎬, 「산천 평야의 지명유래」, 121~122쪽.

6 … 自丁巳年(1197)經始 伐木輦土 經之營之 凡立屋八十餘間 佛宇·僧寮·齋堂·廚庫 無一

중국 선종의 六祖 惠能이 주석하던 寶林寺가 위치하는 조계산을 염두에 두고서 그처럼 작명하였으리라는 데 이견은 없다.[7]

한데 그처럼 불교에서 유래한 명호를 지닌 이 산에, 처음 불교가 전파된 시기라든지 경위에 관해서는 알려진 바가 거의 없다. 19세기의 어느 자료에서는 신라 법흥왕 때 아도 화상이 선암사를 창건했다고 기록하여,[8] 6세기 즈음이면 벌써 조계산 일원에 불교가 전파되었음을 전하기도 한다. 그렇지만 신뢰하기 어려운 만큼, 연구자들 사이에서 아도의 선암사창건설은 받아들여지지 않는 게 일반적이다.[9] 6세기경 조계산에 불교가 전파되었으리라는 데 동의하지 않는 분위기이며, 대체로 신라 하대쯤 되어서야 이 지역에 비로소 불교가 뿌리를 내렸다는 데 의견이 모아지는 듯 여겨진다. 불교가 이 고장에 처음 전래된 것은 그보다 이른 시기였을 터이다. 그렇지만 조계산에 사찰이 들어서는 등, 불교가 지역사회에 본격적으로 자리를 잡고 정착한 것은 대략 통일신라 말엽에 이르러서였으리라는 것이다.[10]

기록이라든지 유물에 비추어, 불교가 조계산 일원에 제대로 뿌리를 내

不備 九載功畢 是大金泰和五年(1205) 以其年十月初一日 受朝旨 約一百二十日 設慶讚法會 開堂說禪 點破大慧禪師語錄 夜則安靜慮 申華封之祝 以落成焉 於戱 師之作是道場也 可謂希有矣 … 上聞而嘉之 乃易山名曰曹溪 社名修禪 仍以御筆 題額以褒之 …(『朝鮮寺刹史料』 上 大乘禪宗曹溪山修禪社重創記)

7 綺山子, 「曹溪山淵源」, 『朝鮮佛教叢報』 15, 1919, 83~86쪽. 이하에서는 특별히 구별할 필요가 있는 경우를 제외하고는, 편의상 현재의 명칭에 따라 조계산으로 통칭하고자 한다.

8 1828년에 龍岩慧彦이 찬한 '順天府曹溪山僊嵒寺第六創建記'(梁基洙·金熹台, 「記文·金石文」, 『仙巖寺』, 昇州郡·南道佛教文化研究會, 1992, 247~248·271쪽) 중의 다음과 같은 기록이 그러하다.

… 新羅法興王時 沙門阿度 自一善來 禮觀金相 欽慕聖蹟 焚修處祈 夢受記莂 始創伽藍 以清涼名山 海川稱寺 皆依教焉 …

9 李啓杓, 「沿革」, 『仙巖寺』, 昇州郡·南道佛教文化研究會, 1992, 23~24쪽.

10 韓國佛教研究院, 『松廣寺』, 20~22쪽. 李啓杓, 「沿革」, 『仙巖寺』, 23~24쪽. 崔仁善, 「順天市의 佛教文化遺蹟」, 『順天市의 文化遺蹟』(Ⅱ), 順天市·順天大學校博物館, 2000, 153쪽.

린 것은 통일신라 말엽에 들어서였던 것으로 이해함이 온당할 줄 믿는다. 다음의 기록을 살펴보자.

> 昇平郡의 관내인 富有縣에 자리한 曹溪山은 옛적의 松廣山이고, 修禪社는 옛 吉祥寺이다. 新羅 때에 승려 慧璘이라는 이가 있어 비로소 창건하고 거주하였다. 그 뒤로 세월이 흘러 … 仁宗代(1122~1146)에 山僧 釋照가 장차 큰 사찰로 창건해 이루고자 재목을 수집하고 …[11]

崔詵이 熙宗 3년(1207)에 찬술한 자료의 일부이다. 이에 따르면, 수선사 즉 현 송광사는 신라의 혜린이 창건한 길상사에서 비롯되었다고 한다. 조계산 불교가 이 무렵에 들어 비로소 제 모습을 드러내기에 이르렀음을 짐작케 한다. 다만 막연히 신라 때의 일로 기록하여, 그 시기를 구체적으로 특정하여 말하기에는 어려움이 있다. 그런데 인접한 고장의 사찰들이 대체로 8세기 중엽에서 시작하여 9세기 무렵 들어 창건되었음을 떠올리면,[12] 길상사도 대략 신라 하대의 어느 시기에 창건되었던 것으로 간주하여 무

11 昇平郡管內富有縣曹溪山者 故之松廣山也 修禪社者 古之吉祥寺也 新羅時 有僧慧璘者 始創而居之 厥後 星霜屢換 風飄搖遷 棟杅欃崩 堂宇略盡 雖材夫野叟之居 不穀於此矣 仁廟朝 山僧釋照 將欲刱成大刹 鳩材集工 而不掌身沒 其所成立 更皆以爲墟 迫二十餘年 時曹溪名僧知訥 … 乃使門弟守愚 遍歷江南 求結社安禪之地 愚師偶入此山 周覽形勢 有廢寺焉 僅一百間 居僧不指三四十 … (『朝鮮寺刹史料』 上 大乘禪宗曹溪山修禪社重創記)

12 求禮 華嚴寺는 緣起에 의해 창건되었던 것으로 전하는데, 754~755년의 자료(新羅白紙墨書大方廣佛華嚴經 跋文)에 따르면 그는 경덕왕대(742~765)인 8세기 중엽의 인물이었다(李基白, 「新羅 景德王代 『華嚴經』 寫經 關與者에 대한 考察」, 『歷史學報』 83, 1979; 『韓國古代 政治社會史研究』, 一潮閣, 1996, 360~373쪽). 長興 寶林寺도 750년대에 귀국한 元表에 의하여 비슷한 시기에 창건되었다고 한다(呂聖九, 「元表의 生涯와 天冠菩薩信仰研究」, 『國史館論叢』 48, 1998, 217~248쪽). 그에 더하여, 역시 인근에 위치하는 長興 天冠寺가 800년을 전후하여 靈通和尙에 의해 창건되었으며(邊東明, 「長興 天冠山地域의 土着勢力과 佛教信仰」, 『韓國中世의 地域社會研究』, 學研文化社, 2002, 15쪽), 陵州의 雙峯寺가 839년에 그리고 樂安의 桐林寺(現 金芚寺)가 890년대에 각각 존재했던 사실 등이 또한 기록상으로 확인이 된다(邊東明, 「新羅末·高麗時期의 和順 雙峯寺」, 『歷史學研究』 37, 2009, 3·9쪽).

리가 없지 않을까 한다. 후대의 邑誌라든지 寺誌에서 혜린을 '新羅末'의 인물로 묘사한다든지, 또는 그리하여 근대의 연구자들이 대체로 그에 수긍하며 달리 이의를 제기하지 않았던 데에는, 아마도 그와 같은 배경이 자리하는 듯 여겨진다.[13] 여러 정황으로 미루어, 이 산에 길상사와 같은 사찰이 들어섬으로써 조계산 불교의 역사가 본격적으로 전개되기에 이른 것은, 대체로 통일신라의 말엽에 들어서였을 가능성이 높아 보인다.

선암사의 창건을 道詵과 연결시킨 18세기 초의 자료도, 그와 관련하여 유의할 만하다. 1704년에 찬술된 '曹溪山仙巖寺事蹟'과[14] 1707년에 찬술된 '曹溪山仙巖寺重修碑'가[15] 그것이다. 후대의 자료여서 그대로 따르기는 주저되며, 또한 도선이 실제로 선암사를 창건했던가의 여부도 확인이 불가능하다. 하지만 그럼에도 도선이 활동하던 통일신라 말엽이면 선암사가 벌써 창건되어 운영 중이었으리라는 데에는 대체로 동의하는 분위기이며,[16] 이로써 대략 그 무렵에 들어 조계산 불교가 본격적으로 전개되기 시작했으리라는 앞서의 추정이 한층 무게를 지니는 건 아닌가 여겨진다.

나아가 현장의 유물에서도 통일신라 말엽에 조계산 불교가 본격적으로 전개되기 시작하였음을 확인할 수가 있다. 선암사 대웅전 앞의 삼층석탑 2기가 그것이다. 표현 양식으로 미루어 9세기 후반에 축조된 신라석탑이라는 게 대체적인 견해이거니와,[17] 늦어도 그 무렵이면 선암사 내지는 그

13 韓國佛教硏究院, 『松廣寺』, 20～23쪽.

14 … 有道詵禪師 尾入中國 學於一行 … 詵還本國 一一如教 此仙岩寺之爲一大裨補所也 吾國南有三巖 靈岩郡月出山之龍岩 光陽縣白雞山之雲巖 昇平府曹溪山之仙岩 皆建寺塔立浮屠 … 道詵國師 始刱此寺 時以鎭其背走 … 康熙四十三年靑猿暮春之下澣 曹溪老衲桂陰浩然謹識 (『朝鮮寺刹史料』 上 全南順天郡曹溪山仙巖寺事蹟)

15 … 聞之古記 (道)詵之西學於唐也 曰遇大德焉 所裨補之區 凡三千有五百 而湖南之三岩在焉 曰朗州之龍岩 曰晞陽之雲岩 而其一爲昇平之仙岩 盖歸而相之 岩在府治西四十里曹溪之山 虎穴之陰 側立十尋 其上有古仙人欄柯之跡云 於是立大道場 … (같은 책 全南順天郡曹溪山仙巖寺重修碑幷序)

16 李啓杓, 「沿革」, 23～24쪽.

17 崔仁善, 「順天市의 佛教文化遺蹟」, 172～174쪽.

전신 사찰이 벌써 창건되었을 것임을 추정하여 지나치지 않아 보인다. 통일신라 말엽이면 이미 조계산에 사찰이 들어섰음을 보여주는 또 다른 증거가 아닐 수 없다. 그 즈음 들어 조계산 불교의 시대가 본격적으로 열리기 시작하였다는 이제까지의 논의가 사실에서 크게 벗어나지는 않았음을 이해할 수가 있거니와, 그것을 확인하는 유물로서 선암사의 삼층석탑 2기를 제시하여 지나치지 않을 줄 믿는다.[18]

늦어도 통일신라 말엽 즈음이면 조계산 불교의 역사가 시작되었을 것임을 검토하였다. 조계산에 위치하는 길상사와 선암사가 그 무렵에 창건되었음을 전하는 기록이라든지 유물 등에 근거한 판단이었다. 그런데 여기에서 떠오르는 한 가지 의문은, 그처럼 조계산 불교의 시대가 열리도록 이끌었던 게 과연 누구였을까 라고 하는 점이다. 사찰 창건을 주도하는 등, 조계산 일원에 불교가 자리를 잡고 나아가 불교가 사회적 기능을 발휘하도록 이끈 게 어떤 사회세력이었는지 궁금하다.

우선 선암사의 경우, 신라말엽의 승려인 도선을 창건자로 인정하는 견해가 제시된 바 있다.[19] 그렇지만 관련 기록이 조선후기의 것으로서, 이미 지적하였듯이 그대로 따르기에는 주저되는 바가 없지 않다. 선암사의 창건을 주도한 인물은 분명치가 않으며, 자연히 그 후원세력도 또한 제대로 알려진 바가 없다는 게 올바른 이해인 듯 여겨진다.

한편 송광사의 전신인 길상사는 신라 승려인 혜린에 의해 창건된 것으로 전하며, 또한 그것이 사실로서 널리 인정을 받아오는 중이기도 하다. 다만 혜린의 행적이 전혀 알려지지 않음으로 해서, 그가 어떤 성격의 승려였는지를 파악할 길이 없다는 한계가 크다.[20] 길상사도 또한 그 창건을

18 그밖에 순천시 樂安面의 金芚寺址에 전하는 三層石塔과 石佛碑像이 각각 통일신라 혹은 그 말엽인 9세기 후반에 조성되었다는 지적도(崔仁善, 같은 논문, 155~157·174~175쪽), 동일한 고장에 자리하는 조계산의 송광사와 선암사 혹은 그 전신 사찰이 그 즈음에 창건되고 그리하여 조계산 불교의 역사가 본격적으로 펼쳐지기에 이르렀으리라는 추정에 힘을 더하는 건 아닌가 헤아려진다.

19 李啓杓, 「沿革」, 24쪽.

주도한 세력이 불명이라는 점에서는 선암사의 경우와 별반 다르지 않다고 일러 지나치지 않은 셈이다.

그런데 조계산 길상사와 선암사의 창건을 주도한 세력이 그처럼 분명하게 드러나지 않는 것은, 두 사찰이 신라 중앙과 연계되지 않은 가운데 처음 세워진 데서 비롯된 일은 아니었을까 의심된다. 왕실 내지는 중앙귀족과 연결된 가운데 저들의 후원을 받아 창건된 사찰이라면, 그 경위라든지 혹은 그것을 주도한 승려의 행적이라든지가 기록에 남아 전해질 가능성이 높아 보인다. 선암사의 창건 경위를 전혀 파악할 수가 없으며, 길상사를 창건한 승려 혜린의 행적도 달리 드러난 바가 없다는 것은, 두 사찰의 창건 내지는 그 주도세력이 중앙과 연결되지 않았음을 암시하는 듯 여겨진다. 혹시 중앙과 연결되었다 할지라도 그 정도가 그다지 강하지는 않았을 것으로 추정된다. 또한 그런 만큼 선암사를 창건하였을 미지의 승려는 물론이며 길상사를 창건하였다는 혜린조차, 전국적인 명성을 지닌 승려의 축에는 들지 않았을 터이다. 다른 자료에서 그 이름을 찾아보기가 힘든 것은 그러한 데에 까닭이 있음직하거니와, 자연히 길상사와 선암사도 처음 세워지던 당시에는 또한 마찬가지로 널리 이름을 떨치는 사찰은 아니었을 법하다.

조계산의 길상사와 선암사를 창건하고 또 그것을 후원한 것은, 王京人이라기보다는 지방의 토착유력자들이었을 가능성이 높다고 생각한다. 그리고 그와 관련하여 길상사와 선암사가 대체로 통일신라 말엽에 창건되었으리라는 앞서의 추정도 또한 유념해 두어 마땅하다. 주지하듯이 당시는 지방세력이 등장하여 차츰 정치와 경제·사회·문화적으로 주도권을 장악해가던 시기이었다. 이른바 豪族이 점차 두각을 드러내기 시작하던 무렵이었거니와, 그리하여 길상사와 선암사의 창건이 신라의 왕경인이 아니

20 혜린은 아마도 華嚴宗 계통의 승려였음 직하다. 그에 의해 창건되었다는 길상사가 화엄 제2회 說主인 문수보살에서 그 명호를 따왔음으로 해서이다(盧基春, 「새로 發見된 「注金剛般若波羅密經」과 松廣寺 寺名에 관한 研究」, 『書誌學研究』 29, 2004, 370쪽).

고 저들 호족의 후원 속에 진행되지는 않았을까 헤아려지는 것이다.[21]

길상사와 선암사의 창건을 주도하며 조계산 불교의 濫觴을 연 것은 조계산 일원에서 성장하던 지역 토착세력이었을 가능성이 높다고 생각한다. 설사 조계산 불교의 시작이 중앙과 일정하게 연계된 가운데 진행되었다고 하더라도 그것이 지역의 유력자들과 전혀 무관하지만은 않았을 터이며,[22] 더욱이 시간이 흐를수록 그 주도권은 점차 지역민들에게 넘어갔을 것임이 거의 분명하다. 그리하여 대체로 오늘날의 순천 일원을 근거로 성장하던 호족들이, 불교신앙을 통해 자신을 드러내며 그 존재를 정당화하는 데 조계산 불교가 나름의 기여를 하였을 것으로 판단된다.

3. 조계산 불교의 흥륭

조계산 불교가 크게 번창한 것은 고려시기에 들어서였다. 신라 하대에 창건된 길상사와 선암사는 고려왕조의 개창 이후 손꼽히는 명찰로 대두하였다. 현재의 송광사라든지 선암사가 대사원으로서의 기틀을 마련한 게 이때였다. 저들 두 사찰로 대표되는 조계산 불교가 전성을 구가하며 흥륭을 누린 게 고려시기의 일이었다는 의미이다.

고려왕조에 들어 먼저 번성을 자랑한 쪽은 선암사였던 것으로 보인다. 조선후기의 기록에 따르면, 고려중엽에 大覺國師 義天이 선암사를 중창하였다고 한다.[23] 18세기 후반에 제작된 것으로 여겨지는 寺域을 표시한 그

21 신라 하대의 지방사찰 중 호족의 후원을 받아 창건되고 또 번성한 사례가 많았음은 널리 인정되는 바이다. 조계산이 소재하는 순천지역의 경우 관련 기록이 드물어 사례를 구체적으로 적시하기가 쉽지 않은데, 가령 樂安의 桐林寺가 지역 토착세력인 金氏와 연결되었을 가능성을 암시하는 정도가 고작이다(邊東明, 「신라말·고려시기의 和順 雙峯寺」, 9~10쪽).

22 가령 구례 화엄사의 경우 慶州 黃龍寺 소속의 승려 緣起에 의해 창건되었다고 하는데, 그 연기의 발원으로 화엄사에서 제작된 것으로 믿어지는 『화엄경』 사경에 王京人과 함께 다수의 地域民이 참여했던 사실로 미루어(李基白, 「新羅 景德王代 『華嚴經』 寫經 關與者에 대한 考察」, 360~373쪽), 화엄사의 창건이나 유지 및 운영에 왕경인과 더불어 이 지역 주민들의 참여라든지 후원이 적지 않았을 것으로 판단된다.

림에는 '曹溪山仙巖寺 大覺國師重創建圖記'라는 題下의 記文이 전하며,[24] 凝香閣에는 宣宗이 의천에게 하사했다는 대각국사의 袈裟도 전한다. 또한 大覺庵을 의천이 주석하던 곳으로 내세우며, 선암사에서는 매년 음력 9월 28일에 대각국사 탄신기념행사를 갖는다고도 한다.[25] 하나같이 선암사가 의천과 뗄 수 없는 관계였음을 강조해 마지않는다.

그렇지만 선암사를 그처럼 의천과의 연결 속에서 이해할 만한 직접적인 자료들은 전하지 않는다. 의천의 문집이라든지 그 밖의 관련 자료에서도 그가 선암사와 무슨 연고를 맺었음을 입증할 만한 내용은 찾아보기가 쉽지를 않다. 의천을 다룬 최근의 연구에서도, 그를 선암사와 연결시켜 이해한 대목은 나타나지 않는다.[26] 다만 의천이 11세기 말엽에 한때 현재의 전남지역을 순력한 적이 있었다든지, 혹은 조선후기의 기록이나 유적·유물들이 선암사와 의천 사이의 깊은 인연을 말해준다는 인식 하에, 의천의 선암사 중창을 사실로 받아들이는 논자도 없지는 않다.[27]

고려중엽에 의천이 선암사를 중창하는 일에 몸소 앞장섰던가의 여부는 잘 알 수가 없다. 의천의 문집에 智異山 華嚴寺라든지 無等山 圭峯庵에서 읊은 시가 전하는 등의 행적에 비추어[28] 그가 이 지역의 사찰들과 무언가 연고를 맺었으며, 그런 만큼 그가 선암사와도 무관치 않았을 가능성까지 부정하기는 어려울지 모르겠다. 단 어느 편이든, 선암사에서 의천과의 연고를 강력히 표방해왔던 데에는 나름의 연유가 없지 않았을 법하며, 추정을 더하자면 고려중엽 곧 의천이 한창 활동하던 무렵 선암사가 나름의 번

23 … 宋元佑中 寺圮 麗義天大師 還自中國 慨然復之曰 夫道詵師 以法眼觀三界 其有以待之矣 越三百六十五年 當我宣廟丁酉 …(『朝鮮寺刹史料』 上 全南順天郡曹溪山仙巖寺重修碑幷序)

24 李英淑, 「佛畵」, 『仙巖寺』, 昇州郡·南道佛教文化研究會, 1992, 174·195쪽.

25 李啓杓, 「沿革」, 같은 책, 25쪽.

26 박용진, 『義天 —그의 생애와 사상—』, 혜안, 2011.

27 李啓杓, 「沿革」, 25쪽.

28 『大覺國師文集』 17 留題智異山花嚴寺, 華嚴寺禮緣起祖師影, 留題瑞石山圭峯寺.

성을 구가하였기에 그것이 가능하지는 않았을까 여겨지기도 한다. 선암사에서 의천과의 연고를 내세우며 고려시기에 사찰의 격이 높았음을 강조해온 사실에 비추어, 고려시기의 선암사가 자못 번성하였으리라는 추정 정도는 가능하지 않을까 헤아려지는 것이다.

실제로, 선암사에 현전하는 고려전기 浮屠의 존재로 미루어 당시 선암사가 자못 높은 위상을 누렸으리라는 견해가 이미 제시되기도 하였다.[29] 선암사의 26기 부도들 가운데 가장 오래 된 양식을 보이는 게 北浮屠를 비롯한 東浮屠와 大覺庵浮屠의 3기인데, 이들은 현재 각기 보물 제1184호와 1185호 및 1117호로 지정되어 보호 중이며, 대략 9세기 말 내지는 10세기 초에서 12세기까지의 사이에 세워졌을 것으로 추정들을 한다.[30] 올려잡을 경우 통일신라 말엽까지 보는 경우가 없지는 않지만, 흔히는 고려초·중엽 내지는 고려전기의 작품으로 받아들이는 게 보통이며, 그리하여 이들 3기의 부도가 곧 당시 선암사에 유력한 고승 3명이 머물렀음을 시사하는 증거로 이해되기도 한다. 나아가 통일신라와 고려왕조에서는 대체로 1사찰에 1부도가 원칙이었음을 주장하며, 그처럼 고려전기라고 하는 한 시기에 3기의 부도가 들어선 것은 자못 특이한 경우로서, 당시 선암사가 왕실이나 중앙조정과 밀접한 관계였으며 그만큼 선암사의 위상이 상당하였을 것으로 파악하기도 한다.[31]

고려전기에 선암사가 왕실이라든지 중앙 조정과 밀접하게 연결되었는지의 여부까지는 잘 알 수가 없다. 그렇지만 적어도 선암사가 당시 상당한 위상을 지닌 가운데 번성하였으리라는 추정에는 나름의 이유가 충분하다고 믿는다. 의천의 선암사 중창설을 내세우며 의천과의 연고를 강조

29 嚴基杓, 「仙巖寺 高麗時代 石造浮屠의 建立時期와 意義」, 『지방사와 지방문화』 12(1), 2009, 294~295쪽.

30 朴春圭, 「浮屠와 碑」, 『仙巖寺』, 昇州郡·南道佛敎文化硏究會, 1992, 137~141쪽. 崔仁善, 「順天市의 佛敎文化遺蹟」, 『順天市의 文化遺蹟』(Ⅱ), 順天市·順天大學校博物館, 2000, 189~191쪽.

31 嚴基杓, 「仙巖寺 高麗時代 石造浮屠의 建立時期와 意義」, 292~295쪽.

한다든지, 혹은 고려전기에 제작된 것으로 여겨지는 부도 3기의 존재 등에 비추어, 고려전기에 선암사가 자못 흥륭을 구가하던 이름 있는 사찰이었으며, 그런 만큼 지역사회의 존신을 받는 위치에서 또한 나름의 영향력을 발휘하던 사찰이지는 않았을까 헤아려지는 것이다.

반면에 길상사는 그렇지를 못하였다. 선암사와 달리, 고려전기에 길상사는 널리 명성을 떨치는 사찰로서 두각을 드러내지는 못하였던 듯 여겨진다. 다음과 같은 고려 당시의 기록에 비추어 그처럼 판단된다.

> 昇平郡의 관내인 富有縣에 자리한 … 修禪社는 옛 吉祥寺이다. 新羅 때에 승려 慧隣이라는 이가 있어 비로소 창건하고는 거주하였다. 그 뒤로 오랜 세월이 흐르는 사이 세찬 바람에 뒤흔들려 무너짐으로 해서 용마루와 처마가 내려앉고 집채는 거의 없어질 지경이었으므로, 비록 나무를 베는 사내나 들녘의 늙은이가 사는 곳일지라도 이보다 허술하지는 않을 듯싶었다. 仁宗代(1122~1146)에 山僧 釋照가 장차 큰 사찰로 창건해 이루고자 재목을 수집하고 목수를 모아들였는데, 일을 맡아보지도 못하고서 세상을 떠나니 그 이룩해 세운 바가 다시 모두 허물어진 터로 되었다. 20여 년 가까이 흘러 당대의 曹溪 名僧인 知訥이 …[32]

앞서 제시하였던 바 崔詵이 熙宗 3년(1207)에 찬술한 자료의 일부이다. 이에 따르면, 길상사는 보조국사 지눌에 의해 중창을 보기 이전까지는 자못 퇴락한 상태였다고 한다. 고려전기에서 무인정권의 초반에 이르도록 그러하였다는 뜻이거니와, 당시에 길상사가 이웃한 선암사와 달리 명성을 떨치거나 크게 번성하지는 못하였음을 이해하기에 부족함이 없어 보인다.

32 昇平郡管內富有縣曹溪山者 故之松廣山也 修禪社者 古之吉祥寺也 新羅時 有僧慧隣者 始創而居之 厥後 星霜屢換 風飄搖遷 棟杅欀崩 堂宇略盡 雖材夫野叟之居 不穀於此矣 仁廟朝 山僧釋照 將欲剏成大刹 鳩材集工 而不掌身沒 其所成立 更皆以爲墟 迫二十餘年 時曹溪名僧知訥 … 乃使門弟守愚 遍歷江南 求結社安禪之地 愚師偶入此山 周覽形勢 有廢寺焉 僅一百間 居僧不指三四十 … (『朝鮮寺刹史料』 上 大乘禪宗曹溪山修禪社重創記)

길상사가 번성한 것은 그 후신인 修禪社의 시기에 들어서면서였다. 지눌의 주도 아래 중창이 추진되고 定慧結社가 옮겨옴에 미쳐, 비로소 명찰로 자리를 잡아갔다. 지눌의 불교 개혁운동이 널리 호응을 받은 데 따른 일이었다. 각별히는, 지눌의 불교 개혁운동을 옹호함으로써 정권의 지반을 굳건히 하려는 최씨 무인집권자의 후원에 힘입은 바가 적지 않았다.

지눌이 정혜결사에서 중심 취지로 내세운 바는 頓悟漸修였다. 돈오는 인간의 마음이 곧 부처의 마음임을 단박에 깨치는 것이며, 그 뒤에도 이 깨달음을 꾸준히 실천하는 것이 점수이다. 인간의 본래 지닌 마음 즉 眞心이 부처의 성품인 佛性과 전혀 동일한데, 凡夫는 그것을 모른 채 번뇌와 망상으로 번민하고 방황한다. 그러다가 뛰어난 스승인 禪知識의 가르침을 받아 꿈에서 깨어나듯 문득 자신의 본성을 자각하는 게 돈오이다.[33] 돈오란 수행을 통해 도달해야 할 상태가 아니라 이미 자신의 안에 본시 주어진 것을 그대로 자각하는 행위이며, 따라서 그것은 점차적 과정을 통해 이뤄지는 게 아니라 한 순간에 단박 일어나는 체험이다. 한데 진리는 그처럼 단박에 깨칠 수가 있지만, 구체적인 번뇌들[事]은 한 순간에 제거되지를 않는다. 번뇌는 그 성질과 정도에 따라 하나하나 대처해 나가는 노력이 있어야만 제거가 된다. 번뇌가 실체 없는 空한 것임을 깨달았다고 하더라도, 그 이전부터 오랜 기간에 걸쳐 누적되어온 業의 장애, 오랫동안 쌓여온 번뇌의 습관적 힘에서 오는 장애가 너무나 깊고 무거운 탓에, 한 순간의 깨달음만으로는 완전한 해탈을 누릴 수가 없다. 돈오를 체험한 이

33 … 夫入道多門 以要言之 不出頓悟漸修兩門耳 … 經云 理卽頓悟 乘悟併消 事非頓除 因次第盡 … 問 汝言頓悟漸修兩門 千聖軌轍也 悟旣頓悟 何假漸修 修若漸修 何言頓悟 頓漸二義 更爲宣說 令絶餘疑 答 凡夫迷時 四大爲身 妄想爲心 不知自性 是眞法身 不知自己靈知 是眞佛 心外覓佛 波波浪走 忽被善知識指示 入路 一念廻光 見自本性 而此性地原無煩惱 無漏智性 本自具足 卽與諸佛 分毫不殊 故云頓悟也 漸修者 雖悟本性 與佛無殊 無始習氣 難卒頓除 故依悟而修 漸熏功成 長養聖胎 久久成聖 故云漸修也 比如孩子初生之日 諸根具足 與他無異 然其力未充 頗經歲月 方始成人 … (『普照全書』 修心訣)

후에 다시 그것을 바탕으로 삼은 꾸준한 수행이 필수적이다. 돈오 없는 점수는 맹목적인 수행에 그치며, 점수 없는 돈오는 교만에 빠져 진정한 자기변화를 초래할 수가 없다. 자신의 본성을 여실히 깨치는 돈오의 체험에 근거하여, 무시로 일어나는 번뇌가 실체 없는 空한 것이며 일상사가 佛性의 작용이요 妙用임을 자각하는 실천이 꾸준히 이뤄져야 한다. 先悟 다음의 끊임없는 後修에 의해, 일체의 속박에서 벗어나 절대적 자유를 누리는 성인의 경지에 도달하자는 게 지눌의 정혜결사가 표방하는 돈오점수였다.

그러한 지눌이 수행의 방법으로 제시한 이론이 定慧雙修였다. 惺寂等持라고도 이르거니와, 지눌은 선정과 지혜를 아울러 닦는 게 곧 수행의 요체임을 주장하였다.[34] 불교에서는 본시 戒·定·慧의 3학을 수행의 기본으로 삼는 게 전통이었다. 한데 지눌은 계를 당연한 것으로 전제한 위에서, 정과 혜를 모든 수행의 방법이자 목표로 삼았다. 定이란 참선을 통해 산란한 마음을 한 곳으로 집중시켜 정신적 통일을 이룬 상태이며, 그처럼 고요한 마음을 바탕으로 해서 사물의 모습을 있는 그대로 바라보는 知的 통찰력이 곧 慧이다. 惺이란 마음에 어둠이 없어 사물을 있는 그대로 보고 의식하는 상태로서 곧 慧에 해당하며, 寂이란 마음이 온갖 번뇌를 떠

34 … 問 後修門中 定慧等持之義 實未明了 更爲宣說 委示開迷 引入解脫之門 答 若說法義 入理千門 莫非定慧 取其綱要 則自性上 體用二義 前所謂空寂靈知是也 定是體 慧是用也 卽體之用 故慧不離定 卽用之體 故定不離慧 定則慧故 寂而常知 慧則定故 知而常寂 如曹溪云 心地無亂 自性定 心地無癡 自性慧 若悟如是 任運寂知 遮照無二 則是爲頓門箇者 雙修定慧也 若言 先以寂寂 治於緣慮 後以惺惺 治於昏住 先後對治 均調昏亂 以入於靜者 是爲漸門 劣機所行也 雖云惺寂等持 未免取靜爲行 則豈爲了事人 不離本寂本知 任運雙修者也 故曹溪云 自悟修行 不在於諍 若諍先後 卽是迷人 則達人分上 定慧等持之義 不落功用 元自無爲 更無特地時節 見色聞聲時 但伊麽 … 如云 六根攝境 心不隨緣 謂之定 心境俱空 照鑑無惑 謂之慧 此雖隨相門定慧 漸門劣機所行也 對治門中 不可無也 若掉擧熾盛 則先以定門 稱理攝散 心不隨緣 契乎本寂 若昏沈尤多 則次以慧門 擇法觀空 照鑑無惑 契乎本知 以定治乎亂想 以慧治乎無記 動靜相亡 對治功終 則對境而念念歸宗 遇緣而心心契道 任運雙修 方爲無事人 若如是則 眞可謂定慧等持 明見佛性者也 … (『普照全書』 修心訣)

나 텅 비어 고요한 상태로서 곧 定에 해당한다. 지눌은 정과 혜, 성과 적의 어느 한 쪽에 치우침이 없이 고루 닦아야 함을 강조하였다. 慧·惺이 일방적으로 승하면 마음이 산란해지고, 반면에 定·寂이 너무 지배적이면 마음이 혼침해져 지혜가 사라진다. 따라서 이 두 덕목은 새의 두 날개와 같이 반드시 함께 가야만 한다. 양자를 고루 닦아야 자기 마음의 본 바탕인 自性定慧를 드러내어 부처를 이루게 된다는 것이다. 惺寂等持門의 수립이었다.

선정과 지혜를 아울러 닦는 것과 함께, 지눌은 보살의 자비와 利他行의 실천·수행도 강조하였다. 그에게 수행은 자신만의 성불을 추구하는 데 그쳐서는 안 되는 것이었다. 중생의 고통을 덜어주고 더불어 열반에 이르도록 하는 자비의 행이 필수적이었다. 한데 지눌은 그것을, 한 순간의 깨달음의 체험에 의해 주어지는 게 아니라 오랜 기간의 수행을 통해 이룩되는 것으로 이해하였다. 上求菩提와 下化衆生은 돈오 이후의 점진적 수행에 의해서 완성되어가는 것이었다.

따라서 그러한 지눌에게 당시의 세속화한 불교는 자못 비판의 표적일 수밖에 없었다. 『勸修定慧結社文』에서 그가,

> … 그러나 우리 승려들이 아침저녁으로 행하는 바의 자취를 돌아보라. 佛法을 빙자하여 자신이나 남의 겉만을 꾸미어 놓은 채, 구차스럽게 이익과 편안함만을 탐내면서 풍진에 파묻혀 지낸다. 그리하여 도덕은 닦지 않으면서 衣食만 허비하니, 비록 거듭 출가한다고 한들 그 무슨 덕이 있다 하리오. …[35]

라고 당시 승려들의 행태를 비난하면서,

> … 만약 능히 이와 같다면, 선정과 지혜가 함께 움직이며 온갖 행이 가

35 … 然返觀我輩 朝暮所行之迹 則憑依佛法 裝飾我人 區區於利養之途 汨沒於風塵之際 道德未修 衣食斯費 雖復出家 何德之有 …(『普照全書』 勸修定慧結社文)

지런히 닦이니, 어찌 이것을 헛되이 침묵만 지키는 어리석은 선이나 다만 문자만 찾는 미친 지혜에 견주리오. …[36]

라고 하여, 어리석은 선과 미친 지혜를 버리고 定慧雙修와 萬行으로써 그러한 폐단을 제거해야 함을 애써 강조한 게 그것이었다.

한편 지눌의 불교사상 중에서 빼놓을 수 없는 부분이 華嚴的인 요소이다. 그의 사상이 지니는 중요한 특징 중의 하나가 화엄에서의 돈오를 인정한다는 점이다. 지눌은 李通玄 長者의 『新華嚴論』 중에서 10信 初位에 관한 해석에 깊은 감명을 받았다. 10信 初位란 범부가 수행을 시작하여 성불에 이르는 52位 중 첫 단계인 10信에서도 가장 낮은 위계로서, 수행의 기본인 믿음을 다지는 단계에 해당한다. 그런데 이를 두고 이통현 장자는, 범부가 자기의 마음이 곧 움직일 수 없는 지혜를 지닌 부처[不動智佛]임을 인정하고 들어가는 것으로 이해하였다. 그리고 지눌은, 이통현 장자의 10신 초위에 대한 그러한 견해를 곧 선가의 돈오에 해당하는 것으로 판단하였다. 스스로를 범부로 여기는 나머지 자기의 본시 성품이 부처와 조금도 다름이 없다는 사실을 긍정하지 않으려는 수행자의 자기비하를 지적하면서, 수행 초입에서의 그 극복을 내세우는 이통현의 견해에 지눌은 깊이 공감하였다.[37] 그것이야말로 선가에서 말하는 돈오의 정신과 조금도 다름

36 … 若能如是 定慧雙運 萬行齊修 則豈比夫空守默之癡禪 但尋文之狂慧者也 … (같은 책)

37 大定乙巳秋月 余始隱居下柯山 … 退歸山中 坐閱大藏 求佛語之契心宗者 凡三周寒暑 至閱華嚴經出現品 擧一塵含大千經卷之喩 後合云 如來智慧 亦復如是 具足在於衆生身中 但諸凡愚 不知不覺 予頂戴經卷 不覺殞涕 然未詳 今日凡夫 最初信入之門 又閱李長者所造華嚴論 釋十信初位云 覺首菩薩者有三 一 覺自身心 本是法界 白淨無染故 二 覺自身心 分別之性 本無能所 本來是不動智佛 三 覺自心 善簡擇正邪妙慧 是文殊師利於信心之初覺 此三法 名爲覺首 又云 從凡入十信難者 摠自認是凡夫 不肯認自心是不動智佛故 … 於是 置卷長歎曰 世尊說之於口 卽爲教 祖師傳之於心 卽爲禪 佛祖心口 必不相違 豈可不窮根源 而各安所習 妄興諍論 虛喪天日也 從此益加信心 勤修匪懈 于玆積歲矣 余謂修心之士 先以祖道 知自心本妙 不拘文字 次以論文 辨心之體用 是法界性相 則事事無碍之德 同體智悲之功 不爲分外矣 … 丁卯正月八日 海東曹溪山沙門知訥序 (『普照全書』

이 없다는 게 지눌의 확신이었다.

지눌은 당시 불교계의 고질적인 병폐였던 禪과 敎 사이의 갈등을 해결하는 일에 비상한 관심을 기울였다. 그가 『六祖壇經』을 통해 禪家의 진리를 깨친 다음, 새삼 그에 계합하는 敎家의 가르침을 찾아 下柯山 普門寺에서 3년 동안 대장경을 뒤지며, 온갖 전적과 씨름하는 각고의 노력을 보였던 게 그러한 증거이다. 그리하여 마침내 화엄에도 돈오사상이 존재함을 확인하였다. 지눌에 의하면, 인간은 수행의 초입에서 자기 자신의 불성을 자각해야만 하였다. 범부라는 자기비하의 마음을 과감히 물리치고, 부처와 조금도 다름이 없는 자신의 본마음[眞心]을 깨닫는 자기발견과 자기긍정이 수행의 첫 단계에서 이뤄져야만 하였다. 나아가 그것이 선가만의 전유물이 아니며 화엄에도 동일한 시각이 존재함을 확인하였다. 그리하여 지눌은 화엄에서 선을 발견할 뿐만 아니라, 화엄을 禪化하여 선으로 끌어들이려는 노력을 하였다. 그 결과 선 수행에서의 화엄적 돈오를 제시하여 圓頓信解門을 수립하였으며, 그와 같은 화엄적 돈오의 길을 구명 논증하고자 저술한 게 『圓頓成佛論』이었다. 지눌에 이르러 한국 불교는 비로소 종파주의를 극복하는 길을 찾는 데 성공하였으며, 그리하여 교종과 선종이 하나의 근원에서 만난다는 한국적인 禪敎調和의 이론을 완성하였다.

지눌은 마지막으로 깨달음의 지름길을 제시하였다. 看話徑截門이 그것이었다. 돈오점수는 선과 교를 불문하고 실천할 수 있는 보편적인 수행의 방법이다. 그렇지만 간화선은 그와 같은 일반적인 수행체계에서 벗어난 파격적인 길로서, 上根機 즉 매우 특별한 능력의 소유자에게나 가능한 길이다. 일체의 知的 이해를 초월하는 이러한 깨달음을 통해서, 선 수행자는 知解病에서 벗어나 진리와 하나가 되는 체험에 이른다. 이러한 깨달음은 교리적 진리의 이해는 물론이고 돈오점수의 오와도 비교가 안 되는 결정적인 깨달음이라 일컬어진다. 지눌에 따르면, 돈오의 오는 아직 知解를

華嚴論節要序)

탈피하지 못한 解悟임에 반하여, 화두를 통한 깨달음은 더 이상 점수의 수고로움을 필요로 하지 않는 결정적인 깨달음으로서 證悟라 이른다. 따라서 돈오점수의 문을 따르던 자도 선의 궁극적 완성을 위해서는 화두를 참구해야 한다. 그것만이 지해의 병을 말끔히 제거하고 眞心과 완벽하게 합일하는 일대 해탈을 얻는 길이기 때문이다.

간화선은 교가에서 발견할 수 없는 선가의 독특한 비법이다. 지눌은 智異山의 上無住庵에서 중국 간화선의 대가인 大慧禪師 宗杲의 語錄을 읽는 가운데 큰 깨우침을 얻었다. 이후 그는 간화선을 선 수행의 최고 방법으로 삼았으며, 그리하여 간화선에 대한 의심을 깨뜨리고 그 효능을 논하는 『看話決疑論』을 저술하였다.

돈오점수에서 선과 교의 융화를 표방하던 지눌도, 간화선에서는 선과 교의 질적 차이를 내세운다. 화두 참구를 통해 지해의 자취를 완전히 떨쳐내고서 도달한 깨침의 경지는, 교학적 진리 이해나 깨달음과는 전혀 다른 차원의 것으로서, 오직 선만의 고유한 세계라는 것이다. 그렇지만 지눌은 그러한 경절문을 제시하면서도 선을 그것으로만 국한시키지는 않았으며, 또한 그것과 돈오점수의 門을 상호 배타적인 것으로 여기지도 않았다. 뿐만 아니라 제 능력은 돌아보지 않은 채, 무조건적으로 경절문에 집착하며 경전 공부를 무시하는 맹목적인 선가의 태도에 대해 매우 비판적이었다. 선의 독자성과 우월성을 주장하면서도 지눌은 결코 선에 대해 맹목적인 집착이나 종파적인 편협성을 보이지 않았으며, 선·교의 불필요한 대립을 지양하려는 자세를 취하였던 것이다.[38]

38 지눌의 생애라든지 사상과 정혜결사에 관해서는 이미 수많은 연구가 축적된 상태이거니와, 여기에서는 그것을 종합해 서술한, 진성규, 「무신정권기 불교계의 변화와 조계종의 대두」, 『한국사』 21, 국사편찬위원회, 1996, 13~25쪽과 길희성, 「지눌의 사상」, 같은 책, 26~43쪽 및 박영제, 「수선사의 성립과 전개」, 같은 책, 43~72쪽, 그리고 김방룡, 「보조 지눌의 사상」, 『보조 지눌의 사상과 영향』, 도서출판 보고사, 2006, 13~147쪽 및 강건기, 『보조국사 지눌의 생애와 사상』, 불일출판사, 2010 등을 주로 참고하였다.

지눌에 앞서 대각국사 의천도 교종과 선종의 통합을 주장하였다.[39] 하지만 그것은 교종을 위주로 하는 것이었다. 그가 천태종을 열 때에는 선종 9산의 승려를 많이 흡수하였을 뿐더러, 더욱이 『新編諸宗敎藏總錄』에는 선종에 관한 서적을 한 권도 넣지를 않았다. 그러나 지눌은 그와 달랐다. 선종의 우위를 내세우면서도 그에 집착하지 않았다. 종파주의를 극복하여 선과 교의 조화를 중시하였다.[40]

지눌의 위와 같은 중심 취지에 입각한 정혜결사는 널리 상하의 호응을 불러 일으켰다. 당대의 집권 무인도 예외가 아니었다. 각별한 관심 속에 호의를 베풀며 정혜결사를 후원하는 데 열심이었다. 최씨 무인집권자는 정혜결사를 옹호함으로써 정권의 기반을 굳건히 하고자 도모하였다.[41]

무인이 집권한 당시는 대내외적으로 격렬한 소용돌이에 휘말린 시기였다. 문·무의 알력과 무인 사이의 정권 쟁탈전이 치열하였으며, 교종을 중심으로 한 불교계의 무인정권을 향한 항쟁이나 불교 종파 사이의 갈등이 심각하였고, 전국 각처에서는 농민·천민의 봉기가 빈발하였다. 거기에 북방에서의 동향도 심상치를 않았는데, 머잖아 金山王子를 비롯한 거란족이 침입하고 뒤이어 몽골의 압력과 잇따른 침략까지 더해졌다. 무인정권의

---

39 박용진, 『義天 —그의 생애와 사상—』, 혜안, 2011.

40 지눌의 저술로는, 명종 20년(1190)에 반포된 정혜결사의 취지문으로서 지눌 사상의 중요한 내용이 거의 포함된 『勸修定慧結社文』을 위시하여, 수행법의 요체를 설한 『修心訣』, 불성의 세계를 단도직입적으로 밝히는 『眞心直說』, 李通玄 長者의 화엄사상에 근거하여 화엄적 돈오의 길을 밝힌 『圓頓成佛論』, 간화선의 방법과 의의를 밝힌 『看話決疑論』, 唐의 선과 화엄사상의 대가인 圭峰宗密의 선사상 요체를 담은 저술을 요약하고 거기에 자기의 견해를 더한 『法集別行錄節要幷入私記』, 수행을 처음 시작하는 이가 지켜야 할 몸가짐과 마음가짐을 저상하게 다룬 『誡初心學人文』이 있으며, 거기에 李通玄 長者의 저술을 요약한 『華嚴論節要』 등이 전한다(李鍾益, 「普照撰述의 思想概要와 書誌學的 考察」, 『普照思想』 1, 1987, 137~163쪽. 朴相國, 「普照國師 知訥의 生涯와 著述」, 『普照思想』 3, 1989, 7~18쪽). 이상 지눌의 저작은 普照思想研究院에서 편찬한 『普照全書』(佛日出版社, 1989)에 '解題'와 함께 수록되어 쉽게 이용할 수 있다.

41 아래의 내용은, 邊東明, 「圓妙國師 了世의 定慧結社 참여와 결별」, 『歷史學報』 156, 1997, 346~348쪽을 참고해 정리하였다.

시기는 말 그대로 갈등과 전란으로 얼룩진 내우외환의 격동기였다.[42]

따라서 최씨 무인집권자의 입장에서는, 그와 같은 갈등을 완화 해소하는 한편 거국적인 동원체제를 갖춰 외세의 압력과 침략에 대항하는 논리를 필요로 하였을 터이다. 그리고 지눌과 정혜결사에서 표방하던 선교조화의 사상이야말로 그러한 필요에 부응할 수 있는 이념인 것으로 받아들였을 법하다. 교리와 실천의 방법을 두고 불교 종파 사이에 나타났던 대립과 갈등을 극복하고자 하는 그와 같은 선교일치의 사상이, 집권세력 내의 알력이나 혹은 신분·계층 사이의 갈등을 완화 해소시키는 데 유력한 원리로 작용할 수가 있으리라는 것은 불문가지이다. 나아가 그리하여 내부의 갈등을 수습함으로써, 모든 역량을 집결하여 외세의 침략에도 강력하게 대응할 수가 있으리라는 전망도 가능할 터이다. 최씨 무인정권이 정혜결사를 후원하면서 그와 같은 사항을 고려하지 않았을 까닭이 없다.

다음으로, 지눌과 정혜결사에서 기성의 중앙 불교 교단을 비판하면서 그 개혁을 표방하였던 것도, 최씨 무인집권자의 관심을 불러 일으켰을 게 분명하다. 최씨 무인정권이 지눌과 정혜결사를 후원하고 우호적인 유대를 맺게 된다면, 이는 정권을 정당화하는 정신적인 기반을 마련한 셈이 되었을 터이다. 최씨 무인정권도 기왕의 잘못된 정치를 혁신하기 위하여 수립된 것이라는 논리를 끌어들이는 게 가능하였을 것이기 때문이다.[43]

최씨 무인정권의 후원을 비롯한 폭넓은 호응을 배경으로 삼아, 정혜결사 곧 조계산 修禪社는[44] 당대의 불교 교단을 영도하는 존재로 부각되었

---

42 박용운, 『고려시대사』(수정·증보판), 일지사, 2008, 471～494쪽, 532～578쪽.

43 金塘澤, 「최씨무인정권과 修禪社」, 『高麗의 武人政權』, 國學資料院, 1999, 330쪽.

44 주지하듯이, 정혜결사는 순천의 조계산으로 옮겨 온 뒤 이웃에 위치한 定慧寺와의 혼동을 피하기 위해 왕명을 받아 修禪(結)社로 개명하였다.

① … 自丁巳年(1197)經始 伐木輦土 經之營之 凡立屋八十餘間 佛宇·僧寮·齋堂·廚庫無一不備 九載功畢 是大金泰和五年(1205) 以其年十月初一日 受朝旨 約一百二十日設慶讚法會 開堂說禪 點破大慧禪師語錄 夜則安靜慮 申華封之祝 以落成焉 於戲 師之作是道場也 可謂希有矣 … 上聞而嘉之 乃易山名曰曹溪 社名修禪 仍以御筆 題額以褒之 … (『朝鮮寺刹史料』 上 大乘禪宗曹溪山修禪社重創記)

다. 더불어 그로 대표되는 해동조계종은 고려 불교의 특이한 존재로 자리를 잡아 번성하였다. 지눌 이후 수선사에서는 眞覺國師 惠諶이라든지 圓鑑國師 冲止와 같은 고승을 연달아 배출하며, 한국의 조계종이 발전하는 데 크게 이바지하였다.[45]

무인정권의 시기에 들어 조계종이 크게 융성한 것은 고려 불교의 내적인 발전을 의미하였다. 불경의 가르침에 의한 공덕을 쌓음으로써 현실 세계에서 이익을 추구하는 교종의 기성 권위에 대한 도전이었다. 이는 또한 왕실 및 문신 귀족과 결탁한 세속적인 불교의 부인이었다. 이리하여 조계종은 무인정권의 일정한 옹호를 받으면서 독자적인 세계를 개척해 나갔다. 뿐만 아니라 조계종은 心性의 도야를 강조함으로 해서 장차 성리학을 받아들일 수 있는 터전을 닦아 주는 구실도 하였다. 현 조계산 송광사를 본산으로 삼은 수선사가, 고려후기 불교를 이끌면서 이룩한 이채로운 성취였다.

고려왕조에 들어 선암사와 송광사가 크게 번성하면서 남다른 성취를 이룩하였음을 살폈다. 조계산 불교가 그만큼 흥륭하였으며, 그리하여 한국 불교의 발전에 이바지한 바가 컸던 셈이다. 그 중에서도 지눌의 중심 취지를 받드는 정혜결사의 근거지인 송광사가 한국 불교사에서 차지하는 위상의 각별함은 다시 이를 나위가 없다. 지금에 이르도록 한국 불교를 대표하는 僧寶宗刹로서 송광사의 명성은 가히 독보적이거니와, 그 배경이 지눌 및 그를 계승한 고승들이 활약하던 고려왕조에 있었음은 기억해 마땅하다.[46]

---

② … 至承安五年庚申 自公山 移社於江南曹溪山 以隣有定慧寺 名稱混同 故受朝旨 改定慧社 爲修禪社 然勸修文 旣流布 故仍其舊名 彫板印施耳 (『普照全書』 勸修定慧結社文)

45 김두진, 「고려후기 사원세력과 송광사」, 『順天市史』(정치·사회편), 順天市史編纂委員會, 1997, 186~213쪽.

46 선암사가 번성하던 고려전기에 송광사의 전신인 길상사는 퇴락을 면치 못하였다. 그렇다면 송광사가 번성하던 고려후기에 선암사의 상황은 어떠하였을까. 과문의 탓인지 모르지만, 고려후기의 선암사를 이해할 수 있을 만한 자료는 아직 접하지를

4. 유교사회의 전개와 조계산 불교

조선왕조의 개창과 더불어 불교는 사상계의 주류에서 밀려났다.[47] 주자 성리학이 지배이념으로 부각됨에 따라 불교는 억압을 받았고, 불교 교단은 위축을 면치 못하였다. 태조대의 度牒制 시행을 시발로, 태종대의 종파 축소와 사원 혁거 및 세종대의 禪敎 兩宗으로의 통합과 사원 혁거, 뒤이은 성종대의 도첩제 폐지와 연산군·중종대의 僧科 폐지 등을 거치면서, 불교계는 극심한 탄압에 시달렸다. 출가가 억제되고 우수한 인재의 불교계 유입 통로가 막혔으며, 田民이 몰수되는 등 사원의 경제적 기반이 크게 약화된 위에, 가혹한 수탈마저 자행되었다. 그 명맥의 보존조차 쉽지를 않은 듯한 상황이었다. 다만 그런 속에서나마 불교가 나름의 전승을

못하였다. 조계산을 사이에 둔 송광사의 수많은 자료에서도, 바로 이웃에 위치한 선암사에 관한 내용은 찾아보기가 쉽지를 않다. 고려후기 들어 선암사가 그리 번성하지 못했음을 반영한 현상인 듯싶거니와, 나아가 당시 선암사가 여러 측면에서 송광사와 대비되는 존재였음을 암시하는 것은 아닌지 의문이 든다. 적어도 선암사가 무인정권의 후원을 받는 사찰은 아니었던 듯 여겨지며, 추정을 보태자면 아마도 무인정권과 갈등관계이던 사찰이나 승려와 동일한 입장을 취했거나, 혹은 그와 직간접적인 연관을 맺었을 가능성도 없지 않아 보인다. 그리고 그와 관련하여 선암사에서 지금에 이르도록 강조하는 바, 고려중기 대각국사 의천의 선암사 중창설 등 선암사와 의천 사이의 연고라는 것도 재음미해 볼 만하다. 의천은 교종 승려로서 고려전기 문신귀족사회를 대표하는 승려이다. 의천과 같은 교종계 승려와 사찰이 문신귀족의 존신을 받았으며, 그리하여 무신난 이후 교종계 승려와 사찰이 무인정권과 대결적인 자세를 취했던 사실에 비추어, 선암사도 또한 저들처럼 무인정권에 반대하는 편에 섰던 것은 아닌가 여겨진다. 무인정권의 후원을 받지 못하던 선암사가 번성하기는커녕 아무런 자료도 남기지 못하는 침묵의 시기를 보냈으며, 무인정권의 후원 속에 전성을 누리던 송광사와 그처럼 반대되는 입장에 섰었기에 송광사에서도 선암사에 관한 기록이라든지를 찾아볼 수가 없기에 이른 것은 아니었을까 헤아려지는 것이다.

47 조선시기의 불교를 다룬 연구 중 그 성과를 정리한 글로는 다음이 있다.
蔡尙植,「고려·조선시기 불교사 연구의 현황과 과제」,『韓國史論』28, 국사편찬위원회, 1998. 김순식,「조선후기 불교사 연구의 현황과 과제」,『조선후기사 연구의 현황과 과제』, 창작과비평사, 2000. 金相鉉,「朝鮮佛敎史 硏究의 課題와 展望」,『佛敎學報』39, 2002. 정병삼,「조선시대 호남불교 연구의 성과와 전망」,『佛敎學報』59, 2011.

유지해갈 수 있었던 것은, 消災招福이라든지 死者儀禮의 수행과 같은 종교적 역할이 불교에 주어졌고,[48] 더불어 世祖 및 明宗代 文定王后 등의 개인적인 신심에 바탕한 불교옹호시책 등이 간헐적으로 이어진 덕분이었다.

조계산 불교도 또한 위와 같은 추세에서 예외일 리 없었다.[49] 조선왕조의 전개와 함께 송광사와 선암사에도 억압의 손길이 미쳐오고, 자연히 寺勢도 위축을 면치 못하였을 터이다. 가령 태종대의 혁거에서 제외된 242개 사찰의 경우 그 명단이 전하지 않아 파악이 어렵지만, 뒤이어 추가로 존속을 인정받은 88寺 중에서 송광사와 선암사의 명호는 찾아지지를 않는다.[50] 세종대에 지정된 禪敎兩宗의 36寺에도 두 사찰은 들지를 못하였다.[51] 그랬다가 얼마 뒤 구례의 화엄사를 대신해 송광사가 지정되면서,[52] 그나마 조계산의 송광사가 전라도에서 유일하게 살아남은 사찰로 자리를 잡았다.[53]

조선왕조에 들어 불교는 이전과 비교할 수 없을 만큼 초라하게 위축되었다. 그렇지만 위축된 채로나마 유교사회의 전개에 차츰 적응해갔고, 그러한 추세 속에서 조계산 불교도 생존을 모색하며 나름대로 전통을 유지하였다. 가령 송광사와 선암사에서 단속적으로 이어지던 중창 불사라든지 佛書의 간행에서, 저간의 사정을 얼추 헤아릴 수가 있다.

송광사에서는 조선시기에 대략 8회 가량의 사찰 중수사업이 펼쳐졌던

---

48 韓㳓劤, 『儒敎政治와 佛敎』, 一潮閣, 1993. 蔡尙植, 「고려·조선시기 불교사 연구의 현황과 과제」, 83~84·87~90쪽.

49 송광사와 선암사를 포함한 조선시기 호남지역의 불교를 정리한 글로는, 이계표, 「湖南 佛敎의 歷史와 思想」 Ⅲ, 『鄕土文化』 16, 1997, 91~113쪽이 있다.

50 『太宗實錄』 11 太宗 6년 3월 27일 丁巳, 같은 책 14 太宗 7년 12월 2일 辛巳. 단, 앞서의 242개 사찰 가운데 송광사나 선암사가 포함되었을 가능성이 엄존함은 물론이다.

51 『世宗實錄』 24 世宗 6년 4월 5일 庚戌

52 禮曹啓 全羅道松廣寺 曾爲恭靖大王重創 水陸社 留後司興敎寺 厚陵齋宮 皆不屬宗 未便 乞革禪宗全羅道求禮華嚴寺·黃海道殷栗亭谷寺 以松廣·興敎二寺 屬禪宗 從之 (『世宗實錄』 26 世宗 6년 10월 25일 丙寅)

53 정병삼, 「조선시대 호남불교 연구의 성과와 전망」, 211쪽.

것으로 전한다.[54] 조선초기의 高峯和尙과 中印禪師에 의한 중창사업을 시발로, 임진왜란 이후 浮休善修와 그 문도에 의한 중건 및 헌종대 대화재 이후의 대대적인 중창 등, 크고 작은 사찰 영건사업이 조선시기 내내 단속적으로 반복되었다.[55] 선암사에서도 그러하기는 매일반이었다. 중종 35년(1540)의 一柱門 중수를 위시하여, 임진왜란 이후 인조 22년(1644)에서 현종 원년(1660)에 걸친 대대적인 복구사업과 숙종대 護岩若休에 의한 중창 등, 크고 작은 영건사업이 끊어졌다 이어지기를 거듭하였다.[56]

佛書의 간행도 이어졌다. 조선시기에 간행된 불서는 15세기에 5종, 16세기에 63종, 17세기에 130종, 18세기에 34종이었다고 한다.[57] 조선왕조가 개창되고 100여 년이 흐른 16세기 즈음이면, 15세기와 달리 불서 간행이 자못 활발해졌음을 알 수가 있다. 16세기 들어 호남지역에서는 32개 사찰에서 93회에 걸쳐 불서를 간행하였는데, 이는 전국에서 불서를 가장 많이 찍어낸 경우에 속한다고 한다. 그 중 조계산 송광사에서 개판한 게 8회였다고 하거니와,[58] 임진왜란 이전에 17종 그리고 이후에 60종의 불서를 송광사에서 각각 간행하였다는 조사도 나와 있다.[59] 송광사를 비롯한 조계산 불교가, 어려운 상황 속에서도 나름대로 전통을 유지하고자 진력하였

54 『昇平續誌』(『昇平續誌』 2 寺刹 松廣寺(『昇平誌』, 順天大 南道文化硏究所, 1988, 58~59쪽))에 따르면, 定宗 2년 (高峯和尙 重建 三·四宇), 世宗 2년 (中印禪師 承高峯之志而續建), 宣祖 34년 (應禪和尙 重建 水閣·臨鏡堂·天子庵·普照庵), 光海 원년 (浮休禪師命門徒碧岩等四百餘名而重修), 英祖 32년 (創毓祥宮願堂), 憲宗 8년 (寺之西半部 全被火災 翌年癸卯 龍雲禪師 次第重建), 高宗 23년 (創東宮願堂), 光武 7년 (創耆老所願堂) 등 모두 8회에 걸쳐 사찰 영건사업이 펼쳐졌다고 한다.

55 韓國佛教硏究院, 『松廣寺』, 一志社, 1975, 35~41쪽. 강건기 외, 『송광사』, 대원사, 1994, 31~34쪽.

56 李啓杓, 「沿革」, 『仙巖寺』, 昇州郡·南道佛教文化硏究會, 1992, 26~30쪽.

57 朴相國, 『全國寺刹所藏目錄』, 文化財管理局, 1987, 54쪽.

58 孫成必, 「16世紀 朝鮮의 佛書 刊行」, 동국대 석사학위논문, 2007, 13~18쪽.

59 宋日基, 「順天 松廣寺 刊行 書籍考」, 『書誌學硏究』 10, 1994, 523~552쪽. 盧基春, 「順天 松廣寺 開板佛事에 관한 연구」, 『書誌學硏究』 25, 2003, 447~476쪽. 盧基春, 「順天 松廣寺 開板佛事에 관한 연구」(Ⅱ), 『書誌學硏究』 26, 2003, 303~346쪽.

음을 이해할 수가 있다.

16세기의 중엽에 접어들면서, 불교계에는 일시 부흥의 기운이 감돌았다. 명종의 모후인 문정왕후가 불교를 적극 옹호하고 나선 데 따른 일이었다. 이때 승과도 부활하였는데, 淸虛休靜이 명종 7년(1552)에 그리고 四溟惟政이 명종 16년(1561)에 각각 급제함으로써, 16세기 후반 이후 장차 불교가 활성화될 수 있는 人的 기반이 마련되었다. 그리하여 임진왜란에서 위의 청허 등이 이끄는 僧軍이 크게 활약한 것을 계기로, 조정에서의 불교에 대한 인식이 달라지고 더불어 불교의 사회적 위상이 어느 정도 제고되는 변화가 나타났다.[60]

임진왜란 이후 청허휴정의 문하에서는 수많은 문도가 배출되어 거대한 하나의 계파가 형성되었다.[61] 조선후기의 불교에서 가장 번성한 문파로 첫손에 꼽히는 게 이들 청허계열이었다. 한편 그러한 청허계열과 어깨를 나란히 한 또 하나의 문파가 청허와 동문인 浮休善修의 계열이었는데, 이들의 본산이 다름 아닌 조계산 송광사였다.[62] 임진왜란의 피해를 복구하

60 강덕우, 「朝鮮中期 佛敎界의 動向-明宗代의 佛敎施策을 중심으로-」, 『國史館論叢』 56, 1994, 159~191쪽. 김용태, 「불교사의 전개와 불교의 존립기반」, 『조선후기 불교사 연구』, 신구문화사, 2010, 41~43·45~47쪽.

61 高翊晉, 「碧松智嚴의 新資料와 法統問題」, 『佛敎學報』 22, 1985. 金煐泰, 「朝鮮 禪家의 法統考-西山家統의 究明-」, 같은 책. 崔柄憲, 「朝鮮時代 佛敎法統說의 問題」, 『韓國史論』 19, 1988. 鄭柄朝, 「佛敎信仰의 命脈」, 『韓國思想史大系』 5, 韓國精神文化硏究院, 1992. 崔柄憲, 「조선후기 浮休善修系와 松廣寺 -普照法統說·太古法統說 葛藤의 한 사례-」, 『同大史學』 1, 1995. 許興植, 「14·5세기 曹溪宗의 繼承과 法統」, 『東方學志』 73, 1991; 改題 「中世 曹溪宗의 起源과 法統」, 『韓國中世佛敎史硏究』, 一潮閣, 1994. 金龍泰, 「'浮休系'의 계파인식과 普照遺風」, 『普照思想』 25, 2006. 김용태, 「청허계의 성립과 편양파의 융성」, 『조선후기 불교사 연구』, 신구문화사, 2010.

62 金仁德, 「浮休善修의 禪思想」·「浮休의 文流」, 『崇山朴吉眞華甲紀念 韓國佛敎思想史』, 1975. 金煐泰, 「朝鮮朝佛敎와 牧牛子思想」, 『普照思想』 3, 1989. 鄭柄朝, 「佛敎信仰의 命脈」, 『韓國思想史大系』 5, 韓國精神文化硏究院, 1992. 崔柄憲, 「조선후기 浮休善修系와 松廣寺」, 『同大史學』 1, 1995. 金龍泰, 「'浮休系'의 계파인식과 普照遺風」, 『普照思想』 25, 2006. 趙明濟·鄭龍範, 「『松廣寺史庫』의 편찬과정과 자료 가치」, 『지역과 역사』 19, 2006. 김방룡, 「보조 사상의 영향」, 『보조 지눌의 사상과 영향』, 도서출판 보고사, 2006. 趙明濟, 「栢庵性聰의 佛典 편찬과 사상적 경향」, 『역사와 경계』 68,

며 다소 활성화할 기미를 보이던 조선후기의 불교계에서, 송광사를 위시한 조계산 불교는 자못 중요한 위치를 점하였다.

부휴선수(1543~1615)는 임진왜란이 끝난 뒤 송광사의 중창을 주도하였다. 송광사의 초빙을 받은 부휴는, 광해군 원년(1609)에 문도를 이끌고 송광사로 들어가 중건사업을 시작하여 같은 왕 4년(1612)에 마쳤다.[63] 이후 부휴선수의 적통을 잇는 제자들이 이곳을 중심으로 활동을 펼침으로써, 송광사는 부휴계열의 본산으로 자리를 잡았다. 부휴계열에서는 송광사를 기반으로 지눌의 저서를 집중적으로 간행하고 수선사의 전통을 강조하는 등, 지눌과 송광사를 현창하는 일에 열심이었다. 이러한 노력은 17세기 후반의 栢庵性聰(1631~1700)에 이르러 거의 절정을 구가하였다.[64]

백암성총은 숙종 4년(1678)에 松廣寺嗣院事蹟碑와[65] 普照國師碑를 건립하였다. 보조국사 지눌 이래의 전승을 앞세우며 더불어 부휴의 적통임을 과시함으로써, 자기 정체성을 확립하려는 의지의 소산이었다. 특히 송광사사원사적비에서는 묘향산을 근거로 하는 청허계가 禪法嗣承의 중요성에서 송광사와 맞설 수 없음을 천명하였는데, 그러면서도 한편으로는 보조가 아닌 태고보우의 법통 계승을 표방하였다.[66] 중국 임제를 계승한 태

2008. 조명제, 「朝鮮後期 浮休門派의 사상과 문파의식」, 『韓國禪學』 24, 2009. 趙明濟, 「朝鮮後期 松廣寺의 전적 간행과 사상적 경향」, 『普照思想』 32, 2009. 김용태, 「부휴계의 특성과 정체성」, 『조선후기 불교사 연구』, 신구문화사, 2010. 채상식, 「1608년 松廣寺 重刊 『勸修定慧結社文』·『誡初心學人文』 연구」, 『書誌學硏究』 4, 2010.

63 韓國佛教研究院, 『松廣寺』, 36~37쪽. 김용태, 「부휴계의 특성과 정체성」, 『조선후기 불교사 연구』, 신구문화사, 2010, 152~153쪽.

64 金龍泰, 「'浮休系'의 계파인식과 普照遺風」, 321~333쪽. 趙明濟, 「栢庵性聰의 佛典 편찬과 사상적 경향」, 89~114쪽. 조명제, 「朝鮮後期 浮休門派의 사상과 문파의식」, 55~90쪽. 趙明濟, 「朝鮮後期 松廣寺의 전적 간행과 사상적 경향」, 1~41쪽. 김용태, 「부휴계의 특성과 정체성」, 『조선후기 불교사 연구』, 147~167쪽. 채상식, 「1608년 松廣寺 重刊 『勸修定慧結社文』·『誡初心學人文』 연구」, 295~320쪽.

65 趙宗著 撰, 昇平曹溪山松廣寺嗣院事蹟碑, (『朝鮮金石總覽』 下, 954~955쪽 ; 『海東佛報』 3, 1941, 61~62쪽)

66 이에 관하여는 두 단락 아래에서 다시 한번 논의할 예정이다.

고의 법통이, 浮休善修와 碧巖覺性·翠微守初를 거쳐 栢庵性聰으로 이어짐을 굳이 내세웠다. 아울러 성총은 부휴계열 적전의 승탑을 모은 송광사 浮屠殿을 조성함으로써, 傳法의 정통성과 부휴문파로서의 정체성을 확고히 하고자 노력하였다.[67]

백암성총은 또한 수많은 불교전적을 간행하여 조선후기 불교의 진흥에 이바지하였다.[68] 1681년 荏子島에 중국의 선박 한 척이 표착하였다. 이 배에는 청에서 일본으로 보내는 嘉興藏本 불서들이 실려 있었는데, 성총은 이들 불서 400여 권을 입수한 위에 여러 사찰에서 가흥장 이외의 불서들을 수집하여 12종류 197권 115책으로 간행하였다. 淨土典籍을 비롯하여 四集과 四教科에 해당하는 불서들이었거니와, 이로써 성총은 조선후기에 정토신앙이 확대되고 華嚴講學이 성행하는 바탕을 제공하였으며, 더욱이 불교의 교육과정인 履歷課程이 확립되는 데 기여하였다는 평을 얻었다.[69] 나아가 성총의 불서 간행을 두고, 조선후기 불교에서 禪과 教學 및 念佛이라고 하는 이른바 三門修學이 일반적인 경향으로 자리를 잡는 데 이바지한 바가 적지 않았다는 평이 나오기도 하였다.[70]

17세기 후반 이래 조선의 불교계에서 성행하던 강학의 측면에서도, 송광사를 본산으로 하는 부휴계열은 청허계열에 뒤지지 않는 활약을 보였다. 栢庵性聰-無用秀演-影海若坦-默庵最訥로 이어지는 부휴계의 적전이 교학과 강학에 정통한 것으로 이름을 떨쳤으며, 벽암각성의 또 다른 문하인 暮雲震言-葆光圓旻-晦庵定慧의 계열도 강학에 뛰어나다는 평을 들었다. 교학 진흥의 추세 속에서 부휴 일문은, 청허계열에 밀리지 않을 만큼

67 崔柄憲, 「조선후기 浮休善修系와 松廣寺」, 133~156쪽. 김용태, 「부휴계의 특성과 정체성」, 163~165쪽.

68 趙明濟, 「栢庵性聰의 佛典 편찬과 사상적 경향」, 89~114쪽. 김용태, 「18세기 강학의 성행과 화엄교학의 중시」, 『조선후기 불교사 연구』, 257~264쪽.

69 이종수, 「숙종 7년 중국선박의 표착과 백암성총의 불서간행」, 『불교학연구』 21, 2008, 278~286쪽. 이종수, 「조선후기 불교 履歷科目의 선정과 그 의미」, 『韓國史研究』 150, 2010, 126~129쪽.

70 정병삼, 「조선시대의 호남불교 연구의 성과와 전망」, 217쪽.

뚜렷한 문파를 형성한 가운데 계파의식을 견지하며 송광사를 중심으로 활발히 활동하였다.[71]

부휴계열에서는, 太古普愚 법통설을 따르면서도 한편으로는 普照知訥의 가풍을 강조하는 데 열심이었다. 조선후기 이래로 조선불교의 법통은 고려말의 태고보우에서 구하는 것이 일반적이라고 한다. 그렇지만 사상의 측면에서는 보조지눌을 계승하였다는 견해도 또한 널리 통용된다.[72] 태고법통설은 청허휴정의 문도들에 의해 임의로 조작되었으며, 역사적 사실과는 다르다는 게 대체적인 이해이다. 태고보우 이래로 이어져 왔다는 조선불교의 법통은 실재한 '사실'이 아니며, 단지 그처럼 '인식'한 데 지나지 않는다고 한다. 그럼에도 청허의 문손들에 의해 태고법통설이 정설로 확립되었고, 그리하여 전통으로서 부동의 권위를 확보한 가운데 오늘에 이르렀다는 것이다. 반면에 사상의 측면에서는 보조지눌의 영향이 지대하였다는 게 대체적인 이해이다. 禪教의 融會兼修와 看話禪의 선양이라는 조선불교의 지향이 보조 이래의 전통을 계승한 것이며, 유통된 佛書의 면면이라든지 履歷課程의 성립과 科目의 선정에서도 그의 사상적 영향이 확인된다는 것이다.

한편 조선후기 불교의 그러한 전개에서, 부휴계열이 중요한 역할을 담당하였음은 앞서 언급한 대로이다. 송광사를 본산으로 삼아 활동하던 부휴계에서는, 보조 이래의 가풍에 관심을 기울이며 더욱이 그 전승을 의식하는 가운데 문파의 정체성을 확립하고자 노력하였다. 말하자면 조선시기의 불교가 사상적인 측면에서 보조지눌의 그것을 중심으로 전승을 유

71 김용태, 「18세기 강학의 성행과 화엄교학의 중시」, 243~272쪽.

72 李英茂, 「韓國佛教史에 있어서의 太古普愚國師의 地位」, 『韓國佛教學』 3, 1977. 高翊晉, 「碧松智嚴의 新資料와 法統問題」, 『佛教學報』 22, 1985. 金煐泰, 「朝鮮 禪家의 法統考」, 같은 책. 崔柄憲, 「朝鮮時代 佛教法統說의 問題」, 『韓國史論』 19, 서울대 국사학과, 1988. 최병헌, 「조선후기 부휴선수계와 송광사」, 『동대사학』 1, 1995. 金龍泰, 「朝鮮中期 佛教界의 변화와 '西山系'의 대두」, 『韓國史論』 44, 서울대 국사학과, 2000. 박해당, 「조계종의 법통설에 대한 비판적 검토」, 『철학사상』 11, 2000. 김용태, 「불교 법통의 성립과 역사적 의미」, 『조선후기 불교사 연구』, 신구문화사, 2010.

지하여 오늘에 이르렀는데, 그러한 사상 전승의 핵심적인 공간이 바로 부휴계의 본산이던 송광사였으며, 그런 만큼 조선시기의 불교에서 송광사를 비롯한 조계산 불교의 비중이 막중한 것이었음은 두 말할 나위가 없는 일이었던 셈이다.

마지막으로 조선시기의 조계산 불교와 관련하여, 임진왜란 당시 海上義兵으로 활약했던 승려들의 존재를 지나칠 수가 없다. 전라좌수영의 지휘 아래, 연해안 및 영·호남 접경지역의 요해처를 방어하고 해상전투에 참가했던 僧侶義兵을 일컬음이다.[73] 임진왜란이 발발하던 해의 8~9월에 들어, 전라좌수사 이순신은 관내에 위치하던 사원으로 통문을 보내어 협조를 당부하였다.[74] 그리하여 慈雲三惠와 義能玉炯을 비롯한 400여 승려가 호응해오자, 이들을 중심으로 부대를 조직하였다. 그리고는 여수의 興國寺를 거점으로 좌수영에 주둔하거나, 혹은 조계산 송광사와 구례의 화엄사를 거점으로 광양의 豆恥와 구례의 石柱 및 남원의 八陽(良)峙 등 영남과 호남 접경지역의 요해처를 방어하도록 조치하였다. 그리하여 육지와 바다를 막론하고 위급한 곳이면 어디든 나아가 싸우도록 시키었거니와, 가령 자운과 의능의 경우 이순신은 戰船을 맡겨 해상전투에 참여시키기도 하였다.

한데 임진왜란시기의 해상 승려의병에 관한 연구에 따르면, 이들 義僧들의 주요 거점 가운데 하나가 조계산 송광사였다고 한다.[75] 대표적 의승장인 자운삼혜가 송광사 소속의 승려였으며, 임진왜란이 끝난 이후 부휴선수의 적통인 碧岩覺性을 비롯한 여러 승려들이 승군을 이끌고 산성 축조에 참여하는 등, 송광사가 조선시기 승군 조직의 주요 거점이었다는 것이다. 임진왜란에서의 왜군 격퇴 및 전후의 복구사업 등에서 송광사 승려

---

73 梁銀容, 「壬辰倭亂과 湖南의 佛教義僧軍」, 『韓國宗教』 19, 1994, 1~34쪽. 조원래, 「전라좌수군과 海上義兵」, 『새로운 觀點의 임진왜란사 硏究』, 아세아문화사, 2005, 246~248·255·263쪽.

74 『李忠武公全書』 3 狀啓 2 分送義僧把守要害狀

75 梁銀容, 「壬辰倭亂과 湖南의 佛教義僧軍」, 18~25쪽.

들의 역할이 적지 않았음을 보여주거니와, 그와 같은 조계산 불교를 돌려 놓고는 조선시기 불교사의 전개를 제대로 정리하기가 어려울 것임을 거듭 확인할 수가 있다 하겠다.

5. 맺음말 —조계산 불교의 전통과 의의—

전통시기에 조계산 일원을 배경으로 전승되어 온 불교를 살폈다. 근대 이전 다시 말해 조선왕조를 하한으로 삼아, 송광사와 선암사를 중심으로 이어져 온 불교의 전통을 개관하였다. 이제 그 내용을 요약하며, 더불어 조계산 불교가 지니는 바 韓國佛教史上의 의의를 제시함으로써 맺음말에 가름하고자 한다.

조계산 일원에 불교가 뿌리를 내린 것은 신라 하대에 들어서였다. 송광사의 전신인 吉祥寺와 선암사의 창건이 그 즈음에 비롯되었다. 길상사를 창건한 慧隣이 신라의 승려라느니, 혹은 선암사 대웅전 앞의 삼층석탑 2기가 9세기 후반에 축조되었다느니 하는 등에서 알 수가 있는 일이었다. 조계산이 위치하는 순천지역에 불교가 처음 전래된 것은 그보다 이른 시기였을 터이다. 그렇지만 사찰이 자리를 잡는 등 불교가 지역사회에서 일정한 역할을 수행한 것은 통일신라의 말엽에 이르러서였다. 순천 일원을 근거로 성장하던 호족의 후원 속에 가능한 일이었다.

신라 말엽에 자리를 잡은 조계산 불교가 크게 번성한 것은 고려왕조에 들어서였다. 고려왕조의 개창 이후 조계산의 송광사와 선암사는 손꼽히는 명찰로 대두하였다. 먼저 번성을 자랑한 쪽은 선암사였다. 대각국사 의천의 선암사 중창설이 전해지며, 더욱이 고려초·중엽의 부도가 3기나 자리하는 등, 고려전기에 선암사는 자못 흥륭을 구가하였다. 반면에 송광사가 두각을 드러낸 것은 무인정권의 시기에 가서였다. 보조국사 지눌의 정혜결사가 옮겨오면서, 대대적인 중창이 이뤄지고 무인집권자의 비호가 이어지는 가운데, 굴지의 명찰로 자리를 잡았다. 頓悟漸修와 定慧雙修 및 看話禪을 내세우는 지눌의 수선결사는 널리 상하의 호응을 불러일으켰다.

특히 무인집권자의 입장에서 지눌의 사상과 결사운동은 자못 유용하였다. 내부의 갈등을 수습함으로써 역량을 집결하여 대외적인 위기를 극복하도록 독려하며, 더욱이 정치적 개혁을 표방함으로써 정권을 정당화하는 정신적 기반을 마련하는 데 도움을 얻을 수가 있었다. 그리하여 최씨 무인정권의 후원을 위시한 폭넓은 호응을 배경으로, 송광사를 본산으로 하는 수선결사는 당대의 불교 교단을 영도하는 존재로 부각되었다. 이후 수선사에서는 고승을 연달아 배출하며 한국의 조계종이 발전하는 데 크게 기여하였으며, 그러한 전통을 면면히 계승함으로써 지금에 이르도록 송광사는 僧寶宗刹로서 독보적인 명성을 자랑한다.

조선왕조가 개창되면서 불교는 사상계의 주류에서 밀려났다. 조계산 불교도 위축을 면치 못하였음은 이를 나위가 없었다. 다만 世宗代 禪敎兩宗의 36寺 중 전라도에서 유일하게 살아남은 사찰이 조계산의 송광사였음은 기억해 둘 만하다. 조선의 불교계가 유교사회의 전개에 차츰 적응해갈 무렵, 조계산의 사찰들도 생존을 모색하며 나름의 전통을 유지하고자 고심하였다. 송광사와 선암사에서 단속적으로 이어졌던 중창 불사라든지 佛書의 간행에서 그것을 엿볼 수가 있었다.

조계산 불교가 한국불교사에서 다시 두각을 드러낸 것은 조선후기에 가서였다. 浮休善修의 계열이 송광사에 자리를 잡음으로 해서였다. 당대 불교의 영도세력으로 떠오른 淸虛休靜의 문파와 어깨를 나란히 하던 부휴계열에서는, 송광사를 거점으로 삼아 普照知訥의 저서를 집중적으로 간행하고, 수선사의 전통을 강조하며, 지눌과 송광사를 현창하는 데 적극적이었다. 조선후기 이래로 한국불교는 그 법통을 高麗末의 太古普愚에서 구하는 게 일반적이었다. 그렇지만 사상의 측면에서는 보조지눌을 계승한 것으로 이해하는 게 보통인데, 그 중에서도 특히 보조의 유풍에 관심을 기울이며 그 전승을 의식하였던 게 송광사의 부휴계열이었다. 조선시기의 불교가 사상적으로 보조지눌의 禪敎融會와 兼修를 전승하여 오늘에 이르렀다는 이해이거니와, 그러한 사상 전승의 핵심적 공간이 송광사였으며, 그런 만큼 조선시기의 불교사에서 송광사를 비롯한 조계산 불교의 비중이 막중하였다고 하여 지나치지 않은 셈이었다. 더불어 임진왜란 극복에 일조한 海上 僧侶義兵의 주요 거점 가운데 하나가 송광사였음도 또한 잊을 수가 없는 일이었다.

조계산 일원은 한국 불교의 핵심적인 특징이라 할 調和融會思想의 산실이자, 더욱이 그러한 전통을 가꿔 오늘에 이르도록 면면히 이어온 거의 유일한 공간이었다. 보조국사 이래 조선시기를 거쳐 현재에 이르도록, 조계산 불교는 禪教調和의 이념을 제시하고 또 그것을 실천하는 일에 열심이었다. 禪教의 融會兼修를 바탕으로 편협한 종파주의를 넘어 보다 높은 차원에서 사상적 갈등을 극복 해소하려는, 이를테면 한국적인 禪教調和의 이념을 제시하고 더욱이 그것을 실천하는 일에 앞장서왔거니와, 요컨대 그러한 데에서 조계산 불교가 지니는 바 韓國佛教史上의 의의를 찾아 마땅한 셈이었다.

(「전통시기 順天 曹溪山의 佛教」, 『歷史學研究』 55, 2014)

제4장 觀音信仰과 바다

1. 머리말

관음보살은 대승불교의 신앙적 상징이라는 평을 받곤 한다. 觀世音 혹은 觀自在菩薩 등 그밖에도 여러 명호를 가졌으며, 그 語源이나 語義를 둘러싼 논의 역시 구구하다. 그렇지만 聲音을 觀해 중생을 구제한다고 하는, 다시 말해 가장 원초적이고 쉬운 방법인 소리를 통해 신앙적 감응을 이끌어내며 중생을 어루만진다고 하는, 대중친화적인 이미지를 가지고 널리 경배의 대상으로 자리를 잡은 대승보살로 이해들을 한다.[1] 말하자면 관음보살이 서민생활 속에 깊이 파고들어 일반 대중에게 친근한 경배 대상이며, 그리하여 관음신앙이 매우 친서민적이고 대중화된 불교신앙임을 강조하는 게 일반적 경향인 셈이다.

이 글에서는 그와 같은 관음보살 내지 그를 향한 숭배 신앙을 한국 고대의 바다와 관련시켜 살피려 한다. 관음보살은 주로 현실에서의 재난이나 고통에서 벗어나도록 하며 또한 福德을 끌어오는 데 큰 영험을 보이는 현세구제의 화신으로 숭배되었다. 관음신앙 속에서 자신의 본성을 관조하려는 실천수행적 경향이나 또는 정토에의 왕생을 기원하는 모습 등도

---

1 鄭炳三, 「統一新羅 觀音信仰」, 『韓國史論』 8, 서울대 국사학과, 1982, 22~26쪽. 李智冠, 「經說上의 觀音信仰」, 『韓國觀音信仰』, 동국대 불교문화연구원, 1997, 11~22쪽.

관찰된다고는 한다. 그렇지만 그 중에서도 각별히 도드라지는 게 현세이익적인 요소이며, 관음신앙의 그러한 측면이 중국을 거치면서 한층 강화되어 한국에 전해짐으로써, 한국의 관음신앙 역시 그러한 경향을 보인다는 게 대체적인 견해이다.[2]

한편 관음보살의 그와 같은 현세에서의 消災招福的인 영험 중에는 바다와 관련된 것도 나타난다.[3] 불교경전 속에서 벌써 관음보살의 海難救濟에 관한 내용을 찾아볼 수가 있거니와, 연구자에 따라서는 각별히 中國 舟山群島 普陀山의 관음도량과 新羅人의 관계를 강조한다든지 혹은 張保皐의 赤山 法花院 등을 사례로 들면서, 관음신앙의 그러한 海洋的 성격이 과거의 韓中交流를 논의하는 데 빼놓아서는 안 되는 요소임을 내세우기도 한다.[4] 항해하는 도중 부딪치게 마련인 바다에서의 수많은 난관을 헤

2 金煐泰, 「新羅의 觀音思想」, 『佛敎學報』 13, 1976. 洪承基, 「觀音信仰과 新羅社會」, 『湖南文化硏究』 8, 1976. 鄭炳朝, 「義湘의 觀音信仰」, 『東國思想』 10·11합, 1978. 鄭炳三, 「統一新羅 觀音信仰」, 『韓國史論』 8, 서울대 국사학과, 1982. 金煐泰, 「三國(羅·麗·濟)의 觀音信仰」, 『韓國觀音信仰』, 동국대불교문화연구원, 1997. 김두진, 「義湘의 觀音信仰과 淨土」, 『진단학보』 71·72, 1991; 『義湘 -그의 생애와 화엄사상-』, 민음사, 1995.

3 山內晉次, 「航海守護神としての觀音信仰」, 『古代中世の社會と國家』(大阪大學 文學部 日本史硏究室 編), 淸文堂出版株式會社, 1998, 345~361쪽.

4 조영록, 「중국 普陀山 관음도량과 한국」, 『한중문화교류와 남방해로』(조영록 편), 국학자료원, 1997. 김문경, 「신라 무역선단과 관세음신앙」, 『장보고와 21세기』, 혜안, 1999. 文明大, 「中國 普陀山 潮音洞 觀音窟 觀音殿과 韓國 洛山 觀音窟 觀音殿의 構造와 觀音像 硏究」, 『강좌 미술사』 15, 2000. 조영록, 「張保皐 船團과 9세기 동아시아의 佛敎交流」, 『대외문물교류연구』 1, 2002. 조범환, 「張保皐와 赤山 法花院」, 같은 책. 조영록 외, 「장보고와 해양불교의 시대」·「9세기 후반 해양불교의 전개」, 『장보고 선단과 해양불교』, 해상왕장보고기념사업회, 2004. 해상왕장보고기념사업회, 『해상왕 장보고—유적·유물·도록—』, 2004. 주강현, 「東亞細亞 海洋과 海洋信仰」, 『島嶼文化』 27, 2006. 채미하, 「청해진의 祀典편제와 해양신앙」, 『대외문물교류연구』 4, 2006. 김문경, 「해상활동과 신앙」, 『8~10세기 신라무역선단과 강남』, 해상왕장보고기념사업회, 2007. 張日圭, 「신라하대 서남해안 일대 천태 관련 사찰과 장보고 선단」, 『장보고 대사의 활동과 그 시대에 관한 문화사적 연구』 1(아세아해양사학회), 해상왕장보고기념사업회, 2007. 송화섭, 「중국 보타도와 한국 변산반도의 관음신앙 비교」, 『비교민속학』 35, 2008.

쳐 나갈 수 있도록 용기를 북돋우는 등, 전통시기 동아시아의 해상 문물 교류에서 관음신앙이 자못 중요한 역할을 담당하였다는 지적이다.[5]

그런데 전통시기 동아시아의 해상교류와 관음신앙의 관계를 다루는 경우, 이제까지는 대개 중국 寧波의 해안에 자리한 주산군도의 보타산 관음도량 내지는 산동 적산촌의 법화원을 중심으로 논의를 전개하는 게 보통이었다. 당시 한국의 관음신앙 자체를 바다와 연결시켜 주된 검토의 대상으로 삼은 연구는 쉬이 눈에 띄지를 않는다.[6] 자료의 결핍과 같은 연구상의 제약 요인에 따른 현상이었을 것으로 짐작되거니와, 그것은 어찌 되었든 당시 한국의 관음신앙과 바다의 관계가 어떠했을지 궁금하다는 사실에는 변함이 있을 수가 없다. 한국 고대의 관음신앙을 바다와의 연관 속에서 살피려 한 주된 이유이다.

여기에서는 신라의 관음신앙을 주요 대상으로 삼아 그에 관한 궁금증을 풀어보고자 한다. 한국에서의 관음신앙은, 이를 나위 없이 불교가 받아들여진 삼국시기에 비롯되었다. 그리하여 신라가 삼국을 통일할 무렵을 전후해서 본격적으로 전개되는 양상을 보인다.[7] 현전하는 觀音菩薩像이라든지 『삼국유사』에 기록된 관음신앙의 사례 등에 의하면 그러하다. 삼국시기의 경우라고 해서 굳이 제외하지는 않겠지만 주로 통일을 전후한 이후의 신라에서 행해졌던 관음신앙에 한층 무게를 두려는 까닭이거니와, 그리하여 한국 고대의 관음신앙을 바다와의 연관 속에서 이해할 수

---

5 그렇지만 전통시기 한국과 중국에서 해양신앙의 주류는 관음신앙이 아니었으며, 용과 마고할미 및 마조 등이 주요한 海神이었다고 한다(채미하, 「청해진의 祀典편제와 해양신앙」, 372~390쪽). 여러 해양신령에 관해서는 다음의 연구가 참고 된다. 김문경, 「해상활동과 신앙」, 『8~10세기 신라무역선단과 강남』, 해상왕장보고기념사업회, 2007, 75~101쪽. 서영대, 「세계의 해양신령과 분류 시론」, 『한국 해양신앙과 설화의 정체성 연구』(서영대 외 7명), 해상왕장보고기념사업회, 2009, 73~116쪽.

6 9~10세기 동아시아의 해양교류를 다루는 가운데 그 한 부분으로서 한국의 관음신앙을 언급한 위 註 4)의 논문들이 참고 된다.

7 洪承基, 「觀音信仰과 新羅社會」, 45·56쪽. 김두진, 「의상의 觀音信仰과 淨土」, 229~230쪽.

있는 실마리를 찾아보려는 게 이 글의 목표이다.

먼저 한국에 관음신앙이 처음 들어와 유포되던 초기를 일별하겠다. 관음신앙의 근거가 되는 불교 경전 중의 바다에 관한 기록을 더듬는 데서 시작하여, 주로 삼국 말엽에 나타나는 것으로 알려진 백제와 고구려 및 신라의 관음신앙을 바다와의 연관 속에서 훑어봄으로써, 이 글의 출발점으로 삼으려는 것이다. 다음으로, 신라사회에 관음신앙을 정착시킨 이로 평가받는 義湘에 의해 처음 터가 닦인 것으로 보이는 襄陽 洛山寺의 관음신앙을 검토하겠다. 한국의 관음신앙을 바다와 연관시켜 말하는 경우 대체로 가장 먼저 중요하게 거론되는 사례이거니와, 당연한 것처럼 받아들여지는 그러한 관행이 과연 합당한지를 거듭 확인하는 한편, 그와 같은 관음신앙의 근거지로서 굳이 강원도 양양의 바닷가가 선택되어야만 했던 이유와 같은 문제들을, 당시 낙산사의 관음신앙과 연결된 고승으로 기록에 전하는 義湘·元曉를 중심으로 헤아려보고자 하는 것이다. 마지막으로, 신라인의 해상진출이 활발해지던 즈음의 관음신앙을 또한 바다와의 관계 속에서 살피겠다. 해상활동이 활발해질수록 航海 혹은 海上의 守護神으로까지 일컬어지는 관음보살을[8] 향한 경배 숭앙이 그만큼 높아질 터이며 자연히 신라 관음신앙의 海洋信仰으로서의 성격도 한층 분명해질 것으로 예상되는데, 과연 그러했던가를 알아보는 동시에 그 의미하는 바를 헤아림으로써 이 글을 마무리하려는 것이다.

2. 수용초기의 관음신앙과 바다

관음신앙을 바다와의 연관 속에서 이해하도록 단초를 제공한 것은, 말할 것도 없이 불교 경전이다. 관음보살 이해의 근거가 되는 주요 대승경전이라 하여 관음신앙을 논하는 경우 으레 오르내리곤 하는 『法華經』(普

8 山內晉次, 「航海守護神としての觀音信仰」. 後藤大用, 「觀音の異名」, 『修訂增補 觀世音菩薩の研究』, 山喜房佛書林, 2005, 54~55쪽. 서영대, 「세계의 해양신령과 분류 시론」, 91~94쪽.

門品)과 『華嚴經』(入法界品)이 그 대표적인 예이다.

관음신앙의 근본경전으로까지 일컬어지는 『法華經』(普門品)에는, 각종 보배와 같은 재물을 얻고자 한바다로 나아간 중생이 폭풍을 만나 표류하였을 때, 관음보살의 명호를 부르면 환난에서 벗어나게 되리라는 내용이 나타난다.[9] 바다에 나가 무역에 종사하는 海商이나 혹은 배를 운항하는 선원에게는, 언제 닥칠지 모르는 위험에 대한 불안감이 상존하게 마련이다. 그리고 인력으로 어찌할 수 없는 그와 같은 바다에서의 재난에 마주하였을 때, 신에게 의지하려는 마음이 일어나는 것은 나약한 인간의 본능이나 진배없다 할 것이다. 관음보살이란 이를테면 그와 같은 불가항력의 海難에 당하여 의지할 수 있도록 제시된 불교적 귀의처였던 셈이다.

『법화경』의 해당 구절은 고대 인도의 南海에서 무역에 종사하던 海商들의 관심을 반영한 것이라고 한다.[10] 본시 인도에서의 관음신앙에 해난구제의 요소가 담겼었다 하겠거니와, 불교의 전파와 함께 그러한 믿음이 중국으로 전해지고 뒤이어 한국에도 퍼뜨려졌으리라는 것은 능히 짐작할 수가 있는 바이다. 사실 중국의 경우 관음신앙이 유포되기 시작하던 4~5세기 무렵에 벌써 관음의 해난구제 영험을 알리는 기록이 전하기도 한다. 4세기 말에서 5세기 초엽의 사이에 천축으로 구법여행을 다녀온 法顯이 그 주인공이었다. 인도에서의 순례를 마친 그가 중국으로 돌아가기 위해 배를 탔는데, 항해 도중 두 차례나 태풍을 만나 큰 위험에 처했었다고 한다. 하지만 그때마다 관음보살을 염송함으로써 모두 무사히 넘겼다는 것이다.[11] 관음신앙이 중국사회에 자리를 잡아가는 것과 함께 바닷사람들 사이에서 관음보살이 해난구제의 신으로 신봉되기 시작하였고, 고승 법현은 그 증명자였던 셈이다.

한편 『華嚴經』(入法界品)에는 관자재보살이 南方 海上의 光明山 내지

9 山內晋次, 위 논문, 346쪽. 김문경, 「해상활동과 신앙」, 88쪽.

10 조영록 외, 「장보고와 해양불교의 시대」, 55~56쪽.

11 山內晋次, 위 논문, 352쪽. 鄭炳三, 「統一新羅 觀音信仰」, 21~25쪽.

포타라카산[補怛洛迦山]에 상주하면서 중생을 제도하는 내용이 수록되었다고 한다.[12] 관음신앙의 근본적인 소의경전이라 하여 중시되는 『법화경』에도 나타나지 않던 관음보살의 常住說法處가 기록되어 전하는 것이다. 사실 『법화경』에서만 하더라도 해난구제와 같은 관음보살의 현세적인 소재초복의 영험이라는 게 다소 막연하게 운위되는 느낌이었다. 그러던 것이 이제 관음보살이 상주하며 설법한다고 하는 관음도량의 개념이 등장함으로써, 그 신앙적 감응을 한층 구체화할 수 있는 계기를 마련한 셈이었다. 그리하여 이를 바탕으로 이른바 觀音住處信仰이 전개된다 함은 이미 알려진 사실이거니와, 나아가 그 장소가 해안에 위치한다는 점에서 觀音常住說法處에 관한 그와 같은 기록이 또한 관음신앙을 바다와 연결시키는 주요한 연결고리에 해당한다 함도 결코 놓쳐서는 안 될 터이다.

관음이 머무르며 설법한다고 하는 포타라카산은 실재하는 지명에서 비롯되었다는 게 일반적인 이해이다. 普陀洛迦山 등 여러 가지로 표기되는 이 관음상주처가 상상적인 가공의 지명이 아니라 인도 내에 실제로 존재한다는 것이다. 인도 남부 해안의 Malabal 지역에 위치한다고 하는 Malaya산[秣剌耶山]의 Potalaka[布呾洛迦]가 바로 그곳으로서, 현재 남인도의 Comorin岬 근처로 비정되기도 한다.[13]

한편 『화엄경』의 전파와 더불어 여러 나라에서는 저마다 자국 내에 보타락가산을 상정하여 관음의 상주설법처를 구하곤 하였다. 한국의 양양 洛山寺를 비롯하여, 중국의 영파 주산군도에 들어선 보타산 不肯去觀音院이라든지, 일본 和歌山縣 那智山의 補陀洛寺와 같은 것이 그러한 사례였다.[14] 관음보살이 해안에 상주하며 중생을 구제한다고 하는 『화엄경』에서의 서술은, 『법화경』에 비해 관음신앙을 보다 직접적으로 바다와 연결시

12 李智冠, 「經說上의 觀音信仰」, 50쪽.

13 後藤大用, 「補陀洛の研究」, 『修訂增補 觀世音菩薩の研究』, 190~193쪽.

14 後藤大用, 같은 논문, 203~206쪽. 鄭炳三, 「統一新羅 觀音信仰」, 17쪽. 김문경, 「해상활동과 신앙」, 99쪽.

켜주는 듯 보인다. 그리고 그러한 관음상주처가 여러 나라의 바닷가에 저마다 마련됨으로써, 이제 관음신앙은 바다와 연관을 맺은 가운데 동아시아 세 나라에서 한층 굳건히 뿌리내려갔을 듯 여겨지는 것이다.

관음신앙에 해난구제의 요소가 담긴 것은 발원지인 인도에서의 일이며, 그것이 『법화경』이나 『화엄경』과 같은 대승경전을 중심으로 전파되면서, 중국을 비롯한 동아시아에서 불교적인 해양신앙의 한 유형으로 자리잡아 갔을 것임을 검토하였다. 불교 경전의 내용과 그 전파를 배경으로 연역적인 추론을 시도한 셈이거니와, 이제 역사적인 사실에 입각하여 그것을 구체적으로 검증할 차례이다. 한국의 관음신앙을 바다와 연관시켜 이해하려면 경전상의 근거에 더해 구체적인 사례의 제시가 필수적이며, 그리하여 한국에 불교가 들어온 초기에서 시작하여 관련 내용을 하나하나 더듬어 음미하고자 한다. 말하자면 한국에서 관음보살이 바다와 관련된 불교적인 귀의처로 숭배되었을 개연성을 제시한 데 이어, 이제 역사적인 사례를 바탕으로 그 실제적인 측면에 접근하려는 것이다.

고구려의 관음신앙을 알려주는 자료는 현재 전하지 않는다. 단지 일본의 기록을 통해 그 편린을 엿보는 정도이다. 한데 그 중에 고구려의 관음신앙이 水難救濟와 관련되었음을 추정케 하는 내용이 전하여 눈길을 끈다. 고구려에 유학한 일본의 승려 行善이 그곳에서 홍수에 휩쓸리는 위험을 당했다가 관세음보살을 염송하여 구제를 받았다고 하는 기록이 그것이다. 그가 일본에 귀환했다는 연도(718)로 미루어 그의 고구려 유학이 불가능했으리라는 지적이 있기는 하지만, 그럼에도 불구하고 수난구제와 관련된 그의 관음보살 감응이 고구려지역에서의 일이었으리라는 사실은 대체로 인정할 수가 있다고 한다. 고구려의 관음신앙 중에는 홍수와 같은 물로 인한 재난에서의 구제도 포함되었으리라는 견해이다.[15]

고구려에 유학한 日本僧 行善의 홍수에 얽힌 그와 같은 관음보살 응험

15 이상의 고구려 관음신앙에 관한 설명은, 金煐泰, 「三國의 觀音信仰」, 80~98쪽의 내용을 참고해서 정리하였다.

을, 곧장 고구려 관음신앙과 바다와의 연관을 보여주는 직접적인 증거로 내세울 수는 없다. 그렇지만 水難에서의 구제응험이라는 점에서, 그것은 또한 海難救濟 감응과 전혀 무관하다고만도 할 수가 없을 듯싶다. 매우 희미하기는 하지만, 그로써 고구려 관음신앙을 바다와 연결해서 이해할 소지는 마련된 셈이라고 간주하여 무방하지 않을까 여겨지는 것이다. 일본승려 행선의 사례에서, 미약한 대로나마 고구려 관음신앙이 해난구제와도 무관치는 않았을 가능성을 추정하는 게 반드시 무리한 일이지만은 않은 것으로 생각한다.

백제의 관음신앙을 보여주는 자료는 몇몇을 찾아볼 수가 있다. 법화영험 및 관음보살상 조성의 사례를 통해 백제의 관음신앙이 제법 융성했으리라는 주장도 나온 바 있다.[16] 다만 그러한 사례 중에서 백제의 관음신앙을 바다와 직접 연결시켜 이해할 만한 경우는 별로 눈에 띄지를 않는다. 중국에 유학한 백제의 사문 發正이 『법화경』 보문품 및 관음보살 응험과 인연을 맺은 것으로 여겨지는 장소가 해안을 낀 중국의 越州 지역이었고, 역시 『법화경』 보문품에 근거한 것으로 추정되는 관음보살 獨尊像이 백제에서 상당수 제작되었으며, 또한 泰安의 바닷가에 조성된 白華山 磨崖三尊佛 중 가운데에 자리한 보살상을 관음으로 이해하여 그곳을 백제의 관음도량으로 이해한 연구라든지,[17] 혹은 바다에서 멀지 않은 곳에 조성된 瑞山磨崖三尊佛 중의 협시로 관음보살이 들어섰다는 사실 등에서, 간접적으로만 그 가능성을 헤아릴 따름이다. 『법화경』 보문품 중에서 관음보살의 해난구제 영험을 이른 부분을 찾아볼 수가 있으며, 더욱이 백제불교에서 관음보살과 관련된 일부 장소 가운데 바다와 연관을 지을 만한 곳이 존재한다는 점에서, 백제의 관음신앙이 바다와 전혀 무관치만은 않았

16 백제 관음신앙에 관한 여기에서의 설명은, 洪承基, 「觀音信仰과 新羅社會」, 44~55쪽과 鄭炳三, 「統一新羅 觀音信仰」, 26~29쪽 및 金煐泰, 「三國의 觀音信仰」, 99~120쪽을 참고해 정리하였다.

17 姜友邦, 「泰安白華山 磨崖觀音三尊佛攷」, 『백제연구총서』 5, 1997, 174~185쪽. 김문경, 「해상활동과 신앙」, 90~91쪽.

으리라는 추정 정도는 가능하지 않을까 여겨지는 것이다.

삼국시기의 신라에서도, 통일기의 그것에 비할 수는 없지만 관음신앙이 제법 유행하였다고 한다.[18] 고승 慈藏의 출생과 관음보살상 조성에 얽힌 영험이라든지, 혹은 率居가 그렸다는 芬皇寺 관음보살도의 경우와 같은 유명한 사례도 종종 전한다. 그렇지만 백제의 경우나 매한가지로, 신라의 관음신앙을 바다와 연관시켜 이해할 만한 직접적인 사례는 찾기가 쉽지를 않다. 그 현세기복적인 성격 등에 비추어 삼국시기 신라의 관음신앙이 『법화경』 보문품을 바탕으로 전개되었을 것으로 이해하는 기왕의 지적에서, 역시 보문품에 설해진 해난구제와도 그것이 무관치만은 않았으리라는 정도의 추정에 머무를 따름이다.

삼국시기의 관음신앙을 바다와의 관련 속에서 훑어보았다. 불교 경전에 의하면 관음보살이 바다에서의 활동을 뒷받침하는 귀의처로서 숭배될 개연성이 충분하였다. 그렇지만 고구려와 백제 및 신라의 관음신앙을 더듬은 결과, 막상 그와 관련된 것으로 내세울 만한 직접적인 사례는 찾아보기가 쉽지를 않았다. 수용 초기의 한국 관음신앙을 바다와 직결시키기에는 어려움이 있었으며, 그와 무관치는 않았을 것임을 간접적으로 추정하는 데 그칠 수밖에 없었다. 현전하는 자료의 한계에 기인하는 바 컸음직하거니와, 그에 더하여 관음신앙이 받아들여진 초기로서 아직은 그것이 토착화하여 널리 민중들 사이에까지 유포되지는 않았음을 반영한 현상이 아닐까 여겨지기도 한다.

바다에서의 재난과 일상적이면서 또한 직접적으로 마주하는 것은 이를 나위 없이 바다를 생활터전으로 삼는 민중이었을 터이다. 그런데 수용 초기의 관음신앙이 그들에게까지 침투하려면 상당한 시일이 필요하였을 법하며, 또한 그들은 자신의 자료를 후대에 남기는 데에도 매우 불리한 처

18 삼국시기 신라의 관음신앙은, 洪承基, 「觀音信仰과 新羅社會」, 44~55쪽과 鄭炳三, 「統一新羅 觀音信仰」, 29~32쪽 및 蘇恩愛, 「新羅 文武王代의 洛山 觀音信仰」, 『한국학논총』 30, 2008, 47~51쪽의 설명을 참고하라.

지였다. 말하자면 삼국시기의 관음신앙이 해난구제와 연관되어 널리 숭배되고 더욱이 관련 자료를 남겨 후대에까지 전하기에는, 아직 그럴 만한 여건이 조성되지 않은 셈이었다. 이 시기의 관음신앙이 민중보다는 귀족들 사이에서 더욱 유행하였으리라는 견해가 제시된 바 있거니와,[19] 이 역시 그와 같은 생각을 한층 떨칠 수 없게 만드는 것은 물론이다. 수용 초기의 관음신앙이 바다와 무관하다고까지 단정하는 것은 잘못이지만, 그렇다고 해서 양자의 관계를 지나치게 강조하는 것 역시 온당치 않으며, 그것은 수용 초기의 관음신앙이 토착화하여 널리 민중들 사이에까지 유포되지 않았음을 반영한 현상이었던 것으로 판단되는 것이다.

3. 義湘·元曉와 洛山寺 관음신앙

삼국시기에 처음 모습을 보인 관음신앙이, 자못 융성하기에 이른 것은 통일신라에 들어서였다. 의상의 양양 낙산사 건립이 하나의 전환점이었다. 관음이 늘 머물며 설법하는 도량이 신라의 국토 안에 설정되는 것을 계기로, 관음신앙이 신라사회에 정착하고 또한 장차 융성할 수 있는 기틀이 마련되었던 것이다. 신라의 관음신앙에서 의상의 양양 낙산사 건립이 지니는 의의를 이해할 수가 있으려니와, 이제 바다와의 관계 속에서 그것을 살펴 신라 관음신앙에 나타나는 성격의 일면을 더듬어보고자 한다.

양양의 낙산사는 중국 유학에서 돌아온 의상이 가장 먼저 세운 사찰이었다. 의상은 신라에 돌아온 뒤 양양의 바닷가 굴 안에 관음의 眞身이 상주하다는 말을 들었다. 그래서 찾아가 친견하고는 낙산사를 창건하여 금당에 관음의 塑像을 모셨다고 한다.[20] 그가 귀국했다는 문무왕 10년(670) 혹은 그 이듬해 이후 부석사를 건립하기(676) 이전까지 사이의 어느 때였다.[21] 신라로 돌아온 의상이 처음 감응을 구한 대상이 관음보살이었으며,

19 洪承基, 「觀音信仰과 新羅社會」, 44~55쪽.

20 『三國遺事』 3 塔像 4 洛山二大聖 觀音正趣調信

그 장소가 양양의 바닷가였던 셈이다.

그렇다면 의상이 귀국한 뒤 맨 먼저 관음보살의 감응을 구한 까닭은 무엇이었을까. 의상의 관음신앙은 실천수행을 내세우는 경향이 강했다고 한다. 그리하여 본성을 관조하는 수행을 통해 자신은 물론 중생을 교화하여, 종국에는 圓通한 三昧의 경지에 들게 하려는 바꿔 말해 白花道場에 왕생하려는 정토신앙으로 이어지는 구조였다는 것이다.[22] 또한 이와 같은 그의 관음신앙은 실천적 華嚴信行을 내세우는 그의 사상 경향과 부합하는 것이었다고도 한다. 의상은 중국에 들어가 『화엄경』의 入法界品을 중시하며 실천수행을 강조하는 새로운 경향의 화엄사상을 익혔는데, 그의 관음신앙이 그러한 사상 경향의 산물이었다는 뜻이다.[23] 잘 알려진 바와 같이 의상의 화엄종은 중대의 전제적인 왕실과 밀착해 유행하였다. 그러한 화엄사상과 부합하는 그의 관음신앙 역시 그러했을 것임을 추정할 수가 있거니와, 요컨대 실천수행을 통해 대중적인 정토신앙을 끌어들인 의상의 관음신앙은, 마찬가지로 서민 대중과의 연계 속에서 진골귀족을 억압하며 전제왕권을 구축하고자 도모하던 중대 왕실의 요구에 부응하는 의미를 지녔다는 이해인 것이다.[24]

의상이 신라로 돌아와서 관음보살의 감응을 구한 일이 중대 왕실의 전제주의 지향과 무관치 않을 것임을 살폈다. 의상의 관음신앙에 담긴 국가적 성격을 헤아린 셈이거니와, 다만 한 가지 떠오르는 의문은 그와 같은 의미를 지닌 관음보살의 감응을 구한 곳이 하필 양양지역인 까닭이 무엇이었을까 라고 하는 점이다. 의상이 그처럼 북쪽 멀리 양양의 바닷가에서 관음보살의 상주설법처를 구하기에 이른 연유가 궁금한데, 이와 관련하여 잠시 당시의 정세를 둘러보는 것도 방해가 되지는 않을 듯싶다.

---

21 鄭炳三, 「統一新羅 觀音信仰」, 38쪽. 김두진, 「의상의 觀音信仰과 淨土」, 『義湘』, 230쪽.

22 김두진, 같은 논문, 230~233쪽.

23 김두진, 같은 논문, 236~237쪽.

24 김두진, 같은 논문, 244~248쪽.

의상이 관음보살을 감응하고 낙산사를 건립한 것으로 추정되는 670년~676년은 삼국통일전쟁이 막바지로 치닫던 격동기였다. 고구려가 멸망한지 얼마 되지 않은 시기로서, 신라의 對唐鬪爭의 한창이었다. 의상의 귀국(670) 자체가 당의 신라 침공계획을 알리기 위한 것이었던 듯 전하거니와,[25] 삼국의 영토에 야욕을 보이던 당과 치열한 전쟁을 치른 끝에 마침내 신라가 한반도에서 당군을 몰아내고 평양의 안동도호부를 요동성으로 밀어낸 게 문무왕 16년(676)이었다. 말하자면 백제와 고구려는 사라졌으되 신라가 그 옛 땅을 미처 자신의 통치권역으로 확보하지 못한 채 당의 침략에 맞서 투쟁하던 시기에, 의상의 낙산사 건립이 양양의 바닷가에서 시작된 셈이었다.

의상이 낙산사를 세운 양양 일원은 신라의 북쪽 변경이나 다름없었다. 삼국시대는 물론이고 고구려의 멸망 이후에도, 옛 고구려 내지는 그 부용세력이던 靺鞨의 위협으로 긴장을 늦추기가 어려운 지역이었다.[26] 신라의 관음신앙에서 늘 거론되는 國仙 夫禮郎의 피랍사건도 그것을 보여주는 사례의 하나이다. 孝昭王 2년(693)에 金蘭(通川)으로 遊娛를 떠난 부례랑이 '北溟之境' 즉 江陵의 접경지역에서 狄賊에게 납치되었다가 栢栗寺 관음보살의 영험에 힘입어 무사히 돌아왔다는 것이다.[27] 대체로 靺鞨로 이해되는 狄賊이[28] 고구려가 멸망한 30년쯤 뒤에도 강릉의 접경지역에서 활동 중이었음을 보여준다. 고구려 멸망 직후 격렬한 대당투쟁이 전개되던 670년대 양양지역의 상황을 짐작할 수가 있으려니와, 그러한 속에서 의상

25 『三國遺事』 4 義解 5 義湘傳教

26 삼국시대에서 고구려의 멸망을(668) 거쳐 발해 건국(698) 이전까지 신라의 북쪽 변경에서 출몰하던 말갈의 존재는, 趙二玉, 「8世紀 前半 新羅의 北方進出과 對渤海關係」, 『統一新羅의 北方進出 硏究』, 서경문화사, 2001, 81~104쪽의 설명을 참고하라.

27 『三國遺事』 3 塔像 4 栢栗寺

28 잡혀간 夫禮郎은 그곳에서 牧者로 부림을 받았다고 한다. 그를 잡아간 자들의 주업이 목축이었을 것임을 암시하거니와, '狄賊'이라는 지칭과 더불어 저들을 고구려에 예속된 채 신라의 北境에서 활동하던 靺鞨로 이해할 수 있게 하는 증거가 아닌가 여겨진다.

의 낙산사 건립이 추진되었던 것이다.

의상이 낙산사 건립을 추진하던 무렵 양양 일대의 정세는 그다지 안정석이지 못했던 것으로 판단된다. 그럼에도 굳이 그러한 지역을 택해 관음보살이 상주하는 도량을 건립하려던 의상의 의도가 궁금하거니와, 여기에서 떠오르는 것이 통일신라의 관음신앙에 나타난다고 하는 국가적 성격이다. 통일신라의 국왕들은 대체로 관음신앙을 긍정적으로 그리고 융숭히 대하였으며, 국가의 관음신앙에 대한 태도가 적극적이고 호의적이었다고 한다. 관음보살의 영험을 기리고자 취한 우대 조치가 상례를 넘어서는 등, 신라 중대의 관음신앙에 국가적 신앙으로서의 성격이 자못 도드라져 보인다는 지적이다.[29] 의상의 낙산사 관음신앙에서도 마찬가지로 국가적 성격이 찾아진다 함은 앞서 언급하였다. 나아가 신라 五臺山 신앙 중의 東臺 觀音房에 나타나는 호국적 성격이 낙산사 관음신앙의 그것과 맞닿아 있을 것으로 파악하는 견해에 이르면,[30] 통일신라 관음신앙에 나타나는 그와 같은 국가적 성격이 의상의 낙산사 관음신앙에서 비롯된 게 아니었을까 여겨질 정도이다. 의상이 양양에 관음보살의 상주도량을 설립하고자 나선 이면에, 국왕을 중심으로 한 신라 중대의 체제를 옹호하려는 의도가 자리하였을 것임을 느끼게 하는 대목이다.

의상이 양양의 바닷가 동굴에서 관음보살의 감응을 구한 것은, 중대 왕실의 체제안정에 기여하려는 목적에서였을 가능성이 높다고 생각한다. 당의 영토 야욕에 맞선 국가적 항쟁이 한창인 데다, 더욱이 이제 막 멸망한 고구려계 내지는 그에 복속되었던 말갈계의 준동이 예상되는 고장임에도 불구하고, 굳이 북쪽 변방인 양양지역에 관음의 상주설법처를 마련하고자 나선 데에는 그와 같은 의도가 담겼다고 간주하여 지나치지 않다고 믿는다. 그와 중대 왕실 사이의 밀착된 관계로 보거나, 혹은 그의 관음

29 洪承基, 「觀音信仰과 新羅社會」, 239~241쪽. 鄭炳三, 「統一新羅 觀音信仰」, 57~59쪽.

30 蘇恩愛, 「新羅 文武王代의 洛山 觀音信仰」, 70~72쪽.

신앙에서 드러나는 국가적 성격으로 미루어 그처럼 판단된다.

양양과 같은 변경의 불안정한 지역일수록 민심의 규합과 안정이 보다 요구된다 함은 두 말할 필요가 없다. 오랜 전란과 상존하는 외적의 위협으로 흔들리는 민심을 어루만져 가라앉히며, 나아가 나라 잃은 고구려계 유민까지도 위무할 필요성이 절실해 보이는 고장인 것이다. 서민 대중과 친밀한 관음보살을 내세우며 그가 상주하는 정토로의 왕생을 기원함으로써, 현세의 고통과 불안을 극복하려는 의상의 관음신앙이 그에 부합한다 함은 이를 나위가 없다. 의상의 낙산사 관음신앙이 통합적 성격을 지녔다는 지적도[31] 또한 그러한 필요성에 부응하는 듯 보인다. 차별 없이 일체를 포용하는 낙산사 관음보살의 가피 속에서 피폐한 민심의 규합과 안정을 기대할 수가 있을 것이기 때문이다. 그리하여 결과적으로 신라 중대 왕실의 통일적인 지배체제를 공고히 하는 데 이바지하려는 것이, 양양에 낙산사를 건립하고자 나선 의상의 의도라 믿어지는 것이다.[32]

의상의 양양 낙산사 건립이, 관음신앙에 의지하여 민심을 위무하며 국가의 안녕을 도모함으로써 중대 왕실의 통치체제를 정신적으로 후원하려는, 국가적 의미를 지닌 활동이었음을 살폈다. 북쪽 변경의 주민 각별히는 서민 대중을 의식하면서도 결국 중대 왕실과의 연결에서 그 의미를 찾으려던 게, 관음보살의 상주설법처를 양양에 설정한 의상의 속마음이었던 것으로 이해하였다. 그런데 또 다른 설화에 의하면, 그러한 낙산사의 관

31 蘇恩愛, 같은 논문, 69～77쪽.

32 북쪽 변경 중에서도 양양이 선택된 것은 관음보살이 바닷가에 상주한다는 경전의 기록을 의식한 데 말미암은 일이었음이 거의 틀림없어 보인다. 통일 후에도 신라의 북변이 대략 通川 부근이었다는 견해에 따르면(趙二玉, 앞의 책, 102쪽), 양양 일원은 통일신라의 북쪽 변경에서 자못 중요한 지역이었다. 말하자면 북변의 요충인 동시에 바닷가라는 조건도 충족시키는 고장으로서, 의상에 의해 양양이 선택되었던 셈이다. 후일 고려와 조선왕조에 들어 이 지역에 東海神祠가 들어서거니와(『新增東國輿地勝覽』 44 襄陽都護府 祠廟 東海神祠), 거기에는 양양이 당시 수도의 동쪽에 자리한다는 점 외에 신라 이래로 그처럼 국가의 안녕을 기원하는 祭場으로서의 역할을 오랜 기간 담당해왔던 사실도 또한 작용하였음 직하다.

음보살이 의상과 동시대의 고승으로서 또한 이름이 높았던 원효를 가까이하지 않았던 것으로 나타나 눈길을 끈다. 몇 차례의 조우에도 관음보살임을 알아보지 못한 원효가 낙산사 해변의 굴에 들어가 관음의 진신을 친견하려 했으나 끝내 실패했다는 것이다.[33] 의상에 의해 터가 닦인 낙산사 관음신앙이 원효와는 다소 거리가 있었다는 인식의 투영으로 읽히거니와, 그러한 설화가 전해지기에 이른 연유가 궁금하다.

널리 알려진 것처럼, 원효는 정토신앙을 통해 신라 불교의 대중화를 이끈 민중불교의 대전도자였다. 의상의 관음신앙도 또한 정토왕생을 내세우는 등 서민 대중에게 관심을 돌리며 구원의 손길을 내밀었다는 게 선학의 지적이다.[34] 정토신앙에 근거해 대중교화를 중시한 원효가 정토왕생을 표방하는 의상의 낙산사 관음신앙과 상통한다 하여 하등 이상할 게 없어 보이는 것이다. 그런데도 원효는 낙산사의 관음보살을 감응하는 데 실패하였다.

의상은 양양의 바닷가에서 7일을 재계한 끝에 관음보살이 상주한다는 굴에 들어가 감응할 수 있었다. 그런 다음 다시 7일을 재계한 뒤에야 관음보살의 진신을 친견하는 데 성공하였다. 반면에 원효는 관음보살을 친견하러 가던 도중 여인네와의 희롱도 서슴지 않는 등 무애의 파격을 선보였다. 의상과는 사뭇 대조적인 행적이라 이르지 않을 수 없다. 사실 의상은 앞서 중국에 유학 중이던 당시 南山 律宗의 初祖인 道宣律師와 교류하는 사이였던 것으로 전하기도 한다.[35] 원효가 파계 후 무애행각에 나선 것과 달리 의상이 계율을 중시하였으며, 자연히 낙산사 관음신앙에서도 그러한 경향을 찾아볼 수가 있다 하겠거니와, 낙산사 관음보살이 원효와 거리를 두려 한 것으로 후대에 전해지는 까닭이 거기에 있었던 것은 아닌지 모르겠다.

33 『三國遺事』 3 塔像 4 洛山二大聖 觀音正趣調信

34 김두진, 「의상의 觀音信仰과 淨土」, 244~246쪽.

35 『三國遺事』 3 塔像 4 前後所將舍利

나아가 계율을 중시하는 의상의 그와 같은 낙산사 관음신앙은, 서민 대중을 널리 끌어안는 면에서도 원효와 다소 차이를 보였을 듯싶다. 계율을 내세우는 의상보다는 무애행각의 원효가 서민 대중에게는 보다 친근하게 느껴졌을 게 틀림없다. 낙산사의 관음보살은 계율을 이해하고 지킬 수 있을 정도의 지식과 경제력을 지닌 계층과 보다 가까웠을 법하다. 의상의 관음신앙이 하층의 서민 대중에게로 눈길을 돌렸다고는 하지만 친근감에서는 아무래도 한계가 없지 않았을 터이며, 낙산사 관음보살이 원효의 감응을 거부한 것처럼 전해지는 데에는 그러한 차이도 하나의 요인으로 작용하지는 않았을까 싶다.

의상의 관음신앙은 자신의 본성을 관조하는 실천수행적인 성격을 지녔다고 한다.[36] 계율 중시 또한 그와 무관치 않으려니와, 그처럼 자신에게 內在한 觀音大聖을 관조하는 수행을 통해 現身으로 백화정토에 왕생할 수 있게 됨으로써, 의상의 관음신앙은 현실의 고통에서 벗어나려는 민중의 현신 왕생신앙과도 연관된다고 한다. 의상의 관음신앙이 소외된 하층의 서민 대중에게로 눈길을 돌렸다는 지적인 것이다.[37]

그렇지만 계율을 중시하며 자신의 본성을 관조하는 그러한 실천수행을 서민 대중에게 기대하는 것은 아무래도 무리가 아닐까 한다. 현신 정토왕생을 표방했다지만 의상의 관음신앙은 민중 이상의, 그보다 상위계층에게나 어울리는 면이 적지 않아 보인다. 본성 관조를 내세우는 의상의 관음신앙은 아미타불의 칭명만으로 정토에 왕생한다는 원효에 비해 한층 민중과 거리가 있어 보이며, 낙산사 관음보살이 원효를 친견하기를 거부하였다는 설화가 만들어진 배경에는 그와 같은 양자 사이의 신앙적 간극도 또한 작용하였던 듯 여겨진다.

낙산사 관음보살이 원효와 거리를 두려 했다는 설화가 전해지기에 이른 연유를 훑어보았다. 그런데 주목되는 것은, 이 글의 주제이기도 한 바

36 김두진, 위 논문, 234~239쪽.

37 김두진, 같은 논문, 242~245쪽.

다와의 관계에서도 그것을 이해하는 데 도움이 될 만한 단서가 찾아진다는 사실이다. 원효의 경우 바다와 연관시켜서 언급할 만한 행적을 거의 찾아볼 수가 없다. 낙산사 관음보살과의 인연을 전하는 설화에서도 마찬가지이다. 논에서 벼를 수확하는 白衣女人 등 地母神的인 요소가 도드라질 뿐,[38] 해양과의 연고는 나타나지 않는다. 반면에 의상의 경우 바다와의 관계에서 의미를 부여해도 좋을 만한 행적이 제법 드러나 그와 대비된다. 양양의 바닷가에 자리한 낙산사 관음보살이 의상에게는 감응하면서도 원효를 친견하지 않은 또 하나의 배경을 여기에서 찾아볼 수 있지는 않을까 헤아려지는 것이다.

의상은 바다를 건너 중국에 유학을 다녀왔다. 중앙귀족 출신으로서는 그리 흔치 않았을 바다에서의 제법 긴 항해 경험자였다. 나아가 의상은 바다에서의 항해 도중 관음보살의 남모르는 가피를 입었던 것으로 전하기도 한다. 의상이 중국 유학길에 善妙라는 여인을 알게 되었는데, 그녀가 龍으로 화하여 그의 귀국 항해를 안전하게 지켜줬다는 설화가 그것이다.[39] 여기의 선묘는 흔히 관음보살의 화신으로 이해들을 하거니와,[40] '善妙龍'이라고도 불리는 그 관음보살의 가호 아래 의상이 海難의 고초를 겪지 않고 무사히 귀국할 수 있었다는 것이다. 직접적인 증거라기에는 다소 약하지만 의상이 관음보살의 해난구제 영험과도 무관치만은 않았음을 느낄 수 있는 대목이다. 아울러 의상이 양양의 바닷가에서 관음보살에 감응할 때 바다의 神인 '東海龍'이 그에게 如意寶珠 1顆를 헌정했다고 하는데, 이 또한 의상의 관음신앙이 바다와 연관되었음을 보여주는 사례이다. 말하자면 바다에서의 제법 긴 항해 경험자이자 또한 항해 도중 관음보살의 가피를 입어 해난의 고초를 겪지 않을 수 있었던 의상이, 바다의 신인 동해룡의 호위를 받는 가운데 양양의 바닷가에다 관음보살의 상주설법 도

38 김두진, 같은 논문, 246쪽. 蘇恩愛, 위 논문, 60~63쪽.

39 『宋高僧傳』 4 唐新羅國義湘

40 김두진, 같은 논문, 239쪽.

량을 마련한 셈이었다. 바닷가라는 위치는 물론이고 그 터를 닦은 의상의 행적만 두고 보더라도, 양양의 낙산사 관음신앙에 해양적 색채가 제법 농후하게 스며들었음을 부정할 수 없어 보이는 것이다. 아울러 낙산사 관음신앙의 그러한 해양적 색채에서, 낙산사의 관음보살이 바다와의 어떤 연고도 찾아보기 힘든 원효를 친견하지 않았다는 설화가 형성된 배경 중의 하나를 찾는 게, 반드시 무리하다고만은 할 수가 없을 것임도 함께 지적해 두고자 한다.

통일신라에 들어 관음신앙이 국가적 의미를 지닌 가운데 멀리 변방으로까지 전파되었으며, 더욱이 해양적 성격도 함께 갖추어갔음을 검토하였다. 관음신앙이 신라에 정착하고 그리하여 장차 융성할 기틀을 마련한 것으로 평가를 받는, 의상의 양양 낙산사 건립을 더듬어 살핀 결과이다. 말하자면 관음신앙은 통일신라에 들어 중대 왕실의 우대를 바탕으로 의상 등에 의해 중앙에서 지방으로 전파되고, 나아가 민중의 사이에서도 자리를 잡아가기 시작하였으며, 동시에 바다와도 차츰 연관을 맺어가기에 이르렀던 셈이다.

하지만 신라의 관음신앙에서 아직 海難救濟와 같은, 바다와 관련되는 직접적인 영험을 찾아보기 어렵다는 한계를 무시해서는 안 될 것이다. 의상의 善妙龍 설화는 기껏해야 간접적인 방증의 사례 정도에 지나지 않는다. 신라 중대의 관음신앙을 해난구제와 같은, 바다에서의 현세적인 消災招福의 영험을 기원하는 海洋信仰과 직결시키는 것은 아무래도 무리인 듯싶다. 낙산사의 경우에서 보듯이, 신라의 관음신앙이 이 즈음 바다와 차츰 관련을 맺어가기에 이르렀다는 수준에서 그치는 게 온당할 것으로 생각한다.[41] 다시 말해 낙산사 관음보살이 처음의 그 시작에서 벌써 해난구제의 주요 기원대상이었던 양 간주하는 것은 옳지 않으며, 중대의 전개

41 이와 관련하여 조선후기에 양양 낙산사의 관음보살이 海水觀音이라 불렸던 사실이 주목된다(鄭永鎬, 「洛山寺 空中舍利塔의 舍利莊嚴에 관하여」, 『文化史學』 25, 2006). 여러 모로 관심이 가는 대상이거니와, 이 해수관음은 후일 다시 만나기를 기대하는 바이다.

와 더불어 그 海洋佛教的 성격의 한 자락을 드러내기에 이르렀다는 정도에서 이 시기 신라 관음신앙과 바다의 관계를 정리하는 게 보다 합리적이지는 않을까 헤아려지는 것이다.

4. 해상진출과 관음신앙

신라 하대는 한국의 전근대사상 보기 드문 해상진출의 시기였다. 다수의 신라인이 바다를 오가며 활약하였고, 허다한 해상세력이 바다를 통한 문물교류에 열성적으로 참여하였다. 따라서 항해가 빈번해지는 데 따른 해난사고의 빈발과 함께, 자연히 그 구제를 기원하는 해양신앙도 자못 성행하였을 가능성이 커 보인다. 앞서 중대에 이미 바다와의 연관성을 드러냈던 신라의 관음신앙이 이때쯤이면 그 해양신앙적인 성격을 보다 분명히 함과 동시에, 항해의 수호신으로까지 일컬어지는 관음보살을 향한 바다사람들의 경배 숭앙도 한층 높아져갔을 것으로 예상된다.

그렇지만 이 시기에 관음보살의 가피를 입어 항해 도중 맞닥뜨린 해난에서 벗어난 신라인의 사례를 전하는 기록은 막상 찾아보기가 쉽지 않다. 다만 이제까지에 비해 신라 관음신앙에서 해양신앙적인 성격이 한결 도드라져 보이는 것은 사실이다. 우선 신라 하대의 낙산사 관음신앙을 해양불교와의 연관 속에서 파악하려는 연구가 있다. 闍堀山門 開創祖師인 梵日의 행적을 통해서이다. 범일은 正趣菩薩을 조성해 낙산사에 안치하는 등 낙산사 관음신앙의 전개에서 매우 중요한 위치를 점하는 승려인데,[42] 그러한 그가 또한 중국 明州(寧波)에서 수학하고[43] 더욱이 후일 귀국할 때 明州港을 이용하는 등,[44] 명주 앞바다인 舟山群島의 普陀山 관음도량과도

42 김두진, 「굴산문의 형성과 그 사상」, 『신라하대 선종사상사 연구』, 일조각, 2007, 253~254쪽 및 288~289쪽.

43 … 後有崛山祖師梵日 太和年中入唐 到明州開國寺 … (『三國遺事』 3 塔像 4 洛山二大聖 觀音正趣調信)

44 黃金順, 「洛山說話와 高麗水月觀音圖, 普陀山觀音道場」, 『불교학연구』 18, 2007, 97

연고를 맺었을 가능성이 높다고 한다. 그와 같은 범일의 행적으로 미루어, 신라 관음신앙의 성지인 양양의 낙산사에도 역시 중국 보타산의 관음도량이나 매한가지로 해양불교적인 성격이 담긴 것으로 간주해 마땅하다는 주장인 셈이다.[45] 해난구제의 영험을 직접적으로 드러낸 것은 아니며 따라서 크게 강조하기에는 어려움이 있지만, 낙산사 관음신앙에서 해양신앙적인 요소를 찾아내려는 그러한 노력에 나름의 의미를 부여해도 무방하다고 생각한다.

그런데 사실 그보다 조금 앞선 시기의 일로서 신라 하대 이전이긴 하지만, 관음보살의 해난구제 영험을 연상케 하는 한층 근사한 사례가 전하여 눈길을 끈다. 경덕왕대의 일로 알려진 長春의 설화가 그것이다. 다음의 사료를 살펴보자.

> 禺金里에 사는 가난한 여인 寶開에게 長春이란 이름의 아들이 있었다. 바다의 장사꾼을 따라다녔는데 오랫동안 소식이 없었다. 그의 어머니가 敏藏寺 관음보살 앞으로 가서 이레 동안 기도를 드렸더니 장춘이 홀연히 돌아왔다. 그 내력을 물으니 장춘이 대답하기를, "바다 가운데에서 회오리바람을 만나 배가 부서져 동료들은 모두 (죽음을) 면치 못했는데, 저는 널빤지 조각을 타고 吳나라의 바닷가에 닿았습니다. 오나라 사람이 저를 거둬주고는 들에 나가서 농사를 짓도록 시켰습니다. 그러던 어느 날 고향에서 온 듯 보이는 기이한 스님이 은근히 위로하면서 저를 데리고 함께 가는데, 앞에 깊은 도랑이 나오자 스님이 저를 겨드랑이에 끼고서 도랑을 건너뛰었습니다. 정신이 혼미한 가운데 우리말 소리와 함께 슬피 우는 소리가 들리

~101쪽. 단 여기에서 의상의 양양 낙산사 개창 설화를 후대에 가탁한 것으로 보는 견해에는 동의하지 않는다. 의상의 낙산사 창건 설화의 신빙성은 선학의 의해 이미 지적된 바 있거니와(黃金順, 같은 논문, 96쪽 註 5), 설화의 속성상 후대의 용어나 사실이 덧붙고 또한 과장되었을 수는 있지만 그렇다고 해서 의상과 낙산사가 전혀 무관했던 양 이해하는 데에는 따를 수가 없다.

45 조영록, 「張保皐 船團과 9세기 동아시아의 佛敎交流」, 『대외문물교류연구』 창간호, 2002, 136~141쪽. 조영록 외, 『장보고 선단과 해양불교』, 107~128쪽.

> 는 듯해서 그곳을 살펴보니 벌써 여기에 와 있는 것입니다"라고 하였다. 그 날 申時(오후3시~5시)에 오나라를 떠나서 이곳에 이른 것이 겨우 戌時(오후7시~9시) 초였다고 하는데, 그때는 곧 天寶 4년 乙酉(745) 4월 8일이었다. 景德王이 그 이야기를 듣고서 민장사에 농토를 시주하고 또한 재물도 바쳤다.[46]

바다에서 활동하는 상인을 따라다니며 생계를 꾸려가던 장춘이라는 신라인이 해상에서 큰바람을 만나 난파당해 중국 강남으로 떠내려갔다가, 민장사 관음보살의 영험에 힘입어 홀연히 경주로 돌아왔다는 것이다. 폭풍을 가라앉힘으로써 환난에서 벗어나 예정된 항해를 마치고 무사히 귀환하도록 한다는 전형적인 내용과는 다소 차이가 있다. 그렇지만 해난사고를 당한 海商이 관음보살의 가피로 무사귀환했다는 설화의 구성은, 관음보살의 해난구제 응험 사례로 간주해도 지나치지 않을 성싶을 정도이다. 관음보살의 해난구제 영험과 매우 근사한, 그리하여 그것을 연상케 하는 관음신앙의 해양관련 설화가 하대로 이어지는 중대 말엽을 배경으로 성립한 셈이었다. 중대에서 하대로 갈수록 신라의 관음신앙에 해양신앙적인 성격이 뚜렷해져가는 것을 느끼게 하는 대목이 아닐 수 없다.

한편 이미 주목받아온 사실이지만, 신라 하대에 해당하는 시기의 중국에서 해상 상업에 종사하던 신라인들 사이에 해난구제를 기원하는 관음신앙이 성행했음도 그냥 지나쳐서는 안 될 것이다.[47] 신라에서의 일이 아니라는 한계에도 불구하고, 현전하는 기록이 크게 부족한 신라 관음신앙의 해양적 성격을 파악하는 데 자못 도움을 주기 때문이다. 먼저 장보고

---

46 禺金里貧女寶開 有子名長春 從海賈而征 久無音耗 其母就敏藏寺觀音前 克祈七日 而長春忽至 問其由緒 曰 海中風飄舶壞 同侶皆不免 予乘隻板 歸泊吳涯 吳人收之 俾耕于野 有異僧如鄉里來 吊慰勤勤 率我同行 前有深渠 僧掖我跳之 昏昏間如聞鄉音與哭泣之聲 見之乃已屆此矣 日晡時離吳 至此纔戌初 卽天寶四年乙酉四月八日也 景德王聞之 施田於寺 又納財幣焉 (『三國遺事』 3 塔像 4 敏藏寺)

47 위의 註 4)에 제시한 논저들을 참고하라. 이하의 관련 설명에서 상세한 註記는 생략한다.

의 사례가 있다. 그가 건립한 중국 산동 赤山 法花院에서의 법회 도중 관세음보살을 칭탄하는 부분이 圓仁의 『入唐求法巡禮行記』에 나오는데, 사찰의 명호라든지 또는 장보고를 위시한 신라인들의 활발했던 해상활동 등으로 미루어, 그것이 『법화경』의 보문품에 근거한 관음보살의 해난구제 영험을 기원하는 것과 관계가 깊으리라는 데 대체로 의견이 모아진다.[48] 아울러 그곳의 법회가 때로 신라에서의 방식에 따라 신라의 언어로 진행되기도 하였다는 圓仁의 기록으로 미루어, 적산 법화원의 관음신앙에 나타나는 그러한 해양신앙적인 특성이 당시 신라 관음신앙의 성격과도 무관치만은 않았으리라는 추정이 가능해 보이기도 한다.[49] 중국에서 해상활동에 종사하던 장보고를 비롯한 신라인의 관음신앙에 나타나는 그와 같은 해양신앙적인 성격에 비추어, 신라의 관음신앙이 하대로 갈수록 바다와 더욱 깊이 연관을 맺어갔으리라는 앞서의 이해가 큰 잘못은 아님을 확인할 수가 있는 셈이다.

아울러 장보고의 적산 법화원처럼, 역시 9세기 중엽의 신라인 海商이 깊은 연고를 맺었던 것으로 알려진 중국 보타산의 관음도량도 또한 그와 같은 판단을 뒷받침하는 사례에 든다 할 것이다. 中國 寧波의 해안에서 그리 멀지 않은 舟山群島 普陀山의 不肯去觀音院을 이르거니와, 동아시아 삼국을 오가며 활약하던 바다상인들의 안전을 비는 해양신앙의 상징이던

48 조영록, 「張保皐 船團과 9세기 동아시아의 佛教交流」, 122~124쪽.

49 완도 장좌리의 법화사터 내지 관음사터와 제주 서귀포의 법화사터가 장보고에 의해 건립된 절터였을 가능성을 지적하며, 신라 관음신앙이 바다와 연관되었음을 보여주는 사례로 거론하는 연구가 나온 바 있다(김문경, 「張保皐와 法華三寺」, 『신해양시대 제주도 국제자유도시 건설에 따른 법화사지 복원의 현대적 의의』, 제2회 법화사지 학술대회 발표문. 조영록 외, 「9세기 후반 해양불교의 전개」, 『장보고 선단과 해양불교』, 98~107쪽. 張日圭, 「신라하대 서남해안 일대 천태 관련 사찰과 장보고 선단」, 『장보고 대사의 활동과 그 시대에 관한 문화사적 연구』 1, 해상왕장보고기념사업회, 2007, 184~187쪽). 그렇지만 이미 지적되었듯이 이들 사원들의 창건 연대를 밝힐 구체적인 자료가 추가로 발견되지 않는 한(金日宇, 「고려후기 濟州 法華寺의 重創과 그 位相」, 『韓國史研究』 119, 2002, 30~31쪽 註 6), 개연성에 의지한 막연한 추정의 수준이어서 그대로 따르기에는 주저된다.

이 관음보살의 도량이 신라인 海商들의 적극적인 참여 속에 개설되었다는 점에서,[50] 이 역시 당시 신라 관음신앙의 바다와의 연고를 반영하는 한 예로 간주하여 그리 큰 잘못은 아닐 듯 여겨진다.[51]

신라인의 해상진출이 활발해지는 데 발맞춰 신라의 관음신앙에서도 점차 해양적 요소가 부각되어가는 것을 검토하였다. 앞서 삼국통일을 전후하여 중앙에서 지방으로 전파되고 또한 서민 대중의 사이에 자리를 잡아가면서 점차 바다와 연관을 맺어가던 신라의 관음신앙이, 하대에 가까워질수록 바다와의 친연성을 보다 깊이 해가는 것을 헤아릴 수가 있었다. 말하자면 하대로 내려갈수록 비록 기대에는 미치지 못하지만 신라의 관음신앙에서 해양신앙적인 성격이 짙어지는 하나의 경향성을 찾아볼 수가 있다고 하여 지나치지 않은 셈이었다.

5. 맺음말

대승불교의 신앙적인 상징이라 일컬어지는 관음보살을 한국 고대의 바다와 관련시켜 검토하였다. 관음보살은 친서민적이며 대중화된 현세구제의 화신이었다. 관음신앙의 그와 같은 현세이익적인 요소 중에는 海難救濟와 같은 바다에서의 응험도 포함되었다. 불교경전으로 뒷받침되는 내용임은 물론이었다. 그렇지만 한국에 관음신앙이 받아들여지던 처음부터 반드시 그러한 것은 아니었다. 삼국시기의 관음신앙에서 해양적 요소를

50 普陀山 不肯去觀音院의 개창자 등에 관한 오랜 논란을 新羅商人과 日本僧侶 및 현지에 거주하는 중국인들의 협력 속에 이루어진 것으로 종합해서 이해한, 조영록 외, 「9세기 후반 해양불교의 전개」, 『장보고 선단과 해양불교』, 89~98쪽의 설명을 참고하라.

51 자료의 찬술 시기로 미루어 반드시 新羅人의 경우에 해당한다고만은 할 수가 없겠지만, 주산군도 보타산의 관음도량에 관한 『墨莊漫錄』(卷5, 北宋末~南宋初, 張邦基)의 "海船至此 必有祈禱 寺鐘磬銅物 皆雞林商賈所施者 多刻彼國之年號"와 같은 기록도(山內晉次, 위 논문, 349쪽 재인용), 보타산 불긍거관음원과 新羅人 내지 高麗人 海商 사이의 깊은 연고 및 그들의 관음신앙이 海難救濟 祈願과 긴밀히 연관되었음을 알려주는 좋은 증거라 할 것이다.

찾아내는 것은 그리 쉬운 일이 아니었다. 고구려와 백제, 신라 공히 그러하였다. 단지 당시의 관음신앙이 바다와 무관치 않았을 것임을 추정하는 정도에 머무는 게 고작이었다. 수용 초기이다 보니 관음신앙이 아직 제대로 토착화하지 못하여 널리 지방과 민중들 사이에 유포되지 않은 데 기인한 현상이었다.

관음신앙에서 해양적인 요소를 찾아볼 수 있게 된 것은 통일신라에 들어서였다. 이 무렵 관음신앙은 중대 왕실의 우대를 바탕으로 義湘 등에 의해 중앙에서 지방으로 전파되어 갔다. 그와 함께 민중들 사이에서 자리를 잡아가기 시작하였으며, 또한 바다와도 차츰 연관을 맺어갔다. 그러나 이 시기에도 관음신앙에서 해난구제의 경우처럼 바다와 직접 관련되는 영험을 찾아보기가 어렵기는 매한가지였다. 신라 중대의 관음신앙을 해난구제와 같은 바다에서의 현세적인 영험을 기원하는 해양신앙과 직결시키기에는 무리가 있으며, 단지 이 신앙이 바다와의 연고를 깊이 해갔다는 정도에서 멈추는 게 바람직하였다.

신라인들의 해상활동이 활발해지는 하대의 전개와 함께 신라의 관음신앙에서도 해양신앙적인 요소가 점차 부각되어 갔다. 長春의 설화라든지 혹은 張保皐 등 중국에서 활약하던 新羅人 海商의 경우처럼, 해난구제 영험을 연상케 하는 사례도 나타났다. 예상에는 적이 미치지 못했지만, 이 시기 들어 신라의 관음신앙은 바다와의 친연성을 한층 깊게 하였다. 하대로 내려갈수록 신라의 관음신앙에서는 해양신앙적인 성격이 짙어지는 경향성을 찾아볼 수가 있었다.

(「新羅의 觀音信仰과 바다」, 『韓國學論叢』 34, 國民大 韓國學研究所, 2010)

보론 [書評]

교선교섭의 관점에서 접근한 고려전기 불교사상사

―김두진, 『고려전기 교종과 선종의 교섭사상사연구』(일조각, 2006)―

1. 머리말

고려는 불교왕조라고 불러도 좋으리만큼 불교가 융성한 시기였다. 위로는 국왕과 귀족에서 아래로는 일반 민중에 이르기까지 모든 사람들이 한결같이 우러러 받드는 종교로서 중대한 사회적 역할을 담당하였다. 말하자면 이 시기를 연구하는 이들에게 불교는 결코 그냥 지나칠 수 없는 과제 중의 하나인 셈이다. 그런데 입문하려는 이들이 으레 맞닥뜨리는 게 불교사상의 난해함이다. 용어마저 생소하기 그지없다. 원자료는 물론이고 선학의 연구성과를 해득하는 것조차 버거운 형편이다. 시대적인 상황 속에서 불교사상이 지니는 의미를 포착하며 나아가 그 전개상황을 이해하기는커녕, 입구에 들어서면서 벌써 기가 꺾인 채 뒤돌아서기 일쑤이다. 그 중요성을 절감하면서도 쉽사리 접근하기 어려운 주제임이 분명하거니와, 그만큼 많은 시간과 노력을 쏟아 붓지 않으면 안되는 게 곧 불교사 연구인 것이다.

근자에 간행되어 선을 보인 『고려전기 교종과 선종의 교섭사상사 연구』는 그처럼 지난한 주제와 씨름한 결과를 담은 저서이다. 불교사상에 두루 정통하지 않고서는 엄두조차 내기 힘든, 교종과 선종의 사상적 교섭 문제를 풀어낸 이채로운 연구 성과인 것이다. 학문 외길을 일로매진해온 저자의 외롭고 힘든 투쟁의 산물로서 경하할 일이 아닐 수 없다. 『均如華嚴思想硏究』(一潮閣, 1983)·『義湘 그의 생애와 화엄사상』(民音社, 1995)·『韓國古代의 建國神話와 祭儀』(一潮閣, 1999) 등 손꼽히는 저서를 비롯하여 경향의 학술지에 발표한 수많은 논문들에서, 그 동안 저자가 넘어온 학문적 고투의 여로를 확인하는 것은 어려운 일이 아니다. 각별히는 그 중에서도 불교사 연구에 심혈을 기울여왔음이 주지의 사실인데, 그와 같은 저자의 남다른 학문적 온축이 금번 출간한 저서에 오롯이 담겨 있는 것이다. 교종과 선종을 종횡으로 넘나들며 막힘없이 논의를 전개할 만큼 불교사상을 해박하고 심원하게 이해하는 역사학자는 흔치 않은 게 현실이다. 저자의 위 저서가 유달리 눈에 띄는 이유를 짐작할 만하거니와, 이제 그 내용을 간략히 소개하는 것과 함께 소감 몇 마디를 덧붙임으로써 소임에 가름하려 한다.

저자는 고려시기의 불교를 교종과 선종의 사상적 교섭이라는 시각에서 파악해야 함을 주장한다. 고려 불교사를 교선교섭의 사상적 전개로 이해하려는 입장인데, 그 중 고려전기의 부분을 정리한 것이 본서이다. 서론과 결론을 제외하면 모두 5개 장으로 구성되었거니와, 우선 그 목차를 절까지만 소개하면 다음과 같다.

서론
제1장 왕건의 선대세력과 선종
 1. 요오선사 순지의 상론
 2. 요오선사 순지의 선종사상—삼편성불론을 중심으로
제2장 왕건의 불교정책과 그 사상경향
 1. 왕건의 승려결합과 그 의도
 2. 현휘와 탄문의 불교사상—고려초의 교선융합사상과 관련하여
제3장 선종 입장에서 교종사상의 융섭

2. 고려전기의 교선교섭 사상사

제1장에서는, 왕건의 선대와 결합한 了悟禪師 順之를 다루었다. 왕건의 조모 龍女와 부 龍建은 주위의 군소호족을 거느리는 대호족이었는데, 이들의 후원을 받던 순지의 사상은 그러한 배경 속에서 이해될 수 있는 것이었다. 순지의 相論과 三遍成佛論은 『祖堂集』에 자세히 나온다. 상론은 비교적 초기에 형성된 사상으로서, 교학의 경전 및 불타의 권위를 부정하며 또한 타방의 정토와 부처를 찾지 않고 자기 안에서 부처와 정토를 구한다. 자기 안에서 불성을 찾는, 그리하여 선종사상의 개인주의적인 면을 강조함으로써 지방호족의 독자세력 형성에 도움을 주는 사상이 곧 상론이었다. 삼편성불론도 각각 독자적인 방법으로 내재적 實我를 발견하게 함으로써 호족이 독자세력을 형성하는 데 도움을 주었다. 나아가 內證外化思想은 내재적 실아의 추구와 함께 주위의 대상을 포섭·융합하는 데 유용하였으며, 會三歸一思想은 삼한을 통합하려는 용건의 야망을 뒷받침하였고, 교선일치사상은 대호족이 군소 지방세력을 흡수·동화하여 통합된 세력을 형성하는 데 필요하였다. 순지는 중국의 仰山慧寂에게서 潙仰禪宗을 전수받아 신라로 돌아왔으나 그에 머물지 않고 화엄과 법화사상을 선종사상 내에 융합함으로써, 위로는 元曉의 사상적 전통을 계승하는 한편

후일 義天과 知訥의 교선융합사상에 영향을 주었다.

제2장에서는, 왕건의 사원세력 포섭 및 그와 연결된 승려의 사상적 경향을 살폈다. 왕건의 승려 결합은 고려 건국 이전과 이후가 달랐다. 건국 이전에는 중국 유학승으로서 지방호족과 연결된 승려를 몸소 찾아가 결연하는 게 보통이었다면, 후자의 경우 중국 유학승과 함께 국내에 머물던 승려와도 결합하였으며 흔히는 왕경으로 불러들이거나 혹은 승려가 자발적으로 찾아와 맺어지곤 하였다. 또한 즉위 이전의 경우 호족연합책의 일환으로서 승려와의 연고를 매개로 그와 연결된 호족 및 사원세력을 끌어들이는 데 주력하였음에 비해, 고려 건국 이후가 되면 호족연합뿐만 아니라 복속된 지방의 민심 수습과 교화를 위해 승려와 결합하였다. 당시의 불교사상 역시 왕건의 호족연합정책과 연관되었다. 고려통일기에 왕건과 연결된 승려들은 대체로 교선융합사상을 가졌다. 선종의 입장에서 교종을 융합하려던 玄暉와 교종 특히 화엄종의 입장에서 선종을 융합하려던 坦文이 그런 경우였다. 후삼국 정립기에 그러한 교선융합사상은 왕건에게 연립적인 통일 이념을 제공하였다. 그런데 통일 이후가 되면 왕실에서는 왕권 전제화에 유리한 화엄사상에 더욱 관심을 보였다. 반면에 교선융합사상은 고려국가 체제 속에서 귀족으로 안주하려던 호족세력에 의해 포용되었다. 말하자면 고려초 교선융합사상의 유행은 호족세력의 건재를 알려주는 셈이거니와, 따라서 전제정치가 한창이던 광종대 중기에는 교선융합사상이 빛을 잃었지만, 광종대말 호족의 세력만회와 함께 등장한 교선일치사상으로 이어지며 나아가 고려중기 이후의 불교사상 형성에 영향을 미쳤다.

제3장에서는, 왕건과 결연한 해동 四無畏士 및 광종대의 法眼宗을 분석대상으로 삼아 선종 입장에서 교종을 융섭하려던 고려초기의 사상 경향을 검토하였다. 사무외사는 신라말·고려초에 중국으로 유학하여 雲居道膺의 법인을 받아 귀국한 후 왕건과 밀접하게 결합한 利嚴·麗嚴·慶猷·迥微를 가리킨다. 왕건의 후원 아래 須彌山門을 개창한 利嚴을 필두로 한

이들은, 낙향호족 내지 토착호족 출신으로서 출가 후 선종은 물론 화엄사상을 익히고 계율을 엄격히 지키는 수행생활을 하였다. 선종사상과 교종사상을 함께 이해할 수 있는 소양을 본디부터 지녔다 하겠거니와, 더욱이 六祖惠能의 문하 중에서도 교선융합을 모색하던 青原行思 계열인 도응의 법맥을 계승함으로써 교선융합의 사상 경향을 분명히 하였다. 이들의 교선융합사상은 왕건의 호족연합책을 바탕으로 한 연립적인 통일사상을 뒷받침하였다. 나아가 이들은 불교의 교훈뿐 아니라 유교적인 덕치를 왕건에게 권유하기도 하였다. 사무외사의 교선융회사상은 선종과 화엄의 교섭을 주된 관심사로 하였지만, 그처럼 유교와 같은 여타의 사상으로까지 그 시야를 확대하였다는 점에서 당시의 다른 교선융회사상과 구별되는 특징을 보였던 것이다.

왕건 당시의 교선일치사상과 그 맥락이 이어지는 교선일치 경향의 法眼禪宗이 대두한 것은 광종대말에 가서였다. 재위 초반에 광종은 璨幽나 兢讓과 같은 교선일치 내지 성상융회적인 경향의 鳳林山門과 曦陽山門에 관심을 보였다. 그랬다가 전제정치를 추구하던 중기에는 중소호족세력을 왕실의 지지기반으로 확보하기에 유리한 성상융회사상에 의지하였으나, 그 말기에 들어 호족이 점차 세력을 만회해가자 교선일치를 강조하던 법안종으로 눈을 돌리게 되었던 것이다. 광종대 중기의 법안종 승려들은 교선일치보다는 성상융회적인 사상을 지님으로써, 전제정치에 협조하던 균여의 사상과 크게 배치되지는 않았다. 그러나 광종대말에 다시 대두한 호족은 그와 달리 법안종의 교선일치사상에 더욱 호의적이었다. 교선일치사상이야말로 고려초기 이래 호족으로 하여금 왕권 내에서 안주하도록 합리화시켜주는 사상으로 기능해왔기 때문이다. 광종대말 智宗 등의 법안종은 그리하여 호족의 비호를 받았거니와, 일면으로는 왕권과도 결부될 소지가 있었다. 변모해가던 전제정치를 부지하고자 고심하던 광종의 관심을 불러일으킨 소이연인 셈이었다. 이후 법안종의 사상적 전통은 고려후기의 백련사계 천태종이나 혹은 태고보우와 나옹혜근의 임제종사상으로 이어졌을 가능성이 있다.

제4장에서는, 교종의 입장에서 선종사상을 융합하는 경향을 밝히고자 諦觀의 天台思想과 고려전기의 法華觀行思想을 고찰하였다. 고려초기의 법화 내지 천태사상은 대체로 왕건과 연결되어 유행하였으며 그 중심은 회삼귀일사상이었다. 諦觀은 신라의 원효에서 고려초까지 이어지던 그와 같은 문화·사상적 전통 속에서 교학을 익힌 승려였다. 광종대 중반 중국에 들어간 그가 회삼귀일의 논리에 입각하여 천태종의 교전인 『天台四教儀』를 저술하기에 이른 배경이 여기에 있었다. 諦觀은 『천태사교의』에서 五時·八教에 대한 설명을 통해 화엄적인 圓教를 내세웠다. 그의 사상이 종국적으로는 一心의 觀法을 내세우는 교선일치사상이지만, 그 바탕에는 화엄사상에 의한 수행이 깔려 있었던 것이다. 諦觀의 교선일치사상은 광종대의 전제정치와는 어울리지 않았다. 교선일치사상은 지방호족이 왕권 내에 안주하는 것을 뒷받침하는 사상이었기 때문이다. 반면에 지방의 강력한 세력가였지만 宋 太祖에게 입조할 수밖에 없었던 吳越王 錢俶에게는 그만큼 유용할 수 있었다. 광종대 중반에 諦觀이 고려를 떠나 오월에서 활동하였던 데에는 그만한 까닭이 있었던 셈이다. 중국 천태종의 山家派에 속한 諦觀의 사상은 山外派와 비슷한 均如의 사상이나 혹은 광종대 말에 대두한 선종 중심의 교선일치사상인 법안종과는 차이가 있었으며, 천태종 산가파와 연결되는 동시에 法藏의 화엄학과 맥이 닿아 있던 의천의 사상과 매우 유사하였다.

『법화경』에 근거한 법화사상은 중생을 구제하는 근본 도량으로서 실천수행과 함께 관음의 영험신앙과 정토신앙을 포용하였는데, 삼국에서 통일신라시기까지는 대개 신이한 영험신앙이 대중 사이에 확산되는 가운데 보현관행을 추구하는 경향이 약하게 나타났다. 그에 비해 고려전기에는 법화 영험신앙의 신이한 성격이 약화되는 반면에 공덕에 의한 극락왕생 신앙이 대두하였으며, 나아가 보현행원을 닦는 법화 수행신앙이 강조되어 정토와 해탈을 함께 추구하는 과정에서 회삼귀일사상에 의한 일심삼관의 논리가 제시되었다. 일심삼관법은 화엄에 바탕한 중도의 융섭사상으로 천태교학을 성립시켰거니와, 諦觀과 義通의 활약에 의해 고려초기의 법화관행사상은 중국 천태사상의 중흥에 영향을 미쳤다. 아울러 일심삼관의 천태사상은 왕건이 후삼국을 통합하여 통일 고려왕조를 수립해가는 사회분위기와도 연결될 수가 있었다.

제5장에서는, 고려전기의 교선교섭 사상경향을 대표하는 의천과 그의 교관겸수사상을 검토하였다. 의천은 문종의 4자로서 景德國師 爛圓의 문하로 출가하여 화엄사상을 수학하였다. 선종 2년(1085) 송에 들어가 法藏의 화엄교학을 중흥시킨 淨源을 만났으며, 귀국해서는 교장도감을 설치하고 속장경을 간행하였다. 의천은 화엄을 비롯한 불교 각 종파의 교학에 정통하였으며 유학과 도교사상에도 밝았거니와, 화엄사상을 중심으로 여러 교파의 교리를 회통하려 하였고 뒤에는 천태종을 개창하였다. 송의 신법당과 교류한 의천은 귀국 후 鑄錢論을 주장하는 등 문벌사회를 개혁하려다 귀족의 반발을 받아 지방으로 밀려나기도 하였다. 그의 사상이 후세에 제대로 전승되기 어려운 환경이었음을 직감할 수 있거니와, 입적 후 그의 碑文이 重撰을 면치 못하고 그의 문집도 또한 결락되어 온전히 전해지지 못하였던 데에는 당시의 정치·사회적인 정세가 일면 작용하였던 듯 여겨진다.

의천의 화엄사상은 융섭적인 성격을 지녔지만 具相論的인 화엄관이어서 性相兼學을 주장하였다. 또한 교학과 觀法을 아울러 수학해야 함을 내세우면서 圓頓思想을 정립하였는데, 그의 교관겸수사상은 교와 선을 아우르려는 것이기는 하지만 진면목은 화엄사상 내에서 관법을 견지하려는 것이었다. 의천의 구상론적 화엄사상은 性起趣入的인 義湘이나 그 계승자인 均如와 달랐으며, 緣起建立的인 중국의 法藏과 비슷하였다. 또한 성상겸학을 주장하면서 관법을 내세운 의천의 교학은 元曉의 사상 전통과도 이어지는 것이었다. 의천의 관법은 선종의 禪觀에 이른 것은 아니어서 선승들에게 환영을 받지는 못하였으나 천태종을 개창하는 기반으로 작용하였다.

의천은 화엄종 승려로서 천태종을 개창하였다. 母后인 仁睿太后와 兄인 肅宗의 도움을 받아서였다. 신라 元曉의 법화사상 천명 이후 중국 천태종의 중흥에 기여한 고려초의 諦觀·義通이나 혹은 천태사상을 익힌 법안종 智宗 등의 출현에도 불구하고, 고려에서 천태사상은 미미한 존재였다. 의천이 송에 들어가 山家派 종장인 慈辯從諫의 문하에서 천태교관을 전수받는 한편 天台智顗의 부도탑에서 고려 천태종의 개창을 발원한 것은 그러한 상황에서였다. 그리하여 그의 귀국 후 숙종이 즉위하고 때마침 國淸寺가 낙성되어 의천이 그 주지를 맡으면서 비로소 천태종은 창시되기에 이르렀던 것이다. 의천의 천태사상은 教觀兼修로 요약된다. 의천은 화엄종과 천태종의 교의를 절충하려 하였으며, 천태 三觀法을 화엄의 논리로 이해하였다. 그의 천태교관은 삼관법에 의거하여 궁극적으로 止觀을 내세우지만, 기본적으로는 화엄사상을 기반으로 관법을 수용한 교선교섭사상이었던 것이다. 한편 의천의 천태교관이 그처럼 화엄에 기반한 교관겸수사상이었기에, 그는 중국에서 만난 禪僧들에게서 그리 높은 평가를 받을 수 없었다. 국내에서도 그러하긴 매한가지였다. 의천은 천태종을 개창하면서 그 법맥을 元曉와 諦觀으로 연결시켰다. 동시에 법안종의 智宗도 유념하였는데, 이 계열의 문도들은 그가 개창한 천태종단에서 큰 비중을 차지하였다. 그러나 법안종은 선종을 중시하는 교선융회사상이어서 의천의 교학과는 다를 수밖에 없었다. 또한 당시 雲門寺 주지이던 선승 學一이 의천의 천태교관에 비판적이었음은 물론이며, 선종의 입장을 강하게 견지하는 교선융합사상의 경향을 보이던 후대의 修禪社나 白蓮社 계통에서도 의천의 사상이 긍정적으로 계승되기를 기대하는 것은 무리였다.

이상에서 방대한 분량의 본서를 매우 거칠게 요약하였다. 자칫 저자의 본의를 곡해한 부분이 없지 않을 터이며, 더욱이 평자의 무지로 인해 본서의 빼어난 장점인 사상에 관한 깊고 상세한 설명을 살리지 못하였다.

관서를 빌거니와, 고려 불교사의 정립이라는 관점에서 한두 마디 소감을 덧붙이며 아울러 궁금한 점 몇 가지도 함께 이야기하려 한다.

3. 고려 불교사의 정립

신라말·고려초에 선종이 수용되어 정착하는 것과 함께 한국불교에서 교선의 사상적인 교섭은 피할 수 없는 추세였다. 융회·절충의 입장에서이건 혹은 대립·갈등의 입장에서이건, 어느 편이나 그러하기는 매한가지였다. 따라서 교종과 선종의 사상적 교섭을 규명함으로써 고려 불교사를 정립하고자 하는 본서의 접근 방식은 바람직스러운 것으로 평가받아 마땅하다. 다만 본서에서는 교선의 사상적인 융회와 절충을 검토하는 데 집중함으로써, 양자 사이의 대립이나 갈등의 측면은 다룰 만한 겨를이 거의 없었다. 융회·절충의 경우에 아무래도 교선교섭이 더욱 도드라져 보인다는 점에서 수긍이 가거니와, 온전한 고려 불교사를 정립하기 위한 이어질 연구가 기다려진다.

그런데 교종과 선종의 사상적인 교섭을 밝히기로 들자면, 고려시기의 불교종파 혹은 승려 거의 모두에게서 그러한 부분을 찾을 수가 있지 않을까 싶다. 상호간에 공유하는 사상이 없는 불교종파나 승려란 상상하기조차 어렵다. 시기에 따라 그리고 종파 혹은 승려별로 교선교섭이 좀 더 강하거나 혹은 약하게 나타나는 차이는 있겠지만, 그와 무관한 전혀 별개의 종파나 승려가 존재할 수 없음은 너무도 당연하다. 따라서 왜, 어느 시기에, 또 특정 승려 혹은 종파에서, 교선의 사상적인 교섭의 경향이 강하게 혹은 약하게 드러나는가에 초점을 모으는 식의 역사적인 접근이 요청된다 하겠다. 아마도 처음에는 사상·철학적인 모순을 해소해야 할 필요성 내지는 그러는 과정에서 師門의 사상적 우위를 입증하며 나아가 교계의 주도권을 장악하려는 의도 등에서 교선교섭이 비롯되었을 듯싶거니와, 그것이 가능할 수 있었던 정치·사회적인 환경 다시 말해 정치·사회적인 요구에 조응하여 교선교섭이 행해지기에 이른 측면을 파헤치는 일도 소홀히 하지 말아야 하는 듯 여겨지는 것이다. 어떤 사회세력이 왜 그것을 요구하였으며, 특정한 종파 혹은 승려가 그러한 요구에 부응하고자 나선 까닭이 무엇이었던가를 함께 밝히는 게 필요하다. 사상의 추이에 따라 부각되는 사상사적 과제와 현실의 사회나 정치에서 필요로 하는 사상이 반드시 부합해야 하는 것은 아니지만, 그렇다고 하여 양자를 전혀 별개로 분리해서 생각할 수만도 없는 일일 것이기 때문이다.

그러므로 본서에서 법상종이 대두한 현종대나 화엄종이 부상한 문종대 등이 고찰의 대상에서 빠지다시피 했던 게, 혹여라도 당시의 교선교섭이 미약하다는 판단에 기인한 것이라면 그에는 따를 수가 없다. 교종과 선종 사이의 사상적 교섭을 다루면서 그것이 약하게 나타나는 시기나 혹은 종파 내지 승려의 경우라도 제외해서는 안 되며, 오히려 그처럼 교선교섭이 미약해진 배경이나 의미를 추구하는 게 온당할 듯싶은 것이다. 저자의 학문적 출발이 본시 신라말·고려초의 선종사상 연구였으며 더욱이 본서가 고려전기 교종과 선종의 사상적 교섭을 주제로 삼았음에 비추어, 반드시 그것까지를 모두 살펴야만 했던 것은 아닐지도 모르겠다. 그렇지만 왜 그 시기에는 교종의 특정 종파가 부상하면서 교선교섭은 상대적으로 덜 부각되었는지, 그 의미는 무엇이며 그러한 경향을 초래한 사회·정치적 배경은 어떠하였는지 등까지를 규명하는 것이, 고려전기 불교사의 정립에 필수적이지 않을까 여겨지는 것이다.

또한 그와 무관하지 않지만 승려의 사상을 정치·사회적 환경과 조응시켜 설명하는 데 더하여, 승려의 출신 배경이라든지 혹은 그것을 신봉하고 후원한 세속인들의 입장을 좀 더 부각시킬 필요도 있는 듯싶다. 본서는 사상을 정치·사회적 현실과 연관시켜 이해하려는 입장을 시종일관 견지하였다. 한데 그처럼 사상을 현실사회와 분리시키지 않는 지극히 온당한 접근 방식을 취했음에도 불구하고, 승려의 사상 분석에 주력하다 보니 정작 그러한 사상의 소유자인 승려나 혹은 그것을 필요로 하였던 현실사회의 인간들은 조역으로 떨어져 소외된 느낌이 없지 않다. 이미 상당한 비중으로 다루었음을 높이 평가하며 따라서 지나친 욕심일지도 모르지만, 사상과 인간을 긴밀히 연관시켜 이해하는 일에 더욱 관심을 베풀었으면 하는 바람인 것이다.

아울러 사상 관계의 어려운 용어도 가능한 대로 풀이를 해줬으면 싶다. 인용 사료를 일일이 번역하는 등, 읽는 이의 부담을 덜려는 저자의 노력은 곳곳에서 눈에 띈다. 그런 만큼 개념 설명까지를 요구하는 것은 지나치며 그것은 독자의 몫으로 남겨두는 게 보다 합리적일 법도 하다. 다만 후학을 위한 선학의 배려라는 차원에서의 소박한 바람이거니와, 나아가 그와 같은 친절한 풀이에 힘입어 저자의 연구가 널리 학도들 사이에 더욱 명확히 전달되는 데에도 도움이 될 수가 있음직하다.

그밖에 신라말·고려초의 교선융합사상이 경우에 따라 지방 대호족의 중소호족 포섭이나 중앙 왕실의 호족연합 내지 중앙귀족화한 호족의 왕권사회 속 존립을 각각 뒷받침하는 등 자못 달리 적용되었을 것으로 파악한다든지, 또는 교선교섭에서 선종과 성상융회사상 및 선종과 화엄사상 사이의 융섭을 차이가 큰 것으로 명백히 구분하여 달리 의미를 부여하며, 또한 화엄종 승려인 의천이 화엄사상과 융회적이었다는 평가를 받는 천태종 산외파가 아니라 산가파와 사상적으로 연결되었다든지, 혹은 智宗의 법안종과 의천의 천태종은 사상적으로 계통을 달리할 정도로 이질적이라면서도 전자 계열의 승려가 신생 천태종단에서 큰 비중을 차지하였으며 의천의 비문에서도 천태종의 기원을 智宗의 무리에서 찾고 있음을 지적하는 등과 같은, 입장에 따라서는 달리 해석할 소지가 있는 부분이 없지 않다. 나아가 의천의 문하라는 慧昭國師 曇眞이 禪法을 강설하였으며 그 담진의 문하에서 천태교관을 중시하지 않았던 까닭 내지는 그러한 사실이 지니는 의미라든지, 또는 惠居와 慧炬의 동일인 여부나 혹은 불교식 漢字讀音을 굳이 회피한 배경 등도 궁금하다.

4. 맺음말

한 권의 저서에 모든 사람을 만족시키는 내용이 담기기를 기대하는 것은 어리석다. 평소 가르침을 청하고 싶은 게 많았다고 하여 본서에다 그 모두를 요구할 수도 없는 노릇이다. 널리 존경받는 선학의 오랜 학문적 온축을 마주한 후학의 투정어린 바람에 지나지 않거니와, 무지함의 소치로 내용을 잘못 이해한 데서 나온 공연한 트집도 적지 않을 줄 생각한다. 그 모두가 본서의 출간이 지니는 학문적 의미를 훼손할 수가 없는 것임은 이를 나위가 없다.

본서는 일반 역사 연구자가 쉽사리 접근하기 힘든 분야를 정치하게 다루었다. 불교사상에 대한 깊고 넓은 이해를 바탕으로 한국은 물론 중국 불교사의 흐름까지를 염두에 두고서 연구를 진행하였으며, 광범위하게 자료를 취합한 다음 엄밀한 사료비판에 입각하여 논리를 구성하는 식의 이를테면 철저하게 실증적인 연구방법을 시종일관 견지하였고, 특정 사상의 내용과 구조를 분석하며 또한 그것이 전후로 이어지는 계승관계의 맥락까지를 밝힘으로써 불교사적 의의를 정립하는 것과 함께, 그러한 사상을 당대의 정치·사회적 현실과 연관시켜 해석해 역사적 의미를 부여하는, 바꿔 말해 정치·사회적 변화에 조응한 불교사상의 흐름에 초점을 맞춰 접근한 보기 드문 연구서이다. 사상사 연구의 전범이라 일컬어 손색이 없는, 요컨대 타의 추종을 불허하는 독보적인 연구 성과라 하여 지나치지 않은 것이다.

(『歷史學報』 192, 2006)

찾아보기

■ ㄴ

ㄷ

ㄹ

ㅁ

ㅂ

人

ㅌ

고려 불교사의 탐색

인 쇄 | 2019년 1월 21일
발 행 | 2019년 1월 25일

저 자 | 변동명
발행인 | 정병석
발행처 | 전남대학교출판문화원

등록 | 1981. 5. 21. 제53호
주소 | 61186 광주광역시 북구 용봉로 77
전화 | (062) 530-0571~2 마케팅 530-0573
팩스 | (062) 530-0579
홈페이지 | http://www.cnup.co.kr
이메일 | cnup0571@hanmail.net

값 23,000원

ISBN 978-89-6849-589-2 (93220)

이 도서의 국립중앙도서관 출판예정도서목록(CIP)은
서지정보유통지원시스템 홈페이지(http://seoji.nl.go.kr)와
국가자료공동목록시스템(http://www.nl.go.kr/kolisnet)에서 이용하실 수 있습니다.
(CIP제어번호 : CIP2019001455)